東亞民俗學稀見文獻彙編
第一輯

李朝實錄風俗關係資料撮要

風俗資料撮要　上　太祖～中宗

今村鞆 編譯

韓國漢籍民俗叢書

第十一冊

李朝實錄風俗資料撮要

太祖～中宗

序

本院調査課に於て今回『李朝實錄風俗資料撮要』なる一書を刊行することゝした。

本書は本院囑託今村鞆氏の執筆に係り、其の內容は李朝太祖より高宗まで歷代二十六王の實錄より風俗に關係ある事項の要領を拔萃し、年代順に編纂したものであつて編著の趣旨は朝鮮風俗資料の文獻に存在するものを悉く網羅し、其の辭書とも索引とも謂ふべきものを完成せんとするにあるのである。人も知るが如く李朝實錄は一千七百七十餘卷の浩瀚なる大記錄であつて、之を讀破涉獵せんとせば少くとも三箇年の長い歲月を要し、其の勞苦の容易でないことが充分窺はれるが、今本書が成つたので之が研究者は其の苦を省くことが出來たばかりでなく、又以つて五百有餘年間に於ける風俗の變遷を易々として把握し得るであらう。 尙ほ之を總ゆる角度より仔細に檢討するならば世態人情の推移を知り、治亂興亡の源を探究し得られると共に、道德宗敎の振否をも尋ねることが出來るのである。現時世間に於て朝鮮古風俗に關する良書の乏しい時、本書の出來は單に斯學に裨益する計でなく、延いては今後朝鮮民俗學の勃興をも將來し其の結果は朝鮮民衆に對する親しみと理解を一段と高め、指導精神に示唆を與へることゝなり、些か朝鮮統治上貢獻し得ることゝ信ずるものである。 更に卷末に附記せる朝鮮獨特の熟語解釋は、考證正確であつて、一般朝鮮古典を讀む人の指南ともなり、之に依つて自然と難澁なる字句も氷解するであらう。而して編者は本書に次いで『高麗以前に於ける文獻の風俗資料撮要』『李朝古文獻よりの風俗資料撮要』の二書を本書の姉妹篇として編纂すべく目下執筆中にして、此の三書の刊行に依つて初めて本事業は完成するものである。

茲に本書成るに際し一言を卷首に題することゝした。

昭和十四年七月

中樞院書記官長　大竹十郎

序言と凡例

○本書は李朝歷代二十六王の實錄廢王は日記中より風俗に關する記事の要領を撮錄拔抄したるものにして。編纂の目的は當該事項を此實錄中に探らんとする人に點指檢索の便宜を與へて、此浩瀚なる一千七百七十餘卷の巨籍を一々讀破涉獵するの煩勞より免がれしめ。而して一方本書を通讀して五百有餘年間に於ける社會生活の推移變遷を知らしめんとするに在り。

○茲に通例に隨つて風俗と謂ふも、其風俗なる字義は茫漠として理論上其範圍を限定すべからず。廣義に風俗と云ふときは大抵の事項殆んど關係あらざるなきも、之を悉く收錄せば徒らに蕪雜を加へ本書編纂の目的に副はざるに至るの嫌あり。故に本書の收錄目標は主として民俗學上より觀察して必要とする資料に中心點をおき、併せて事の民俗に關聯ありて參考に資すべきものをも收蒐せり。

○元來此實錄たるや、其王一代の萬機總攬事項を王側に在る史官が日々筆錄せし日誌及王親からの備忘記錄等に據り王の薨後に於て實錄編輯委員が取捨編纂したるものなれば、太祖定宗太宗のものは古記野乘等をも用ゆ事は總て王の視聽に達したるものに限る。而も政治記錄たるを以て風俗上の記事は所々に散見するに過ぎず。故に是に依り系統的に朝鮮風俗の全豹を窺知し得ざるは無論なりとす。されど比較的正確なる資料として其一斑を擢取し得べし。讀む人預じめ先づ此點を念頭に置き而る後利用すべく。尙は以下各項に就ては充分諒解會得せらるゝを要す。

○各實錄の編纂上其包容事項の細目に付ては、歷代を通じて一貫したる綱領無し。故に世宗實錄の如き最も詳しきあり、哲宗實錄の如き甚だ粗笨なるあり。同一事實にして甲には精細に乙には甚だ兼略に丙には全削除せる等の不同あり。其記事無きを以て其事實が當時に存在せざりしとするは當らず。況んや總て王の視聽に達せざりし事象の存在が甚だ世に多かりしに於ておや。

○國が行ふ公式の各種祭祀・王室の嘉禮・並喪祭に關する儀式等は民間に與へたる影響多大なるものありしを以て力めて多く收蒐せり。又所謂有職故實の範圍に該るものは事の民俗に關聯あるものゝみを掲げたり。其他奴婢と主人の身分關係、民法上の親族相續關係等法規に關するもの、錢貨其他經濟事項等民俗と云ふを得ざるものは皆資料としての收錄より省きて除外したり。

○朝鮮の風俗は李朝初期より世宗の頃迄を以て高麗朝との間に一エポックを爲すものなり。則ち高麗に於ては比較的自由さのありし男女關係及土俗信仰、佛教・道教の崇拜・年中行事、等・等ローカルカラーの濃厚なるものありしを、李朝に至り夷を華に化すべく儒教立國の本旨より力めて破壞して革風を試みたり。而して此仕事の稍完成したるは中宗時代なりとす。仍て這般裡の變遷經過を觀るべき資料は可成多く採錄せり。

○千遍一律の同一事項を漏さず列錄するは、却て雜駁となり索引たるの本旨を沒却するを考慮し、或る時代以降其の事が一定の型に出來上りしものは、前と異れるものゝ外は之を省刪したるものあり。例之は國の祭祀王室の吉凶禮・孝子節婦關係等等の如し。

○本書刊行に續いて姉妹編として高麗以前の事を日支鮮の文獻より拔萃せる風俗資料及李朝雜書よりの同一拔萃撮要を

發刊するの豫定なり。相互參照せらるべし。

○編中に出たる難解字句及讀み誤られ易き熟字は編末に注解を付せり。猶ほ併せて近日本院發刊の大典會通の注釋をも參考とせらるべし。

編　者　識

目錄

太祖……一頁—一三頁
定宗……一三—一六
太宗……一七—七〇
世宗……七一—二〇九
文宗……二一〇—二二三
端宗……二二三—二三四
世祖……二三五—二六八
睿宗……二六九—二七六
成宗……二七七—三七九
燕山君……三八〇—四一六
中宗……四一七—四九四
仁宗……四九五—四九七
明宗……四九八—五二三

目次

宣祖……五二四—五七二
宣祖(改修)……五七三—五七九
光海君……五八〇—六一六
仁祖……六一七—六四四
孝宗……六四五—六五四
顯宗……六五五—六七三
肅宗……六七四—七二二
景宗……七二三—七二五
景宗(修正)……七二六—
英祖……七二七—七七五
正宗……七七六—八〇二
純祖……八〇三—八一八
憲宗……八一九—八二三
哲宗……八二四—八二八
高宗……八二九—八五一

太祖實錄 卷一

事項	年代	記事	出典
飲水傳說	元至元年間	○翼祖疾走シテ水ニ渇ス、女人之ニ水ヲ飲マシム。（朝鮮ニハ英雄傑士ニ關スル此種ノ傳說多シ）	二ウ
穴居	年代不明	○翼祖赤嶋ニ陶穴シテ一時居住ス。	三オ
產兒祈願		○翼祖ノ後妻崔氏洛山觀音窟ニ子ヲ祈リ度祖ヲ生ム。	三オ
夢龍傳說		○白龍度祖ニ黑龍ノ害ヨリ救ヲ求ムルヲ夢告ス。度祖黑龍ヲ射テ斃ス。	三ウ
鵲蛇傳說		○度祖二鵲ヲ射ル、大蛇出デ、之ヲ他樹ニ置ク。	三ウ－四オ
擊毬	恭愍王年代	○衣冠ノ子弟擊毬ヲ習ウ。（擊毬ノ方法詳シク出ヅ）	六ウ－七オ
海寇祭天		■○海寇熾ナリ全羅ニ來寇ノ者、女兒ノ髮ヲ剃リ腹ヲ剖キ洗淨米酒天ヲ祭ル。	一四ウ
綵棚雜戲	辛禑六年八月	○崔瑩百官ヲ率ヒ綵棚雜戲ヲ設ケ太祖ノ戰捷ヲ班迎ス。	一六ウ
除服出征	同八年八月	○太祖ハ李豆蘭ノ持服家ニ在ルヲ脫喪從軍セシム。	一七ウ
托佛誅求		○遊手ノ僧無賴ノ人等反同ト稱シ權勢ノ書狀ヲ冒受シ佛事ニ托シ列郡ヨリ米布ヲ誅ボス。	一八オ
蒙古服		○辛禑洪武ノ年號ヲ止メ又胡服ス。	二二オ
童謠		○童謠アリ木子國ヲ得ルト。老少之ヲ歌フ。	二二ウ
巫ノ豫言	恭讓王四年（壬申）三月	○太祖海州ニ畋ス、巫アリ王ノ落馬スルコトヲ豫言ス、果シテ然リ。	三四オ
金尺神授傳說	元年（壬申）七月	○太祖潛邸ノ時神人金尺ヲ執テ降授スルヲ夢ム。	三八ウ
岩石讖書		○同智異山中ノ岩石ニ讖書ヲ得。	三八ウ－三九オ
巫佛排斥		○司憲府ハ佛法ノ革去及巫女ヲ斥クルコトヲ上䟽ス。	四一ウ－四二オ

太祖元年

八關燃燈	八月	○都堂ハ八關燃燈ヲ罷ムルヲ請フ。	五一オ
釋奠		○藝文、春秋館大學士ニ命ジ釋奠ヲ文廟ニ行フ。	五一ウ
國行祀典		○禮曹典書ハ宗廟、籍田、山川、社稷、城隍、釋奠、檀君等ノ祀法ヲ定メ圜丘ハ僭禮ナルニヨリ之ヲ罷メ法席醮祭等前弊ヲ革メンコトヲ請フ。	五二オ
		○高麗太祖ノ像ヲ麻田ニ移ス。	五一ウ
		卷二	
淫祀禁斷	九月	○大司憲南在ハ祀典載スル所ノ理トシテ祭ニ合スル外淫祀禁斷ヲ上言ス。	五オ
右同		○都評議司ハ私人ノ祭ハ家廟ヲ立テシメ庶人ハ其ノ寢室ニ於テ先代ヲ祭ラシメ淫祠禁斷スベキヲ上言ス。	五オ―六オ
喪祭勵行 白丁檢束 崇佛排斥		○右同兩班婦女ノ父母、親兄弟姉妹、親伯叔、舅姨ノ外相往クヲ禁ジ。喪中在殯ノ時主喪ハ外出セザルコト。才人禾尺ヲ土着セシムルコト。寺社ヲ營ミ佛書ヲ印スル等ノコトヲ禁ズルヲ上言シ王之ニ從フ。	同
盟神審約		○王ハ開國ノ功臣世子等ト共ニ皇天、后土、松嶽、城隍ノ神ニ盟フ。	七オ
相地建廟 風水思想		○王ハ書雲觀ニ宗廟ノ基地タル吉地ヲ選バシム。	七オ―ウ
宗廟破棄		○前朝ノ宗廟ヲ毀チ其地ニ新廟ヲ造ル。	一〇オ
道教祭祀	十一月	○禮曹ノ啓ニ依リ道家ノ祭ヲ簡ニシ且其二三ノ外ヲ革去ス。昭格殿ハ存ズ。	一一オ
內庭擊毬		○王ハ内庭ニ擊毬ス。	二二ウ
宗廟剏建 淫祀禁斷		○都評議司ハ宗廟ヲ立テ淫祀ヲ禁ゼンコトヲ請フ。	一五オ―ウ
衣冠ノ制		○朝服冠帶ノ制ヲ定ム。	一六ウ

卷三

胎室	二年（癸酉）正月	○胎室ノ地ヲ全羅ニ證考セシム。胎室ヲ完山府珍同ニ安ンズ。	一オ
軍神祭祀		○纛神ヲ祭ル。	二オ
山川神號		○名山、大川、城隍、海嶋ノ神ヲ祀リ且侯、伯、護國等ノ神號ヲ封ス。	二オ―ウ
僧徒緣化ノ禁		○僧徒ノ緣化願文ヲ禁ズ。	二ウ
風水思想	二月	○王ハ鷄龍山ニ幸シ新都ノ形勢ヲ見ル。	三オ
右同		○書雲觀ト風水學人等ハ宗廟、社稷、宮殿、朝市ノ形勢ヲ視ル。	三ウ
結綵儺禮		○結綵儺禮王ノ鷄龍山ヨリ歸ルヲ迎フ。	四ウ
讀經消災		○宿衛ノ士卒ニ命ジ衆經消災ノ呪文ヲ誦セシム。	同
誦經巡街	三月	○前朝ニ倣ヒ此月城中街巷ニ福田諷經ヲ行フ。	五ウ
學童上寺		○五部ノ學童ノ寺ニ寓スルヲ止ム。狂童佛寺ヲ汚染セシニ因ル。	六オ
石戰	四月	○王ハ石戰ノ戲ヲ見ル。	七ウ
宦官淫行	六月	○內竪（宦官）李萬ヲ誅シ世子嬪柳氏ヲ黜ク。其ノ理由ヲ發表セズ。	一二ウ・一三オ

卷四

救食	七月	○日食アリ王ハ素服ス。	一オ
城中建刹 忌辰供養		○廣明寺ヲ城中ニ置ク。皇祖妃ノ忌辰ヲ以テ停朝シ僧五百ヲ同寺ニ飯ス。	二ウ
讖諱ノ説	九月	○書雲觀ハ道詵記ノ中ニアル讖說、王氏ノ松都五百年云々トアルヲ上言ス。	七オ
風水思想	十月	○王ハ書雲觀ヲ召シテ闕內移幸ノ吉地ヲトセシム。	一一オ

武樂		○典樂署ニ武工房ヲ置キ、武樂ヲ肄習セシム。	一一オ
擊毬		○王ハ擊毬ス。	一一ウ
武樂		○慣習都監ハ、夢金尺等ノ新樂ヲ進ム。	一二オ
星變祈禳		○星變ニヨリ消災ノ道場ヲ設ク。	一二オ
仙術		○左散騎常侍ハ仙術ヲ學バンコトヲ請フ允サズ。	一二オ
揖拜ノ禮		○各司ヲ壽昌宮ニ會シ朝廷揖拜ノ禮ヲ行ハシム。	一三オ
風水思想	十二月	○風水說ニ依リ鷄龍山新都ノ役ヲ罷ム。河崙ノ上言ニヨル。	一四オ
巫娼僧尼排斥思想		○巫覡、倡妓、僧尼ノ子孫ニシテ官爵ヲ受ケ居ル者ニ田ヲ給セザルコト、ス。	一四オ—ウ
		卷五	
	三年（甲戌）		
星變祈禳	正月	○法席ヲ設ケ星變ヲ禳フ。	一オ
人日賀禮		○七日王ハ壽昌宮ニ人日ノ賀禮ヲ受ク。	一オ
禁酒		○禁酒ノ令ヲ行フ。	一ウ
盲卜		○王氏ハ國家ノ安危ヲ以テ盲人ノトニ問ヒタリ。	二オ
相地遷都 風水思想	二月	○侍中趙浚等ハ書雲觀ノ員吏ヲ率ヒ地理秘錄撮要ヲ賚シ、遷都ノ地ヲ母岳ノ南ニ相ス。	六オ
新都之議 風水思想	三月	○新都タルベキ母岳ノ南地ニ付テ議論アリ。王ハ親覽セントス。	九ウ・一〇オ—ウ
擲石軍	四月	○擲石ノ戲ヲ爲ス者ヲ募ッテ擲石軍ヲ城中ニ作ル。	一七オ
追獻火者		○明ノ欽差內史來ル。一行中ニ朝鮮ノ閹人多シ。	一七ウ
雜祀廢罷		○經費節減ノ爲祀典ニ載セザル祭、雜祀ヲ罷ム。	一八オ

事項	月	記事	出典
石戰	五月	○王ハ石戯ヲ見ル。	二〇オ
祈雨		○佛宇神祠ニ雨ヲ祈リ且市ヲ徙ス。	二〇オ
		巻六	
衣服奢侈ノ禁	六月	○衣服ノ奢侈ヲ禁ズ。	一オ
山海ノ祭		○明ヨリ内史ヲ遣ハシ來リ海岳山川ヲ祭ル。	二ウ
禁酒		○豐年ヲ限リ禁酒ノ令ヲ弛メシヲ更ニ申禁ス。	四ウ
衣服婚姻奢侈ノ禁		○金屬、衣服ニ關スル奢侈ノ禁令。並婚姻ノ時ノ調度各品職ニ依ラシム。	五オ
風水思想		○新都豫定地母岳下ノ地ニ付テ更ニ吉地ヲ相セシム。	五オ
山陵祭祀		○東北面四代ノ山陵ヲ祭ル。	五ウ
風水思想	七月	○遷都ノ地ヲ相ス。	五ウ
右同		○地理ノ學未ダ明カナラズ陰陽刪定都監ヲ置ク。地理書ヲ集メテ刪定ス。	六オ
群烏不祥	八月	○群烏ノ翔集ヲ以テ變トナス。	九ウ
風水思想		○上ハ母岳遷都ノ地ヲ觀ル。	一〇オ
右同		○王ハ諸臣ニ命ジ遷都ノ地ニ付テ上書セシム。	一一オ—一二オ・一二オ—一三オ
圜壇祭祀		○圜丘ノ祀ヲ典ニ裁セ圜壇ト改ム。	一三ウ
國師僧	九月	○天台ノ僧ヲ國師ト爲ス。	一四ウ
宗廟基地		○漢陽ニ宗廟ノ基ヲ定ム。	同
金銀彩緞ノ禁	十月	○金銀彩緞ノ禁ヲ申嚴ス。	一五ウ
大平簫		○女眞人太平簫ヲ吹ク。西北面都節制使ヨリ來投者トシテ執送シ來リシ者也。	同

事項	年月	記事	出典
風水思想	十一月	○漢陽ニ遷都ス。	一六オ
壽陵相地		○王ハ木寺洞ニ壽陵ノ地ヲ相ス。	一六ウ
風水思想	十二月	○百官ヲ毋岳ニ會シ都タルベキ地ヲ相ス。	一八ウ
皇天后土		○王ハ皇天后土ノ神ヲ祭リ以テ遷都興役ノ事ヲ告グ。	一八オ
五方祀神		○同上五方ノ地祇ヲ祭ル。	一九オ
風水思想 佛教制限		○曹溪宗談禪ノ法ヲ罷ム。其法ハ松都地理ノ爲メニ設ケタルモノ也。	一九ウ
鷹狩ノ禁		○各道軍官ノ放鷹ヲ禁ズ。	一九ウ
妖言惑衆		○民間ニ訛言アリ。國ニ白色ノ鷄、犬、馬ヲ畜フコトヲ禁ズト。	二〇ウ
	四年（乙亥）	卷七	
山陵祭祀	正月	○東北面ノ諸陵ヲ祭ル。	一オ
妖言者ノ析刑		○水京ノ記官戶長等ヲ斬ル。白色ノ犬馬鷄羔ノ禁アリトノ妖言ヲ造リシニ由ル。	一オ
家基制限		○開城府各品官家基ノ負數（面積）ヲ制定ス。	二オ
社稷壇		○社稷壇ヲ營ム。	四オ
水陸齋	二月	○前朝ノ例ヲ襲套シ水陸齋ヲ春秋ニ於テ見岩寺、三和寺ニ設ク。前朝王氏供養追善ノ爲也。	五ウ
社稷壇	三月	○西峰下ニ社稷壇ヲ築ク。	六オ
風水思想		○王ハ果州ニ壽陵ノ地ヲ相ス。	六オ
鷹獵		○鷹坊ヲ漢江ニ營造ス。	六オ
溫泉浴		○王ハ溫泉ニ幸ス。	七オ・七ウ・九オ

佛誕張燈	四月	○開城ニ觀燈ス。	八オ−ウ
酒禁		○大司憲ハ宮中ノ女樂及駕前ノ女樂ヲ罷メンコトヲ上言ス。	九−ウ
女樂排斥		○憲司ノ啓ニヨリ神事ト必要ナル宴ノ外會飲群飲ヲ禁ス。	一〇ウ
四禮制定	六月	○冠婚喪祭ノ禮ヲ詳定ス。	一三ウ
家廟喪制 火葬ノ禁		○三年ノ喪及家廟ノ制ヲ申明シ三日葬及火葬ヲ禁ズ。	一四オ
		卷八	
馬肉食用	七月	○濟州歲貢ノ乾馬肉ヲ罷ム。	一オ
祭服制定		○祭服ヲ定ム。	一ウ
棺材豫備	八月	○長生殿ヲ營ム。（棺槨收藏ノ司）	二ウ
風水思想		○王ハ壽陵ノ地ヲ廣州ニ相セシム。	二ウ
老人優遇		○年七十以上ノ者ニ米ヲ賜フ。	三オ
橡實備荒		○橡實ヲ拾ヒ凶ニ備ユ。	四オ
山ノ祭		○白嶽ノ山壇ニ祭ル。	五オ
鎭護山神	九月	○東山ヲ封シテ護國ノ神トス。	五オ
孝子節婦		○各道ノ孝子節婦等ノ門閭ニ旌表ス。	五オ
太廟新宮 落成		○太廟及新宮成ル。（其構造ノ記アリ）	六オ−七オ
女樂歌謠	十月	○王ハ親祭シテ太廟ヨリ還ル。典樂署ハ女樂、歌謠、呈才ヲ進ム。	八オ
宮殿命名		○鄭道傳ニ命ジテ新宮諸殿ニ名ク。	九オ−一一オ
雷變法席		○王ハ冬雷ヲ以テ金經ノ法席ヲ設ク。	

文廟營建		○文廟ヲ營ム。	一二オ
私鷹ノ禁		○養鷹、贈鷹ヲ禁ズ。	一二オ
右同	十一月	○各道ニ鷹子私贈ノ禁ヲ申明ス。	一三オ
祭樂制定		○宗廟、社稷、圜丘、文宣王等ノ樂章ヲ改ム。	一三ウ
擊毬		○王ハ擊毬ヲ觀ル。	一五オ
官吏ノ娶妻ト離緣	十二月	○品官ノ娶妻並離異ハ王ニ請フテ決ス。	一五オ
女眞同化		○西北ノ女眞ハ俗ヲ革メ國人ト相婚ス。	一六ウ
陵祭		○東北面ノ諸陵ヲ祭ル。	一七オ
淫祀ノ禁 家廟獎勵 雞豚飼養 寺婢制限 白丁		○各道ニ移牒シ淫祠ヲ革メ家廟ヲ立ツルコト。鷄豚ヲ畜シ養老病祭祀ニ供スルコト。僧寺ノ役婢倂ヲ執ルコト及才人禾尺ノ流移ヲ禁ズルコト等ヲ申明セシム。	一七ウ
山岳封典		○白岳、南山ヲ封シ卿大夫士庶ノ祭ルヲ得ザラシム。	一七ウ
五年(丙子)		卷九	
開基祭神	正月	○都城開基ヲ以テ白岳及五方神ヲ祭ル。	一オ
道教		○昭格殿ヲ營造ス。	一オ
消災道場		○僧徒ヲ集メ二七日消災ノ道場ヲ內殿ニ設ク。	一ウ
禁油蜜果		○油蜜果ヲ用ユルヲ禁ズ。	一ウ
娼妓入宮		○娼妓宮中ニ出入ス。(事世子ニ係ル)	二オ
舍利	二月	○佛骨舍利ヲ松林寺ヨリ取來ル。	二ウ
水陸齋		○水陸齋ヲ城門外ニ設ク。都城築造ノ役ニ死シタル者ノ爲也。	三オ

温泉行幸	四月	○王ハ忠淸道温井ニ幸ス。	三ウ
壽陵		○王ハ幸州ニ壽陵ノ地ヲ相ス。	五オ
禁酒		○旱ニヨリ禁酒ヲ令ス。	五オ
黃服之禁 鞦韆之禁		○黃色ノ服及鞦韆ノ禁ヲ嚴ニス。	九オ
禁酒解罷	六月	○禁酒ノ令ヲ罷ム。	一〇オ
明使淫行		○明ノ使臣密カニ娼妓ヲ宿所ニ納ル。	
		卷十	
救病祈佛	七月	○顯妃病ム。僧ヲ集メ內殿ニ禱佛ス。	一オ
葬喪記事	八月	○顯妃薨ズ。小斂、移殯、行喪。王ハ白衣其陵地ニ行ク。	三ウ
禁酒 禁鷹獵		○酒ヲ禁ジ鷹獵ヲ禁ズ。	四オ
風水思想		○王ハ故妃ノ葬地ヲ相ス。	四オ
講武祀神	十一月	○三軍府ハ上疏シテ講武獲禽春秋京ハ宗社ヲ外方ハ州ノ方社ノ神ヲ祭ルコトトス。	一〇オ
	六年（丁丑）		
		卷十一	
	正月	○一日百官ヲ率ヒ、明帝ノ正旦ヲ賀ス。（以下毎年ノ此記事略ス）	一オ
喪製	正月	○神德王后ノ殯殿ニ澆典ヲ行フ。同啓殯祭ヲ行フ。同王后ノ殯祭、白衣黑帶トス。	一オ
風水思想	三月	○王ハ術士ノ言ニヨリ敬妃ノ陵ヲ遷ス。	八ウ
草笠		○王ハ左政丞等三人ニ草笠ト玉纓子ヲ賜フ。	八ウ
家廟	四月	○諫官ノ上言ニヨリ士大夫ニ家廟ノ制ヲ施行セシム。	一二オ

救月食	五月	○月食アリ王ハ素服救食ス。	一三ウ
寡婦斷髮		○夫死シ斷髮再嫁セザル女アリ。	一四オ
星變祈禳		○星變アリ禳災ノ法席ヲ設ク。	一四ウ
市		○京市署ハ請フテ日中市ヲナス。	一四ウ
石戰		○王ハ石戰ヲ觀ル。	一四オ
		卷十二	
僧侶淫行	七月	○僧侶女ヲ奸シ、又奴婢ヲ法孫ト稱シ弟子ニ傳フ。王ハ此弊ヲ除カントス。	一オ
擲石軍		○擲石軍ヲシテ船ニテ海寇ヲ捕ヘシム。	一ウ
右同	八月	○擲石軍乘船演習。王ハ龍山ニ幸シテ之ヲ見ル。	四ウ
道敎祭殿		○太一殿ヲ罷メ昭格殿ニ合ス。	五オ
禳災法席	十一月	○興天寺ニ禳災ノ法席ヲ設ク。	七ウ
	七年（戊寅）	卷十三	
娼妓封爵	正月	○王ノ嬖セシ元金海ノ妓七點仙ヲ封ジテ翁主トス。	一オ
藏氷		○氷ヲ藏ス。	一ウ
號牌		○都評議司ハ號牌ノ法ヲ行ハンコトヲ請フ。遂ニ行ハレズ。	二オ
內願堂		○內願堂主祖生五臺山ヨリ來ル。	二ウ
願堂		○王ハ興天寺ノ願堂ニ幸ス。	二ウ
星變祈禳		○支天寺ニ星變ヲ禳ウ。	二ウ・四ウ

除服出仕	二月	○諫官ノ啓ニヨリ起復ノ制ヲ嚴ニス。	三オ
三年ノ喪		○三年ノ喪ヲ申明ス。	三オ—ウ
女子男裝		○元庠ノ女ハ男服シテ王ノ駕ニ従フ。	七オ
鑄鍾祭神	三月	○鍾成ル。白岳木覔ヲ祭ル。	九オ
僧ノ禁酒	四月	○僧統ノ上言ニヨリ僧ノ飲酒ヲ禁ジ犯ス者ハ長髮セシム。	一二オ
女服ノ覡		○妖人ヲ誅ス。女服シテ覡トナリ民ヲ惑ハセシニ由ル。	一二オ
祈雨		○新鑄ノ鍾ヲ鍾樓ニ懸ク。	一二オ
時鍾成ル		○宗廟、社稷、圓壇及諸湫ニ雨ヲ祈ル。	一二ウ
		卷十四	
祈雨	五月	○旱ニヨリ雲雨經ヲ興福寺ニ講ズ。	一オ
祈禳松蟲		○松枯ル。祈禳ノ法席ヲ蓮花寺ニ設ク。	一オ
擲石ノ戯		○王ハ南門ニ擲石ノ戯ヲ見ル。死傷多シ。	一ウ
咀呪	閏五月	○中和郡咀呪ノ人四人誅ニ伏ス。	六ウ
開福神醮		○王孫生ル。開福神醮ヲ設ケ世子殿南門ニ禮ス。	六ウ
時鍾		○更漏ヲ鍾樓ニ置ク。	七オ
咀呪		○成州人任文和妻子八人咀呪ノ事覺ハレ誅ニ伏ス。	九オ
除服出仕		○禮曹ノ啓ニヨリ父母三年喪内起復ノ人ノ服裝ヲ定ム。	九ウ—一〇オ
僧ノ酒犯	六月	○僧ノ飲酒發覺シ還俗充軍セシム。	一二ウ
木綿傳來		○文益漸卒ス。（木綿ノ種ヲ傳來栽培シテ織造セシ記事アリ）	一四ウ

雜伎彩棚		○明ノ使臣來ル、雜伎彩棚シテ迎逢ス。	一五ウ
衣服ノ制	七月	○憲司ノ上書ニヨリ男女黃色、灰色、素縞ノ衣ヲ禁斷ス。	一六オ
盂蘭盆齋		○盂蘭盆齋ヲ興天寺ニ設ク。	一七ウ
星變祈禳	八月	○星變アリ解怪祭ヲ峯山ニ設ク。又金經消災道場ヲ行フ。	一九オ
佛齋		○三聖齋ヲ釋王寺ニ行フ。	一九ウ
天變祈禳		○天變地怪アリ。金剛山表訓寺、五臺山上元寺、釋王寺、昭格殿等ニ法席醮祭ヲ設ク。	一九ウ
		卷十五	
素膳內膳	九月	○上王（太祖）ハ芳碩（太宗ニ殺サル）ノ爲ニ素膳ス。都評議司肉膳ヲ進ム。	二ウ
畫像奉安		○神德王后ノ影ヲ貞陵（附屬ノ寺）ニ移安ス。	二ウ
梟噿不祥	十二月	○鵂鶹北園ニ鳴ク。上王北凉亭ニ移居ス。	三オ
禁殺牛馬		○牛馬ヲ殺スヲ禁ズ。	一一オ
兩親忌日行祭ノ令		○禮曹ノ上言。前朝父母ノ忌日ニ忌齋戒行祭セズ唯以テ僧ニ飯ス。爾後ハ忌日前一日肉ト茹葷ヲ食ハズ酒ヲ飲マズ致齋別寢（男ト女トコト）シ忌日ニ至リ行祭セシメン。王之ニ從フ。	一一ウ
宰相祭山		○知經筵事ハ宰相ノ名山ヲ祭ルノ非ナルヲ言フ。	
父母忌日酒歌ノ禁		○父母ノ葬日香徒ヲ集メ飲酒歌吹スルヲ禁ズ。	一三ウ
宴卓造花		○公私宴享細苧ヲ用ヰテ造花スルヲ禁ジ紙ヲ染メテ造花トセシム。金銀水銀ノ使用ヲ禁ズ。	一三ウ

定宗實錄　卷一

	元年（己卯）		
三年ノ喪	正月	○三年ノ喪制ヲ守ラサル者ヲ料理ス。	三ウ
喪中娶妻		○母ノ喪中釋服シ妻ヲ娶リシ者ヲ臺諫ヨリ劾ス。	三ウ
擊毬		○擊毬ヲ行フ。	三オ・三ウ・四オ・四ウ・八オ
宦官有秩	二月	○門下府ハ上疏シテ閹人ノ官秩ヲ汰スルヲ請フ。	五オ
烏鵲ノ變		○群烏北園ニ聚リ鵲勤政殿ニ巢フ。書雲觀ハ災屢見ルルヲ云フ。	六オ
道士行呪	三月	○行在ニ出入ノ道流ノ僧ヲシテ振鐸シテ呪セシム。	七オ
僧民戸ニ入ルノ禁		○僧徒ノ民戸ニ入ルヲ禁ズ。前朝ノ時之レニヨリ婦女ヲ奸犯セシニ依ル。	七オ
讀經巡街		○禮曹上書シ閭里ノ讀經ヲ罷メンコトヲ請フ。（王命ニヨリ官ハ僧ヲ領シ讀經シツヽ周行スルナリ）允サズ。	八オ
擊毬	四月	○王ハ擊毬ヲ行ヒ氣體ヲ養ハントス。	八オ
安胎		○金山ニ安胎シ縣ヲ郡ニ陞ス。	九ウ
擲石擊毬		○王ハ擲石ノ戲ヲ見ル。王ハ殿庭ニ擊毬ス。	一〇オ
及第恩宴		○新及第ニ恩榮ノ宴ヲ賜フ。	一〇オ
前朝王廟		○廟ヲ麻田縣ニ建テ前朝太祖及七王ヲ祭ル。	一〇オ
打毬	五月	○打毬ノ戲ヲ罷メンコトヲ門下府上疏ス。	一一オ・一二オ
準近親姦		○安純ハ妻ノ亡兄ノ妾ヲ奸シ正妻ヲ疎ンジ婢妾ヲ愛セシ事ニ付彈劾セラレ職ヲ罷メラル。	一二ウ
右同　王子妓妾		○大司憲趙璞ヲ利川ニ放ツ。父ノ嘗テ奸セシ妓ヲ容レシニ由ル。（芳碩芳蕃等ニ妓妾	一二ウ

事項	月	記事	出典
		アリシ事ノ記事アリ）	
賤人ニ田ヲ給ス	六月	○司憲ハ公私賤口、巫覡、倡妓、工商、僧尼、賣卜、盲人ニ田ヲ受クルヲ許サザリシ田法ノ文アリシヲ言フ。	一五ウ
人妻淫行		○金仁贊妻李氏、李元景妻權氏ヲ囚フ奸通ニ由ル。	一五ウ—一六オ
人糞ヲ人ノ口ニ入ル 人妻淫行		○郭忠輔交州ニ兵官ノ時一道ヲ脅シ良家女子ヲ奪テ妾トナス。人糞ヲ人妻及人ノ口ニ入ル。外ニ閨門紊亂ス。人妻ニシテ淫行アル者ヲ取調ベ各杖刑ス。	同
		卷二	
災變祈禳		○天災地怪ニヨリ祈禳ノ道場ヲ設ク。	一ウ
三ツ兒祥兆	七月	○鷄林ノ婢、咸陽ノ禾尺共ニ一生三男。書雲觀ハ古文ニ稽ヘ三年ヲ過ギズ外國來朝ノ兆ナリト云フ。	三ウ
擊毬		○王ハ擊毬ス。	六オ
海變祈禳		○慶尚道ノ海水赤ク水族盡ク死ス。通度寺ニ道場ヲ設ケ之ヲ禳フ。	六オ
飲宴ノ禁		○公私宴飲ヲ禁ズ。	七オ
梟鳴不吉		○鵂鶹每夜殿上ニ鳴キ又鳶ト鬪フ、僧ヲ集メ讀經之ヲ禳フ。	七オ
屠牛ノ禁	八月	○屠牛ノ禁ヲ申明ス。	七オ
擊毬	十月	○王擊毬ヲ爲ス。	一三ウ
鷹免許證	十一月	○鷹牌ヲ作リ無牌ノ者ヲ料理ス。	一六オ
	二年（庚寅）	卷三	

神涜	正月	○王ノ言。長湍ノ妓五六人腹病紺獄ニ祈リ一妓ニ神降アリ虚ト言フベカラズ云々。	一オ
佛汗祈禳		○興國寺ノ金人汗ヲ出ス。道場ヲ設ケテ之ヲ禳フ。	二オ
災異祈佛		○書雲觀ハ災異之譴ヲ佛ニ禱ルノ非ナルヲ上言ス。	二オ―ウ
文廟大牢		○門下府ハ春秋二丁日文宣王ノ祭ニ大牢ヲ用ヰシヲ効ス。	四オ
石戰		○靖安公ノ言、石戰ノ射ヨリ利アル例ヲ述ブ。	五ウ
召巫問卜		○靖安公夫人巫女ヲ召シテ戰ノ勝否ヲ問フ。又大陽空ニアリ兒（定宗）其中ニ坐スルヲ夢ミ之ヲ巫ニ問フ。	七オ
救日食	三月	○日食アリ王ハ素服伐鼓之ヲ救フ。	一三ウ
祀先蠶		○初メテ先蠶ヲ祀ル。	一三ウ
		卷四	
佛誕燃燈	四月	○門下府ハ八日燃燈之設ヲ止メンコトヲ請フ報ゼス。	二オ
石戰	五月	○王ハ石戰ヲ觀ル。	九ウ
		卷五	
助婚葬	七月	○宥旨ヲ頒降ス。貧者ノ助婚、葬埋ヲ助ク。	七オ
賤人禁騎騎牛		○賤隷騎馬之禁ヲ立ツ。前ニ工商、賤隷、牧竪、樵童及孝服ノ人乘馬騎牛ヲ得ザラシム。	八ウ
烏梟禳追		○僧ヲ邀ヘテ群鴉鵂鶹ヲ禳ウ。	一一オ
學生上寺		○寺ニ於テ學生ノ學ブヲ罷ム、僧ノ啓三寶ヲ破染スト爲スニ由ル。	一一オ―ウ

擊毬		○王ハ殿庭ニ擊毬ス。	一一ウ
		卷六（以下本卷及太宗實錄ノ文中王トアルハ太宗ナリ、上王トアルハ定宗ナリ、太上王トアルハ太祖ナリ。）	
右同	十月	○王ハ擊毬ス。	一オ
宦官願佛	十一月	○仁王佛ヲ內願堂ニ移ス。仁王佛ハ宦官等ノ願佛ナリ。	六オ
神佛制限		○政府及禮曹ニ命ジ神佛ヲ除クコトヲ議セシム。	七オ
道教信仰 里社祭祀	十二月	○王ハ昭格殿ヲ忽ニスベカラザルコト、民俗ノ信仰ヲ奪フベカラザルコト及古制里社ノ法ヲ立テ祭ラシムルノ意見ヲ言フ。	一〇ウ
術數書禁		○術數ノ圖籍ヲ禁ズ。	一一ウ
巫佛排斥		○禮曹ヨリ佛事淫祀ヲ罷ムルノ上言アリ。	一二オ

太宗實錄　卷一

龍ノ出現	元年（辛巳）	○太宗松都ノ潜邸ニ在ルノ時白龍ヲ見ル。	一ウ
佛教改革 田奴沒收	正月	○門下府ハ上書シテ五教兩宗ヲ改メ各其社土田奴婢ヲ公ニ屬スルヲ請ヒ之ヲ允ス。	四ウ
厲祭始行		○門下府事權近ハ上疏シテ厲祭ヲ始行センコトヲ請フ。	八オ
井變祭祀		○演福寺ノ井水湧ク。王ハ使ヲ遣シテ之ヲ祭ル。	一〇オ
山棚儺禮	二月	○明ノ使臣來ル。山棚、結綵、儺禮ヲ設ク。	一二ウ
妓生獨占		○李朝ヲ私莊ニ安置ス。上妓ヲ匿シ使臣ノ禮宴ニ出サザリシニ因ル。右司憲府ノ上疏ニ由ル。	一三オ
川變祈禳		○永興府ノ川水竭ク。王ハ使ヲ遣ハシ設祭之ヲ禳ウ。	一四オ
誓盟歃血		○王ハ馬巖壇ニ於テ功臣ト血ヲ歃テ同盟ス。	一四ウ—一五オ
明使淫行 妓生乘馬		○使臣顯ノ咸鏡ニ於ケル愛妓ヲ禮曹ヨリ召ス。乘馹シテ來ル。	一五ウ
禁酒		○禁酒ノ令ヲ下ス。民力ヲ休メントスル也。	一五ウ
喪中赴試ノ禁		○命ジテ服喪三年中試ニ赴ク勿ラシム。	一七ウ
禁酒		○禁酒ノ令ヲ下ス。	
喪中赴任ノ罪	三月	○父ノ喪中ニ赴任セシ東萊兵馬使ヲ罷ム。	一九ウ
盧墓三年	閏三月	○崔益漸ノ子ハ父母ノ喪共ニ盧墓三年。特ニ之ヲ叙用ス。	二〇ウ
排佛意見		○大司憲柳觀等ハ僧徒ノ沙汰ヲ請フ、王モ内心之ヲ罷メントス。太上王ヲ憚リテ行ハズ。	二二ウ—二三オ
綵棚百戲 獻歌謠	四月	○王還宮ス。留司群臣ハ山棚、結綵、儺禮、百戲ヲ設ケ崇仁門外ニ迎フ。成均館生	二三ウ—二四オ

		徒、敎坊娼妓等歌謠ヲ獻ズ。	
淫祀削減		○國ガ祭祀セル淫祀ヲ滅ズ。巫覡ヲ用ヰシモノナリ。	二四ウ
黃色ノ禁		○黃色ヲ禁ズ。	二四ウ
祈雨		○大臣ヲ分遣シ雨ヲ開城大井、朴淵、德津、宗廟、社稷ニ禱ル。	二五オ―二六オ
右同		○雨ヲ雩祀、圓壇、社稷ニ禱リ、又巫女ヲ聚メテ禱ル。	二七オ
下等酒家		○酒母ノ家ニ入リ妓ト飲酒セシ前少監ヲ流ス。	二七ウ
馬肉食用	五月	○濟州ニ命ジ乾馬肉ヲ進メザラシム。	二七ウ
石戰		○五月五日ニ石戰ノ人侍史ヲ傷ク。	二八ウ
星祭		○北斗醮禮ヲ昭格殿ニ行フ。	二九オ
白衣ノ禁		○白色ノ衣服ヲ禁ズ。	二九ウ
山棚儺禮	六月	○明ノ使臣來ル。山棚結綵ヲ設ケ儺禮百戲ヲ備ヘテ待ツ。	三一オ
葬前石物 油蜜果		○觀察使鄭符ノ妻ノ母死ス。知楊州事金澍爲メニ民ヲ役シ、石人石獸ヲ造リ及葬祭ニ油蜜果ヲ用ユ。本件ニ依リ劾セラレ職ヲ罷ム。	三三ウ

卷二

鷹免許證	七月	○無牌ノ鷹ヲ禁ズ。	一オ
道教ノ祭	八月	○國行醮祭ヲ整理シ其祭文奠物ヲ定ム。	七ウ
山棚	九月	○山棚等ヲ設ケ前例ノ如ク明ノ使臣ヲ迎フ。	九ウ
明使昵妓		○明使王ニ請ヒ狎妓ト相見ル。妓泣キテ發狂ス。	一一ウ
宮內佛堂		○太上王ノ宮室ニ小佛堂ヲ構フ。	一一ウ

安胎	十月	○京山府ニ安胎ス。	一三ウ
明使溺妓		○明ノ使タル馬ノ押送監劉敬還ル時王ニ請ヒ妓ヲ隨ハシム。	一五オ
家廟勵行	十二月	○司憲府ハ家廟ノ法ヲ嚴ニスベキヲ上疏ス。	二一ウ—二三オ
排佛思想		○知陝州事尹穆ハ夢溪寺ノ法席ヲ毀チ儲穀三百石ヲ鄕校ニ給シ罪ヲ問ハル。	二四オ
籍田先蠶ノ樂章		○籍田ノ法ヲ更定シ日ヲトシ行祭ス。且籍田、先蠶ニ樂章無キヲ以テ製作ス。	二七オ—ウ
沈霧祈禳		○太一ノ醮ヲ行ヒ、大寒小寒ノ沈霧ヲ禳ウ。	二七ウ
	二年（壬午）	卷三	
王嬪ノ數	正月	○王ハ禮曹ニ命ジテ妃嬪侍女ノ數ヲ定メントス。妃ノ性妬ナルニヨリ王ハ公定シ嬪御ニ備ヘントスルニ因ル。	三ウ
山崩祈禳		○太上王ノ留宿セル逍遙山崩ル。書雲觀ヲ遣ハシ之ヲ禳ウ。	四オ
設齋放鳥		○上王ハ華藏寺ニ幸シ羅漢齋ヲ設ク。所畜ノ鷹ヲ放ツ。	四オ
獻壽		○王ハ逍遙山ニ幸シ壽ヲ太上王ニ獻ズ。	六オ
昭格造殿	二月	○昭格殿ヲ造ル。	六オ
山棚儺禮		○明ノ使臣來ル。王ハ冕服シ山棚、儺禮ヲ備ヘ迎フ。	一一ウ
灰服ノ禁	三月	○灰色ノ服ヲ禁ズ。	一三オ
一夫數妻ノ遺風		○王ハ權氏ノ女ヲ納レントシ嘉禮色ヲ設ケ禮納ノ物ヲ備フ。靜妃ノ妬甚シキニヨリ宦官、侍女ヲ以テ權氏ヲ迎ヘ別宮ニ入ル。	一三オ
衣笠ノ制	四月	○王ハ單衣ノ布ノ升數及草笠ノ裏ノ異色ヲ禁ズ。	一九ウ—二三オ
老人優遇		○耆老會ニ酒ヲ賜フ。西原府院君ノ設ケシ會也。	二二オ

石戰	五月	○王ハ石戰ヲ觀ル。	二六オ
明使需妓		○明ノ使臣ハ太平館ニ於テ歌妓四五ヲ需メ飲酒セントス。	二七オ
茶、		○使臣ハ雀舌ヲ受ク。	二七ウ
宴樂	六月	○禮曹ハ使臣及群臣ニ賜フ宴樂ヲ定ム。茶ヲ進ムルコト及樂中ニ抛毬其他樂章ノ名多シ。	三〇オ
僧尼恣行		○禮曹ハ上疏ジテ僧尼放恣ノ行アルヲ云ヒ之ヲ還俗セシメンコトヲ請フ。	三六オ－三七オ
		卷四	
祈雨	七月	○宗廟、社稷、名山、大川及昭格殿ニ雨ヲ祈ル。京外二罪以下ノ囚徒ヲ釋ス。巫女子ヲ司平府ニ、瞽者ヲ明通寺ニ、僧徒ヲ演福寺ニ聚メ雨ヲ禱ル。	一オ
僧ノ臂燈	八月	○祈雨ノ僧ニ燃臂者、燒指者アリ、雨ヲ得ズ。命ジテ禱雨ヲ罷ム。	七月(二ウ)七ウ
致雨術者		○藝文館直提學ハ能ク雨ヲ致ス術者ヲ薦ム。	八オ
喪中		○司憲府ノ上疏ニ依リ三年ノ喪中大小除拜ヲ許ス勿キコトトス。理由ノ一、喪中觀察使トナリ山川ノ祀ニ公服之ヲ行フヲ得ザリシ不都合ノ實例アリ。	一オ ウ
號牌		○號牌成籍ノ意見ヲ樞府ヨリ啓ス。	一ウ
右同		○號牌ノ法ヲ施行ス。	七オ
信佛菜食		○太上王ハ王師ノ言ニ飲酒食肉スレバ後世必ズ首無キ蟲ト爲ラント言フヲ信ノ肉ヲ食ハズ身瘦ス。	七オ
剃髮許可 婦女上寺		○太上王ノ命。髮ヲ削ル者ノ願ヲ許ス。父母ノ追薦百日内ニ婦女上寺ヲ禁ズル勿ラシム。	八オ

秋夕陵祭	九月	○王ハ齊陵ニ秋夕祭ヲ行フ。	九オ
歌章		○河崙ハ盛德歌十二章ヲ進ム。	九ウ
宗親祀法		○禮曹典書ハ宗廟山陵ニ對スル宗親ノ祀法ヲ啓ス。	一一オ—ウ
日變祈禳	十月	○日中黑點アリ。昭格殿ニ醮シ之ヲ禳フ。	一八オ
茶禮		○明ノ使臣、上王殿及大君、府院君ノ第ニ至ル皆茶禮ヲ行フテ之ヲ待ツ。	同
	三年（癸未）	卷五	
藏氷祭	正月	○司寒ノ藏氷祭ニ祝史ヲ闕グ。	一ウ—二オ
禳災		○禳災ノ爲昭格殿ニ醮ス。	七オ
排佛思想	三月	○太上王德壽宮ニ移ル。初メ臺諫上言之ヲ沮ム。同所ハ神庵寺ニ近ク僧徒出入天堂地獄ヲ論ジ聖聰ヲ眩惑スト云フニアリ。	一〇オ—ウ
儒者崇佛		○李稽好ク大藏經ヲ覽ル。今佛事ヲ爲サザル者惟河崙ノミ其他儒者陰ニ佛者ト作ラザル無シ。	一一ウ
喪制行ハレズ	四月	○司諫院ハ時務數條ノ疏ヲ進ム。男子ハ三年ノ喪ニ從フモ婦女ハ前朝ノ弊ニ循ヒ百日ヲ限リトス。繼母ハ百日ヲ過ギ釋服改嫁ス。今士大夫ノ家文公家禮ヲ用ユ云々。	一二オ—一四ウ
山棚儺禮		○勅使來ル山棚、結綵、儺禮ヲ備ヘテ迎フ。	一四ウ
王子入學		○元子入學シ學生ノ服ヲ着シ文廟ニ謁シ奠爵束脩ノ禮ヲ行フ。	一六オ—ウ
鹿ノ怪		○前朝ノ時ニ鹿池ニ入ルヲ怪トシ法席ヲ設ケ之ヲ禳フ。	二〇ウ
夫婦別寢	五月	○夫婦ヲ別ニ寢ネシム。月令ニ依ル也。	二三ウ
內願堂		○諫院ハ內願堂ノ朔料ヲ去ランコトヲ請フ。	二七オ

事項	月	記事	出典
		卷六	
鷹ノ禁	八月	○私鷹ヲ禁ズ。	三ウ
虚誕ノ言		○楊州ニ金井アリト稱シタル妖僧ヲ獄ニ下ス。	五ウ
星變		○災異星變ニヨリ王ハ言ヲ求ム。	五ウ
明使奸妓		○明ノ使臣ニ妓ノ侍寢スルハ常事ナリ。	五ウ
祭祀海神		○人ヲ遣ハシ慶尙ノ海神ヲ祭ル。	八ウ
喪制破棄	九月	○王ハ第二女ヲ下降セシメントス。諫院ハ喪中ナルヲ以テ延期スベキヲ云フ。王ハ聽カズ。	一四ウ
告廟ノ禮		○禮曹ハ告廟ノ禮ヲ行フコトヲ請フ。	一五オ
食犬ノ禁 養鷹ノ禁		○殺犬養鷹ヲ禁ズ。	一六ウ
養鷹減削	十一月	○鷹房十六人ノ外ハ皆罷ム。	二六ウ
妓妾封爵		○義安大君ノ妾ハ元官妓ナリ翁主ノ號ヲ受ク云々。古禮ノ時賤妾ハ宗親命婦ノ上ニ坐ス。諫院ハ嫡庶ノ分ヲ紊ルトシテ之ヲ正サンヲ請フ。	二六ウ
	四年（甲申）	卷七	
祈穀祭	正月	○祈穀、圓壇祭ヲ漢京ニ行フ歲事ノ常ナリ。	一オ
佛祚祈禳		○王輪寺ノ金人汗ス祈禳祭ヲ行フ。	二オ
星宿醮祭	二月	○禮曹ニ命ジ星宿醮祭ヲ詳定セシム。	七オ—ウ
禁酒	三月	○禁酒ノ令ヲ下ス。	七ウ

禁宴		○飲宴ヲ禁ズ。	九ウ
三界大醮		○三界大醮ヲ行フ。	
墳墓制限		○禮曹ニ命ジテ各品及庶人ノ墳墓步數制限ヲ定ム。	一一ウ
民間訛言	四月	○忠淸全羅ノ道民ニ訛言アリ、曰ク宰相卒ヲ具引シ白晝道路ニ行ク、若シ馬ヲ犯シ及ビ回避スル者アラバ輒チ之ヲ殺スト。	一二オ
號牌		○號牌ノ行フベキヤ否ヤヲ大臣等ニ議セシム。	一二オ
官員相禮		○各品拜揖ノ禮度ヲ定ム。	一二ウ－一三オ
石戰		○使臣韓帖木兒ハ花園ニ石戰ヲ觀ル。	一五ウ
喪制違反	五月	○司諫院ハ妻ノ母死シテ其妻ヲ奔喪セシメザル靈光郡事ト其妻ノ罪ヲ斷ズルヲ請ヒ許サル。	二〇ウ
婦女障面 乘轎乘馬		○禮曹ハ上疏シテ婦女外出ノ時面ヲ障ラシムルコト。三品以上ノ正妻ハ屋轎子ヲ許シ其餘ハ騎馬トスベキヲ言フ。	二二ウ－二三オ
厲祭	六月	○禮曹ハ厲祭ノ儀ヲ詳定ス。	二四オ
		卷八	
新晴	七月	○興國寺及洛山寺ニ法會シ晴ヲ祈ル。	二ウ
家禮勵行	八月	○士大夫ノ婚禮、文公ノ家禮ニ遵ハザルモノ及ビ父母ノ喪、期年ノ喪內結婚スル者ヲ罰スベキヲ司憲府ヨリ啓ス。	五ウ
加冠ノ法		○議政府ハ勳親ノ加冠ト從仕ノ法ヲ定ム。	九オ
風水思想	九月	○漢陽ニ幸シ母嶽定都ノ地ヲ相ス。	一六オ・一七オ

風水思想	十月	○復タ漢陽ニ定都ス。	一八オ
擲錢占卜		○王ハ宗廟ニ入リ擲錢シテ松都、新都ノ吉凶ヲ占フ。	一八オ
誕日賀禮		○太上王ノ誕日王ハ太上殿ニ朝シ賀禮ヲ行フ。	一八ウ
擊毬		○太上王曰ク王常テ我ト擊毬シテ勝タズ今之ヲ罰セントス云々ト戲ル。	二一オ
功臣會盟	十一月	○開國定社佐命ノ臣大淸觀ノ北ニ同盟ス。王其ノ誓文ニ押ス。	二八オ－ウ
婦女上寺ノ禁	十二月	○司諫院ノ上疏、婦女ノ上寺道ニ絡繹タリ。寡婦失節此ニ由ル。父母ノ追薦ニ論ナク一ニ禁斷ス。	三二ウ
	五年（乙酉）	卷九	
禁酒禁宴	正月	○中外ニ禁酒ヲ命ジ公私飲宴ヲ止ム。	一ウ
女官		○初メテ女官ヲ置ク。	二ウ
鷹免許證	二月	○無牌ノ鷹子ヲ禁ジ犯人ハ囚ヘ鷹ハ內鷹人ニ付ス。	三ウ
大臣伴妓	三月	○司諫院ハ國家變アルノ時妓ヲ載セ鄕里ニ淹留セシ大司憲ノ鞫問ヲ請フ。	七オ－ウ
妖言ノ僧		○僧覺眉ヲ杖ス。妖言ヲ太上王ニ說クヲ以テ也。	一一ウ
祭ニ樂ヲ禁ズ	四月	○山陵ノ祭ノ樂ヲ除キ且臣庶ノ禫祭ニ樂ヲ用ユルヲ禁ズ。	一三オ
擊毬		○王ハ太上殿ニ擊毬ス。	一三ウ
祈雨	五月	○巫女ヲ聚メテ雨ヲ開城大井ニ禱ル。僧ヲ聚メテ祈雨ス。其ノ他祈雨ス。	一七オ・同ウ 一九ウ・二〇オ
		卷十	
籍田圓丘	七月	○議政府ヨリ籍田、圓丘ハ前朝ノ舊ニ依レリ、新京ニ築カンコトヲ請フ王允サス。	一オ

茶飲 新來侵虐		○各司ニ茶時アリ。新監察ヲ戯謔侵虐ノ弊ヲ禁斷ス。	二オ
避厄移居		○王ハ厄ヲ避ケテ硯井ノ本宮ニ移ル。	四オ—ウ
風水思想	八月	○王ハ陰陽ノ書ニヨリ漢京遷都ノ可否ヲ政府ニ議セシム。	四ウ
禁酒		○禁酒ノ令ヲ下ス。	四ウ
右同		○禁酒ノ令ヲ弛ム。	六オ
喪祭ノ禮 上寺ノ禁		○禮曹ハ請フテ喪祭ノ禮ヲ定ム。路祭ヲ設クル所神柩ヲ歇ム、自今只白餅菓床ヲ設ケ以テ奠セシム。自今父母有服親ノ外、寺ニ詣ルヲ禁ゼン云々。	七オ—ウ
良賤相婚	九月	○公私賤人ノ良女ヲ娶ルヲ禁ズ。	一七オ
冠服制定		○禮曹ニ命ジ司謁、司鑰、書房色、舞隊等ノ冠服ヲ定ム。	一七ウ
遷都祭告	十月	○仁昭殿ニ親祭シ新都ニ遷ルヲ告グ。	一八オ
宗廟展謁		○車駕漢京ニ至ル王ハ宗廟ニ謁ス。	一八ウ
獻歌謠		○王ハ離宮ニ御ス漢京ノ父老歌謠ヲ獻ズ。	二〇オ
侍食ノ禮		○世子ハ王ニ侍食ス禮ニ中ラズ王ハ之ヲ警ム。	二二オ
再嫁禁止	十一月	○夫死シ三年内ニ再嫁ノ人康姓ノ妻睦氏ヲ離異ス。司憲府ノ請ヒニ依ル。	二四ウ
寺田革罷 僧ノ淫行		○議政府ハ上書シテ寺社ノ田口ヲ革ムルヲ請フ。時ニ金山寺、臥龍寺ノ住持寺婢ヲ姦ス、	二五ウ—二六ウ
雷變祈禳		○非時ノ雷ニヨリ太一ノ醮ヲ行フ。	二八ウ
禁酒		○禁酒ノ令ヲ下ス。爾後毎年春初ニ此令ヲ下スコトトス。	
外方山祭	十二月	○禮曹ハ請フテ明年二月ニ於テ外方ノ山祭ハ古ヘ山川ヲ禜スルノ例ヲ用ヒ之ヲ禱ル。時ニ旱害アリ。	二九ウ

事項	年月	記事	出典
廟殿祭物		○原廟ノ奠物ヲ議ズ。眞殿ノ祭物ヲ議ス。眞殿ハ三年ノ後ニ廟ニ祔スベシ云々。素淀ヲ設クルハ佛氏ノ道也云々。	二九ウ—三〇オ
禮葬贈諡		○禮葬、贈諡ノ法ヲ定ム。	三〇オ—ウ
妖巫空唱		○妖巫栢伊ヲ杖ス。神降アリ空中ニ在リテ人ト語ルト云フ。	三一オ
列婦表旌		○烈婦ヲ表旌ス。父兄改嫁ノ意ニ隨ハズ夫ノ墓側ニ三年仕ヘシ者アリ。	三一オ—ウ
	六年（丙戌）	巻十一	
城隍給祿	正月	○松嶽城隍神ニ給セシ祿ヲ白嶽城隍神ニ移給ス。	一ウ—二オ
瓦戸製		○始メテ別瓦窯ヲ置ク僧ノ建言ニ依ル。趣旨ハ瓦ヲ製造シ之ヲ賣下ゲ京城ノ民家ヲ瓦屋トセン爲也。	四オ
山川壇		○山川壇ヲ崇禮門外ヨリ南山ノ陽ニ移シテ改築ス。	四オ
一夫二妻	二月	○二妻ヲ娶リ前妻ヲ薄待セシ者ヲ流シ後妻ヲ離異ス。	六ウ
號牌		○號牌施行ニ付テ擬議ス。	一一オ
女醫養成	三月	○女人病アル時男醫ニ診察セシメズ爲メニ死スル者アリ。女醫ヲ敎養シテ置カントス。	一一オ
喪制不行		○母ノ喪ニ服セザリシ軍資監ヲ王ハ命ジテ遐方ニ置ク。	一一ウ
改火ノ令		○改火ノ令ヲ下シ之ヲ行ハントスルヲ議ス。四時ノ節日及季夏土旺ノ日各其木ヲ鑽テ火ヲ改ムル也。	一二ウ
風水思想		○高麗朝ニ於テハ開城ハ密記ヲ寺ニ付シ外方ハ踏山記ヲ寺ニ付ス。寺ハ即明堂也云々。	一三ウ

妓生侍王
擊毬
白丁
誦經巡街
儺禮山棚
托喪缺勤
辛牛飲宴ノ禁
風水思想
右同
城隍神社稷壇
白丁城隍神
不貞女ノ登錄家廟
妖言ノ俗

○太上王ノ侍婢ニ巫峽兒（妓生）アリ。　一四オ

○宗親ヲ召シテ內庭ニ擊毬ス。　一五オ

四月

○朝廷ノ內使來ル儺禮、山棚ヲ結ブ。　一七オ

○韃靼ノ禾尺牛馬ヲ殺スノ禁ヲ申明ス。　一八ウ

○宗廟、典農寺ノ員吏弔喪、問疾汚染ヲ名トシ累日缺勤スル者アリ、吏曹ハ之ヲ正サントス。　一八ウ—一九オ

○戶曹ノ啓。閭里ノ經行古ニ合ハズ之ヲ止メテ國行ヲ設クルヲ請フ。從之。　一九オ

五月

○辛牛飲宴ヲ禁ジ背キシ者及妓ヲ爭ヒシ者ヲ罪ス。　二一オ

○仁昭殿ノ基地ヲ開ク、風水上ノ疑ヒアリ李稷ニ問フテ決ス。　二六オ—ウ

○王ハ東北面祖先ノ山陵ノ山脉地理常地ニ殊異アルヲ言フ。　二六ウ

六月

○禮曹ハ啓シテ新都城隍神ヲ舊基ニ就キ堂ヲ立テ祭ランコトヲ請フ。且各道各官皆社稷壇ヲ立テ行祭ヲ請フ。　二七オ

○西北都巡問使ノ啓。平壤府外村接ノ白丁受職軍役ヲ免ズ云々。南北城隍都監官ノ數ヲ減スベシ云々。　二七ウ

○司憲府ノ上啓。(1)前朝ノ法ニヨリ兩班ノ正妻ニシテ三夫ニ適ケル者ハ恣女案ニ錄セン。(2)家廟ヲ立ツル家百ニ一二ナシ今年ヲ限リ督立セシメン。政府ノ意見(2)ハ來年十二月トシ家貧者ハ淨室一間ヲ擇ブコトトシ行ハシムベシ。王ハ之ニ從フ。　二九オ—ウ

○僧ヲ流シ杖ス。讖書ニ僧王立チテ國太平ナリト曰ヒシコト及女色ヲ犯セシニ由ル。　三〇ウ—四〇オ

雷死問卜	七月	○雷ニ死スル者多クト筮ノコトヲ議ス。	一ウ
王ノ排佛		○明ノ使臣黄儼濟州ヨリ銅佛三座ヲ率ヒ來ル王之ヲ拜セズ。	二ウ
儺禮妓樂油蜜果		○黄儼ノ發京スルヤ京畿、忠淸兩觀察及完山府ハ儺禮、妓樂、油蜜果床ヲ備フ。	三ウ
明使厭勝		○黄儼ハ珍原縣道傍ノ大樹ニ密カニ銅釘ヲ用ヒ釘ス。	三ウ－四オ
黄服ノ禁		○中外ニ黄色服用ノ禁ヲ申明ス。	四オ
祈雨種々		○巫ヲ聚メテ祈雨ス。雩祀圓壇ニ祭リ又道場ヲ檜巖、興德寺ニ設ケ各道ニ命ジ封內ノ山川ニ禱ル。又命ジテ繖扇ヲ斷チ、屠殺ヲ禁ジ、溝渠ヲ滌シ、市ヲ徙ス。	五オ・六オ－六ウ 七オ－ウ
官員奸婢		○庫婢ヲ奸シ其夫ニ毆セラレタル前府使ヲ外方ニ付處ス。	九オ
世子婚禮	閏七月	○世子ノ嘉禮色ヲ置ク。	九オ
三ツ兒		○原州ノ私婢一產二男一女、米斗十石ヲ賜フ。	九ウ
樂器		○王ハ太平館ニ明帝ノ賜樂ヲ受ク。編鍾、編磬、琴、瑟、笙、簫等アリ。	一〇ウ
青色防衣		○諸道水陸軍士ノ用ユル青色ノ防衣ヲ定ム。	一〇ウ
冠服禁紫		○冠服ニ紫紬ヲ用ユルヲ禁ズ。	一一オ
諸壇籍田		○諸壇、籍田ヲ修理ス。	一一ウ
禮葬石室		○大臣ノ禮葬ニ石室ヲ用ユル勿ラシム。只灰隔ヲ用ヒシム。	一三オ
梟鳴移居	八月	○鵂鶹景福宮ノ寢殿ニ鳴ク。王德壽宮ニ詣リ起居シ景福宮ヲ修葺ス。	一六オ
母后神位		○母后ノ神ヲ仁昭殿ニ移安シ、王百官ヲ率イテ親奠ス。	二五ウ
風水思想		○王ハ術者ノ言ヲ以テ居ヲ移サントシ士人ノ家ヲ修葺ス。	二五ウ
禮法	九月	○禮曹ハ坐起ノ禮度ヲ定ム。	二九ウ－三一オ
宗廟用樂	十月	○宗廟ニ始メテ明帝賜與ノ新樂器ヲ用ユ。	三一オ

事項	月	記事	出典
妓婢類似	十一月	○妓妾ニ陜州官婢福德アリ。	三二オ
陵ノ面積		○陵寢ノ步數ヲ定ム。	三三オ
文廟展謁	十二月	○王袞冕平天冠ヲ服シ成均館ニ詣リ文宣王ニ親奠ス。	三四オ
妖言		○妖人文可學及其黨ヲ捕フ。入神鬼物ヲ使ヒ天兵神兵ヲ致スベシト言フ。	三四ウ
耳掩ト靴ノ制		○寒日毛耳掩、分套鞋ハ殿庭朝會行幸迎送ノ時ヲ除キ穿着ヲ許サズ。	三六オ
成禮娶妾		○舊妻ヲ棄テ人ノ妓妾ヲ娶リ成禮繼室ト爲シタル者ノ職ヲ削リ民ト爲ス。	三七ウ
	七年（丁亥）	卷十三	
金銀器皿ノ禁 白丁	正月	○領議政成石璘ハ上書シテ金銀器皿ヲ禁ジ國中皆砂器ヲ用ユルコトヲ言フ。禾尺才人ハ牛馬宰殺ノ禁ニ反ク、所在ノ處ニ完聚セシメ田ヲ給シ耕種セシムベシト言フ。王之ヲ允ス。	五オ―ウ
喜捨宮殿		○太上王ハ新殿ヲ捨シテ寺トナス。	六オ
鷹狩		○王ハ鷹狩ヲ屢ス、司諫之ヲ諫疏ス。	六ウ
右同	三月	○中外無牌ノ鷹ヲ禁ズ。	一一オ
文廟成ル		○成均館文廟成ル。	一三ウ
祈禱文	四月	○祈禱祝文ニ寡躬受福之辭ヲ入ル毋ラシム。	一七オ
山棚百戲	五月	○明使來ル。山棚ヲ結ビ百戲ヲ陳ス。	二〇ウ
文廟神位		○文宣王及其配享神位ヲ奉安ス。	二三オ
禁酒		○禁酒ノ令ヲ下シ藥酒ヲ斁ム。	二三ウ
舍利		○舍利ヲ各道ニ求メ四百餘枚ヲ得ル。	二三ウ

收養子		○後無キ者他人ノ子ヲ己ノ子ト爲シ收養侍養ト稱シ祖宗ノ奴婢ヲ將ヒテ全給シ爭端ヲ開ク云々。大司憲上書ス。	二六ウ
佛骨	六月	○奏文ト共ニ黄儼ニ托シ舍利八百顆ヲ明ニ奉ル。	三二ウ
雨乞		○蜥蜴祈雨ヲ宮中ニ行フ。（其方法ノ記載アリ）東坡ノ詩ヲ見嘗テ之ヲ試ム。此時試ミテ驗ナシ。	三六ウ
右同		○司憲掌令等ハ屯田煙戶米之法ヲ罷メンコトヲ請フ。民怨ヲ除キ雨ヲ得ントスルニ有リ。	三八オ—三九オ
		卷十四	
星變月變	七月	○星變月變アリ昭格殿ニ醮シ之ヲ禳ウ。	四オ
告廟吉禮		○大臣ヲ遣ハシ世子ノ吉禮ヲ宗廟ニ告グ。	五ウ
親迎奠雁ノ禮		○世子嬪ノ親迎奠鴈ノ禮ヲ行フ。	五ウ
結綵	八月	○明使來ル街巷ニ結綵ス。	一四ウ
擊毬		○王ハ擊毬ヲ觀ル。	一七ウ
金銀ノ禁		○金銀箔ヲ用ユルヲ禁ズ。	一八ウ
禁酒 茶湯		○禁酒ノ令ヲ申禁ス。各司ノ瓶酒及迎餞、祀神、茶湯ハ之ニ依憑シ糜費等ノ事一ニ行禁云々。	一八ウ
防牌	九月	○始メテ三軍ノ防牌ヲ制ス。板ヲ以テ作ル內向螺頭ヲ畫ク頭上銅鏡ヲ置ク。	二一ウ
鵬鳴巫言		○王ハ日ク一夜鵬鳥寢殿ノ上ニ鳴ク、寢室ヲ移ス四五日續イテ鳴ク。又巫ガ故鄭妃ノ言トシテ位ヲ傳フベキヲ云フ。之ニ由リ王ハ位ヲ世子ニ傳ヘントス。	二七オ

鷹免許證		○無牌鷹子ノ禁ヲ申明ス。	三一オ
素服救食		○日食アリ王ハ素服シテ月臺ニ出ヅ。	三一オ
磁石		○王世子ニ磁石ト鐵ヲ密獻シタル前漢城府事ヲ罷ム。	三二ウ―三三オ
禁金銀器	十月	○金銀ハ器具ヲ用ユルヲ禁ズ。	三六オ―ウ
官妓封爵	十一月	○太上王ハ官妓ヲ宮人ト爲シ翁主ニ封ス。	三八ウ
鷹免許證		○鷹牌ノ隱佩ヲ禁ズ。	三九ウ
毛衣毛冠		○左政丞ニ毛衣、毛冠ヲ賜ウ。	四二オ
車裂ノ刑		○夫ヲ殺セシ奸婦ノ按律ニ當リ律ニ淩遲ノ法ナシ。此前車裂ヲ以テ之ニ代ヘシコトアリ。王ハ此罪人ヲ京城市中ニ於テ刑セシム。	四五ウ
上妓占畜	十二月	○內宴呈才ノ上妓或ハ隱シテ家ニ置キ己ノ妾ト謂ヒ放出セザル者アリ。	四五ウ―四六ウ
妓妾騎馬		○人ノ妓妾ノ騎馬シテ行ク者ヲ奪フ。	
諸州ノ資福寺		○去年諸州ノ寺社ヲ革去ス。亡廢ノ大伽藍ヲ以テ諸州ノ資福寺ニ代ユ。	四七オ―ウ
鷹牌ノ制		○宗親、駙馬、諸君受クル所ノ鷹牌ノ色ヲ改ム。	四九ウ
火山臺		○除夜ニ軍器監ハ火山臺ヲ闕中ニ設ク。火藥ノ爆裂ニ來觀ノ倭使驚怖ス。	五〇オ
	八年（戊子）	卷十五	
本命醮禮	正月	○諸殿ノ本命醮禮ヲ罷ム。	三ウ
龍池氷坼卜占豐凶		○王ハ命ジテ毎歲春秋延安府ノ南池ニ致祭セシム。京畿觀察使上言、ソノ池神龍アリ毎冬月氷坼ス之ヲ龍耕ト云フ。其水溢ト坼否ニヨリ豐凶ヲ占ス。	四オ―ウ
救病祈禱燃臂	二月	○王ハ太上王ノ病ニ祈願ノ爲ニ衣ヲ解キ香ヲ點シ臂ヲ燃ス。又僧徒ヲ聚メ藥師精	四ウ

		勤、水陸齋等ヲ設ク。	
尼寺住持		○昭悼君（王ノ兄）ノ妻タリシ寡婦ノ尼沈氏ヲ淨業院ノ住持タラシム。	五オ
移居避病		○太上王ハ病ノ爲屢居ヲ移シ病ヲ避ク。	七オ
生骨治病 納骨佛介	三月	○嘉州十六ノ女蟲介ハ母ノ惡病ノ爲ニ生人ノ骨ノ治アルヲ聞キ無名指ヲ折テ作米之ヲ食ハシム。又ソノ骨ヲ諸百會穴中ニ納ム。旌表セラル。	九ウ
救病燃臂		○太上王ノ救病ノ爲舍利殿ニ於テ上王ハ佛前ニ燃臂ス。	一二ウ
恐祟燒屍	四月	○岳父ノ病ノ爲メ巫ノ言ヲ信ジ其子夫妻ノ祟トシソノ婿摠制申孝昌ノ墓ヲ發キ屍ヲ焚ク。	一三オ
黃色犯禁		○禁ヲ犯シ黃色ノ袱ヲ用キシ前司監ヲ流ス。	一七ウ―一八オ
儺禮百戲		○王ハ便殿ニ御シ儺禮百戲ヲ見ル。	一九オ
處女進獻 禁婚嫁		○進獻色ヲ置キ童女ヲ採ル。中外ノ婚嫁ヲ禁ズ。	一九ウ
右　同		○右ノ禁ニ反シ子女ヲ婚セシメシ者ヲ罰ス。	二〇ウ
救病祈神		○東北面都巡問使ニ命ジ安邊、咸州、定州各官城隍ノ神ニ祈ル。太上王ノ疾篤キヲ以テ也。	二一オ
救病放囚	五月	○太上王疾篤シ。罪囚ノ一部及進獻處女候補者中位以下ヲ放還ス。	二二オ
箕子ノ墓		○平壤箕子ノ墳ヲ修理シ石羊、石獸ヲ置キ立碑ス。	二三ウ
僧ノ度牒		○僧ニ度牒ヲ給スルノ法ヲ定ム。	二三ウ
靈山瑞祥		○明使黃儼金剛山ニ至ル。空中五色ノ雲アリ散ジテ花トナリ落下ス白鶴、青鶴空中ニ舞フト云フ。	二六ウ
祈雨		○雨ヲ白嶽、木覓等ノ神ニ禱ル。各殿供上ノ藥酒ヲ止ム。	二八オ

朱子家禮		○二十四日太上王薨ズ。治喪一ニ朱子ノ家禮ニ依ル。二十五日小歛ス。	二九オ
喪中禁停		○京、外音樂、屠殺、嫁娶、大小禮、朝市ヲ停禁ス。	二九ウ
歛 居廬		○二十六日大歛ス。別室廳ニ殯シ奠ヲ設ク。王ハ上王及百官ト成服哭臨是日廬ニ居ル。小室也。	同
喪服		○禮曹喪服ノ制ヲ詳定ス。	同
殯殿		○殯殿ヲ設ク。	三〇ウ
喪服		○喪服ノ制ヲ定ム。	三〇ウ—三一オ
殯殿法席	六月	○殯殿ニ法席ヲ設ク。其外屢法席ヲ設ク。（七日小祥、十九日大祥、二十一日禫除其他以下喪葬等ノ記事略ス）	三一オ・三二オ・三三オ
放生		○鷹ヲ放ツ。	三一ウ
百官素服		○百官上書シ素服臨朝宋制ニ遵ハンコトヲ請フ。	三三オ—ウ
進獻處女	七月	卷十六 ○進獻處女美色ナシ黃儼大ニ怒ル。更ニ兩班以下百姓迄ノ美色ヲ選ム。女子ヲ選スノル者針灸、斷髮、帖藥等ニヨリ選ヲ謀ル者ヲ罰ス。選ニ當ル處女ノ衣粧首飾皆華制ヲ用ユ。	一ウ・二オ
民怨生災		○處女隱匿者處罰嚴ニシテ閭里寃ヲ呼ブ。司諫ハ上書シテ前ニ地震アリ今陰雨アリ風災蟲害アルハ其爲ナリトシ罪ヲ輕クセンコトヲ請フ。	二ウ
塋穴石室		○書雲觀ハ太上王ノ塋穴椁等ニ付テ上言ス。我國家ハ古ヨリ石室ヲ用キズ臣庶ハ石ヲ用ユル者比々有之云々。	三オ—ウ

酺祭	八月	○禮曹ハ酺祭之儀ヲ行フヲ啓ス。時ニ蝗害アリ。	四オ
祈晴		○晴ヲ京城四門ニ祈ル。	五ウ
塋穴石室		○太上王ノ陵ニ石室ヲ用ユルト否トニ付テ議アリ宗廟ニ探栍《グジ》シテ石室ト定ム。	五ウ
開土祭		○山陵ノ斬草開土祭ヲ行フ。	八ノオ
發引告祭	九月	○山陵ニ發靷ヲ宗廟社稷ニ告グ。	一〇オ
百日齋		○太上王ノ百日齋ヲ興德寺ニ設ク。	一〇ウ
遣奠ノ禮		○王ハ百官ヲ率ヰ啓殯祭ヲ行ヒ祖奠ヲ設ク。殯殿ニ詣リ遣奠禮ヲ行フ。	一一ウ
壙祭		○王ハ靈柩ヲ奉ジ健元陵ニ葬ル、百官ヲ率ヰ壙祭ニ臨ム。	一一ウ
返虞祭		○神主ニ題シ虞主ヲ祭リ奉ジテ還ル。虞祭ヲ行フ。	一一ウ
祔廟ノ禮		○禮曹祔廟ノ禮ヲ定ム。	一四オ―ウ
七虞祭		○七虞祭ヲ執行ス。	一五オ
卒哭祭		○丙寅王ハ卒哭祭ヲ行フ。	一五ウ
喪中祭事		○禮曹ハ喪中ト雖モ宗廟ノ祭ヲ行フヲ請フ。	一七ウ―一八オ
喪中服裝		○王ハ太平館ニ行キ明使ニ宴ス。素服、烏帽、白扇ヲ以テス。	一九ウ―二〇オ
宗廟陵祭	十月	○初メテ宗廟及諸山陵ヲ祭ル。	二一オ
禁酒		○禁酒ノ令ヲ各道ニ下ス。	二九ウ
喪制		○禮曹ハ出嫁ノ女ノ本宗ノ父母ノ服ヲ定ム。	三一ウ
歲畫	十一月	○圖畫院ニ命ジ國喪三年內歲畫ヲ進ムル毋ラシム。	三四ウ
陵中誌石		○健元陵下ノ誌石ヲ下ス。	三七オ
處女ト火者進獻		○明ノ使臣ハ處女、火者ヲ率キテ出發ス。處女ノ父母親戚ノ哭聲路ニ充ツ。	三八オ―ウ

禁婚		○京外處女二十歳以上婚ヲ許ス、十九歳以下ハ舊ニ依リ禁婚ス。	四二オ
冬至陵祭		○王ハ健元陵ニ冬至祭ヲ行フ。	四二ウ
賀箋祥詩 除夜追儺	十二月	○王ハ命ジテ正朝ニ中外ヨリノ賀箋延祥ノ詩ヲ停ム國喪中ニ因ル。唯除夜追儺ハ舊ニヨリ行フ。	五〇ウ
		卷十七	
	九年（己丑）		
飲宴ノ禁	二月	○中外ノ飲宴ヲ禁ズ。	七オ
宮中雜戲		○小宦等世子ト雜戲シ衣服及虎皮ヲ賭ス。	八ウ
文廟望祭		○始メテ文廟ノ望祭ヲ復ス。	一一オ
貞陵遷葬		○貞陵ノ都城内ニ在ルヲ不可トシテ沙乙閑ニ遷葬ス。（太宗ノ生母ニ非ズ且其所出ノ芳蕃芳碩等ヲ太宗ガ殺シタルニヨル）	一二ウ
風水思想	三月	○假山ヲ宗廟ノ南ニ增築ス。	一三オ
寒食陵祭		○齊陵ニ寒食祭ヲ行フ。	一四オ
女ノ服制		○司憲府ノ上疏。尊卑ニヨリ女ノ帽、緖ヲ定メンコトヲ請フ。	一五ウ
雅樂典樂 唐樂鄕樂	四月	○雅樂典樂遷轉ノ法ヲ定ム。宗廟ハ雅樂ヲ用ヒ、朝會ハ典樂ヲ用ヒ、燕享ニハ鄕樂唐樂ヲ用ユルノ例ナリシ。	二二オ
貞陵滅迹 擬人柱		○新ニ太平館ノ北樓ヲ造ル。貞陵ノ石ヲ用ユ、其墳ヲ夷カニシ其迹ヲ絕ツ也。黃喜ハ貞陵ノ石人ヲ以テ柱基トシ塡塞スベシト云フ、王ハ不可トシ唯之ヲ埋ム。	二三オ
救病放囚		○上王ノ病篤キヲ以テ中外二罪以下ヲ宥ス。	二四ウ
佛像ヲ官府ニ置ク		○王ハ日ク。近頃聞ク外方州郡寺社ノ革去ニヨリ佛像ヲ官府ニ置キ民ノ視聽ヲ駭カ	二六オ

		スト宜シク寺ニ移スベシ。	
民間訛言		○東北面飢ユ。民間ニ兵至ルノ訛言アリ。之ヲ賑ス。	二五オ
夏雹		○雹雨アリ。王ハ夏雹ハ政令繁苛、徭役煩重ノ致ス所ナリト云フ。	二六オ
樂官	閏四月	○禮曹ハ雅樂署、典樂署ノ品官ヲ詳定ス。	二六ウ
陵碑建立		○健元陵神道ノ碑ヲ建ツ。	三〇ウ
禁酒		○旱ニヨリ禁酒ノ令ヲ嚴ニス。	三四オ
禁嫁婚	五月	○進獻色ヲ置キ中外處女ノ婚嫁ヲ禁ズ。	三六オ
山崩設祭		○大雨アリ西洞ノ山崩ル。解恠祭ヲ行フ。	三七オ
祈晴		○次ヲ以テ東南西北ノ門ニ禜ス。	七ウ
神主桑主		○神主ヲ神座ニ奉案シ桑主ヲ埋ム。小祥祭ニ王ハ斬衰ヲ以テ至ル。神主ノ字ヲ刻シテ金ヲ塗ルコトヲ用ヰズ。	四〇オ
官妓率行		○金城縣令ヲ罷ム。江陵ノ官妓ヲ率ヰ赴任セシニ由ル。	四〇オ
星祭	六月	○零星ヲ祭ルコト靈星ノ誤ナルコト判明。書雲觀判事ヲ罪ス。	五二ウ
		巻十八	
祈晴	七月	○命ジテ晴ヲ四門ニ祈ル。	一オ
右同		○晴ヲ宗廟、白岳、木覓ニ祈ル。	一ウ
奸娼罷職		○寧海府使並安東判官ハ本官ノ娼妓ヲ淫スルヲ以テ罷メラル。	一ウ
文廟位版		○禮曹ハ啓シテ文宣王四配位十哲位版ノ式ヲ定ム。	二オ
佛老排斥	八月	○司諫院ハ上疏シテ王宮ノ北新ニ別殿ヲ構エ佛、老之教ヲ奉ズルノ非ヲ言フ。	八ウ

陵寺		○齊陵ノ衍慶寺ヲ改創ス。	一七ウ
秋夕祭		○王ハ文昭殿ニ詣リ秋夕祭ヲ行フ。	一二ウ
佛事聚女		○檜岩寺ニ婦女ヲ聚メテ佛事ヲ爲ス。上王ノ請ナリ。	一三オ
右同		○王ハ檜岩寺ノ僧ガ婦女ヲ聚メ佛事ヲ爲スコトヲ論ズル勿ラシム。	一七ウ
佛寺安眞	九月	○金剛山楡岾寺ニ奉案セシ太祖ノ眞ヲ持來セシム、王命ニ依ル。	二四オ
銅佛鑄器	十月	○銅佛ヲ以テ器皿ヲ鑄ル。其腹藏ノ彩緞、眞珠ヲ取ル。	三六ウ
太一ノ醮	十二月	○三元、四立日ヲ以テ太一ニ醮ス。	四六ウ
宗廟薦禽		○王ハ獵スル所ヲ以テ宗廟ニ薦禽ス。	四七オ・四八ウ
	十年（庚寅）	卷十九	
禁酒	正月	○禁酒ノ令ヲ下ス。	
一夫多妻		○四妻一妾ヲ畜ヘシ軍資注簿ヲ流ス。	二ウ
上元燃燈		○上元ノ日禁中ニ燃燈ス。	三オ
石怪		○豐州石怪アリ石自カラ動キ又自カラ石現ハル、解怪祭ヲ行フ。	六オ―ウ
祭物清齋	二月	○清齋監ヲ復設ス。祭物ノ清淨ヲ尙ブ爲也。	一一オ―ウ
一夫二妻		○二妻ヲ畜ヘシ司憲掌令ヲ罷ム。	一一ウ
市廛制定		○市廛ヲ定ム。	一一ウ―一二オ
寒食祭		○文昭殿ニ寒食祭ヲ行フ。冬至後一百五日也。	一五オ
尼僧妖言		○尼僧ハ李政丞ノ身彩甚ダ美ナリ王タルベシト云フ。關係者ヲ囚フ。	二一ウ―二二オ
國喪會飲	四月	○戶曹正郎許盤、石柳謹等ヲ罷ム、國喪三年内娼妓ヲ召シ公廨ニ會飲セシニ因ル。	三一オ

死者官埋		○城中死者アリ葬ムルヲ得ズ棄ツル者アリ。相距十歩ノ家ヨリ錢ヲ徵シ之ヲ埋ム。	三五ウ
富者僭葬		○司諫院ハ上疏シテ喪葬ノコトハ六典ニ載ス。棺槨、衣衾、石室、石門、石人等富者僭越アリ此制ヲ定メンコトヲ請フ。	三六オ
端午進扇	五月	○漆扇ヲ禁ズ。從前各殿歳進ノ摺扇ハ皆漆ヲ用キタリ。	四五オ
官妓率行		○江原水軍僉節制使金漳ヲ斬ニ處ス。漕運ノ時官妓ヲ載セ陸行舟敗没セシニ因ル。	四八ウ
擲石ノ戯		○擲石ノ戯ヲ禁ズ。	四九オ
山神齋		○永寧縣人ノ妻ハ夫死シテ山神齋ヲ設ケ自殺ス。門閭旌表ス。	五〇ウ
修塔		○王ハ興天寺ノ塔ヲ修ム。	五二オ—ウ
猿ヲ廐ニ飼フ		○日本國人連リニ猿ヲ獻ズ。各鎭ニ分ツ。(猿ガ馬ノ病ヲ防グノ効アリトスルニ由ル)	五四ウ
大祥告祭 同陵祭		○大祥ノ前日文昭殿ニ告祭ス。健元陵ニ三大臣ヲ遣ハシ當日行祭ス。	五六ウ
禫日卜占	六月	○王ハ百官ヲ率キ文昭殿ニ詣リ环珓ヲ擲ツテ禫日ヲトス。トシテ七月十五日ヲ得タリ。	六四オ
祈雨		○僧巫ヲ聚メテ雨ヲ祈ル。時人之ヲ譏ル。	六四ウ
		卷二十	
竹實造酒	七月	○江原道大嶺山ノ竹實ル。人民之ヲ採テ食ヒ又酒ヲ造ル。	一オ
夢告妖言		○夢ニ儀仗ヲ備エテ市ヲ過ルコトヲ見ル。其本人及關係者ヲ斬ニ處ス。	一ウ
山臺儺禮		○祔廟ノ後健元陵朝夕ノ奠ハ禮ニ從フベシ。祔廟ハ吉禮ナルニヨリ山臺儺禮ヲ用ユ。王ノ言ト政府ノ議。	四オ
祈晴		○晴ヲ四門ニ禱ル。	四ウ

事項	月	記事	出典
禫祭		○王ハ百官ヲ率ヰ文昭殿ニ禫祭ヲ行フ。	四ウ
祈晴		○祔廟ノ爲メ晴ヲ禱ル。	六ウ
鷹牌		○國喪ヲ以テ三十九箇ノ鷹牌ヲ收メ燒ク。今宗親、駙馬、功臣、文武大官ニ鷹牌ヲ分賜ス。	六ウ
祔廟		○太祖及其王后ノ神主ヲ祔廟ス。	七オ—ウ
畵像奉安		○同上ノ眞ヲ文昭殿ニ奉安ス。	八オ—ウ
闕內星神	八月	○闕內別ノ殿ニアリシ星像ヲ昭格殿ニ置ク。	八ウ
私鷹ノ禁		○私鷹ノ禁ヲ申嚴ス。	八ウ・九オ
織布制限		○民ノ常五升布ヲ織ルヲ禁ズ。	一三オ
改葬喪服		○禮曹ハ改葬ノ服ヲ（喪衣）議ス。德安二陵ヲ遷葬セントスルニヨル。	一三オ—ウ
改葬		○德安二陵改葬ノ制ヲ議ス。	一四オ・一七ウ
度厄轉居	九月	○王ハ中宮ト共ニ松都ニ至ラントス、度厄ノ爲ナリ。術者ハ辛丑日大歲ニ臨ム。方ヲ避ケ禳フベシト云フ。王ハ宗廟ニ卜シテ動吉ヲ得。	一七オ—ウ
畵像親祭		○王ハ太祖及神懿王后ノ眞ヲ文昭殿ニ親祭ス。又太祖ノ眞ヲ完山府ニ奉安ス。	一七オ・一八ウ—一九オ
立碑文廟		○碑ヲ文廟ニ立ツ。	一九オ
禁嫁婚	十月	○明使ノ來リ處女ヲ徵スルヲ慮ッテ婚嫁ヲ禁ズ。	二一オ
倡妓廢罷		○王ハ京外倡妓ヲ除ク事ヲ命ズ、竟ニ行ハレズ河崙ノ反對ニ由ル。	二二オ
私鷹ノ禁		○私獵無牌鷹ノ禁ヲ申嚴ス。	二二ウ
擊毬		○宗親ヲ召シ內庭ニ擊毬ス。	二三オ
遷葬		○德安二陵ヲ遷シ合葬ス。	二四オ

世子納妓		○世子密カニ妓ヲ納ル、王之ヲ聞テ妓ヲ杖ス。世子病トナル、王ハ妓ニ帛ヲ給フ。	二七ウ－二八オ
妓妾奸罪		○人ノ畜妓ヲ奸セシ上護軍ヲ遠竄ス。	二九ウ－三〇オ
木稼惡兆	十二月	○木稼ス。王ハ開元占、文獻通考、玉曆通政等ノ書ヲ見テ佞人刑ニ依リ人ヲ陷ルルノ兆ナリトス。	三〇ウ
祭饌詳定		○諸眞殿及陵寢祭饌ヲ詳定ス。	三一オ
歳末火戯		○軍器監ニ命ジ火戲ヲ宮中ニ張ル。	三二オ
	十一年（辛卯）	卷二十一	
白丁	正月	○白丁稱尺ノ名戸籍ニアリ河崙ノ孽子ナリ。良ニ從ハシム。	一オ
星壇築造		○壇ヲ築キ老人星ヲ祭ル。	三ウ
圓壇		○西川君ハ圓壇ノ祭ヲ禮制ニ依ルコトヲ請フ。	四ウ
上元燃燈		○十五日ノ夜燈ヲ殿中ニ張ル。王ハ事林廣記ヲ見テ之ニ效ヒシナリ。	七オ
佛丁贖罪		○佛丁ハ籍ヲ除キ其罪ヲ贖ハシメ鞫問死ニ致ス勿ラシム。	七ウ－八オ
撃毬		○王ハ宗親ト撃毬ヲ見ル。	八オ
鵂鶹不祥		○鵂鶹昌德宮ノ西ニ鳴ク、王ハ命ジテ之ヲ禳フ。往キニ正殿ヲ避ケ東門外ニ徙ルノ例アリ。	八オ
赤色ノ禁	二月	○各道進獻器玩ノ絳色ヲ禁ズ。蘇木ハ本國ニ産セザルニ由ル。	八ウ
撃毬		○王ハ宗親ヲ召シ撃毬ス。	八ウ
結綵獻歌		○王ハ楊州ニ獵ス。成均館學生、赴擧生一千餘人結綵、歌謠ヲ獻ゼントス。	八ウ
謁佛沐浴		○上王ハ幸州羅庵寺ニ謁シ沐浴ス。	一〇オ

梟鳴祭禳	三月	○鵂鶹昌德宮ニ鳴ク。王ハ命ジテ解怪祭ヲ行フ。	一〇ウ
三ッ兒		○蔚州ノ人一産三女、命ジテ米ヲ賜フ。	一一ウ
寒食陵祭		○王ハ健元陵ニ寒食ノ親祭ヲ行フ。	一一ウ
圓壇祭儀		○禮曹ハ圓壇ノ祭儀ヲ上ツル。	一二ウ—一三オ
擊毬		○宗親ヲ昌德宮ニ會シ擊毬ス。	一三ウ
灰色玉色ノ禁	四月	○灰色、玉色ヲ禁ズ、白色ニ近キガ故ナリ。	一七ウ
釋奠箕子ノ祭		○釋奠ノ儀ヲ詳定シ且箕子ヲ祭ル。	一七ウ
畫像奉安		○長生殿ヲ修メ且太祖ノ眞及開國功臣ノ影ヲ圖ス。	一八オ—ウ
端午祭	五月	○文昭殿ニ端午祭ヲ行フ。	一八ウ
端午禳災		○經師ヲ罷メントス。闕内端午禳災符ノ文一ナラザルニ因ル。本件今後書雲觀ヲシテ司ラシム。	一八ウ
山川諸神城隍ノ祭		○禮曹ノ啓ニ依リ風雲、雷雨、山川、城隍等之神ヲ祭ル。	一九ウ
畫像奉安		○歷代御容奉安ノ制ヲ議ス。	二〇オ
宗廟薦新		○宗廟薦新之法ヲ定ム。	二〇オ—ウ
法席		○太祖ト神懿王后ノ爲ニ興天寺ニ法席ヲ設ク。	二一オ
禁酒祈雨		○旱ニヨリ酒ヲ止ム。且公私用ノ酒ヲ禁ズ。又巫僧ヲ聚メ山堂ト寺ニ雨ヲ禱ル。	二一オ・二二オ
右同		○旱ニヨリ祭祀禁令古典ニ依リ施行ス。童子三十二人ヲ廣延樓前ニ聚メ雨ヲ禱ル。畫龍、土龍、蜴蜥等ノ法ヲ行フ。	二一ウ・二二オ・二二ウ
名山四節ノ祭		○松岳、德積、紺岳等ノ名山ニ於テ四節ニ當リ兩殿ヨリ使ノ巫女無名ノ祭リヲ暗行ス。	二二ウ

太宗十一年

風水思想	六月	○南山ノ麓ニ宮闕ヲ臨壓スルノ家アリ之ヲ破ラシム。	二三ウ
女妓ト舟遊		○知蔚州事李復禮ヲ流ス。女妓五人ト舟遊シ舟覆沒セシニ依ル。	二八オ
僧徒ノ草幕設齋		○僧徒山中ニ草幕ヲ搆エ齋ヲ設ケ男女ヲ聚ム。ソノ草幕ヲ破ラシム。	二八オ
手搏戲		○甲士ノ手搏戲ヲ試ム。	二八オ―ウ
儒服		○成均館及五部ノ儒生始メテ青衿ヲ着ル。	二九ウ
祈雨報祀		○宗廟、社稷、北郊、木覓等ノ祈雨報祀ヲ定ム。	二九ウ
祈雨		○雨ヲ祈ル。蜥蜴、土龍、其他ノ方法ヲ以テス。	二九ウ―三〇オ
府使淫祀 娼妓率行 唱歌吹笛		○長興府使ヲ罷ム。其妻救病衙門ニ行神シ又他郷ノ神ヲ禱ル。其往還府ノ娼妓ト奴トニ唱歌吹笛セシメタル件ニ由ル。	三七ウ
		卷二十二	
祈雨		○巫、盲人、僧ヲ聚メテ雨ヲ祈ル。蜥蜴祈雨ノ法ヲ行フ。	九オ
祭祀ノ法	七月	○開城大井、德積、紺岳等ノ祭祀ノ法ヲ定ム。國巫堂ヲ存ズ。	一〇ウ
祈雨		○佛宇ニ雨ヲ祈ルコトヲ止ム。其他禮文ニアル祈雨ハ之ヲ行フ。	一一オ
救病祈禱		○僧徒ニ命ジ世子ノ女ノ病ヲ演福寺ニ祈ル。	一三ウ
風水思想		○景福宮中ニ開渠ス。明堂ニ水ヲ缺グヲ以テナリ。	一四オ・二三オ
度厄移居	八月	○王厄ヲ度スル爲メ本宮ニ移ル。	一五ウ
祭幣ノ制		○祭祀用幣繒丈八尺ノ制ヲ定ム。	二一ウ
禁止嫁婚		○五部ニ命ジ婚ヲ禁ズ。嘉禮色ヲ設ケタルニ由ル。	二三オ
齋戒		○祭享齋戒ノコトヲ議ス。	二三ウ―二四オ

處女揀擇		○忠淸道ニ處女ヲ選ム。	二四オ
沐浴		○王ハ衿州安養寺ニ幸シ沐浴ス。	二四オ
風水思想	九月	○明堂ノ水ヲ景福宮城ニ引入ス。	二三オ
王ノ三妾		○禮曹ハ妃嬪ノ制ヲ上ル。一嬪二媵ヲ制ト爲ス。	二五オ－ウ
宗廟祭禮		○宗廟ノ祭禮ヲ更定ス。	二六オ
墓前歌舞	十月	○司憲府ハ上書シテ禪祭喪畢ノ日ニ塋前ニ置酒歌舞スル者アルヲ言フ。	三一ウ
禁酒禁屠 白丁		○又禁酒ノコト及宰牛ノ禁並禾尺平民ト雜處相婚ノコトヲ云フ。	三一ウ
成禮納妾		○領議政河崙ハ納嬪ノ時納采、問名、納吉、納徵ノ禮ニ付テ禮曹ヲシテ啓聞セシメンコトヲ請フ。王ハ此等ハ天子納后外行ハズトシテ允サズ。	三二オ
剛日馬祭		○命ジテ馬祖、先牧、馬社、馬步ヲ祭ラシム。剛日ヲ用ユ。剛日ハ甲、丙、戊、庚、壬ヲ謂フ。	三三オ
圓壇築成		○更ニ圓壇ヲ南郊ニ築ク。	三三ウ
功臣會盟		○元從功臣等會盟ス。	三四オ
成禮納妾 侍女男裝		○王ハ二嬪ヲ納ル。禮曹ハ嘉禮ノ時年幼ノ侍女男裝セシヲ之ヲ改メ帽無ク小靑綃ノ女笠ヲ用ヒシメ當日ノ侍女ノ服色ハ俗ニ從ハシム。	三五オ
明ノ祀典		○禮部ニ咨シ明ノ宗廟、社稷、山川、文廟等ノ祭ヲ問フ。	三六ウ
畵像奉安		○太祖ノ眞ヲ平壤ニ送ル。	三七オ
木稼小災	十一月	○古書ニ考シ木稼ヲ小災トス。	四一オ－ウ
冬至上壽		○命ジテ冬至ノ上壽ヲ止ム。西北面饑ニ由ル。	四三オ
白雉		○白雉ヲ獻ズルアリ王ハ瑞ニ非ズトス。	四三オ

罷朱雀祭	十二月	○朱雀ヲ南方ニ祀ルヲ罷ム。	四五オ
灰色玉色ノ衣ノ禁		○灰色、玉色ノ衣ヲ禁ズ。讖書ニ王氏ノ亡ブルハ人皆鴉色ト、果シテ驗アリ。	四六ウ—四七オ
雅樂制定		○禮曹ノ上言ニ依リ雅樂ヲ定ム。	四七オ—ウ
寡婦奪取	閏十二月	○平城君趙狷寡婦ヲ奪ハントス。	五〇ウ
服制		○禮曹ハ經濟六典ノ五服ノ制ハ文公家禮ト同ジカラズトシテ啓シテ服制ヲ改ム。	五四オ—ウ
讖緯歌章		○禮曹ハ明春元日上壽ノ宴ニ用ユル金尺ノ歌章ハ讖說ナルヲ言フ。	五五オ・五六オ
	十二年（壬辰）	卷二十三	
元日賀式	正月	○朔日王ハ百官ヲ率ヰ文昭殿ニ親祭シ還宮。遙カニ帝ノ正ヲ賀シ群臣ノ朝ヲ受ケ群臣ヲ宴ス。始メテ爵ヲ用ヒ九獻樂、九成ノ節除ヲ用ユ。（以下元朝群臣ノ賀ヲ受クル記事略ス）	一オ
三ツ兒		○東北面ノ宜州人一產二男一女。命ジテ米ヲ賜フ。	一オ
上元燃燈		○燈ヲ禁中ニ張ル。上元ノ日ヲ以テ太一ヲ祀ル。紙燈五百雜ユルニ龍鳳虎豹ノ狀ヲ以テス。	四ウ
開渠告神		○開渠ヲ宗廟、社稷、山川ノ神ニ告グ。	四ウ—五オ
白丁		○外方ノ罪人ヲ宥ス。韃靼禾尺ノ水軍定屬ヲ京外ニ付處ス。	六ウ
讖記歌章		○一秘記ニ云。高麗松岳四百八十年、漢陽八千年云々。此等ノコトハ樂府ノ歌章ニ入ル。	八ウ—九オ
禁酒		○禁酒ノ令ヲ下ス。	九オ
山神々主	二月	○白岳、木覔ノ神主ヲ改ム。	一〇オ

事項	月	記事	出典
市廛始基		○始メテ市廛ヲ始基ス。（今ノ鍾路通リナリ）	一一オ
王ノ對舞		○王ハ上王ヲ迎ヘ酣歡ヲ極ム。夜門外ニ出テ對舞シテ辭ス。	一三ウ
卜者言厄		○卜者前年ヲ以テ王ニ厄アリトセシモ王ハ信ゼズ。	一四ウ
宗廟薦禽		○禮曹ハ宗廟ニ薦禽ノ儀ヲ進ム。	一五オ
贈諡		○禮曹ハ停朝、贈諡ノ法ヲ上ル。	二〇オ
山川祀神	三月	○香ヲ降シテ漢拏山川之神ヲ祀ル。	二〇オ
喪用紙燭		○棺槨、紙燭ヲ驪原君閔無恤ノ妻ノ喪ニ賜フ。	二一オ
佛誕燃燈	四月	○今四月八日ノ燃燈ハ今年上元日ノ例ニ依ル。	二二ウ
雩祀圓壇		○雩祀、圓壇ノ祭ヲ行フ。	二四オ
宮中燃燈		○燈ヲ解慍亭ニ觀ル、明日又如之。左右ニ分チ立柱張燈ス。	二四オ
上樑祭		○司憲府ハ典祀判官朴允英ヲ罪センコトヲ請フ。樓門上樑祭ニ進香炭ヲ闕グニ由ル。	二四オ
擊毬		○王ハ宗親ノ擊毬ヲ觀ル。	二五ウ
五方神		○圓壇、五方神各方色ノ幣ヲ進ム。	二七オ
祀典舊例	五月	○宗廟、社稷、山川、文廟等ノ祭ハ前朝ノ舊例ヲ用ユ。聖朝ノ禮制頒布ヲ禮部ニ請フ。聖旨只本俗ニ從ヘト云フ。	三〇オ
讀經消災		○經師三十七人ヲ內庭ニ集メ讀經禳災ス。	三〇オ
石類設祭		○白岳山南ノ石頹ニ解怪祭ヲ行フ。	三三オ
祭使服制	六月	○忌晨齋行香使冠服ノ制ヲ定ム。	三八オ
檀君祭祀		○檀君ヲ箕子ト並ニ一廟ニ祀ル。	三八ウ

月	事項	記事	張
	宮女爲妾	○右政丞趙英茂ハ出宮ノ女、觀音ヲ妾トシ司憲府ヨリ彈劾セラル。王ハ右ノ女ハ御ニ供ハリシニ非ズ、且功臣ノコト故之ヲ罪セズ。	三八ウ—三九オ
	冠服ノ制	○司憲府ハ上疏シテ冠服ハ一ニ華制ニ從フコト、女服貴賤節ナシ之ヲ改メンコトヲ請フ。	四一ウ—四二オ
	陰陽思想	○忠州史庫藏陰陽ノ書二十帙ヲ書雲觀ニ下ス。	四三ウ
	王子托養	○卜者ノ言ニヨリ王ハ子ナキ者ニ王子ヲ養育セシメントス。	四三ウ
	國喪謹愼	○大妃金氏薨ズ。市ヲ停メ、大小祀ヲ停メ、音樂婚嫁ヲ禁ズ。	四四オ
	短喪	○大妃ノ喪ハ二十七日ヲ以テ除クコトトス。	四三ウ—四四オ
		卷二十四	
七月	祈晴	○晴ヲ興仁門ニ祈ル。	一ウ
	禁酒	○王ハ禁酒ノ令ヲ賣酒資生スル者ニ弛メシム。	三オ
	檀君箕子ノ祭	○禮曹ノ啓ニ依リ春秋ニ檀君箕子ノ廟ヲ祭ル。	三ウ
	災害引責	○右政丞石璘ハ風水災ノ故ヲ以テ辭セントシ王ハ允サズ。	六オ
	排佛思想	○司諫院ハ內願堂、淨業院ヲ革メンコトヲ請フ。王之ニ從フモ淨業院ノコトハ允サズ。	七オ—ウ
八月	圓壇築成	○王ハ命ジテ圓壇ヲ築ク。	八オ
	怪誕之書	○王ハ忠州ノ史庫ニアリシ神秘集ヲ怪誕ノ書ナリトシテ之ヲ燒カシム。	八ウ
	秋夕陵祭	○健元陵ニ王ハ秋夕祭ヲ行フ。	九オ
	宴ニ羊ヲ用ヒズ	○宴享ニ羊ヲ用ユル勿ラシム。	九ウ

私鷹ノ禁		○私鷹ノ禁ヲ申明ス。	一一オ
圓壇ノ制		○禮曹圓壇ノ制ヲ進ム。	一一ウ
圓壇改築		○圓壇ノ築ヲ改ム。	一一ウ―一二オ
國葬格例		○宗親大臣國葬ノ格例ヲ定ム。	
樓門ノ鐘	九月	○敦化門樓鐘ノ銘ヲ製ス。	
排佛排巫	十月	○司諫院ハ上疏シテ神佛ノ弊ヲ除クコトヲ請フ。死者ノ爲ニ供佛齋僧ノコト未ダ改マラズ。士人、民人山川ノ神ヲ祀ル云々。	一八オ―一九ウ
太一醮祭		○太一ノ醮ヲ昭格殿ニ行フ。	二〇オ
倡伎侍殿		○王ハ命ジテ倡妓年十五六ノ者六人ヲ選ビ明嬪殿ノ侍女ニ備フ。	二二オ
擊毬	十一月	○王ハ上王ト宴シテ擊毬ヲ行フ。	二二オ
棺槨ノ大 婦人蔽面 婚饌ヲ夫家ニ送ル		○司憲府ハ上疏シテ棺槨ヲ大ニスルヲ禁ジ。婦人出入ニ其面ヲ蔽ハシム。又新婚ノ家三日同牢後撤饌夫家ニ送ルヲ禁ズ。及庶人細紬、細麻布ヲ用キシメザルコトヲ言フ。王ハ婦人蔽面ノ事ノミ行フヲ許ス。	二四オ
刺字		○江陵教授ハ鄕校ノ米ヲ私用ス。加杖、刺字ス。	二五オ
雜祀革罷		○松岳、紺岳、城隍等ヲ祭ルヲ革メントシ事遂ニ寢ム。	二六オ
諸祀齋戒		○禮曹ハ諸祀齋戒ノ法ヲ上リ定ム。	二六ウ 二七オ
女妓入內		○妓女入內云々。東門外ニ女樂ヲ置カントス。	二七オ
斷指用藥ノ孝子	十二月	○西北面安州ノ人母ノ病ノ爲右手無名指ヲ斷チ酒ヲ以テ飲マシメタル者ヲ旌表ス。	二八オ
準近親奸		○司憲府ハ父死シ其妾ヲ奸シタル者ト、其本人ノ妾ヲ斬ニ處センコトヲ請フ。	二〇ウ―三一ウ
諸州資福ノ寺		○諸州資福寺ノ住持ヲ皆各本寺ニ入ラシム。王命ニ依ル。	三一ウ

事項	年月	記事	出典
祈福城隍		○松嶽ノ城隍ニ往來絡繹タリ。司憲府ニ命ジ大小人ノ祈福ヲ禁ズ。	三二ウ
立春人日ノ賀禮 人勝春幡		○禮曹ハ立春及人日ノ賀禮、一ニ皇明ノ儀註ニ依ルヲ啓ス。賜春幡、賜人勝、祿牌アリ。	三二ウ
正朝陵祭		○王ハ健元陵ニ詣リ正朝ノ別祭ヲ行フ。	三二ウ
火戲		○軍器監ニ命ジ火戲ヲ仁德宮ニ陳ス。	三二ウ
	十三年（癸巳）	卷二十五	
打毬	正月	○王ハ仁德宮ニ詣リ打毬ス。朱杖ヲ用ユ。	一オ
上元觀燈		○夜燈ヲ觀ル上元ヲ以テ也。	三ウ
倡優歌舞		○臨江監務ノ妻ハ喪服ヲ脫スルノ後一族ノ婦女ヲ會シ倡優ヲシテ歌舞竟日歡娛ス。其ノ罪ヲ司憲府ヨリ上疏ス。	三ウ
宗社用牲		○禮曹ハ宗廟、社稷用牲ノ例ヲ上ル。	五ウ
下馬標木		○下馬ノ標木ヲ宗廟及闕門洞口ニ立ツ。	五ウ
法席禁斷		○臣庶父母追薦ノ法ヲ定メ法席ヲ禁斷ス。	五ウ
門鍾新鑄		○新鑄ノ鐘ヲ敦化門ニ掛ク。	六ウ
溫泉沐浴	二月	○王ハ平州溫井ニ幸ス。	七オ
孝子節婦		○孝子節婦ノ門ヲ旌表ス。（其ノ孝行節行ノ記事アリ）	七ウ—八ウ
打毬		○惠正橋上ニ兒童ノ打毬スル者アリ。毬ヲ大君、王ノ首ニ擬シ囚ヘラル。	一〇オ
擊毬		○臺諫ハ擊毬馬ヲ躍ラシ人ヲ傷ケシ者ノ罪ヲ請フ。	一二ウ—一三オ
妾妻混淆 一夫多妻	三月	○司憲府ハ上疏シテ嫡庶ノ別ヲ明カニセンコトヲ請フ。前朝ノ末妾ヲ以テ妻ト爲ス	一三オ—ウ

排佛思想		者、妻アリテ妻ヲ娶ル者アリ遂ニ今日アルヲ致ス云々。	
		○司憲府ハ上疏シテ喪祭ノ儀一ニ家禮ニ依リ、佛事ヲ痛禁センコトヲ請フ。	一四オ
三ッ兒		○忠淸道石城縣ノ私婢一乳三子、米六石ヲ賜フ。	一六オ
馬上奏樂		○上王ハ東郊ニ鷹獵ス、置酒シ暮ニ馬上奏樂シテ還ル。	一六オ—ウ
東宮納妓 世子放縦		○宮奴密カニ東宮ニ妓ヲ納レシコト現ハレ各關係者罰セラル。世子日ニ内豎ト滛戯管絃、鷹犬度ナシ。	一八ウ—一九オ
諸祀ノ制	四月	○禮曹ハ諸祀ノ制ヲ上ル。	二〇ウ
喪中昵妓 近親奸		○大司憲安省ヲ罷ム。完山ノ妓ヲ愛シ父ノ憂ニ丁リ遣還セズ。摠制李澄ノ妾、醫女、藥生ヲ奸シ。且又母族ヲ奸スルニ由ル。	二三オ
度厄移居	五月	○靜妃病アリ。王ハト者ノ言ニ依リ度厄ノ爲本宮ニ移ル。	二四ウ
擲石戯		○市井之徒端午廣通街上ニ擲石戯ヲ爲ス。	二四ウ
讀經救病 救病燃臂		○藥師精勤ヲ本宮ニ、經師二十一人ヲ本宮ニ設ケ、又僧百員ヲ慶會樓ニ讀經セシム、中宮ノ病篤キニ由ル。王ハ親臨燃臂ス、世子諸王亦同ジ。僧ノ中焚頂燒指スル者アリ。	二五オ
牛乳		○乳牛乏シ。	二五オ
家廟勵行		○漢城府ハ家廟ノ設ケ著令アリ士大夫ニシテ未ダ立廟セザル者多シ。之ヲ糾理センコトヲ請フ。	二五オ
三ッ兒		○隊副辛白ノ妻一男二女ヲ產ス。米ヲ賜フ。	二六オ
白龍昇天		○務安縣雷雨暴カニ作リ白龍雲ニ乘ジテ上ル。其迹ノ地坼ケ水湧ク。	二七オ
冥福經ヲ寺ニ納ム		○海印寺ニテ刊セシ大藏經ヲ開慶寺ニ輸ス。太祖ノ冥福ニ資スル也。	二七オ

事項	月	記事	張
兵使率妓	六月	○司憲府ハ慶尙道都節制使ガ妓ヲ載セ倶ニ行クノ罪ヲ請フ。論セズ。	二七ウ―二八オ
宮內博奕		○昌德宮內ニ博奕セシ內官ト醫員ヲ巡禁司ニ下シ三日ニテ釋ス。	二八オ
祀典改正		○祀典ヲ改正ス。	二八オ
士夫相禮		○士大夫相拜スルノ禮ヲ定ム。	二九オ
放火禳災		○軍器監ニ命ジ火藥ヲ內庭ニ放ツ。	二九ウ
風水思想		○風水學生ノ上書ニ依リ新門ヲ城西ニ開キ路ヲ通ズルヲ止ム。	三一オ―ウ
蓑衣		○各道ニ命ジ蓑衣ヲ進メシメテ年例トス。	三二ウ
尼ノ還俗		○處女ノ尼トナリシ者ニ還俗ヲ命ズ。	三二ウ―三三オ
		卷二十六	
雨乞 禁酒	七月	○書雲觀ノ上言ニ依リ賑窮、掩骸骨、修溝渠及輕囚ヲ釋ツ。禁酒ノ令ヲ下ス。皆旱ニ依ル。	一オ
祈雨		○童男ヲ聚メ蜥蜴ヲ以テ上林園ニ祈雨ス。僧巫ヲ遣シ雨ヲ祈ル。	一オ―ウ
右同		○楮子島ニ畫龍祭ヲ行フ。山川ニ雨ヲ祈リ、群巫僧徒ヲシテ雨ヲ祈ラシム。群盲明通寺ニ聚リ雨ヲ禱ル。	二オ
藥酒		○議政府ハ藥酒ヲ進ム。	二ウ
救病供衣		○母ノ病ニヨリ盡ク其衣ヲ出シ鬼神ニ禱リシ宮人アリ。	四ウ
擊毬		○王ハ上王ヲ奉ジテ廣延樓下ニ擊毬ス。	四ウ
不葬十年		○司憲府ハ母死シ十年葬ラザル上護軍金南斗ノ罪ヲ請フ。	六オ
海變禳祭		○全羅慶尙ノ海赤ク黒ク魚族死ス。工曹參議及書雲觀判事ヲ遣ハシ解怪祭ヲ行フ。	八オ―ウ

事項	月	記事	出典
率官妓宴 娼妓乘馬 官物給妓 王ノ婢妾	八月	○司憲府ノ上言。豐海道監司ハ各官守令ト妓ヲ率ヰ宴飮、娼妓ヲ以テ驛馬ニ騎セシメ死ヲ致ス。鳳州知事ハ官中楮貨米魚ヲ以テ女妓ニ支給ス云々。皆罪セラル。上王人ノ家婢ヲ妾トス。	一六オ―ウ
祝文誤用		○慶尙海水赤キヲ禳ウノ祝文ヲ木覓山ノ祭祀文ト誤リ當該官罪セラル。	一八オ―ウ
白丁 號牌之法		○才人禾尺流移定住ナシ。前府使號牌ノ法ヲ行ハンコトヲ請フ。群臣ハ此法民ニ害アリ官ニ益ナシトス。	一八オ
賤女立役 琴人		○議政府ハ千尺白冠等人ノ女孫立役ノ法ヲ定ム。琴人之女ヲ妓ト爲ス云々。	一九ウ
號牌	九月	○議政府ハ號牌ノ法ヲ議シ其寸法ト様式ヲ定ム。	二〇ウ―二一オ
號牌		○號牌ヲ行フコトニ付テ議ス、可トスル者多シ。	二〇ウ
溫泉入浴 上妓隨行 山川神祀		○王儒城溫井ニ幸ス。侍女、上妓八人駕ニ隨フ。丘陵坑坎皆神アリトシ毎日曉頭名山大川ヲ祭ル。	二六オ
右同		○王ハ内侍ヲ遣ハシ鎭州胎靈山、文義壞城之神ヲ祭ル。	二六オ
白丁		○王ハ任實ニ巡幸セントス。全羅道才人禾尺等ヲ抄送ス。	二六オ―ウ
山川神祀		○王ハ内侍ヲ遣ハシテ鷄龍山之神、荊角津之神ヲ祭ル。	二六ウ
胎山 山川神祀		○任實臨行ノ途珍州太祖ノ胎山ヲ祭ル。過グル所ノ山川ヲ祀ル。	二八オ
右同 結綵儺禮		○王ハ内侍ヲ遣シ龍潭縣龍淵及珠琗山神ヲ祭ル。完山府結綵儺禮王ヲ迎エントセシヲ罷メシム。	二八ウ
獻歌謠	十月	○完山ノ父老鄕校生等道ニ王ヲ迎ヘ歌謠ヲ獻ズ。	二九オ
畵像奉安		○王ハ嘗テ完山府ニ入リ太祖ノ眞ニ謁セントセシモ彼地ニ芳幹アルヲ以テ果ザリシ。	二九オ

山川神祀	十一月	○王ハ內侍ヲ遣ハシテ鷄龍山及紺嶽ノ神ニ祭ラシム。	二十オ
城隍神祀		○內侍ヲ遣ハシ貫州城隍ノ神ニ祭ラシム。	二十ウ
巫覡馬神		○禮曹ハ祀典數條ヲ議ス。司僕寺ハ巫覡ヲ以テ馬祖ヲ祭ラシム。	三六オ
號牌		○號牌ノ法ニ付テ議ス。	三七ウ・四一オ
墳墓制限		○一品以下庶人マテ墳墓塋域步數定制ナシ、之ヲ定メシテ議アリ。	三八オ
妖言		○兵亂ヲ妖言スル義興ノ人ヲ安邊ニ流ス。	四〇ウ　四一オ
巫覡卜占	十二月	○王氏ノ裔、禍心ヲ包藏シテ巫覡、盲人ニ就キテ吉凶ヲ問フ者ヲ鞫ス。臺臣之ヲ誅センコトヲ請フモ王允サズ。	四五オ
號牌		○中外ノ臣僚大小民始メテ號牌ヲ佩フ、	四六オ
木稼		○木稼アリ獄囚ヲ速決セシム。	四七ウ
號牌		○號牌ノ法ヲ申ス。忠淸道一六二九七名ニ號牌ヲ給ス。	四八オ
伐鼓救食		○命ジテ救蝕ノ法ヲ謹ミ伐鼓救食ス。	四九オ
陵祭		○上王健元陵ニ親祭ス。	五一ウ
放火逐疫		○軍器監火藥ヲ殿庭ニ設ケテ疫ヲ逐フ、年例ナリ。	五二オ
	十四年（甲午）	卷二十七	
宮中納妓	正月	○世子夜娼妓ヲ納レントシテ潜カニ內奴ヲシテ其騎スル馬ヲ取ラシム。	一ウ
兵曹祈禱		○王ハ命ジテ兵曹ノ祝壽齋ノ祈禱ヲ罷ム。	一ウ
婿歸女家 婢妾ノ子 贖身		○吾東方ハ婚姻ノ禮陽ヲ以テ陰ニ從フ。男ハ女家ニ歸シ子ヤ孫ヲ生ミ外家ニ長ズ云々。祖父ノ婢妾産ム所皆使役ス、古制ナリ。法ヲ定ム。	一ウ－二オ

賤妾封爵		○王ノ緋ノ母ハ中宮ノ婢、同裀ノ母ハ妓、共ニ歌舞ヲ以テ幸ヲ得ル。共ニ翁主ト爲ス。	三オ
嫡庶ノ別		○嫡庶ノ別ヲ嚴ニセン爲正尹以下ノ品秩ヲ改正ス。	三オ
巫風排斥 郷約		○忠清監司ハ明ノ制ニ倣ヒ州郡ニ里社ヲ立テテ祭リ。淫祠ヲ行ヒ神堂ト稱スル者ヲ燒キ、且吉凶相助ケ郷里和睦風俗ヲ厚フセンコトヲ請フ。	四オ―ウ
新來侵虐		○前朝ノ季ニ監察房新拜者ヲ呼ンデ新鬼ト爲シ勒令雜戲至ラザル無シ、國朝嚴禁セシモ餘風未ダ改マラズ。此事ヲ行ヒシ司憲監ヲ罷職セシム。	七ウ
藏氷	二月	○敬差官ハ京畿藏氷ノ弊ヲ陳ス。	八ウ―九オ
瓦窰		○瓦窰ヲ止ム。民弊アルニ由ル。	八ウ
水陸齋		○觀音窟津寬寺、臺山上元寺、巨濟見庵寺ノ每年二月十五日ノ水陸齋ヲ正月十五日トス。	九オ
畫像奉安		○慶州ニ太祖ノ眞殿ヲ置キ有名日ニ當ツテ祭リヲ行フ。	一一オ
馬牌		○始メテ馬牌ノ法ヲ立ツ。	一二オ
酒禁		○公私飲宴ヲ禁ス。	一三ウ―オ
木鐸		○先雷三日木鐸ヲ奮テ以テ民ニ兆セシムルコト月令ニ依リ施行恒式トナス。	一四ウ
山岳祭祀		○王ハ内侍ヲ遣ハシ紺岳、海龍山、白雲山、鐵原寶蓋山、金岳山、乙訥灘、平康分水嶺、驅積山等ノ神ヲ祭ル。江原ニ講武スルニ依ル。	一五ウ―一六オ
山川祭祀		○王ハ内侍ヲ遣ハシ楊根城隍及龍門山、龍津、廣州城隍及儉丹山、廣津等ノ神ヲ祭ル。王此地ニ獵スルニ由ル。	一五ウ―一六オ
右同	三月	○同上鐵原等ノ神ヲ祭ル。	一七ウ

觀魚ノ宴	四月	○上王ハ魚ヲ楮子島ニ觀ル。設宴女樂ヲ張ル。	一八ウ
菖蒲酒		○参議黃子厚ニ命ジ菖蒲酒ヲ造ル。	二〇ウ
先農祭		○只先農ヲ祭リ後農、仲農ノ祭ヲ罷ム。	二一オ
社稷周墻		○宋ノ制ニヨリ社稷周墻ノ制ヲ定ム。禮曹ノ啓ニ依ル。	二四オ
皂隷呵唱		○明ノ法ニ倣ヒ諫院之行既ニ皂隷ヲ以テ前呵セシム。舊制ノ朱衣喝道セル丁吏ヲ罷ム。	二六ウ
禁酒	五月	○旱ニヨリ禁酒ヲ令ス。	三〇オ
老人優遇		○八十歲以上ノ老人ニ米ヲ賑ス。一百一歲二人、九十歲七人。	三〇ウ
雩祀創壇		○始メテ雩祀壇ヲ興仁門外ニ建ツ。	三二ウ—三三オ・三三オ—三四オ
祝壽齋		○命ジテ武科ノ祝壽齋ヲ罷ム。	三三ウ
雩祀神主		○雩祀神主ノ制ヲ定ム。	三四オ
賭博		○前朝ノ季賭博盛ナリ萬錢ヲ一朝ニ賭取シ暴富トナル者アリ、太祖之ヲ禁ズ。其餘風未ダ殄タズ犯者ヲ捕ヘ痛禁ス。	三五オ
祈雨		○雨ヲ雩祀壇及漢江、社稷、北郊ニ禱ル。巫ヲ用ユ。	三六ウ・三七オ
王ト侍婢	六月	○王ハ侍婢出身ノ侍女ニ幸ス。	三七ウ
祈雨		○土龍ヲ東郊南郊ニ祭ル。	三八ウ—三九オ
幼死無禮		○王女三歲ニシテ卒ス成禮セズ。	四〇ウ
祈雨		○土龍ヲ西郊ニ祭リ、畫龍ヲ楮子嶋ニ祭ル。	四二オ
白丁		○豐海道都觀察使ハ禾尺才人納貢ノ法ヲ啓ス。	四三ウ
祭祀諸壇		○禮曹ハ先蠶、靈星、先農、馬社、馬祖、先牧、馬步、壇壝ノ制ヲ定ム。	四三ウ

事項	月	記事	所在
馬具衣服制限		○世子ノ馬飾、品官衣服ノ升數ヲ定ム。	四三ウ—四四オ
時報ノ鐘		○罷漏撞鍾ノ法ヲ定ム。	四六オ
一夫三妻		○大司憲ノ上疏、三妻並ニ之ヲ畜フ者アルヲ云フ。	四六ウ
出産解草祭		○王世子男ヲ生ム。世子生レシ時ノ例ニ從ヒ桑弧、蓬矢、傅母、慈母、乳母ノ制ヲ行ハンコトヲ請フ。王從ハズ。解草祭ハ俗禮ニ從フ。	四七ウ
		卷二十八	
釋奠	七月	○州縣釋奠ノ儀ヲ頒行ス。	五オ
聖廟侑獻		○王ハ成均館ニ詣リ先聖、先師ニ爵獻ヲ行フ。	六オ
謁聖		○謁聖儀註ヲ詳定ス。	六ウ
主嶽神位		○三角山神位ヲ白岳祠ニ移ス。	七ウ
官妓越境	八月	○自今各道ノ官妓ヲ越境セシムル毋ラシム。全羅漕船敗沒ノ時官妓二人溺死スル故ナリ。	九オ
秋夕陵祭		○上王ハ健元陵ニ詣リ秋夕別祭ヲ行フ。	一一ウ
名日殿祭		○文昭殿及慶州、全州、平壤ノ太祖眞殿ニ四孟朔大享、有名日別祭ヲ行ハシム。	一二オ
號牌		○號牌ヲ僞ル者ノ刑ヲ定ム。	一三オ—ウ
海變祈禳		○慶尙ノ海水色變ジ魚死ス。解怪祭ヲ行フ。	一四ウ
山川城隍ノ祀典		○禮曹ハ山川祀典ノ制ヲ上ル。城隍ヲ含ム。	一四ウ—一五オ
獵禽郊祭	九月	○獵禽ヲ以テ郊ヲ祭ル。月令及文獻通考ニ準ズルナリ。	一六ウ
諸祀詳定		○禮曹ハ諸祀ノ儀ヲ詳定シテ上ル。	二〇ウ—二一オ

山川祭祀	閏九月	○王ハ内侍ヲ遣ハシテ梨浦、楊根ノ城隍、龍門山、原州雉岳山、驪江等ノ神ヲ祭ル。王ト上王ノ幸スルニ由ル。	二八オ－ウ
喪中淫行	十月	○父死シテ月ヲ踰エズ妓妾ニ奸通セル前護軍ヲ杖ス。	二九ウ
擊毬		○王ハ宗親ヲ召シ擊毬ス。	三〇ウ
妖言		○妖言ニヨリ印ヲ刻セシ者ヲ囚フ。	三二ウ－三三オ
號牌		○號牌ノ法ヲ改メ改給ス。	三二オ・三六ウ
婚禮議定		○婚禮ヲ議定ス。王ハ事林廣記ニ朝鮮ノ婚姻、男ハ女家ニ往ク事ノ記アルニ由ル。	三四オ
籍田		○禮曹ハ籍田ノ儀ヲ上ル。	三六ウ
號牌		○號牌ヲ改ムルコトノ議。之レニ付所在騷擾ス。	三六ウ
救食	十一月	○乙卯月蝕。王ハ白衣ヲ以テ蝕ヲ救フ。	四〇ウ
婦女障面		○婦女ハ笠帽ノ其前簷ヲ卷キ扇子ヲ持シテ障面セシヲ、笠帽ヲ垂レシメ扇子ヲ持ツヲ禁ズ。	同
擊毬		○王ハ宗親ヲ會シ擊毬ス。	四二オ
宴卓紙花	十二月	○宮中ノ席子ノ緣ノ錦ヲ絹ニ代フ。且内宴ノ果床ニ紙花ヲ用ユ。	四二オ－ウ
立春朝會		○立春大朝會（王朝賀ヲ受ク）此時ヨリ始マル。	四五オ
親迎ノ禮		○誠寧大君種ハ大護軍成抑ノ女ヲ迎ス。	四五ウ
擊毬		○宗親ヲ召シテ擊毬ス。	四六ウ
除夜追儺		○除夜ノ前日驅儺セシヲ除夜ニ行フコトニ改ム。初昏ヨリ夜半ニ至ル。	四六ウ
	十五年（乙未）	卷二十九	

野燒禁令	正月	○驚蟄後ニ農ガ山野ヲ焚クノ禁ヲ申明ス。忠淸道都觀察使ノ生物ヲ殺スハ和氣ヲ傷ルト爲スノ啓ニ依ル。二月內ニ山ヲ焚ク勿レトハ既ニ禁令アリ。	一オ
寒食改墓		○寒食日ヲ以テ王ノ外曾祖考妣ノ墓ニ加築ス。	二オ
親迎ノ禮		○外親ノ服制ヲ定ム。婚姻ノ禮男ハ女家ニ歸シ子孫外家ニ長ズ。禮曹ニ命ジテ親迎ノ禮ヲ詳定セシム。事竟ニ行ハレズ。	二ウ
孝子節婦旌閭		○王ハ命ジテ孝子節婦ノ閭ヲ旌表ス。（ソノ行ヒノ種々相ノ記アリ）	四ウ－五オ
上元燃燈		○上元日ノ燃燈ヲ罷ム。	五オ
佛誕燃燈		○四月八日ノ燃燈ヲ除ク。	七ウ
酒禁		○公私飮宴ヲ禁ズ。小民ノ濁酒及賣酒資生ノ者ヲ此限外ニ置ク。	七ウ
山川祭祀	二月	○王ハ海州ニ講武ス。內侍ヲ遣ハシテ臨津、松岳、歧灘、海州城隍、牛馬山、九月山、西海ノ神ヲ祭ル。	一〇オ
忌日致齋		○王ハ懿妃ノ忌晨ヲ以テ致齋二日。	一〇ウ
牛乳		○乳牛所官員ノ件。	一一オ
禁近親婚	三月	○向化ノ人(女眞人)婚嫁異姓四五寸甚シキハ兄亡シテ嫂ヲ娶ル。自今一切禁斷ス。	一一ウ
異種賤民		○干ト稱シ尺ト稱スル者前朝ノ例ニ依リ充軍ス。	一三ウ
擊毬		○宗親ヲ召シテ擊毬ス。	一三ウ
石怪禳祭		○定州艾嶋ノ石自カラ動ク。書雲觀員ヲ遣ハシ解怪祭ヲ行フ。	一三ウ
山川祭日	四月	○山川ノ祭ハ春秋中月ヲ用ユ。	一六オ
三ツ兒		○密陽ノ人一產三男。王ハ命ジテ米醬ヲ賜フ。	一六ウ
笠帽ノ制		○鄕吏戶長ノ笠制ヲ詳定ス。洪武二十年衣冠ノ制ヲ改ムルノ例ニ依ル。路上ニハ笠	一九オ

太宗十五年

		ヲ着ケ公處ニハ紗帽ヲ着ス。	
甘露		○甘露咸州ニ降ル。	一九オ―ウ
撃毬		○宗親ヲ召シテ撃毬ス。	二二オ
海變禳祭		○慶尙道盈德縣烏浦等處海水黑シ。人ヲ遣ハシ南海ノ神ヲ祭リ禳フ。	二四ウ
甘露		○百官甘露ノ瑞ヲ賀ス。王ハ受ケズ。	二四オ
救食	五月	○丁酉朔日食。王ハ素服仁政殿月臺ニ御シ日官ヲシテ撃鼓之ヲ救フ。	二四ウ
祈雨		○雨ヲ北郊ニ祈ル。其書龍祈雨宋ノ景德三年ノ例ニ依リ之ヲ式トス。	三〇ウ―三一オ
王ト妓		○上王ノ御シタル上妓ヲ王子知ラズシテ私ス其妓ヲ追フ。	三三オ
誕日進扇		○王ノ誕日ニ忠淸觀察使輪扇ヲ進ム。王ハ團扇ヲ用ユルトシテ之ヲ受ケズ。	三三オ―ウ
祈雨		○雨ヲ雩祀山川ニ祈ル。蜥蜴祈雨ヲ行フ。宋制ニヨリ四方ノ龍ヲ各其日ヲ以テ祭ル。中央土龍ハ此日北郊ニ祭ル。	三四ウ―三五オ
吉凶蠟燭		○中外吉凶ニ用ユル紅大燭（紅五升布ヲ蠟シテ之ヲ斷ツ只餘燃火ス）ニ代ユルニ松炬ヲ以テセシム。	三五オ
祈雨	六月	○祈雨ヲ古典ニ依リ施行ス。	三六ウ
宰牛ノ禁		○宰牛曾テ禁令アリ比來宰殺多シ。其禁ヲ嚴申シ犯禁捕告者ニ犯人ノ家產ヲ與ヘテ賞ス。自死牛ノ肉ハ官ノ承認ヲ得テ賣ラシム、旱ニ由ル。	三七オ
祈雨		○巫女ヲ聚メテ雨ヲ白岳ニ祈ル。	四〇オ
右同		○禮曹祈雨ノコトヲ啓シ且織扇ヲ斷ツヲ請フ。王ハ命ジテ各殿ノ點火炭ヲ停ム。時ニ非サル霪雨ノ爲也。	四〇ウ―四一オ
右同		○雨ヲ宗廟ニ祈ル。	四一オ

大旱停楽		○敎坊ノ習樂ヲ停ム。大旱ニ依ル。	四二ウ—四三オ
祈雨		○上護軍平道全（海賊歸化日本人）ハ日本僧ヲ率ヰ漢江ニ舍利ヲ沈メ雨ヲ祈ル。	四三オ
右同		○後魏和平元年州縣ニ詔シテ其境内ノ神大小ナク悉ク祭リシ例ニ倣フ。且宋紹興八年ノ例ニヨリ道場ヲ設ケテ祈ル。	四三ウ
大旱撤酒		○旱ニヨリ王ハ藥酒ヲ撤ス二十七日。	四七オ
人屍棄巷		○城中往々人ヲ殺シ市ニ棄テ或ハ渠ニ投ズル者アリ。	四八ウ
號牌		○號牌ニ關スル件。	四九オ
		卷三十	
梟鳴不祥	七月	○鵂鶹景福宮ニ鳴ク。王ハ昌德宮ニ移ル。	三オ—ウ
風水思想		○景福宮城ノ北路ヲ塞ギ人ノ往來ヲ禁ズ。	七オ
佛僧驗問		○王ハ佛氏ノ眞僞ヲ驗セントシテ僧一百ヲ興天寺ニ聚メ問答ス。舍利ノ僞奸露ハル。	七ウ－八オ
諸祀祝板		○諸祀祝板皆松木ヲ用ヰシム。前ニハ祝文ヲ紙ニ書キ板ニ貼ル。	九オ—ウ
無牌ノ鷹	八月	○無牌鷹子ノ禁ヲ申明ス。	一二オ
官司茶事		○六曹、憲司自今茶事ヲ除キ毎日治事。	一二オ
擊毬		○王ハ宗親ト擊毬ス。	一四オ・一九ウ
乳牛		○乳牛所車戸ノ牛ヲ減ズ。	二〇ウ
祭享儀式	九月	○禮曹ハ祭享儀式ヲ啓ス。	二三オ
龍津祭祀		○内侍ヲ遣ハシ龍津ノ神ヲ祭ル。	二六オ

淫女流刑	十一月	○司憲府ハ老淫女金氏及其夫ヲ劾ス。金氏嘗テ淫奔ニヨリ流刑ニ處セラレシ者ナリ。	二九ウ—三〇オ
擊毬		○王ハ宗親ヲ率ヰ擊毬ス。	三〇オ・三七オ・三八オ
玉色ノ服弛禁		○命ジテ玉色ノ服ヲ禁ズル毋ラシム。	三八オ
擊毬		○王ハ宗親ト擊毬ス。	三九ウ
養蠶	十二月	○楊根、加平ニ養蠶所ヲ相ス。	四〇ウ
禁婚不忠者ノ子女		○不忠者閔無咎ノ子女ト婚スル者及其媒者ヲ囚フ。	四三ウ—四七ウ
	十六年（丙申）	卷三十一	
宗廟饌路	正月	○宗廟進饌南正門ヨリ入ルコトニ改ム。	一ウ
冠服制定		○外方州郡吏ノ冠服ヲ改ム。	二オ
禁酒		○禁酒ス。	二オ
冠服		○冠服色（色ハ係リ）ヲ設ク。	三オ
上元佛誕兩日燃燈		○上元ノ張燈ヲ除ク。已備ノモノハ四月八日ニ用ユ。	六オ
擊毬		○王ハ宗親ト擊毬ス。	八ウ
道教祭祀		○大淸觀ニ諸帝ト稱シ祭ルモノ多シ。王ハ其ノ誣妄ヲ云フ。	一〇オ　ウ
號牌	二月	○號牌ヲ考視セシム。	一一オ
山川祭祀		○王ハ講武ノ爲泰安ニ幸ス。途中其地ノ神ヲ祀ル。	一一ウ・一二オ
蠶室		○朝宗ト迷原ニ蠶室ヲ置ク。	一二ウ
獵犬禁止		○自今講武ニ大小臣僚ノ田犬ヲ禁ズ。	一二ウ

蠶室新設		○新ニ蠶室ヲ設ク。	一二ウ
姦婦斬刑		○盲僧ト私シ累年子ヲ生ミ之ヲ殺セシ故代言ノ妻ヲ斬ル。	一二ウ—一三オ
近親姦罪		○婢ノ表弟ニシテソノ婢ヲ奸セシ者ヲ斬ル。	一三ウ
擊毬		○王ハ仁德殿ニ詣リ置酒擊毬シ之ニ賭馬ノ戯ヲ爲ス。	一四オ
三ッ兒	三月	○義州任內古靜州人二男一女ヲ產ス。米ヲ賜フ。	一八オ
乳牛		○各殿供上ノ湩酪ヲ除ク。乳牛減ニヨル。湩ヲ取ルノ馬ヲ壺串ニ放ツ。	一八ウ
火砲攘邪		○王ハ東郊ニ鷹狩シ火桶ヲ放ツ。	二三ウ
冠服ノ制		○禮曹ハ朝官冠服ノ制ヲ上ル。	二五ウ—二六ウ
溫泉入浴	四月	○安城府院君ハ白川ノ溫井ニ浴ス。	二八オ
玉色衣服ノ禁		○復タ玉色ノ衣ヲ禁ズ。	二八ウ
布衣制禁		○苧麻交織ノ布衣ヲ禁ズ。	三〇ウ
紬ノ禁	五月	○席子緣ソノ他ニ紬ヲ用ユルヲ禁ジ木綿ヲ以テ代ユ。	三一オ—ウ
火砲攘邪		○軍器監ニ命ジ火桶ヲ放ツ。厲氣ヲ闢ク也。	三四ウ
號牌		○號牌施行後民ノ流移止マズ。號牌ノ爲メ罪犯多シ。左副代言ハ之ヲ罷ムベキヲ上言シ王然リトス。	三五オ—ウ
祈雨		○蜥蜴ノ祈雨ヲ行ヒ、虎頭ヲ漢江ニ沈ム。	三六オ
右同		○北斗祈雨醮ヲ昭格殿ニ行フ。持戒ノ僧ヲ集メ大雲輪請雨經ヲ誦シ、雨ヲ興福寺ニ禱ル。巫ヲ聚メ雨ヲ禱ル。	三六オ—ウ・三八ウ
右同		○東方ノ土龍ヲ興仁門外ニ造ル皆生成ノ數ヲ取テ之ヲ八十八丈ニ造ル。南西北中ノ土龍亦之ニ倣フ。	四一ウ

太宗十六年

雨乞	○宮中侍女ノ年壯ナル者ヲ揀出ス。旱ノ爲ナリ。	四三ウ
祈雨	○各所ニ雨ヲ禱ル。	四三ウ・四四オ
號牌	○中外號牌ヲ罷ム。（旱ノ爲ナル如シ）	四七ウ
祈雨	○王ハ命ジテ雨ヲ興天寺舍利殿ニ祈ル。草龍一身九頭十餘ヲ造ル。僧指ヲ燒ク。	四八オ
祈雨	○禮曹祈雨ノ啓目ヲ上ル。文獻通考ニ依リ雩祀、圓壇、社稷、宗廟、北郊、風雲雷雨、三角、木覓、等ニ祈雨祭祀シ雲漢ノ詩ヲ歌ハシム。又董仲舒ノ祈雨ノ術ニヨリ南門ヲ閉ヂ北門ヲ縱ツ。外方ノ民ヲシテ里社ニ祈ラシメ且中外家人ノ祠ニモ雨ヲ禱ラシム。	四九ウ
六月		
雨乞	○王ハ古典ヲ稽ヘ旱災ノ原因ハ藏氷ニ時ヲ以テセズ、春ニ白骨ヲ收メザルニ因ルトシ、藏氷、春枯骨ヲ收ムルヲ恒式トス。且牧場内牛馬ノ骨ヲモ拾置セシム。	五一ウ―五二オ
右同	○王ハ命ジテ前朝八位ノ守陵戶ヲ置ク。旱ニ依ル。	五六ウ
	卷三十二	
七月		
角鬪ト手搏戲	○上王ノ誕辰ニ甲士及防牌ニ命ジ角鬪以テ戲セシム。又手搏戲ヲ爲サシム。	一オ・七オ
祈雨報祀	○嶽海瀆諸山川ニ立秋後報祭祀ヲ行フ。	一ウ
宗廟祝文	○宗廟祝文ノ規式ヲ改ム。	一ウ
白丁	○獐ヲ後園ニ養フ。廣州ノ牧使ニ命ジ才人ヲシテ捕ヘシム。	二ウ
鷹狩停止	○鷹牌ヲ收ム、農事ヲ害スルヲ以テ也。	三オ
殿陵享祭	○文昭殿、濬源殿、健元陵、齊陵以上四時ノ大享祭ヲ復ス。	三ウ―四オ
麻衣制限	○夏月服スル麻布染色及麻苧交織自願ニヨリ許ス。	六ウ―七オ

祝文紙版	八月	○自今祝文ハ紙ヲ板ニ貼リ祭訖リ其紙ヲ燒カシム。	七オ
僧人度牒		○僧人ニ度牒ヲ給ス。	一〇ウ
厲祭		○厲祭發告前城隍ヲ祭ル。	一一オ
婦人出入制限 乘轎騎馬		○司諫院ハ時事六事ヲ陳ス。士大夫ノ婦人乘轎騎馬セズ徒行スルハ婦人ノ義ヲ失ス。自今父母相見ノ外出入ヲ許ス毋ク又徒行ヲ禁ゼン。王ハ允サズ。	一三オ
一王二妻		○太祖ノ第二妻ガ王ノ繼母トナルヤ否ヤニ付テ疑アリ王ハ之ヲ質ス。	一三オ—ウ
騎牛		○京畿觀察使疾ヲ得テ騎牛シテ行ク。時議之ヲ譏ル。	一四オ
山川祭式	九月	○禮曹ハ嶽瀆山川行祭ノ式ヲ啓ス。	一五ウ
牛酪		○牧牛所ハ酪ヲ進ム。	一六オ
諸壇齋室		○圜壇、社稷、風雲、雷雨、先農諸壇ニ齋室ヲ營ミ壝外四方ニ木ヲ種ユ。	一六ウ
茶湯酒醴		○太祖及神懿王后ノ澆奠ニ酒ヲ用キ他ハ澆奠ニ茶湯ヲ用キシヲ先王先后忌晨齋ニ皆酒醴ヲ用ユ。	一七オ
圍碁		○世子ハ先后ノ忌晨齋ニ興德寺ニ往キ碁者二三人ヲ召シ圍碁ス。	一七オ
世子放蕩		○世子ヲ家ニ邀エ女色ヲ進メシ繕工副正ヲ囚フ。	一七ウ
改火		○禮記月令ノ中改火ノ事ハ今遵行セリト禮曹參議ヨリ王ニ答フ。	二一オ
獮禽祀神	十月	○典祀官ニ命ジ四方ノ神ヲ祭ル。出獵獲禽多キニ由ル。	二二ウ
蛭針		○河崙ハ針、蛭ノ事ニ付テ上言ス。	二四ウ
擊毬		○上王ト王ト擊毬置酒ス。	二五オ
望闕禮 朝官冠服	十一月	○冬至ニ王ハ闕(明ノ朝廷)ニ向テ賀禮ヲ行フ。百官始メテ梁冠中單等ノ服ヲ着ス。(以下望闕禮ノ記事略ス)	三〇オ

不忠者ノ子女許婚	十二月	○不忠ノ罪人タル諸閔ノ男女ヘ平民ト婚嫁ヲ許ス。	三二オ
百官相禮		○衙朝後ハ百官相揖ノ禮ヲ除ク。	
	十七年（丁酉）	卷三十三	
養蠶地	正月	○各道ノ蠶所ヲ定メ使ヲ遣ハシ之ヲ監ス。	二ウ
算局圖		○王ハ命ジテ算局圖ト否泰ヲ習ウコトヲ罷ム。	五オ
擊毬	二月	○王ハ宗親ヲ召シ擊毬ス。	六オ
世子ト妓		○宮墻ヲ越エ上妓ヲ東宮ニ引入ス。	九オ
忌服		○禮曹ハ王世子無期親ノ服ニ付テ啓ス。	九オ
世子淫蕩		○世子ハ人ノ亡妾ト私シ又妓ヲ宮中ニ入ル、事覺レ關係者罪セラル。世子行ヲ改ムルコトヲ宗廟ニ誓フ。	一〇オ—一三ウ 一四オ—一六オ
一夫數妻		○司憲府ハ啓シテ前朝之季大小員人京外ノ兩妻ヲ畜ヘ一時三妻ヲ畜フル者アルヲ云フ。	一六ウ—一七ウ
世子淫行		○舅ノ妾ヲ東宮ニ進メシコト覺ハレ本人ト其關係者罰セラル。	一七ウ—一八オ
右　同		○世子漢城府事ノ家ニテ上妓ト飲宴ス。	一八オ—ウ
寺院讀習		○王曰ク予少時覺林寺ニ讀書ス。	一九オ
世子淫行賭博	三月	○世子ニ女色ヲ供シ且共ニ博戲セシ宗秀ヲ斬ル。	二〇オ—ウ
尸骨掩埋		○中外ニ命ジ心ヲ用キテ骼ヲ掩シ胔ヲ埋メ暴露勿ラシム。	二二オ
婚嫁禁止	四月	○中外ノ婚嫁ヲ禁ズ。帝美女ヲ求ムルコトヲ赴京ノ通事ヨリ密啓セシニ由ル。	二六オ
進獻處女		○人ヲ遣ハシ各道ニ處女ヲ選ブ。	二七オ・三一オ

事項	月	記事	出典
世子淫行		○世子美色チ聞キ其人ノ家ニ入リ宿ス。事覺ハレ關係者斬ラル。	三一オ
端午陵祭		○王健元陵ニ端午ノ別祭チ行フ。上王右ニ同ジ。曩前禮曹其祭儀ノ註チ撰ス。	三三ウ・三五オ
處女進獻	五月	○處女チ選ブ。	
誕日壽齋		○三都監、內侍、茶房、尙衣院、鷹揚衞等ニ命ジ誕日壽齋チ設クル勿ラシム。	三五オ
黃色ノ禁		○禮曹ハ請フテ倭使獻スル所ノ深黃ノモフチ納ムル勿ラシム。黃色チ用ユルノ禁アルチ以テナリ。	四〇ウ
祈雨		○雨チ宗廟、社稷等ニ祈ル。	四四ウ
不食豕肉	閏五月	○帝ハ日ク朝鮮人ハ豬肉チ食ハズト光祿寺ニ命ジ使臣一行ニ牛羊肉チ給ス。	四七オ
三ッ兒		○開城縣女一乳三女。命ジテ米三石チ賜フ。	五一ウ
五月弓戲		○水原府使置酒張弓シ的チ設ケ妓チ召シ歌舞シ命中ノ能チ爭フ。	五三オ
葬制	六月	○葬制チ議ス。今假葬ト稱シ原野ニ置キ二年三年葬ラザル者アリ云々。葬事怪ナル者チ燒カン云々、禮制チ上ル。	五七ウ—五八オ
塋穴用石		○完山府院君ノ葬。灰隔チ用ヒ埋葬、壙外ニ大石チ用ユ。	五九ウ
妖言讖言		○江界ノ巫女二人妖言チ造ル死チ減ズ。王氏李氏ノ間讖言アリ人皆之チ信ズ。	六〇オ
盲卜ノ寺		○明通寺ニ奴婢並十口チ賜フ。五部盲人ノ會スル所ナリ。	六六オ
投壺 頭部揷花		○王ハ上王チ迎エ廣延樓ニ投壺ス。王ハ上王ノ爲ニ頭ニ花チ揷ス。	六六ウ・六七ウ
儺禮		○使臣迎接ノ時儺禮ノ彩色ニ金銀朱紅チ用ユ云々。	六七ウ
下獄脫笠		○二品以上ハ下獄ノ時路中笠チ脫セザラシム。	六八オ
紅色衣		○禮曹ハ紅染ノ色衣チ禁センコトチ請フ。許サズ。王ハ日ク卽位ノ後黃綾褥ニ坐ス	六八オ
黃色ノ禁		政丞ノ言ニ依リ之チ改ム。	

卷三十四

宗廟薦新	七月	○宗廟ニ陽乾ノ新米ヲ薦ム。	一ウ
娼妓衣色		○王ハ議政府ニ命ジ宴享ニ娼妓ノ衣服ハ黑色ヲ用ヰシム。王前ニ於テノ呈才ノ服ハ紅色ヲ以テスル故也。	二オ
寡妾强娶		○故河崙ノ妾ノ喪中ニアル者ヲ强ヒテ娶ラントシテ衣服ヲ其家ニ投ゼシ都摠制ヲ司憲府劾ス。	一ウ－二オ
蟲災祈禳		○禳蟲祈祭ノ法ヲ下ス。豐海道蟲災多キニ由ル。	二ウ
山棚結綵		○太監黃儼等來ル。山棚結彩ヲ設ク。	四オ
投壺		○王ハ廣延樓ニ御シ投壺ヲ觀ル。	六オ
宦官淫行	八月	○宦者鄭思澄ヲ斬ル。大君ノ妾ト通ジ仁德宮ノ侍女ヲ淫スルニ由ル。	九オ
鷹狩妓樂		○王ハ放鷹ヲ觀ル。妓樂前導ス。	一〇オ
近親姦	九月	○金化縣監ノ妻五寸叔ト私ス。故ニ家門不正ノ敎アリ云々。	一六ウ
柶戲		○人妻ト柶戲ヲ爲セシ淮陽府使ヲ鞫問ス。司憲府ノ啓ニ依ル。	一八オ
天文觀測		○書雲觀ノ啓ニ依リ觀天臺ヲ築カントス。竟ニ行ハレズ。	一八オ
忌辰陪祭		○禮曹ハ先王忌辰陪齋祭ノ法ヲ上ル。	一八オ－ウ
僧徒優遇 僧ノ破戒	十一月	○王ハ佛法ハ信スベカラザルモ僧ハ相當ニ國家ヨリ遇スベキヲ云フ。禮曹ハ婦女ト僧ト雜處シ飮酒食肉ノ弊ヲ云フ。	二八オ－ウ
皂隷衣制		○司諫院ノ啓ニ依リ皂隷ヲ喝導ト改稱シ其衣服ノ制ヲ定ム。	二八ウ
喪中柶戲		○母ノ憂ニ丁リ人ノ妻ト柶戲セシ者ヲ杖ス。	二八ウ－二九オ

項目	年月	記事	出典
讖緯ノ書	十二月	○王ハ下敎シテ讖緯ノ書ヲ禁ズ。	三〇オ
昭格改殿		○狹隘ニヨリ昭格殿ヲ改營ス。	三一ウ
金色ノ猫		○世子ハ金色猫ノ雄ナルモノヲ求ム。	三三オ
祭天ノ禮		○禮曹判書ハ祭天ノ禮ヲ行フヲ請フ。	三四ウ—三五オ
讖緯ノ書		○書雲觀ハ所藏讖書二篋ヲ焚ク。	三八ウ
花器ノ貢		○王ハ命ジテ各道花器ノ貢ヲ停ム。	四〇オ
佛敎歌曲		○神僧傳、如來名稱歌曲ヲ各寺及各司、卿大夫ノ家ニ頒ツ。明帝ノ賜ニヨル。	四〇オ—ウ
笠ト紗帽		○大小官吏朝路ニ於テ雨雪日ニ非ズ笠ヲ着スル者アリ皆紗帽ヲ着セシム。	四〇ウ
山棚儺禮		○勅使來ル山棚ヲ結ビ儺禮ヲ備エテ迎フ。	四二オ
	十八年（戊戌）	卷三十五	
賜宴觀火	正月	○明ノ使臣ニ勤政殿ニテ賜宴ス。王使臣ト共ニ勤政殿ニ御シ放火ヲ觀ル、火焔横空聲宮庭ニ振ウ。	一オ
紗帽		○百官始メテ紗帽ヲ朝路ニ着ス。	一オ
禮葬灰隔		○自今宗親以下禮葬ニ石室ヲ除キ灰隔ヲ用ユ。	二ウ
鮮滿通婚		○女眞崔士下等ハ上書シテ相互通婚ヲ請フ。王ハ允ザス。	五ウ
禁酒		○禁酒ノ令ヲ下ス。	五オ…ウ
墓前石物		○金汾ハ京畿觀察使ノ時祖母ノ墳前ニ石馬ヲ立ントシテ官舍ノ砌石ヲ使用シタル件ニ付囚ヘラル。	七オ—ウ
婚饌制限		○禮曹ハ請フテ婚姻ノ禮ヲ正ス。迎婿ノ夕盛饌先ヅ婿ノ從者ニ饋リ又三日油蜜果ノ	九オ

		大卓ヲ設ケ以テ婿ヲ燕ス、其餘舅姑ノ家ニ送ル。迎婿翌日賀客塡門酒食燕樂スル等ヲ痛禁ス。	
雜人山祭		○禮曹ハ啓シテ雜人ガ松嶽、紺嶽ヲ祭ルヲ禁ゼントス。王ハ之ヲ禁スル勿ラシム。	九ウ
祈禱救病		○誠寧大君ハ豌豆瘡ヲ發シ疾篤シ命ジテ奉香興德社ニ精勤祈禱ス。且卜者ヲ集メ吉凶ヲトセシム。救病願狀ヲ賫シ昷嶺ノ羅漢殿ニ至ラシム。	一〇オ
避厄移居	二月	○誠寧大君卒ス。王ハ日ク昔卜者日フ戊年厄果アリト。遂ニ敬德宮ヲ修葺シテ開城ニ移御セントス。	一一オ ウ
葬日拘忌		○王惑ヒテ葬日ヲ擇バシム。庚申ハ凶ナレバ三人ヲ呼ブ云々。葬書ヲ焚カントノ議アリ。	一二オ—一三ウ
避厄移居		○王ハ中宮ト吉方ニ移御セントス。	一四オ
痘神嫁祀		○盲人巫女ヲ罪ス。——術精ナラズ祈禳シテ大君ノ災ヲ免ルヲ得ザリシニ由ル。豌豆瘡ニ祀神ハ世俗ノ大忌云々。	一四ウ
賣笑倭婦	三月	○命ジテ慶尙道興利倭人ヲ分置ス、富山浦來居倭人商賈ト稱シ、遊女ト稱シ倭船到ラバ相聚支待男女交懽、他浦ノ客人モ亦來ルニ由ル。	一九オ
水陸齋		○故誠寧大君ノ爲メ津寬寺ニ水陸齋ヲ設ク。	一九オ—ウ
痘神嫁巫		○巫女宮中ニ於テ大君ノ痘ノ爲ニ酒ヲ設ケ神ヲ祀ル。爲ニ大君卒セリト其責任者刑曹參判ヲ罷ム。	二〇オ—ウ
葬日拘忌		○大君ノ葬日ヲ占ス。葬書ヲ收メ之ヲ焚ク。	二二オ—二三オ・二七オ
黃龍現出		○黃龍喬桐縣水營ノ井中ニ見ハル。	二三オ
墓側建寺	四月	○王大妃季子ノ早死ヲ悲シミ其墳側ニ大慈菴ヲ營ム。	三四オ

温泉入浴		○王ハ平山ノ溫井ニ幸ス。	三五ウ
端午進扇		○慶尙道都觀察使禹均ハ各官ノ竹ヲ斂シ工人ヲ聚メ扇ヲ造リ六曹ニ送ル。司憲府罪ヲ請フ、罪スル勿ラシム。	三六オ―ウ
山祭釋奠		○禮曹ハ濟州釋奠祭儀及漢拏山祭儀ヲ上ル。	三六ウ
禁酒		○禁酒ノ令ヲ申ス。	四二ウ
扇子様式		○禮曹ハ各品ノ扇子（團扇摺扇）ヲ詳定ス。事竟ニ行ハレズ。	四三ウ
婚姻炬火	五月	○禮曹ハ婚姻ノ事宜（銀帶、衾枕、炬火）等ヲ上ル。	四四オ
墳墓制限		○禮曹ハ墳墓歩數ヲ上ル。	五六オ
世子放蕩		○世子娼妓ニ溺レ群小ト博奕ス。又出デテ街上ニ琵琶ヲ彈ス云々。	六一オ―六三オ
世子廢立	六月	○宗廟ニ告ゲ王世子ヲ廢ス。	六六オ―六七ウ
祈晴		○判事ヲ遣ハシ晴ヲ東門ニ祈ル。	七一オ
酒禁弛解		○大小使臣老病服藥皆酒ヲ用キシム。	七五ウ
禁酒		○禁酒ノ令ヲ申明ス。	七五ウ
祈雨		○巫ヲ集メ雨ヲ禱ル、其他禱雨ス。	七八オ
		卷三十六	
右同	七月	○圜壇ヲ祭リ其他僧盲人等ヲ集メ雨ヲ禱ル。其他ノ祈雨。	一オ
一夫二妻		○兩嬪ヲ嫡トス。後宮ヲ寵愛シテ多ク大家ヲ造リ之ヲ新殿ト云フ。以上ノ不可ヲ上陳セシ校書ヲ囚フ。	四ウ
妻妾分限		○六曹ノ上書ニ公卿大夫妻アレバ妾アリ故ニ嫡アリ孽アリ。別ニ舍ヲ作リ妾ニ與ヘ	七オ

事項	月	本文	出典
		或ハ孽子ニ與フ其常也云々。	
葬日詳定		○禮曹ハ葬日ヲ詳定ス。安葬ト全ヲ用ユ。	八ウ
厭勝虎皮		○司甕、司膳ニ命ジ駄載ノ新物、虎豹皮ヲ以テ之ヲ覆フコトヲ罷ム。	一一オ
圓壇報祀	八月	○圓壇報祀祭ヲ行フ。	一二オ
海變禳祭		○全羅ノ浦色赤シ命ジテ解怪祭ヲ行フ。	一四ウ
	十月	○王世子ニ位ヲ傳フ。	二一ウ
葬	十一月	○上王ヲ獻陵ニ葬ル。	二四ウ

世宗實錄　卷一

	卽位年（戊戌）		
吉地安胎	八月	○禮曹ハ啓シテ涓吉ノ朔ヲ將ヒテ安胎。前ノ例ニ依リ吉地ヲ擇ビ胎室ヲ立ツ。	七ウ
星マハリ		○王ハ卽位ノ年ノ直星醮禮ヲ昭格殿ニ行フ。	七ウ
一夫二妻	九月	○禮曹ハ啓シテ神德王后（太祖ノ第二妻）ノ貞陵祭忌晨祭ノ國行ヲ罷メ、其族親ヲシテ之ヲ行ハシム。	一〇オ
僧卽位ニ與ル		○世宗卽位ノ時成均學生、同々老人、僧徒皆之レニ與ル。	一二ウ
紅門結綵 明使迎儀		○禮曹ハ明ノ使節ヲ迎フルノ儀ヲ啓ス。期前帳殿ヲ慕華樓ニ設ケ紅門ヲ帳前ニ立テ其前方ニ結綵ス。又城內街巷ニ結綵ス。	一四ウ
鷹狩鑑札		○上王ハ命ジテ無牌持鷹者ヲ嚴加禁止ス。	一七ウ・二〇ウ
王忌停朝市		○翼王ノ忌日ニ朝市ヲ停ム。	一九オ
開福神醮		○王子生ル。開福神醮ヲ昭格殿ニ行フ。	二三オ
凶年禁酒		○歲歉ニヨリ禁酒ス。	二八オ
僧徒緣化		○司憲府ハ上疏シテ僧弊ヲ陳ス。王ハ僧ノ緣化ヲ禁ズル勿ラシム。	二九オ―ウ
豐呈		○國俗享上ヲ以テ豐呈トナス。	二九ウ
進胎山之圖		○胎室證考使ハ胎山ノ圖ヲ進ム。	三一オ
贈雪奇風	十月	○上王ハ新雪ヲ藥餌トシ老上王殿ニ進ム。老上王ハ其使ヲ執ヘントシテ及バズ。高麗ノ俗新雪ノ遺ヲ受クル者必ズ宴ヲ設ク、先知其使ヲ執フル者ハ送ル者宴ヲ設ク。	三二ウ―三三オ

卷二

事項	月	本文	出典
胎室守護		○胎室都監ハ請フテ晉州胎室ニ十六人ノ守護ヲ置ク。	一オ
婚葬給費		○王ハ中外ニ諭シ、年過ギ嫁婚シ得ザル者及期過ギテ葬ムルヲ得ザル者ニ資ヲ給シ其志ヲ成サシム。	二ウ―三オ
風水思想 胎室用木	十一月	○胎室ノ石欄ハ地脉ヲ損ズルニヨリ晉州ノ胎室ハ只木ヲ用ヰ之ヲ恒式トス。	二オ
綵棚儺戲		○胎室ヲ晉州ニ移安ノ時、安胎ノ處ニ綵棚ヲ結ビ儺戲ヲ設ケ過グル所ノ州縣止ダ館門ニ結綵ス。	四オ
封崇ノ儀		○禮曹ハ上王封崇ノ儀ヲ上ル。同大妃封崇ノ儀ヲ上ル。	四ウ―九ウ
女寃成旱		○上王ハ乙未ノ歳旱ヲ以テ宮女ヲ放出ス。其中生ニ困ムアリ召シテ宮中ニ入ル。	一〇オ
封崇ノ儀		○禮曹ハ中宮ニ封スルノ儀ヲ上ル。	一一オ―一三ウ
老人優待		○百歳ノ老人ニ衣米ヲ賜フ。	一九オ
喪中不愼		○父ノ喪ニ丁リ妓ヲ淫シタル漢山府院君ヲ憲府ヨリ効ス。王ハ之ヲ宥ス。	二九ウ
禁油蜜果	十二月	○禮曹ハ啓シテ臣下公私宴及士大夫婚禮新婦舅姑ニ謁スルノ時、並ニ油蜜果ヲ禁止ス。又進上宴卓ノ數ヲ減ズ。	三三オ
拜陵ノ儀		○拜陵ノ儀ヲ定ム。	三三ウ
鄕飮酒禮		○禮曹ハ啓シテ鄕飮ノ酒禮ヲ定ム。	三四オ
儺禮山臺		○老上王ハ年末ノ儺禮火山臺ヲ見ント欲ス。	三九ウ―四〇オ
除夜賭射		○王ハ除夜ヲ以テ入直ノ臣僚ニ弓箭ヲ賜ヒ以テ賭注スルノ例也。	四〇オ

立春人日
停朝賀
不禁娼妓首飾
黃衣禁止
團領禁止
禁金銀器
朱韀之禁
犀帶禁止
宮媵揀擇
飲茶ノ風
大君淫行
婦女笠制
僧ノ任用
結綵
妄巫救病
飲茶ノ風
火者獻上

卷三

元年（己亥）

正月

○立春並人日ニ百官ノ朝賀ヲ停ム。 一オ—ウ—三オ

○司憲府ハ啓シテ妓娼ノ金銀首飾ヲ禁ゼンコトヲ請フ、王允サズ。

○王ハ命ジテ黃ニ近キ色ノ衣及庶人ニ團領ノ衣ヲ禁ズ。 三ウ

○前ニ金銀ノ器皿ヲ禁ジタリ、今外方ノモノヲ收メ戶曹ヨリ價ヲ給ス。 五オ

○司憲府ノ請ニヨリ朱紅ノ馬韀ヲ禁ズ。 五オ

○禮曹ノ啓ニヨリ、明ノ使臣ノ來リシ間、行職ノ品帶ニ犀帶ヲ禁ズ。 同

○上王ハ嘉禮色副使ヲ遣ハシ處女ヲ揀ム。 七ウ

○明ノ使臣劉泉ハ煎茶器ヲ求ム。 同

○讓寧大君ハ廣州ノ謫居ニ於テ女妓ヲ引入ル。之ヲ防グヲ得ザリシ牧使判官並其妓ヲ囚ヘ讓寧ヲ楊根ニ移ス。 同

○司憲府ノ啓。前ニ造ル所ノ婦女畫金笠ニ小印ヲ着ケ檢査ニ便ニセンヲ請フ。（此以前之ヲ禁ゼシニヨル）王ハ途中ニ兩班ノ婦女ヲ笠ヲ脫ゼシメ檢スルハ不可ナリトシ若新造者アラバ笠主ト工匠ノ罪ヲ論ズベシトス。 同

二月

○歸厚所ニ慈惠心アル者ヲ以テ任用シ提調ヲ除キ其他ハ僧俗ヲ交ヘテ任用ス。 八オ

○明使歸還ノ時途中ノ京、外官ニ命ジ結綵セシム。 八オ

○誠寧大君ノ家奴ハ巫ヲ打殺ス。其巫妄行救病セシニ由ル。 八ウ

○王ハ明ノ使臣黃儼、劉泉ニ茶各三斗ヲ贈ル。 一〇オ

○使ヲ京師ニ遣ハシ火者二十人ヲ獻ズ。 一三オ

見出し	月	記事	出典
白丁	三月	○老上王東郊ニ至ル。兵曹ハ京畿ノ才人禾尺ヲ草伐里ニ約會ス。	一五ウ
官妓廢罷		○刑曹ノ啓ニヨリ廣州ノ官妓ヲ罷ム。同地京ニ近ク事務劇ニシテ且官ノ奴婢少キニ由ル。	一七ウ
宗廟薦禽		○禮曹ハ啓シテ諸祀儀式内宗廟薦禽ノ制ヲ改ム。高麗以來寒食ニ生雉ヲ用ヒシヲ自今之ヲ止ム。	一八オ
葬日選定 迷信啓蒙 陰陽拘忌 十年不葬		○兵曹判書等々葬日通要ヲ撰シ隨箋シテ進ム。王ハ命ジテ模印頒行セシム。陰陽ノ說ヲ排シテ安葬セシメントスルノ趣旨ナリ。（文中ニ支那歷代陰陽說ト葬トノ關係史實ヲ論スル詳ヲ極ム）俗ニ葬師ノ說ヲ用ヰ子孫忌避多ク甚シキハ十年葬ラザル者アリ。上王甚ダ之ヲ惡ム。	二〇オ　二六ウ
僧徒讀經 街路巡行		○癸丑（八日）各宗ノ僧ハ街ニ隨ヒ讀經ス。高麗ノ舊俗ニ依ル也。	二六ウ
胎地昇格		○晋州屬縣昆明ヲ南海縣ニ合シ陞シテ昆南郡トナス、御胎ヲ安ンズル故ナリ。	二八ウ
屠牛禁斷 人民多苦		○牛ヲ殺スノ禁ノ爲メニ人多ク苦シム。牛肉ヲ喫フ者モ亦併テ之ヲ罪シ、自死ノ牛肉ヲ食フ者モ重罪ヲ免レズ。	二八ウ
誕辰豐呈	四月	○王ノ誕日ニ豐呈ノ例アリ。	二九オ
家禮適用		○高麗門下注書吉再卒ス。喪葬祭祀一ニ文公家禮ニヨリ浮屠ノ法ヲ用ヰズ。	三一オ
擲石人編隊		○太祖ノ時擲石ノ人ノ隊ヲ作ル。近來廢絕ス自今作ツテ隊トナス。	三三オ
出張官員 官妓耽溺		○大小使臣ノ奉命出外スル者官妓ヲ溺愛シ職事ヲ忘ル。平安監司其弊ヲ論ズ。	三三オ
官妓ハ白丁 官妓官婢ノ同一		○官妓客ニ遇フ每ニ勸令シテ奸ス。一妓ヲ爭ヒ終身隙ヲナス。母子姉妹ノ妓同一人ニ奸ス。在先官妓ノ中干ト稱シ尺ト稱スル者ハ並ニ賤ヲ免ズ。今ノ官妓ハ悉ク官婢ヲ以テ擇定ス云々。	三三オ

溫泉入浴		○上王平州ノ溫井ニ浴ス	二六ウ
		卷四	
畫像尊奉	五月	○高麗太祖ノ眞殿ヲ平壤ニ置ク。西北面叛人ノ太祖ヲ慕フ父母ノ如シ、之ヲ奉ジテ嶋ニ避入ス終ニ能ク收ムベカラズ。	一オ
老人優遇		○德水院住百歲ノ老人ニ米衣ヲ賜フ。	三オ
禁酒		○旱ニヨリ禁酒ス。	六ウ
祈雨		○禮曹ニ命ジテ祈雨。禮曹ハ高麗祈雨ノ定メヲ啓シ之ヲ行フ。	六ウ
畫像尊奉		○太祖ノ眞殿ノ佛堂ヲ開城ニ置キ崇孝寺ト稱シ天台宗ニ屬ス。	七ウ
旱ト宮女解放		○王ハ旱ヲ憂ヒ唐太宗ノ旱災ニ遇ヒ宮女ヲ出シタル例ニヨリ房子ヲ其家ニ往來セシメントス。王ハ禮曹ニ命ジ祈雨祀典ニ無キモノヲ擧行セシム。	九オ
旱ニヨリ繖扇徹去		○王ハ旱ヲ以テ繖扇ヲ徹ス。	九ウ
祈雨條々		○旱甚シ雩ヲ以テシ、風雲、雷雨、山川、三角、木覓、漢江、太一ニ禱リ。各宗僧徒ヲ興福寺ニ聚メ禱ラシメ。兒童ヲシテ青衣蜥蜴慶會樓池邊ニ呼バシメ。又巫ヲ聚メテ雨ヲ祈ル。其他祈雨。	一〇オ―ウ 一一オ・一二・オ
旱ニヨリ圓壇復舊	六月	○視事卞季良旱ヲ以テ圓壇祭天ノ禮ヲ復スルヲ請フ。王ハ僭禮トシテ行フベカラズトセシモ遂ニ之ヲ允シ日ヲ擇ブ。	一三オ・ウ
止祈雨		○雨ヲ各所ニ禱ル。諸處ノ祈雨ヲ止ム雨アリニヨル。	一四オ
三ツ兒		○成川ノ人一產三女王ハ命ジテ米ヲ賜フ。	一四オ
朱紅ト豹尾ノ禁		○禮曹ノ啓ニヨリ進上外朱紅ヲ用ユルヲ禁ズ。進上矢筒外豹尾ヲ飾ルヲ禁ズ。但已	一五ウ

成ノ朱漆器ハ火印ヲ着ケ之ヲ用ヒシム。

止祈雨　○大雨アリ各處ノ祈雨ヲ止ム。　一五ウ

出張官員姦妓ノ禁　○大小使臣ノ官妓ヲ姦スルヲ禁ズ。本件舊ニ依リ衆心ニ副フベシトノ議アリ。王ハ曰其來ルヤ久シ豈是美俗ナランヤ、況ヤ有夫ノ妓ヲヤト遂ニ此禁アリ。　一七オ

七月

手搏ノ戯　○上王及王ハ慕華樓ニ壯士手搏ノ戯ヲ觀ル。　一七ウ

右同
王舞フ　○老上王ノ誕日ニ王、上王、老上王慶會樓ニ御ス。手搏ヲ善クスル者五十餘人ヲ預選シ樓下ニ角勝セシメ之ヲ觀ル、勝者ニ布ヲ賜フ。侍宴者ニ迭ニ舞ハシメ二王モ亦舞フ。　二〇オ―ウ

肖像奉祀　○開城ノ太祖眞殿ハ濬源殿ノ例ニ依リ有名日ニ使ヲ遣ハシ行祭スルコトニ定ム。　二二ウ

朝會服色服地規定　○禮曹ハ啓シテ常時朝會ノ服ハ黑麻布及苧布、藍色、紅色、黑色ノ衣ヲ着スルコトニ定ム。　二四オ

禁酒　○服薬外酒ヲ禁ス。　二六オ

朱印肉ノ禁　○中外箋文外ニ朱紅ヲ用ヒ打印スルヲ禁ズ。　二六ウ

拜陵儀式　○禮曹ハ儀禮詳定所ト拜陵攝行ノ儀ヲ考定ス。　二八オ―ウ

過期不葬　○禮曹ノ啓ニ依リ士大夫葬期ニ定制ヲ過ギ葬ラザル者ヲ痛治スルコトニ定ム。　二八ウ

卷五

倭人奴婢　○倭人奴婢其主ニ告ゲ父子往來相見ユルヲ許ス。（京城ニ來リシ父子也）　一オ

八月

畫像奉安　○禮曹ハ太祖眞殿奉安ノ儀註ヲ啓ス。　二ウ―四ウ

中秋陵祭　○上王ハ健元陵ニ詣リ中秋ノ別祭ヲ行フ。　六オ

世宗元年

使臣賜宴		○使臣ニ賜宴ノ儀ヲ詳定ス。	七ウ―八オ
內佛堂		○興天寺ニアリシ佛骨舍利ヲ內佛堂ニ移ス。	八ウ
舍利靈異		○興天寺藏スル舍利ハ新羅以來寶藏セシ眞物ニテ靈異アリトスルモ天子ノ求メニヨリ已ムヲ得ズ之ヲ天使ニ交付ス。	一四オ
救病禱佛		○上王病重シ慈悲嶺等ノ處ニ禱ル。	一六ウ
姦婦收贖		○姦婦ヨリ贖ヲ收メ其罪ヲ免スコトヲ罷ム。	一八オ
宮中喪儀	九月	○老上王薨ズ禮曹ハ喪禮ヲ議ス。王及百官ノ拜哭、停朝巷市音樂、屠殺、嫁婚等ノ禁アリ。襲奠ヲ行ウ。	一八ウ―一九オ
喪期短縮		○三年ノ喪ハ日ヲ以テ月ニ易エ二十五日ニ禫祭トス。	一九オ
喪ト國制		○許稠等ハ啓ス。王十三日卽吉後大小祀ハ行フベシ、百官ハ衰経ノ中ニアリ祀ヲ行フベカラズ云々。	二二ウ
殯殿法席		○儀經法席ヲ壽康宮殯殿ニ設ク。	二二ウ
國喪ノ制		○禮曹ハ儀禮詳定所ト喪制ヲ同議ス。王ハ百官庶人ノ喪服ヲ定ム。	一九ウ―二〇オ・二三オ―ウ
大斂		○大斂ノ奠ヲ行フ。	二〇ウ
殯殿祭		○殯殿朔望奠親行ノ儀ヲ禮曹ヨリ啓ス。	二〇ウ―二一オ
喪主	十月	○喪主攝行ノ儀ヲ啓ス。	二一オ―ウ
朝奠上食		○朝奠儀、食時上食ノ儀ヲ定ム。	二一ウ
小祥祭		○小祥ノ儀ヲ定ム。	二三ウ
喪期短縮		○上王殯殿ニ小祥祭ヲ行フ。是日王ト恭妣ト卽吉ス。	二四オ
喪中肉食		○肉膳ヲ大妃殿ニ進ム。	二四オ

七七

事項	月	記事	丁
佛齋		○二齋ヲ興徳寺ニ設ク。（以下七齋迄ヲ各別寺ニ設ク略之）	二四ウ
殯殿法席		○法席ヲ殯殿ニ設ク。	二二ウ・二五ウ
禫祭		○禫祭ノ儀ヲ定ム。	二六ウ
喪期短縮		○宋朝ノ故事ニヨリ日ヲ以テ月ニ易ヘ禫除、婚嫁ヲ禁ヲ解ク。	二七ウ、
喪中鷹狩 喪中行幸		○上王ハ王ト鷹ヲ東郊ニ放チ観ル。（老上王ヲ未ダ葬ラザルノ時ナリ）上王ハ横城ニ幸ス。	二九オ
		卷六	
山陵儀式 僧佛混淆	十一月	○山陵ノ儀ニ佛儀ヲ兼用スベキヤニ付議アリ。	一オ
喪中佃獵		○上王ハ講武（佃獵ヲ含ム）セントス。大行上王ノ殯アリト雖モ日ヲ以テ月ニ易ヘ喪既ニ畢リ兄弟ノ服亦盡リタリトシ行幸ス。	一オ—ウ
右　同		○王ハ上王ト二千餘人馬萬餘匹ヲ率キ江原道ニ講武ス。	一ウ
殯殿法席		○漢城府尹ヲ遣ハシ大彌陀懺ノ法席ヲ殯殿ニ設ク。	二オ
梟鳴移居		○上王ハ鵂鶹來リ鳴キシニヨリ古例ニ依リ離宮ニ避居ス。	五ウ
望闕ノ禮		○冬至ノ日望闕ノ禮ヲ行フ。（以下此記事略ス。王百官ヲ率ヒ正旦ト冬至ニ此禮ヲ行フ例也）	六オ
僧姦寺婢	十二月	○檜岩寺ノ僧徒十餘名寺婢ヲ姦スルコトアリ。議政府上書シテ並ニ寺ノ奴婢ヲ革罷ス。代テ田ヲ給セシモノモアリ。	六ウ—七ウ
右　同		○右　同	八ウ
司僕官員 携妓設宴		○司僕寺ノ官吏馬祖ヲ祭ルニ托シ牛ヲ宰シ妓ヲ携ヘ設宴ス。司憲府ノ啓ニヨリ各之	九オ

世宗元年

太祖副葬品
開土祭
太祖ノ葬祭
掩殯用珠
士庶通婚
佛歌誦習
上諡册諡酒ト茶
后土祭
陰陽書
發靷返虞
祖奠
哭從婢

ヲ罰ス。

○禮曹ノ啓。太祖ノ葬儀載スル所黃豆、土人、土雀、桃木栍、楸木栍、白木栍、桑木栍、楡木栍、假造金銀錠等ノ物アリ。葬書ニ出ヅ、今已ニ汰去シ用キズ。大圓鏡、手鏡、飛人、四德五方神、十二地神等ノ物出處未ダ覓メズ。斬草祭用ユル所ノ五色石等今后土祭儀所ニ無シ。順孝大王ノ葬ニ之ヲ用キズ。　一〇ウ

○禮曹ハ開土斬草祭儀ヲ啓ス。　一〇ウ—一一オ

○太祖之葬ニハ后土ヲ祀ラズ阡陌將軍、幽堂穴神ノ類ヲ祭ル。　一一オ

○文獻通考ニ據リ順孝大王ノ葬、掩殯ニ禮ニ贈玉ヲ用ユ。　一二ウ

○不忠ノ人ノ子孫已ニ平民ニ婚嫁ヲ許セリ。之ヲ申明擧行セシム。　一三オ

○明帝ヨリ賜ハリシ諸佛如來名稱ノ歌曲、前ニ京外寺社ニ頒降セシモノ、今作シ或ハ輟ムル者アリ。之ヲ日課誦習セシム、禮曹ノ請ニヨル。　同

○禮曹ハ上諡册、諡寶ノ儀ヲ議ス。執事者茶酒ヲ以テ册寶使ニ授ク、册寶使跪茶三奠酒俛伏。　一三ウ—一四オ

○塋域ヲ開キ后土ヲ厚陵ニ祀ル。　一六オ

○敬寧君ハ皇帝賜與ノ陰陽書、名稱歌曲三十櫃ヲ進ム。　一七ウ

○禮曹ハ大行上王發靷及返虞ノ時ノ排班及儀注ヲ啓ス。　一八ウ・二四オ・二四ウ

○禮曹ハ大行上王祖奠之儀ヲ啓ス。　二五ウ—二六オ

○禮曹ノ啓ニヨリ前朝及太祖之葬ニ市裏ノ雜色女ヲ以テ哭從、稱シテ痛哭婢ト爲セシヲ、杜氏通典ヲ按ジテ公主ノ代リニ宮人、宮人故アラバ官婢ヲ以テ哭從スルコトニ定ム。　二六ウ

臨壙奠	○禮曹ハ大行上王臨壙ノ奠儀ヲ啓ス。	二六ウ—三〇オ
遣奠	○禮曹ハ大行上王遣奠之儀ヲ啓ス。	三〇ウ—三二オ
佛儀兼用	○卞季良ヨリ大行上王赴山陵ノ時佛儀兼用ヲ請フ。允サズ。	三二オ
掩壙ノ儀 立主奠	○禮曹ハ謝后土、掩壙奠儀及立主奠儀ヲ啓ス。	三二ウ—三四オ
祈晴	○晴ヲ社稷ニ祈ル、葬ノタメ也。	三四ウ
路祭	○梓宮發引、途中路祭ヲ行フ。	三四ウ
除夜儺禮	○除夜ヲ以テ儺禮ヲ設ク。	三五オ
	卷七	
二年（庚子）正月		
賀正ノ禮	○王ハ群臣ヲ率ヰ元日ニ賀正ノ禮ヲ仁政殿ニ行フ。百官ノ朝賀ヲ停ム。（以下元日賀正ノ禮ノコト略ス）	一オ
避厄	○上王ハ命ジテ西方避厄ノ離宮ヲ母岳ノ明堂ニ作ラシム。	一オ
	○太上王ノ梓宮陵所ニ至ル。（發靷ハ前年十二月廿八日）之ヲ葬ル、誌石ヲ下ス。（厚陵）	一オ・ウ
陵室構造	○陵室構造ノ記述。（十二地神石ノ記アリ）	二オ—三オ
神主奉安	○大行上王ノ虞主ヲ山陵ヨリ魂殿ニ奉安ス。	三ウ
四虞祭	○魂殿四虞祭ヲ行フ。	四ウ
喪中佃獵	○上王及王ハ山獵ス。	同
王后祭日祭式	○定安王后ノ神主ヲ順孝大王ノ魂殿ニ移シ、四時大享及有名日別祭、朔望朝夕上食並ニ啓聖殿、文昭殿ノ例ニヨル。	四ウ—五オ

壽陵	○上王ハ廣州ノ西大母山ニ壽陵ヲ見ル。	五ウ
五虞祭	○魂殿五虞祭ヲ行フ。	五オ
厚陵別祭	○厚陵有名日ノ別祭及朔望祭ハ健元陵ノ例ニヨル。	五ウ
六虞祭	○魂殿六虞祭ヲ行フ。	同
開福神醮	○開福神ノ醮禮ヲ宮庭ニ行フ。	同
七虞祭	○魂殿七虞祭ヲ行フ。	同
卒哭祭儀	○禮曹ハ卒哭祭儀及攝行ノ儀ヲ啓ス。同哭祭ヲ行フ。	六オ—九ウ
卒哭祭 三界大醮	○卒哭祭ヲ順孝大王ノ魂殿ニ行フ。是夕上元ニ値ウ、三界大醮ヲ昭格殿ニ行フ。王ハ宗廟大享牲ノ宰殺ヲ省スルニ相妨グアルヲ慮リ近臣ニ問フ。	九ウ
孝子節婦	○王ハ中外ニ敎シテ孝子節婦ヲ求ム。（其行ヒノ種々相ノ記アリ）	一〇オ—一二オ
三ツ兒	○吉州人ノ妻一乳三男米ヲ賜フ。	一二オ
諱名	○二名偏諱セザルコト禮律ニアリ、近來諂ヒテ王諱ノ二名ヲ避クル者アリ一々成法ニヨル。	一三オ
	閏正月	
金銀帶禁止	○純金銀帶ヲ禁ズ。	一三オ
寺社給田	○寺社給田ニ付テ議アリ。	一三ウ—一四オ
過期不葬	○父死シテ七月葬ラザル包衣津萬戸ヲ杖ス。	一四オ
墳前箭防造排ノ俗	○禮曹ハ啓シテ士大夫墳前箭防（俗言木ヲ剡シテ扇形トナシ列戟ノ如クス）ヲ造排スルノ可否ヲ議ス。造ル勿ラシム。	一五ウ
墳前亂杭	○士大夫ノ墳前ニ箭防ヲ造ルコトヲ罷メシム。	一五ウ
王子博奕	○讓寧大君罪ヲ得テ外方ニ居リ、飲射博奕人ノ妻ヲ奪フ。	一八ウ

宴享鄉樂		○王ハ曰ク宴享時常ニ鄉樂ヲ用ユ鄙ナリ。卞季良ヲシテ歌詞ヲ製セシム。	一九オ
禁　酒		○每ニ禁酒ノ時、淸酒ヲ飮ム者ハ罪ヲ免ガレ濁醪酒ヲ飮ム者罪セラル。王ハ此禁ヲ弛ム。	一九オ
神主移安	二　月	○禮曹ハ定安王后神主移安ノ儀及啓命殿親享ノ儀ヲ啓ス。	二〇オ―二三ウ
出獵祭祀		○王、上王ト出獵ス。岐灘、牛耳山、首陽山、長湍津等ノ神ヲ祭ル。	二六オ―二七ウ
鄉樂曲章		○卞季良ハ紫殿ノ曲三章ヲ製シテ進ム。	三二オ
		卷　八	
魂殿賜祭	四　月	○禮曹ハ順孝王魂殿賜祭之儀ヲ啓ス。	二オ―三オ
彩　棚		○明ノ使臣到ル。彩棚ヲ太平館門外ニ結ブ。	三オ
禁　酒		○旱ニヨリ中外ニ禁酒ス。	同
誕日停賀		○旱久シ、命ジテ誕日ノ賀ヲ停ム。	同
扇		○王ハ明ノ使臣ニ白摺扇百把ヲ贈ル。	五ウ
呼　雨		○旱ヲ以テ虎頭ヲ漢江及楊津ニ沈ム。	同
祈　雨		○雨ヲ東、南方土龍及宗廟、名山、大川、風雲雷雨、三角、木覓、漢江、楊津、興福寺等ニ祈ル。	五ウ・六オ・ウ
網　巾		○使臣ニ網巾ヲ贈ル。	六ウ
祈　雨		○景福宮池邊ニ蜥蜴祈雨ヲ行ヒ又中央土龍ニ雨ヲ祈ル。	七オ
右　同		○昭格殿太一ニ祈雨ス。	八オ
老人優遇		○百七歲ノ老人ニ衣糧ヲ賜フ。	八オ

世宗二年

祈雨	五月	○北郊及圓壇ニ祈雨ス。	九ウ
右同		○雨ヲ北郊ニ祈ル。	九ウ
牛馬宰殺禁止勵行		○牛馬ヲ宰殺スル犯人ヲ捕告スル者ニ犯人ノ家財ヲ以テ賞ニ與フ。	一一ウ
誕日賀禮		○上王ノ誕日、王ハ壽ヲ獻ジ賀禮ヲ內殿ニ行フ。	一二オ
農歌		○上王出獵先ニ於テ農夫ヲ召シ農歌ヲ唱ヘシム。王ト上王ト置酒歡ヲ盡シ起テ舞フ。	一四オ
救病道佛諸神祀禱	六月	○開慶寺藥師如來ニ禱ル。昭格殿ニ北斗ヲ醮シ、松嶽、白嶽、紺嶽、楊州城隍之神ニ禱ル。盲僧七人ヲ集メ三十品ノ道場ヲ內庭ニ設ケテ禱ル。太妃ノ病ノ爲也。	一四ウ
遁甲救病		○太妃瘧疾ヲ開慶寺ニ避ケ、術士遁甲法ヲ用ユ。	
救病禱神		○上王ノ言ニ太妃ノ病ノ離ルヲ圖ルベシ云々トアリ。上王爲メニ白嶽、木覓、松嶽、紺嶽及楊州城隍ノ神ニ祭ラシム。	一五オ
遁甲救病		○王及讓寧、孝寧ハ太妃ヲ奉ジ道流僧海恂ヲシテ先ヅ遁甲ノ術ヲ行ハシム。	同
野宿避病		○太妃病ヲ避クル所帳幕ヲ設ケ野處ニ直宿ス。	同
桃枝逐病祓		○道流僧十四ヲ聚メ夜桃枝ヲ設ケ精勤ス。王モ桃枝ヲ執テ祈ル。	同
右同		○又臨身ノ桃枝ヲ設ケ精勤ス。王亦親カラ桃枝ヲ執リ至誠終日祈禳ス。	同
罹病避方	七月	○大妃病劇シ王親侍ス。術者避方ヲ云フ近侍近ヅク者無シ。	一六オ
巫女祈禱救病		○上太妃ヲ奉ジ繕巖川邊ニ移次シ巫ヲシテ神ヲ幄次ニ祀ラシム。	一六ウ
僧侶救病		○大慈庵持戒僧二十一人ヲ驛召シ救病、觀音ノ精勤ヲ設ク。	一七ウ
星命說		○太妃病危シ上王曰ク、前日卜者以テ害無シトス。今ハ乃チ此ノ如ク星命ノ說アリ信ズベカラズ云々。大妃薨ズ。	同

八三

喪ハ古禮ニ遵フ
○喪禮一ニ古禮ニ遵フ、王ハ服ヲ易ヘ被髮走跣號慟ス。　一七ウ

死者飯含　喪殯朱禮ヲ用ユ
○護喪及殯殿都監ヲ任命ス。沐浴、襲、飯含訖ル。殯禮文公家禮ヲ用ユ。　同

殯殿設齋
○國葬都監前式ニ依リ殯殿法席ヲ設クルヲ請フ。上王ノ意ニヨリ唯七齋ヲ設ク。　一八オ

信卜移宮
○卜者ノ言。上王十一日留宮ヲ不可トシ樂天亭ニ幸ス。　同

國喪々制
○禮曹喪制ヲ啓ス。王以下庶人ノ服ヲ定ム。停朝停市嫁娶屠殺ヲ禁ズ。　一八オ―ウ

喪期短縮
○喪ノ月ヲ日ニ易ヘ十三日ヲ以テ免衰ス。　一九オ

陵旁建寺
○寢陵ノ旁ニ僧舍ヲ創立スルノ可否ヲ議ス遂ニ置ク勿ラシム、健元齊陵ニ寺ヲ建テシハ太祖ノ志ナリ云々。　一九ウ

小斂ノ典
○小斂訖リテ小斂ノ奠ヲ設ク。　同

告喪宗廟
○喪ヲ宗廟ニ告グ。　同

喪期短縮
○上王ハ王ニ喪後古制ニヨリ免衰日ヲ以テ月ニ易エシメントス。王從ハズ。山陵畢ルノ後釋服スルコトトス。　一九ウ―二〇オ

大斂殯奠
○大斂、梓宮ヲ殯殿ニ移シ奠ヲ設ク。　二〇オ

除服繰上
○卒哭前百官除服ス。　二〇ウ

朔望名日別祭陵祭　茶禮
○成服并朔望奠及有名日別祭ニ宗室陪祭ノ儀ヲ定ム。（祭儀中茶禮ヲ進ムノ項アリ）　二〇ウ―二一ウ

陵旁建寺ノ可否
○上王ヨリ王ヘ傳旨。主上ハ寺ヲ山陵ニ置カントス若之ヲ置カバ予ハ此陵ニ入ラズ云々。（王ノ言、陵ニ寺ヲ置クハ好佛ノ爲ニ非ズ、健元、齊ノ二陵ニモ寺アリ云々。今士大夫其父母ノ爲ニ齋室ヲ置ク云々。高麗九十餘陵其寺ヲ置クモノ只三陵云々トノ柳廷顯ノ說アリ）

太妃畫像奉安
○上王ハ只返魂三年ヲ以テ太妃ノ眞殿ヲ設ケントスルヲ止メントス。　二二オ

官員喪裝	○百官大小人白衣白帽ノ期ヲ定ム。	二二ウ—二三オ
齋物品物	○禮葬、大行太妃齋物品目ヲ定ム。(供偫ノ物品アリ)	二三オ
棺槨制度	○禮曹ハ棺槨ノ制ヲ啓ス。	二四ウ
	○初齋ヨリ七齋迄佛寺ニ設ク。(記事略ス)	
槨用松	○大行王妃ノ梓宮ハ古禮ニヨリ松槨トス。	二四ウ

八月

卷九

設齋七々	○宣旨、初齋ヨリ七齋迄ハ其佛ト供佛ノ具ニ等級アリ、之ヲ全革セントスルモ能ハズ。	一ウ
喪期短縮 訃文無印	○日ヲ以テ月ニ易ヘ十三日ヲ以テ喪ヲ除ク。訃告ノ文書ニ寶ヲ用ヰズ。	一ウ—オ
喪中食肉	○王肉膳、諸大臣肉ヲ食ヒ百官ニ示ス。下衛士ニ至ル迄皆肉ヲ食フ。	二ウ
葬日卜占	○上王及王ハ葬日ヲ涓ス。	二オ—三ウ
內佛堂	○大妃ノ願ニヨリ內佛堂ニ法華經ヲ金寫ス。	三オ
殯殿秋夕ノ祭	○王ハ百官ヲ率ヰテ殯殿ニ秋夕祭ヲ行フ。(以下殯殿ニ諸君ノ奠ヲ設クルノ記多シ略ス)	四オ
佛事紙花	○公私ノ佛事ハ紙花ヲ用ヰ羅花ヲ用ユル勿ラシム。	四ウ
水陸齋	○上王ノ傳旨ニ依リ王ハ禮官ニ命ジ國行及士大夫庶人ノ追薦水陸齋等ノ品、赴齋人ノ額ヲ定ム。	五オ
諸侯ノ三月葬	○獻陵ノ誌文ヲ選ス。(文中宋制ニ從ヒ三月ニテ葬ルトアリ)	
開塋后土祭	○禮曹ハ開塋域祀、后土及謝后土ノ儀ヲ啓ス。	六オ—七オ

九月

諡册諡寶	○禮曹ハ諡册諡寶ヲ上ルノ儀ヲ啓ス。立主奠ノ儀ヲ定ム。	八オ－一〇オ
遣祖二奠	○遣奠、祖奠ノ儀ヲ定ム。	一〇オ－一一ウ
殯奠	○禮曹ハ殯奠ノ儀ヲ啓ス。	一一ウ－一三オ
奠名改正	○宋制ニ倣ヒ臨壙奠ヲ遷奠トシ。俗禮ニヨリ掩壙奠ヲ安陵奠ト改ム。	一四オ
壽陵穿壙	○山陵ノ壙ヲ廣州大母山ニ穿ツ。上王ノ嘗テ壽陵ヲ相セシ地也。	一四オ
殯典	○百官奠ヲ殯殿ニ設ク。	一五オ－ウ
喪期短縮	○大臣ハ皆山陵後釋服シ素服ヲ以テ虞主ヲ奉還スベシトナス。	一五ウ－一六オ
發引路祭 遷奠安陵 返魂虞祭 卒哭之儀 方相擊棺 副葬品 哭婢	○禮曹ハ發引、百官ノ路祭、遷奠、安陵奠、返魂虞祭卒哭ノ儀ヲ啓ス。方相山陵入壙ニ至リ戈ヲ以テ玄宮ノ四隅明器等ヲ擊ツ。故例宮主翁主ハ梓宮ニ隨ヒ山陵ニ赴キシヲ禮曹ノ啓ニヨリ殯殿ニ於テ爲シ、宮女ヲシテ哭シテ山陵ニ至ラシム。	一六オ－二三オ
造奠	○遣奠ヲ殯殿ニ行フ。柳車ノ制、山陵ノ制。	二三オ－二八オ
遷奠 七々虞祭	○遷奠ヲ行フ。再虞祭ヲ行フ。（以下七虞祭迄ノ記略ス）	二八オ・ウ
喪期短縮	○上王ノ言。五月葬ハ古例ナレド今三月ニシテ葬ルハ敢テ踰越セザルナリ。	二八ウ
喪服	○上王ハ王ノ山陵後服衰セルヲ責メ即日之ヲ脫セシメ七虞ノ後ハ白衣黑笠トスベシト云フ。其他上王ト王ト喪服ニ關シ意見ノ相違アリ。	二八ウ－二九オ
返魂車	○宦者二人足躡ヲ以テ潛カニ太后返虞日ノ返魂車ニ升ル、事覺ハレ義禁府ニ下ス。	二九オ
追薦設齋	○禮曹ハ前朝以來ノ追薦設齋（國行ト士大夫士庶ノ）ニ制限ヲ加ヘンコトヲ啓ス。又國行水陸齋ノ加供（僧ニ正食外ノ米、粫ヲ供スルコト）ヲ除ク。	二九ウ
練祭	○禮曹ハ恭靖大王練祭親行ノ儀及其攝行ノ儀ヲ啓ス。	二九オ－三三オ
四時吉祭	○四時ノ吉祭神主ヲ奉ジテ入廟スルコトトス。	三三オ

卷十

十月

書院私置

○書院ヲ私置シ學徒ヲ敎授セシ咸從縣人タル生員ヲ褒ス。

三三ウ

水陸齋ト讀經法席

○法席ハ革罷セルモ水陸齋等ニ法華、華嚴、三昧懺、楞嚴、彌陁圓覺懺經ヲ分屬七七日ニ僧ヲ聚メ百日ニ涉ル法席ノ弊アリ。禮曹ハ之ヲ革メンコトヲ請フ。上王允サズ。

同

士大夫ノ家宦官アリ

○上王ハ王ト樓下ニ御シ李明德元肅ヲ召命シテ宦者無カルベカラズ士大夫ノ家尙小宦アリ以テ內外ヲ別ツ況ンヤ宮禁ヲヤ云々ト曰フ。

三四オ

宦官當斂

○王ハ宦官劉忱ガ大妃殿ノ宦者ヲ以テ斂襲ニ與カラザリシ罪大ナリト言フ。

三四オ

卒哭

○王ハ廣孝殿ニ至リ卒哭祭ヲ行フ。王ノ痛哭ノ聲外ニ徹ス。

三四ウ

喪中遊獵

○上王ハ平康縣ニ狩ス。

同

拜陵

○禮曹獻陵ニ拜スルノ儀及同攝行之儀ヲ啓ス。

三五オ—三六オ

朔望祭

○廣孝殿朔望親享ノ儀、同攝行ノ儀。

三六オ—三七ウ

國行佛齋

○禮曹ノ啓。今國行ノ追薦七々齋皆水陸ヲ以テ詳定ス。自今先王先后忌辰齋亦山水淨處ニ於テ水陸ヲ以テ行ハン。

一オ

朔望祭無時別祭

○吏曹ノ啓ニヨリ各處朔望及無時別祭ノ規ヲ定ム。

一ウ

四時大享

○禮曹ハ廣孝殿四時大享ノ儀ヲ啓ス。

一ウ—三オ

宗廟用樂

○宗廟ニ始メテ樂ヲ用ユ。

三ウ

喪中赴任ノ罪

○司諫院ハ上疏シテ金倣ヲ罪センコトヲ請フ。全羅都節制使ヲ拜シ赴任前父ノ喪ニ遭ヒ百日ニ滿タズ喪服ヲ脫シ赴營セシハ人ノ子ノ心無シト云フニアリ。

四ウ—五オ

孝子旌門
○父ノ狂疾ヲ治セン爲メニ無名指ヲ折リ血ヲ和シ進メタル孝子ノ門閭ヲ旌表ス。　五ウ

喪期短縮
○上王ハ王ノ喪制百日ニ滿チシヲ以テ強ヒテ開素セシム。　五ウ—六オ

肩輿
○王ハ肩輿ニテ興天寺ニ詣ラントス。　七オ

陵室ノ石
○上王ハ後世子孫ヲシテ陵室ノ兩傍及蓋石ニ全石（一枚石）ヲ用ユルコト勿ラシム。　七ウ

喪期停賀　官員服裝
○禮曹ハ啓シテ元敬王后期年内ノ賀禮舞踏樂ヲ停ム。各地方長官ノ衣裝ヲ定ム。　九オ

祀典饗老　耕塚ノ禁
○政府六曹議定事項。春秋釋典後老人ヲ饗スルコト。耕シテ古塚ヲ破ルノ禁。

十一月

白丁
○禮曹ノ啓。無識ノ人農牛ヲ韃靼ノ禾尺ニ賣ル、賣買二者宰殺律ヲ以テ論ゼン云々。　一二オ

白丁集落
○禾尺才人農事ヲ事トセズ唯弓馬ヲ以テコトヽ爲ス、良民ト婚嫁セズ、自カラ一群ヲ成ス。彼等ヲ分置シ平民ト相婚セシムルコト永樂十七年ニ判ヲ受ク今ニ舊習ニ循フ云々。　一二オ

給貧助婚
○貧乏ノ男女時ヲ過ギ婚姻不能ノ者、窮加訪問、内外四寸以上ノ親ニ命ジ備資之ヲ行ハシム。

一夫數妻
○高麗之末士大夫或ハ妻アリテ妻ヲ娶ル者アリ、妾ヲ以テ妻トスル者アリ。遂ニ今日妻妾相訴フルノ端ヲ爲ス云々。　一三オ

兩班爲僧
○今後兩班子弟ノ自願僧ト爲ル者ニ度牒ヲ給ス。　一四オ

火葬盛行　散灰山川　香徒ノ存在　葬日ノ飲酒歌舞
○禮曹ノ啓。近歲葬ニ茶毗ノ法盛ニ行ハル、甚シキハ焚骨揚灰以テ魚鳥ニ施ス、士大夫埋葬セザル者多シ　自今一切之ヲ禁セン云々。外方ノ人民ハ父母ノ葬日隣里香徒ヲ聚メ飲酒歌吹ス皆痛禁セン云々。　一四オ

喪祭佛式朱子家禮勵行	二月	○死者供佛齋僧ノ事因循未ダ革マラズ。葬祭ノ儀一ニ文公家禮ニヨリ佛事ヲ痛禁セン云々。	一四ウ—一五オ
創置鄉校		○濟州ノ大靜、旌義ニ始メテ鄉校ヲ置ク。	一六ウ
用朱ノ禁		○諸道ニ命ジテ所進弓矢ニ朱漆ヲ用ユルヲ禁ズ。	一七オ
父在ル母ノ喪		○禮曹ハ父在テノ母ノ喪ハ古制ニヨリ十一月練、十三月祥、十五月禫、心喪三年ト定ムルヲ啓シ王之ニ從ウ。	一八オ
三ッ兒	十二月	○慶尙彥陽ノ人妻一產三男命ジテ米ヲ賜ウ。	一九ウ
逐儺雜戲		○王ハ命ジテ逐疫ニ雜戲ヲ用ユル毋ラシム。	二〇オ
	三年（辛丑）	卷十一	
禁酒用茶	正月	○禮曹ハ請フテ禁酒ノ令ヲ申明シ時祭、上塚皆茶ヲ用ヰシメントス。王ハ命ジテ祭祀ニハ酒ヲ禁ズル勿ラシム。	一ウ
風水思想		○李庸ハ獻陵ノ風水ニ付テ上言ス。	同
白丁		○才人禾尺ヲ率ヰテ洪州界ヲ草竊セント揚言セシ者ヲ杖流ス。	二ウ
祠堂		○王ハ故誠寧大君ノ祠堂ヲ構造セシム。	四ウ
寺院忌齋		○禮曹ハ先王先后忌齋ノ寺ヲ定ム。	六ウ
祭日賜暇祠堂奉祀		○禮曹ノ啓ニヨリ自今軍士ハ大小祥祭ニ三日、禫祭ニ五日ノ暇ヲ給スルコト、六典大小人員起復ノ例ニ依ラシメ祠堂ヲ祭ラシム。	八ウ
葬列哭婢	二月	○禮曹ノ啓ニヨリ國葬及大臣ノ禮葬ニ前行ノ哭婢ハ市廛ノ女ヲ用ヒシヲ。國葬ニハ宮人、大臣禮葬ニハ本家ノ婢ヲ用ヰシム。	同

月	事項	本文	出典
	牛乳	○乳牛所ハ專ラ供上ノ爲ニ設ク。	九オ
	祭祀造花	○祭祀ニ造花ヲ用ヰシヲ、王ハ之ヲ不潔トシテ禮曹ニ命ジ今後凡テノ祭皆紙花ヲ用ヰシム。禮曹ハ請フテ羅花ヲ用ユ。	
	大藪置酒	○驪興八大藪ノ置酒ヲ停ム。王ト上王ト楊根ニ幸セシ時也。	一二ウ
	喪中止射	○王ハ未ダ終制セザルヲ以テ弓矢ヲ御セズ。	同
三月	禁酒	○酒ヲ禁ズ。	一四ウ
	田墻破却	○濟州安撫使ノ啓ニヨリ濟州ノ人民カ田頭ニ墻ヲ築キテ牛馬ヲ防グノ風ハ賊變ノ時騎乘ニ不便ナリトシテ之ヲ破去セシム。	一五オ—ウ
四月	殯斂縛屍	○吉昌君權跬卒ス。殯斂之具、糯衿一、單衿二、絞用白苧布三匹、銘旌紅綃十尺、魂帛一匹。	一七オ
	門外杖哭 出棺拜送	○禮曹ハ大臣致祭ノ儀ヲ啓ス。喪主大門外ニ拜送杖哭シテ入ル云々。	一九ウ—二〇オ
	策贈焚黃	○禮曹策贈ノ儀ヲ啓ス。喪主跪テ受ケ靈前ニ奉ジ紅紙ヲ用ヰテ焚黃ノ禮ヲ行フ。	同
	練祭筮日	○禮曹ノ啓ニヨリ練筮、練祭禮經ニ依ルコトトス。	二〇ウ・二一ウ
	廟主祧遷	○定宗王祔祭ノ期近シ王ハ宗廟五室内祧遷ノ制ニ付テ二品以下ニ議セシム。	二一ウ
	神主埋案	○禮曹判書ノ啓。恭靖大王祔祭ノ期至ル遷主ニ付議アリ。一朝親盡キテ神主ヲ瘞ムルハ忍ビザル所ナリ云々。	二一ウ—二二オ

卷十二

月	事項	本文	出典
五月	石戰	○上王ハ病中ニ石戰ヲ觀ルベク上京セントス。	一オ
	三ツ兒	○慶州民一産三男米ヲ賜ウ。	一オ

六月

石戰ト擲石軍ノ復設	○王ハ上王ト鍾樓ニ石戰ヲ見ル。擲石軍ハ高麗ノ設クル所近年之ヲ罷ム、今復設ス。	一オ—二オ
神主ノ箱 粟木神主匱ト箱覆腰輿安主	○禮曹ハ元敬王太后練祭儀ヲ啓ス。先ヅ粟木主并匱(體制並如桑木主)ヲ造リ盛ルニ箱覆ヲ以テシ帕ヲ以テ腰輿ニ安ンズ。	二ウ—四オ
手拍戲	○王ハ上王ヲ奉ジ樂天亭ニ五衛ノ陣ヲ閲ス。仍ホ手拍ノ戲ヲ觀ル。	五オ—ウ
山陵練祭	○元敬王太后山陵練祭ハ山陵四時大享ノ例ニ依ル。	六オ
殿內練祭	○王百官ヲ率ヰテ廣孝殿ニ詣リテ練祭ヲ行フ。	六オ—ウ
剛日閲兵	○大閲ノ日剛日ヲ用ユ。	七オ
綵棚歌謠	○禮曹ノ啓。太祖大王祔廟ノ後綵棚ヲ設ケ歌謠セリ。今恭靖大王祔廟ノ時此禮ハ除クベシ、王ハ之ニ從フ。	八オ
	○禮曹ハ先王先后神主ノ櫃ノ制ヲ定メ啓ス。	九—オ
神主安龕	○禮曹ハ啓シテ先王先后ノ神主安龕ノ時前後スルニヨリ前面ニ前字ヲ朱書ス。	九オ—ウ
祈晴門祭	○禮曹ハ啓シテ高麗古今ノ禮ニヨリ霖雨已マザル時京城諸門ノ禜祭ヲ設ケ四門ヲ禜ス。州郡ニモ禜祭ヲ設ク。	九ウ—一〇オ
禁酒	○酒ヲ禁ズ。	一〇オ
山川遙拜祈晴	○禮曹ノ啓ニヨリ晴ヲ祈ルノ時ニ雨ヲ祈ルノ例ニ依リ岳鎭海瀆ノ位ヲ北郊ニ設ケ望祈ス。	一〇ウ
祥祭禫祭	○禮曹ハ恭靖大王並元敬王太后ノ祥祭、禫祭攝行、親行ノ儀ヲ啓ス。	一〇ウ—一九オ
國喪服裝ノ色	○禮曹ハ啓シテ大妃大祥後上下皆淡青色灰色ヲ用ヰ未備者ハ黑麻布淡土紅衣ヲ著ケシム。	一九ウ

祈晴廟社　天文祕記　風水思想　呪僧救病　女人騎馬　廟陵秋夕ノ祭　王子女ヲ外ニ養フ　禫前停刑　追薦法席　品帶制限　禫祭　結綵　道敎ノ觀　大祥祭

七月

○社稷宗廟ニ晴ヲ祈ル。　二〇オ

○書雲觀ニ藏スル所ノ天文祕記ヲ盡ク內ニ入ル。

○王ハ禮曹判書、同參判、參議、兵曹參判等ニ命ジ相地ノ人三人ト永寧殿基ヲ宗廟垣內大室之西ニトス。　二五ウ―二六オ

卷十三

八月

○讓寧君禔瘧疾ヲ患ウ。王ハ御醫及呪僧ヲ遣ハシ治療ス。　一ウ

○陽城縣監ヲ罷ム。同人ハ醉テ馬ヲ馳驅ス婦人ニ逢ヒ其笠帽ヲ鞭打ス其婦驚テ墜馬スルニ因ル。　二ウ―三オ

○宗廟、原廟、諸山陵ノ秋夕香祝ヲ親傳ス。上王秋夕ヲ以テ健元陵ニ謁ス。　三ウ―四オ

○上王ハ王ニ語ッテ人君ノ子ハ朝臣ノ家ニ養フベカラズト。王子王女ノ外ニ養フ者皆悉ク宮中ニ還置ス。　四オ

九月

○禫前ニハ死刑ヲ行ハズ。　七オ

○王ハ元敬王后ノ法席ヲ大慈庵ニ設ク。　一〇ウ

○朝官ノ品帶ニ純金銀ヲ用ヒシヲ鈒金銀ニ改ム。　一一ウ

○王ハ廣孝殿ニ禫祭ヲ行フ禮曹ハ禫祭後ノ祭享ニ付テ啓ス。　一三オ―ウ

○王ハ百官ヲ率キテ結綵シ太上王ヲ迎フ。　一六ウ

○戶曹ハ高麗ヨリ傳來ノ大淸觀ヲ修理センコトヲ請フ。軍士之ニ醮スルノ例ナリ。　一九オ
王ハ大提學ニ故事ヲ考セシム。

○恭靖大王ノ大祥祭ヲ魂殿及厚陵ニ行フ。　一九ウ

事項	月	記事	出典
茶	十月	○太上王ハ使臣ニ茶二斗ヲ贈ル。	右同
四時臘祭		○禮曹ハ廣孝殿ノ四時、臘ノ親享及攝行ノ儀ヲ啓ス。	二〇オ－二三オ
胎室ノ祭		○命ジテ每三年ニ行ヒシ胎室ノ安慰祭ヲ罷ム。	二四ウ
行幸先ノ祭祀		○王ハ長湍ニ駕次ス。過グル所名山大川ニ皆祭ル。松林縣ニ至リ四方ノ神ヲ祭ル。	二五オ
世子謁禮		○禮曹ハ臨軒冊王世子及世子朝王始覲、太上王宗廟ニ謁スルノ儀冊ヲ啓ス。	二八ウ・三〇オ
祔廟		○禮曹ハ啓シテ三年ノ喪畢リシニヨリ恭靖大王、定安王后ノ神主ヲ祔廟スルコトニ定ム。	三二オ
		卷十四	
永寧殿成	十一月	○永寧殿成リ穆祖ノ神主ヲ奉遷ス。	二オ
啓聖殿ノ祭儀		○禮曹ハ啓聖殿ノ四時及臘祭、有名日別祭、朔望祭ノ儀ヲ啓ス。	二ウ－六オ
墓地制限		○明ノ使臣往還ノ路邊ニ墓ヲ安スルヲ許サズ。現ニ在ルモノヲ移埋セシム。	九ウ
打毬		○王ハ太上王ト新宮ノ內庭ニ打毬ス。（毬ノ形狀ト其方法ノ記アリ）負クル者宴ヲ設ク。	九ウ－一〇オ
淫近親姦		○從兄ノ妓妾ト通ジタル者開寧縣監トナル、臺諫論罷ス。	一〇ウ
毛衣毛冠	十二月	○六代言ニ毛衣毛冠ヲ賜フ。	一三オ
諸祀儀式		○禮曹ハ永寧殿ヘ移安ノ儀及本朝諸祀ノ儀式ヲ定ム。	一三ウ
祈福神佛		○此前歲終ニ內侍ヲ遣ハシ福ヲ佛宇山川ニ祈ル、之ヲ年終還願ト云フ。禮曹ノ啓ニヨリ佛宇ヲ罷メ只嶽海瀆山川ヲ祭ル。	一三ウ－一四オ
飲福宴		○王ハ新宮ニ詣リ飲福宴（宗廟ノ祭了リシニヨリ）ヲ設ク。	一六オ

入學束修		○禮曹ハ王世子入學之儀及束修ノ儀ヲ啓ス。	一七オ—一八ウ
	四年（壬寅）	卷十五	
太上王寵寡婦	正月	○太上王ハ李稷ノ女タル三十三歳ノ寡婦及李云老ノ女タル寡女ヲ納ル。	二オ
打毬　雉ノ怪		○太上王ハ宗親ト内庭ニ打毬ス。雉内庭ニ入ル上王之ヲ怪トシ即時還宮ス。	二ウ
築城告祭		○木覓白岳ノ神ニ築城ヲ祭告ス。	三オ
救食		○月食アリ王ハ内殿ニテ救食ス。	同
僧ノ救療		○都城修築ノ工事ノ病傷者ヲ僧三百人ニ救療セシム。	同
打毬賭馬		○太上王ハ宗親ヲシテ馬其他ノ帑ヲ賭シ打毬ヲ行フ。	三ウ
諸醮停罷		○宣旨ニヨリ王ノ爲メ設クル所ノ諸醮ヲ悉ク罷ム。	四オ
打毬		○王ハ置酒打毬ス。	四ウ・五オ・ウ・六オ
右同	二月	○右　同。	六ウ・七オ・八オ・ウ
禁婚嫁		○嘉禮色ヲ置キ中外ノ婚嫁ヲ禁ズ。太上王ノ爲ニ嬪媵ヲ選ブ爲ナリ。	八ウ—九オ
打毬		○兩王ハ内庭ニ打毬ス。	九オ・一〇オ・ウ
經行廢罷		○王ノ特命ニ依リ都城内ノ經行（春秋仲月各宗ノ僧大般若經ヲ誦シ鳴螺鈸、幡蓋、香火、行巷以テ疾厄ヲ禳ウ二品以上ノ官同行ス）ヲ罷ム。	九ウ・一〇オ
三ツ兒		○咸平縣船軍ノ妻一産三男命ジテ米ヲ賜フ。	一二オ
妓女乘馬　監司荒淫		○黄海觀察使李隨等荒淫度無ク官妓ヲ率ヰ鞍ヲ並べ道内ヲ巡歷ス。憲府劾シテ法ニ置ク。	一二ウ・一四オ
打毬	三月	○兩王ハ内庭ニ打毬ス。	一五オ

禡祭		○王ハ禮曹ニ命ジ禡祭ノ式ヲ改定セシム。	一三オ
山神祭祀		○紺岳山ノ神ヲ祭ル。	同
行幸祀神		○兩王ハ大屯山ニ獵ス。途中ノ山川等ノ神ヲ祭ル。	一四オ
村落埋葬		○方位ノ迷信ニヨリ人死シテ村落ノ間ニ葬ル風アリ。禮曹ノ啓ニヨリ之ヲ禁ズ。	一五オ
		卷十六	
發冢移葬	四月	○財産上ノ關係ヨリ異姓四寸ノ者ノ塚ヲ發キ移葬セシ者アリ其職ヲ罷ム。	三オ
解禁嫁姻		○曩ニ前王ノ嬪媵ヲ選ブ爲メニ十六歲以下女子ノ婚嫁ヲ禁ジタリ。太上王ハ其禁ヲ停メシム。	三ウ—四オ
救病祈禱	五月	○太上王ノ疾ニヨリ道殿、佛宇、諸名山ニ禱ル、昭格殿、宗廟ニ禱ル。	四ウ
救病宥罪 救病設齋		○同上ニヨリ大逆罪以外ノ罪人ヲ宥ス。水陸齋、羅漢齋ヲ設ク。	四ウ—五オ
方角拘忌		○太上王ヲ新宮ニ移ス。病篤キヲ以テ方位ヲ忌ミテ避クル也。	五オ
右同		○中宮ハ世子ヲ奉ジ宜山君ノ邸ニ移御ス。方位ニ拘忌セル也。	五ウ
喪哀		○太上王薨ズ。王哀ヲ內ニ發ス徒跣被髮百官哀ヲ擧グ。	七オ
歛襲		○殯殿都監ニ命ジ小歛衣十九稱、大歛衣九十稱ヲ用ユ。	八オ
喪ノ奉告		○喪ヲ社稷、宗廟、永寧殿、廣孝殿ニ告グ。	同
未御ノ嬪 入宮成服		○太上王ノ嬪トシテ既ニ涓日シ入宮ノ命アリシモ未ダ入宮セザル女入宮シ成服ス。	同
喪制		○禮曹喪制ヲ定ム。	八オ—九オ
喪期		○禮曹ハ日ヲ以テ月ニ易フル喪制ヲ用ヰンコトヲ請フ、許サズ。卒哭ノ後喪服ヲ權免シ群臣モ同ジク卒哭後釋服ス。	九オ

宮妾請喪		○曾テ太上王ノ黜ケシ宮主（妾）服喪ヲ請フ。之ヲ允サズ。	九オ
成服ト朔望奠典		○禮曹ハ成服儀及朔望奠儀ヲ啓ス。	九オ—一〇オ
殯殿		○梓宮ヲ奉ジ壽康宮ニ殯ス。	一〇オ—ウ
殯殿成服		○王百官ヲ率ヰ殯殿ニ詣リ成服ス。	一〇ウ
初二三齋		○初齋ヲ藏義寺ニ設ク、二齋ヲ開慶寺ニ三齋ヲ津寛寺ニ設ク。（以下七齋迄ノ記略）	一〇ウ・一三オ
水陸齋饅頭麪餅		○太上王ノ水陸齋ハ前定ノ人數ニ依ル。眞前（眞殿ノ前）佛前及供僧外饅頭麪餅侈美之食ヲ禁ズ。	一二ウ—一四ウ
後宮爲尼		○懿嬪權氏、愼寧宮主辛氏等ハ王ニ啓セズ剃髮尼トナル。後宮爭フテ剃髮梵唄之具ヲ備ヘ晨夕作法。王之ヲ禁ズルモ得ズ。	一三オ
殯殿朔望祭	六月	○王百官ヲ率ヒ殯殿ニ詣リ朔祭ヲ行フ、同ジク望祭ヲ行フ。	一四ウ—一六ウ
四、五齋		○四齋ヲ開慶寺ニ五齋ヲ津寛寺ニ設ク。	一六オ—ウ
國葬儀仗		○國葬ノ儀仗ヲ定ム。	一六ウ—一七オ
寫經供養		○宮主辛氏太上王ノ爲メニ法華經ヲ金寫セントス。王ハ其緣化文ニ親押ス。	一七ウ
折指ノ孝女		○郭山民ノ女ハ母ノ狂疾ノ爲メ無名指ヲ碎キ羹ニ和シ母ニ進ム。命ジテ其門閭ヲ旌表シ丁役ヲ除ク。	一八オ
幄宮結綵	七月	○禮曹ノ啓ニヨリ前ニ行ハレシ山陵ノ時ノ帳殿幄宮ノ結綵ヲ除キ只屏褥ヲ設ク。	一八ウ
祈雨		○禮曹ノ啓ニヨリ僧巫ヲシテ雨ヲ祈リ徙市、斷傘扇、虎頭ヲ楊津、漢江ニ沈ム。	一八ウ
上典ノ稱		○俗ニ奴僕其主ヲ指シテ上典トナス、臣下君ヲ謂テ又上典ト爲ス。	一九オ
大祥齋		○元敬王太后ノ大祥齋ヲ津寛寺ニ設ク。	同
國喪期制 國喪停婚		○許稠ハ朝臣喪服ノ期及其制ニ付テ上書ス。國喪中婚姻停止ニ付テ同上。	二〇オ—ウ

白丁流動	○兵曹ハ禾尺才人ノ流移スル者ヲ還本セシムルヲ啓ス。	二一オ
國喪中淫行ノ罪	○司憲府ノ啓ニヨリ太上王昇遐三日内ニ他人ノ妓妾ヲ姦シタル仁順府副丞ヲ罪ス。	二二ウ

卷十七

八月

救病祈禱	○恭妃疾篤キヲ以テ社稷、佛宇、神祠ニ禱ル。	一オ
殯祖遣土ノ四奠	○禮曹ハ殯奠、祖奠、遣奠、祀后土等ノ諸儀ヲ啓ス。	二ウ—五ウ
后土祭	○禮曹ハ主典ノ儀ヲ啓ス。	六オ—ウ
三ツ兒	○善山ノ民一産三男、米豆ヲ賜フ。	六ウ
墓穴忌水	○山陵開壙水アリ驚テ王ニ馳啓ス。	七オ
發引遷奠	○禮曹ハ發引ノ班次及遷奠ノ儀ヲ啓ス。	七ウ—一〇ウ
蒸風呂	○禮曹ニ傳旨シ汗蒸ノ病ニ効アリヤ否ヤヲ視セシム。	一一オ
梓宮奉送	○梓宮赴山ノ時耆老、生徒路祭幄次ノ例ニ序立シ奉辭ス。	一一オ
諸儀班次	○禮曹ハ上謚冊寶儀、宗廟社稷ニ殯告返虞ノ班次ヲ啓ス。	一一オ—一四オ
虞祭安陵	○禮曹ハ虞祭ノ儀、安陵ノ奠儀ヲ啓ス。	一四オ—一六オ

九月

祈晴	○晴ヲ社陵ニ祈ル。	一七ウ
發靷	○王ハ百官ヲ率ヰ遷奠ヲ行ヒ梓宮ヲ奉ジ玄宮ニ向フ。	一八ウ—一九オ
山陵制度 紙錢燒却	○山陵ノ制度。（石羊、石虎、望柱、燒錢臺、石人等ノ記アリ）	一九オ—二一ウ
葬具儀仗	○柳車、輴、返虞車、返虞轝ノ制及儀杖。	二一オ—二四オ
虞祭	○王ハ廣孝殿ニ詣リ三虞祭ヲ行フ、四虞祭ヲ行フ、五虞祭ヲ行フ、六虞祭ヲ行フ。	二四オ—二四ウ
拜陵儀式	○禮曹ハ拜陵ノ儀ヲ啓ス。	二四ウ—二五ウ

魂殿朔望祭		〇廣孝殿朔望ノ儀、攝行ノ儀、卒哭ノ儀。	二五ウ—二八ウ
短喪		〇十七日卒哭後肉膳ヲ進ム。十九日初メテ酒ヲ用ユ。	二九オ
卒哭祭		〇王ハ廣孝殿ニ詣リ卒哭祭ヲ行フ。	二九オ
國喪中不謹愼		〇國喪ニ方リ婦ヲ娶リシ靑山縣監ヲ罪ス。	二九ウ
王嬪入內		〇王ハ宮主（妾）ヲ入ル成禮セズ。	三〇オ
卒哭後ノ祭祀		〇禮曹ハ卒哭後、廣孝殿朔望及有名日別祭親享及攝行ノ儀ヲ啓ス。	三一オ—三二ウ
		卷十八	
汗蒸風呂	十月	〇京中汗蒸所ノ僧人病症ヲ問ハズ汗セシメ人ヲ死ニ致ス。門內外各一所汗蒸所ヲ置キ醫員ヲ差定セシム。	一オ—ウ
禁酒		〇禾穀實ラズ禁酒ヲ令ス。	一ウ
四時臘祭		〇禮曹ハ四時臘祭ノ儀及拜獻陵攝事ノ儀ヲ啓ス。	一ウ—四ウ・四ウ—五ウ
國喪中吉服除外		〇國喪三年內新婚ノ家吉服ヲ用ヰシム。	六オ
歸葬給車牛		〇在朝ノ官吏物故シ鄕ニ歸葬スル者ニ車牛ヲ給ス。	六オ
國喪不愼		〇卒哭前食肉歌舞シタル花之梁萬戶ノ職牒ヲ奪フ。	九ウ
道觀廢罷	十一月	〇開城府大淸觀ヲ罷ム。	一五ウ
白丁編軍		〇才人禾尺ヲ軍籍ニ錄ス。	一七オ
		卷十九	
人日賀禮 流頭端午ノ進物	五年（癸卯）	〇王ハ命ジテ人日ノ賀禮ヲ停ム。且三年內人日、端午、流頭各殿所進ノ雜物ヲ除ク。	二オ

婚裝禁奢		○嫁女ノ家奩、褥、服飾ニ綾錦段子ヲ用ユルヲ禁ズ。此等ノ品本土ニ產セズ爲メニ嫁期ヲ失スル者多キニ由ル。	二ウ
刺字ノ刑		○强竊盜犯ニ刺字ノ法ヲ定ム。	同
妖言者		○忠州船軍ニシテ妖言セシ者ヲ囚フ。近年ノ兇作ハ對馬ヨリ來ル鬼人ノ所爲ナリ。又曰ク生佛東方ニ來ル云々。	三ウ—四オ
鍾聲ノ數		○書雲觀ハ啓シテ定鍾ノ數ヲ定ム。	五ウ—六オ
碑石寸法		○獻陵碑石ノ長サヲ定ム。	七オ
放榜時服 遊街停止	二月	○文武科放榜ノ時ニハ時服ヲ用ヰ且遊街ヲ除ク。	一一ウ
樂工練習		○雅樂署、典樂署ノ樂工ニ樂ヲ習ハシム。	同
王子濫行		○政府ハ讓寧大君ノ罪ヲ啓ス。娼妓ニ溺レテ明ノ使臣ノ宴ニ侍ラズ。每夜墻ヲ踰エ群小ト彈琵琶、彈箏、酣飮、雜戲ス。人ノ妾ヲ盜ム云々。	一六オ—一七オ
婦人乘轎 禁騎		○王ハ傳旨シテ大小婦女特旨ノ外闕內ニ騎馬ノ出入ヲ禁ジ轎子ニ乘ラシム。	一九オ
神堂推刷	三月	○禮曹ノ啓ニヨリ金海ノ帝釋堂、羅州錦城堂、三陟太白堂其他外方各官ノ、神堂推刷、東西活人院ニ分屬セシム。	二一オ
館門結綵		○禮曹ノ啓ニヨリ明ノ使臣ノ路、各官各站墻屋ノ包裹ヲ罷メ只館門ニ結綵スルコトトス。	二一オ
儺禮結綵 帽及宴卓 造花ヲ插		○禮曹ノ啓。一、使臣各官迎逢ノ時儺禮ヲ除キ只結綵ヲ用ユ。二、使臣帽花及宴卓ノ花外、本國大小官吏無花トス。	二三オ・ウ
土ヲ食フ		○咸吉道和州ニ土アリ飢民餠ト爲シ食フ味蕎麥ト同ジ。	二四ウ
宮中女樂 停止 妓生併放		○女樂ヲ停メシニヨリ慣習都監ノ女妓百八名中自願ニ從ヒ放送ス。	二六オ

佛誕燃燈		○禮曹ニ傳旨シ今後四月八日闕內燃燈ヲ除ク。	二六オ
		卷二十	
焚黃祭	四月	○賜謚後ノ焚黃祭ハ虞祭ノ例ニ依ル。	一オ
賻物儀註		○迎謚請祭文、賻物儀註。	一オ―一三オ
結綵香卓 儺禮		○使臣到ル。太平門外ヨリ城門ニ至ル皆結綵香卓ヲ設ク。儺禮ヲ除ク。	三オ
牛乳		○各日酪ヲ取テ讓寧大君ニ饋ル。	同
焚黃祭		○焚黃祭儀注。	四ウ―六オ
風水思想		○使臣興天寺ニ入ル。王都ノ山水陰陽ニ合スト云。僧人六十送迎ス。	八ウ
土ヲ食フ		○黃海道鳳山西面ノ白土、瑞興南山ノ白赤土ヲ飢民米粉ニ和シ食フ。	九ウ
祈雨		○社稷ニ祈雨祭ヲ行フ。	一一ウ―一二オ
喪中淫行		○敬寧君裶眥テ元敬王后喪中妓一點紅ヲ奸ス。太宗一點紅ヲ公州ニ黜ク、太宗喪中密ニ同人ヲ引入ル。司憲府之ヲ駁ス。	一二オ
	五月	○右　同。	一二ウ
祈雨		○巫女ヲ東郊ニ聚メテ雨ヲ祈ル。屠殺ヲ禁ジ傘扇ヲ斷チ市ヲ徙ス。同三角、社稷ニ祈ル。	一二ウ―一三オ
練祭		○禮曹ハ太宗ノ練祭儀注ヲ啓ス。	一三ウ―一五ウ
小祥齋		○太宗大王ノ小祥忌晨齋ヲ津寬寺ニ設ク。	一三ウ
小祥祭		○王百官ヲ率ヰテ廣孝殿ニ小祥祭ヲ行フ。	同
禁酒違反 喪中奸妓		○國葬及禁酒ノ時ニ神ニ事フルト稱シ彈琴飲酒シ又太宗在殯ノ時妓ヲ家ニ招キ淫セ	一五ウ―一六オ・一八オ

シ敬寧君ヲ、司憲府及諫院ハ彈劾罪ヲ請フ。允サズ。

妓ヲ愛シ正妻薄遇　○司憲府ハ平壤ノ妓ヲ愛シ正妻ヲ踈薄シタル捴制鄭孝文ノ罪ヲ請フ允サズ。　一六オ

新來虐待　○新來ニ雜戯ヲ呈セシメシ成均館博士等ヲ罪ス。　一九ウ

寡婦剃髪 強制剃髪　○禮曹ハ孀婦剃髪シ侍婢ヲシテ勒令剃髪セシムルヲ痛禁センコトヲ陳言ス。　二〇ウ

妓ヲ愛シ正妻虐待　六月　○司憲府ノ啓ニヨリ愛妓ニ溺レ嫡妻ヲ棄テシ副司正ヲ決杖シ、妻ヲ追還完聚セシム。　二四オ

過期不葬　○過期其父ヲ葬ラザル副司正ヲ杖ス。　二四ウ

卷二十一

朝鮮女服　七月　○禮判許稠ノ上言。太宗ハ本國ノ女服ヲ華制ニ改メントス。臣ハ啓シテ曰ク昔赴京シ闕里孔子ノ家廟ニ入リ女服ノ畫像ヲ見ルニ本國ト異ナル無シ、但首飾異ナルノミ。事竟ニ行ハレズ云々。　一オ

禁酒祈雨　○旱ニヨリ酒ヲ禁ズ。祈雨ヲ宗廟其他ニ行フ。　四オ

騎牛　○飢民ヲ騎牛傳送ス。　六オ

火者年齡　九月　○僉知司譯院事ハ小火者ヲ率キ京ニ赴ク、十一歳一人、十三歳五人、十四歳二人、十五歳三人、十六歳三人、十七歳三人、十八歳四人、十九歳一人、二十一歳二人。　一五ウ—一六オ

卷二十二

追福寫經　○信寧宮主ハ太宗薦福ノ爲メニ命ジテ佛經ヲ文昭殿ニ金書セシム。　一八オ

十月

喪祭ノ文　○禮曹ハ議シテ喪祭之文ヲ改ム。古制（小斂天子三日、諸侯三日、大夫士二日。大斂天子七日、諸侯五日、大夫士三日）　二オ

白丁ノ稱　○兵曹ノ啓。才人禾尺ハ本是良人、業賤シキニヨリ殊民ト號シ賤シム。白丁ト改號シ平民ト雜處相婚セシメン。王ハ從之。　三オ

姦婦斬刑　○前觀察使李貴山ノ妻柳氏ヲ斬ル。嫁スル前尼ノ時私通セシ趙瑞老ト姦セシニ由ル。相手方ノ趙ヲ流ス。

寺社新造墳墓齋庵　○無識之徒ノ寺社及墳墓齋庵ヲ新造スル者ノ罪ヲ論ジ之ヲ撤去セシム。　四オ―ウ

唐制位版　○唐制ニヨリ山川ノ神等ノ位版ヲ改ム。　四ウ

喪中淫行　○司憲府ノ啓ニヨリ母ノ喪三年内妓妾ヲ昵愛シ正妻ヲ黜ケタル前萬戶ヲ杖ス。　八オ

圓壇祭器　○禮曹ノ啓ニヨリ圓壇祭器ノ體制ヲ改メ舊器ヲ埋メ更ニ備フルコトトス。　八ウ

十一月

禁酒　○酒ヲ禁ズ。　十オ

冬至望闕禮　○百官朝服ヲ具ヘ冬至望闕ノ賀禮ヲ行フ儀ノ如シ。但舞蹈セズ。本朝賀禮ヲ停ム。　一二ウ

（以下望闕禮ノ記略ス）

風水學　○風水學ノ取才、首タル者一人ヲ取リ毎年書雲觀ニ敍用ス。　一三オ

斷指救病ノ孝子　○父ノ病ニ斷指燒テ食ハシメタル瓮津白丁ヲ（年九歲）旌閭復戶ス。　一三ウ

女醫加定　○男醫ニ女ガ肌ヲ按摩セシムルハ男女ノ分立チズトシ女醫ヲ增加センコトヲ參贊上書ス。　一七オ

十二月

廬墓三年　○廬墓三年祠堂ヲ立テシ孝子ヲ旌門復戶ス。　二一ウ

盲巫納稅　疫死草葬　香徒　○前知順安縣事朴甸ハ上書シテ經師巫覡之貢一年二收、男女盲巫亦皆收稅誠ニ可哀云々。人疫疾ヲシテ死スルアラバ或ハ山間ニ草葬シ或ハ木枝ニ裹置ス。今里々ノ

人皆香徒ヲ結ンテ之ヲ埋葬ス。然ルニ富隣ノ葬ニハ之ヲ埋ムルモ貧隣ノ葬ハ之ヲ置キ顧ミズ、善心ノ僧ヲシテ之ヲ埋メシメン云々。

禁毒物漁
○農月ニ椒（サンショ）ノ皮葉ヲ舂キ水族ヲ殺スコトヲ痛禁セントス。　二三オ

禁酒
○禁酒ス。

卷二十三

六年（甲辰）正月

府使淫行入墨ノ刑
○司憲府ノ啓ニヨリ太宗山陵ノ前（埋葬ノ期前）ニ娼妓ヲ奸宿シ、狐ヲ獵シ其肉ヲ喫シタル善山府使ノ罪ヲ論ズ。且別罪ニヨリ刺字ス。　二オ

痘瘡ニ酒肉ノ禁
○王子ノ發瘡疹ニヨリ王ハ視事ヲ停メ闕內ニ酒肉ヲ用ユルヲ禁ズ。　二ウ

祭器象尊
○儀禮詳定所ノ啓ニヨリ象尊ノ形ヲ定ム。　六オ

肅拜用席
○傳旨ニヨリ二品以上肅拜ニ雨雪ノ日草芚ヲ布キ行禮セシム。　九オ

二月

代身ノ僧
○卒牧使ノ妻廉氏ノ代身ノ僧ハ其主タル牧使ノ妾ヲ奸ス。之ヲ斬リ妾ハ流ス。　一三ウ

僧徒飲酒踏青重陽
○大司憲ハ興天寺ノ僧油蜜果ヲ用ヰ飲酒。僧額ノ贏餘ヲ窃ミ踏青ノ樂ミ重陽ノ費ニ供ス云々。佛寺ハ京ニ三、開城ニ一、諸道二三ノ外寺社ノ汰スベキヲ言フ。　一五オ・ウ

禡祭
○自今講武所ノ禡祭ハ周制ニヨリ只蚩尤ヲ祭ル。　一七ウ

山神僭號
○王ノ言。各處城隍及山神ヲ或ハ太王、太后、太子、太孫妃ト稱スルハ理ナシ。禮制許稠ノ言。本國山神ヲ爵シ山上山下ニ立廟スル由來久シ舊ニ仍ルニ如クハナシ。　一九オ

家門不齊
○妾ヲ愛シ正妻ヲ疎薄セシ司直ヲ杖ス。　二〇ウ

禁酒違反ノ僧
○司憲ノ啓ニヨリ禁酒ノ時酒ト油蜜果ヲ用ヰシ僧ヲ刑ス。　二二オ—ウ

給資督婚
○貧家ノ婚ヲ督シ婚資ヲ給ス。　二四オ

王女卒去	○王女卒ス。年十三朝市ヲ停メ三日肉膳ヲ輟メ禮葬シ、造墓都監ヲ命ズ。	二四ウ
百官陳慰	○文武百官殿庭ニ進ンデ陳慰ス。	同
水陸齋	○傳旨。王女ノ水陸齋二品以上ノ例ニ視ル。	二五オ
王女ノ殯	○王女ノ屍ヲ廣延門ヨリ出シテ摠制李孟畇ノ第ニ殯ス。嘗テ同家ニ養ハレシニ由ル。	同
三月		
宮中放砲	○丙子王ハ命ジテ軍器監砲ヲ景福宮ニ放ツ。	二五ウ
王女殯祭	○內官ニ命ジ王女ヲ殯室ニ祭ル。王子ハ人ヲ遣ハシテ王女ヲ祭ル。	二六オ—ウ
棺上加漆	○王女及公主ノ喪ニ漆槨ヲ用ヰシム。	二六ウ
排佛崇儒	○集賢院提學ハ太宗排拂ノ志ヲ繼ギ寺刹ヲ廢シ經ヲ燒キ僧尼ヲ還俗セシメ喪葬文公家禮ニ據ラシメンコトヲ請フ。王ハ理ニ當レルモ遽カニ革去スベカラズト言フ。	二七オ
白丁柳器	○工曹啓ス。長興庫ノ柳笥ハ禾尺ニ上納セシメシム、今ハ禾尺才人平民ト雜處婚嫁セシメ其前業ヲ禁ジタリ。柳器ハ他貢物ノ例ニ依リ民戸ニ斂セン。從之。	二八オ
墓表誌石	○禮曹ノ啓ニヨリ王女ノ禮葬ニ墓表ヲ立テ誌石ヲ埋ム。但碑石ヲ樹テズ。	二九ウ
一夫多妻	○瑞山戸長三妻ヲ畜ヘ田地民戸ヲ多ク占挾ス、之ヲ罪ス。	三〇オ
禮葬祭典 橋梁ノ祭	○宗親大臣禮葬ノ時ノ祭奠ヲ詳定ス。橋梁祭古ニ無キ所革ムベシ云々。	三一ウ
斷指孝養	○泰川水軍ノ女ハ父ノ病ノ爲メ指ヲ斷ツ。旌門復戸ス。	三三ウ
王女虞祭	○禮曹ノ啓ニ依リ王女ノ虞祭ハ文公家禮ニ依ル。魂殿返魂ヲ以テ三虞祭ヲ行フ。	三八ウ
妾ト改嫁	○趙氏ノ女太上殿ニ入ル（妾）未ダ幾クナラズ太上昇遐ス。此女改嫁ノ理ナシト云フ。	右同

卷二十四

寺刹統合	四月	○禮曹ノ啓ニヨリ寺社ヲ統合シ三十六寺ヲ禪敎二宗ニ分屬セシム。	二ウ
誕日壽齋		○議政府ハ誕日ノ祝壽齋ヲ興天寺ニ設ク。	四ウ
路祭		○貞昭公主ヲ高陽縣ニ葬ル。功臣、政府、六曹堂門外ニ送リ路祭ヲ設ク。	五オ
禫服		○禮曹ハ啓シテ太宗祥後禫服ヲ定ム。	五ウ
法席		○法席ヲ大慈庵ニ設ク。	六ウ
北陵齋宮ニ僧アリ		○山陵巡審使ノ啓ニ依リ智、淑、義、純、定、和、德、安、各陵ノ齋宮ノ僧ニ朔料ヲ給ス。	六ウ
納經法席		○恭寧君ヲ遣ハシ法華ノ法席ヲ大慈庵ニ行フ。太宗供養ノ爲納經スル也。	六ウ
祭日撤肉	五月	○大祥ノ日闕內ノ肉膳ヲ徹ス。	一〇オ
陵ノ明燈		○獻陵大祥後長明燈ノ燃火ヲ除キ唯焚香ス。	一〇ウ
大祥ニ朝市ヲ停ム		○太宗大王ノ大祥ノ爲メ此日ヨリ朝市ヲ停ム。	同
大祥ノ齋		○太宗ノ大祥齋ヲ津寬寺ニ設ク。	同
水陸齋		○太祖太宗ノ忌辰ニ社寺ニ就テ水陸齋ヲ行フ毋ラシム。	一三オ
宮中放砲		○王ノ言。宮中ニ於テ往々夜ニ乘ジテ砲ヲ放ツ。此夜月蝕アリ。	一三ウ
忌辰齋		○太祖ノ忌辰齋ヲ津寬寺ニ設ク。	一四ウ
禫後賀禮	六月	○王ハ命ジテ禫祭後ノ賀禮ヲ停ム。	一五ウ
祔廟 儺禮雜戲 獻歌山臺		○禮曹ハ太宗祔廟ノ儀註ヲ啓ス。王世子以下文武官次ヲ以テ出ル時、儺禮雜戲ヲ宗廟洞口ニ進ム。成均館生徒歌謠ヲ鍾樓ノ兩街ニ進ム。敎坊歌謠ヲ惠政橋邊ニ進	一六オ―ウ・二〇オ 二八ウ

ム。仍ホ呈才及景福宮門外左右山臺ヲ結ブ。

草庵設齋
○漢城府ハ啓ス。城内外禁山ニ無識ノ僧尼草庵ヲ造リ齋ヲ設ケ男女聚會松木雜木ヲ斫ル。沙乙閑ノ齋庵及淨業院ノ外ハ皆撤去セシメン、之ニ從フ。
三四オ

卷二十五

七月

禫祭
○王ハ百官ヲ率ヒ廣孝殿ニ太宗禫祭ヲ行フ。禫祭儀註。
一オ—二ウ

處女進獻 婚嫁禁止
○中外ノ婚嫁ヲ禁ジ進獻色ヲ置ク。
四オ

告祭
○告祭ヲ廣孝殿ニ行フ。
五ウ—七オ

亡妾他夫ニ適ク罪
○王ノ言。大臣ノ妾ヲ以テ夫歿シテ未タ幾バクナラズ更メテ他夫ニ適ク理宜シク重ク論スベシ。然シテ前ノ事姑ク置キ論ズル勿レ。（辛巣原府院君尹子當ノ婢妾ヲ宜山君南暉（公主ニ尙セシ駙馬）ガ奸セシ事件ニ付テ也。
一〇オ—ウ

石羊石虎 墓表誌石
○禮曹ノ啓。驪興府院君禮葬ノ時但石羊石虎アリ墓表ト誌石ナシ。今三韓國大夫人宋氏ノ禮葬墓表誌石アリ府院君ノ表誌之ヲ錄セン。
一二オ

琴瑟ノ盲
○琴瑟ヲ業トスル盲人二十六人國葬停樂ニヨリ活命シ難キヲ上言ス。命ジテ各米一石ヲ賜フ。
一二オ

八月

明火ノ强盜
○明火ノ强盜ヲ斬ル。
一三ウ・一七オ—一八ウ

去勢羊豚
○禮曹ノ啓ニヨリ明制ニ從ヒ大小祭享ニ騸シタル羊豚ヲ用ユルコトトス。
一五ウ—一六オ

入定ト唱ヘ生人ヲ燒ク
○發願生キナガラ燒身ヲ願ウト僧ヲ給キ、盲且狂ノ老人ヲ生キナガラ燒キタル船軍夫妻ヲ斬ニ處ス。
二〇オ

九月

皇帝葬禮擧哀ノ儀
○禮曹ハ啓シテ明ノ太祖高皇帝葬禮及擧哀ノ儀註ヲ定ム。（以下明ノ帝室ノ喪祭記事略
二一オ—二二ウ

ス）

月	項目	記事	出典
	明火ノ賊	○明火ノ賊ヲ斬ル。	二四オ
	巫女厭禳 咀呪殺人	○濟州司正ノ妻ハ叔母ノ夫ノ前妻ノ子ト通ジ夫ヲ殺サントシテ共謀シ密カニ本人ノ髮ヲ剪リ、身像ニヲ造リ其四肢ニ柚ノ棘ヲ揷シ巫女ヲシテ壓禳セシメ爲メニ夫死ス。事現ハレ斬ニ處ス。	二六ウ—二七オ
	禡祭	○禮曹ハ禡祭ノ儀ヲ啓ス。	二七オ—二八ウ
	婚嫁禁止	○十二歲以下處女ノ婚嫁ヲ禁ズ。（王世子婚ノ爲也）	三一オ
	祭具埋案	○禮曹ハ啓シテ啓聖殿ノ聖容移安ノ後、位版、盖扇、帳等永寧殿ノ潔地ニ埋ム。	同
		卷二十六	
十月	近親姦 明火ノ賊	○義母ヲ奸シタル私奴及明火ノ强盜ヲ斬ル。	三オ
	外戚ノ喪	○禮曹ハ王ノ外祖父母擧哀臨喪ノ儀ヲ啓ス。（千牛將軍アリ巫祝アリ）	四オ—七ウ
	白丁編軍	○兵曹ハ啓シテ外方散在ノ新白丁ヲ軍丁ニ定ム。	九オ
	衣服ノ色	○土紅、玉色ノ衣服ハ素服ニ近シ。明使迎接大小朝會ニ之ヲ禁ジ。常時ハ其色ヲ深染セシテ用キシム。	一一ウ
	侍女殉帝	○進獻ノ女皆明ニ於テ大行皇帝ニ殉ズ。	一五ウ—一六ウ
十一月	新寒	○十二月ヲ限リ禁酒セズ、祈寒ニヨル。	二〇オ
	擊毬	○擊毬ヲ內庭ニ設ク。	二三ウ・二五ウ・二六ウ
	樂器改造	○禮曹ハ啓シテ八音ヲ改製シ樂器ヲ改造ス。	二五ウ
十二月	用新樂器	○禮曹ノ啓ニヨリ宴享ニ新樂器ヲ用ユ。	二八オ

氈毬　城內民戶瓦屋計畫　禮葬ノ制 墓前石案 卜長明燈　放砲禳邪　宴樂歌詞　年末火棚　嫁婚禁止　立春停賀　宗廟祭享　春享攝行　乳牛　咀呪殺人　白丁　僧葬家禮不行

七年（乙巳）

正月

○氈毬ヲ內庭ニ設ク。　二八ウ

○京城內民戶ヲ瓦屋ニセントシテ前ニ別窰陶瓦ヲ置キ僧ヲシテ司ラシメシモ爾後九年草屋多シ云々。　二八オ―ウ

○禮曹ハ禮葬ノ制ヲ改メンコトヲ請ヒ之ヲ允ス。山陵ニ石案ヲ設ク。人臣ノ墳墓亦或ハ設ク僭ナリ。前朝以來大臣ノ葬ニ長明燈ヲ置ク。自今墳墓周回唯莎臺トシ石ヲ用ユルモ一尺ニ過グル勿レ。　二九ウ

○乙卯ノ日、夜軍器判事ニ命ジ廣延樓下ニ火砲ヲ放ツ。　三〇オ

○大提學ハ新歌詞ヲ製ス、之ヲ宴樂ニ用ユ。　三〇オ

○庚午（二十九日）火棚ヲ闕內ニ造ル。　三六ウ

卷二十七

○世子ノ妃ヲ擇ブ爲處女ノ婚ヲ禁ズ。但父母老病婚ヲ急グ者ニハ許ス。　二ウ

○立春並人日ノ賀ヲ停ム。　三ウ

○禮曹ノ啓ニヨリ宗廟四時大祭享等ノ齋戒設奠ノ事宜ヲ定ム。　四ウ

○春享ヲ永寧殿ニ攝行ス。　五オ―九オ

○乳牛所ニ弊アリ。乳牛所ヲ防護所ニ充ツ。　九オ

○咀呪ニヨリ人ヲ殺セシ女ヲ斬ニ處ス。　一〇オ

○新白丁定役ノ法ヲ立ツ。　一一ウ

○左司諫ハ佛寺ノ弊ヲ陳ベ僧ヲ還俗セシメ、葬喪ニ文公家禮ニ據ラシメンコトヲ請フ。　一三ウ―一四ウ

髭ノ賣買	二月	○明使ノ求メニヨリ美髭ヲ民間ニ買フ。	一六ウ
白丁 牛馬肉賣買制限		○刑曹ハ牛馬ノ盗多キニヨリ新白丁ヲ各地ニ移置シ牛馬肉ヲ食フ者ヲ律ニヨリ論ゼンヲ請フ。	一七オ
右 同		○自今馬肉賣買ノ者ハ牛肉ノ例ニヨリ官ノ明文ヲ受ケシムルコトトス。漢城府ノ啓ニヨル。	一八オ
鍍金ノ禁		○闕内以外金銀器ノ鍍金ヲ禁ズ。	一八オ
茶禮 結綵雜戲	三月	○王ハ使臣ト再拜茶禮ヲ行フ。凡ソ彩棚、雜戲、宮門橋梁ノ結彩ハ古ヲ視ルニ盛トス。	一九オ
擊毬		○軍士ニ擊毬ヲ敎ユ。	三五ウ
孝子截指		○父ノ狂疾ノ爲メ手指ヲ截テ食ハシメシ隨川ノ人ヲ旌門復戶ス。	同

巻二十八

鄕吏笠制	四月	○咸吉道内ノ鄕吏平笠ト方笠トヲ着スル者アリ。吉州ノミ方笠ヲ着セシム。	一オ
宴樂別曲		○大提學ハ華山ノ別曲ヲ製ス。之ヲ宴樂ニ用ユ。	一ウ―二オ
誕日停賀		○王ハ誕日ノ賀禮ヲ停ム。	四ウ
禁酒		○王ハ夜間笛吹ク者アルヲ聽キ禁酒ヲ命ス。	七ウ―八オ・一〇オ
時鐘懸門		○興天寺ノ鐘ヲ南門ニ懸ク。	八オ
擊毬		○兵曹ハ啓シテ兵士ニ擊毬ヲ練習セシメ賞ヲ與フ。	八ウ
鷄豚奬養		○民間ニハ養鷄豚少ナシ。養老ト祭ニ用アリトシ禮曹ハ啓シテ之ヲ奬養セシム。	八ウ
紙錢招魂		○船軍戰死ス其妻屍ヲ得ズ。紙錢ヲ以テ招魂家ニ還リ位版ヲ作リ朝夕奠ヲ設ケテ哭	一〇ウ―一一オ

		ス。旌門復戸ス。	
開福神醮	五月	○領議政府事李稷ニ命ジ開福ノ神醮ヲ昭格殿ニ行フ。	一三ウ
祈雨		○雨ヲ社稷ニ祈ル。	一三ウ
婿ノ忌服 親迎ノ禮		○婿カ妻ノ父母ノ爲ニ服スルヲ改メントス。婚禮國俗舊習ニ安ンジ親迎ハ人皆之ヲ惡ム。太宗之ヲ正サントス云々。	一五ウ
人家附近埋葬禁止		○人家百步內及ヒ田中ニ葬ムルコトヲ禁ズ。	一五ウ
撃毬		○王ハ慕華樓ニ撃毬ヲ觀ル。	一六オ
白丁		○白丁牧場ノ馬ヲ盜ム。	一九ウ
祈雨	六月	○虎頭ヲ漢江ニ沈ム。其他ノ祈雨ヲ行フ。	二六オ
祈雨ノ諸法		○禮曹ハ文獻通考ニ依リ董仲舒祈雨之法ニ依リ啓シ外方人民ニ里社ヲ祈ラシム。又都城ノ南門ヲ閉ヂ北門ヲ開ク。又巫ヲ聚メテ襦衣火爐三日苦熱シテ祈ル。	二六ウ
蜥蜴祈雨		○童子七十ヲ聚メ慶會樓池邊ニ蜥蜴祈雨ス。	二七オ
徙市禁屠		○旱ノ爲市ヲ徙シ繖扇ヲ斷チ屠殺ヲ禁ズ。	二七オ
各戸祈雨		○市中ノ各戸齋戒戸祠ニ祈雨セシム。	二七ウ
兩班佛事 尼多シ		○議政府六曹ハ各品（品官ノコト）ノ陳言ヲ採擇シテ啓ス。魚價高ク貧民之ヲ食フヲ得ズ。士大夫佛事ヲ營ミ令ニ遵ハズ水陸ノ名猶アリ。今尼僧ハ父母ヲ喪ヒ哀慟髮ヲ斷チシ者ナリ、或ハ修短ニ傷シ剃頭尼トナル者多シ、後悔テ還俗ヲ思フ者多シ。年四十以下ノ僧尼並還俗セシメ夫婦ノ道ヲ爲サシメン云々。	三〇ウ
淨水瓮ノ祈雨		○古制ニ無キモ每戸每水日（五行ノ水ニ當ル日）ニ香ヲ設ケ淨水瓮ヲ設ケ雨ヲ祈ラシム。	三一オ

祈雨禁鼓		○禮曹ハ祈雨ノ法トシテ都城内外鼓ヲ撃ツ勿ラシム。人定罷漏亦鍾ヲ撃タシム。	三一オ
畫龍祈雨		○社稷ヲ祀リ、太一ノ醮ヲ設ク。畫龍祈雨ノ祭リヲ行フ。(祭文アリ)。其他ノ祈雨ヲ行フ。	三一オ・ウ
墓前石物		○大臣ノ禮葬アリ。今石床ト長明燈ヲ用ヰズ。	三二オ

巻二十九

各樣祈雨	七月	○旱ニヨリ春秋祈恩ヲ別ニシ巫及内侍ヲ遣ハシ降香雨ヲ祈ラシム。禪敎兩宗及明通寺ニ命ジ雨ヲ得ルヲ限リドシテ禱ラシム。其他ニ祈雨ス。	一オ―二オ
恐旱移居		○旱甚シ王ハ災ヲ懼レ昌德宮ニ移ル。三殿同上。	二ウ・三オ
祈雨		○圓壇ニ雨ヲ祈ル。青衣ノ童子六十人ト蜥蜴ヲ聚メ廣延殿前ニ雨ヲ祈ル。	二ウ・三オ・ウ
右同		○京中及畿内ノ僧徒巫女及家人ノ戶祠、里社ニ三日雨ヲ祈ラシム。	三オ
一夫數妻		○永樂十一年三月十一日以前ニ妻有リテ妻ヲ娶ル者先後ヲ論セズ皆准妻ト爲シ繼母ノ服ニ從ハシム。	四ウ
祭星虛誕		○王ハ道敎ヲ誕ナリトシ昭格殿ノ祭星ヲ非ナリトス。	六オ
溫堗		○王ハ成均學生ノ濕疾ニ中ル者多キヲ聞キ工曹ヲシテ東西齋各五間ヲ溫堗ト爲サシム。	七ウ
祈雨	閏七月	○秋月雨澤ナシ。南北門ヲ閉開シ溝ヲ修メ、骼ヲ掩ヒ、胔ヲ埋メ、祭享外鼓鍾ヲ撃ツヲ禁ズ。	九ウ・一〇オ・一一オ―ウ
右同		○青衣童子六十蜥蜴祈雨。虎頭ヲ漢江楊津ニ沈ム。其他巫僧祈雨等々。	同
祈禱救病		○王病アリ宗廟山川其他ニ禱ラントス。	一六オ―ウ

避病移居	八月	○王ハ病ヲ避クベク輦ニ乘ジ潛邸ニ移ル。	一七ウ―一八オ
諸祀儀式		○禮曹ハ諸祀ノ儀式ヲ啓ス。	一九ウ―二〇オ
怨恨燒家 巫覡信仰 宰牛祀神		○咸吉道ノ俗怨恨ニヨリ人家ヲ燒キ。巫覡ヲ信ジ必ズ宰牛神ヲ祀ル。	二五オ―ウ
風水學生		○書雲觀ノ風水學習讀十人ヲ定員トス。	二五オ
禁　酒	九月	○禁酒ヲ令ス。	二六オ
過期不葬		○士大夫葬期ヲ過ギ葬ラザル者ヲ嚴察ス。	二六ウ
丹木分賜		○丹木一萬二千餘斤ヲ各宮侍女二品以上等々ニ分賜ス。（衣服ノ染料）	二七オ
王子女喪制 墓石		○禮曹ハ啓シテ王子、王女ノ喪制ハ中等ノ例ニヨリ供辨、墓石ヲ立テ誌石ハ特旨ニヨルコトトス。	二七ウ
檀君ノ祠		○平壤ニ檀君ノ祠ヲ建ツ。	二九オ
		卷三十	
新雪賀禮	十月	○雨雪ニヨリ新雪ノ賀禮ヲ停ム。	三ウ
陵墓石柱ノ名稱		○禮曹ノ啓ニヨリ諸陵ノ石柱ヲ錢竹石ト稱セシヲ事林廣記ニヨリ望柱石ト改ム。	四ウ
陰陽拘忌 過期不葬 針灸忌日		○陰陽禍福ノ說ニ拘忌シ葬期ヲ過ギテ葬ラザル者アリ。針灸ニ於テモ消日ノ方アリテ經年灸スルヲ得ザル者アリ。	六ウ―七オ
白衣ノ禁	十一月	○自今有職ノ人員ノ外白衣ヲ禁ズル勿ラシム。	七ウ
擊毬ノ弊		○司諫院ハ擊毬ノ弊ヲ陳ス。前朝之季擊毬ヲ見ル爲メニ淫亂ノ風アリ。	一五ウ―一六オ
金銀飾具ノ禁		○王ハ朝官ノ腰帶、女妓ノ首飾ニ金銀ヲ用ユルヲ禁ズル勿ラシム。	一四オ
一夫二妻		○妻アリテ妻ヲ娶ル者ノ罪ニ付テ司憲府ハ當該者ノ處刑ヲ啓ス。	一四オ―ウ・一五オ―ウ

擊毬		○司諫院ハ擊毬ノ無益ナルヲ啓ス。	一五ウ—一六オ
行旅ノ爲ノ院宇		○路傍ノ院宇ハ行旅ヲ待ツ爲ニ設ク。戶曹ハ之ガ修理ヲ啓ス。	一六オ
風水學		○書雲觀ノ啓ニ依リ天文、風水學ノ考績ノ法ヲ定ム。	一八ウ
春帖迎祥	十二月	○傳旨ニヨリ今後春帖字、迎祥ノ詩ヲ每年新製ス。	一九ウ
白丁聚居		○都城ノ西母嶽ノ下ニ新白丁聚居シ牛馬ヲ盜殺ス。	二〇オ
娼妓隨駕		○講武ノ時倡妓ノ駕ニ隨フヲ止メンコトヲ柳廷顯ヨリ上言ス。	二五オ—ウ
城隍安置		○都城內北面ニ地ヲ擇シテ城隍ノ神ヲ安ンズ。	二六オ
	八年(丙午)	卷三十一	
樂師醫師	正月	○中宮ハ內殿ニ宴ヲ設ク宮主公主入侍ス。女妓、樂師、醫師ニ幣ヲ賜フ。	一オ
白丁		○各官ニ散住セル新白丁內ノ者ヲ侍衛ニ充ツ。	二ウ
飮福宴		○王ハ宗廟ニ謁シタル後飮福宴ヲ行フ。	三オ—ウ
禁酒		○禁酒ノ令ヲ犯シ飮宴スル者多シ。	六ウ
寡婦ト僧		○令ニ反キ法席ヲ佛寺ニ設ケシ寡婦ト其家ニ出入セシ僧ヲ流ス。	七ウ
靴鞋制限		○司憲府ハ啓シテ尊卑ニヨル靴、鞋ノ品等ヲ定ム。	一〇オ—ウ
遊街		○生員百人ノ遊街ヲ停ム。災ヲ恐ルヽ也。	一八オ
禁酒		○王ハ禁酒令ノ執行ニ付テ憲府ニ留意セシム。	一八ウ
喪服	二月	○對朝廷(明ノ)喪服ノ制ヲ詳定ス。	二〇ウ—二三オ
山臺		○兵曹ノ啓ニヨリ山臺ノ高サヲ定ム、顚倒ノ恐アルニヨル。	二二オ
靴鞋禁令		○前ニ決定セシ草鞋皮靴等ニ關スル禁令ヲ姑ク停ム。	二二オ

禳災祈禱	三月	○書雲副正ヲ摩利山ニ遣シ解怪祭ヲ行フ。京中火災頻發スルニ因ル。	二六オ
處女進獻		○進獻色ノ啓。朝士各戸ノ處女只盲人巫女ヲシテ進告セシムルコト未ダ盡サザルニヨリ女子ヲ各自錄名進呈セシム。（此時火者ト處女ヲ獻ズ）	二七オ
濟州產髮		○明ノ使臣美髮ヲ求ムルニヨリ各道及濟州ニ命ジ綠黑軟細極長ノ者ヲ貿易上送セシム。	二八ウ
火賊		○京城ニ屢放火セシ火賊ヲ捕フ。	二八オ―ウ
烏鳴妖言		○宗廟ノ松ニ烏鳴ク。天變革命アリト妖言セシ前副司直ヲ杖流ス。	三〇ウ
力士角力		○明ノ使臣木覓山ニ登ル。力士ヲシテ角力セシム。	三二オ
		卷三十二	
右同	四月	○明使木覓山ニ登ル。力士ヲシテ角力セシム。	一オ
扛輪		○王ハ運搬具トシテ扛輪ヲ製セントス。	二オ
北方巫覡 尺布神幣		○江原、咸吉二道ノ巫覡太白之神ヲ祭リ或ハ尺布ヲ用ヰ神幣ト爲ス。	四ウ
結綵儺禮 香徒		○明ノ使臣迎接ノ時、結綵儺禮一ニ成衆愛馬ト各里ノ香徒等ニ委ス。	同
祈雨		○昌德宮ニ蜥蜴祈雨ス。其他ニ祈雨ス。	六ウ・八オ・一〇オ・一二ウ・一五オ
甘露瑞祥		○黃州ニ甘露降ル。議政府六曹ハ瑞祥トシテ之ヲ賀ス。	七オ―ウ
處女揀擇		○明使ヲ邀ヘテ處女十一人ヲ揀ブ。	八オ
明道士山川ヲ祭ル		○明ノ太祖ハ道士徐師昊ヲ遣ハシ松都南門外ニ山川壇ヲ設ケ祭ル。此前風雲雷雨ト城隍ト山川壇及方位ノ祭アリ。	九ウ
依旱禁鼓		○旱甚シ、古制陰陽厭勝ノ術ニヨリ祭享外鼓ヲ擊ツ勿ラシム。	一〇オ

世宗八年

盲人祈雨	五月	○盲人明通寺ニ會シ雨ヲ祈ル。	一三オ
端午扇		○明使白彥ノ言。中朝五月一日扇ヲ朝官ト諸路ノ臣ニ頒ツ本朝此事アリヤ此答不明。明使扇子ヲ求ム團扇十、摺扇八十八ヲ造リ贈ル。	一三ウ・一六オ
端午石戰		○又端午擲石ノ戲今亦之ヲ爲スヤ。答五月初四五日盤松亭ニ鬪フ。彥往キテ之ヲ觀ル。	同
祈雨	五月	○雨ヲ圓壇ニ祈ル。（祭文アリ）	一五ウ
石戰		○明ノ兩使擲石ノ戲ヲ慕華樓ニ見ル。	一五オ・一六オ
祈雨		○始メテ五方土龍祈雨祭ヲ行フ。	同
茶禮		○兩使臣處女ヲ擇ブ。茶禮ヲ行フ。	一六ウ
壽星祭祀		○禮曹ハ文獻通考ニ據リ壽星ヲ南郊ニ祭ルノ儀注ヲ上ル。	二一オ—二二オ
高麗王ノ畫ヲ燒ク		○前朝歷代ノ王及王妃ノ影畫ヲ火ク。貞陵（太祖ノ第二妻）ノ半影ヲ燒ク。	二三ウ
淫祀神幣巫ノ專利		○戶曹ノ啓。江原、咸吉二道ノ俗淫祀ヲ尙ビ各戶布ヲ用ヰ神幣ト爲ス。巫覡其利ヲ專ラニス、習俗久シク一ニ禁ジ難シ。	二四ウ—二五オ
世子ノ婚姻年齡	六月	○世子ノ婚禮十二歲說十三歲說アリ。讓寧大君十四歲ニシテ行ヒシハ朝見ノ爲ナリ、祖宗ノ成憲ハ十五歲ヲ以テ嘉禮ヲ成ス云々。	二九オ
三ツ兒		○長鬐縣人一產三男、命ジテ米ヲ給ス。	三五オ
		卷三十三	
乞食救恤	七月	○漢城內丐乞絕食ノ人ニ米ヲ給ス。	一ウ
祈雨報祀		○祀典外各道山川ノ神祀ニ祈雨ノ後報祀祭ヲ行フ。	二オ

諸山神字檢察	八月	○諸山ノ神宇頽圮或ハ祭ツテ爇（失火）クアリ。自今禮官ヲ遣シ檢察ス。	五ウ
老疾惠養		○老疾惠養ノ法行ハレズ之ヲ嚴行セシム。	六ウ
闕內胡座		○王ハ闕內胡跪ノ禁ヲ弛ム。	七オ―ウ
正妻薄遇		○妻ヲ踈薄シ妾ヲ納レシ副司直ト注簿ヲ杖ス。	九ウ
世子親迎		○王世子嬪親迎ノ禮ヲ定ム。	一〇ウ
廟祠奉審		○各道ノ神廟祠宇傾頽、壇壝毀損、祭器不備等ニヨリ禮官ヲ遣ハシ巡審セシム。	一二オ
拘忌移宮		○王ハ諫官ヲ召シ來月初吉卜者ノ言ニヨリ厄ヲ衍禧宮ニ避クルヲ告グ。	一二オ
婦女上寺		○左議政柳廷顯ノ妻邦憲ヲ畏レズ其母ト上寺佛事ヲ設ケ經宿ス。司憲府之ヲ罪センコトヲ請フ。王ハ隨行者ト僧ヲ罪シ他ハ罪セズ。	同
婚禮用具	九月	○王世子嘉禮ノ時ノ用具ヲ定ム。	一五オ
車裂ノ刑		○火賊ヲ轘ス。	一八オ
		卷三十四	
玉座ノ眞言八字	十月	○勤政殿ノ御座ハ佛座ニ似タリトシ御座ノ上屋中ノ眞言八字ヲ去ル。	三オ
給賜棺		○大小人送終已ムヲ得ザルコトアル者ニ官ヨリ棺材ヲ給ス。	三ウ
藏氷	十一月	○禮曹ノ啓ニヨリ外氷庫ノ藏氷ヲ減ズ。	五ウ
三國始祖立祠		○王ハ禮曹ニ命ジ三國始祖ノ祠ヲ立ツ。	六オ
巫風盛行		○司諫院ハ上書シテ民ハ巫覡ヲ酷信シ山川城隍ヲ祭リ群飲家ヲ傾ク。卿大夫亦然リ。祈恩ト稱シ半行ト稱シ鬼神ニ諂フ。之ヲ禁斷センヲ請ヒ併セテ國巫堂ヲ罷メンコトヲ請フ。（之レニ對スル王ノ意見アリ）	七オ―ウ

事項	月	記事	出典
養子盡財		○漢城府ノ啓。今養子ヲ見ルニ家財ヲ盡用ス、養母ハ夫亡ビ他ニ適ク。互ニ財ヲ爭フ云々。	八ウ、
眞珠耳飾		○濟州察訪ハ其牧使ノ非行ヲ啓ス。進上ニ托シ民間耳璫ノ眞珠ヲ收歛ス。	九オ
禁婚		○婚ヲ禁ジ處女ヲ揀ブ。明ニ獻ズル爲也。	九ウ
號牌		○大臣ハ復タ號牌ノ法ヲ立ツルヲ請フ。	一五ウ—一六オ
放火山臺	十二月	○今年ノ除夜ニ傳旨ニヨリ火山臺ヲ設ク。	一八オ
除夜雜伎		○除夜ノ雜伎及儺人ニ木緜等ヲ賜フ。	一九ウ
	九年（丁未）	卷三十五	
人日賀禮	正月	○王ハ勤政殿ニ人日ノ賀禮ヲ受ク。	一ウ
立春人日ノ進上		○王ハ傳旨シテ立春、人日ノ進上物件ニ金銀ノ粧飾ヲ用ユル勿ラシム。	二オ
讖書妄誕		○太宗ハ政丞ニ讖書ヲ信ズルノ不可ヲ言フ。檢討官モ亦其非ヲ啓ス。	九オ
解禁婚姻	二月	○王ハ命ジテ中外十八歲以上ノ處女ノ婚ヲ許ス。世子ノ嬪ノ擇撰了リシニヨル。	一二オ
風水思想		○松ヲ成均館ノ主山ニ栽ユ。	一二ウ
納采		○王世子婚禮納彩ノ儀ヲ行フ。（生雁ヲ授ク）	一三オ—一四ウ
家廟建立		○大小人ノ家廟ヲ立ツルコト漸次行ハル、モ神主ヲ作ラザル者多シ。禮曹ハ啓シテ品階ニヨリ年限ヲ定メ家廟ノ制ヲ行ハシム。	一四ウ
竹册		○藝文應敎ハ王世子嬪ノ竹册文ヲ進ム。	一五オ
喪中不愼		○司憲府ハ母ノ喪ニ肉ヲ喫シ妻ヲ娶リシ注簿ヲ劾ス。	一六オ
敎寧淫行		○義禁府ハ大君ノ妓妾ヲ奸セシ知敦寧ノ處刑ヲ啓ス。	一七オ

事項	月	記事	出典
紫衣ノ禁		○司諫院ハ上疏シテ紫色ノ衣服ヲ禁ズ。染料貴ク奢侈ヲ防グニ由ル。	同
納徵		○世子嬪納徵ノ儀禮ヲ定ム。	一七オ—一八ウ
擊毬	三月	○王ハ兵曹ニ傳旨シテ初試擊毬ノ步數ヲ定ム。	二〇ウ
親迎同牢		○世子嬪親迎ノ禮及同牢宴享ヲ議ス。	二三ウ
		卷三十六	
婚禮奢侈	四月	○禮曹ハ啓シテ新婦ガ舅姑ニ初謁スルノ禮奢侈ニ流ルルヲ云フ。之ヲ禁ズ。	一オ・
回々ノ徒		○回々ノ徒ノ衣冠殊異我族ニ非ズトシテ之ト婚ヲ羞ヅ。我國ノ衣冠ニ從ハシムベキヲ云フ。	同
冊嬪		○世子嬪冊封ノ儀注ヲ定ム。	二オ—四オ
婚日忌雷		○雷雨アリ世子親迎ノ禮ヲ停ム。	五オ—ウ
蒸風呂		○禮曹ノ啓ニヨリ汗蒸ノ僧大禪師天祐、乙乳等ヲシテ汗蒸救病ノ事業ニ米布ヲ給ス。	六オ—ウ
納嬪儀式		○王世子納嬪ノ儀、親迎前日ノ儀、同牢ノ議等ヲ定ム。	七オ—一〇オ
風水思想		○黃海道敬差官ハ相地官ト永康鎭ノ城地ヲ定ム。西ニ三峰アリ臨壓宜シカラズ、明堂曠平云々。	一〇ウ
禁婚解停	五月	○十四歲以上處女ノ婚ヲ許ス。進獻處女ノ撰終リシニヨル。	一〇ウ
雨乞		○雨少ナシ前例ニヨリ溝ヲ修メ骨ヲ埋ムル等ノ事ヲ行フ。	一一オ
石戰		○三使鍾樓ニ登テ石戰ヲ觀ル。	一一オ・ウ
王子淫行　白丁		○定宗ノ子（母ハ宮妾）茂生、福生ノ職牒ヲ收ム。官妓幷新白丁ノ女ヲ奸セシニ因ル。奸ノ相手方ノ女六人ヲ杖ス。	一三オ

事項	月	本文	出典
樂器作成		○南陽ノ石ヲ採テ樂器ヲ作ル。	一六オ
祈雨		○雨ヲ祈ラシム。僧ヲ興天寺ニ巫女ヲ興仁門外ニ聚メ雨ヲ祈ル。南門ヲ閉ヂ北門ヲ開ク。虎頭ヲ沈ム。其他各所ニ祈ル。	一六ウ・一八ウ・一九ウ・二一オ・二二オ
牛酪		○王ハ命ジテ牛酪ヲ李稷ニ送ル。	一六オ
禁酒		○中外ニ禁酒ス。旱ニヨル。	一七ウ
濟州遊女	六月	○濟州ノ俗、公私婢子ト良家ノ女トヲ問ハズ遊女ト稱シ籍ニ記シテ之ヲ官婢ノ如ク役ス。其所由ハ此輩ハ商賈ノ人ヲ見淫奔利ヲ徼メ以テ配役ヲ索ルニヨル。	二三オ
祈雨		○雨ヲ各處ニ祈ル。	二三オ・ウ
右同		○道流ヲ選ンデ雷聲普化天尊ニ雨ヲ祈ル。其他ニモ祈ル。	二三ウ・二四オ・二六ウ
右同		○祈雨ノ巫女、僧徒ニ布ヲ賜フ。	二八ウ
		卷三十七	
報漏打鍾		○人定罷漏ノ鼓ヲ罷メ鍾ニ代フ。	一ウ
祈雨	七月	○雨ヲ宗廟及朴淵其他ニ祈ル。	二オ・ウ・三オ
女ノ乘馬		○選入進獻ノ處女上林園ヨリ勤政殿ニ入ル。二人一轎、成氏ノミ一人一轎。使臣親ラ鎖鑰ス。執饌婢及從婢皆乘馬。	五オ
處女進獻		○進獻ノ女ヲ送ル。其父母親戚ノ哭聲街ニ鬧シ、送觀者又泣ク。	五オ
疫屍棄置		○漢城府ノ啓、今疫疾ニヨリ殞命者邪說ニ惑ヒ數多棄置葬ラザル者多シ。家長六品以上ハ啓聞論罪、參外ハ律ニ照シ直斷セン、之ニ從フ。	六ウ
麗祖影幀埋安	八月	○高麗太祖影幀三、行兵幀二、六功臣幀六、鑄像一ヲ太祖ノ陵側ニ埋メンコトヲ有	一一ウ

司ヨリ請フ。

妻女恣淫 自稱娼妓
○平康縣監崔仲基ノ妻甘同ハ夫ニ背キ自ラ倡妓ト稱シ京外ニ恣行ス。司憲府ノ啓ニヨリ本人及其奸通者ヲ罰ス。
一一ウ・一四オ・ウ・一五オ・一七ウ

咀呪人形
○咀呪ノ人形ヲ携ヘタルモノヲ囚フ。
一五オ

檀君箕氏 三國始祖 立廟致祭
○禮曹ニ傳旨シ檀君、箕子ノ廟制ヲ更ム。新羅、高麗、百濟ノ始祖立廟致祭ノコトハ古制ヲ考シ詳定セシム。
一五オ－ウ

溫泉入浴
○外方ノ溫井ニ罹病殘疾ノ人多少集マル。穀ヲ積ミテ賑恤セントス。孟思誠等平山溫湯ノ二所トスベシト云フ。
一八オ

九月

淫女栲訊
○司憲府ハ淫女今音同ヲ栲訊ス。王ハ曰ク女子ノ失行ハ婚嫁時ヲ失スルニヨル。
一九ウ・二〇オ・二二オ・二三オ－ウ・二四オ

朱禮實行 婚禮皆成
○朱文公家禮ニヨリ女子十四歲ヨリ二十歲内外ニ至ル皆婚ヲ成サシメ、故アリ過限ノモノ官ニ告ゲシム。
二四オ

療病溫泉
○禮曹ハ中外溫井ニテ病人療養ノ條例ヲ定ム。
二七オ

淫女
○司憲府ハ淫婦甘同ノ事狀ニ付テ啓ス。
二七オ－二八オ

卷三十八

十月

宰牛ノ禁 食牛少シ 白丁牛馬 密殺ノ禁
○王ノ言。前朝宰牛ノ禁ヲ立ツ本朝去年又法ヲ立ツニヨリ事稍息ム。許稠ノ言。本國宰牛ノ宴一年二三回ニ過ギズ。近年大小人鞍籠皆牛馬皮ヲ用ユ、禾尺等密カニ宰殺ス。
四オ

十一月

茶
○明ノ使臣ニ雀舌茶ヲ贈ル。
八ウ

婚姻奢侈
○司諫院ハ婚姻奢侈ノ禁ズベキヲ上言ス。
一二オ－ウ

喪中食肉		○古ハ年六十以上ノ者ハ喪中肉ヲ食フ云々。	一五オ
白丁平民雜處督勵		○刑曹ノ啓ニヨリ牛馬宰殺ノ禁。新白丁、平民雜處ノ令ヲ申明ス。	一五ウ
蜂蜜製蠟燭		○水陸齋用ノ蠟燭、燭蜜ハ蜂ヲ殺シ作ル用ユベカラズ。油燈ヲ用ヰシメヨトノ議アリ。	一八オ—ウ
宗廟樂制	十二月	○禮曹ハ宗廟ニ鄕樂ヲ用ユル勿ランコトヲ啓ス。	一八ウ
	十年（戊申）	卷三十九	
正式祭祀鄕樂禁止	正月	○宗廟、圓壇、社稷、釋典等々ノ祭ニ鄕樂ヲ用ユル勿ラシム。	一ウ
風水思想		○景福宮ノ主山及左臂ノ山脈ニ松ヲ栽ユ。	一ウ
飮福宴		○宗廟親享飮福宴ヲ設ク。	二ウ
僧ノ參賀停止意見		○司諫院ハ上書シテ自今誕辰、正、至ニ僧ヲシテ參賀ニ班スル勿ラシメンコトヲ請フ。允サズ。	四ウ—五オ
僧人淫行		○僧、人妻ノ家ニ出入ス。之ヲ囚フレバ度牒ノ箱中ニ女人ノ首飾アリ。	一〇ウ
一夫多妻		○卒判府事李和英三妻アリ云々。	同
箕子ノ墓		○李稷、許稠等ハ議シテ以テ箕子墓ハ土人ノ相傳ニシテ文籍ノ考スベキモノ無シ。永樂十七年二月ノ敎旨ニヨリ碑ヲ祠堂ニ立ントス。	一三ウ
喪服ノ制	二月	○九族五服ノ制ヲ改ム。	一五ウ
願堂		○兩班ノ妻夫死シテ遺產ヲ爭フ者アリ。其中本宗ノ人等財主喪葬及願堂造成ノ時ノ費用ヲ爭フ。	一九ウ
結綵	三月	○結彩詔使ヲ迎フ。	二八ウ

佛誕燃燈

○左司諫ノ上疏。本朝ノ俗四月八日佛ノ生辰ト爲シ燃燈徼福男女群集終夜觀戯ス。此レ前朝ノ弊習今年尤盛也一ニ禁斷ヲ請フ。王允サズ。 三二オ

卷四十

四月

擊毬

○王ハ内殿ニ擊毬ス。 一ウ

近親相姦

○前直長ノ妾四寸兄ト通ズ、夫奸所ニ捕ノ兩人ノ髮ヲ斷チ推鞫ヲ請フ。 三オ

禁酒

○旱ニヨリ酒ヲ禁ズ。 五オ

婦女上寺

○司憲府ニ命ジ婦女點燈シ興天寺ニ遊覽スルヲ禁ズ。 同

閏四月

喪中近親姦 男女同處親愛厚シ

○義禁府ノ啓ニヨリ母ノ喪ニ居リ異姓四寸妹ヲ奸シタル者其四寸妹モ亦父喪ニ居ル者右二人ヲ刑罰ス。大司憲ハ其刑輕キニヨリ極刑ニ置カンコトヲ請フ。本件ニ關シ右議政等ノ意見。我朝男ハ女ノ家ニ往ク故ニ一母ノ孫一室ニ同處親愛風俗厚シ。之ヲ中朝ノ例ニ依リ無服ノ親ヲ以テ輕罰セバ我朝ノ風之ニヨリ薄カラン。 八ウ—九ウ

白丁火賊

○江陰縣ニ白丁二十餘騎明火ノ盜ヲ爲ス。黃海監司ハ其黨ヲ解キ平民ト雜處センヲ請フ。 九オ

擊毬

○王ハ慕華館ニ幸シ騎射、擊毬ヲ觀ル。 六ウ

白丁火賊

○黃海監司ノ啓。開城ノ白丁才人ヲ他ノ例ニ依リ平民ト雜處其黨ヲ解カンコトヲ請フ。江陰縣ニ於テ新白丁二十餘騎明火ノ盜ヲ爲セシニ由ル。 九オ

祭用羊ニ羔ヲ代用

○禮曹ノ啓ニヨリ宗廟永寧殿ノ祭皆羊ヲ用ゴ。從前宗廟攝行祭ハ羔ヲ（ヤギ）羊ニ代用セリ。 九ウ

雨乞

○雨少シ。修溝、掩骼、埋胔等ノ事ヲ行ウ。 一〇オ

蠱毒犯人		○刑曹ノ啓ニヨリ人ヲ蠱毒スル者ノ禁令及其捕告人ノ賞給條件ヲ詳定ス。	一一ウ
埋骨ノ僧		○禮曹ノ啓ニヨリ埋骨（骸骨ノ露出セルモノ）ノ僧東西兩遞八人ノ定員ニ二人ヲ加フ。	一二ウ
助婚貧女		○禮曹ノ啓ニヨリ兩班ノ女父母俱ニ亡キ者官ヨリ物資ヲ給シ婚セシム。（六條ノ規定）父母アリト雖モ貧困ノ者ニハ官給シ婚セシム。	一二ウ—一三オ
祈雨		○旱ニヨリ南門ヲ閉ヂ市ヲ徙ス。其他ノ祈雨ヲ行フ。	一五オ・ウ
右同	五月	○禮曹ノ啓。古制畫龍祈雨三日内ニ雨足ラバ豭ヲ以テ賽シ畫龍ヲ水中ニ投ズ。之ヲ行ハンコトヲ請フ之ニ從フ。	一七ウ—一八オ
聖澤呈才		○禮曹ハ聖澤呈才ノ上妓衣冠ノ儀ヲ啓ス。（西王母ノ舞樂）（明帝ノ恩澤ヲ頌フ）	一九ウ—二〇オ
家廟破毀	六月	○趙英茂家ヲ建テ廟ヲ立ツ。子孫廟ヲ毀チ家ヲ賣ラントス云々。（以下本件ヲ彈劾シ罪センコトヲ啓セル者多シ）	二一ウ・二二オ—ウ・二三オ
檀君神祠		○柳寬ノ上書。文化縣九月山ノ主山ニ檀君アリ嶺腰ニ檀雄天王、檀因天王、檀君天王ノ神祠アリ云々。	二四オ—ウ
蠱毒者ノ子孫推刷		○平安監司ノ啓。道内蠱毒者ノ子孫悉ク推刷族類ヲ區別シ他境ニ通ズル勿ラシメンコトヲ請フ。	二五オ
三ツ兒		○永柔縣人一產三男、命ジテ例ニヨリ米ヲ賜フ。	二五ウ
土窟居住		○左議政黃喜ノ第ノ北園土宇中ニ殺人犯ノ人妻ヲ陰匿ス云々。	二六ウ
		卷四十一	
嫁婚禁止	七月	○中外婚禮ヲ禁ズ。進獻處女ノ爲也。	三オ
割肉ノ宦者		○王ノ言。聖旨割肉ノ宦者ヲ求ム。我國宮中本ハ割肉ノ竪ナシ云々。	三ウ

白丁跋扈　○許稠ノ言。下ヲ以テ上ヲ陵ス其例一、黃海道禾尺ノ車古卒ニ聞ク所風俗一ニ之ニ至ル云々。　三ウ

火者進獻　○宦官ヲ各道ニ分遣シ年少ノ火者ヲ採ル、進獻ノ爲也。　四オ

八月

麗王舊像陵側埋安　○天安郡、文義縣、羅州、光州ニアル高麗太祖ノ眞及文義縣ノ太祖ノ鑄像、光州ニアル惠宗ノ眞ト塑像ヲ各其陵ノ傍ニ埋ム。　六ウ

癩病者ヲ拾テ殺ス　○濟州私奴ノ妻ハ官ガ癩病者ヲ海濱ニ徙スヲ聞キ其女ノ癩疾者ヲ率キ海濱ニ至リ岸ヨリ擠シテ殺ス。之ヲ斬ニ處ス　一二ウ

九月

儒生奢侈　○大司憲ノ啓。古ノ儒者ハ麻鞋ヲ著シ冊ヲ把リ徒步ス。今ハ生員生徒ハ徒行ヲ恥ト爲シ皆騎馬シ僕隷ヲシテ冊ヲ挾ミ朝往夕還ス。　一二ウ

宮女姦淫　○嘗テ壽康宮ニ入リシコトアル妓ヲ奸セシ者ヲ司憲府職牒ヲ奪ハンコトヲ啓ス。王ハ近侍セシ者ニ非ズト云フ。　一三オ

喪葬儀範　○禮曹判書ハ喪葬ノ儀範ニ付テ啓ス。　一三ウ

老人優恤　○傳旨。自今京外族屬ナク他ニ寄食スル九十歳以上ノ者ニ四節衣及朔料ヲ給ス。　一五ウ

喪中不愼　○母ノ喪ニ遭ヒ飲酒食肉ス、其弟肉ヲ食バサルヲ撻テ之ヲ勸メシ代言アリ。　一五ウ

二妻附廟　○下季良ハ士大夫兩妻附廟ノ議ヲ不可トナスノ意見ヲ呈ス。　一六オ―一七ウ・一九オ

白丁取才　○兵曹ノ啓ニヨリ新白丁ハ平民ト同ジク甲士ニ取才ス。此前既ニ平民ト同ジク侍衛牌ニ屬スルヲ許セリ。　一九ウ

卷四十二

十月

正妻虐待　○義禁府ノ啓。軍資副正妻ヲ娶ル貌醜ヲ以テ處女ニ非ズト誣言シ棄去ル。杖六十徒　二オ

		一年追還完娶セシム。	
進獻處女		○進獻ノ女發行ス。韓氏ノ姉永樂帝ノ宮人トナリ殉死ス。又其妹行ク都人士女之ガ爲ニ泣ヲ垂ル、時人生キタル送葬トス。	二オ
右　同		○進獻處女安州ニ至ル。使節中路ニ於テ卑穢ノ行爲ヲ爲ス。	三ウ
喪中不愼		○母ノ喪ニ方リ娼妓ヲ招キ潜奸シ又妬情ニヨリ妓ノ髮ヲ斷チ其他淫行アリシ者ヲ大司憲劾啓ス。	五ウ・六オ
白　丁		○黃海道强盜ノ新白丁ヲ斬ニ處ス。	九オ
孝子節婦		○禮曹ハ京外ノ孝子順孫節婦ヲ訪ヒ以テ啓ス。（其中ニ憂ニ居ル六年一ニ家禮ノ如シ。火災ノ時影幀ヲ奉ジテ出ヅ。盧墓三年。火災ノ時父母ヲ負ヒ出デ火傷ス。海寇之ヲ犯サントシ從ハズシテ殺サル。夫早ク死シ父母其志ヲ奪ハントシ從ハズ其髮ヲ斷ツ等々）	九オ―一一ウ
嫡庶ノ別		○左司諫ノ啓。雜色補充軍（妾ノ子）過品ノ弊アリ。（二品以上賤妾ノ子五品ヲ限リ受職等）兩班ト婚媾尊卑ノ分ヲ亂ル云々。王ハ曰ク前朝賤妾ノ子ハ奴婢ト異ナル無シ。	一一ウ
祭時帽制	十一月	○大小人員行祭ノ時ノ帽服ノ制ヲ定ム。	一〇オ
擊　毬		○兵曹ハ都試ヲ考スルノ格例ヲ啓ス。擊毬ノ巧拙ニ等給ヲ分ツ。	一四オ―ウ
行香使		○禮曹ニ傳旨シテ自今靈寶道場、三界大醮、神殺醮及斬土城醮ノ行香使ニ代言ヲ遣ハス勿ク二品以上ヲ差定ス。	一九ウ
祠堂建立	十二月	○忠淸監司ノ啓。公州人前敎導ハ家廟ノ法未ダ行ハレザルニ已ニ祠堂ヲ立ツ。其他ノ善行多キニヨリ拔擢任用ヲ請フ。	二〇ウ―二一オ

元旦放砲
遊街三日
綱巾
打毬
宮庭放砲
火葬
朱漆ノ禁
婚姻
從婢服裝
喪制
騎馬
胡坐跪坐
衣服屬具制限禁止

十一年（己酉）

巻四十三

正月

○朔、王ハ使臣ト暮ニ勤政門ニ御シ放火砲ヲ觀ル。　一オ

○左右議政ハ上書シテ振武ノ事ヲ論ズ。大抵馳馬學射兒子ノ好ム所豪勢ノ家尤甚シトス、況ンヤ殿試放榜ノ後蓋ヲ賜ヒ宴ヲ賜フ。遊街三日加ユルニ爵命ノ榮ヲ以テシ鼓舞聳動ス云々。　一ウ—二オ

○明ノ使臣金滿ノ求メシ品中綱巾十三アリ。　四オ

○王ハ宗親ト打毬ス。　五オ

○王ハ使臣ト慶會樓ニ御シ放火砲ヲ觀ル。（十四日）　七オ

○開城安和寺ノ僧ハ僧ノ死シタルヲ燒キ埋ム。留後司罪ヲ請フ。王ハ允サズ。　九ウ

○工曹ニ傳旨シ宮闕外公私ノ屋ニ朱漆ヲ用ユルヲ禁ズ。　同

二月

○司憲府ハ啓シテ各年受敎ノ禁條ヲ光化門外及都城各門、鍾樓ニ文板トシテ揭グ。　一三ウ—一四ウ

（左記各項）

婚姻ノ饌果、衣服及炬火ノ制限、從婢奴子ノ數ノ制限。

大小婦女從婢ノ着裝。

父母其他至親ノ喪ノ釋服期日、喪服、喪者ノ騎馬及喪中婚姻ノ禁止。

大小臣民宗廟及闕門前騎馬ノ禁止。

大小人員闕內胡跪禁止。

一般人ノ服裝ノ布ノ升數制、靴ノ制、大小人員灰色衣服禁止、黃色衣服、龍色、金銀ニテ寫經塗佛等禁止、庶人以下靴鞋、絹子ノ衣服禁止。

婦女上寺　僧ト寡婦　路祭設佛　水陸齋法席　金銀器　耳飾　轎　牛馬肉　鷹　花席　白衣　城內祀神　僧衣　鞋　打毬　呪咀手段　禁酒　神主埋案　擊毬

世宗十一年

三月

婦女上寺禁止、僧寡婦ノ家ニ入ルノ禁止。

大小人員路祭設佛禁止、大夫士庶人追薦ノ爲水陸齋ヲ設クル時ノ制限、同法席ヲ家ニ設クルコトノ禁止。

金銀器物ヲ使用スルコトノ禁止。（中ニ婦ノ首飾、士大夫子弟耳環、女妓ノ首飾等アリ）

轎子擔夫ノ數ノ制限。

牛馬自死其肉ノ賣買ニ官ノ烙印ナキモノヽ禁止。

無牌ノ鷹ヲ飛揚スル者禁止。

花席ハ進獻ト國用外ハ使用禁止。

有職者ノ白色衣禁止。

城內動樂神祀禁止。

僧人ノ衣服黑色禁止。

常人ノ奢鞋禁止。

○王ハ宗親ト打毬ス。

○妾ト姦セシ私怨ノ爲其人ノ形像ヲ假造シテ其首ヲ斬リシ監察ヲ推鞫ス。

○大司憲ハ一年中ニ禁酒ノ期間ヲ定ムベキヲ上言ス。

○父死シ子繼ゲハ父ノ曾祖ハ子ノ高祖トナル其神主ヲ墓側ニ埋ムベシ、若シ子ノ職相等シカラザル者ハ神主ヲ藏シ加職ヲ待ツテ祭ル。此前四代祖ヲ祭ルヤ否ヤニ付議アリ。以上黃喜等ノ說ヲ王採納ス。

○王ハ軍士ノ擊毬ヲ觀ル。

一五オ・一八ウ　一八ウ　二一オ—ウ　二四オ—ウ　二五オ

及第親榮 ○左代言ハ文科ニ中ル者ノ榮親ヲ請フ。之ヲ周官六翼ニ考セシム。 二五オ

右同 ○王ハ宗親ト打毬ス。 二七ウ

紅染蠟燭 燭ト炬 布ノ蠟燭 ○王ハ承政院ニ傳旨ス。古ヘ宮禁紅染ノ蠟燭ヲ用ヰ紅大燭ト謂フ。太宗ノ時崇儉、杻ノ炬火ニ易ユ。火災ノ虞アリ蠟ヲ五升布ニ塗リ用ヰシム、之ヲ布燭ト謂フ。 二八オ

卷四十四

四月

父母死シ家ヲ毀ツ 父母垂死外舍ニ置 喪期酒樂 香徒會合 ○王ノ下敎。高麗ノ末、外方無知之民父母歿スレバ反テ邪意ヲ生シ其家ヲ毀ツ。且父母死ニ垂々猶未ダ絕セザルニ出シテ外舍ニ置ク。喪期多ク香徒ヲ會シ置酒、張樂ス。敎條明示此汚俗ヲ革ムベシ。如シ悛メザル者ハ嚴加禁止スベシ。 二オ・ウ

打毬 ○王ハ思政殿ニ打毬ス。 三ウ

進獻處女 ○北京ニ在ル進獻セシ七女、書信中ニ髮ヲ剪テ送リ來リ其父母兄弟皆泣ク。 四ウ

及第榮親 ○禮曹ハ新及第、還鄉榮親ノ儀ヲ定メ啓ス。又賜酒賜樂ス。 五ウ・六ウ

創髮出家ノ禁 ○司憲府ノ啓ニヨリ擅マニ髮ヲ剃リ出家スル者ヲ禁ズ。 五ウ―六オ

療病巫醫 ○禮曹ノ啓ニヨリ各官各里ノ民ニ熱病アラバ守令ハ醫生及巫覡ヲシテ考察救療セシム。 六オ

家廟祭禮 ○大小人員家廟祭禮ノ法ヲ定ム。 七オ―ウ

進獻處女 ○進獻ノ處女唱歌スル者少ナシ。 一〇オ―ウ

五月

音樂敎習 ○歌舞ノ女兒五人(進獻ノ女)ヲ妓六人、盲三人ヲシテ闕ニ詣テ敎ヘシム。 一三ウ

摺扇 ○明ノ使臣並ニ頭目ニ摺扇ヲ賜フ。 一三ウ―一四オ

百濟祖廟 ○百濟ノ始祖ノ廟ヲ稷山縣ニ營ミ之ヲ守ル奴婢ヲ定ム。 一四オ

六月

禁酒
○旱ニヨリ酒禁ヲ令ス。 一七オ

文廟酌獻
○禮曹ハ啓シテ文廟酌獻ノ儀ヲ定ム。 一七ウ—一八ウ・

端午石戰
○許稠ノ啓。端午石戰ノ戯古ヘヨリ有之國家禁ジテ止ムル能ハズ。太宗ノ朝ヨリ牌ヲ作リ毎歳端午鍾樓ニ會シ相鬪フ死傷者アリ。請フ擲石軍ヲ罷メ私ニ相戰フ者ヲ禁ゼン。 二一オ

壽頌樂章
○新タニ聖德、聖壽ノ樂章ヲ製ス。 二二ウ

男女設別
淫行防止
○異姓四寸妹ヲ奸セシ副司正ヲ鞫ス。我國ノ風俗姉妹相見ルヲ美俗トス。(男ガ四寸ノ姉妹トノ意)淫行ヲ防グ爲ニ四寸無服ノ親ヲシテ相見ルヲ得ザラシメントノ論アリ。 二五ウ・二七オ

蒸風呂
○東活人院ノ大禪師一惠等汗蒸浴室ヲ男女尊卑ニ區別シ增營セントス、仍石湯子ヲ設ケントス。之ニ米ヲ賜フテ補助ス。 二八ウ

七月

祈雨禁酒
○旱ニヨリ雨ヲ祈ル。禁酒ス。皷ヲ打ツ勿ラシム。虎頭ヲ沈ム。中外二罪以下ヲ釋ス。 一オ・ウ

卷四十五

三國始祖廟
○新羅、高勾麗、百濟ノ三始祖ノ廟ヲ立ツ。祀典ニ載セ致祭ス。 一ウ

祠堂破棄
○財產關係ヨリ祠堂ヲ毀チシ者アリ司諫之ヲ劾ス。 四ウ—五オ

媚術
○王世子ノ嬪金氏ハ其侍女ニ男子ニ愛セラルヽノ術ヲ問フ。答(1)其男子ノ悅ブ所ノ婦人ノ鞋ヲ燒キ酒ニ和シ飮マシムレバ其女ヲ嫌フ(2)兩蛇交接ノ精氣ヲ巾ニ拭ヒテ之ヲ佩ブレバ男ヲ惹ク。金氏右(1)ヲ實行ス。事覺ハレ宗廟ニ告ゲ金氏ヲ廢シテ庶 七ウ—八オ・ウ—九オ

世宗十一年

人ト爲ス。其侍婢ハ斬ニ處ス。

八月

嫁婚禁止
○嘉禮色ヲ設ケ婚嫁ヲ禁ズ。王世子嬪ヲ得ンガ爲也。 八オ

婢無定夫
○右議政ノ啓。公私ノ婢其子ヲ良ナラシメントシテ奸夫ノ良人ヲ父トス。賤女ノ子ハ母ニ隨ハシメンコトヲ言フ。王允ザス。 九オ

僧敎賣買
○僧人ハ營造ニヨリ大禪師ノ號ヲ受ケ妻ヲ娶リ還俗、官敎ヲ同名ノ僧ニ轉賣ス。刑曹ハ之ガ治罪ヲ請フ。 一二オ—ウ

重三重九ノ遊樂
○柳寬ハ上書シテ三月三日、九月九日ヲ令節トシ大小臣僚、中外士民ノ勝地ニ遊覽シ太平ノ氣象ヲ形容センコトヲ請フ。之レヨリ重陽ノ日酒樂ヲ耆老宰樞ニ賜フテ普濟院ニ會宴ス。 一五ウ—一六オ

祠堂
○祠堂ヲ建テザル摠制、牧使等三人ヲ付處ス。 一九オ

朱漆ノ禁
○宮闕外ノ官府及私處閭閻ノ朱漆ノ禁ヲ申明ス。 一九オ

九月

歸化女眞ノ近親婚
○司憲府ハ向化ノ野人亡兄ノ妻及從妹ヲ以テ妾ト爲スノ風ヲ痛禁センコトヲ請フ。 一九オ

巫覡信仰
祖神ヲ巫家ニ寄托
○左司諫ノ上疏。庶民士大夫巫覡ヲ信ジ名山ノ神ヲ祭リ或ハ祈恩或ハ半行ト稱シ歌舞往來男女ノ別無シ。衛護ト稱シ先祖ノ神ヲシテ巫家ニ寄食セシム云々。國巫ヲ罷メンコトヲ請フ。 二二ウ—二三ウ

婦人淫行檢束
常民ハ内外別ナシ
○婦女ノ淫慾恣行ヲ檢束センコトヲ請フ。常人ハ内外無別出入無時。兩班婦女ハ深閨固門内外別アリ。 二五オ

剃髮避役
○避役ノ爲メニ剃髮スル者アリ。公私賤隷ノ逃避剃髮スル者アリ。此等ヲ還俗セシメンコトヲ請フ。 二五ウ

事項	月	記事	出典
		卷四十六	
世子嬪册禮	十月	○王世子嬪ノ册禮ヲ行フ。	三ウ
新雪ノ賀		○百官新雪ヲ賀セントス。王ハ命ジテ之ヲ停ム。	五オ
儺戲		○左正言ハ王世子ノ儺戲ヲ見シコトヲ不可トシテ王ニ啓ス。明ノ使臣來ル前ニ王ハ予ノ此戲ヲ見ルハ迎勅ノ爲ナリトシ世子ノ之ヲ見ルヲ妨ゲストス。（預習ノ儺戲ナリ）	六オ
喪中任官	十一月	○左司諫ハ三年ノ喪中護軍ノ職ヲ受ケ就職セシ者ヲ劾ス。王ハ允サズ。	六ウ
山川城隍祭祀復活		○禮曹ハ啓ス。此前ニ京外祭享セシ靈驗ノ處革除シテ祀ラザル者ヲ祭室位版ヲ設ケ毎四仲吉日ニ行禮センコトヲ請ヒ、其中、山、島、城隍、岬、井、江、等々百餘箇所ヲ祭ル。	八オ―ウ
火戲		○王ハ明ノ使臣ト勤政門ニ放火ノ戲ヲ觀ル。	一一ウ
樂器編鍾		○禮曹ハ宋制ニヨリ編鍾ヲ鑄ル。	一二ウ
蒸風呂	十二月	○通信使朴瑞生日本ヨリ還ル、行フベキコトヲ議ス。其中濟生院、惠民局、倭館以上ニ汗蒸其他ニモ浴室ヲ置カンコトヲ請フ。	一五オ
三ツ兒		○楊根人一産三男例賞ス。	一六ウ
	十二年（庚戌）	卷四十七	
放火砲	正月	○二日ノ暮、明ノ使臣ハ勤政殿ニ放火砲ヲ觀ル。	一オ
打毬		○王ハ宗親ト打毬ス。	四オ

宦者娶妻　○十三歳ノ女ヲ媒シテ宦者ニ嫁セシメシ司謁ト其宦官ヲ刑ス。　七ウ―八オ

庶女禁婚　○大司憲ハ賤妾産ム所ノ女ハ兩班ニ婚ヲ禁ゼンヲ請フ。王ハ允サズ。　九オ―一〇オ

樂律樂器 壇制祭器　○禮曹ハ儀禮詳定所ト祭祀ノ樂律、樂器、歌詞、舞樂、舞人ノ服裝及壇制祭器等ノ改定ヲ詳定ス。　一一オ―一二ウ

二　月

新雪賀禮 人日賀禮　○目今新雪ノ賀禮ヲ除ク、人日ノ賀式ヲ詳定ス。　二六オ

卷四十八

端午進扇　○工曹ニ傳旨シ自今端午進上ノ摺扇金銀ヲ用ユル勿ラシム。　一ウ

牛馬盜殺　○牛馬盜殺多シ。右議政ハ常人ノ皮鞋其他不緊ノ皮物ヲ禁ゼンコトヲ請フ。王ハ勢禁ジ難シト爲シ之ニ從ハズ。　二オ

三ッ兒　○白川郡人一產三男命ジテ米ヲ賜フ。　三ウ

箕廟改板　○平壤箕子廟ノ神位ニ朝鮮侯箕子トアルヲ朝鮮始祖箕子ト改ム。　三ウ

命婦稱號　○大小命婦ノ稱號ヲ改ム。　四ウ

牛馬火印 防盜　○牛馬ノ盜ヲ防グベク死牛馬ニ火印スルコトトス。漢城府ノ啓ニヨル。　七オ

五　月

神祀會飲ノ禁　○司憲府ノ啓。會飲已ニ禁ゼリ神祀ノ時此禁ナシ故ニ男女聚會酒食歌舞恣行ス自今神祀ト雖モ家內男女外其雜人ヲ禁ゼンコトヲ請フ、王之ニ從フ。　一七オ

指折孝女　○母ノ病ニヨリ中指ヲ折テ血ヲ飲マシメ且骨ヲ燒キテ酒ニ和シ進メシ博川ノ良女ヲ旌門復戶ス。　一七ウ

着靴制限　○禮曹ハ啓シテ靴及男女皮草鞋ヲ穿ツヲ許サザル者ヲ定ム。　一九ウ

禁　酒　○禁酒犯者ノ輕重ヲ別ツ。　二〇ウ

祈雨	六月	○旱甚シ各處ニ雨ヲ祈ル。	二四オ
小功服限		○詳定所ハ外祖父母、妻父母ノ服小功ヲ一月服トセンコトヲ請フ。	二九オ
子ハ外家ニ生長ス		○王ハ曰ク本國之俗親迎ノ禮ヲ行ハズ故ニ或ハ外家ニ乳養シ或ハ妻ノ父母ノ家ニ長ズ故ニ恩義厚シ。禮曹ヨリ外祖父母ノ喪ニ付テ啓セシニヨル。	二五オ
外戚喪制		○大小人員妻ノ父母ノ服ヲ緦麻ト定ム。	三〇ウ
		卷四十九	
祈晴	七月	○霖雨止マズ。前朝ノ例ニヨリ京城四門及州縣城内吉ヲ擇ンデ禜祭ヲ行フ。	一オ
風水思想		○前書雲掌漏ハ獻陵ノ山脉可ナラズ蜂腰ノ大路ニ截斷セラルルヲ防塞シテ地氣ヲ培養センコトヲ啓ス。之ニ對シ副司直ノ啓アリ。	一ウ―三ウ
女樂官妓廢止説		○女樂ト官妓ヲ廢セントスルノ議アリ。之ニ反對論モアリ。	八オ―九オ
救、蝕	八月	○日食アリ王ハ月臺ニ出デ素服救食、侍臣亦素服ス。	九ウ
犬ノ去勢		○明使昌盛進獻スヘキ物數ヲ示ス。(中ニ騸狗五十隻アリ)	一一オ
國祀改定 紙錢		○禮曹ハ各道城隍、山川、井、岬、海及其他ノ祠廟ノ神位ト像、其位版ノ文字、祭器、祭物、紙錢、壇制ノ改定ヲ啓ス。	一二オ―一四オ
婦人蔽面		○禮曹ノ啓ニヨリ。婦人出ヅレバ面ヲ蔽フベキニ今ハ毛冠ヲ着シ露面シテ行ク者ヲ禁ズ。	二二オ
兄弟共姦		○兄弟共ニ一女ヲ奸シタル者ノ職牒ヲ奪フ。	二三オ
風水思想		○王ハ政府六曹ト獻陵ノ地理ニ付テ議ス。	二三ウ
釋奠犧牲		○王ハ祀典ノ時ノ犧牲少ナク文臣生徒ノ飲福均食セザルニヨリ之ヲ增加ス。	二七ウ

九月

僧徒淫行

○王ハ命ジテ營繕ノ爲城內ニ寓スル僧徒中娶妻或ハ人ノ妻妾ヲ奸シ倡妓ト通ズル者ヲ推鞫セシム。（二八オ）

蒸風呂

○汗蒸ノ僧ト明通寺ノ僧ハ城內ニ出入ヲ許ス。（二九ウ）

僧ノ男色

○刑曹ノ啓ニヨリ曾テ愛シタル年少ノ僧ガ他僧ト同臥セシヲ妬ミ其年少ノ僧ヲ殺シタル僧ヲ斬ニ處ス。（三〇ウ）

家廟建立財產爭議

○判漢城府事ノ啓。今年ハ乃チ五六品ノ員ガ家廟ヲ立ツルノ限年ナリ。繼母、繼祖母所居ノ第ニ立廟セントシテ爭フ者多シ。王ハ之ヲ聽ク勿ラシム。（三四オ）

女ノ乘馬以扇蔽面

○副司直ハ妻ヲ棄テ賤妾ヲ愛ス。其妾乘馬扇ニテ面ヲ擁シ兩班婦女ニ擬借ス。司憲府杖刑ヲ請フ。（三四ウ）

擊毬

○王ノ言。擊毬ノ事高麗ノ弊ヲ援ヒテ之ヲ廢セントスル者アレド是本ト戲ニ非ラズ武技ナリ。（打毬ノ方法ノ記アリ）（三五ウ）

卷五十

十月

喪制

○集賢殿ハ四父八母ノ服ニ付テ啓ス。（四オ）

產前後婢ノ役免除

○王ノ言。古ハ公處ノ奴婢產兒七日ノ後立役ス曾テ命ジテ加給百日トス。之ニ產前一朔ヲモ除ク如何。本件將產月及產後百日除役スルコトニ定ム。（八ウ－一一オ）

穿靴制限

○樂工等七品以下奏樂ノ日ノ外靴ヲ穿ツヲ禁ズ。（九オ）

家廟紙位祠堂在者祭日給暇

○詳定所ノ啓。曾祖ノ廟ハ文公家禮ニ依リ祭時紙榜、祭畢リ之ヲ焚ク云々。曾祖ヲ祭ルノ日別ニ祠堂ヲ立ツル者祭ノ日一日給暇セン云々。王之ニ從フ。（一二ウ）

十一月

琅玕白雉瑞雲

○王ハ青琅玕、白雉、瑞雲ヲ賀ス勿ラシム。（一四オ）

十二月

標目	記事	出典
盲巫子孫充軍	○京居ノ盲卜盲人、經師、巫女各色補充軍等ニ其子孫推定スルコトトス。	一三ウ―一四オ
禜祭制定	○禮曹ハ啓シテ禜祭ノ制ヲ定ム。	一七オ
肖像奉安	○新ニ璿源殿ヲ構エ御容及璿源錄ヲ奉安ス。	二一オ
擊毬	○兵曹ハ啓シテ擊毬ノ勢格節次ヲ定ム。	二二オ
叩頭ノ禮無シ	○王ノ言。本朝大小賀禮叩頭無シ。蓋シ叩頭ヲ以テ帝行禮ノ節ト爲シ其僭ヲ疑フテ行ハザルカ云々。詳定所本件ニ付キ啓ス。	二四オ・二六オ―ウ
闕內茶ヲ用ヰズ	○經筵。権茶法ニ至ル、王ハ曰ク中國何ノ茶ヲ好ムヤ我國闕內亦茶ヲ用ヰズ好尙各異ナリ。	二九オ
壇壝ノ制	○禮曹ハ啓シテ各道壇壝ノ制ヲ定ム。	二九オ
近親姦罪	○同姓三寸姪ヲ奸セシ私奴ヲ絞ニ處ス。	三〇オ
嫁婚禁止	○王世子嘉禮色ヲ置キ中外ノ婚嫁ヲ禁ズ。	三一オ
樂人服制	○禮曹ノ啓ニヨリ朝會ノ時雅樂工人ノ服制ヲ定ム。	三一オ
近親相婚セズ 處女醜聲 妻ノ姉妹ニ見ル風	○柳廷顯王ニ荅フル言。本朝婚禮始メテ正シ、異姓五六寸亦婚セズ然シテ未婚ノ間醜聲アリ。王ノ言。本朝士風妻ノ兄弟ト見ユルノ風アリ宜シク之ヲ禁スベシ。	三二オ・ウ
親迎ノ禮行ハレズ	○王ノ言。本朝親迎ノ禮ヲ行ハザル久シ。金宗瑞ノ言。我國ノ俗男ガ女ノ第ニ歸ス其來ルヤ久シ、女ガ男ノ第ニ歸セントセバ奴婢衣服器皿ヲ女家備フルヲ要シ貧ナル者支待シ難シ男家亦之ヲ忌ム。	三三ウ
近親ノ妾	○王ハ七寸ノ女ヲ妾トセントセシモ入レズ云々。	同
處女揀擇	○嘉禮色ハ東宮ノ爲ニ處女ヲ選ブ。	同
家舍制限 夫瓦女瓦	○王ノ言。大小人員ノ家舍或ハ制ヲ踰ユ、予ハ已ニ集賢殿ニ命ジ古制ヲ考セシム。	三五オ

夫瓦ト女瓦ト何レヲ用ユベキカヲ言フ。

閏十二月

打毬　○王ハ内殿ニ宗親ト打毬ス。　三六ウ・三八オ

雅樂ノ譜　○雅樂ノ譜成ル。　三七オ—ウ

僧ノ角力　○僧ト僧相戯角力シ一人死ス、殺セシ者絞一等ヲ減ジ埋葬銀ヲ徵ス。　四二オ

龍耕占豐　○徃キニ梁山郡ニ龍見ハル。仁同縣洛江ノ水忽チ拆ク。人龍耕ト曰ヒ歲ノ豐歉ヲ占ス。　四二ウ

男女無別　○妻ノ兄弟姉妹ト、兄弟ノ妻相見ユベカラズ。國俗以上皆相見ユルノ風アリ王ハ之ヲ不可トス。　四五ウ

十三年（辛亥）

卷五十一

正月

賀正禮／打毬　○朔日王ハ賀正ノ禮ヲ行フ。倭客三十七人ニ始メテ新制雅樂ヲ用ユ。後王ハ宗親ト打毬ス。　一オ

人日賀禮　○禮曹ノ啓ニヨリ人日ノ賀禮ヲ停ム。　一ウ

春帖　○禮曹ノ啓ニヨリ自今正朝ト立春ニ文昭廣孝兩殿ニ帖字ヲ進ムル勿ラシム。中宮東宮ハ各々制詩之ヲ貼ル。　同

訃告ノ儀　○詳定所ハ二品以上訃告ノ儀ヲ定ム。　二ウ—三オ

始祖祭田　○百濟、新羅、高句麗各始祖ノ祭田ヲ給ス、　三ウ

娼無定夫　○公婢生ム所ノ子ハ（屢夫ヲ更ヘ良賤互相潜奸スルニヨリ）良賤ノ訴理ヲ許サズ。娼妓生ム所ノ子モ之ニ據ラシメントス。　同

家舍ノ制　○禮曹ハ啓シテ大小臣民ノ家舍ノ制ヲ定メントス、　四七—九オ

風水思想 葬地爭占		○副司直ノ啓。葬法節ナク吉地爭占ノ弊アリ、葬地ヲ保存立標看守セシメンコトヲ請フ。禮曹ノ意見。自今畿內南向大利ノ地、人ノ私用ヲ禁ズベシ。地理ノ書ヲ赴京使臣ノ買ヒ來ラザルコト。王之ニ從フ。	五オ
喪ノ素帶		○王ノ傳旨。有服ノ親ニ素帶セズ。期功以下ノ喪ニ素帶ヲ自備セズ、喪家ニ需ム云々。	一一ウ－一二オ
衣服制限	二月	○詳定所ノ啓。三品以下綾羅ノ服ヲ着スルヲ得ズ婦人ノ服モ並ニ禁ゼン。	一三オ
祈晴祭		○禮曹ノ啓ニヨリ、此前講武ノ時必ズ祈晴祭ヲ宗廟社稷ニ行ヒシヲ止ム。	一五ウ
蒸風呂		○司憲府ノ啓ニヨリ、東西活人署ノ係リ官ガ病人ノ料及汗蒸僧ノ料米ヲ減ジタル罪ヲ推シ律ニヨリ夫々處罰ス、	一六オ－ウ
狗ノ留養		○明廷ノ求ニ應ズベク各道ニ狗ヲ留養ス。此費一年二千石。	二一ウ
婢妓同物	三月	○王ノ言。外方ノ官妓ハ多ク奴婢、大官ノ（管轄ノ大ナル邑）外皆之ヲ除カントス。若選上者少ナケレバ京中巫女ノ女及絃首ヲ擇ビ之ヲ補フ如何。（絃首トハ巫女ニ隨ヒ絃歌ヲ業トスル者ノ俗稱）	二三ウ－二四オ
山川城隍神祠位田		○戶曹ハ啓シテ各道山川城隍等神祠ノ位田ヲ定ム。	二四ウ
擊毬		○王ハ慕華樓ニ幸シ射毛毬及擊毬騎射ヲ見ル。又隊長ヲシテ木劍ト木戟トニテ格鬪セシム。	二六オ
三年喪制		○禮曹判書ノ啓。人吏ニ三年ノ喪ヲ行フヲ許シ風俗ヲ厚クセン云々、任使ナシト雖モ凡百人ノ內喪ニ居ル者十人云々。	二六ウ
擊毬角力		○王ハ慕華樓ニ幸シ擊毬、射騎、槍射、毛毬等ヲ見ル。力士五人ヲ募リ角力セシム。	三五オ
風水思想		○兵曹ニ傳旨シ白岳ノ山石ヲ伐取ルナカラシム。	三五ウ

寒食禁火		○寒食三日。早朝炊飯シ終日禁煙セントノ議アリ。	三九オ
力士手拍		○王ハ慶會樓ニ御シ力士ノ手拍ヲ觀ル。	三九オ
		卷五十二	
寒食禁火	四月	○自今宮禁外淸明節前三日毎早朝炊熟ヲ許シ晝夜煙火ヲ禁ズ。	一オ
佛誕燃燈		○四月八日燃燈ノ觀戲之ヲ行フ久シト雖革メザルベカラズ。自今僧舍外、中外ノ燃燈ヲ禁ズ。	二オ
花森			
明火ノ賊		○水口門外草幕ノ明火賊ガ僧ヲ殺ス。	七ウ・八オ・ウ・一〇ウ
旱魃禁鼓	五月	○旱ニヨリ陰陽歷勝ノ術ニヨリ祭享外擊鼓スル勿ラシム。	一七ウ
雨乞		○旱甚シ南門ヲ閉ヂ北門ヲ開ク。	一八オ—ウ
蛇像呪咀		○人ヲ咀呪シ蛇ノ像ヲ食物ニ置キ食ハシメシ罪人ノ件ニ付咸吉道監司ヨリ啓アリ。	二〇オ
巫風盛行		○寺社ハ革罷セラレタルモ淫祀大ニ行ハレ半行ト稱シ遠キ山林ノ神ヲ野祭シ或ハ奴婢ヲ屬シ家財ヲ典ス。士夫ノ家公然徼福巫覡ノ風盛ナリ。右下三道ヲ巡視セシ判府事ノ啓。	二〇ウ—二一オ
祈雨		○旱甚シ、祈雨其他各種ノ方法ヲ行フ。	二一ウ・二二オ・ウ・二三オ・二四オ
綵結儺禮		○禮曹ニ傳旨シ自今各道ノ各官ガ新監司ヲ迎フルノ時結綵棚儺禮等ノ軍（人夫）威ヲ用ユル勿ラシム。	二五ウ—二六オ
投壺	六月	○王ハ慶會樓ニ御シ宗親ノ投壺ヲ見ル。	三九オ・四〇オ
婦女上寺淫祠嚴禁		○司憲府ニ傳旨。婦女ノ上寺其風稍息ム。婦女ノ淫祠頗多シ其城内ノモノヲ痛禁セシム。	四一オ

兩班婦女對面制限松嶽紺嶽優巫雜沓		○大司憲ノ上疏。經濟禮典內兩班ノ婦女ハ父母、親兄弟姉妹、親伯叔姑、親舅姉外往見ヲ許サズ、違フ者失行ヲ以テ論ズ。今士大夫ノ妻鬼神ニ惑フ其中松嶽紺嶽尤崇事ヲ極ム、俳優巫覡前後雜沓云々之ヲ痛禁セン。王ハ之ヲ罪スルコトトス。	四二ウ
僧ノ草幕		○僧城外ノ草幕ニ居ル。	四三オ
進講茶禮		○世子ノ師、傅賓客ヲ會シテ進講ノ時ノ酒ヲ罷メ只茶禮ヲ行フ。酒ヲ飲メバ汗出ヅルニヨル。	四四オ―ウ
		卷五十三	
幼死無式		○二歳ノ王女卒ス。（何等ノ式ヲ行ハズ）	二オ
親神託巫巫風盛行	七月	○許稠ノ啓。今士大夫ノ家其祖考ノ神ヲ以テ巫覡ニ委ネ衞護ト號シ奴婢ヲ給ス云々。王ハ衞護及兩班ノ婦女巫覡ノ家ニ往來スルヲ禁ゼシム。	三ウ―四オ
巫覡檢束		○巫覡本ト城外遙隔ノ處ニ別居シ巫覡里ト稱ス。近來雜處セリ、司憲府ノ啓ニヨリ雜處ヲ禁ジ且兩班婦女ノ巫覡ノ家ニ往來スルヲ禁ズ。	五オ―ウ
綵棚儺禮婦女觀覽		○大司憲ノ啓ニヨリ婦女綵棚儺禮等ヲ街巷ニ見ルヲ禁ゼントス。王允サズ。	七オ・八オ
朝賀朝儀		○每月朔日ニ朝賀朝儀ヲ設ケ軒架ノ樂ヲ用ユ。禮曹ハ雨日ト冬期ハ之ノ樂ヲ省略センコトヲ啓ズ。	一〇オ
女樂廢罷	八月	○女樂ヲ罷メントスル議アリ。	同
野祭僻崇巫僧ノ禁		○司憲府ノ啓。疾病死亡者アラバ野祭ヲ行ヒ崇ヲ解ク。男女群ヲ成シ巫覡僧徒ヲ招ク。此風ヲ嚴禁シ犯者及其官吏里正等ヲ罪スルコトトス。	同
明使慰宴	九月	○明ノ使臣來リシ時、俗節、流頭、七夕ヲ除キ正朝、踏青、端午、中秋、重九、冬	二七オ

至等ニ値ヘバ慰宴スルコトニ定ム。

厄日拘忌
○王ハト者ガ十一月ニ厄アリト言フニヨリ厄過ギテ還宮スルコトトス。　二八オ

卷五十四

十月

會禮儀注
○禮曹ハ會禮ノ儀注ヲ啓ス。　二オ—三ウ

正朝火棚
○明ノ使臣ニ正朝火棚ノ戯ヲ見セシムルヤ否ヤニ付テ議アリ。一棚ニ火藥ヲ費ス所甚多シ云々。　七ウ—八オ

孝子節婦野外藁葬
○禮曹ノ啓ニヨリ各道孝子節婦ヲ復戶シ或ハ敍用ス。（中ニ守墓三年未ダ嘗テ齒ヲ見セズ。「笑ハヌノ意」佛事ヲ作サズ外ニ藁葬ス等其行ノ種々相アリ）　一三ウ—一四ウ

十一月

社稷神牌
○社稷神牌ニ書スル稱呼ヲ定ム。　二〇ウ—二一オ

婢ト官吏私通生子
○刑曹ノ啓ニヨリ官婢營婢等ガ其官及他官ノ兩班、人吏、伴人及敎導、出使人員等ト潜奸シ生ム所ヲ定夫有ルノ例ヲ以テ論ズルハ便ナラズ。官妓其官ニ役使ノ時生ム所ノ例ニ依リ論ズ。　二一ウ

婦女乘馬
○議寧大君ノ妾ハ紫紬鞶ヲ用キテ行キ禁亂吏ニ捕ヘラル。　二三ウ—二四オ

祠堂ト神主
○中外士大夫及庶人ノ家、祠堂ヲ立ツルト雖モ神主ヲ設ケズシテ行祭ス。中商啓シテ家廟神主ヲ設クルノ法ヲ立テントス。　二四ウ・三三オ

齋龍造式
○節日ノ表筒ノ齋龍ニ謬リ誤キシニヨリ工曹佐郎以下ヲ鞫ス。　二六ウ

近親姦犯
○弟ノ妻ヲ奸シタル林川ノ百姓ヲ其奸婦ト共ニ絞ニ處ス。　二八ウ

家廟
○家廟ヲ立テ神主ヲ設クルノ法ヲ申明ス。　三三オ

十二月

救食
○月食ノ日音樂ヲ斷ジ、刑戮ヲ去リ、屠殺ヲ禁ジ、朝市ヲ停ム。　三五オ・ウ・三七ウ

家廟不行		○左司諫ノ上疏。家廟ノ制ヲ立ツルト雖モ齋佛ノ風尙ホ盡キズ、忌日僧ヲ招キ祠堂ニ祭ルヲ顧ハズ、識者猶爾リ況ンヤ愚民ヲヤ云々。	四一ウ
	十四年（壬子）	卷五十五	
救食	正月	○王ハ素服日食ヲ救フ。賀禮ヲ止ム。	一オ
家廟		○王ハ家廟ノ法、小家ハ前後庭ニ別ニ祭室ヲ作ラシメントス。	二ウ
養老宴		○禮曹ハ仲秋養老（八十以上）宴ノ儀ヲ定ム。	三オ
同上		○右同、州府郡縣ノ儀ヲ定ム。	六オ―ウ
原廟奉眞		○原廟ニハ神主ヲ立テズ睟容ヲ奉ズルコトトス。	六ウ―七オ
家廟勵行	二月	○禮曹ノ啓ニヨリ家廟ヲ立テザル者ノ頗多キニヨリ來年正月ヲ始トシ考察、實行セザル者科罪。家貧ナル者ハ姑ク其寢ニ祭ラシム。	一〇オ
水陸齋		○孝寧大君補ハ水陸齋ヲ漢江ニ設クル七日、毎日米數石ヲ沈メ魚鱉ニ施ス。	一三オ
六佾ノ舞		○禮曹ハ佾舞ノ古制ヲ考シ朝庭狹シトシ之ヲ擴グ。	一七オ―ウ
葬制不行 婦女上寺		○副提學ノ上書。婦女ノ上寺漸ク舊ニ復ス。喪制浮屠ヲ用キザル者十ニ三四云々。	一八オ
一夫數妻		○王ノ言。前朝ノ季士大夫京外ノ二妻ヲ畜フ或ハ並ニ二三妻ヲ畜フ、皆之ヲ嫡ト云フ。今人或ハ妻アツテ妻ヲ娶ル者アリ云々。	一九ウ
婢無定夫		○王ノ言。公私ノ婢ハ屢其夫ヲ更ヘ良賤混淆。賤女日ニ其夫ヲ更ユ、行禽獸ニ同ジ其生ム所但ダ母ヲ知リ父ヲ知ラズ是隨母ノ法ヲ立ツル所以ナリ。	二二オ
會禮樂章		○禮曹ハ會禮ノ樂章ヲ定ム。	
麻利山壇		○禮曹判書ノ上言。摩利山ノ醮壇甚陋之ヲ罷メン云々。	二三ウ―二四オ

世宗十四年

宮中祭星		○王ノ言。太宗嘗テ祭星殿ヲ昌德宮中ニ建ツ尋デ命ジテ之ヲ毀ツ。	二六オ
良賤相奸		○良ト賤ト相奸スルヲ禁ジ、生ム所ハ公ニ屬セシム。	二六ウ
		卷五十六	
樂工衣制	三月	○樂工ノ衣制ヲ改メントス。	一三オ
會禮用樂		○會禮ニ女樂ヲ用キズ、男樂ヲ用ユ、童男ヲ以テ娼妓ノ舞ヲ用ユルハ可ナラズ。王ノ言。	一三オ―ウ
懸鍾宮門	四月	○新ニ鍾ヲ造ツテ宮門ニ懸ク、朝會ヲ嚴ニスルナリ。	一五ウ
樂人服制	五月	○男樂人ノ服制ヲ定ム。	一五ウ―一六オ
妃嬪册封		○禮曹ハ冊封王妃、同樂章、冊封王世子嬪ノ儀註ヲ啓ス。	一八オ―二一ウ 二二オ―二三ウ
喪中淫行		○喪ニ居テ酗酒、兄ノ妻ト通ゼシ護軍ト其兄ノ妻ヲ杖ス。	二五ウ
雙六	六月	○明ノ三使臣雙六ヲ求ム、給ス。	三三オ
三綱行實		○集賢殿ハ三綱行實ヲ撰進ス。	三三オ
外官禁妾		○永興府使妾ヲ率キテ赴任セントス、六年間獨居スベカラズト言フ者アリ。議者アリ風俗ヲ正スベシトナス、王ハ之ヲ禁ズ。	三九オ
		卷五十七	
路神告祠	七月	○大司憲申槩刑曹ニ劾セラレ其誣ヲ上言ス。條中、奴ノ主生大口魚二尾ヲ與ヘテ曰ク路神告祠ノ費ナリト奴行ツテ神祠ニ至リ一尾ヲ用ユ云々。	一オ―ウ
社稷祭制		○大提學ハ社稷ノ祭ノ古制ニ合セザルヲ啓ス。	六オ―七ウ

社稷攝行	八月	○禮曹ハ社稷攝事ノ儀註ヲ啓ス。	九ウ—一四ウ
婦人上寺暫禁		○王ノ傳旨。婦人上寺ハ已ニ禁アリ、金剛山ニ上寺スル者頗多シ、今明ノ使臣來往ノ時ナリ之ヲ禁ズ。	一五オ
家舍制限		○進士申孝昌家ヲ營ミ礎砌垣墻ニ熟石ヲ用ユ。司憲府劾シテ其石ヲ官沒シ且贖罪セシム。	一六ウ—一七オ
避役爲僧		○愚民免役ヲ謀リ僧トナル。王ハ軍役ヲ免ジ還俗ノ途ヲ開クベシト言フ。	一七オ・ウ
婦人用轎見本製作		○王ノ言。士大夫ノ婦女平轎子ニ乘ルヲ得ザルコト已ニ令甲アリ今之ニ乘ル者多シ、自今中朝ノ制ニヨリ有屋轎子ニ乘ラシムベク、先ヅ一二ヲ作リ臣庶ヲシテ此式ニ依ラシムベシト司憲ニ傳旨シ平轎子ニ乘ルヲ禁ズ。	一九オ
投壺		○王ハ慶會樓下ニ御シ宗親ノ投壺ヲ見ル。	一九ウ
蒸風呂		○漢城府ハ啓シテ僧徒都城内ニ興販横行ス。汗蒸別窰ノ僧外ハ罪トシ論ゼン。王之ニ從フ。	二〇オ
女眞人結婚		○咸吉道歸化女眞人婚姻ノ時牛馬ヲ婦家ニ送ル風ヲ禁ジ且國人ト婚セシメントス。	二〇オ
仲秋養老	九月	○禮曹ハ毎歲仲秋ノ月、王妃養老宴ノ儀註ヲ啓ス。	二二オ—ウ
壇壝ノ制		○禮曹ハ壇壝ノ制ヲ啓ス。	二五ウ—二七ウ
白丁女孫		○兵曹ノ啓。白丁ノ女孫ト稱スル者ヲ營工監ノ籍ニ錄スル勿レ。	一九ウ
孝子旌門		○禮曹ハ京外ノ孝子節婦ノコトヲ啓シ旌門復戸ス。（父ノ狂疾ニ指ヲ斷ッテ藥用セシメシ者。父ノ丹毒ニ己ノ血ヲ取テ塗リシ者。守墳三年鹽醬ヲ食ハズ。廬墓六年。母死シ藁葬スル等々）	三二オ—三三オ

		巻五十八	
白丁	十月	○禮曹ノ啓。新白丁ハ既ニ平民ト雜處相婚嫁シ軍役ニ差定ス。其子弟ノ郷學ニ赴クヲ許ス。	三ウ
風水思想		○王ノ言。縉紳ノ子弟地理書ヲ好マズ、宜シク勸讀ヲ加フベシ。	六オ—ウ
神馬發現		○京畿點馬別監ノ啓。昔忠清德山縣楓島中ノ池ニ黑白ノ二馬アリ池邊ニ見ハル、人之ヲ見レバ忽焉形無シ、近年池潭リ黃海延平島ニ移ル云々。	七ウ—八オ
神馬龍馬		○王ハ各道ニ命ジテ各官ノ海島ニ龍馬、神馬ノ現ハルルヲ見シ者アラバ其月日ト情況ヲ啓セシム。	八オ
女用轎子		○王ハ命ジテ二品以上ノ妻ノ乘ル青色ノ屋轎子、三品以下ノ乘ル黑色ノ屋轎子ノ見本ヲ造作シ士大夫ヲシテ之ニ倣ヒテ造ラシム。	八ウ
佩劍ノ制		○兵曹ハ古制ヲ稽ヘ武官（文官ノ兼武官ノ者モ）佩劍ノ制ヲ立ツ。	一〇オ—ウ
祭祀沐浴		○王ハ風疾アリ冬日沐浴スルヲ得ズ。祭ニハ攝行セシム。	一一オ—ウ
耳掩着法	十一月	○耳掩ヲ百官ニ賜フ。耳掩ヲ着クルノ法ヲ立ツ。	一四ウ
三年ノ喪		○禮曹判書ノ言。前朝ノ士民ハ父母ノ喪ヲ日ヲ以テ月ニ易ユ。今ハ三年ノ喪ヲ行フ者比々有之。	一九ウ
月蝕	十二月	○月蝕アリ之ヲ救ハズ。月落ルノ後ナルヲ以テ也。	二七ウ
	十五年（癸丑）	巻五十九	
正月雅樂	正月	○一日王ハ勤政殿ニ會禮宴ヲ設ク。始メテ雅樂ヲ用ユ。	一オ

佛像撤去	二月	○文昭殿ノ佛像ヲ撤シ佛像雜物ヲ興天寺ニ移ス。	一三オ
梟鳴禳祭		○鵂鶹譴官署ニ鳴ク解怪祭ヲ行フ。	一三ウ
京城女妓		○京中ノ女妓ハ外方ノ女妓ノ比ニ非ズ、其妾トナツテ生ム所ハ良ニ從ハシム。漢城府ノ啓ニヨル。	一八オ
乳兒死去式ナシ		○東宮ノ女卒ス。一歲ニ滿タズ三年ヲ限リ只朔望及俗節ノ奠ヲ行フ。	四一オ
雷震禳祭		○三角山ノ松木及山麓ニ震ス、解怪祭ヲ行フ。	四五ウ
社稷告討		○野人ヲ征討セシヲ社稷ニ告グ。	五〇オ
祭樂冠服		○祭樂ト冠服ノ制ヲ定ム。	五二ウ—五三オ
溫泉入浴	三月	○王ハ中宮ト溫水縣ノ溫井ニ浴ス。	五六オ
		卷六十	
禁酒	四月	○六月二十日ヨリ禁酒スルコトヲ王ハ司憲府ニ傳旨ス。	四ウ
街巷結綵		○王ハ獻陵ニ親祭ス。文武官興仁門外ニ迎フ、門橋街巷皆結綵ス。	五オ
原廟成ル		○原廟文昭殿成ル、禮曹ハ移安ノ儀注ヲ啓ス。	八ウ—一三ウ
養老宴	五月	○養老宴。州府郡ニテハ婦女ハ其家ニ米酒ヲ給セシテ禮曹ハ啓シテ京中ト同一ニ宴ヲ設クルコトニ定ム。	一五ウ
祭祀儀注		○文昭殿四時及臘祭攝行ノ儀注ヲ禮曹ヨリ啓ス。	一六オ—一九ウ
龍ト馬		○梁山伽倻津外四所諺傳龍ノ居ル處ニ牧場ヲ築キ純白ノ雌馬ヲ入放ス。（龍ト交尾セシメ良馬ヲ得ントスル爲也）	二二ウ
祭祀儀注		○文昭殿忌晨祭ノ儀注ヲ禮曹ヨリ啓ス。	二二ウ—二四オ

右同		○右同朔望祭儀注。	二七オ―二八ウ
瓦屋奬勵		○戸曹ニ傳旨シ官製ノ瓦ヲ半價ニテ給シ城中ニ瓦屋ヲ奬勵ス。	三二オ
鞍制		○命婦印信ノ制及大小人鞍子ノ制ヲ定ム。	三三オ
巫女追放	六月	○禮曹ノ啓ニヨリ南大門外ノ巫女ヲ遠地ニ移ス。其他ノ京中ノ巫女ハ前ニ門外遠地ニ黜ケタリ。	四五オ
		卷六十一	
祈晴祭門	七月	○霖雨過多ニヨリ京城四門ヲ祭リ晴ヲ祈ル。外方ハ城門ニ禜祭セシム。	一ウ
風水思想		○王ハ領議政等ニ命ジ木覔ニ登ツテ山水ノ脈ヲ究メシム。	六オ―七オ
右同		○王ハ地理ノ說ノ信スベカラサルヲ言フ。禮曹ハ地理說ノ虛誕ナルヲ啓ス。王ノ言地理ノ說間々虛誕アリト雖モ專ラ棄ツベカラズ、祖宗ノ建都地理ヲ相ス、臣民ニ至ツテハ其親ノ葬ニ必ズ山水ヲ觀ル云々。	七オ―ウ・八ウ―九オ・九オ―一一ウ・一二オ―ウ
佛齋 淫祠惑溺		○王ノ言。左議政柳廷顯ハ前ニ水陸齋ヲ闕內ニ行フヲ罷メンコトヲ請フ、其死スルヤ僧ヲ齋ス其費五千石、今ノ人朝廷ニテハ神祀ノ禁ヲ言トスルモ家ニ退テハ神祀ニ惑フ者頗ル多シ。	一三オ・二〇ウ―二二オ
風水思想		○白嶽等ノ地脉ニ付テ議論アリ。王ハ親シク登山之ヲ觀ル。	九オ―一一ウ・一二オ―ウ・一三オ・二〇ウ―二二オ
救蝕		○禮曹ハ救日食ノ儀注ヲ啓ス。	一三ウ
風水思想		○王ハ景福宮ノ明堂ニ水無キヲ以テ渠ヲ造ラントス。	一四オ―ウ・二二ウ―二三オ
右同		○王ノ言。地理ノ人往々池ヲ鑿ツテ松ヲ植ユ云々。	一四ウ
右同		○行司正ハ獻陵ノ地理ニ付テ上言ス。	一五オ―一七ウ

右同		○風水學提調ハ斯學研究ノ必要ナルヲ論ジ訓導ヲ差任ス。	一七ウ—一八オ
風水妄誕		○司憲府ハ上疏シテ地理說ノ妄ナルヲ陳ス。	一八オ—一九オ 一九オ—二〇ウ
葬送炬火	八月	○禮曹ハ啓シテ送終ノ時ノ炬火ノ數ヲ定ム。	二九オ
風水思想	閏八月	○王ノ言。地理ノ說士大夫皆之ヲ用ユ國家何ンゾ之ヲ用キザルヤノ說正シカラズ。 今池ヲ鑿ツハ地理ニ惑フニ非ズ云々。	五〇ウ
公服		○來十月一日ノ朝賀ニ百官ヲシテ始メテ公服ヲ着セシム。	五一オ
鄉樂 民俗歌謠	九月	○禮曹ノ啓。慣習都監ノ鄉樂五十餘聲ハ新羅高麗百濟ノ民間俚語猶想見スベシ。猶民俗歌謠ノ詞各道ヨリ採送セシメン。王之ニ從フ。	五四ウ、
馬鞍制限		○鞍ノ尊卑使用制限ヲ定ム。	五七ウ
		卷六十二	
禮服ノ袖ヲ狹クス	十月	○自今大小人禮服只單裌ノ衣ヲ用キ袍衣ヲ用ユル勿ラシム。	六ウ
[illegible]		○[illegible]弘禮門ニ鳴ク、解怪祭ヲ行フ。	九ウ
酒戒教旨		○[illegible]ハ教旨シテ、飲酒ノ度ニ過ギ風俗ヲ害シ身ヲ傷ルヲ戒ムノ冊子ヲ印行シテ中外ニ諭ス。	一〇オ—一〇[illegible]
人妻淫行	十二月	○宰相ノ女ニシテ朝士ノ妻タル於里加ハ常服ヲ着テ閭里ニ出入シ奸ユ行キシニヨリ決杖遐方ニ安置ス。義禁府ノ啓ニ依ル。	二二オ
淫女ノ刑		○淫女ノ刑ヲ重クシ人倫ヲ正サンコトヲ義禁府ヨリ上言ス。	二二オ
婦女掩面		○本朝士族ノ婦女出ヅルニ必ズ面ヲ蔽ヒ輿ニ乘ル、古今ノ禁防至嚴ナリ云々。	二二ウ
淫女族黨 處刑意見		○司諫院ハ前項ノ女ト通奸セシ者及女ノ族黨ヲ刑センコトヲ請フ。允サズ。	二三オ

戒酒敎書		○禮曹ノ啓ニヨリ今頒降ノ戒酒ノ敎書ヲ京外各衙門ノ廳堂ニ懸ケシム。	二三オ
禁酒		○各道凶歉ニ付王ハ傳旨シ藥用外酒ヲ禁ズ。	二四オ
淫女鞫問		○王ハ朝士ノ婦女淫行者ヲ鞫問セシム。	二五オ
茶禮		○戸曹ノ啓ニヨリ外方各官禁酒ノ時茶禮ト稱シ饌ヲ設クルヲ禁ズ。	二五ウ
	十六年（甲寅）	卷六十三	
舞・童	正月	○王ノ言。舞童トナルヲ良人ハ嫌フニヨリ賤民ヨリ選ブヲ可ナリトス。	一オ
婚姻壻女家ニ歸ス	二月	○王ノ言。婚禮。士風ハ男ヨリ女ノ第ニ歸ス其由來久シ猝カニ變ジ易カラズ。	二八オ
誕日會禮		○今後誕日ノ會禮ヲ除ク。	三一オ
		卷六十四	
佛徒勸化 無㝵ノ戯 女ノ男裝 寺ニ宿ス	四月	○楊州檜岩寺ニ在リシ元敬王后ノ繡佛ヲ種トシ佛徒勸化シ寺ヲ修治シ佛會ヲ設クル者アリ。士大夫ノ妻往來。僧無㝵戯ヲ爲シ風俗ヲ紊ル。商賈ノ婦女男服ヲ着テ僧房ニ宿ス	五オ
儒生排佛		○成均生員ハ上書シテ佛敎ノ弊竝前項檜岩寺ノ件ニ付テ其國家ヲ毒スルヲ陳ス。	五オ―七オ
提學排佛		○集賢殿副提學ノ上書。前項同一ノ件ヲ陳ス。	七ウ―八オ
陵祭飯僧		○健元陵親行祭ノ時開慶寺ノ僧ニ飯ス。永ク恒式トス。	八オ
繼母ト三年ノ喪 冠禮稀ニ行ハル 親迎ノ禮行ハレズ		○禮曹判書ノ上書。(一)繼母ニ對シ三年ノ喪ヲ行フベキコト。(二)冠禮ハ皆之ヲ行ハザルモ猶其風アリ。(三)婚禮ハ男ヨリ女家ニ歸ス、願クハ古制ニヨリ親迎ノ禮ヲ行ハシメン。王ノ言。太宗ノ時親迎ノ禮ヲ行ハントセシニ臣僚之ヲ忌ミ小兒ヲ	八ウ

迎ヘ婿トナセリ、此ノ如ク行ヒ難シ。今後王子王女ハ此禮ヲ行ハン云々。　一〇オ

夫死シ妻斷髮ノ風　○洒川赴防ノ人途中ニテ死ス。其妻斷髮哀號其地ニ向ハントス。族人ハ千里奔喪婦人ノ事ニ非ズトシテ之ヲ挽止ス。　一〇オ

甘露　○甘露ノ賀箋ヲ黄海慶尙ノ監司ヨリ進ム。　一〇オ

婚姻親迎　○王ハ禮曹ニ傳旨シテ曰ク。婚姻親迎ノ禮ハ勒令スベカラズ、先ヅ王室ヨリ擧行スベク儀注ヲ定ム。併セテ士大夫ノ家ニモ之ヲ行フヲ欲スル者アルベシトテ其儀注ヲモ定ム。　一一ウ

禁酒　○旱ヲ以テ禁酒ス。　一五オ

牛馬盜ト白丁　○牛馬ノ盜多シ。白丁ヲ牧場外五六十里ノ地ニ黜ク。　一六オ

三綱行實　○王ハ綱紀ヲ張リ風俗ヲ正スベク三綱行實ヲ儒臣ニ撰バシメ中外ニ廣布セントス。　一九ウ

五月

婦女上寺　○婦女尼僧ト共ニ上寺留宿スル者多シ。（同姓愛）其中ニ中宮ノ母親アリ之ヲ推シタル司諫院ヲ咎メテ推スル勿ラシム。　一九ウ・二〇ウ—二一ウ

無㝵ノ戲　三僧無㝵ヲ持シテ戲ヲ作ス。

婦女上寺　○王ハ司憲ニ傳旨シ婦女上寺ヲ考察シ能ハザル官吏ト許接ノ僧ヲ痛縄スルニ法ヲ以テセシム。　二二オ—二三オ

法席禁止　○王ハ傳旨シテ追薦、祈禱、水陸轉經、祝壽等ニ法席ヲ設クルヲ禁ズ。　二三オ

親喪短縮　○親喪三年法典ニ規定アレド世俗ハ只百日ノ喪ヲ行フ云々。王ノ言。　三二オ

六月

施療給氷　○東西活人院ノ熱病人ニ碎氷ヲ給ス。　三八オ

牛馬盜殺　○濟州地窄ク人多シ、牛馬ヲ盜殺シテ資生スル者多シ。　三九オ

婦女上寺　○司憲府ハ檜巖寺ニ往會セル婦女ト尼僧及ビ之ニ關係セル僧等ヲ笞、杖等ニ夫々處刑ス。　同

卷六十五

時計	七月	○王ハ漏刻ヲ作リ始メテ用ユ。（構造ノ記精シ）	一オ－三ウ
祈晴祭		○四門ニ祈晴祭ヲ行フ。山川ニ同上。	八オ－一〇ウ
右同		○北郊ニ右同。社稷宗廟ニ同上。	九ウ・一四ウ
梟鳴祈禳		○鵂鶹建春弘禮二門ニ鳴ク、解怪祭ヲ行フ。王ハ之ヲ捕ヘ盡サントス。	一〇ウ
社稷祈告		○禮曹ハ詳定所ト社稷祈告ノ儀ヲ撰進ス。	一三オ－一四ウ
家近埋葬	八月	○驪興ノ人、夫死シテ家ヲ距ル十歩許ノ處ニ葬ル。	一六ウ－一七オ
祈晴		○晴ヲ太一ニ祈リ、昭格殿ニ醮ス。	一八ウ
祠堂佛祀		○司憲府ハ父母ヲ祭ルニ佛堂ト祠堂トヲ兼ネタル如キ儒佛混合式ノモノアルヲ啓ス。王ハ其佛堂ヲ毀チ祠堂トセシム。	二〇ウ
無㝵呈才		○禮曹ノ言。蓮花臺呈才ハ慰宴ニ用ユ其來ルヤ久シ。無㝵ノ呈才ハ佛家ノ語ヲ用ユ云々。	二一ウ
養老宴		○王ハ思政殿ニ養老（男）ノ宴ヲ設ク。中宮モ養老（女）宴ヲ設ク。	二三オ・二四オ
本宮役苦	九月	○咸興本宮ノ屬ニ咸吉道ノ鷹人、海尺ノ類多シ、王ハ其役ノ苦ヲ慮リ之ヲ減ゼントス。	二九オ

卷六十六

日晷器	十月	○初メテ日晷ヲ置キ日影ヲ測ル。	一オ
月蝕停朝		○月蝕アリ停朝ス。	八オ

明使淫妓		○明ヨリ來リシ二使臣女妓ヲ私ス。	一七オ
賀箋		○正朝、冬至、誕日ノ三大朝會ニテ顯宣五敎兩宗ヲ率キテ賀箋ヲ進メシテ除ク。	一七ウ－一八オ
婚禮親迎	十一月	○都承旨ハ宗親ノ親迎ノ禮ノ儉素ナルベキコトヲ言ス。	二一オ
三綱行實		○三綱行實ヲ宗親臣僚ニ頒チ且諸道ニ賜フ。	二二オ
祈禳梟鳴	十二月	○鵂鶹內城、勤政殿、東宮ニ鳴ク、解怪祭ヲ行フ。	二三オ・ウ・二七ウ
豆腐調精		○明帝ハ曩ニ朝鮮ヨリ獻ジタル膳羞ノ女ハ何レモ食品調製ニ巧ナルモ特ニ豆腐ハ最精美ナリト言フ。	二七ウ－二八オ
儺戲		○王ハ儺戲ヲ見ル。	二八ウ
	十七年（乙卯）	卷六十七	
祭祀溫酒	正月	○文昭殿祭祀ニ用ユル酒ハ冬月ナルニヨリ溫酒トス、朱禮ニ據リタルナリ。	三オ－ウ
降嫁ノ儀		○禮曹ハ王女下降ノ儀ヲ啓ス。	四ウ－六ウ
生員放榜	二月	○禮曹ハ生員放榜ノ儀注ヲ啓ス。	一四ウ－一五オ
王子婚儀		○禮曹ハ王子婚禮ノ儀注ヲ啓ス。	一六ウ－一八ウ
臣民婚儀		○同上一品ヨリ庶人ニ至ル右同。	一八オ－二〇ウ
婦女上寺	三月	○檜巖寺大慈庵ニ檀越往來張佛設席、士大夫婦女公然上寺ス。	二〇ウ
親迎ノ禮		○坡原君ハ淑愼翁主ヲ親迎ス。親迎ノ禮此ヨリ始マル。	二一ウ
排佛上疏		○司憲府ハ佛敎ノ害ヲ述ベテ之ヲ禁壓スベキヲ上疏ス。	二二オ－ウ
大君佛事		○司憲府ハ孝寧大君ノ佛事ヲ檜巖寺ニ設クルヲ禁ゼンコトヲ請フ。允サズ。	二二オ
上寺禁止		○王ハ司憲府ニ傳旨シテ壽齋其他佛事ヲ設ケ上寺スルヲ禁ズ。	二三オ

擊毬	四月	卷六十八 ○王ハ慕華館ニ幸シ武人ノ擊毬ヲ試ム。	二オ
獻上處女歸省		○明ノ使臣ハ曾テ獻ジタル處女從婢、唱歌婢、執饌婢ヲ其ノ父兄ニ會ハシムベキ帝ノ命ニヨリ率ヰ來ル。	九オ
唱歌ノ婢		○右唱歌ノ婢ハ私賤出身ナリ。	九ウ
官人樂工	五月	○禮曹ノ啓ニヨリ唐樂ノ官人ハ樂工ノ例ニヨリ一斗相遞セシム。	一二オ
祈雨		○禮曹ノ啓ニヨリ吉日ヲ擇ンデ雨ヲ祈ル。	一三オ
宮女ト飲宴		○司諫院、義禁府ハ宗室愼宜君ガ宮禁ノ侍女ヲ病ニ托シ外出セシメ之ト宴飲セシ罪ヲ糺サンコトヲ請フ。	一四オ—ウ・一六ウ 一七オ・二〇ウ— 二一オ・二一ウ
旱災禁鼓		○禮曹ノ啓ニヨリ古制陰陽壓勝ノ術ニヨリ祭享外鼓ヲ擊タシメズ、旱ニヨル。	一九オ
祈雨	六月 （二〇ウヨリ）	○旱ニヨリ名所ニ祈雨祈禱ス。	一九オ・ウ・ 二〇オ・ウ
倡妓溺愛正妻疎遇		○承文院判事ハ一夫一婦ハ人倫ノ本ナリ娼妓ニ溺レ正妻ヲ疎薄スル者間々アリ。攸司ヲシテ推劾セシメンヲ請フ。	一九ウ—二〇オ
乳牛		○禮曹ハ乳牛所ノ飼料ヲ減ゼンコトヲ請フ。旱ニヨル。	二五ウ
老人優遇		○王ハ敬老ノ主旨ニヨリ九十歲以上ノ者ニ職ヲ授クルコトトス。	三四オ
軺軒創造	七月	卷六十九 ○王ハ工ニ命ジテ軺車ヲ創造ス、之ヲ實用スルトセバ品限ヲ如何ニスルヤヲ諸臣ニ咨リ副提學以上之ニ乘ルヲ許スコトニ定ム。	一オ

祈雨報祀	八月	○祈雨ノ報祀祭ヲ吉日ヲ擇ンデ所在官ヲシテ行ハシム。	右同
右同祈雨		○雨無ク之ヲ祈ラントス。王ハ立秋後報祀ヲ行ヒシ後ニ更ニ祀雨スルハ古典ニ無シトテ之ヲ議セシメ、結局災迫レリ祈ラザルベカラズト決定ス。蜥蜴祈雨及巫女僧徒ヲ聚メ雨ヲ祈ル。其他各種ノ方法ニテ雨ヲ祈ル。	七ウ・八オ・八ウ・九ウ・一〇オ・一二オ・ウ・一三オ・ウ・一四オ
白丁强盜		○京畿ノ强盜ハ大抵皆新白丁也專ラ馬力ニ賴ツテ、農務ヲ事トセザルニ由ル云々。	一二ウ
老人優遇		○京外九十以上ノ老人ニ米ヲ賜フ、計五六六人。	一三オ
小兒委棄	九月	○中外ノ人小兒ヲ路上ニ棄ツル者多シ。刑曹ノ啓ニヨリ王ハ賞ヲ懸ケテ之ヲ捕ヘシム。飢ニ由ル。	一六ウ—一七オ・二一オ・二二オ
風水思想		◉宮城明堂ノ水渇シテ風水ニ宜シカラズ。前ニ昭格殿前ニ池ヲ鑿チシモ又水ニ乏シ。此秋建春門前ニ池ヲ鑿タントス。	二〇オ
養老ノ宴		○王ハ勤政殿ニ養老ノ宴ヲ設ク。	二一ウ
給資督婚		○婚姻時ヲ過グル者ニ資ヲ給シテ婚ヲ督セシム。	三〇ウ
		卷七十	
禁無牌鷹	十月	○無牌鷹子ノ禁犯ヲ嚴察ス。各官守令ニ犯者アリ。	二オ
雨具		○雨具ヲ六承旨ニ賜フ。	二オ
僧儒軋轢		○鄕校ノ生徒群ヲ成シ上寺シ僧徒ヲ侵擾ス。王ハ禮曹ニ傳旨シテ嚴ニ檢察ヲ加ヘシム。	五オ
梟鳴祈禳	十一月	○鵂鶹弘禮門、勤政殿ニ鳴ク解怪祭ヲ行フ。	一三オ・ウ
文廟奠謁	十二月	○禮曹ハ文廟奠謁ノ儀ヲ啓ス。	一四ウ—一五オ

梟鳴祈禳		○今後鵂鶹勤政殿ニ鳴ク外ハ解怪祭ヲ行ハズ。	一五オ
白丁		○才人禾尺ヲ改稱白丁トシ量授セシモ彼等農事ヲ爲サズ流移ス。大臣等痛禁ヲ請フ。	一九ウ
十八年（丙辰）		卷七十一	
幣帛燒埋	正月	○奉常寺ノ啓ニヨリ天神ヲ祭レバ幣帛ハ之ヲ燒キ、地祇ト人鬼ヲ祭レバ幣帛ハ之ヲ埋ム。之ヒ神ヲ禮スルノ道也トシ今累積セル者ヲ燒キ又移埋ス。	二オ
飲福宴	二月	○禮曹ハ諸祀儀式内飲福宴ニ付テ啓ス。	七オ
近親通奸	三月	○義禁府ハ夫ノ姪ニ通シタル別侍衛ノ妻アリ、王命ニヨリ之ヲ推ス。司憲府ハ同人ガ父ノ妓妾ヲ蒸シタルヲ啓ス。	一一オ
		卷七十二	
雨乞	四月	○雨ナシ禮曹ノ啓ニヨリ修溝、審寃獄、賑恤、掩骼等ノ事ヲ行フ。其他各種手段ヲ行フ。祭祀ヲ行フ。	一ウ—二オ・四ウ・五オ
近親通奸 壻ハ妻家ニ寄食		○司憲府ハ妻ノ妹ヲ奸シタル者ノ刑ヲ啓ス。本國ノ風俗女婿ハ妻ノ家ニ寄リ以テ其身ヲ成ス擧世皆然リ。或ハ妻ト親ト共ニ歿シテ妻ノ姉妹依ル所ナシ義骨肉ニ同ジ。（以下亂淫者ノ例示アリ）云々	五オ—六オ
祈雨		○雨ヲ社稷其他ニ祈ル。其他諸種ノ方法ヲ行フ。	六オ・ウ
祈雨		○閔義生ハ上書シテ水旱天變ニ關シ風雲雷雨、城隍、方位ノ神等ノ祭祀古制ニ合セザルヲ疏陳ス。王ハ禮曹ニ下ス。	六ウ—七ウ

右同

○禮曹ノ啓ニヨリ水日ヲ擇ンデ外方ハ三社ヘ、京中ハ各三ニ祀ラシメ其日小民ハ雜穀ノ飯ヲ供ヘ祈禱セシム。 七一 八才

右同 五月

○右ノ外祈雨ス。 八ウ・九ウ・一三オ、一五オ・ウ・一八ウ、九ウ・一二〇オ

誅死人ノ鬼ヲ祀ル

○往古誅セラレシ人ノ姓名ヲ紙ニ書シ木竿ニ懸ケ豆朴神（俗言頭朴「朴ハパカチ」之聲）ト稱シ愚民之ヲ祀ル。其始作ノ人ヲ捕ヘ之ヲ流ス。 九ウ

妖巫推捕

○王ハ傳旨ニヨリ右豆朴神ノ事ニヨリ在京城ノ妖巫ヲ推捕ス。豆朴神ノ來ルヤ久シ云々。 九ウ

馬祭廢罷 巫覡ノ禁

○王ハ教シテ自今松岳、白岳等各處ノ中宮別祈恩及箭串、司僕寺ノ馬祭ヲ罷ム。又巫覡ヲ痛禁セシム。 一〇オ

空唱妖巫

○王ハ大臣ヲ召シテ事ヲ議ス。今司憲推スル所ノ妖巫七人能ク鬼神ヲシテ空中ニ唱セシム。之ヲ外ニ黜ク云々。 一〇ウ～一一オ

由旱免囚

○旱ニヨリ王ハ傳旨シテ徒罪以下及充軍付處定役ノ人徒罪以下ノ者ニ減免ス。 一二オ

巫禁申明

○司憲府ノ啓ニヨリ來七月ヨリ京中ノ巫禁ヲ嚴ニス。 一四ウ

牧馬放出 宮女放出

○司僕寺ノ馬ヲ牧場ニ放ツ。旱ノ爲也。王ハ旱ヲ憂ヒ宮中ノ侍女ヲ放出ス。 一八ウ

妖言妖祀

○豆朴神ヲ稱セシ陽城人姜流豆、朴豆慶ヲ死二等ニ減ズ。無知ノ愚民妄ニ豆朴神ヲ稱スル其來ルヤ已ニ久シ。 一九オ

祈雨手段

○議政府ノ啓ニヨリ歷代祈雨並董仲舒祈雨ノ法ヲ行フコト永ク恒式トス。（春旱）、縣令ヲシテ水日社稷ニ禱ル。名木ヲ伐ル毋レ。山林ヲ斬ル毋レ。（夏旱）同上。水日竈ヲ祀ル、土功スル毋レ、大ニ井ヲ浚フ。（季夏ノ旱）同上。家人中霤ヲ祀ル。土功ヲ過ス毋レ。（秋旱）同上。家人門ヲ祀ル。擧火スル毋レ。（冬旱）家人井ヲ祀 一九オ

		ル。水ヲ壅グ毋レ。	
祈雨	六月	○蜥蜴祈雨、盲人祈雨、其他ノ祈雨、此時未曾有ノ大旱也。	二二オ・二三オ 三六ウ・三七ウ
僧侶妖言 龍王ノ珠		○智異山、五臺山ノ寺僧水精ノ珠ヲ東海龍王ノ如意珠ト稱シ愚民ヲ迷ハス。之ヲ迎エ來ラバ大雨アルベシト言フ者アリ。王ハ之ヲ禁ゼシム。	二三オ
世子納嬪ノ儀		○禮曹ハ王世子納嬪ノ儀ヲ啓ス。	二六ウ・三四オ
巫覡犯禁 城內出入 士庶惑巫 託祖神		○大司憲ノ啓。巫覡城底ニ在テ出入時無シ。鄉士ノ家ヨリ庶民ニ至ル迄デ之ニ迷ヒ崇信、祖考ノ神ヲ衛護ト稱シ巫ヲ邀フ。傷風敗俗空唱ノ妖巫ト何ゾ異ラン。一ニ空唱ノ妖巫ヲ外ニ黜ケシ例ニ依ラン云々。	三四ウ
號牌		○號牌ノ法ヲ復シテ版籍ヲ明ニセンコトヲ請フ。王允サズ。	三五オ
適三夫者 錄案戒後		○士大夫ノ妻更メテ三夫ニ適ク者司憲府ニ成案（恣女案）錄名以テ後ヲ戒ム。	三七ウ
		卷七十三	
巫覡放逐 號牌實行 佛宗統一	閏六月	○司憲府ハ巫覡ヲ城外ニ黜クルコト、號牌ヲ行フコト、禪、宗ヲ合シテ一宗トナスコトヲ復タ啓ス。王ハ允サズ。	一オ
三ツ兒		○廣州人一產三男米ヲ給ス。	一ウ
祈雨		○僧巫ヲ聚メ雨ヲ祈ル。其他ニモ祈ル。	三オ・ウ・三六オ・ 三九ウ
晴雨占卜		○開元占內晴雨占驗ヲ書雲觀ニ下ス。	三オ
殿中蛇妖		○某夜王、康寧殿ニアリ蛇虺ヲ繞リテ書案上ニアリ。今旱災アリ之ヲ天譴ナリトシテ晉陽大君ノ第ニ移ラントス。	三九ウ

		卷七十四	
祈雨	七月	○雨ヲ祈ル、社稷、蜥蜴、僧巫、雩、其他。	一オ・二オ・四オ・ウ・六ウ・九オ・ウ
憂旱移御		○王ハ旱ヲ憂ヒ晋陽大君ノ第ニ移ル。繖扇ヲ去ル。	一オ
奸宮女罪		○出宮ノ侍女ヲ奸セル者ヲ斬一等ヲ減ジ外方ニ竄ス。	三オ
陰陽學上安胎法	八月	○陰陽學鄭秧ハ上書シテ唐一行撰六安胎ノ法ヲ陳シ之ニ依ランコトヲ請フ。賢愚盛衰皆胎ニアリ男子十五年ニシテ藏胎ス云々。	一一ウ
近親姦罪		○濟州人ノ家長其女ヲ奸シタル者ヲ斬ニ處ス。	一二ウ―一三オ
		卷七十五	
盲卜授職	十月	○盲人（筮卜之人）等爵祿ヲ受ケンコトヲ上言ス。高麗之季ニモ例アリトシ内侍檢校ノ職三品ヲ限リトシテ授ケ紗帽、帶ヲ賜フ。	一オ・ソ
棄兒		○飢饉ニヨリ小兒ヲ棄去ル者多シ、救護セシム。	二ウ・六ウ
小兒賣買		○貧窮ノ人ヲ誘フテ子ヲ買フ者アリ。	二ウ・六ウ
盜犯刺字		○竊盜ノ人ニ但ダ刺字ス。	五ウ
同性愛		○王子嬪奉氏ハ其侍婢ト同性愛ノコトアリ廢シテ庶人トナス。	七ウ―九ウ
嬪ノ非行	十一月	○王ハ世子嬪奉氏ノ非行且酒ヲ嗜ミシ事等ヲ言フ。	一四オ―一五オ
三ッ兒		○興德ノ人一産三男米ヲ賜フ。	一六オ
地陷祈禳		○黄州地陷ル解怪祭ヲ行フ。	二三オ
北邊置妓	十二月	○咸吉道監司ニ傳旨シ慶源、會寧、鏡城等ニ官妓ヲ置カシム。軍士ノ妻ナキ者ヲ待	二三ウ―二四オ

		センガ為也。	
		卷七十六	
	十九年（丁巳）		
三ツ児	正月	○水原人ノ妾一産三男米ヲ賜フ。	一オ
白丁		○忠清監司ノ請ニヨリ隣保ノ法ヲ定メ無頼ノ徒及流離ノ新白丁等ヲ囚フ。	三オ
土姓無シ		○平安道人土姓無シ。下三道ノ各官（慶尚、全羅、忠清）土姓アリテ郷風ヲ愛惜スル者ト異ル。王ハ土姓ヲ為リ戸口ニ編セシム。	四オ
旱甚	二月	○各道ノ河川皆枯ル。妻子ヲ捨テ、逃ル、者アリ。	一二ウ
淫祀厳禁		○刑曹ニ傳旨シ、樂ヲ作シ衆ヲ聚メ鬼神ヲ淫祀スル者、居喪ノ家巫ニ就ク者、齋ヲ設クル者及葬日致酒スル者ヲ痛禁犯者ヲ罪ス。	一五ウ—一六オ
冊嬪		○禮曹ハ冊王世子嬪ノ儀注ヲ啓ス。（良媛權氏ヲ世子嬪トス）	一六オ—一八オ
壇廟神牌	三月	○禮曹ハ諸道巡審別監ノ啓本ニ據リ啓ス。諸道ノ海瀆、山川、壇廟及神牌ノ制度ニ關スル件。	二四オ—二七オ
喪制		○禮曹判書ハ大小臣僚、父在ル母ノ喪ニ付テ啓ス。	三二ウ
		卷七十七	
除服出仕	四月	○大提學權踶ノ議ニヨリ父母ノ喪期ト出仕ノ關係ヲ定ム。	五オ—七オ
測候ノ器		○王ハ晝夜測候ノ器ヲ作リ名ケテ日星定時儀ト曰フ凡ソ四件内庭ニ置ク。	七オ—一一ウ
甘露		○甘露朔州ニ降ル、禮官之ヲ賀セントス。王允サズ。	一八オ
喪制	五月	○議政府禮曹ハ繼母ノ服、繼祖母ノ服ニ付テ啓ス。疑義アリ、入朝ノ使臣ヨリ禮部	二五ウ—二六ウ

		ニ質問スルコトヽス。	
豆滿築壇	六月	○初メテ豆滿江ニ壇ヲ築キ祭ル。	三〇オ
雌鷄成雄		○海美縣ノ雌鷄化シテ雄トナル。命ジテ解怪祭ヲ行ヒ人ヲ遣ハシテ之ヲ審査ス。	四二ウ
妻ノ忌日		○大小朝士ノ亡妻ノ忌日ニ暇ヲ乞フヲ禁ズ。	四三ウ
告焚ノ禮		○文公家禮ニヨリ焚黄ノ禮ヲ家廟ニ行ハシム。	四三ウ

卷七十八

雨乞	七月	○旱ノタメ古制ニ依リ修溝渠、淨阡陌、審理冤獄、賑恤窮乏、掩骼埋胔等ノ事ヲ行フ。	一ウ
四目ノ牛	八月	○慶尚道昌寧縣ノ牛ハ二口兩鼻四目ノ子ヲ生ム。命ジテ解怪祭ヲ行フ。	九オ
白丁强盜		○泰川ノ强盜新白丁ヲ囚ヘ斬ニ處ス。	二三ウ
女眞通婚	九月	○咸吉道ノ女眞人本國ノ民ト相嫁婚ス。	二六オ
一家淫亂		○近親姦アリ且淫濫ナリシ柳殷ノ閭門ヲ外方ニ黜ケヌルヲ今京城ニ還ラシメントス。司憲ハ上啓シテ其不可ヲ言フ。王ハ允サズ。	三七ウ・四〇オ
軍士服色		○兵曹ハ啓シテ侍衛ノ軍士ノ白衣ハ吉服ニ非ズトシ鴉青ニ改ム。	四四ウ—四五オ

卷七十九

風水思想	十月	○府士ハ獻陵ノ山脈ニ付テ風水上ヨリ上言ス。	五オ—六オ
祈禳梟鳴	十一月	○鵂鶹勤政殿ニ鳴ク解怪祭ヲ行フ。	一三ウ—一六オ
荒誕傳說		○咸吉節制使ノ啓。野人ノ地面ニ老蛇アリ、千萬人ヲ食フ、人血腸中ニ石トナル大	一四ウ—一六オ

		鳥其蛇ヲ食ヒ石ヲ巣ニ遺ス之ヲ飲メバ百病ヲ治ス云々野人龍角ヲ得ル云々。	
親迎ノ禮	十二月	○桂陽君中樞院使韓確ノ女ヲ親迎ス。	一八オ
		卷八十	
	二十年（戊午）		
女眞雜婚	正月	○向化ノ女眞妻ヲ娶ル者アラバ良女ヲ給ス、恒例トス。	一八オ
擊毬	二月	○王ハ慕華舘ニ擊毬ヲ觀ル。	一九オ
婦女上寺		○司諫院ノ上疏。婦女上寺ノ禁行ハレズ都中ノ女日齋ト稱シ公然寺ニ詣ル。之ヲ禁ジ僧ノ給牒ヲ還收センコトヲ請フ。王ハ允サズ。	二三ウ—二四オ
	三月	○議政府モ同上。	同
對馬人ノ姦犯		○有夫ノ婦ヲ奸シタル對馬人ヲ囚フ。	二七オ
舍利閣		○興天寺舍利閣改造成ル。	二九ウ
胎ノ移葬		○禮曹ハ中宮ノ胎移葬ノ時ノ儀ヲ啓ス。	三〇オ—ウ
乳牛		○乳牛所ヲ東部學堂ト爲ス。	三二オ
僧ノ度牒		○度牒ナキ僧徒ノ考察ヲ嚴ニス。	三三オ
		卷八十一	
鄉吏冠帶	四月	○禮曹ノ呈ヨリ外方各鄉吏ノ冠帶僭用者ヲ禁斷ス。	一ウ
彩棚雜戲		○安胎使過グル所ノ州郡彩棚ヲ結ビ雜戲ヲ呈シ迎フル勿ラシム。（中宮ノ胎也）	二ウ
及第遊街		○新及第生員進士等遊街ノ時只ダ呵喝ヲ許シ雜戲ヲ禁ズ。	一五ウ
及第侵虐		○新及第ヲ戲謔シ賦詩セシメ禮幣ヲ徵スルヲ禁ズ。	六ウ

禁僧入城 僧徒亂行		○王ノ言。往年京中宮府ノ橋梁皆僧ヲシテ營造セシム。僧徒亂行都内ノ男女雜沓醜聲絶エズ故ニ役僧ヲ罷メ城中ニ出入ヲ禁ズ云々。	七オ
王族妓妾		○大君諸君宗親等ノ妓妾多シ。之ニ對シ承旨ノ議アリ。王ハ曰ク已ニ之ヲ許セリ、之レ倡妓ト雖モ未嫁ノ少女何ンゾ不可アラン亦繼嗣ヲ廣クスル道也云々。	八オ
僧徒檢束	五月	○司諫院ハ僧徒ノ閭ニ入リ風俗ヲ汚亂スルヲ禁ゼンコトヲ請フ。	一〇ウ―一一オ
禁酒		○中外酒ヲ用ユルヲ禁ズ。	一二オ
安胎		○中宮ノ胎ヲ慶尙道順興府中輪寺洞ニ藏ス。	一二ウ
祈雨		○旱ニヨリ各種ノ祈雨ヲ行フ。	一三オ
祈雨		○議政府ノ啓。祈雨古制ノ外撃鼓ヲ止メ、南北門開閉又水日ニ於テ各家門戸香爐淨水菓餅ヲ設ケ祈禱且虎頭ヲ漢江楊津朴淵ニ沈ム。其他ノ祈雨。	一三オ・一四オ・ウ・一五ウ
端午石戰		○端午石戰曾テ禁令アリ。此時大君等此戲ニ與ル、死傷アリ憲府之ヲ劾ス。持平其責任ヲ明ニセンヿヲ請フ。	一三オ―ウ・一六ウ―一七オ
救病禱佛		○孝寧大君病篤シ僧三十三人ヲ興德寺ニ聚メ救命精勤ス。	一七オ
號牌		○王ハ號牌ノ法ヲ復セントスルノ意アリ。	一七ウ
溫堗		○慶尙監司ニ傳旨シテ李澄石、李澄玉兄弟ノ守墳溫堗ニ宿セシム病ヲ生ズルヲ防グ爲也。	一八オ
白雉瑞兆	六月	○全羅監司白雉ヲ獻ズ。白岳ニ放ツ。	一八ウ
祈晴		○京城四門ニ晴ヲ祈ル。	二四オ
日齋ノ弊		○司憲府ハ崇拜、日齋ノ弊ヲ上疏ス。	二五オ―ウ

卷八十二

七月

祈禱救病　○孝寧大君病劇シ、上林園ニ祈禱精勤ヲ設ク。　一オ―ウ

佛舍利　○司諫院ハ上疏シテ佛骨舍利ヲ禁內ニ藏スルノ不可ヲ陳ス。王ハ其之ヲ外ニ出スヲ允サズ。　二オ―ウ

女眞通婚　○北方ノ女眞婚ヲ本國ノ人ニ願フ。　三オ

建寺壓勝　○司諫院ノ上書。高麗太祖ハ術士壓勝ノ道ヲ以テ山水背處《セナ》ニ寺社ヲ建營ス云々。　三ウ―四ウ

祈晴　○晴ヲ宗廟ニ祈ル。同太一ニ祈ル。　四ウ

佛舍利　○王ハ命ジテ佛舍利ヲ興天寺ニ還ス。　七オ

喪服制　○繼母ノ服ニ付テ疑アリ中朝ニ質問スルコトトス。　一一ウ

八月

致齋沐浴　○文廟奠謁致齋ノ日生員泮水ニ浴ス。　一三ウ―一四オ

喪服着用勵行　○士大夫ノ葬日ニ有服ノ親ノ會セザル者ヲ會セシメ、會葬者吉服ヲ着ル者ヲ喪服ヲ着セシム。　一七オ

九月

日食停市　○日食アリ夜ヲ以テ救食セズ只朝市ヲ停ム。　一九オ

家門淫亂　○司憲府ハ柳江ノ家門淫亂父子男女別無ク曾テ外ニ黜ク、今赦ニヨリ命還拜官セリト劾ス。　一九オ

卷八十三

十月

風水思想 壽陵　○王ハ大臣ト風水學官ヲ率ヰ壽陵ヲ獻陵ノ傍ニ審定ス。　一オ

獻歌謠　○齊陵ヲ親祭ス。松都ノ父老歌謠ヲ獻ズ。　三ウ

兒童寺院ニ學習　○興天興復兩寺ニ命ジ兒童ヲシテ學習セシムル勿ラシム。王ノ信佛稍衰ヘタルニヨル。　七オ

地理學　○地理學ヲ業トスル者ヲ舊ニ依リ風水學ト稱セシム。　七ウ

鷹牌鷹牌　○獵者田ヲ踏損ス、鷹牌、鷹牌ノ數ヲ增加ス。　七オ・ウ

行幸淫祀 本宮神巫　○王ハ往キニ行幸還宮ノ日、本宮ノ神巫ヲシテ道路ニ淫祀ヲ設ケシヲ司諫ソノ不便ヲ啓ス。王ノ言、行幸ノ時本宮設クル所ノ神祀甚ダ多シ云々。　八ウ

風水學習 佛儒融合　○禮曹ノ啓ニヨリ年少者ヲ擇ミ風水學ヲ敎習セシム。經師等各月家禮ヲ講ズ。　一二オ

十一月

壇制修正　○祭壇ノ古制ニ違キアルヲ修正セシム。　一四オ

官吏宿倡　○司憲府ハ大明律ニ倣ヒ官吏ノ宿倡者ヲ杖シ且妓ヲ以テ妾ト爲スコトノ禁斷ヲ請フ。　一六オ

十二月

胎室　○王世子ノ胎ヲ基川ニ安ンズ。儀杖ヲ用ユ。

大臣路祭　○大臣路祭ノ制ヲ定ム。　二二ウ

壇壝失制　○中樞院僉知ハ諸壇壝制ヲ失ス災ニ關スト上言ス。　二四ウ—二六オ

卷八十四

二十一年（己未）

正月

女眞風俗 十歲婚約 父死其妾ヲ娶ル 兄死娶嫂 喪中髮ニ鈴ヲカク 屍ヲ樹上ニ置ク 頭目火葬　○北平館ハ咸北接壤女眞ノ風俗ヲ報告ス。其婚禮ハ男女生レテ十歲前男ノ家婚ヲ約ス、後遞次三年二次筵宴ス、牛馬各一ヲ贈ル。女ノ年十七八ヲ待テ婚ス。父死シテ其妾ヲ娶ル。兄亡テ其妻ヲ娶ル。父母死シテ其髮ヲ編ミ末ニ二鈴ヲ繫グ以テ孝服トス。其屍ヲ大樹ニ置キ其下ニ馬ヲ宰シテ食フ。頭目ハ火葬ス云々。　二オ—ウ

安胎慰安ノ祭　○禮曹ハ東宮藏胎慰安祭ノコトヲ啓ス。其神主ハ中宮藏胎神主ノ例ニ依リ祭リ埋ム。　二オ

胎室守護		○中宮胎室ト東宮胎室ノ守護者ヲ定ム。	五オ
王氏龍孫		○高麗史ヲ修ム。王ハ曰ク王氏龍孫ノ說ハ荒誕傳フベカラズ。	三ウ
祭爵		○禮曹ハ風雲雷雨ノ祭爵ヲ定ム。(祭祀方法アリ)	五ウ—六オ
祈雨		○祈雨ノ儀ヲ定ム。	八ウ—一〇オ
官妓抑留		○江界府使ヲ遠配ス。私妾ヲ率キテ赴任公費ヲ費消ス、平壤ノ妓ヲ抑留シテ還サズ等ニヨル。	一〇ウ
娼妓奸宿		○姻親ト妓ヲ爭ヒ及宗廟臘享誓戒後娼妓ヲ奸宿セシ瑞山君ノ告身ヲ奪フ。	一二オ
胎室開基		○中宮藏胎開基使基川ニ往ク。	一二ウ—一四オ(二月)
油蜜果ノ禁		○臣下公私宴油蜜果ノ禁六典ニアリ。此禁行ハレズ一々申明ス。	同
祈禳鵂鳴	二月	○鵂鶹景福宮ニ鳴ク解怪祭ヲ行フ。	一六ウ
白丁		○吏曹ノ啓。新白丁國內處トシテ無キハナシ、其俗農ヲ苦トシ牛ヲ殺シ耕ニ代ユ。	一八ウ
良賤混婚	閏二月	○咸吉道流移ノ者公然法典ノ禁ヲ冒シ良人ノ公私婢子ヲ娶テ妻トナシ、良女ノ公私賤口ニ嫁シ夫トスル者多シ。議政府ハ請フテ離異入送スルコトヽス。	二三ウ—二四オ
擊毬		○王ハ慕華館ニ擊毬ヲ觀ル。	二四オ
講武豐呈	三月	○禮曹ハ講武後豐呈ノ儀ヲ啓ス。	二七オ
處女選揀		○王ハ處女十一人ヲ思政殿ニ集メ選揀ス、王子義昌君ノ妻ヲ選ブ也。	三四ウ・三六オ
甘露		○後苑ニ甘露降ル賀ヲ停ム	三九ウ
		卷八十五	
處女選揀	四月	○士族ノ處女八人ヲ慶會樓ニ聚メテ王ハ親選ス。潞南君ニ配セントスル也。	一オ

西邊置妓	○禮曹ノ啓ニヨリ寧邊ニ女妓六十人ヲ置ク。	一オ
昭格殿改修	○其提調ヨリ昭格殿ノ改修ヲ請フ。且白岳祀ニ往來スル者絡繹殿前ヲ通行スルヲ禁ゼンコトヲ請フ。	一オ・ウ
大君惑佛	○孝寧大君興天寺ニ佛事ヲ張ル。司諫院謂ヘラク近古都城ノ內未ダ佛事ヲ聞カズトシ之ヲ罷メンコトヲ謂フ。	二オ・三オ—四オ・一七オ・一九ウ・二二オ
禁酒	○旱ニヨリ酒ヲ禁ズ。	二ウ
婚姻督促	○司憲府ハ啓シテ男女ノ婚姻ヲ促ス立法ヲ請フ。允サズ。	四ウ
寺僧安居	○右獻納ハ興天寺ノ僧ガ安居ヲ設ケシヲ司憲ヨリ人ヲ遣ハシ僧ヲ鞫セリ。然ルヲ王ガ特ニ寛典ヲ垂レシヨトノ不可ヲ啓ス。	四オ—五ウ
僧弊	○司諫院ハ僧弊ヲ陳ス。女ヲ奸シ酒ヲ喫リ肉ヲ啗ヒ像ヲ銷シ錢ヲ鑄或ハ盜賊納逋ヲ藏ス云々之ヲ糾察センコトヲ請フ。王ハ允サズ。	五ウ—六オ
寺院點檢	○王ハ傳旨シ時々興天寺ノ僧ノ犯法アルヤ否ヲ點檢スルコトヲ恒式トス。	六ウ
祈雨 老人優遇	○旱ニヨリ高麗ノ詳定竝古制ニ依リ山川其他能ク雲雨ヲ興ス所ニ香祝ヲ降シ祈ラシム。其他祈雨。耆老九十歲以上ノ男婦ニ除授ス。	六ウ・七オ・一五ウ
僧弊 安居	○司憲府ハ僧弊ヲ陳シ興天寺ガ宗室大臣等ノ信仰ニ關係アリ檢擧シ難キヲ言ヒ安居ヲ罷メンコトヲ請フ。王ハ允サズ。	七ウ—八オ
排佛思想	○成均生員六百四十八人等ハ闢佛ノ疏ヲ上ル。辭激越ナリ王ハ怒ッテ其罪ヲ問ハントス。	八ウ—一一ウ 八ウ
佛法ノ弊	○集賢殿副提學右同。	一五ウ
右同	○司諫院、司憲府右同。	一七オ—一八ウ

五月

一家淫行
○左正言ハ柳殷一家醜行甚シキニ之ヲ特赦シタル不可ヲ啓ス。持平同上。
一八ウ—一九オ　一九ウ—二〇オ　二〇ウ—二一オ

大君亂淫
○臨瀛大君ハ娼妓、宮婢、中宮侍女ヲ交々奸ス。王ハ其告身ヲ奪ヒ相手方ノ女ヲ杖ス。
二三オ

右　同
○安平大君ハ他ノ家婢ヲ見テ悅ブ之ヲ阿母ニヨリ中宮ニ達ス。之ヲ許サントス。其女疳瘡ヲ發ス、中宮ハ大君ニ謂ツテ止メシム。臨瀛大君ハ妓錦紅梅ヲ悅ビ中宮ニ因リ王ニ告グ。王ハ此妓處女ナルヲ以テ之ヲ許ス。其後臨瀛ハ數婢ト私シ娠メル者アリ云々。
二五オ—ウ

喪中不愼
○故判事ノ妻奔喪セズ公然肉ヲ食フ葬後脫衰婦道ニ缺グ既ニ物故ス推シ難シ云々禮曹ノ啓。
二六オ

雨土豐兆
○慶興郡下雨色黃ナルコト五日、古老年豐ノ徵ト云フ。
二七ウ

婢妾ト姦
婢ノ風
僧ノ娶妻
○奴婢推刷色ノ啓。各官書員、日守、鄕吏等良家ノ女子及家婢ヲ妾ト作スコト、及僧人妻ヲ娶ルコト、各吏典其司婢ト通奸スルコト曾テ禁令アリ云々。
三〇オ

白蝶蓋天
○白蝶天ヲ蓋フテ野人ノ地ヨリ來リ會寧、鍾城、慶源、慶興ニ入ル、越テ二日又野人ノ地ニ飛去ル。解怪祭ヲ行フ。
三四ウ

六月

王子淫亂
○王ハ曰ク末生、隆生(王ノ庶子)淫亂甚シ、微服街ニ遊ビ每日淫スル所ノ女ヲ更ユ云々。
三七ウ

喪中不愼
○母ノ喪ニ居テ娼妓ヲ奸セシ者ヲ杖一百徒三年ニ處ス。
四二オ

祈　雨
○旱氣アリ雨ヲ祈ル。
四四ウ　四五オ　四七オ

年幼婚姻
○司憲府ノ上疏。近來婚姻禮制ニ遵ハズ男女之年十歲ヲ過グレバ婚姻セシム、未ダ十歲トナラズ、納采納幣假ニ婚姻ヲ爲シ之ヲ預婿ト云フ之ヲ痛禁セン云々。
四六オ—ウ

卷八十六

獸姦傳說	七月	○幹朶里ノ女山中ニ入リ熊ト交リ子ヲ生ム。	一オ
舞童衣制		○禮曹ハ啓シテ舞童等公宴ノ時着ル所ノ衣裳ヲ定ム。	一オ
祈雨		○祈雨。	二オ・六オ・八オ・九オ・ウ・一四オ・一五オ
三ツ兒		○沃川郡私婢一産三男米豆ヲ賜フ。	五オ
日蝕牲ヲ殺サズ		○釋典八月上丁日ハ日蝕ニ適ル。日蝕牲ヲ殺サズ、八月十一日丁亥ノ日ニ變更ス。	九オ—ウ
禮葬頒氷		○宗親大臣禮葬ノ時氷盤ヲ用ユ、正二品同上。其期日ト量ヲ定ム。	一四ウ
救日蝕	八月	○日食アリ救食ノ法ヲ定ム。	一五オ—一六オ
旱天不愼		○旱ノ時人ノ妓妾ヲ奸シ又妓ヲシテ唱歌彈琴セシ者ヲ流ス。	二〇オ
妓ニ定夫無シ	九月	○承政院曰ク、官妓妾産良ニ從フノ法ナシ載テ六典ニアリ。此レ他無シ妓ニ定夫無ケレバナリ云々。	二八ウ
喪中奸娼		○父ノ喪ニ丁リ昵愛ノ娼妓ト公然對座以テ子ヲ生マスニ至リシ大護軍ヲ司憲府ヨリ劾疏シ不孝ノ罪ニ問ハンコトヲ請フ。王允サズ。	三〇オ—ウ
右同		○掌令右同。王ハ曰ク産月ヲ屈指スレバ不孝タラズ。	三〇ウ—三一オ
宿娼ノ罪 忌辰齋佛		○蔚山郡事境ヲ越エテ娼家ニ奸宿シ、又父ノ忌辰ニ自カラ齋僧飯佛セシヲ司憲府ヨリ啓シ杖八十刺字ニ處ス。	三二ウ—三三オ
鄕校改稱		○鄕校ヲ皆小學トナス。	四二オ

卷八十七

伽羅王陵ノ守護	十月	○首露王ノ墓ニ守護ヲ付ス。	二オ
度僧之弊 婦女上寺		○司諫院ハ度僧ノ弊ヲ陳ベ神祀ヲ以テ香徒契内ノ會ヲ設ケ婦女米布ヲ持シ公然上寺ノ弊ヲ嚴禁セシヲ請フ。	六ウ—七オ
跪座送迎		○兵曹ニ傳旨シテ大小行幸乘馬ノ時送迎跪坐スル毋ラシム。	七オ
祈雪	十一月	○閔義生ハ雪ハ年豐ノ兆也トシ祈雪セシコトヲ啓ス。	二〇ウ
一家淫行	十二月	○司憲府持平等ハ柳殷ノ家、子孫男女ヲシテ混處セシメ内外ノ別ナク女子二人大ニ淫行ヲ肆ニスト劾ス。	二五ウ・二六オ—ウ 二九オ・三一ウ— 三二オ
婚姻親迎		○義昌君玒ハ直長ノ女ヲ親迎ス。	三一ウ
	二十二年(庚申)	卷八十八	
迷信避任	正月	○慶州府尹相繼デ任所ニ卒ス。邪說ニ惑ヒ事ニ托シ其任ニ赴カザル者四人。義禁ハ其中ノ二人ヲ鞫ス。	三ウ
喪制		○禮曹ハ妻ノ喪ニ付テ啓ス。	三ウ—四オ
再娶年限		○妻ノ喪ヲ愼ミ及士大夫ノ妻死スル者三年ノ後更ニ娶ラシム。	四オ
日人溫浴		○禮曹ハ倭人等沐浴ノ爲ニ來ル者多シ、其病ノ輕重ニヨリ畢ラバ卽チ還ラシムルコトトス。(東萊溫泉)	八オ
耳掩ノ制		○本朝士大夫古ヨリ衣冠等差アリ。士大夫庶人耳掩ノ制ヲ定ム。	九オ
十王之像		○司諫院ハ啓シテ京外寺社ニアル十王ノ圖ヲ燒カンコトヲ請フ。允サズ。	同
五龍昇天		○濟州按撫使ハ丙辰ノ年旌義縣ニ五龍一時ニ昇天セシヲ啓ス。	一一オ—ウ
擊毬	二月	○王ハ慕華館ニ擊毬ヲ觀ル。	一九オ

號牌 壻ハ妻家ニ居ル	三月	○王ノ傳旨。號牌ノ法ハ民心厭惡ヲ以テ曩ニ之ヲ罷メタリ今復設セントス。本國ノ風俗子壻タル者多ク出デテ贅ス而シテ廬ヲ家園ノ內ニ結ブ。	二〇ウ—二一オ
温泉入浴		○中宮ハ溫水縣ノ溫井ニ浴ス。	二四オ
幼年婚姻		○男女幼ニシテ婚スル者アリ。禮曹ノ啓ニヨリ文公ノ家禮ニ據リ男年十六以上女十四以上ハ許シ、父母五十ヲ過ギ情願スル者ハ本國預壻ノ例ニヨリ男女十二以上ハ官ニ告ゲ成婚ヲ許ス。	二七オ
軺軒創造		○宰輔ヲシテ乘ラシメントシテ軺軒ヲ造ル、二品以上ヨリ之ニ乘ラシム。	三二ウ八十九卷一オ
喪中不愼		○母ノ喪ニ居テ娼妓ヲ奸シ大祥ヲ過ギ纔ニシテ鷹獵セシ者ヲ持平ヨリ啓ス。	三五ウ
		卷八十九	
獻歌謠ト結綵	四月	○王妃溫井ヨリ還ル。敎坊歌謠ヲ獻ジ沿路結綵シテ迎フ。	一ウ
禜祠移轉		○禜所祠堂ヲ不潔ノ閭閻地ヨリ訓鍊觀東北ニ移ス。	三オ—ウ
禫後許拜		○大小人員禫祭後肅拜ヲ許スコトトス。	三ウ
禁酒		○旱ニヨリ禁酒ス。	五オ
祈雨		○雨ヲ得ベキ祈雨其他ノ方法ヲ行フ。	五オ・ウ・六ウ・八オ・九ウ・一二オ・一三オ・ウ・一四オ・一六ウ（一〇オ以下五月）
鍾樓	六月	○鍾樓成ル。	一七ウ
禜祭		○禮曹禜祭ノ儀ヲ進ム。	二七オ—三九オ
厲祭		○禮曹厲祭ノ儀ヲ啓ス。	三六ウ—三九オ
		卷九十	

事項	月	記事	出典
再嫁	七月	○司憲監察ノ女、人ニ適グ、恣行ノ爲黜ケラル又再嫁ス。	三オ
家舍制限		○禮曹ハ啓シテ大小民人ノ第舍侈靡ナリ。宣德六年ニ定メタル制度ヲ踰ユトシテ其ノ制限ヲ定ム。	一八オ―ウ
祠堂特例	八月	○王ハ禮曹ニ傳旨シテ驪興府院君ノ家廟ハ臣庶ノ例ニ非ズ三代ヲ祭ルヲ得セシム。	二三オ
養老宴		○王ハ曰ク今ノ養老宴ノ法ハ美典ナリ永ク遵行シ廢スベカラズ。	二七ウ
撃毬	九月	○王ハ慕華舘ニ撃毬ヲ觀ル。能者ニ賞ヲ賜フ。	三一ウ
喪制		○養庶母ノ喪ノ服制ヲ定ム。	三二ウ―三三オ
養老宴		○勤政殿ニ養老ノ宴ヲ設ク。	三六オ―ウ
佛法排斥		○司諫院ハ佛法ヲ排斥センコトヲ請フ。王允サズ。	三七ウ―三八オ

卷九十一

事項	月	記事	出典
衣服ノ色	十月	○王ハ禮曹ト服色ヲ議ズ。朝士ノ靑衣染價重キヲ以テ也。	
不孝ト喪中不愼		○前軍器注簿ハ荒淫母ノ病ニ侍セズ娼妓ヲ奸シ母歿シテ其ノ妓ヲ家ニ匿シ奸宿ス。司憲府知テ之ヲ劾ス殯側ニ匿ル。	七ウ
飮福宴	十一月	○正月初八日ニ廟社其ノ他各祀ヲ行ヒ飮福スルコトトス。	一〇オ
儺戲	十二月	○三十日王ハ思政殿ニ儺戲ヲ觀ル。後宮モ垂簾之ヲ觀ル夜ニ至ルモ罷メズ。	一九ウ

二十三年（辛酉）

卷九十二

事項	月	記事	出典
祭樂節次	正月	○中樞院僉知ハ祭樂節次ニ付テ上言ス。	二オ―三オ
軺軒ノ制	三月	○軺軒ノ制ヲ定ム。	八ウ

三ッ兒　○古阜郡ノ女一產三男米豆ヲ賜フ。　一八オ

黃雨不祥　四月　○王ハ黃雨アルヲ聞キ不祥ト爲シ又瑞トナス、之ヲ採リテ見レバ松花也。　二四ウ－二五オ

三ッ兒　五月　○一產二男一女米豆ヲ賜フ。　二七ウ

雷斧辟邪　○醫官ノ啓。霹靂鍼（石器時代ノ器具ノ先ノ尖リタルモノ）雷斧（同上但銅器時代ノホコ様ノ者ヲ含ム）霹靂楔（同上クサビ狀ノモノ）ハ藥トシテ効アリ邪ヲ碎ケ女ヲシテ孕マシム云々。王ハ中外ニ令シテ廣ク之ヲ覓ム。　二八ウ

風水思想　○術者ハ昌德宮壽康宮共ニ地理ノ法ニ不可トナス。　二九オ－ウ

宮女姦淫　○侍女ノ常ニ入闕スル者ヲ奸シタル事アルニヨリ權聰ノ告身ニ司憲ハ經署セズ。王ハ執義ヲシテ速ニ署經セシム。　三〇オ・ウ

風水思想　○術者ハ開城ノ地理ニ付テ上言ス。　三〇ウ

喪制　○禮曹ハ士大夫後無キ者同性ヲシテ嗣ガシム。其ノ後トナル者ノ諸親及本宗服喪ノ法定制無シ之ヲ定ム。　三一オ－ウ

卷九十三

擊捧　六月　○王ハ慶會樓ニ御シ擊棒ト女伎伶人ノ奏樂ヲ見ル。　一ウ

風水思想　○術者ハ景福宮ヲ正明堂ニ非ズトシ移闕ヲ上言ス。國論之ヲ罪スベシトス。　二オ

右同　○宗簿少尹ハ風水上ヨリ宗廟ノ來脈昌德宮ヲ臨壓セリトシ之ヲ毀タンコトヲ乞フ。　五オ

雨　七月　○祈雨。　六ウ

竹帽禁制　○中朝ノ人我國ノ竹帽ヲ笑フ。王ハ一ニ皆禁斷セントス。　七ウ

厭勝邪術　○厭勝之術ヲ用キ主ヲ殺ス婢アリ。其ノ定罪懸案トナル。　八オ

女ノ首飾		○司諫院ハ前佐郎ノ妾ノ首飾ヲ僭擬トス。	九ウ・一〇オ
風水思想		○術者ノ乞ニヨリ王ハ宗廟主山ノ來脈ヲ見ル。	一二ウ
宮殿不祥		○宮中皆言フ世子ノ居ル所ノ宮ハ生別二嬪、死別一嬪ト王ハ之ヲ毀タントス。	一五ウ—一六オ
王ノ信佛	八月	○司諫院ハ人君先世ノ爲ニ齋ヲ設ケ佛ノ弟子ト稱スルノ不可ヲ言フ。	一八オ
雷震		○雷震アリ解怪祭ヲ行フ。	一九オ
墓域石物		○王世子嬪ノ喪主除服並嬪ノ墓ノ石物ニ付テ評議シ決定ス。	一九オ—ウ
山陵制度明器用金銀		○山陵ノ制度古制ニ遵ヒ金銀珠玉一切用キズ。今銷金銀ヲ以テ明器ヲ飾ル一ニ禁斷永ク恒式トス。	二一オ
風水思想		○風水學提調ハ穿壙ノ法ヲ定ム。	二二ウ—二三オ
右同		○典農寺奴ハ相地ノ法ヲ上言ス。主トシテ陵地ニ付テ也。	二四ウ—二五オ
右同		○安平大君等安山葬穴ヲ往審ス。	二五オ—二六オ・二七オ—ウ
海水赤變	九月	○慶尙永登浦ノ海水赤シ解恠祭ヲ行フ。	二六ウ
喪葬儀注		○禮曹ハ王世子嬪ノ喪葬諸儀注、殯奠ノ儀、發引ノ儀等ヲ啓ス。	二八ウ—三二オ
右同卒哭		○右ニ關スル路祭橋梁祭ノ儀、遷奠ノ儀、安墓奠儀、返虞祭卒哭等ノ儀ヲ定ム。	三二オ—三六オ
養老宴誕日曲宴		○王妃ハ思政殿ニ養老宴ヲ設ク。王妃ノ誕日ヲ以テ曲宴ス。	五八オ
		卷九十四	
處女選揀	十月	○處女三十餘人ヲ聚メテ王ハ思政殿ニ親選ス。	六オ・九オ
喪祭ノ制		○禮曹ハ顯德嬪ノ喪制ヲ啓ス。四仲祭儀注ヲ啓ス。	八オ・九オ—一〇オ
婦女服制	十一月	○議政府ハ朝臣ノ婦女ノ服定制ナシ、娼妓ノ類紗羅綾叚ヲ着ス云々。大小臣僚正妻	一一オ—ウ

		ノ服制ト娼妓ノ御前參侍ノ時山臺儺禮ノ時外紗羅類ヲ着ル勿ヲシメント請フ。王允サズ。	
盲人卜者	閏十一月	○盲人金鶴樓ハ人ノ壽夭禍福ヲ言ヒ驗アリ。明鏡ヲ以テトス、傳旨召見家ヲ賜フ。	一四オ
佛法ノ弊 陵側之寺		○司憲府ハ佛法之弊ヲ論ズ其ノ上疏中太宗ハ僧ノ國師ノ封號ヲ去ル及獻陵ノ側ニ佛寺ヲ建テントセシヲ英斷排斥ス云々。	一六オ－ウ
舍利慶讃		○司諫院ハ舍利閣ノ慶讃會ヲ罷メンコトヲ請フ。副提學同上。大司成同上。其ノ他同上。	一七オ－一九オ・二〇ウ－二四ウ・二五オ－二八ウ・三〇オ－三一オ・三四オ－三六オ・三七オ－ウ
右同	十二月	○臺諫ハ右ノ議容レラレズ辭職ヲ乞フ。	二八ウ・三三オ－ウ
佛寺丹青ノ禁		○佛ニ鍍金シ眞彩丹雘ヲ寺社ニ用ユルノ禁ヲ申明ス。	三九ウ
處女親選		○王ハ思政殿ニ處女ヲ親選ス。	四一オ－ウ
尼ノ弊		○知中樞院事鄭麟趾ハ落髮尼トナル者多キノ弊ヲ上言ス。	四一ウ－四四ウ
佛寺讃會		○中樞院事ハ興天寺ノ慶讃會ヲ罷メントヲ請フ。	四一ウ－四四ウ
	二十四年（壬戌）	卷九十五	
火戲	正月	○勤政門外火棚ヲ設ク。	一オ
明使淫妓		○明ノ使臣及頭目ニ皆妓ヲ給シテ淫ヲ縱ママニセシム、持平ハ之ヲ不可トス。王ハ祖宗ノ時此例アリ女妓惜ムニ足ラズト言フ。	五オ
女眞火葬		○來朝ノ野人死ス屍ヲ燒テ骨ヲ拾テ去ル。	八オ
鮮滿雜婚	二月	○野人咸吉道ニ入リ男婚女嫁我民ト雜處ス。	一二オ
王女願刹		○貞慶公主ハ觀音窟ヲ自己ノ願刹ナリトシテ修葺ヲ請フ。之ヲ允シテ住持ヲ定ム。	一八オ

家舍着裝ノ制限	三月	○議政府ハ啓シテ家屋ノ制及着裝ノ制ヲ申明ス。	二〇オ―ウ
祭壇土築		○禮曹ノ啓ニ依リ各處ノ祭壇ハ石ヲ以テ築ク勿ク土築トス。	二七オ
溫泉入浴		○王ハ中宮ト伊川ノ溫泉ニ幸ス。	二八オ
梟鳴解怪		○鵂鶹勤政殿ニ鳴ク解怪祭ヲ行フ。	二八オ
佛寺讃會		○始メテ興天寺ノ慶讃會ヲ設ク、五日ニシテ罷ム。	三三ウ
		卷九十六	
白雉瑞祥	四月	○白雉ヲ獻ズル者アリ、王ハ受ケズ瑞ニ非ズトシ其ノ賀ヲ止メシム。	二オ
僧籍檢束	五月	○王ハ禮曹ニ傳旨シテ僧籍ヲ嚴重ニセシム。	八ウ―九オ
齋庵破棄		○王ハ齋庵ノ破棄ニ付テ具條セシム。撫安君ノ妻ハ通津縣ノ齋庵ヲ毀タレシヲ訴ヘシニヨル。	九オ
練祭		○禮曹ハ顯德嬪ノ魂宮練祭ノ儀ヲ啓ス。	一〇ウ―一一オ
碑文模刷		○各道ノ碑文ヲ摸シテ大小臣ニ濫賜ス。慶尙ノ民曰ク民間ノ氈冠殆ンド盡キテ遺無シ、刷ルニ氈ヲ用ユル也。	一二オ
壽陵		○獻陵ヲ修補シ且壽陵ヲ定メシム。	一一オ―ウ
僧人橫行	六月	○僧徒錄籍ノ法ヲ罷メテヨリ僧人任意橫行ス。	一八オ
同姓不婚		○今後大小宗親ハ族屬ニ非ズト雖モ凡テ李姓ノ人ト婚スル毋キヲ恒式トス。	二二オ
		卷九十七	
祈晴	七月	○晴ヲ四門ニ祈ル。	一オ

八月

喪制
○司諫院ノ啓。太祖即位後、大小人民三年ノ喪ヲ行フ者ヲ旌表シ奬勵ス是ヨリ喪制正シ。太宗ノ朝父在リテ母ノ喪期ノ法ヲ定ム。殿下亦心喪三年ノ制ヲ行フ云々。
三オ

祥祭
○禮曹ハ顯徳嬪魂宮祥祭ノ儀ヲ啓ス。
三ウ—四ウ

喪制ナシ
○司諫院ノ上疏。高麗ノ季世郷ニ齋俗無シ、父母ノ喪經百日、飲酒啗肉婚姻燕嬉爲サザル所ナシ。
五オ

御像奉安
○禮曹ハ御容奉迎ノ儀ヲ啓ス。
八ウ—九ウ

喪制悪用
○護軍ヲ拜シ北方野人討伐ノ爲赴任スベキ金滉ハ上書シテ三年ノ喪ヲ請フ允サズ。
一〇オ—ウ・一一ウ

僧俗反目
○三角山ニ於テ成均館學生ト他方庵ノ寺僧ト相撃ツ。儒生山寺ニ遊覽ノ禁アリ。
一一オ

水陸齋厲
祭解祟
○黄海監司ノ啓。道内ノ悪病人皆鳳山棘城ノ髑髏ノ祟トナス、僧ヲ募テ拾骨之ヲ燒キ疑ヲ鮮カン。亦水陸齋、厲祭ヲ民ノ願ニヨリ戊午ノ年例ニ依リ復行セン。王之ヲ允ス。
一八オ

撃毬
○兵曹武科試取ノ條件ヲ啓ス。中ニ撃毬アリ。
二〇オ

御像不安
○太祖ノ睟容ヲ平壤及咸興ヨリ迎フ。
二〇オ・二三ウ

白丁
○各道觀察使及開城留守ニ傳旨ス。才人禾尺等聚屯農ヲ事トセズ、柳器皮物ヲ以テ生ニ資ス、故ニ白丁ト改稱ス。聞ク官民等新白丁ト號シ平民ト區別ス云々。
二〇ウ

梟鳴解怪
○禮曹ニ傳旨シ闕内鵂鶹鳴ク處解怪祭ヲ行フヲ止ム。
三二ウ

老人優遇
○中宮ハ養老宴ヲ行フ。
三三オ

婚姻ニ奴
婢ヲ贈ル
○議政府ハ刑曹ノ呈ニヨリ啓ス。今ノ世俗婚姻ノ時奴婢ノ多寡ヲ以テ家風ノ高下ト爲ス云々。四寸ヲ限ル外目今收養、侍養及同姓親、異性親、妻親並ニ四寸ヲ限ル外奴婢ノ受贈一ニ禁約。之ニ從フ
三三ウ—三四オ

寺刹破却	九月	○慶尙道監司守令ハ王ノ受敎ノ意ヲ察セズ、妄リニ寺社ヲ毀チ推鞫セラル。	三四ウ
禫祭		○禮曹ハ顯德嬪禫祭ノ儀注ヲ啓ス。	三四ウ—三五オ
風水思想		○禮曹ハ風水學取才ノ法ヲ啓ス。	四〇オ
奢侈之禁		○禮曹ノ啓ニヨリ服飾ニ玉石珊瑚等々ノ奢侈ヲ禁ジ且ツ其ノ佩用分限ヲ定ム。	四三オ
		卷九十八	
誕辰賀宴	十月	○王世子誕辰ノ宴ヲ康寧殿ニ設ク。	一オ
祭祀攝行	十一月	○禮曹ハ宗廟四時ノ臘祭ニ王世子代行儀注ヲ啓ス。	一一オ—一六ウ
儒僧反目		○中部學堂ノ學生十餘人、實燈寺ニ往キ僧徒ヲ縛シ佛經及綿布ヲ奪フ。之ヲ鞫ス。	一六ウ
飮福宴		○禮曹ハ世子代行宗廟祭後飮福宴ノ節次ヲ啓ス。	一八オ
風水思想	十二月	○地理ノ說異論アリ適從スル所ナシ。使臣ヲシテ明ニ質シ且ツ通書ヲ購來セシム。	
儺戲		○王ハ思政殿ニ御シ儺戲ヲ觀ル。	二九オ
	二十五年（癸亥）	卷九十九	
婚姻年齡	正月	○禮曹ニ傳旨シ男十六年女十四年以テ婚嫁ヲ許ス。其ノ中父母ノ一方年五十ヲ過グル者情願ニヨリ男女十二歲以上亦許ス。	三ウ
處容ノ舞		○慣習都監ニ傳旨シ今後處容ノ舞ハ女妓ヲ除キ男夫ヲ用ユ。	九ウ
風水思想		○術者崔楊善ノ所言風水說ヲ王ハ禮曹等ニ命ジテ研究セシム。	九ウ—一〇オ
女樂罷廢		○正朝ノ儺禮ニ男樂ヲ用ユ。	九ウ
女妓罷廢		○處容舞ノ女妓ヲ除キテ男夫ヲ用ユ。	九ウ

世宗二十五年

右同	二月	○王ハ壽陵ノ山穴ノ吉凶ヲ議ス。	九ウ・一〇ウ・一二ウ—一三オ・一三オ
右同		○術者崔揚善ヲ獄ニ囚フ。	二〇オ—ウ
溫泉入浴	三月	○王ハ妃ト溫陽郡溫井ニ幸ス。	二三ウ
淫祀ノ禁		○茂朱人ノ妻、淫祀ヲ行フヲ禁ズルヲ犯ス。	二四ウ
		卷一百	
雨乞ヒ	四月	○雨少シ、禮曹ハ啓シテ修溝、寃獄、埋骨等ノ事ヲ行フ。	五オ
右同	五月	○祈雨其ノ他雨ヲ得ル方法ヲ行フ。	一五オ・ウ・一六オ・ウ・一七オ・ウ・一八オ・一九オ・ウ
右同	六月	○祈　雨。	三九オ・ウ
		卷百一	
右同	七月	○祈　雨。	二オ・三オ・五ウ・六オ・八オ・九オ・ウ・一〇オ・ウ・一一ウ・一五ウ
右同		○禮曹ノ啓ニヨリ各種祈雨祭ヲ行フ、外ニ董仲舒ノ民旱祀門ノ法ニヨリ京中各戶ヲシテ祀門セシム。	三ウ
圓壇祭祀		○王ノ言。高麗ノ時圓壇ノ祭ヲ行フ、太宗之ヲ僭禮ナリトシ革罷ス。卞季良ノ言。雨ヲ得ントセバ天ヲ祭ルベシ。王ノ言。其ノ祭器潔淨ヲ貴フベシ云々。其ノ詳定	六ウ—七オ
陶匏		儀注ニ祭器ハ陶匏ヲ用ユ。	
旱魃罷宴		○旱ニヨリ養老宴ヲ停ム。	一三オ
寺刹ニ丹靑ノ禁	八月	○寺刹ノ丹雘ニ眞彩ヲ施スコト已ニ禁令アリ。觀音窟ヨリ丹雘ヲ施スヲ請フモ允サズ。	二六オ

巫風盛行		○議政府ハ淫祀ヲ禁ズルノ法ヲ條陳ス。祖父母父母ノ招魂ニ衞護ト稱シ巫家ヲ邀ウ。或ハ形像ヲ圖シ神奴ト稱シ巫家ニ入ル奴婢ト同ジ。婦女避病ト稱シテ巫家ニ寓フ。以上ヲ嚴禁シ律ヲ以テ之ヲ罰セン。巫家、松岳、紺岳、開城大井、州縣城隍等ニ親往行祭スル者、及當代死亡將相ノ神ヲ別立スル者。神托ト稱シ妖言ヲ爲ス者ヲ律ニヨリ重ク處分セン、以上王之ヲ允ス。	三四ウ—三五オ
巫女放逐	九月	○王ノ言。巫女ヲ禁ジ今盡ク外ニ黜ク、巫女ノ輩尚未タ殄絶セズ予豈敢テ遽ニ革メンヤ立法スルト雖モ難シトナス。	三六ウ—三七オ
御像奉安		○王ノ言。太祖ノ睟容少時ノモノハ平壤、開城、晩年ノモノハ咸興全州ニアリテ奉安セリ。	三七オ
餞宴解禁		○門外迎餞ヲ禁ゼシヲ此時禁スル勿ラシム。	四一オ—ウ
倡妓音律		○慣習都監ハ倡妓ノ音律及ビ歌曲敎習ノ法ヲ定ム。	四一ウ

卷百二

巫女救病	十月	○今巫女ヲ城外ニ黜ク。國巫ト稱シ東西活人署ノ病人ヲ救ハシムル者尚二十餘人城外ニアリ云々。	八ウ
茶色衣禁	十一月	○大小人民初喪窘迫ノ際、未ダ猝カニ棺槨ヲ辨ズル能ハザル者ノ爲ニ國家特ニ歸厚署ヲ設ケ米布ヲ施納セシメ棺槨ヲ賜フ。	一九オ
棺槨給賜		○王ハ傳旨シテ茶割之色衣ヲ禁ズ。	二九オ
右同	十二月	○咸吉道ノ戰亡者ニシテ未ダ葬ラザル者ニ舊例ニ依リ棺ト布ヲ給ス。	三五ウ
胎胞移安		○王ハ元孫ノ胎ヲ星州ニ安ンズ。其圖局内ニ墓アリ云々。	三六オ—ウ

諺文創製	十二月	○此月王ハ諺文二十八字ヲ製ス。	四二オ
		卷百三	
	二十六年（甲子）		
胎峰	正月	○王ハ胎室圖局内ニ古塚アルコトノ吉凶如何ヲ問フ。閔義生ハ胎書ニヨリ撤去スベキヲ答フ。	三オ―ウ・四オ
椒水治病		○淸州水アリ（今ノ淸安ノソーダ水ノコト也）味椒ノ如シ名ケテ淑水ト爲ス、諸疾ヲ治スベシ。木川全義又此水アリ。王ハ行幸眼疾ヲ治セントス。	一二ウ
妖言	二月	○載寧ノ人神僧及魏徵ノ現出シタル妖言ヲ傳フ。義禁府知事ヲ遣ハシ之ヲ鞫セシム。	一七ウ―一八オ・一八ウ―一九オ
諺文		○崔萬里ハ王ノ制シタル諺文ノ非ナルヲ上言ス。	二〇オ
風水思想		○胎室ノ近ニ墓アルコトノ不可ヲ風水學ノ人上言ス。	二四ウ
行幸椒水	三月	○王及王妃ハ淸州ノ椒水ニ幸ス。	二五オ
右同		○王ハ淑水ノ行宮ニ留マル。	二六オ
雷劍攘邪		○林川稷山ノ人雷劍雷箭（石器時代ノ石器）ヲ進ム。布ヲ賜フ。	三一オ
		卷百四	
三ツ兒	四月	○穩城ノ人一產二男一女米豆ヲ賜フ。	四オ
飢饉食土		○黃海道饑ユ、土ヲ食フ者アリ。	六オ
雨乞		○雨少ナシ修溝埋骨等々ヲ行フ。	九ウ
婦女露面ノ禁	六月	○王ハ尼ノ竹笠醜面シテ行クヲ不可トス。又婦女ノ平轎子ニ乘ルノ禁ヲ申明シ且女	二五ウ

		ノ笠ノ制ヲ露面セザルモノニ定メントス。	三四ウ・三六オ・ウ・
雨乞		○祈雨。	一一ウ
		卷百五	
右同	七月	○祈雨。	二オ・三オ・五ウ・一〇オ
右同		○旱ニヨリ屠殺ヲ禁ジ傘扇ヲ斷ツ。外方安置付處ノ人ニ受由ヲ許ス。敬老ノ禮ヲ擧行ス。宮女四十五人ヲ放出ス。採金ヲ停ム。徭役ヲ減ズ。恤貧ス。宮女ノ役ヲ減ズ。方物進上ヲ停ム。試ヲ停ム。	三オ・ウ・四オ・ウ・五オ・七ウ
葬用石灰		○大臣ノ葬ニ石灰ヲ用ユ、之ヲ給ス。	五ウ
風水思想		○術者ノ言ニヨリ獻陵圖局内ノ衆塚ヲ移葬ス。	七オ
右同		○王ハ禮曹判書等々ヲ遣ハシ獻陵ノ西穴ニ補土ス壽陵ト爲サン爲也。	九オ
祭天祈雨		○禮曹ハ祭天祈雨ヲ請フ。王ハ僭禮トシテ允サズ。	九ウ
圍棊柶戲		○憸小ノ徒ヲ招キ圍碁、柶戲、彈琴、歌舞ヲ爲セル者ヲ司憲府ニ鞫ス。	一一オ
歌謠結綵	閏七月	○王ハ禮曹ニ傳旨シテ椒水行幸還宮ノ時ノ歌謠結綵ヲ除ク。	一六オ
風水思想		○王ハ風水ノ書ヲ燒ク。	一六ウ
右同		○東宮ハ風水學提調ト壽陵ヲ見ル。	二〇ウ
黃衣之禁		○王ハ司憲府ニ傳旨シ中外大小男婦深黃ノ衣服ヲ禁ズ。但新婦同牢ノ日ハ例外トス。	二三ウ・二四ウ
墳墓拜掃	八月	○朝官父母ノ墳拜掃ハ五年一回宗親ハ一年三回トス。	三〇ウ

卷百六

出玉爲瑞	九月	○王ハ椒水里ノ北山ノ石、眞玉ナルヲ喜ブ。忠淸觀察使等來リ賀ス。	二ウ
風水思想		○東宮ハ王ニ代ッテ壽陵ノ地ヲ相ス。	六ウ
黃色ノ禁	十月	○高麗ノ時黃蓋ヲ用ユ僭亂ノ習未ダ革マラズ祖宗ノ朝黃褥黃旗ヲ用ユ。革メザルベカラズト云フ。	八オ
風水思想		○大君ハ王ノ壽陵ヲ相ス。	八オ
出玉爲瑞		○百官ハ椒水里ノ行宮ニ玉ヲ得タルヲ賀ス。	同
宿娼禁止		○司憲ハ宿娼ノ禁ヲ犯シタル地方官ヲ劾ス。	八ウ
白丁皮鞋流行		○右參贊權踶ノ啓。才人禾尺盜賊トナル。昔ハ皮鞋ヲ着ル者少ナシ今人皆著ス故ニ皮價踴貴牛馬ノ盜多シ。盜賊ハ必ズ貧者ニ非ズ皆豪富强勇ノ者ナリ云々。	九ウ・一〇オ
黃色ノ禁		○黃色ニ近キ衣服ヲ許ス。中朝ニ之ヲ忌マザル爲也。	一〇ウ
涓吉日限		○大君諸君ノ婚禮。前期十日涓吉封爵ヲ恒式トス。	一一オ
婚姻奢侈		○婚姻ニ贈答多ク成禮後婦家產ヲ破リ世ノ巨弊トナル。	一二ウ
眞像奉安		○太祖太宗ノ睟容成ル、璿源殿ニ奉安ス。王及中宮ノ睟容ヲ改畫ス。	一五ウ
祈禱救病	十一月	○王妃ノ母ノ病劇シ、王ハ僧ヲ聚メテ祈禱ス。	二三オ
風水思想		○宮北ニ假山ヲ築キ淸開川ヲ浚フ等風水ノ說紛々タリ。魚孝瞻上言シテ之ヲ疏斥ス。	二九オ－ウ
奔喪		○王妃ノ母逝ク。王妃奔喪シ哭ス。	二六ウ
忌痘移居	十二月	○王ハ廣平大君ノ痘疹ニヨリ延昌君ノ第ニ移御ス。	二七オ

墓制		○石墓ノ築造法ヲ定ム。	二九オ―ウ
風水禁忌反對說		○集賢殿校理ハ風水ノ說ニヨリ宮城北路ヲ塞グコト。妖巫葬師ノ言ニ惑ヒ墓地ヲ相フルコト。日ノ吉凶ニ拘忌スルコト等々ノ不可ヲ上疏ス。	三二ウ―三五ウ
齋戒		○諸祭齋戒ノ事宜ヲ定ム。	三七オ
		卷百七	
風水思想拘忌移宮	二十七年(乙丑)正月	○風水學ハ帝王ノ宮闕ハ明堂ノ正穴ナルベキヲ上書ス。(中宮ノ母ト廣平大君ト連月逝ク、太宗ノ故事ニヨリ移宮セントス)	一オ
方位拘忌		○王ハ衍禧宮ニ移ル。	一オ
致齋禁酒		○大小祭享獻官等ノ祭官ニ致齋時ノ飲酒ヲ禁ズ。	二ウ
禁酒	二月	○來三月一日ヨリ禁酒スルコトトス。	八オ
齋戒禁酒		○王ハ禮曹ニ傳旨ス。本朝舊例齋戒ニ當ツテ酒ヲ飲ム唯縱酒セズ。行祭醉ニ因リ往々儀ヲ失スルコトアリ云々。	一〇オ
右同		○王ハ禮曹ニ傳旨シ齋戒ノ日數ヲ祭祀ノ別ニヨリ定メ其間飲酒ヲ禁ズ。	一四オ
齋戒謹則	三月	○王ハ禮曹ニ傳旨シ昭格殿醮禮齋戒毎年上元三界大醮及下元靈寶道場並三日別例ノ祈禱一日、其禁斷ノ諸事一ニ他例ニ依ル。	一七オ
虞祭規定		○士ハ三虞、大夫ハ五虞、六典謄錄ニヨリ昔ヨリ此例ニヨル。宗室虞祭未ダ定メナシ、自今宗親ハ家禮ニヨリ三虞、親子兄弟ノ喪ハ五虞ヲ行フ。	一九オ
		卷百八	

風水思想	四月	○右議政等獻陵ノ西ニ壽陵ヲ相シテ上言ス。	一ウ—五ウ
婦女上寺		○婦女上寺ノ禁アレド開慶、檜巖、大慈庵等ニ竊カニ往來スル者アリ。王之ヲ禁ズル勿ラシム。	九ウ
畵像奉安		○太祖ノ睟容ヲ平壤、開城ニ奉安ス。	九ウ
祈雨	五月	○雨ヲ祈ル。其他例ニヨリ雨ヲ得ル方法ヲ行フ。	一二ウ・一三オ・一四オ・ウ・一五オ
白鵲		○慶尚道ヨリ白鵲ヲ進ム。王ハ瑞トセズ賀ヲ停ム。	一六ウ
怪異諸象	六月	○前縣監ノ家小雀巣フ雛山鳩ノ如シ。丁巳ノ年書雲觀ノ地鳴ル吼ユル如シ鵝鴨應鳴ス。群蚊ヲ誤リ見テ妖氣トナス。興天寺妖氣アリ佛光ヲ放ツ。三角山小雀アリ大鳥ヲ産ム。以上王ハ之ヲ怪トセズ。	一七オ—ウ
		卷百九	
盂蘭盆會 招魂之俗	七月	○國俗七月十五日ヲ以テ寺ニ就キ招魂以テ祠ル。無數ノ僧徒都城ニ入リ幡ヲ竪テ錚鼓ヲ擊チ卓ヲ設ケ、死人ノ名號ヲ唱ヘ百種ノ施食ト云フ。士女坌集ス、王之ヲ聞テ怒ル。	六ウ
僧侶制法		○王ハ僧法ニ付テ言フ。	七オ—ウ
宰相眠妓		○王ハ傳旨シテ宰相ノ眠ム所ノ妓ハ內宴ノ外常時役スル勿ラシム。	一一オ—一二ウ
祈晴		○晴ヲ北郊社稷ニ祈ル。	一三オ
服色制定	八月	○王ハ政府ニ傳旨シ服色ヲ定メントス。	一九オ
白獐		○江界府ニ白獐ヲ獲ル王ハ瑞トセズ獻ズル勿ラシム。	二〇オ—ウ
舞童制定		○童子ヲ擇ンデ舞童トシ歌舞ヲ習ハシム。	二二オ

事項	年月	記事	出典
		卷百十	
蒸シ風呂	十一月	○墨寺ヲ壞テ其汗蒸沐浴之器ヲ東西活人院ニ分與ス。	一〇オ—ウ
癩疾委棄		○濟州安撫使ノ啓。濟州癩疾多シ人傳染ヲ惡ンデ無人ノ地ニ置ク、使之ヲ治病ス。	一〇ウ
風水思想		○都城主山ノ來脈四山ノ例ニヨリ山直ヲ定メ伐木ヲ禁ズ。	一三オ—ウ
使臣率妓	十二月	○兵曹ノ報。遼東欽差及宦者ノ明ヨリ來ル時我大小使臣妓ヲ率キテ行、過グル所ノ守令贄ヲ執テ以テ之ヲ悅バス云々。	一四オ—ウ
	二十八年（丙寅）	卷百十一	
娼妓服色	正月	○舞隊黃提ヲ義禁府ニ囚フ。內宴ノ娼妓ノ服色規ニ違フヲ以テ也。	一オ
三ツ兒		○鏡城ノ私婢一產三男米豆ヲ賜フ。	二ウ
朝官私妓		○司憲府ハ啓シテ朝官出使スル者娼妓ヲ私スル勿ラシメントス、竟ニ行ハレズ。	一一オ
旱ニ謹愼	二月	○兵曹ハ擊毬ノ點數ヲ啓ス。	一五オ
擊毬		○水旱ニヨリ王ハ農事ヲ勸メ、事神飯佛ヲ禁斷ス。議政府ノ啓ニヨル	一七オ—ウ
禁酒	三月	○飢ニヨリ禁酒ス。	一八ウ
救病精勤 齋佛燃臂		○中宮ノ病ヲ以テ僧八十ヲ聚メ時御所ニ精勤ス。世子諸大君內竪燃臂ス。廟祠山川神佛ニ祈ル。	二〇オ・ウ
襲斂		○王妃薨ズ襲設ス。（布ニテ横ニ三箇所ヲ絞ス、左衽トシ、王世子別室ニ退キ麻ヲ以テ髮ヲ括ル等々詳記アリ）	二〇ウ
喪葬制規		○喪葬禮其他ニ就テ決定シ實行ス。	二〇ウ—三〇オ

七々佛齋		○初齋ヲ藏義寺ニ設ク、大祥迄各寺ニ輪齋ス。乞食萬餘ニ飯ス。	二九オ―ウ
		卷百十二	
朔奠	四月	○朔奠ヲ殯殿ニ行フ。	一オ
百官臨哭		○朔奠ヲ殯殿ニ行フ、此日ヨリ山陵ニ赴ク迄每朔望奠シ百官哭臨ス。（以下祭祀記事主ナルモノノ外略之）	一オ
木槨		○王妃ノ棺石槨ヲ用ユルノ議アリシモ木槨トス。石羊、石虎、翼石ヲ用キズ。	二ウ―三オ
喪輿		○梓宮ハ家禮ニヨリ肩擔喪輿ノ制ヲ用ユ。	三オ
七々佛齋		○二齋ヲ津寬寺ニ設ク、三齋ヲ大慈庵ニ設ク。	三オ・五オ
雨乞		○雨ヲ祈ル。（各種方法）	六ウ・七ウ・八オ・（一七ウ・二〇オ）五月
陵域立標		○英陵塋域ノ地ヲ掘リ標ヲ立ツ。	七ウ
禁酒	五月	○旱ニヨリ酒ヲ禁ズ。	一七ウ
陵制		○英陵ト同壙異室、石羊石虎石馬石人一室ノ例ヲ以テ爲ス。	一八オ
右同		○山陵都監其構築ニ付テ啓ス。	二〇オ
官吏宿娼		○王ノ言。官吏娼ヲ宿ス汚行トスレド然モ土風ノ習以テ常トナス、予ハ推スル勿ランコトヲ欲ス。	二六オ
玉ノ禁		○大小臣僚ノ玉ヲ佩用スルヲ痛禁ス。	二六ウ
服裝屬具ノ公定	六月	○議政府ハ士庶ノ衣服笠、靴附屬品等ノ色形式ヲ定メントシテ啓ス。	二七オ―ウ
寫經法席		○王ハ王妃ノ爲ニ金字寫經ス。法席ヲ大慈庵ニ設クル七日僧二千餘。	二七ウ
喪中宴遊		○終制セザルニ宴遊スル者ノ罪ヲ定ム。	三〇オ

喪制勵行　○王ノ言、本國之俗ハ喪百日、高麗ノ季ヨリ始メテ三年ノ喪ヲ行フ。喪ヲ守ラザル者ヲ律ニヨリ論斷シ薄俗ヲ懲サン。　三〇オ―三一オ

虞祭ノ柔日剛日　○王妃ノ葬日初虞祭ヨリ六虞迄ハ柔日ヲ用ヒ、七虞ト卒哭トハ剛日ヲ用ユ。　三一ウ

風水思想　○王ハ地理ノ説ヲ怪誕トス。太宗ハ書雲觀ヲシテ怪誕ノ書ヲ燒カシム、遂ニ爲メニ葬日通要ヲ成ス。　三一ウ

卷百十三

七月

葬夫銜枚 葬列炬火　○國葬儀注挽士銜枚ノ法アリ。今儀仗車轝炬火奉持ノ軍人甚多シ枚ヲ銜マスニアラザレバ必ズ喧嘩ヲ致サント之ニ枚ヲ銜マシムルコトニ定ム。　五オ

祈晴　○祈晴祭ヲ行フ。葬ノタメ也。　五ウ

三ツ兒　○金海府ノ民一產一男二女米豆ヲ賜フ。　六オ

葬祭ノ儀　○殯葬、祖奠、遣奠、發引、路祭ノ儀ヲ啓ス。　八オ―一六ウ

以下同ジ　○遷奠、立主奠儀、返虞儀、安陵儀。　一一ウ

○英陵朝夕上食儀、晝茶儀、輝德殿朝夕上食儀ヲ啓ス。　一六オ

○陵室制度。　一七オ―一九オ

○期年祭、別祭、朔望祭等。　一九オ―二〇ウ

八月

官妓ノ子　○京外官妓ノ朝士ト交嫁シ生ム所ハ父ノ願ニ從ヒ贖身免賤ス。　二三ウ

卒哭　○卒哭ノ儀注。　二四オ―ウ

心喪服色　○東宮及大君諸君ノ心喪ノ服色ヲ改定ス。　二九オ

九月

笫縁用絹　○太宗ノ時席ノ縁ニ木綿ヲ用キシヲ近來ハ綿紬ヲ用ユ。之ヲ禁ズ。　三二オ

衣服升數		○各宮各殿ノ衣經ニ苧布十五升十四升十三升ヲ用ユ。自今十二升トス。	三四ウ
		卷百十四	
家廟	十月	○右參贊鄭甲孫ノ啓言。此ノ前士夫庶人親死スレバ則佛ニ飯シ僧ニ齋ス。乃チ攸司ニ命ジ立廟奉祀セシム。庶人ハ立廟セズト雖モ皆神主ヲ立テ之ヲ祀ル。	七オ
佛弊		○司諫院ハ佛法ノ弊ニ付テ陳ズ。	一〇オ
僧人推究		○度牒無キ僧人ヲ推究セシム。	一三ウ
轉經		○大慈庵ニ轉經ヲ設ク七日ニシテ罷ム。集ル僧凡千餘人。	一四ウ―一五オ
迷信火葬	十一月	○三陟東山伊陵ノ室ニ骨ヲ燒テ葬ル者アリ。逮繫捕ヘラルル者十餘人。	一九オ
白丁	十二月	○白丁ノ竊盜三犯ノ者ヲ絞トス。	二〇ウ
練祭		○禮曹ハ輝德殿練祭ノ儀ヲ啓ス。	二一オ―二四オ
風水思想		○王ノ言。姦詐ノ徒風水ノ吉言ヲ聞キ盜葬ス。	二一オ―二四オ
諸祭ノ儀		○禮曹ハ輝德殿練祭及同祥祭ノ儀ヲ啓ス。	二九オ―三一ウ
喪中不愼		○父ノ喪ニ居リ妓ヲ奸シ肉ヲ食ヒシ者ヲ鞫ス。	二四ウ
祭儀		○禮曹ハ禫祭ノ儀注ヲ啓ス。	三一ウ
	二十九年（丁卯）	卷百十五	
迷信火葬	正月	○三陟府民ノ妻死ス。古陵室ニ燒葬スレバ子孫吉ナリトノ僧ノ言ニ從ヒ燒骨シ東山伊陵ニ葬ル。伊陵ハ世傳穆祖ノ陵ナリ、犯人ヲ杖流シ移葬ヲ命ズ。	三ウ―四オ
禫・祭	二月	○禮曹ハ輝德殿禫祭ノ儀ヲ啓ス。	一〇オ―一二ウ

世宗二十九年　一八〇

風水思想		○健元陵、齊陵、獻陵來脉ノ細路ノ行人ヲ絶禁ス。旁近ノ居民耕田ヲ得ズ。	一四オ
樂器樂衣	三月	○輝德殿ノ祭祀。鄕唐樂器及工人ノ冠服文昭殿ノ例ニヨリ製造ス。	一七ウ
祥後服色		○禮曹ハ大祥後婦人ノ服色及祥後心喪三年間ノ服色ハ家禮ニ依ルコトヲ啓ス。	一八オ
妓生定員		○京妓百二十五人ヲ減ジ一百人ヲ定額トス。	一九オ
祭祀用樂		○昭憲王后輝德殿禫祭、四時臘享ニ俗節用樂ノ時ノ事ヲ定ム。	二〇ウ―二七ウ
祥祭		○世子輝德殿ニ祥祭ス。曲禮ノ文ニヨリ衰服ヲ焚ク。	二七ウ

卷百十六

盲人音樂		○管絃ノ盲ヲ革罷ス。倡妓既ニ絲竹杖鼓ニ習ヘルヲ以テ也。	二ウ
三ツ兒	四月	○吉州奴ノ妻一産三男米豆ヲ賜フ。	二ウ
男色		○兵曹判書李宣ハ一奴ヲ愛シ寢處妻妾ノ如シ。閭里其奴ヲ指シテ李相ノ妾ト曰フ。其奴ハ李宣ノ妻ニ薦枕ス。	四ウ
國喪奸妓	閏四月	○司憲府ノ啓。殷山縣監ハ國喪ニ丁ッテ妓ヲ奸セントス、其妻妬ニシテ其妓ノ髮ヲ斷ッ。縣監ノ子モ亦妓ヲ奸ス。邊郡ニ全家入居セシム。	八ウ―九オ
馬肉食用		○左議政河演ハ濟州牧使ヨリ馬脯之贈ヲ受ケタリトノ件ニ付辯疏ス。	九オ
端午豐呈		○議政府左賛成等ハ端午節ニ豐呈ヲ獻ゼントス。王ハ此日禫後ナルヲ以テ之ヲ不可トス。	九ウ―一〇オ
女樂男樂		○禮曹ハ啓ス。今會禮ニハ女樂ヲ用キズ代ユルニ舞童ヲ以テスルコトトセリ。舞童ノ旋習ハ難クシテ繼ギ難シ。樂工ノ中能ク歌舞スル者ヲ撰ンデ之ニ代ヘン。王之ニ從フ。	一〇オ

婦女上寺淫祀		○司憲府ノ啓。淫祀及婦女上寺ノ禁累次立法、然シテ近日弊復タ前ノ如シ。禁ヲ嚴ニシ罰ヲ重クス。	一〇ウ
祭祀瘟神		○京城疫癘人多ク死ス。高麗肅宗ノ故事ニヨリ瘟神ヲ祭テ之ヲ禳フ。	一二オ
右　同		○漢城府ニ命ジ五瘟神ヲ五部ニ祭ラシム。	一三ウ
一夫三妻		○黄海道鳳山記官李峻ハ廣ク田庄ヲ植テ並ニ三妻ヲ畜フ。	一七オ
樂　器	六　月	○奉常寺ニ命ジテ宋帝ノ手書アル古昔賜ハリシ編鐘、編磬、琴、瑟等ヲ收藏シ使用セザラシム。	二一ウ
寺院ト寡婦		○傳旨。淨業院ニ寡婦群聚邦憲ニ干ス。此院ノ尼盡ク士族ナリ。淨業院ノ設ケハ守信ノ寡婦ノ依ル無キ者ヲ養フ。	二五ウ―二六オ 二七ウ
猿ト馬病		○倭人猿ヲ持來ル（前ニ内命シタルニヨル）馬病ヲ防ガン爲也。	二八オ
		卷百十七	
行船忌節	七　月	○王ハ承政院ニ傳旨シ七月ハ行船ノ節忌ナリ漕船ノ危險ヲ言フ。	一ウ
屍體放棄		○城底十里外ニ人屍ヲ棄置スル者多シ、漢城府ニ諭シテ之ヲ掩埋セシム。此時疫行ハル。	二ウ
三ツ兒	八　月	○長湍ノ女一產二男一女米ヲ賜フ。	三オ
恣女案帳		○趙由禮ノ祖母金氏淫穢ノ行アリ、恣女案ニ登錄ス。	六ウ
再嫁排斥		○夫死シ再嫁セシ安東權氏アリ、士林之ヲ鄙シトス。	七オ
擊　毬		○禮曹ニ傳旨シ武科殿試ヲ定ム、中ニ擊毬アリ。	七ウ
雉入廳ヲ忌ム		○雉賓廳ニ入ル。野鳥室ニ入ルハ古人ノ忌ム所ナリトシ解怪祭ヲ行フ。	九ウ

老人優遇	九月	○王ハ禮曹ニ傳旨シ敬老ノ禮ハ行ハザルベカラズトシ。凡ソ民八十以上品職ヲ授ケ婦人ハ封爵スルコトトス。	一五オ―ウ
一夫二妻		○中樞院副使ハ糟糠ノ妻ヲ妾ト詐稱シ更ニ妻ヲ娶ル。司憲府ノ啓ニヨリ其第二妻ノ職牒ヲ追奪ス。	二一オ
佛骨在宮		○宮中ニアリシ佛骨舍利ヲ興天寺ニ還ス。	二一ウ
		卷百十八	
進膳祭品ノ不淨	十月	○司僕少尹ノ啓。司僕ノ進膳門外ニ置ク不潔口ニシ難シ。牲ヲ宰スル時空家露地ニ於テ宰人屠殺ス街童巷婦堵ノ如シ。祭器ヲ案ヲ以テ縛リ馬ニ載セ行ク不潔ナリ。太祖ノ位版ヲ佛殿前ニ安ンズ僧俗雜流聚リテ神ヲ褻ス。	二オ―ウ
祭品詳定	十一月	○諸山陵及眞殿ノ大小祭品ヲ詳定ス。	五オ
瘡屍置外		○瘡疹ニテ死スル者邪說ニ惑ヒ世俗埋葬セズ。王ハ漢城府五部、活人院ニ命ジ每ニ巡行諭シテ掩葬セシム。	六ウ
人ヲ食フ		○瑞興ノ山間ニ人ヲ燒テ食ヒシ痕アリ。	九ウ
婚姻年齡	十二月	○男十六女十四ハ法定成婚ノ年齡ナリ。男十五ニシテ婚書ヲ取リシ者アリ之ヲ鞫ス。	一二オ―ウ
人肉ヲ食フ妖言者		○人、人肉ヲ食フノ造言者瑞興ノ囚ヲ全家邊邑ニ徙ス。	一五オ
	三十年(戊辰)	卷百十九	
右同	正月	○一日內殿ニ曲宴ス。	一オ

事項	月	記事	出典
食人肉	三月	○海州ニ人肉ヲ食フノ説アリ之ヲ鞫ス。	三オ－ウ
右同		○黃海道全凶、死者相枕ス。人、人ヲ食フ怪ムニ足ル者無シ。	三ウ
風水思想		○陰陽學訓導ハ京城ノ地理ニ付テ上書ス。	一一ウ－一二ウ
提學ノ母ハ巫		○集賢殿直提學金汶ニ致賻ス。其母ハ巫ヲ業トシ紺獄祠ニアリト人言フ。	一四オ
忌辰祭		○禮曹ハ輝德殿ノ忌辰祭儀ヲ啓ス。	一六オ－一七オ
		卷百二十	
白丁	四月	○趙賚ノ上書。盜八道ニ横行ス捕馬ノ賊ハ才白丁也强盜ハ禾白丁也。立法平民ト相婚セシムルモ未ダ相互嫁婚シタル者ナシ。甲辰ノ歲新白丁ト改號ス。	四オ－ウ
風水思想		○睦孝智ハ地理ノ術ニ付テ上書ス。近世以來卜筮之法廢スト雖モ地ヲ擇ブノ說獨リ存ズ。士庶稍有力ノ家術士ヲ招キ名山ヲ博訪ス。	六オ－ウ
祈雨	五月	○祈　雨。	一二ウ・一三オ・一四ウ・一九ウ
宗親騎徒ノ法		○王ハ宗親ニシテ綠色ノ馬韉ヲ用ヰザル者及徒步スル者ヲ檢察セシム。	一二ウ
一夫數妻		○宗室李湛ニ白氏李氏ノ二妻アリ、李氏死シ白氏ノ所出喪ニ服セズ。李氏ノ出憲府ニ告ゲテ問題トナル。王ノ言。高麗之季並ニ二三妻ヲ畜フ遂ニ國俗ヲ爲ス。六典謄錄ニ並畜ノ妻及二三妻皆許シテ婦ト爲スノ條文アリ。	一四ウ－一九オ
		○麟山郡事妻アリテ妻ヲ娶ル。司憲之ヲ劾ス。	一九オ
右同 婚姻華侈		○右贊成ハ婚姻ノ禮華美ナルヲ痛禁センコトヲ上言ス。是又亟旱災ノ一端也ト言フ。	二〇オ－ウ
姦夫ノ髮ヲ斷ツ	六月	○吏曹正郎李永瑞ハ人ノ妓ヲ奸シ其人ニ捕エラレ髮ヲ斷タル。又成均館奴ノ妻ヲ奸	二六ウ－二七オ

		シ又其奴ニ髮ヲ斷タル。人之ヲ薤菜ニ喩フ。	
		卷百二十一	
原廟ト佛堂	七月	○王ノ言。文昭殿ノ墻東一佛堂アリ、七僧之ヲ守ル癸丑ノ歳移安ノ時破壞ス。王ハ之ヲ重建セントスルノ內意アリ。皆不可トス。	六オ—ウ
右同		○都承旨ハ陵側及宮禁ノ近ニ佛寺ヲ設クルノ非ナルヲ言フ。大司憲及直提學等等同上。(以下本件ヲ不可トスル疏論多シ略之)	六ウ—二六ウ
風水思想	八月(三二ウ)	○書雲掌漏ハ主山ノ來脈ニ寺ヲ置クハ不可ナリト上言ス。	三〇オ—ウ 三六オ—ウ
方角拘忌		○王ハ臨瀛大君ノ第ニ移御シ初メテ佛堂ノ作ヲ命ズ。	三四オ
風水思想		○睦孝智ハ上書シテ宮闕ノ地理不良ヲ言フ。	三四ウ—三五オ
老人優遇		○禮曹ハ東宮養老宴ノ儀ヲ啓ス。	三八オ—三九オ
世孫入學		○禮曹ハ王世孫入學ノ儀ヲ定ム。	四一ウ—四三オ
問安ノ禮		○政府六曹ノ毎月一日問安スルノ禮ヲ除ク。	四六ウ
		○昭憲王后ノ忌晨齋ヲ大慈庵ニ行フ。	四七オ
		卷百二十二	
忌晨佛齋			
世子誕辰	十月	○禮曹ハ王世子ノ生辰賀儀ヲ呈ス。	四オ—ウ
婦女上寺		○王ハ傳旨シテ婦女上寺ノ禁ヲ申明セシム。	四ウ
風水思想		○景福宮明堂ノ水不足ニヨリ渠ヲ造ラントスルノ議アリ。二十餘年未ダ成ラズ、王之ヲ難シトシテ人力ヲ費ス勿ラシム。	五オ

服色制定	十一月	○議政府ハ服色詳定ノ事ヲ啓ス。(團領着用ノコトアリ)	六オ－ウ
祈寒藏氷		○禮曹ハ司寒祭ト藏氷ニ付テ啓ス。	七ウ－八オ
屍ヲ野外ニ置ク 厲祭		○咸吉平安兩道監司ニ諭シ、沿邊ノ民死シテ葬ラズ野ニ曝スル者ヲ罪セシム。且諸道ニ申明シ厲祭ヲ擧行セシム。	八オ－ウ
佛堂慶讃		○議政府ハ佛堂ノ慶讃并雜僧ニ饋スルヲ停メンコトヲ請フ。	九オ－ウ
尼刹革罷		○淨業院ノ革罷ニヨリ其尼ヲ家ニ歸シ奴婢田土ハ典農寺ニ屬セシム。	一一ウ
老人優遇		○諸道監司ニ諭シ百歲ノ老人ヲ存恤セシム。	一一ウ
佛堂慶讃	十二月	○文昭殿ノ佛堂成ル慶讃會ヲ設ク、五日ニシテ罷ム。佛堂ノ制作侈麗ヲ極ム金珠目ヲ眩シ丹靑日ニ輝ク。	一二オ－ウ
家舍制限		○邸宅ノ制限ヲ定ム。	一五オ－一六オ
	三十一年(己巳)	卷百二十三	
佛堂慶讃	正月	○慶讃ヲ佛堂ニ重設ス四日。	三オ
婦人乘馬		○司諫院ノ上疏。兩班婦女皆乘ルニ屋轎子アリ四品以下ノ備フル能ハザル者乘馬、婦女徒行ヲ得ズ無識之徒徒行スル者アリ。	四ウ－五オ
巫風盛行		○司諫院ノ上疏。兩班婦女或ハ香徒ト稱シ或ハ神祀ト稱シ各酒肉ヲ賚シテ公然聚會恣意娛樂シ風敎ニ累ス云々。	同
服裝屬具分等制限		○議政府ハ服裝及其附屬品、鞋、笠等ノ分等制限、色、樣式等ニ付禁止條件トシテ啓ス。	六ウ－七オ
家舍制限		○禮曹ノ啓ニヨリ大君、公主、文武官ノ邸宅ノ構造制限ヲ定ム。	九ウ－一〇オ

僧入城ノ禁 寡婦ト僧		○議政府ノ啓ニヨリ城内ニ僧徒出入累日留宿シ風俗ヲ汚染スルニヨリ之ヲ禁ジ。且ツ寡婦ノ家ニ出入ノ僧ハ律ニ依リ論罪ス。	一三ウ—一四オ
禁酒	二月	○凶歉ニヨリ酒ヲ禁ズ。	一七オ
心喪淡服		○士大夫父アリ母ノ心喪ヲ行フ時ノ服装一定セズ。禮曹ハ請フテ今後淺淡服トス。	二〇オ
處女選擇	四月	○内官ヲ慶尙、全羅、忠淸ニ遣ハシ處女ヲ選ブ。永膺大君ノ後配ヲ得ル爲也。	二四ウ

卷百二十四

男妬割勢	五月	○益寧君ハ其奴ノ私婢ヲ姦シタル者ノ勢ヲ割ク。王ハ宗簿寺ニ命ジ之ヲ鞫ス。	九オ
祈雨		○雨ヲ祈ル。	一〇ウ
慶讚作契		○佛堂慶讚ノ時官寺、工匠香ヲ焚キ佛ニ誓ヒ契ヲ作ル。	一〇ウ
承旨佞佛		○副承旨李樺ハ性佞佛多ク佛軀ヲ造ツテ家ニ置ク。	一一オ
旱災辭職		○領議政黄喜ハ旱災ヲ其不德ニ歸シ職ヲ罷メンコトヲ請フ。	一二オ
祭祀賜氷		○士大夫仲朔時祭ノ内五月八月ニ氷ヲ賜フ。	十二オ—ウ
雨・乞		○佛寺ニ精勤雨ヲ禱ル。其他ノ祈雨。	一二ウ・一四オ（以下六月）一五ウ・一七オ
右同		○王ハ禮曹ニ傳旨シ僧徒雨ヲ禱リ、驗アラバ齋ヲ設クルコトヲ定式トス。	一七オ
報賽設齋	六月	○議政府ハ興天寺ノ報供齋ヲ停メンコトヲ請フ。王ハ曰ク報賽ハ他ニモアリ民間ニモアリ何ノ害カアラン云々。	一八オ
年末還願		○王ハ祝盞作願神佛ニ狀禱シ歳抄ニ至リ、祭ツテ其狀ヲ還ヘス、之ヲ年終還願ト云フ。	同
囚僧放還		○議政府ノ啓ニヨリ、于ハ前日傳旨セシ僧人雜犯保放推考、新造寺社申聞シ破毀ス	一八ウ

		ルノ命ヲ收還ス。	
祈雨		○禮曹ハ祈雨ヲ興天寺ニ先行セズ、宗廟社稷等ニ先行セシコトヲ請フ許サズ。直提學モ同上ノ事ヲ請フ。	一九オ―ウ
右同		○右同上。	一八オ―一九ウ
右同		○祈雨。	二一ウ
		卷百二十五	
祈雨	七月	○雨ヲ興天寺ニ禱ル。其他ニ祈ル。	一オ・ウ
右同		○領議政黃喜ハ旱ニヨリ圓壇ヲ祀ランコトヲ請フ。王ハ僭禮トシテ允サズ。	一ウ
遺言排齋		○工曹判書尹炯ノ妻ハ遺言シテ死後齋ヲ設クル勿ラシム。	二ウ
喪制勵行	八月	○王ハ三年ノ喪制ニ付中外ニ曉サシム。	九ウ―一〇オ
民間香徒		○閭閻間ニ大ニ佛堂ヲ作リ、燈籠錚鼓念經セシ念佛香徒ヲ司憲府ハ推ス。王ハ放置セシム。	一〇オ―ウ・一〇ウ―一一オ
儒佛反目	九月	○全羅綾城ノ鄕校生等齋庵十一ヲ燒ク。律ニヨリ死ヲ減シテ流ニ處ス。	一二オ
明使請妓		○明ノ使臣大平舘ニ在リ。妓ヲ請フテ之ヲ納ル。	二二オ
		卷百二十六	
樂章	十月	○禮曹ハ樂章ヲ定ム。	四オ
救病祈禱		○世子疽背ニ發ス。名山、大川、神祠、佛宇ニ禱ル。	同上
雨乞	十一月	○祈雨。	四ウ

救病報祀　○世子疾瘳ユ諸臣ヲ分遣シテ諸道ニ報祀ス。　六オ

空唱鬼神　○永川ノ盲人云フ神アリ、人ノ禍福ヲ空中ニ唱說スト。王ハ曰ク昔京城ニ空唱ノ巫女アリ悉ク城外ニ黜ク云々。此盲人ヲ南海ニ放置ス。

十二月

救病報祀　○世子病癒ユ、宗廟社稷佛堂等ニ報祀ス。　八オ

救病禱祈　○世子亦腫ヲ發ス畿内ノ神祀佛宇ニ祈ル。奸盜外ノ罪人ヲ放免ス。　一一ウ

喪祭　○誠妃（妾）卒ス七々及百日大小祥水陸齋ヲ命ズ。　一二オ―ウ

三十二年（庚午）

卷百二十七

正月

禁色 馬鞍制限　○司憲府ノ啓ニヨリ禁色タル紫色ニ近キ深染茶割色ノ服ヲ禁ジ、其他鞍子ノ僭ナルモノヲ禁ズ。　一〇ウ

王ノ尙佛、　○王ハ釋ヲ尙ブ。佛寺ヲ刱建スルニ當リ之ヲ不可トスル者ヲ惡ミ迂儒又ハ竪儒ト云フ。　一一オ

救病祈禱　○王ハ不豫ナリ僧五十三ヲ聚メ救病精勤又宗廟、社稷、名山、大川ニ禱ル。　一三オ

紅門結綵　○勅使ヲ迎フ、慕華館前ニ紅門ヲ建テ結綵ス。　一四ウ

士女觀戲　○朝士ノ妻妾觀戲男女混處ス。司憲ハ之ヲ禁ゼンコトヲ請フ。王允サズ。　一六オ

二月

禁酒　○中外ニ禁酒ス。　三四オ

救病報祀　○病瘳ユルヲ以テ神祠佛宇ニ報祀ス。　三五オ―ウ

救病祈禱　○王病アリ僧五十ヲ聚メ御所ニ救病精勤ス。宗廟、社稷、名山、大川ニ祈ル。　三五ウ―三六オ

○王薨ズ。　三六オ

世宗三十二年

國祀主體位板幣帛樂器等

國祀儀式

嘉禮順序

同 鹵簿

卷百二十八

△大祀 社稷宗廟 中祀 風雲雷雨、嶽海瀆、先農、先蠶、雩祀、文宣王、檀君、箕子、高麗始祖 小祀 靈星、名山、大川、司寒、馬祖、先牧、馬社、馬步、七祀禜等ノ辨祀時日、壇壝、神位、祝板、幣帛、祭器、饌實、樂器、樂懸、獻官、冠冕ノ記載ト圖アリ。

一―三四―全卷

卷百二十九

△右百二十八卷ノ儀式 全卷

卷百三十

△右 同 同

卷百三十一

△右 同 同

卷百三十二

△嘉禮序例

△鹵簿（ノ中、旗ニ道敎ノ影響ヲ受ケタル厭勝字ノモノアリ）。

七ウ

△王ノ乘輦

一二―一三

嘉禮儀式　嘉瑞　册封昏禮　發老鄉飲　賓禮　軍禮謝禮　救食　追儺　鄉射　凶禮順序　凶禮儀式　祭禮

△嘉例儀式、賀祥瑞儀　四九オ－五〇ウ

卷百三十三

△納妃儀、冊妃儀、冊王世子儀、冊王世子嬪儀、王世子納嬪儀　一オ－三〇オ

△王子婚禮儀、王女下嫁儀、宗親及文武官一品以下婚禮養老儀、中宮養老儀、諸地方養老儀、鄉飲酒儀、賓禮儀式　三〇オ－三一ウ　三八オ－四一オ

△軍禮儀式、射壇ニ射ルノ儀　五四オ－五七オ

△救日食儀　五六ウ－五七オ

△季冬大儺儀　六〇オ－ウ

△鄉射儀　六〇オ－六一オ

卷百三十四

△凶禮序例

△喪服、明器、服玩、車輿、吉仗、凶仗、執事官　一－三四－全卷

卷百三十五

△凶禮儀式

△遷奠儀、立主奠儀、返虞儀、安陵奠儀、山陵朝夕上食儀、魂殿虞祭儀、卒哭祭儀、魂殿朝夕上食儀、魂殿四時及臘親享儀、攝事儀、魂殿正至朔望及俗節親享儀、山陵四時及臘正至俗節祭儀、山陵親行祭儀　一オ－二〇ウ

	△練祭儀、祥祭儀、禫祭儀、附廟儀、題位版儀、祔文昭殿儀	二二オ―三九ウ
	卷百三十六ヨリ百四十二卷迄	
雅樂	△雅樂	
	卷百四十八	
以下卷末迄地方國祀主體	△殿、廟、壇、山川、寺院等祭祀主體ノ所在	一ウ―三ウ
京畿道	△廣州 鎭山 黔丹山	六オ
神鹿傳說	徐弼ノ父神逸矢ヲ負ヘル鹿ヲ救ヒ神人ヲ夢ミ子孫宰相トナルベシノ神告アリシ記事アリ	八オ
	△果川 鎭山冠岳	八ウ
隕石傳說	大星人家ニ隕シ其家ノ婦男ヲ生ム之ヲ姜邯贊トス	九ウ
龍	△楊州 楊津壇ヲ築キ龍五ヲ祭ル	一〇オ―ウ
神兵傳說	△積城縣 紺嶽―契丹入寇ノ時神兵現ハル傳說羅人唐將薛仁貴ヲ祭リ山神トス。同縣 龍頭山禱雨ノ處	一二ウ
	△抱川縣 海龍山、山上ノ池ニ雨ヲ禱ル處	一三オ
	△加平縣 花岳、春秋所在官ノ行祭	一三オ
	△安城郡 青龍山壇下三井ニ雨ヲ禱ル	一三ウ
民謠	△長湍縣 縣南津流兩岸青石壁立之ヲ望ム畫ノ如シ俗傳麗太祖遊幸ノ地民間歌曲ヲ傳フ	一八オ

△臨江縣　龍虎山、五冠山、春秋所在官行祭　一八ウ

△麻田縣　縣西嵒洞里ニ高麗太祖以下四位ノ廟アリ春秋致祭　一九オ

△江華都護府　鎭山高麗摩利山世傳檀君天ヲ祭ルノ石壇アリ春秋致祭　二〇オ

△海豊郡　白馬山壇アリ春秋所在官ヲシテ致祭。閔霽ノ墓所在ノ官俗節祀ヲ行フ、德積祠春秋國祭ヲ行フ　二一ウ

卷百四十九

忠清道

△忠州　楊津衍所春秋所在官ヲシテ行祭　三オ

△丹陽郡　竹嶺春秋行祭　三ウ

龍傳說

△天安郡　諺傳術士ノ言、此地三國ノ中心五龍珠ヲ爭フノ勢大官ヲ置ケバ百濟自ラ降ラントス麗ノ太祖府ヲ置ク　六ウ

右同

△文義縣　壤城山所在ノ官春秋行祭。漏峴石穴俗傳龍湧ノ處　七ウ―八オ

△燕岐縣　大川熊津春秋行祭　九オ

△稷山縣　百濟始祖廟、世祖十一年始メテ廟ヲ立ツ春秋致祭　九ウ

△懷仁縣　味谷城春秋所在官ヲシテ行祭　一一ウ

△報恩縣　俗離山新羅ノ時中祀　一二オ

胎衣神化傳說

△鎭川縣　胎靈山新羅金庾信ノ胎ヲ藏シ化シテ神トナルノ俗傳アリ李太宗國祭ヲ停メ所在官ヲシテ行祭　一二ウ

龍

△公州牧　名山鷄龍山春秋行祭山下小池アリ龍神出入スト傳フ雨ヲ禱ル所　大川熊津衍所所在官行祭　一三オ―一三ウ

慶尙道

卷百五十

	△舒川郡　熊津溟所春秋所在官ヲシテ行祭	一四ウ
石上虎跡 釣龍傳說	△扶餘縣　天政臺、虎岩寺ニ石上虎跡アリ蘇定方龍ヲ釣ルノ傳說アリ、百濟末宮女水ニ自沈セシ落花臺アリ、百濟王遊ビシ所、岩自カラ溫ナリ之ヲ自溫臺ト云フ	一八オ
	△德山縣　伽倻岬所在官春秋致祭	二一ウ
毒蛇傳說	△禮山縣　無限山石城、西壓大川、常ニ毒蛇アリ水漲ルニ値ヘバ害ヲ爲ス	二二オ
	△大興縣　唐蘇定方ノ祠大岑嶋ニアリ所在官春秋致祭	二三オ
卵生傳說 鵲傳說 白雞傳說	△新羅始祖卵生傳說。昔氏始祖鵲傳說。脫解地理ニ通ズ。白鷄金櫃傳說	四オ－ウ
龍	△慶州府　府南新羅始祖祠春秋行祭　東海濱利見臺文武王倭寇ヲ患ヒ死シテ龍トナリ之ヲ防ガントト遺命シ海中ニ水葬ス後龍見ハル王化シテ其龍トナル云々ノ傳說	五オ－五ウ
龍	△密陽郡　鎭山華嶽、靈井山石潭ニ龍アリ旱ニ虎頭ヲ沈メ雨ヲ禱ル	五ウ
龍	△梁山郡　大川伽倻津，玉池淵神龍ノ所在每春秋行祭　世宗三年赤龍見ハル、伽倻津衍淵、赤石龍堂所在官ヲシテ春秋行祭、城隍山石城郡東五里	六ウ
神鶴傳說 龍子傳說	△蔚山郡　別號恭化鶴城新羅ノ末鶴來テ鳴ク故ニ神鶴城ト稱ス。古邑石城ニ戒邊ノ古祠アリ。處容岩郡南三十七里ニアリ鄕樂處容舞ノ傳說。亐弗神堂郡西圓寂山下ニアリ春秋行祭	七オ－ウ
	△淸道郡　鎭山鰲山	七ウ
石龜傳說	△大丘郡　鎭山連龜諺傳石龜ヲ作リ山脊ニ藏シ南頭北尾山氣ヲ通ズ	八ウ
金魚傳說	△東萊縣　金井山石井縣ノ西北梵魚寺ノ上ニアリ世傳昔シ一金色ノ魚アリ雲ニ乘ジ	九ウ

	梵天ヨリ來ル	
	絕影島毛等邊嶋所在ノ官ヲシテ行祭	一〇オ
	△昌寧縣　鎭山火王	一〇オ
	△靈山縣　鎭山靈鷲、岐音江龍堂アリ春秋守令行祭祝文伽倻津溟所之神ト稱ス	一一オ
	△寧海郡　都護府城隍堂石城	一四オ
安胎遺跡	△順興郡　忠烈王、忠穆王ノ安胎。鎭山小白	一四ウ
	△永川郡　鎭山母子	一五ウ
	△義城縣　風穴、縣南氷山寺北大岩ノ下ニ在リ旱ニ雨ヲ禱ル應アリ	一七オ
	△奉化縣　鎭山文殊太白山ト名ク新羅ノ時中祀	一九オ
	△義興縣　鎭山龍頭公山	一九ウ
	△尙州牧　名山四佛山縣北ニアリ或ハ功德山ト云フ、白華中牟ノ西ニアリ高麗ノ時	二一オ
神虎傳說	州吏ノ女兒其父母丹兵ヲ避クル途中棄テラレ神虎之ヲ擁護セシ傳說アリ化寧國師	
	堂縣西ニアリ	
安胎遺跡	△星州牧　李太宗ノ安胎祖谷山	二二オ
名僧傳說	△善山都護府　名山ノ金烏山北ニ道詵岩アリ道詵修行地ト世傳ス。	二三オ—ウ
壽星傳說	南山ニ城隍堂アリ。竹杖寺。古ハ南極老人星照臨ノ地トシテ春秋ニ行祭ス今星祭	
	壇アリ	
安胎遺跡	△金山郡　定宗黃岳山ニ安胎ス。	二四ウ
	△聞慶縣　主屹山每年春秋行祭、冠兮山、主屹山ニ附祭ス。曦陽山、南獐山以上三	二六オ—ウ
	山所在ノ官春秋行祭	

△晉州牧　智異山一名頭流山大天王祠アリ、玉山旱ノ時山上祭ヲ設ケ柴ヲ燔ク　二七ウ

卵生傳說　仙人傳說

△金海都護府　駕洛始祖卵生傳說、盆山ハ府人鎭山トス、招賢臺仙人傳說、水落川ノ分流ト合流トニヨリ土人水旱ヲ占ス、城隍堂ハ古ノ會原縣址ニアリ　二八ウ

△咸陽郡　鎭山白嵒　三〇ウ

△固城縣　觀音岾祠春秋守令朝旨ヲ奉ジテ望祭ス上樸嶋、下樸嶋、褥秩嶋之神ヲ此ニ祠ル　三二オ

△巨濟縣　鎭山國師堂山、縣東ニアリ水軍處置使致祭　三二オ

全羅道

卷百五十一

仙人傳說　龍

△智異山、諺傳太乙其上ニ居リ群仙ノ會スル所衆龍ノ居ル所、新羅以來中祀、春秋觀察使ヲシテ致祭、無等山州官ヲシテ行祭、靈岩月出山峰上凹處アリ九龍ノ所在ト諺傳ス、鎭安馬耳山大宗山下ニ次シ官ヲ遣ハシ致祭　一オ—ウ

△盆山郡　鎭山彌勒郡北五里ニアリ　五ウ

△古阜郡　鎭山都順郡東五里ニアリ　五ウ

名僧出生傳說

△靈岩郡　靈異。郡人ノ諺傳高麗ノ時崔氏ノ女園中ノ瓜ヲ食テ娠ミ道詵ヲ產ム。道詵入唐地理ノ法ヲ得高麗太祖ノ父ニ聖子ヲ生ムノ訣ヲ授ク　一二オ—ウ

△康津縣　白蓮社縣南萬德山ニアリ　一三ウ

△務安縣　大川頭露梁縣南ニアリ龍津溟所ヲ爲シ春秋其官致祭ス　一五オ

△南原都護府　鎭山蛟龍　一六ウ

龍

△龍潭縣　馬山潭龍王神アリ春秋其官行祭　一七ウ

△谷城縣　鎭山動樂　二〇オ

△光陽縣　鎭山白鷄　二〇オ

△長興都護府　鎭山修因　二〇ウ

龍

△潭陽都護府　鎭山秋月山東潭下ノ岩穴ハ龍ノ穿ツ所ト傳フ其官春秋致祭　二一ウ－二二オ

狸傳說

靈異　童子岩、虎岩アリ、狸、寺僧ノ釀酒ヲ盗飲シ其見張者ニ捕ヘラレ縱ツコトヲ乞ウテ奇術ノ書ヲ與フ

△茂珍郡　鎭山無等、老只龍堂、龍津衍所春秋其官致祭　二三オ－ウ

石鳴ル

靈異至正元年東征元帥金周鼎各官ノ城隍之神ニ祭ル名ヲ歴呼シテ神異ヲ驗ス、郡ノ城隍纛鈴ヲ鳴ラス周鼎朝ニ報シ封爵ス、無等山頂ニ條石アリ雨降ラントスル時雷ノ如ク鳴ル

大樹春芽　豊凶占卜

邑南大樹アリ春芽ヲ發スルノ遲速ニヨリ豊凶ヲ占ウ。　二三ウ

△樂安郡　鎭山金錢　二四ウ

△綾城縣　鎭山雲山　二五オ

△玉果縣　鎭山雪山　二六ウ

三神湧出　開闢神話

△濟州牧　三神湧出開闢傳說、鎭山漢拏山其官行祭　二七オ

鷹傳說

諺傳漢拏山主神ノ子季弟生ル死シテ明神トナル、鷹ニ化シ胡宗旦ノ舟ヲ撃破ス封ジテ廣壤王トシ以テ歳々祭ル　二八オ

巻百五十二

黄海道

龍

△鳳山郡　郡西鵂鶹岩アリ岩下神龍アリト傳フ高麗咸有一穢物ヲ其淵ニ塡ム雲雨暴　四オ

作、是ヨリ毎歳春秋、致祭、旱ニ雨ヲ祈ル李朝太宗ヨリ所在官ヲシテ春秋行祭 四ウ

△遂安郡　鎭山遼山所在官春秋行祭 五オ

△谷山郡　鎭山飯乭所在官春秋行祭

伯夷叔齊傳說

△海州牧　鎭山龍首、名山首陽、西南海中兄弟嶋アリ伯夷叔齊此處ニ死ストノ諺傳、城山所在官春秋行祭 六オ

△載寧郡　鎭山、長水山 六ウ

△瓮津縣　鎭山花山 七オ

△長淵縣　松禾長山串春秋行祭 七ウ

龍耕傳說

△延安都護府　府南大堤池、池水毎歳冬月氷合忽裂リ人之ヲ龍耕ト云フ其裂否ニヨリ豐凶ヲ占ス旱ニ雨ヲ禱ル、春秋致祭 九オ

虎傳說

△白川郡　甑城ニ古ノ祭天壇アリ、九龍山虎景大王ノ祠アリ、高麗史所載虎景山神ノ虎ト神婚云々ノ傳說、岩穴ヲ此處トスルノ傳說アリ 一〇ウ

龍

朴淵。昔朴進士笛ヲ淵上ニ吹ク、龍女夫ヲ殺シ之ヲ婿トナス、開城大井、臨津ノ德津ト三所ノ龍王ト號ス、旱ニ雨ヲ祈ル、今所在官春秋行祭、高麗文宗ノ時石上ニ登ル風雨暴作扈從李靈幹勅書ヲ作リ龍ノ罪ヲ責ム龍背ヲ出ス之ヲ撻ツ水盡ク赤シ 一〇ウ—一一オ

△豐川郡　西海神壇郡ノ西ニアリ春秋行祭 一一ウ

檀君傳說

△文化縣　鎭山九月山世ニ阿斯達山ト傳フ庄庄坪縣東ニアリ世傳檀君ノ都セシ所。三聖祠九月山ニアリ檀因檀雄檀君ノ祠アリ。九月山主峰ニ古ノ星醮ノ處アリ 一二オ

△松禾縣　墨只山　縣人以テ鎭ト爲ス。 一二ウ

龍

△殷栗縣　九月山西腰高淵アリ昔ヨリ龍アリト傳ヘ旱ニ雨ヲ祈ル 一三オ

江原道

△江陵大都護府　五臺山西臺ノ下金剛淵春秋所在官行祭　三オ

△襄陽都護府　東海神祠堂春秋致祭　三ウ

△旌善郡　鎭山飛鳳　四オ

△原州牧　雉岳山春秋致祭、琚琵岬山其官行祭　五オ

△寧越郡　鎭山鉢山　六オ

△洪川縣　鎭山石花八峯山春秋其官行祭　六オ

善蹟傳說

△淮陽都護府　德津溟所春秋致祭、金剛山菩薩所住ノ說アリ、世遂ニ人間淨土ト云　七オ

△金城縣　慶把山縣人鎭山ト爲ス　八オ

△平康縣　德津溟所其官行祭　九オ

△三陟都護府　太伯山北嶽祠アリ太伯天王堂ト稱ス諸郡人春秋祀ル。頭陁山石間井五十アリ其中一井ニ邑人春秋之ヲ祀ル　九ウ

△平海郡　仙淵旱ニ雨ヲ祈ル　一〇オ

獅子傳說

△蔚珍縣　于山武陵二嶋、新羅智澄王之ヲ征スルノ時木獸ヲ作ツテ之ヲ誑カス　一〇ウ

△春川都護府　鎭山鳳山　一一オ—一三ウ

△高城郡　金城山鎭山　一四オ

△通川郡　叢石亭、四仙峯立碑ノ記事アリ登禾山郡人爲鎭山　一四ウ

△歙谷縣　朴山縣人鎭山ト爲ス

卷百五十四

平安道

△大同江中祀、大同江下ケ屯津小祀　一オ

檀君傳說

△平壤府　神人檀木ノ下ニ降リ國ヲ立テ玆ニ都ス檀君ト號ス、錦繡山府人鎭ト爲　二ウ—三オ

ス、大同江邊ノ上甲神所、津溟所、津墳所、津衍所、津淵所、以上五所所在官行祭　三ウ
箕子廟春秋致祭、檀君祠高句麗始祖東明王合祠春秋致祭、河伯女ノ婚姻朱蒙卵生
傳說

△祥原郡　盤龍山郡人鎭山ト爲ス、佳殊窟郡北觀音山ニ在リ所在官春秋致祭　六ウ
△三登縣　鳳頭山縣人鎭山ト爲ス　七オ
△江東縣　鎭岳山縣人鎭山ト爲ス　七オ
△甑山縣　國靈山縣人鎭山ト爲ス　八オ
△三和縣　椵島所在官春秋行祭　八ウ
△江西縣　舞鶴山縣人鎭山ト爲ス　八ウ
△龍岡縣　烏山縣人鎭山ト爲ス　九オ
△安州牧　架頭山郡人鎭山ト爲ス、城隍堂　九オ
△成川都護府　劒山府人鎭山ト爲ス　一〇オ
△肅川都護府　唐山府人鎭山ト爲ス　一〇オ
△順川郡　靜戎刀山郡人鎭山ト爲ス　一〇ウ
△价川郡　大林山郡人鎭山ト爲ス　一一オ
△永柔縣　米頭山縣人鎭山ト爲ス　一一ウ
△孟山縣　觀音峴下天聖寺諺傳東明王天宮ニ朝スルノ遺跡ナリトス　一二ウ
△定州牧　馬山州人鎭山ト爲ス　一四オ
△龍川郡　龍虎山郡人鎭山ト爲ス　一四ウ
△郭山郡　凌漢山郡人鎭山ト爲ス　一五オ

△宣川郡　大和嶋、炭嶋、春秋所在官行祭。　一五ロ
△嘉山郡　鳳頭山郡人鎭山ト爲ス　一六オ
△定寧縣　會菴山縣人鎭山ト爲ス　一六ウ
△寧邊大都護府　北山府人鎭山ト爲ス　一七オ
△昌城郡　九峰山縣人鎭山ト爲ス　一八・オ
△雲山郡　碧山縣人鎭山ト爲ス　一八ウ
△博川郡　臥龍山郡人鎭山ト爲ス　一八ウ
△理山郡　崇寂山郡人鎭山ト爲ス　一九ウ

卷百五十五

咸吉道

△咸興府　城串山府人鎭山ト爲ス、麒麟山、人山頂ニ上リ喧譁スレバ雲霧起リ迷路、邑石城城內峯頭城隍ノ祠アリ所在官春秋行祭　二オ—三オ
二花嶋、松嶋、春秋所在官致祭　三オ
△定平都護府　鼻白山春秋行祭　三オ
△北青都護府　好望浦旱ニ雨ヲ禱ル　四オ
△永興大都護府　聖歷山府人鎭山ト爲ス　四ウ
沸流水春秋行祭、濬源殿太祖ノ御容ヲ奉安ス　五オ
熊嶋春秋所在官致祭　六オ
△高原郡　司椵山郡人鎭山ト爲ス　六オ
△文川郡　盤龍山郡人鎭山ト爲ス　六ウ

太祖眞殿

△高原郡　司空山郡人鎭山ト爲ス　七オ
△安邊都護府　鶴城山府人鎭山ト爲ス　八オ
△宜州郡　盤龍山、郡人鎭山ト爲ス　九オ
草嶋、薪嶋春秋安邊ノ官チシテ行祭　九ウ
△龍津縣　盤龍山縣人鎭山ト爲ス　九ウ
△吉州牧　圓山州人鎭山ト爲ス　一〇オ―ウ
卵嶋春秋安邊ノ官チシテ望祭。伏胡峰府人鎭山ト爲ス、府東長浦ノ東五十里大澤アリ海ニ通ズ諺傳龍處アリ　一一オ―一二オ
△端川郡　道德山郡人鎭山ト爲ス　一二オ
△鏡城郡　祖白山郡人鎭山ト爲ス、長者池諺傳龍ノ處、旱ニ禱雨ス　一三オ
△慶源都護府　甑山府人鎭山ト爲ス　一三ウ

	即位年（庚午）	文宗實錄　卷一	
被髮徒跣 夕奠臨哭	二月	○世宗薨ズ。王世子、大君、諸君ト被髮徒跣。百官哭臨。夕奠ヲ行フ百官哭臨。	一オ・ウ
八相之圖 供養寫經		○王八日ク、昭憲王后升遐ノ後八相成道ノ圖ヲ作ル今ハ更ニ作ルベカラズ。安平大君金字經ヲ成サントス。	一ウ、
水陸齋		○殯殿ニ佛事ヲ作サザル外、從前ノ規ニヨリ七七日齋、水陸齋等モ行フ。	二オ
大斂成殯		○小斂。宗親百官哭臨。朝夕奠儀ノ如シ。大斂。宗親百官哭臨。成殯同上。王世子成服哭臨。	二ウ
七々設齋		○初齋ヲ大慈庵ニ設ク。二齋ヲ津寬寺ニ行フ。	二オ・六ウ
後宮爲尼		○大行王薨ズルノ夕後宮剃髮尼トナル者十餘人。	五オ
儒葬思想		○大司憲ハ大行大王ノ喪ニ佛事ノ非ナルヲ上言ス。	七ウ―九オ
喪中許肉食		○王ハ命ジテ年七十以上ノ大臣ニ食肉ヲ許ス。	一〇オ
風水思想	三月	○風水學提調ハ葬期ニ付テ五六七月ハ墓龍在塚ノ月トナルニヨリ六月十二日ニ定ムベシト啓ス。	一一オ
儒葬思想		○副提學ハ造寺寫經及後宮剃髮ノ非ナルヲ上言ス。	一一ノウ―一四ノオ
七々設齋		○三齋ヲ大慈庵ニ設ク、四齋ヲ津寬寺ニ設ク。	二三オ・二四オ
僧ノ娛言		○全羅花巖寺ノ僧ハ我死人ヲ活スベシト大故ヲ聞テ來ルト云フ。試ミニ左賛成ノ妻ノ死セルモノニ其ノ術ヲ施サシム、其ノ屍ヲ見腐爛セルヲ以テ不能ナリト云フ。	二二オ
喪期短縮		○大行大王ハ王ニ遺教シテ三日ニシテ食ヒ、踰月ニシテ飲酒、卒哭ニシテ肉ヲ食フベシト云フ。	二六オ

厭勝隣喪		○世俗隣家ニ喪有ラバ蓬矢ヲ木弧ニ注シ屋上ニ置キ喪家ニ向テ以テ不祥ヲ拂フ。敦寧府事金淹ノ妻趙氏ノ家殯殿ニ近シ仍テ此ノ法ヲ行フ。憲府之ヲ劾啓シ爵牒ヲ收ム。	二六ノオ
七々設齋		○六齋ヲ津寛寺ニ、七齋ヲ檜巖寺ニ行フ。	二九ウ・三一オ
恣女錄案		○司諫院ノ啓。續六典ヲ按ズルニ士大夫ノ妻三夫ニ適ク者恣女案ニ錄ス云々。	
設齋佛寺		○佛事ヲ大悲庵ニ設ク。	三一ウ―三二オ
佛事	四月十日	○佛事ヲ大慈庵ニ作スコト七日。	三一ウ
西房ノ稱	四月	○國俗新壻ヲ尊稱シテ、西房ト謂フ。	三三ウ
溫泉沐浴		○白川溫井ニ王ノ御室アリ。	三五オ
病腫用蛭		○王ノ病腫ニ蛭ヲ用ユ。	四〇オ
端午別祭	五月	○殯殿ニ端午ノ別祭ヲ行フ。	同
路祭用旌		○許詡ノ啓。世俗路祭ニ於テ或ハ銘旌ヲ以テシ故ハ魂帛ヲ以テ之ヲ座ニ置ク。銘旌ハ柩標ナリ甚タ不可也トス。	四五オ
殯殿結綵		○使臣入京ノ日山臺儺禮ヲ除キ只結綵ス。	四七オ
設齋佛寺		○百齋ヲ津寛寺ニ設ク。	四七ウ

卷二

綵棚	六月	○王ハ、政府大臣ト詣命使迎接ノ事ヲ議ス。喪中ナルニヨリ綵棚ヲ結ブヤ否ヤニ付テ議論アリ。綵棚ハ儺禮戲謔ノ事アリ茶亭ハ儺禮ナシ。小綵棚ヲ設ケ前ニ人獸雜象ヲ列シ棚ノ後ニ大筒ヲ植ツ、水雜象ノ口ヨリ迸出ヘ之ヲ茶亭ト云フ。	四オ―ウ

項目	記事	出典
祖奠發引	○丁丑ノ夕祖奠ヲ行フ。戊寅遣奠ヲ行フ。梓宮發引。	五ウ
水尺僧ト廣大	○集賢殿ハ迎命（明ノ使臣ヲ迎フルコト）ニ付テ考ス、綵棚ハ用ユルモ水尺僧、廣大ノ如キ笑謔ノ戲ハ用ユベカラズトス。	九オ—一二ウ、
落雷禳祭	○慶尚道義城縣民震死ス、解怪祭ヲ行フ。	一二ウ
還饗虞祭	○甲申遣奠ヲ行フ、王ハ杖喪歩從シ女宮將ニ與リ立主ノ奠ヲ行ヒ虞主ヲ奉ジテ回鑾初虞祭ヲ行フ。再虞祭ヲ行フ、三虞祭ヲ行フ、四虞祭ヲ行フ、五虞祭ヲ行フ、六虞祭ヲ行フ。七虞祭ヲ行フ。	一三オ・ウ—一四ウ 一五オ
卒哭	○卒哭祭ヲ行フ。	一五オ—ウ
國恤不謹	七月 ○國恤禁酒ノ時陰竹縣監陵側ニ飲酒ス之ヲ罷職トス。	一八オ
迎詔ノ式婦人見物	○國喪中迎詔ノ時大小婦人或ハ浮階ヲ結ビ或ハ路傍ニ於テ雜戲ヲ觀覽ス。司憲府ハ之ヲ禁ゼンコトヲ請フ、王允サズ。	五〇オ
	卷三	
國喪罷舞	八月 ○國喪三年內正至、聖節、千秋ニ望闕禮ノ時舞蹈ヲ除ク。	一オ
婦女露面	○使臣入京ノ時士族ノ婦女登集帽ヲ擧ゲテ露面之ヲ見ルノ風アリ。憲府之ヲ禁ゼンコトヲ請フ、王ハ允サズ。	二オ
淫女	○夜川ニ浴シ淫ヲ恣ニセシ妻女其他淫女ニ關スル件。	二オ—ウ
破家瀦宅	○萬頃縣吏惡逆ナリ。刑曹ハ高麗ノ故事ニヨリ請フテ破家瀦宅ス。	二〇ウ
軍人短喪	○李澄玉ハ又上書シテ終制ヲ請フ、允サズ。	二三ウ
喪中不愼	○議政府ハ友人ノ妓ヲ私シ且喪中弟ヲ歐セシ李澄玉ノ罷職ヲ請フ。	二五オ

裘衣	九月	○本國ノ人裘衣ノ制ヲ知ラズ使臣ニ習ハントス。	二九オ
衣服頭具鞍具制限		○衣服ノ升數、笠子ノ竹數等尊卑差等ヲ定ム、法煩ニシテ犯禁多シ。王ハ之ヲ禁ズル勿ラシム。且鞍粧ノ制限モ亦禁ズル勿ラシム。	二九ウ
風水思想		○胎藏ガ其人ノ賢愚盛衰ニ關係アリトシ風水學ハ啓シテ王世子其ノ他ノ胎室ヲ移サシメントス。	三二オ
射堠飲酒		○兵曹ハ都城内外ニ私聚シ射ヲ習ツテ飲酒スル者ヲ推劾スル勿ランコトヲ請ヒ、王ハ之ニ從フ。	三五オ
極樂殿		○大慈庵極樂殿成ル侈麗金碧日ニ耀リ大ニ道場ヲ設ク大君諸君皆赴ク。	三六ウ
國喪服裝		○國喪三年内大小員ハ裹衣ノ紅紫色ヲ除ク外其ノ餘ノ雜色ヲ穿ツ勿ラシム。	四五ウ
衣服頭具尊卑制限		○司憲府ハ草笠ノ竹數、衣服ノ升數等ノ尊卑等級ノ制限ヲ解キシ以來奢侈ノ風アリ。是ガ禁ヲ立テンコトヲ請フ。	四九ウ・五〇オ
醫女音樂		○王ノ言。衣服ノ升數ハ醫女鼓ヲ打ツニ因リ改ム云々。	五〇オ
草笠竹數		○草笠ヲ創メテ以來民間竹數ノ多キヲ服用ス。	同
一夫二妻		○中樞李蓁ハ二妻ヲ家ニ畜フ。其ノ遺子ノ嫡庶ニ付テ任用上問題トナル。	五二オ―五四ウ
		卷四	
笠ノ竹數	十月	○持平ハ笠竹數ノ制限ヲ請フ。王ハ笠竹ノ法ハ世宗ノ意ニ非ズ但獻議者アリ此法ヲ立テタリ上下ノ分明カナリト云フ。	一オ
流毒捕魚		○直長ノ上書ニヨリ進上銀口魚ヲ捕フルニ毒藥水ヲ用ヰ又諸川ノ防ヲ決スルコトヲ禁ズ。	一四オ

十一月

僧徒勸文 僧ノ火葬 婦女上寺
○大司憲安完慶ハ僧侶勸文ヲ持シテ閭閻ニ出入スルコト、婦女上寺ノコトノ法禁ヲ嚴ニセンコトヲ請フ。鄭麟趾ノ言。老衲死シ弟子僧之ヲ燒屍ス。宗室ノ婦女大抵上寺ス云々。（二六オ—二七ウ）

佛弊
○工曹判書ハ佛弊ヲ論ジ僧徒ノ閭閻出入、婦女上寺ヲ痛禁シ靈國、龍門兩寺重創ノ禁ヲ請フ。（二六ウ）

水陸齋 舍利妖物
○領議政河演ノ言。水陸ハ元ト忌晨ノ爲ニ設ケタルナリ。執義魚孝瞻ノ言。舍利ハ妖物也。工判鄭麟趾ノ言。術者ノ言ニヨリ穿川峴ヲ塞ギ行旅ノ不便ヲ來セシハ不可ナリ。（二八オ—ウ）

風水思想 諸壇土築 女樂廢革
○朴堧ノ上疏。諸祀壇ハ皆土築ナリ之ヲ石ヲ以テ築造スルコト。女樂ノ革ムベキヲ云フ。諸祀壇皆土築獨リ雩祀壇ハ石ヲ以テ築ク以上皆欄無シ。（三一オ）

男樂
○使臣接待ニ男樂ヲ用キントスルノ議アリ、王之ヲ允ザス。世宗嘗テ曰ク女樂ハ自カラ衣服ヲ備フ男樂ハ官ヨリ衣服ヲ給ス、男樂人容貌端正ナル者續ギ難シ。假面ヲ用キント議アリ行ハレズ。（三二オ—ウ）

葬日遲延
○王ノ傳旨。宦者父母ノ喪ニ遭ヒ百日ヲ過ギ故アリテ葬ラザル者アリ如此モノハ葬後從仕セシム。（三六ウ）

婦女上寺
○王ハ都承旨ニ婦女上寺ノ禁ハ着テ令中ニアリ舉行セルヤ否ヲ問フ。（四一オ）

宮員淫行 白丁
○執義ノ言。洪有江ハ義州判官ノ時官婢ヲ奸シ後肅川府使ノ時娼妓ヲ昵愛セシニヨリ罷ケラル。魏明禮ノ妻ハ元ト白丁ノ妻之ヲ奪テ娶ル。之ヲ鞫クベシ。

茶禮
○王ハ承政院ニ傳旨シテ英陵上食及晝茶禮ノ時香ヲ揷グ。（四五ウ）

國喪許婚
○禮曹ハ啓シテ國喪中人々階級ニ應ジ婚姻ヲ行ヒ得ル期限ヲ定ム。（四九ウ—五〇オ）

月	事項	記事	出典
	婚姻年齡	○禮曹ノ啓ニヨリ宗室ノ婚嫁男女ノ年六歳已上相長ズル者許ス勿ラシム。	五三オ
	諸壇無欄 女樂男樂 歌童養成	○中樞院副使朴堧ノ上言。諸壇ノ崩頽セルコト、欄ナキコト及禮樂宴享ニ女樂ヲ用ユルハ夷風ナルニヨリ男樂ヲ用ユベキコト、樂譜ヲ印行スベキコト、女妓巫女ノ子ヲ歌童トスベキコト等ヲ言フ。	五三ウ—五六ウ
	外官獨身 赴任理由	○外方ノ官ニ妻子ヲ率ヰ赴任セシメザル理由ハ部下ノ官（管轄地方ノコト）ヨリ物品ヲ要求スル弊アルニ由ル。	五八オ
		卷五	
十二月	風水思想	○李澄石ノ父遺命シテ我家ノ北ノ山ニ葬ラシム。澄石從ハズシテ他地ニ葬ル。	二五オ
	蠱毒治法	○平安觀察使ハ蠱毒ヲ治スル法（藥ノ處方等）ヲ啓ス。（日本ヨリ傳ヘタルモノ也）	四六オ—ウ
元年（辛未）正月	結綵	○王ハ傳旨シテ誥命ヲ迎フル時彩棚儺禮ヲ除キ只タ結綵ヲ用ユ。	四七オ
	小祥祭事	○世宗ノ小祥ニ佛事ヲ作ス。	四九オ
	風水思想	○中樞院副使ハ胎峰ヲ風水ニヨリ撰ブノ非及胎峰ノ下ノ民家ヲ撤スルノ非ヲ啓ス。	五三オ
	焚黃祭	○焚黃祭ヲ景禧殿ニ行フ。	六一ウ
		卷六	
二月	忌月肉ヲ食ハズ	○國俗父母ノ死月ヲ忌月ト稱シ肉ヲ食ハズ。王ハ世宗ノ忌月ヲ以テ此俗ニ從フ。	一オ・二オ
	儒想排佛	○右獻納ハ大慈庵ニ佛事ヲ張ルコトノ非ナルヲ啓ス。	三ウ—四オ
	一夫二妻ノ禁	○司憲府ハ妻有ッテ妻ヲ娶ル者ヲ劾ス。	四ウ
	妻帶赴任	○監司守令ノ率妻赴任ノ弊ヲ言フ者多シ。姑ク舊ニ仍ラシム。	一〇ウ

英陵祭祀		○禮曹ハ英陵練祥祭、禫祭攝事ノ儀ヲ啓ス。	一一ウ－一二ウ
右同		○同練祭ノ儀注ヲ啓ス。	一二ウ－一三オ
寺刹丹青		○王ハ官寺ニ眞彩ヲ用ユルヲ禁ゼズ。水陸社ハ已ムヲ得ズ營ムト云フ。	
供養佛事		○世宗ノ爲大慈庵ニ佛事ヲ營ム。	一三ウ
胎峰	三月	○東宮ノ胎ヲ星州ニ移安ス。	二一ウ
石佛靈驗		○埋沒ノ石佛ヲ靈告ニヨリ堀リ靈驗アリト稱スル者アリ人競集祈禱ス。淫婦其夫ヲ	二三オ・二五オ　二六ウ
厭勝		厭勝スル者アリ。	
婦女上寺		○近郊ノ諸山、婦女上寺スル者多シ。	二三オ
蒸風呂		○禮曹ハ西活人院ノ呈ニ依リ右石佛ノ供米ヲ以テ汗蒸直人供給ノ費ト爲サントス。	二五オ
二妻附廟 繼母喪制		○禮曹ノ言。鄕士ノ祭リ二妻（前後ノ妻）竝ビ祔ス。繼母ノ喪ニ付テ有服トス。	三二オ－三三オ
温泉入浴		○白川溫井ニ王ノ浴室アリ。	三三オ
		卷七	
癩病委棄	四月	○濟州癩病患者多シ相染ヲ恐レ無人ノ地ニ放ツ。牧使奇虔之ガ救療ノ法ヲ立ツ。	一ウ－二オ
鄕校新設		○慈城郡新設ノ鄕校ニ書冊アラズ之ヲ送ル。	四オ
佛事ノ弊 婦女上寺		○司憲府ハ上書シテ佛事ノ弊ヲ陳ス。宗室ノ施作國行ヨリ甚シ。宗室夫人。公主特ニ上寺ノ禁ヲ犯ス。	五ウ－六ウ
巫稅徵布		○江原咸吉二道巫稅ヲ收ムル外ニ神稅布ヲ祀神ノ民ニ徵ス。司憲府之ヲ罷メンコトヲ請ウ允サズ。	七オ－ウ
婦女上寺 童子爲僧		○禮判許詡ハ童子ノ剃髮僧トナル者多キコト、婦女上寺ノ多キコトヲ啓ス。	七ウ

事項	月	記事	出典
婦女服飾奢侈	五月	○今婦女ノ服飾彩帛ヲ用ユ故ニ赴京ノ使臣禁ヲ冒シ之ヲ貿シ來ル者多シ。王ハ日ク士大夫ノ閨門ニ入リ糾摘スルヲ得ズ勢禁斷シ難シ。	八ウ
風水思想宮中佛堂		○前副司正ハ上書シテ風水ノ重ンスベキヲ論ジ內願佛堂及文昭殿後ノ佛舍ヲ撤センコトヲ請フ。	一〇オ―ウ
童子僧ト自首還俗		○王ハ年少僧トナル者多ク軍額減ズルヲ考ヘ此年十二月限自首還俗ヲ許シ爾後冒禁者ハ徒邊ノ刑罰ヲ加ヘ或ハ丁錢ヲ納メテ度牒ヲ給ス。	一一オ―ウ・一二オ―ウ
水陸齋		○王ノ敎書草案。六典中水陸齋ノ法ヲ認メ他ノ法席ヲ禁ジ其ノ他別ニ佛事ヲ禁ズルノ法無シ。	一三ウ
風水思想		○風水學ノ啓ニヨリ景福宮靑龍低弱ナリトシテ松ヲ植ユ。	一四オ―ウ
城隍神		○大邱郡城隍堂造作ノ材木ヲ以テ自己ノ家ヲ造リタル同郡事ヲ司憲府彈劾ス。	一四ウ
宗室祟佛		○司憲府ハ宗室ガ佛ヲ信ズルノ弊ヲ上疏ス。	一五ウ―一六オ
繼祖母喪		○禮曹ハ立法前繼祖母ノ喪ノ終制セザル者ヲ追服セシメンコトヲ請フ。王ハ允サズ。	一六ウ
剃髮ノ禁		○司憲府ハ私自剃髮僧トナルノ禁ヲ立テンヲ請フ。	一七オ
禁酒		○酒ヲ禁ズ。	一九オ
白丁		○各道都節制使ハ軍士ヲ集メ兩色ノ白丁ヲ徵シ畋獵ス。兵曹ノ啓ニヨリ之ヲ痛禁ス。	一五オ―ウ
祈雨		○禮曹ノ啓。祈雨ノ各壇、山川ハ間五日一禱、若災迫レバ則一時並ビ行フノ例也。	一九オ―ウ
水陸社成		○津寬寺水陸社造成ノ僧二百十八人ヲ大禪師トス。	二〇オ
甘露		○咸興ニ甘露降ル。	二〇ウ

婦女上寺 僧ト寡婦	○司憲掌令ノ啓。廣平夫人ノ法席ヲ設ケシコト。婦人上寺ノコト。寡婦ノ家ニ僧ノ往來スルコト等。	二三オ－ウ
姦淫罪	○成歡驛丞其ノ驛子ノ女ヲ奸シ罷職セラル。	二三オ
燃燈禁止	○王ハ傳敎シテ闕內各司藏火ノ處、夜公事ニ非ズシテ燃燈スル者ヲ科罪ス。	同
一夫二妻	○中樞院副使ノ妻ハ家翁二妻ヲ畜フルヲ訴フ。	二九オ－ウ
祈雨	○旱甚シ。王ハ僧巫ヲシテ祈禱セシムルヲ、今偏正セントスルモ此故事ヲ考セシメ之ヲ行ハントス。遂ニ行フ。	三四ウ－三七オ・三八オ
沐浴ノ風	○開城府火爐ヲ失フ敬差官ヲ遣ハシ取調ブ。其ノ啓中小ナル者ハ已ニ私奴ノ竊取セルコト判明、大ニシテ二三人ノ沐浴ヲ容ルベキ者ハ不明ナレド前年斷事官ガ持去リシ如シ云々。	三五ウ
水陸社	○津寬寺ノ水陸社成ル王ハ之ヲ觀ル。	三六オ－ウ
祈雨佛驗	○王意ニヨリ佛ニ雨ヲ祈リ其ノ驗アリ。之ヲ佛ノ驗ニ非ズトスルノ議論アリ。	四二オ－ウ
	卷八	
六月		
救食	○日食アリ、朝市ヲ停メ刑罰ヲ去リ救食ス。	一オ
國喪動樂	○都城內動樂祀神スル者アリ。國喪中ナレド庶人ハ既ニ釋服セリト刑ヲ輕クス。	八ウ
白丁	○檢討官河緯地ノ啓。國家後患ヲ慮リ兩色ノ白丁ヲシテ平民ト雜處セシム、然シテ白丁平民ト婚嫁セズ。各司區別ス之ヲ婚嫁セシムベシ云々。	一四ウ
僧ノ度牒	○王ハ司憲掌令ヲ召シテ度牒ノ禁本年十二月ヲ限ル、今吏ヲ發シテ無牒ノ僧ヲ拿スベカラズト云フ。	一五オ－ウ

白丁	七月	○才人禾尺恒産ナシ都下ニ入リ盗ヲ爲ス。	一五ウ
石佛妖說		○司憲府ハ石佛ニ假托シテ士民ヲ誣惑スル僧ヲ劾ス。	同
祥後習樂		○王ハ禮曹ニ傳旨シテ大祥ノ後習樂セシム。	二三オ
風水思想		○王ハ工曹ノ啓ニヨリ四山伐石ノ禁ヲ嚴ニシ地脈ヲ全フス。	二七ウ
喪中淫行		○司諫院ハ君父ノ喪中娼妓ヲ潜奸セシ護軍ノ免ニ遇ヒ授職セルヲ劾ス。	三三オ
右　同		○國喪中娼女ヲ奸セシ唐津萬戶ト其ノ媒人ヲ刺字シ杖ス。	三七オ
		卷九	
祖母淫行	八月	○司諫院ハ禮賓寺判事ヲ其祖母ガ淫行アリシ理由ヲ以テ一司ノ長トシテ不適任ナリト劾啓ス。	八オ
殤內服制		○議政府ノ啓ニヨリ今後殤內男子已ニ娶ル者及受職ノ女子已ニ嫁スル者ノ服制一ニ禮文ニ依ラシム。	八ウ
風水思想	九月	○北部ニ祭壇ヲ築クベク風水提調ハ禮曹ト審定ス。	二二オ
禳疫密旨		○王ハ疫癘ヲ救フ密札ヲ都承旨ニ下ス。中ニ、爲ニ遷都ノ議アルニ至ル。晝夜香ヲ燒ク。水陸齋ニヨルベシ。厲鬼ヲ祭ル。戰亡冤魂ノ爲ス所。甞テ戰亡ノ骨ヲ燒テ流ス。等ノ文アリ。	二六ウ—二八ウ
厲　祭		○黃海疫癘熾ナリ水陸、厲祭ヲ行ハントノ議アリ。	二八オ—ウ
婦人上寺		○誠寧大君ノ夫人上寺ス。安平大君佛像ヲ鑄ル。持平之ヲ劾啓ス。	三四オ—ウ
怨鬼爲癘		○京畿內、原州等疫熾ナリ水陸齋ヲ行フ。人云フ黃海ノ癘ハ怨鬼ノ祟ナリト。	三七オ
禳　疫		○京畿ノ民間ニ水陸齋ヲ設ケ疫ヲ禳フ。	三九オ

事項	月	記事	出典
右同		○司憲ハ水陸齋ヲ罷メンコトヲ請フ。	四〇ウ—四二オ
		○各處守令ニ日ヲ擇ンデ祭ヲ行ハシム。疫癘ノ爲也。	四三オ
老人優遇		○名道監司ハ惠養老人ノ數ヲ啓ス。(百歳以上ノ者)	四七オ
厲祭		○黄海道及京畿各官ニ厲祭ヲ行フ。	四三オ—ウ
胎室		○胎室ノ所在地ヲ邑ニ陞サントス。	四九オ

卷十

事項	月	記事	出典
風水思想	十月	○穿川峴ノ路ハ風水學上ヨリ獻陵ノ地脈ヲ絶ツノ疑アリ、王ハ之ヲ議セシム。	九オ—ウ・一三ウ
白丁		○刑曹參判ノ啓。各道囚徒内强盜及謀殺ノ人三百八十餘人内才人白丁其半ニ居ル。	九ウ
給資助婚		○貧人婚嫁ノ時官ヨリ資ヲ給ス。未婚者ヲ考察申明セシム。	一三オ
風水思想		○風水學提調ハ獻陵及健元陵ノ山脉ニ付テ啓ス。	一三ウ
土室救病	十一月	○禮曹判書等ノ啓ニヨリ豐德交河等ノ處ニ惡病人ノ爲土室ヲ築キ聚會治療セシム。	一九ウ
茶禮		○王ハ英陵ニ謁シ晝茶禮ヲ行フ。	二〇オ
冠禮未行		○輪對。集賢殿副提學ノ啓。方今禮制備ハレドモ但冠禮未ダ行ハレズト。王ノ言冠禮ハ先王志アリ未ダ行ハズ。	二一オ—ウ
喪祭用氷		○現任堂上ノ家ノ喪祭用ニ頒氷周ネカラズ。	二一オ
乞食棲穴		○道峰、三角山間乞食多ク巖穴ニ隱レ竊盜ヲ業トス。兵曹ヲシテ窮捜推刷セシム。	二一ウ・二三オ
瘍腫用蛭		○王ノ腫瘍ニ水蛭ヲ用ユ。	二四オ

元年

卷十一　缺冊

二年（壬申）　卷十二

駙馬崇佛	二月	○貞懿公主ノ駙馬ハ佛ヲ好ミ僧衣ヲ衣、殺生ヲ惡ミ養蠶ヲ爲サズ。	三ウ
廟祭古制		○宗廟每祭古制ニヨリ凡テ神座ノ右ニ設クルコトトス。	五ウ
祥期佛事		○世宗ノ祥期ニ佛事ヲ大慈庵ニ設ク。	一三オ
隕石解怪		○咸吉龍津縣ニ火塊地ニ墜ツ（隕石？）解怪祭ヲ行フ。	一五オ
婚嫁ノ禁		○東宮嘉禮色ヲ置キ中外ノ婚嫁ヲ禁ズ。	一六オ
大祥法會		○王ハ世宗大祥ノ日ニ大慈庵ニ法會ヲ設ク。	一八ウ
風水思想 符呪疫癘	三月	○風水學ハ健元陵、獻陵、英陵、靈神所在及都城ノ地理不良ノ點ニ付テ啓ス。併テ黃海ノ疫癘ニ道流ヲ以テ符呪センコトヲ請フ。	二三ウ—二五オ
彩棚雜戲		○祔廟還宮ノ時彩棚雜戲ヲ呈ス。麗季ノ弊法ニ因ル也。世宗ノ祔廟ニ付テ議論アリ、銘茶亭ノ名ヲ以テ中棚ヲ用ユルコトトス。（大中小棚ノ寸法ノ記アリ）	二七オ—ウ
娼妓乘馬		○辛禑ハ出入ノ時娼妓ヲシテ馬上奏樂セシム。	二ヒオ
娼妓隨駕		○太宗講武ノ時娼妓隨行ノ風アリ。王斷然此風ヲ用ヰズ。	二七ウ
女妓謌謠ヲ進ム		○國初高麗ノ舊習ニ因リ慶事ニ女妓ヲシテ謌謠ヲ進メシム。世宗ノ朝之ヲ罷ム。	二九オ
處女親撰		○王ハ東宮ニ配セントスル八歲ヨリ十五歲迄ノ處女ヲ內殿ニ親撰ス。	二九オ・ウ
王氏祀廟	三月十八日	○三月十八日麻田縣ノ王氏廟祠ヲ改立シ崇義殿ト稱シ王氏子孫ヲシテ奉祀セシム。	三五ウ
駙馬崇佛		○大司憲ハ王ノ駙馬ガ聚僧造佛ノ放恣ヲ啓ス。	三六ウ—三七ウ
川浴誘淫 恣女錄案		○兩班ノ妻淫恣ニシテ暑月前川ニ浴シ求メテ人ノ汚ス處トナル云々。三夫ニ適キテ恣女案ニ錄セラル云々。	四〇オ—ウ

綢巾		○綢巾ノ解（綢巾ハ韜髮物馬尾ヲ以テ之ヲ結ブ網ノ如シ）。	四〇ウ
救疫設齋		○僧ヲ京畿各郡ニ遣ハシ水陸齋ヲ行フ、救疫ノ爲ナリ。	四二ウ
		卷十三	
齋宿	四月	○王ハ齋宿シ禫祭ヲ行フ。	一オ・ウ
進豐呈		○世宗及昭憲王后祔廟後宗親ハ豐呈ヲ進メントス。	二ウ
獻歌謠		○祔廟後還宮ノ時老人謌謡ヲ獻ズ。之ニ職ヲ授ク。	九ウ
處女選擇		○東宮ノ配ノ爲宦官ヲ遣ハシ諸道ニ處女ヲ選ブ。	一〇オ
處女親選		○王ハ處女ヲ內殿ニ親選ス。	一二ウ・一六オ
宗伯位版		○禮曹ノ啓ニヨリ周禮ニ據ル京外小宗伯ノ位版ヲ作リ之ヲ祭ル。	一八オ
救病祈禱	五月	○王病アリ大慈庵ニ禱ル。宗廟、社稷、昭格殿、三角、白岳、木覓ノ神ニ禱ル。	二一オ・ウ
同上		○同上朝官ヲ諸道ニ遣ハシ名川大川ノ神ニ禱ル。	二一ウ
孔雀齋		○興天寺ノ孔雀齋ヲ罷ム。	同
		○王薨ズ。	二二オ

端宗實錄（魯山君日記）卷一

即位年（壬申）

（叔父首陽大君即チ後ノ世祖ニ位ヲ奪ハレ魯山君ニ黜サル。後ニ追尊復位シ端宗トス）

月	記事	出典	項目
五月	○殯殿都監ヲ設ク、進夕奠、宗親文武百官ハ白衣、烏紗帽、黑角帶ヲ以テ哭臨。	一オ	國喪衣冠
	○喪中諸祀ヲ停ム、殯後唯社稷ヲ祭ル、卒哭前嫁娶屠殺ヲ禁ズ。用樂ヲ停ムル期間ヲ定ム。宗親、百官、庶人ノ喪服ヲ定ム。	二オ－ウ	國喪停祀 喪服
	○成服、進奠、哭臨。	三オ	成服
	○即位ノ儀ヲ定ム。	五オ－六ウ	即位ノ儀
	○三和縣民震死ス。解怪祭ヲ行フ。	六オ	落雷禳祭
	○初齋ヲ藏義寺ニ設ク。（以下七齋迄ヲ各寺ニ設ク、記ヲ略ス）	六ウ	佛齋
	○議政府ハ前朝王氏奉祀ノ條件ヲ啓ス。	七オ－ウ	王氏奉祀
	○翼祖及同王后ノ神位ヲ永寧殿ニ移安ス。	一六オ	神位奉還
六月	○首陽大君ハ議政府、堂上、風水學提調ト山陵補土ヲ往審ス。	一八ウ	風水思想
	○朔奠ノ儀注ヲ定ム。	一九オ	朔奠
	○忠淸道地震ス解怪祭ヲ行フ。	一九ウ	地震禳祭
	○司憲府ハ義禁府都事鄭沃卿ヲ劾ス、祔廟ノ日儺禮ノ禁亂官ヲ以テ妻妾ヲ本府ノ前廊ニ聚メ才人ヲ召集シテ大ニ雜戲ヲ陳ゼシ件。	二〇オ	國喪中不愼
	○典農寺奴睦孝智ハ新陵ノ地ガ地理風水上不可ナルヲ啓ス。	二〇オ－ウ	風水思想
	○姜孟卿世祖ニ語ルノ言。一侍女惠嬪宮ニ往カントシテ已ニ馬ヲ備フ云々。蛇アリ後庭ノ樹ニ上ル、上ハ當サニ東ニ避クベシ云々。	二三ウ	侍女騎馬 蛇ヲ忌ム

風水思想 方角拘忌	○世宗佛堂ヲ景福宮城ノ北ニ建ツ術者拘忌ヲ以テ上書ス。世宗ハ文宗ノ薨ヲ此不吉ニ依ルト爲ス。	二五オ
落雷禳祭	○蔚山郡民震死ス降香解怪祭ヲ行フ。	二六オ
喪中廬居	○新ニ廬次ヲ慶會樓ノ下ニ作ッテ王ハ移御ス。	二六ウ
家禮喪制	○經筵官始メテ家禮中ノ喪制ヲ進講ス。	二七オ
宮側佛堂	○司憲掌令ハ景福宮側ノ佛堂ヲ毀ツコトヲ請フ允サズ。	二八オ
別墅ノ佛堂	○副知敦寧府事權聰ハ背テ佛堂ヲ別墅ニ搆ユ。	三〇ウ
風水思想	○南部教授ハ風水學上ヨリ山陵ノ不合ヲ言フ。	三一ウ―三二オ
傳尸病ハ檀君ノ祟	○慶昌府尹李先齊ノ上書。黄海ニ傳染病アリ人民之ヲ檀君ノ祠ヲ平壤ニ移シタル爲ナリトス。文化黄州等ノ州縣厲祭ヲ設ク。柳觀ノ上書。三聖堂等檀君ノ由來ヲ陳シ其疫癘ノ起ルヲ三聖ノ怒ニ歸ス云々。(以上世宗ノ時ノコト)聖堂ヲ復建シ傳尸ノ根ヲ絶タン云々。	三二オ―三四ウ
七月	卷二	
雨乞	○雨澤洽カラズ修溝、掩骼、審理冤獄等ノ事ヲ行フ。	一ウ
宮側佛堂	○副司直文得謙ハ風水學上ヨリ景福宮側ノ佛堂ヲ毀タンコトヲ請フ。	三ウ
祈雨	○名山大川ニ雨ヲ祈ル。	四オ・六オ
老人恩養	○楊州ニ百三歳ノ女アリ本官ニ令シテ常ニ恩養ヲ加ヘシム。	六オ
右同	○忠淸道連山ニ百一歲ノ女アリ同上。	四オ
風水思想	○世祖ハ璿等ト山陵穿壙ニ往ク、道詵ノ書ヲ見ル。	六オ―ウ

墓穴忌水		○開壙九尺水湧ク更ニ他穴ヲトス。	七オ
吏ノ夜行用炬火		○樂安郡事夜外ニ出デ歸ルトキ記官炬ヲ設ケザルヲ怒リ踢テ之ヲ殺ス。	八オ
誕辰吉服		○議政府百官ヲ率キ吉服シ誕辰ヲ賀ス。	八ウ
老人惠養		○羅州男一、同福女一共ニ一百四歳光陽縣ノ女年一百歳所在官ヲシテ惠養ヲ加ヘシム。	九ウ—一〇オ
葬日禁忌		○葬日ヲトス拘忌ヲ以テ久シク決セズ。世祖手カラ葬書ヲ執リ可否ヲ獨斷ス。	一〇ウ
國喪中淫行ノ罪		○咸吉道ノ甲士國喪ノ初有夫ノ婦ト奸通ス、杖一百告身ヲ收ム。	一一オ
詔門結綵		○奏聞使勑書ヲ捧テ來ル只迎詔門ニ結綵ス。	同
馬肉食用	八月	○議政府ノ啓。本朝乘馬物故スレバ則之ヲ埋ム今内廐ノ馬ヲ擇ンデ之ヲ宴享ニ用ユ。自今宴享供用ノ馬ハ人ニ募テ納レシメン從之。	一二ウ
山陵塋穴		○承政院山陵ノ深サニ付テ啓ス。	一三オ—ウ
淫女ノ子孫禁赴試		○趙由信ノ祖母金氏淫行無比娼妓ヨリ甚シ。其子孫試ニ赴クヲ得ズ。	一三ウ
國喪中淫行ノ罪		○同上中宮婢ヲ奸シタル義州軍官ノ告身ヲ收ム。	一八ウ
茶禮上食		○大行大王下玄宮ノ後工役未ダ畢ラザル時朝夕上食及晝茶禮ヲ假丁字閣ニ紙榜標記ス。	一九ウ
祖奠遣奠		○魯山君ハ群臣ヲ率キ祖奠ヲ行フ、同遣奠ヲ行フ。	三一オ—三四ウ
		卷三	
雷死禳祭	九月	○郭山民震死ス解恠祭ヲ行フ。	一オ
遷奠		○攸司遷奠ノ儀ヲ定ム。	一オ—一四オ

立主奠		○奉常寺ハ立主ノ奠ヲ進ム。	四オ
虞祭		○魯山君ハ文武百官ヲ率ヒ初虞祭ヲ行フ、再虞祭ヲ行フ、三虞祭ヲ行フ、四虞祭ヲ行フ、五虞祭ヲ行フ。	四オ―ウ・五オ
地震禳祭		○全羅茂朱、錦山ニ地震ス香祝ヲ降シ、解恠祭ヲ行フ。	四ウ
虞祭		○六虞祭ヲ行フ、七虞祭ヲ行フ。	五ウ・八オ
王嬪僞尼		○愼嬪尼トナラントス其子長髮セシメンコトヲ請ウ。王ハ政府ノ議ニヨリ之ヲ許サントス愼嬪竟ニ聽カズ。	八オ
卒哭		○卒哭祭ヲ行フ。	八ウ
誕辰設宴		○璿ノ生日ヲ以テ麻浦江亭ニ設宴ス。	一〇オ
陵ノ雜像		○王ハ傳旨シテ昭陵ノ雜像ヲ來秋ニ設ケシム。	一〇ウ
國喪中奸淫ノ罪	閏九月	○國喪中妓ヲ奸シタル者ノ罪ヲ論ゼントス。大司憲ノ言。凡ソ妓本ト定夫無シ往來相奸スル者妾ヲ以テ論ジ難シ。	一五オ
孝子節婦旌表		○慶尙觀察使ハ道内ノ孝子節婦十數人ノ特行ヲ啓ス。	二四オ―二五オ
迎使結綵		○明ノ皇帝ヨリ賜祭、賜賻、賜諡ノ時太平門ヨリ光化門ニ至ル間前例ニヨリ結綵ス。	二五ウ
		卷四	
旱ト奴婢ノ怨寃	十月	○旱ニヨリ奴婢ノ續案成籍及私債推徵ヲ停ム。	二オ
致齋賜祭		○首陽大君ハ景福宮ニ如キ致齋ス。賜祭ヲ魂殿ニ行フ。	同
焚黃法席		○焚黃祭ヲ行フ。十一月二日ヨリ法席ヲ紺岳ノ雲溪寺ニ設クルコトニ定ム。	五オ・五ウ

茶禮	十一月	○王ハ顯陵ニ如キ晝茶禮ヲ行フ。	七オ
地震禳祭		○沃川ニ地震ス解怪祭ヲ行フ。	八ウ
祠堂無主 拘忌避病 浴室淫行		○司憲府ハ文義縣人金湄ノ非行ヲ啓ス。父死シテ後十三年ニ始メテ祠堂ヲ立ツ猶神主ヲ安ンセズ云々。母死セントシテ未ダ絶セザルニ陰陽拘忌出デテ外廊ニ避ク。斂襲ヲ親カラセズ。情慾恣行別ニ浴室ヲ置ク。	二〇ウ
翁主婚セントス	十二月	○翁主出閣、宅ヲ買フテ賜フ。	二〇オ
	元年（癸亥）	卷五	
風水思想	正月	○獻陵ノ來脈ニ石ヲ補フ。	三オ
地方官非行		○司諫院ハ永川郡事金守溫ノ晝夜念佛。仁同縣監、敎官、萬戶妓ト宣淫。之ガ推劾ヲ請フ。	四オ
老人惠養		○古阜ノ女一百歲其邑每十日食物ヲ給シ歲給米十石。	五オ
迎使山棚		○黃州ノ人本州ノ弊ヲ上言ス。使臣來ル時安州ノ例ニヨリ山棚ヲ設クル勿ラシメヨ。本件附近諸邑ト力ヲ合同シテ作ラシムルニ決ス。	七オ—ウ
齋祭救疫		○同上、水陸齋ヲ設ケ疫癘梢止ム。其寺ニ田ヲ給シ每年春秋官ヲ遣ハシ行祭云々。本件每年春秋厲祭ヲ行フコトトス。	七オ—ウ
海尺	二月	○海邊ノ漁人ヲ俗稱海尺ト稱ス。	一一オ
變死拘忌		○右副承旨王ノ前ニ仆レ暴死ス。王ハ孝寧大君ノ第ニ移ル。	一六ウ—一七オ
風水思想	三月	○風水學金允善等上書シ佛後神前ハ不祥ナリトシ顯陵前ノ開慶寺ヲ移サンコトヲ請フ。	二五オ

卷六

阿之ノ名	四月	○俗稱内乳媼ヲ阿之トナス。	一オ
風水思想		○禮曹堂上ト風水學提調ト往テ顯陵ノ地ヲ相ス。	二ウ
地震解怪		○藍浦等ノ地震ノ解怪祭ヲ行フ。	右同
雨乞		○雨ナシ、修溝、掩骼、賑恤等ノ事ヲ行フ。	四ウ
瀦宅		○陜川郡書員官物ヲ盜ム、鄕ニ黜ケ瀦宅ス。	六ウ
大君嫁佛		○安平大君ハ妻死シ佛事ノ無益ナルヲ曉リ又佛事ヲ作サズ。	九オ
溫泉入浴		○廣平大君夫人東萊溫井ニ浴ス。倭人ノ沐浴スル者數多アリ。	一〇オ
僧ト寡婦 婦女上寺		○議政府ノ啓。元ト禮典ニ僧ノ寡婦ノ家ニ入ル者犯色ヲ以テ論ズ。尼トナリ上寺スル者ハ失節ヲ以テ論ズ。婦女ノ上寺屢禁敎アリ。今ノ官吏ハ之ヲ常事ト爲シ檢擧セズ。申明痛禁セン從之。	一三オ
僧人檢束	五月	○右參贊李思哲ノ啓。僧人錄籍ノコト世宗ノ朝法嚴ナリ、僧人東西南北丐乞ノ徒ナリ一處ニ管セバ資生難シト。命ジテ錄籍ヲ止ム。	二五オ―ウ
練祭 朔望祭		○練祭ヲ親行儀次。朔望祭ヲ行フ。	二五ウ―二七オ
馬神祭祀		○牧場ニ馬祖、先牧、馬社、馬步ノ四壇ヲ設ケ祭リ來レリ。	三一オ
喪中ノ樂		○小祥後慣習都監ハ娼妓ヲ會シ習樂セシム。此三箇年間ハ音樂不可ナリト持平ハ啓ス。	三一オ―ウ
新來侵虐	六月	○國家既ニ三舘ノ新來侵虐ヲ禁ズ。新及弟ノ侵虐セラレ死スル者アリ、持平ノ啓ニヨリ之ヲ鞫ス。	三九オ

溫泉入浴		○亡廣平大君ノ夫人永ク東萊溫井ニ浴ス、婦ノ三從ノ道ニ背クモノトシ其父ヲ罷職ス。	三九ウ
婦女上寺		○世祖（時ニ首陽大君）ハ廣平大君夫人ノ上寺ノコトヲ推鞫センコトヲ請フ。	四二オ
男女無別		○舍人羅洪緖ノ啓。世宗嘗テ曰ク民家ノ女婿其妻ノ母ニ見ヘ友婿互ニ其妻ニ見ユ此何ノ風俗ゾヤ云々。	同
僧ノ淫行		○司憲府ハ僧ガ婢ヲ奸シテ產兒セシヲ鞫センコトヲ請フ。	四四ウ
婦人乘馬		○左議政ノ妾ガ內庭ニ冒入セシ事件アリ。內女ノ例必ラズ、騎馬シテ外庭ニ入ル云々。	四七オ―ウ
不倫淫行		○父ノ妾ヲ烝シテ囚獄ニ在ル者、共ニ獄中ニ在ル其女ト厠ニテ會シ其女孕ム。二兒ヲ產シ死ス。	四八ウ
		卷七	
祈雨	七月	○雨ヲ祈ル。	一ウ
祈雨		○舍人李禮長ノ上議。旱太シ古例ニ依リ蛇醫祈雨ヲ行ハン云々。	四オ
風水思想		○大君ハ瑢夫人ヲ葬ル爲メニ人ノ墳墓ヲ移サントス。王ハ之ヲ不可トス。	同
孝子節婦		○咸吉觀察使道ハ內孝子節婦數十人ノ善行ヲ啓シ旌門給米等ノ典アリ。	七ウ―八ウ
風水思想	八月	○獻陵ノ來脈ト健元陵ノ來脈ニ川ヲ穿チ石ヲ敷ク。	一六オ―ウ
地震禳祭		○鐵山ニ地震ス解怪祭ヲ行フ。	一七オ
婦女結黨淫行	九月	○宦女黨ヲ結ンデ宣淫ス。陰ノ大ナルヲ聞ケバ必ズ通ズ。李蕃之ノ妻及同人ノ父孝敬ノ妻淫行甚シキヲ議政府ヨリ啓ス。	三〇オ

瓦屋多シ		○京城ノ瓦家漸多ク別窰ヲ罷ム。	三九オ
		卷八	
盲卜入宮	十月	○臺諫ハ安平大君ヲ誅シ佛堂及武溪精舍ヲ毀タンコトヲ請フ。政府ニ議セシム。	八—一四オ
排佛思想		○右精舍ノ撤棄ヲ命ズ。	八—一五オ
右同		○池和ハ盲卜也吉凶ヲ善トスルヲ以テ聞ユ。太宗ノ時宮掖ニ出入シテ威福ヲ張ル。	一六ウ
風水思想		○崔楊善ハ浮屠ヲ解シ雜ユルニ風水ヲ以テシ人ノ爲メニ塋兆ヲトシ贈遺ノ多寡ヲ以テ之ガ低昂ヲ爲ス云々。	二五ウ
王子淫行讖緯謀逆		○安平大君瑢ノ謀逆ヲ議政府ヨリ啓ス。讖言ニヨリ國君タラントス。誠寧夫人ヲ烝ス。世宗ノ時宮垣ヲ踰ヘ數婢ヲ姦ス云々。	二六オ—二八ウ
		卷九	
禁婚嫁	十一月	○京外處女八歳ヨリ十八歳ニ至ル李氏ノ外ハ婚嫁ヲ禁ズ。	一〇ウ
處女揀擇	十二月	○首陽大君ハ孝寧大君ト處女ヲ昌德宮ニ選ブ王妃トスル爲也。	三八オ
地震禳祭	二年(甲戌)	○慶尙二十二邑地震ス解怪祭ヲ行フ。	四〇ウ—四一オ
		卷十	
宮近佛堂	正月	○副提學其他ヨリ宮側ノ佛堂ヲ毀タンコトヲ請フ。王ハ聽カズ。	三オ・ウ・六オ・六ウ—七オ・七ウ・八オ—ウ
處女選揀		○首陽大君等處女ヲ昌德宮ニ撰ブ。納妃ノ儀ヲ習フ。	四オ
納妃納采		○禮曹ハ納妃ノ儀注ヲ啓ス。納采ヲ行フ。納采ノ儀。	七ウ・八ウ—九ウ

納徵告期　十八日　○十八日礪良君宋玹壽ノ第ニ納徵ス。翌日告期ス。　一二ウ

納妃後吉　○喪中納妃、後吉ニ從フヤ否ニ付テ政府六曹等議ス。　一二ウ—一六オ

親迎ノ禮　二十四日　○二十四日王妃宋氏ヲ孝寧ノ第ニ迎ヘシム。淑儀金氏ハ密城君ノ家ヨリ同權氏ハ大司憲ノ家ヨリ共ニ孝寧ノ第ニ詣リ王妃ニ隨ヒ闕ニ詣ル。
同牢宴　同牢宴ヲ交泰殿ニ設ク。　一九ウ

老人優遇　三月　○耆老ヲ郊外ニ會シ酒樂ヲ賜ヒ又米綿布ヲ賜ヒ以テ宴ス。每三月三日、九月九日郊外ニ宴シ酒樂ヲ賜フノ例也。　三六ウ—三七オ

地震禳祭　○仁川ニ地震ス。珍山ニ同上。解怪祭ヲ行フ。　四二オ・四四ウ

卷十一

三ツ兒　四月　○江界ノ人一產男一女二、米豆ヲ賜フ。　一ウ

婦女上庵　○廣平大君ノ齋庵ニ公然婦女往來ス云々。　三ウ

進豐呈　○祖宗ノ朝功臣ヨリ每四月ニ於テ豐呈ヲ進ム、近來此禮無シ。　四オ

雨乞　○雨ナシ修溝、賑恤、掩骨ヲ行フ。　五オ

地震禳祭　○忠清道ニ地震ス解怪祭ヲ行フ。　七オ

祥祭　五月　○大祥祭ヲ景禧殿ニ行ウ。
後宮爲尼　文宗ノ後宮皆剃髮ス。　八オ

藏氷ノ禁　○自今大夫以上及各司ノ藏氷ヲ禁ズル勿ラシム。　九オ

進豐呈　○首陽大君ハ四功臣ヲ率キ豐呈ヲ慶會樓下ニ進ム。　一〇オ

祈雨　○農月雨ナシ名山大川ニ禱ル。　一一オ

服裝制限　○禮曹ノ啓ニヨリ大小人員、庶民、賤隸ノ服飾差等ノ違禁ニ付テハ法令煩瑣ニシテ犯禁者多キニヨリ執行スル勿ラシム。　一一ウ

山臺儺戯 進歌謠	六月	○文宗祔廟ノ時教坊ヲシテ歌謠ヲ進メシムルヲ停メンコトヲ舍人ヨリ請フ。世宗祔廟ノ時教坊ノ歌謠ヲ停メシモ山臺儺戯アリ。	一三ウ
禫祭	七月	○禫祭ヲ景禧殿ニ親行ス、其儀注。	二〇ウ－二三ウ
招妓會飲		○闕內ノ諸司ガ妓ヲ招キ會飲セシ罪ヲ斷ズ。	二三ウ
祔廟		○文宗及其后ノ神主ヲ宗廟ニ奉ズルノ儀。及顯德王后ノ祔廟實行。	二五オ－ウ・三三オ－四〇ウ
山棚獻歌謠		○祔廟ノ途中山棚ヲ作リ歌謠ヲ獻ズル者多シ。	四〇オ
		○酒ヲ禁ズ。	四〇ウ
祈雨		○旱ニヨリ山川城隍等ニ雨ヲ祈リ虎頭ヲ沈メ井蛇醫ノ祈雨ヲ行フ、童子ヲ聚メ蜥蜴ノ祈雨ヲ慶會樓ニ行フ。巫ヲ集メ祈雨ス。	四三ウ
		卷十二	
官吏招娼	八月	○諸司ノ官吏ハ倡女ヲ招キ飲宴シ官物ヲ用ヰテ幣トシ給スル者アリ。司憲府ハ之ヲ鞫センコトヲ請フ。	一オ
祈雨燃薪		○議政府ハ事文類聚ノ記載禱雨ノ法ニヨリ三角山ニ薪ヲ積ミ鼓ヲ擊ッテ之ヲ燒カンコトヲ請ヒ之ヲ行フ。	同
孝子節婦		○王ハ下教シテ孝子節婦ヲ求メ各道ヨリ聞シタル數十人ヲ旌表給賜ス。	六ウ－八オ
擊毬		○王ハ慕華舘ニ至テ擊毬ヲ觀ル。	八オ
素行不良婦女臺帳	九月	○三夫ニ適キシ邊氏ヲ六典ニ依リ恣女案ニ錄ス。其父ノ告身ヲ奪フ。	一〇オ
擊毬		○禮曹ハ武科ノ試ノ時射擊毬ノ技數ヲ定ム。	同
祈雨報祀		○祈雨ノ報祀ヲ行フ。	一〇ウ

紀律紊亂	十月	○司諫院ノ啓ニ曰ク。還宮ノ時妓ト朝官ト雜沓朝儀地ヲ掃フト。	一四オ—ウ
地震禳祭		○報恩郡地震ス解怪祭ヲ行フ。	一四ウ
講武女樂ヲ用ユ		○講武ノ時女樂ヲ用ユルハ祖宗ノ故事トシテ王ハ司諫院ノ言ヲ聽カズ。	一四ウ
官服繡章	十二月	○文武官常服ノ胷背ノ花様ヲ定ム。	二三ウ
獻壽	二十三日	○二十三日王妃宋氏ハ永膺大君ノ第ニ如キ父母ニ獻壽ス。	二六オ
地震解怪		○全羅慶尙各地ニ地震ス解怪祭ヲ行フ。	二六ウ
儺戲火戲		○乙巳(二十九日)王ハ儺戲ヲ思政殿ニ觀ル。丙午(三十日)同上昏ニ慶會樓ニ火山棚ヲ觀ル、宗親、政府、倭野人等入觀ス。	同
	三年(乙亥)	卷十三	
老人優遇	二月	○東萊百六歲ノ女ニ米ヲ給ス。	二八ウ
孝子節婦		○各道ノ孝子節婦ヲ旌表ス。(共行ヒノ種々相)	二九ウ—三一オ
老人優遇	三月	○江華百歲ノ男ニ米ヲ給ス。	三八オ
孝子節婦		○各道ノ孝子節婦ヲ旌表ス。(種々相)	四〇オ・四〇ウ—四一オ
地震禳祭		○全羅道井邑附近地震ス解怪祭ヲ行フ。	五六オ
		卷十四	
紅門結綵	四月	○迎詔前ノ準備、慕華館西北南同紅門ヲ立ツ結綵ス。	一一ウ
結綵		○崇禮門、城內街巷及景福宮門ニ結綵ス。勅ヲ受ケテ後ニ王ハ萬歲ヲ唱ヘ群臣之ニ和ス。	一三ウ

茶禮	五月	○使臣、首陽大君ノ邸ニ入ル茶禮ヲ行フ。	一六オ
孝子節婦ノ復戶		○議政府ハ孝子節婦ノ善行ヲ啓シ復戶ス。	二一オ ウ
祈雨		○旱ニヨリ雨ヲ北郊ニ祈ル其他社稷宗廟ニ醮祭、雷聲普化天尊ニ祈リ、京中各戶ヲシテ祀門焚香、龍王經ヲ漢江楊津ニ讀ミ、蜥蜴祈雨及巫ヲ聚メテ祈雨以上三日。又畫龍及中央四方ノ龍ニ祈雨ス。	二〇オ・ウ—二二オ —ウ—二三オ
落雷禳祭		○義城ノ女霹死ス解怪祭ヲ行フ。	二五オ
水牛器用		○兵器ノ川ニヨリ水牛ノ角帶及鞍轎ノ水牛角竝鞍橋ヲ飾ルヲ禁ズ。	二三オ・二五オ
禁止 鞍ノ制限		○水牛角ヲ用ヰ鞍橋ヲ飾ルヲ禁ズ。	二五オ
落雷禳祭	六月	○義城ノ女霹死ス香祝ヲ降シ解怪祭ヲ行フ。	五オ—ウ
右同		○通津ノ女同上。	
		實錄附錄	
陵王神主		○領中樞府南九萬ノ議ニ曰ク、神主（端宗ノ）久シク閭家ニ在リ、下匹庶ノ賤ニ同ジ。	七オ
舊主埋安		○舊主（端宗ノ）ノ埋安、告由、祝文。	一二オ

世祖實錄 卷一

毳ト耳掩	(甲寅)二月	○世祖平康ニ講武ス天寒シ人皆三襦衣襲裘、耳ヲ蒙氈ニテ掩フ。	二オ
鬼聲鬼火	(辛酉)十月	○文宗ハ世祖及諸弟ト夜會ス、坐ニ嘯聲アリ世祖之ヲ鬼ト謂フ。甲寅ノ夏王ハ獻陵ニ鬼火ヲ祭ル。	三オ
釜鳴リ	(辛未)八月	○世祖ノ邸ノ釜自鳴ス邸人之ニ惑フ。世祖曰ク享宴ノ兆也ト、巫女來テ登極ノ兆ナリト云フ。	七ウ
雷死禳祭	元年(乙亥)閏六月	○義城ノ人震死ス香祝ヲ降シ解怪祭ヲ行フ。	一七オ
甲冑ノ舞		○使臣ノ宴ニ娼兒甲冑ヲ着ケ舞フ、定大業黼ト稱シ太祖征戰勝捷ノ狀ナリ。	一七ウ
世子鹵簿		○禮曹ハ王太子ノ鹵簿ヲ定ム。	二四ウ
飲福宴		○宗廟親祀慶會樓ニ飲福宴ヲ設ク。	二七ウ
燃燈擲石	七月	○集賢殿提學梁誠之ノ上疏。衣冠ハ朝服ノ外華制ニ從フヲ必セズ。燃燈擲石亦古俗ニ從フ。	三八ウ
社稷親祭		○禮曹ノ啓ニヨリ社稷親祭ノ儀ヲ改定ス。	同
		卷二	
飲福宴	八月	○社稷ヲ親祀思政殿ニ飲福宴ヲ設ク。	三オ
棒戲	九月	○慶會樓ニ宗親ノ棒戲ヲ觀ル。（棒戲方法ノ記アリ）	一九オ
月蝕停賀		○月蝕アリ王世子生辰ノ賀禮ヲ停ム。	二三ウ
地震禳祭		○江原東部ニ地震アリ解怪祭ヲ行フ。	二七オ

誕日壽齋	十一月	○王ノ誕辰ノ祝壽齋ヲ忠勳府ハ三角山僧伽寺ニ、原從功臣ハ開庵寺ニ設ク。	二七オ
棒戯		○宗親ノ棒戯ヲ觀ル。	四七オ
同上	十二月	○右同。	四七ウ
剔勢ノ屍		○義禁府啓。石山ノ屍ヲ盤松亭下ニ得ル槍刺ノ痕滿身眼ヲ去リ勢ヲ剔ク殘忍甚シ。	五一ウ
進豐呈		○世子豐呈ヲ進ム。	五二オ
庚申守夜		○庚申入直ノ諸宰樞及闕內諸司官員守夜ニ酒及賭帑ヲ賜フ	五一オ
地震禳祭		○泗川晉州等ノ地震ノ解怪祭ヲ行フ。	六八ウ

二年（丙子）

卷三

歲畫	正月	○王妃歲畫ヲ殿壁ニ貼ルニ方リ四民ノ圖ヲ擇ブ。	一オ
老人優遇		○瑞興百一歲ノ人ヲ監司ヲシテ惠養セシム。	一ウ
梟鳴ノ怪		○書雲觀ハ弘禮門ニ鵂鶹鳴キシヲ啓ス。王ハ今後同上ノ事啓スル勿ラシム。	二オ
飮福宴		○慶會樓ニ會シ春享祭ノ飮福宴ヲ設ク。	同
陵ノ立碑		○二十五日顯陵ニ碑ヲ立ツルコト勿ラシム。陵ニ碑ヲ立テザルコト此ヨリ始マル。	六オ
局戯		○王ハ思政殿ニ御シ宗親ノ局戯ヲ觀ル。	七オ
火者上送	二月	○八道ヨリ十三歲以上十九歲ノ穎悟ナル火者ヲ上送セシム。	八ウ・一八ウ
地震禳祭		○慶尚新寧ノ地震ノ解恠祭ヲ行フ。	九ウ
飮福宴		○慶會樓下ニ社稷祭ノ飮福宴ヲ設ク。	一〇オ
擊毬		○武擧殿試ノ儀ヲ定ム。（擊毬之門ヲ立ツ擧人擊毬ス云々。擊毬方法ノ記アリ）	一三ウ－一四オ
淫行官員		○會飮ノ禁ヲ冒シ倡伎ヲ致シ同僚ト宴シ且人ノ妓妾ヲ奸セシ監察ヲ罷ム。	一六ウ

耆老ノ宴	三月	○二日耆老等普濟院ニ宴ヲ設ク。承旨ヲ遣ハシ宣醞ス。	一八オ
端午進扇 儒生上寺		○造紙、造扇、採葡萄、松菌、松花ニヨリ各邑ノ守令僧人ヲ使役スル勿ラシム。且儒生ノ上寺ヲ禁セズ。以上王ハ諸道觀察使ニ諭ス。	一八ウ
近仗服色		○王ハ行幸ノ時ノ近仗者衣服ノ色等ヲ定ム。	一九オ
先蠶祭		○先蠶祭ノ香祝ヲ親傳ス。	二〇オ
龍袍		○議政府ノ議ニヨリ王世子ノ袍ノ龍ヲ四爪ノ龍トス。	二三オ
上國喪ノ祭停事項		○大行皇后ノ舉哀望闕哭拜朝市ヲ停メ音樂ヲ斷チ屠殺ヲ禁ジ嫁娶ヲ停ム三日間。	二三オ
祀祭改革		○集賢殿直提學梁誠之ハ上疏シテ山川祀祭三十四ノ中改革スベキモノアルヲ陳ブ。	二四ウ—三一オ
假面戲		前朝ノ樂ニ童男妓女假面雜戲アリ云々。	
冠禮勵行		○右同、冠禮ニ付テハ前朝明宗ノ時之ヲ行ヒ其後聞ク無シ。士大夫以上ノ子弟年十	同
白衣禁令		三ヨリ冠禮ヲ行ヒ之ニ冠セシメン、白衣ヲ改メ色服ノ制ヲ定メン云々。	
女子ト長衣		○右同、女子好ンデ男子ノ如ク長衣ヲ着ル、服妖ナリ云々。	同
祀祭意見		○右同、高麗陵墓致祭、壇君以下ノ祭祀、文宣王ノ配享其他ノ功臣及文益漸、崔宣茂ノ立祠致祭スベキ意見ヲ述ブ。	同
白丁		○白丁ハ元禾尺或ハ才人或ハ韃靼ト稱シ其種一ニ非ズ。國家民ニ歯セザルヲ憫ンデ變號白丁ト稱シ軍伍ニ屬ス。	同
雩祀	四月	○雩祀ニ親傳香祝。	三三オ
禁酒		○酒ヲ禁ズ。	三三ウ
祈雨		○慶尚道旱、小童及巫ヲ聚メ齋禱セシム。	三八ウ
檀君箕子廟宇修繕		○平壤檀君箕子及高句麗始祖ノ祠宇奄頽レ丹青ノ汚レシ者ヲ明使回還前ニ修治スベ	三九ウ

ク平安觀察使ニ馳命ス。

卷四

雨乞
○累月雨無シ。賑恤、審寃、掩骼埋胔、修溝等ヲ行フ。
二オ

禁嫁婚　五月
○王世子ノ媵ヲ選ブ、爲メニ中外ノ婚嫁ヲ禁ズ。
二ウ

淫祀弛禁
○王ハ承政院ニ傳シテ曰ク。淫祀ハ妖妄ナレド廢スベカラズ、國旣ニ城隍其他諸祀神アリ又神稅布ヲ巫女ヨリ徵ス、又巫女ヲシテ病ヲ救ハシム。此ノ如クニシテ民ノ祀神ヲ禁ズベケンヤ。淫祀ハ良家ノ婦女外禁ズル勿ラシム。
二ウ－一オ

喪人野祭
○近日一喪人アリ外ニ野祭ス男女數十倡兒參シテ歌舞ス。府吏之ヲ拿スレバ其族親アリ。
三ウ

淫祀弛禁
○國忌ニ淫祀祀神ヲ禁ズル勿ラシム。
四オ

星變
○彗星晝見ユ、書雲觀ハ大旱ノ兆ナリト云フ。
五オ

頒氷老人
○王ハ傳旨シテ每年七十歲以上ノ堂上官ニ氷ヲ賜ウ三日、各一丁。
六ウ

車裂ノ刑　六月
○前王ノ復位ヲ謀リシ黃善寶獄死ス屍ヲ車裂ス。
一六ウ

巫女妖言
○巫女龍眼ハ佛德ニヨリ上王ノ復位ト命說ヲ唱ヘ凌遲斬ニ處セラル。
一七ウ

巫女謀逆
○逆罪ニ黨セシ巫女六人ヲ凌遲死ニ處ス。
二二ウ

神位名號　七月
○檀君、箕子、東明王ノ神位ノ名號ヲ改ム。
二三ウ

襲衣
○興寧府大夫人卒ス。王ハ官ニ命ジテ喪具ヲ庀ス、襲用衣五稱、小斂十九稱、大斂五十稱。
二八オ

禁酒
○民間ニ禁酒ス。
二九オ

祈晴		○霖雨連月四門ニ祈晴祭ヲ行フ。外方城門亦同ジ。並ニ界內ノ山川ニ晴ヲ祈ル。	二九ウ
		卷五	
水陸齋		○王ハ刑死人ノ魂ト無祀鬼神ノ爲ニ諸道淸淨ナル處ヲ擇ビ春秋水陸齋ヲ行ハシム。	三二オ
白丁	八月	○白丁高達寺ニ會シ飲酒シ追捕ノ官軍ニ拒射ス。斬ニ處ス。	二オ―ウ
火者進獻		○大明ニ火者九人ヲ進ム。	四オ
家庭紊亂		○妓ニ愛眤シ正妻ヲ顧ミザル進士ノ告身ヲ收ム。	一〇オ
長籬ノ風	九月	○全羅觀察使ノ啓ニヨリ其道內ニ行ハレシ長籬ヲ閭匝漏戶ヲ容匿スルヲ禁ズ。	一〇ウ
油蜜果		○明ノ使臣ノ宴享外油蜜果ノ禁止已ニ久シ、諸道ノ守令此禁ヲ犯ス者アリ。王ハ此禁ヲ嚴行セシム、油蜜果貴キニ由ル。	一二オ
農歌	十二月	○堤川ノ人農歌ヲ作ツテ獻ズ、慣習都監ニ下ス。	二六オ
圜丘制		○禮曹ハ圜丘壇ノ制ヲ詳定シテ啓ス。之ヲ築ク。	二六オ
天神位板		○禮曹ハ天神ノ神位板ノ制ヲ啓ス。	二八ウ
柶戲		○思政殿ニ王ハ宗親、宰樞、承旨等ノ棒戲ヲ觀ル。左右勝負環刀ヲ賜フ。	二九ウ
玉幣		○禮曹ハ啓シテ禮神ノ玉圖ニ玉幣ヲ定ム。	三一ウ―三二オ
	三年(丁丑)	卷六	
祭幣布	正月	○禮曹ノ啓ニヨリ風雲雷雨山川ノ祭幣ノ苧布ヲ絹ニ代フ。且神位板ノ名號ヲ改ム。	二オ
祀天犢牛		○禮曹ハ天ヲ祀ル時ノ犢牛ヲ定ム。且其位版ノ文字ヲ改ム。	同
祭天		○中朝ノ例ニ倣ヒ正月十五日ヲ以テ王ハ圜丘壇ニ上リ天ヲ祭ル。	二ウ

郊祀　○禮曹ノ啓ニヨリ郊祀其他祭祀ノ式ヲ定ム。　二ウ―五オ

圜丘　○新設圜丘署ノ錄事ヲ定ム。　六ウ

圜丘行祭　○王ハ圜丘ニ登壇シテ行祭ス。　七オ―一二ウ

謁聖　○王ハ成均館ニ至リ謁聖ス。　一二ウ

嫁喪祠堂　○王ハ傳旨シテ漢城府ノ禁令五十條ハ煩ニ過グ。其中守信ノ寡婦他ニ適ク者、夫喪三年內改嫁ノ者、祠堂ヲ立ツルニ期ヲ過グル者、過期葬ラザル者、無標ノ牛馬ノ肉ヲ放賣スル者。等々ノ外行フ勿ラシム。　一三オ―ウ

二月

投壺　○慶會樓ニ御シ宰樞ニ命ジ射侯、投壺セシム。　二六ウ

僧徒奸淫　○人有リ群ヲ成シ僧ヲ毆ス、此ヲ囚フ。此僧ハ母ノ家ニ於テ大內ノ女ト每夜會合セシヲ嫉ミシニヨル。　二八ウ

天ヲ祀ル　○二十六日禮曹ハ周禮及開元禮ニ據リ每年冬至ニ祀天ヲ請フ。正月十五日トス。　三三ウ

卷七

三月

舞踏儀式　○大殿尊號ノ儀。(中ニ王世子百官三タビ舞踏ノ儀アリ)　三オ―五ウ

圜丘　○禮曹ハ圜丘ノ制ヲ上ル。　八ウ―九ウ

棒戯　○王ハ思政殿ニ御シ大君等ノ棒戯ヲ觀ル。　一〇オ

廬墓三年／守節十年ノ婦／擲石軍　○書雲觀ノ上言。奴婢ノ其主ノ爲ニ廬墓三年ノ者其役ヲ放ツ。婦女年二十ニシテ寡シ守義十年ノ者旌表門閭。市井ノ徒ヲ擲石軍トシ附籍戰陣ヲ習ハシムルコト。　一〇オ―一四オ

宗廟ノ制　○禮曹ハ宗廟ノ制ニ付テ啓ス。　一五オ―ウ

婦女上寺／儒生上寺　○王ハ禮曹ニ傳旨ス。憲府婦女上寺ノ禁ヲ請フ。王之ヲ許サザルハ之ニ由リ官吏寺　一六オ―ウ

	ヲ擾ガス爲也。但甚シキハ禁ゼザルベカラズト、一中外一ニ婦女ノ上寺ヲ禁ズ。 一、比丘尼ノ上寺ヲ許ス。一、官差及儒生上寺スルヲ得ズト定ム。	
日齋梵歌	○僧五百人ヲ慣習都監ニ聚メ梵歌ヲ作テ市里ニ唄ウ、之ヲ日齋ト云フ。	一八オ
淫祀呈戯	○掌令ノ啓。近日淫祠ヲ禁セズ婦女杖皷前引伶人ヲシテ白晝大都ニ呈戯セシム。	二〇オ
陰陽ノ書	○兎山、牛峰等ノ盲人陰陽ノ書ヲ藏ス。王ハ之ヲ送ラシム。	二〇オ—ウ
	四月	
宴舞	○王ハ思政殿ニ酌ヲ設ク、酒酣ニシテ舞ヲ命ズ、大臣皆舞フ。	二四ウ
唱歌彈琴街巷ヲ行	○男女七八人アリ醉ニ乘ジ唱歌彈琴相共ニ戯レ舞ヒ街巷ヲ行テ闕門ヲ過グ。王ハ之ヲ拏致スル勿ラシム。	三〇ウ—三一オ
巫風盛行	○巫風盛ニシテ男女歌舞街巷ニ呼吸シ大平ノ樂事ト號ス。	三一オ
婦人野遊	○貴家ノ婦人帳ヲ設ケ豪奢ヲ爭フ、杜鵑花開ク時尤多シ。名ケテ煎花飲ト曰フ。	三三オ
跪坐ノ禁	○闕内胡跪ノ禁令アリ今ニ因循敬上ノ意無シ。自今痛禁ス。	同
	五月	
禁酒	○酒ヲ禁ズ、民間ハ禁ゼズ。	三四オ
祈雨	○雨ヲ祈ル。	三五オ
白丁買牛	○無識ノ人牛老ヒタリト稱シ韃靼禾尺ニ賣ル者、其買賣雙方チ牛馬宰殺律ニ依リ論ズ。	三六オ
祈雨	○旱甚シ蜥蜴祈雨ヲ行フ。	三六ウ
禁酒	○民間酒ヲ用ユルヲ禁ズ。自今在家飲酒ノ外携壺出郊ヲ禁ズ、旱ニ由ル。	三七オ—ウ
祈雨	○雨ヲ名山大川ニ祈ル。	三八オ
讖緯ノ書	○讖緯ノ書ヲ私藏スル者ヲ進上セシム。(書目アリ)	四〇オ
祈雨有驗	○雨アリシヲ喜ビ興天寺祈雨ノ僧ニ絹布麻布ヲ賜フ。	四一オ

卷八

女人乘馬 女人面紗	六月	○禮曹佐郎ハ酒ニ醉ヒ良家ノ妻ノ騎馬シテ行ク者ノ襆𧝓ナキヲ見テ妓生ト誤認ス。史臣ガ曰ク舊俗婦女出レバ兜子ニ乘ル外ニハ帳帷ヲ施シ人ニ見ザラシム。乘馬スル者ハ面紗ヲ施シ襆𧝓ヲ以テス。	四オウ
藏經祈福		○二十六日王ハ大藏經五十件ヲ海印寺ニ印シ名山福地ニ分置シ先王先后ノ冥福ニ資セントス。	一〇オ
禁酒	七月	○朔内供上、京外公處酒ヲ用ユルヲ禁ズ、民間ノ用酒ハ禁ゼズ。	二〇ウ
救病設齋		○世子病ム僧ヲ聚メ慶會樓下ニ孔雀齋ヲ設ケ祈禱ス。	二四ウ
雷死禳祭	八月	○仁同縣ノ人震死ス、解怪祭ヲ行フ。	二四ウ―二五オ
救病祈禱		○世子ノ病ヲ昭格殿、松岳、紺岳、大井、德津、楊津、德積島ニ祈ル。	二五ウ―二六オ
忌病移居		是ノ日兩殿世子ヲ率ヰ本宮ニ移御ス。	二六オ―ウ
救病祈禱		○同上ニヨリ僧卿四人ヲ聚メ孔雀齋ヲ行ヒ內西廳ニ祈禱ス。	三〇ウ
祈晴		○晴ヲ名山大川ニ祈ル。	三一オ
咀呪		○大司憲ノ上疏。宋玄壽大逆ヲ犯ス法ニ置クベシ。餅餌ヲ具ヘ淫祀咀呪ノ所ニ通ズ。	

卷九

救病祈禱	九月	○王ハ世子ノ病ヲ圜丘、宗廟、社稷ニ祈ル。	一オ
發哀哭臨		○世子卒ス。哭臨發哀、百官陳慰、朝市五日ヲ停ム。	一オ―ウ
襲奠		○襲奠ノ儀ヲ定ム。	二ウ

朔望奠		○禮曹朔望ノ奠儀ヲ啓ス。	三オ
佛齋		○世子ノ初齋ヲ津寛寺ニ設ク。（以下七齋迄ノ記略ス）	三ウ
妖言		○成三問ノ靈ニ逢フ云々ト妖言セシ學生ヲ鞫ス。	四オ
法席		○法席ヲ世子ノ殯宮ニ設ク。	五オ
風水思想		○世子ノ墓地ヲ風水ノ上ヨリ相ス。	五オ—ウ
風水思想		○王原平ニ幸シ親カラ世子ノ墓地ヲ相ス磁石ヲ使用ス。（爾後人ヲ遣ハシ相地セシ記事多シ略ス）	七オ
尼刹復立	九月	○世子追薦ノ爲淨業院ヲ復立シ僧尼、丐乞、疾病ノ人ヲ優恤セシム。	七ウ
		○前ニ法席ヲ世子殯宮ニ累設セシガ世子冥福ノ爲內經廳ヲ設ケ釋、老、儒士ヲ聚メ印經ス。	五オ・九ウ十六オ—二十二オ
進香	十月	○禮曹ハ王世子進香ノ儀ヲ啓ス。	一七オ—ウ
地震禳祭		○全州地震ス解怪祭ヲ行フ。	二一オ
法席		○法席ヲ內佛堂ニ設ク。	二三オ
陵ノ構造		○造墓都監ニ其墓室、石床、長明燈、雜像、莎臺石等造成ニ付傳旨ス。	二八ウ
		巻十	
冠禮	十一月	○海陽大君（睿宗ノ諱）ノ冠禮ヲ行フ。其前ニ輕罪ヲ原免ス。	二オ
殯奠ヨリ虞祭迄		○世子殯奠ノ儀。同祖奠ノ儀、發引ノ儀、發引ノ班次。世子ヲ葬ムル立主ノ奠。安墓ノ奠。后土ニ謝スルノ祭。反虞ノ儀、反虞ノ班次、虞祭ノ儀、再虞祭、三虞祭、四、五虞祭。	五ウ—一〇ウ・一一オ—一八ウ

卒哭	十二月	○卒哭祭ヲ行フ。	一九オ
耳掩		○國制、朝官三品以上耳掩ヲ許ス。	一九ウ
册立世子		○世子ヲ冊スルノ儀。	二〇ウ—二四ウ
放火		○除夕慶會樓下ニ放火砲ヲ見ル。	二九ウ
	四年（戊寅）	卷十一	
飲福宴	正月	○王、宗廟ニ親享、勤政殿下ニ飲福宴ヲ設ク。	二オ—ウ
白丁宰牛	二月	○甲士密カニ白丁ヲ招キ牛ヲ宰ス。	八ウ
地震禳祭		○平安道三和等ニ地震アリ解怪祭ヲ行フ。	一五オ
夜禁		○二更ヨリ四更ニ至ル大小人員ノ出入ヲ禁ズ。冒ス者重論ス。	一七ウ
		卷十二	
先蠶祭	三月	○先蠶ノ祭ニ王ハ香祝ヲ親傳ス。	一オ
官藥賣下		○生藥舖典ト稱シ官ノ藥ヲ人民ニ賣下グ。	三ウ
地震禳祭		○茂朱錦山等ノ地ニ地震ス解怪祭ヲ行フ。	四オ
號牌ノ法		○號牌ノ法ヲ定メ自今大小臣民ニ皆佩ビシム。堂上官以上牙牌、三品以下山柚子、吏胥、民丁、軍士等雜木白色牌ヲ用ユ。	八オ—ウ
僧人有妻		○王ハ京外ノ僧人ノ妻ト家居スル者ヲ啓聞セシム。	一一ウ
禁酒	四月	○旱ニヨリ今後家外ニ壺ヲ持シテ飲酒スルヲ禁ズ。	一七オ
祈雨		○雨ヲ圜丘其他ニ祈ル。	一七ウ

世祖四年

酒禁 淫祀ノ禁	五月	○司諫院ハ旱ニヨリ祈雨親行、酒禁申明、淫祀ノ禁ヲ復シ佛經ノ役ヲ罷メンヲ請フ。	十二・十六オ
太一祈雨		○昭格殿ニ太一祈雨ノ醮禮ヲ行フ。	十二・十七ウ
農歌		○王ハ中宮ト西郊ニ觀稼ス。農人農歌ヲ唱フ。	十二・十九ウ
		卷十三	
號牌ノ制	七月	○兵曹ハ號牌一件ヲ啓ス。堂上牙牌、以下庶人迄木牌。	二三ウ—二四ウ
胎室		○禮曹ノ啓ニヨリ王ノ胎室ト、亂臣ノ胎室、諸君ノ胎室ト雜處セルモノヲ移ス。	二四ウ
街頭招魂		○僧徒招魂ヲ以テ都人婦女ヲ街衢ニ聚ム。憲府之ヲ禁ゼンコトヲ請フ。之ニ從フ。	二六オ
投壺		○王ハ慶會樓下ニ投壺ヲ觀ル。	二七オ
溫泉入浴	八月	○貞順公主溫陽溫泉ニ浴ス。	閏
川邊招魂		○無識ノ徒招魂ニ托シ街頭川邊ニ幢幡ヲ張リ餅果ヲ設ケ僧徒ヲ邀フ。之ヲ禁ズ。	三〇オ
圜丘祭儀		○禮曹ハ圜丘祈祭ノ儀ヲ啓ス。	三二オ
溫泉入浴		○貞懿公主白川溫井ニ浴ス。翼峴君高城溫井ニ浴ス。	三五オ
創寺ノ禁		○司憲府ハ昭格殿洞及木覓山南ニ新寺ヲ創ムルヲ禁ゼンヲ請フ。	三五ウ
右同		○司憲府ハ昭格殿洞及木覓山南寺社ノ新創ヲ禁ゼンコトヲ請フ。禪宗僧ヲ召シテ其基地ニ付テ問フ。	三五ウ
		卷十四	
地震禳祭	九月	○忠淸道恩津等ニ地震ス、解怪祭ヲ行フ。	二ウ

二四五

擊棒ノ戲		○王ハ思政殿ニ於テ宴ス。宗親等ノ擊棒ヲ觀ル。	一オ
白鹿瑞祥		○白鹿ヲ得タルヲ瑞兆トシテ諸道ニ賀箋ヲ進メシム。	四オ
誕日賀禮		○王ハ誕日ノ賀禮ヲ行フ。	八オ
右　同	十一月	○百官ハ中宮ノ誕日ヲ賀ス、宴ヲ設ク。	一八オ
嫁娶ノ禁	十二月	○處女十四歲以下ノ婚嫁ヲ禁ズ、王子ノ嬪ヲ選バントスル也。	二〇ウ
僧徒勸文		○禪敎兩宗ニ諭シ、僧徒勸文ヲ僞造シ閭里宦家ニ橫行誅求スル者及昏夜人家ニ出入婦女ヲ聚メ破戒スル者ヲ禁ズ。	一六オ
追薦建寺		○王ハ世子ノ爲メニ高陽郡烽峴ノ東ニ正因寺ヲ建ツ。	
儺　戲		○二十八日王ハ思政殿ニ儺戲ヲ觀ル。	一七オ
同		○二十九日右同。	同
	五年（己卯）	卷十五	
飮福宴	正月	○王ハ宗廟親享後勤政殿ニ飮福宴ヲ設ク。	四ウ
右　同		○王ハ中宮ト康寧殿ニ同上。	六オ
殯側奸妓		○常ニ祠堂ヲ鎖シテ祀ラズ、母ノ殯側ニ妓ヲ奸シタル學生ヲ處刑ス。	九ウ
胡跪ノ禁		○兵曹ノ啓ニヨリ闕內胡跪ハ已ニ禁アルモ今ニ因循上ヲ敬フ意ナシトシ、之ヲ禁ズ。	一〇オ
胎　室		○豐基郡ハ文宗ノ胎室奉安ニヨリ。去庚午ノ歲縣ヲ陞シテ郡トス。	一一オ
號牌施行	二月	○始メテ號牌ノ法ヲ行フ。	一一ウ
生佛妖言		○晉州ノ人前年四月臺山ヨリ生佛來ル開國アルベシ等妖言セシ者ヲ鞫ス。	一四ウ

世祖五年

老人優遇	三月	○耆老ヲ普濟院ニ宴ス。	一六ウ
婦人敬稱		○吏曹ノ啓ニヨリ、未ダ封爵ヲ得ズシテ死シタル妻ノ神主ニハ只姓氏ヲ書ス、庶人ノ妻ト異ナルナシ。自今追贈スルコトトス。	一八オ
賜酒起舞		○王ハ大君諸臣ニ酒ヲ賜フ。諸宰樞ニ命ジ起ツテ舞ハシム。	二一ウ—二二オ
及第遊街		○王ハ遊街ハ兒戲ニ似タリト雖モ年少ノ士得意ノ事ナリ、除クベカラズト言フ。	二二オ
儺禮彩棚		○明使ヲ迎フニ山臺儺禮ハ例ニ依ルベシ。若間ニ合ハザル時ハ彩棚ト儺禮トスベシト、平安、黃海監司ニ諭ス。	二四オ
		卷十六	
佛誕看經	四月	○佛生日ヲ以テ看經會ヲ內佛堂ニ設ク。	二ウ
北邊置妓		○申叔舟ノ啓ニヨリ又禮曹ノ啓ニヨリ穩城、鍾城ニ妓ヲ置キ樂器ヲ賜フ。（會寧慶源ハ既ニ前ニ置キタリ）北方軍士ノ爲也。	一〇オ・一一ウ
白丁	五月	○才人禾尺ノ曾テ守城軍侍衛牌ニ屬セシ者ニ仕路ヲ通ズ。兵曹ノ啓ニ從フ也。	一一オ—ウ
雷死禳祭		○中和ノ人ニ震ス解怪祭ヲ行フ。	二三オ
雨乞	六月	○雨多シ滯囚和氣ヲ破ルトシテ京外ノ獄、奸盜外杖八十以下盡ク放ツ。年老者ハ保放ス。	二五オ
祈晴		○晴ヲ昭格ニ祈ル、其餘囚ヲ保放ス。	二五ウ
右同		○晴ヲ名山大川ニ祈ル。	同
銀ノ酒器		○文昭殿鍍金ノ酒器ヲ壞チ、純白金ヲ用キ改造ス。	二七ウ
雨乞		○雨多シ冤獄和氣ヲ傷ルトシ、刑曹ニ傳旨シテ精審冤獄保放スベキ者ヲ啓セシム。	三〇オ・ウ

		京外十惡強竊盜外ノ罪囚ヲ皆放ツ。	
新晴		○晴ヲ昭格、宗廟、社稷、北郊ニ祈ル。	三一オ
右同		○慶會樓下ニ道場ヲ設ケ晴ヲ祈ル。	三一ウ
		卷十七	
珠玉燔造	七月	○王ハ命ジテ珠玉燔造ノ禁ヲ除ク。此前ニ禁ジタルハ焰硝ノ盜用アリシニヨル。	八ウ
地震禳祭	八月	○忠淸道全羅道ニ地震ス、解怪祭ヲ行フ。	一〇オ
溫泉入浴		○讓寧大君ハ東萊溫井ニ往テ浴ス。	一四ウ・一八オ
大祥佛事	九月	○世子ノ大祥日ニ內殿ニ佛事ヲ作ス。曾テ命ジテ釋譜ヲ寫ス。	二一オ
大祥立廟		○王ハ世子ノ大祥祭ニ立廟ヲ命ズ。	二一ウ
着服ノ制		○朝服、公服着用ノ格例ヲ定ム。	二三ウ
老人優遇		○中宮ハ養老宴ヲ思政殿ニ設ク。	二七オ
各祭奠物		○禮曹ハ啓シテ懿敬世子ノ廟墓ノ稱ト、朔望、四仲月、有名日別祭、忌日祭ノ行祭奠物等ヲ定ム。	二八オ
手搏戲		○歲末日、王ハ王世子宗親等ト慕華館ニ幸シ毛毬、手搏戲等ヲ觀ル。	二八ウ
		卷十八	
溫泉入浴	十月	○左贊成ハ忠州溫井ヨリ來テ肅拜ス。	四オ
誕日賀禮	十一月	○百官ハ中宮誕日ノ賀禮ヲ行フ。	九ウ
王家ト婚ヲ嫌フ		○王家ヲ視ル野人ノ如ク兩班ハ之ト婚ヲ欲セズ。	一四オ

圜丘神主	十二月	○禮曹ハ啓シテ圜丘祭ノ神主出納ニ腰轝ヲ用ユ。	一七ウ
飲福宴		○二十七日王ハ文昭殿ニ親享シ、慶會樓下ニ飲福宴ヲ設ク。	二〇ウ
歲末放砲		○王ハ中宮ト光化門ニ放砲ヲ見ル。	二一ウ
闕內守歲		○三十日王ハ闕內諸司ノ會直守歲ノ者ニ酒肉ヲ賜フ。	二三オ
	六年（己卯）	卷十九	
飲福宴	正月	○宗廟圜丘ヲ親祀シ思政殿ニ飲福宴ヲ設ク。	一五オ・ウ
白丁		○讓寧大君下南ノ時田獵セント欲シ才人白丁ヲ抄給ス。	六オ
禁酒	三月	○公處ノ用酒ヲ禁ズ。	三九ウ
白雉		○青松縣白雉ヲ進ム。宗親宰樞等賀禮ヲ行ハントス、王ハ賀スル勿ラシム。	四二ウ
佛徒作法		○王ハ中宮ト壯義寺ニ幸ス。王ハ佛堂ニ就キ僧徒ヲシテ作法セシメ觀ル。	四三オ
		卷二十	
親迎ノ禮	四月	○王世子ノ嬪氏ノ家ニ親迎スル禮物ヲ定ム。前ニ媒人ヲ設ク。	二オ
納徵		○世子ノ嬪氏ノ家ニ納徵ノ禮物ヲ定ム。同嬪氏ノ家ノ受納徵ノ儀ヲ定ム。	二ウ—四ウ
嬪冊儀		○世子嬪ノ冊儀、嬪氏ノ家受冊儀ヲ定ム。	六オ—七ウ
親迎同牢		○世子親迎ノ禮ヲ行フ。及醮戒ノ儀、親迎ノ儀、同牢ノ儀。	九ウ—一一ウ
回門ノ禮		○世子、嬪ト嬪ノ家ニ回門ノ禮ヲ行ウ。	一三オ—ウ
師傅相見ノ禮	五月	○世子ハ師傅賓客ト相見ノ禮ヲ行フ。	一九オ
供佛無禁		○義禁府ノ啓。城內ノ供佛禁無シ。官吏擅ママニ僧人ヲ鞫スルヲ得ザルニ、之ヲ爲	二七オ

婦女上寺		セシ南部ノ令ヲ杖ニ處ス。	
祈雨		○北郊ニ祈雨祭ヲ行フ。	二七オ
雨乞		○旱甚シク雨無シ、王ハ大小臣民ノ射侯ヲ爲スコト、或ハ又撃鼓シ或ハ巫祝ノ杖鼓ヲ用ユルコトヲ禁ズ。	二四ウ
祈雨		○童子八十二人ヲ聚メ忠順堂ノ池塘ニ蜥蜴祈雨ヲ行フ。	三五オ
雨乞		○囚人ヲ保放ス旱ニヨル。	三五ウ
婦女上寺	六月	○司憲府ハ婦女上寺ノ禁ヲ外方ニモ推問セシメントス。王ハ既ニ移文シタレバ人ヲ寺社ニ遣ハシ宅僧ヲ騒ガス勿ラシム。	二五ウ
寺院行幸		○王ハ中宮ト淨業院ニ幸ス。	三九オ
		卷二十一	
賤人爲僧	七月	○四日京外公私賤ノ剃髮セル者ニ度牒ヲ給スルノ法ヲ定ム。	一ウ
遊街		○文武科及第二名ニ摺扇一把ヲ賜ヒ、特ニ遊街三日ヲ命ズ。	二オ
祈雨		○名山大川等ニ雨ヲ祈ル。	三オ
内宴起舞		○王ハ中宮ト慶會樓下ニ宴ヲ設ク。宗親宰樞以外皆起ッテ舞フ。	四オ
白雉	八月	○平安觀察使白雉ヲ進メ仍ホ賀箋ヲ上ル。	一八オ
重九ノ宴	九月	○耆老ニ重九ノ宴ヲ慕華館ニ賜フ。	二四オ
		卷二十二	
寺院行幸	十月	○王ハ王輪寺ニ幸ス。	三オ

獻歌謠		○王ノ駕廣州ニ至ル、耆老、儒生、女妓等歌謠ヲ進ム。駕平壤ニ入ル同上。（各其歌詞アリ）	五ウ・八ウ
祭祀龍塘		○王ハ宣傳官ヲ遣ハシ龍塘ヲ祭ラシム。	八ウ
檀君其他祭祀		○王ハ永崇殿ヲ親祭ス。檀君、高句麗始祖、箕子殿ニ祭ヲ行フ。	九ウ
老人優遇		○平壤ニ養老宴ヲ設ク。	一一ウ—一二オ
獻歌謠	十一月	○王西ヨリ歸ル南大門ニ入ル、耆老等歌謠ヲ進ム。（歌詞アリ）	一五ウ—一八ウ
誕日賀禮		○中宮ノ誕日百官賀禮。	二〇オ
放火砲	閏十一月	○王ハ夕忠順堂ニ放砲ヲ觀ル。	二五オ
喪中不愼	十二月	○母ノ喪期內ニ變妓ト朝夕與ニ居リシ前仁川郡事ヲ杖配ス。	二九オ
棒戲		○王ハ思政殿ニ宗親宰樞ノ棒戲ヲ觀ル。	三四ウ
	七年（辛巳）	卷二十三	
火砲	正月	○夕ニ王ニハ中宮ト忠順堂ニ御シ放火砲ヲ觀ル。	三オ
僧尼禁防	三月	○公私賤ノ僧尼トナル者ノ防禁條件ヲ定ム。	二七オ
破戒ノ僧		○禮曹ハ僧人中破戒ノ者多シ、兩宗統ヲシテ糾察法ニ置クベキヲ啓ス。王ハ殺盜淫者ハ並ニ還俗セシムルヲ刑曹ニ傳旨ス。	二九オ
		卷二十四	
宴享簪花	四月	○王ハ戸曹ニ傳旨シ宴享進上ノ簪花ノ外ハ皆紙花ヲ用ヰシム。	一オ
祈雨		○慶尙雨ナシ名山大川ニ禱ラシム。	二ウ

事項	月	記事	出典
婚姻年齡		○男十四女十三以上婚嫁ヲ許ス。父母老年病人ノ者自願ニ依リ十歲以上ノ成婚ヲ許ス。	六ウ
僧ノ點燈		○白岳山ニ每夜僧ノ點燈スルヲ禁ズ。	九ウ
毀菴	五月	○僧ノ居リシ白岳山ノ草菴及窟庵ヲ毀ツ。	一〇オ
端午石戰		○端午石戰ノ人百餘人ヲ捕フ。	一〇ウ
宦官有妻喪中淫行		○宦官ノ妻ヲ姦シ娠メルヨリ之ヲ匿置シ（母ノ喪中）タル者ヲ杖シ、其女ヲ官婢トス。	一六オ
瓠盃	六月	○右議政申叔舟ニ酒ト鍾ヲ賜フ。鍾ハ一ハ陶器一ハ瓠ヲ割テ作リシモノ也。	二一オ
		卷二十五	
女樂男樂	七月	○禮曹ノ啓ニヨリ倭人野人ノ經過スル地ノ諸道ハ其宴享ニ皆女樂ヲ用ユ。男樂歌舞ノ童少キニ因ル也。	七オ—ウ
妖言者		○二十六日光州ニ安置ノ鄭悰絕食シ成佛、舍利分身室ニ充ツ等妖言ス。義禁府ハ之ヲ拿來セシム。	一〇オ
祈雨	八月	○忠淸道雨ナシ、其觀察使ヲシテ禱ラシム。	七ウ
號牌	九月	○僧人號牌ノ法ヲ定ム。	一六ウ
老人優遇		○中宮ハ思政殿ニ養老宴（女ノ）ヲ設ク。	三〇オ
飛氷ノ宴		○右議政申叔舟飛氷ノ宴ヲ設ク。王ハ酒樂ヲ賜フ飛氷ノ歌ヲ製シテ送ラシム。（歌章アリ）	三〇オ—ウ
誕日進賀		○百官ハ王ノ誕日ヲ賀ス。中宮ハ豐呈ヲ進ム。	三二ウ・三三オ

卷二十六

僧尼禁防 號牌	十月	○禮曹ノ啓ニヨリ僧尼トナル者ノ法ヲ嚴ニス。號牌ヲ遺失シタル者ニ圓牌ノモノヲ改給ス。	三ウ—四オ
動樂登山	十一月	○司憲府ハ前司勇ノ妻柳氏カ動樂南山ヲ上下シ横行セシヲ歐リシ前縣監ノ甥ヲ劾ス。	一三オ
寺院行幸		○王ハ淨業院ニ幸ス。	一八オ
産室在外		○王世子嬪ハ錄事ノ第ニアリ子ヲ誕ス。	二一オ
火砲禳病		○王ハ命ジテ夜火砲ヲ後苑ニ放ツ。(十一月三十日)世子嬪ノ病ニ由ル。	
誕生ノ賀	十二月	○王ハ仁政殿ニ百官ノ賀ヲ受ク。	
進豐呈		○政府六曹等豐呈ヲ進ム。	二二オ
嬪ノ卒去		○王世子嬪錄事ノ邸ニ卒ス。飲福宴ヲ停ム。	二二ウ
喪葬記事		○王世子嬪ノ葬喪記事。王ノ素帶、襲斂、殯、用柩、殯典成服、葬地ヲ相ス。	二三オ・ウ・二一ウ
飲福宴		○王ハ景福宮ニ飲福宴ヲ設ク。	二四オ—二五オ
儺戲		○王ハ中宮ト宣政殿ニ儺戲ヲ觀ル。	二八オ
地震禳祭		○慶尚巨濟、昆陽等々ノ地震フ、命ジテ解怪祭ヲ行フ。	二九ウ

卷二十七

八年(壬午)

喪葬記事	正月	○王世子嬪喪葬記事。葬地ヲ相ス。	一オ・二ウ—三オ
火山棚		○王ハ二日ノ夕中宮ト景福宮ニ火山棚ヲ觀ル。	二ウ

諸祭親行		○王ハ宗廟ニ齋シ親享ス。圜丘ニ就ク。壽福宮ニ百官行賀ス。思政殿ニ小酌ス。	五オ・ウ
火山棚		○十六日夕王ハ崇文堂庭中ニ小火山棚ヲ設ケシメ之ヲ觀ル、	六オ
曲宴		○曲宴ヲ兩儀殿ニ設ク。王世子ハ宗親、六曹參判以上入侍ス。	六ウ
白丁		○慶尙道ノ才人禾ハ尺内外祖ノ名ヲ知ラザル者多シ。其族類名區ヲ異ニス。	九ウ
號牌		○婢ノ夫ノ良人、奴ノ良妻等父母ノ名字ヲ知ラザル者多シ。號牌ヲ給スルニ姑ク良賤未辨ヲ以テス。	一〇オ
風雲雷雨ノ祭日	二月	○二月三日ニ風雲雷雨ノ祭ヲ行ウ例也。	一四オ
喪葬		○王世子嬪喪葬記事。殯宮進香。發引及墓ヨリ返虞迄、	一四ウ・一六ウ・二〇ウ・二〇ウ―二二オ・二〇 二三ウ・二四ウ―二三
琉球風俗		○漂風人ニ琉球國ノ人情風俗ヲ問フ。	二二オ 一七オ―二〇ウ
虞祭		○再虞。（以下五虞祭迄記略）	三二オ
琉球風俗		○琉球國使臣ノ宣慰使ハ同國ノ風俗ヲ啓ス。	三四オ―三七ウ
		卷二十八	
卒哭	三月	○卒哭祭ヲ行フ。	一ウ
斥女樂		○王ハ傳旨シテ客人ヲ饋餉スル時女樂ヲ用キザラシム。	同
官妓私借		○官妓ヲ諸人私借シ習樂ニ暇アラズ、近日成材ノ妓無シ。此犯者ヲ夫々科罪ス。	五ウ・六オ・七オ・一一オ
赴役度牒	四月	○禮曹ハ啓シテ、赴役ノ僧ニ度牒ヲ給スル者四萬三千餘人無識ノ徒爭フテ剃髮ス。自今赴役ノ僧ニ度牒ヲ給スル勿ランコトヲ請ヒ王ハ之ニ從フ。	六ウ
半陰陽		○掌令ノ啓。故學生ノ妻李氏ノ家人舍方知女服ス、漢城府拿ヘテ檢スレバ陰莖陰囊アリ男子也、承旨等曰ク是二儀ノ人也ト。舍方知ノ服裝華美ナリ皆李氏ノ給スル	一七オ―ウ

		所也、	
甘露		○甘露後死ニ降ル。	一七ウ
半陰陽	五月	○舍人ノ啓。舍方知尼僧二人ヲ姦ス。小女ヲ姦ス。女姙孕ヲ恐ル舍方知曰ク我曾テ内竪ノ妻ヲ姦スルコト長シ、未ダ孕マズ汝懼ルル勿レ云々。父ト同産ノ女トモ通ズ。	一八オ—ウ
右同		○司諫院ハ舍方知ヲ鞫センコトヲ請フ。王ハ事ハ赦前ナリ問フベカラズトス。	二四オ・ウ・二四ウ—二五オ・二六ウ—二七オ
僧ノ還俗	六月	○封妻ノ僧ヲ還俗セシムルコト法既ニ立ツ。守令之ヲ勵行セズ軍籍日ニ減ズ。王ハ諸道ニ諭シテ悉ク刷セシム。	三〇ウ
白丁		○諸道ニ諭シテ集居セル才人禾尺ヲ分置セシム、	三一オ
雷死禳祭		○崇仁門外ニ一女震死ス解怪祭ヲ行フ。	三二オ
圜丘祭	七月	○禮曹ハ圜丘祭祀ノ儀ヲ啓ス。	三九ウ
		卷二十九	
胎室	八月	○禮曹ニ傳旨シ今後御胎及世子元孫ノ胎室ニハ石欄ヲ設クル勿ラシム。	一〇ウ
謁聖		○王ハ成均館ニ幸シ謁聖ス。	一〇ウ—一一オ
胎室	九月	○王ノ胎室星州ニ在リ大君諸君ノ胎室ノ旁ラ也。之ヲ移サントスルノ議アリ。	一一オ—ウ
白鹿瑞兆		○百官ハ白鹿ノ賀箋ヲ進ム、王ハ受ケズ。	一二オ
誕辰		○百官誕辰ヲ賀ス、王受ケズ。	一三ウ
一夫數妻		○司憲府ハ既ニ二妻ヲ娶リ更ニ又三妻ヲ娶ラントスル節制使ヲ劾ス。	一四オ
獵地行祭		○王ハ鐵原ニ獵ス、命ジテ四方祭ヲ行ウ。	一五オ

觀音現相	十一月	○王ハ上元寺ニ幸ス、時ニ觀音現相ノ異アリ百官進賀ス。下教赦ヲ行フ。	二四ウ—二五オ
地震禳祭		○慶尙道金山仁同等々ノ地々震ス解怪祭ヲ行フ。	二五オ
誕日賀宴		○中宮誕日ノ宴ヲ設ク。	二五ウ
棒戯		○王ハ思政殿ニ宗親等ノ棒戯ヲ觀ル。	二六オ
三ツ兒	十二月	○中部慶幸坊注簿ノ妻一産三男米ヲ賜フ。	三一ウ
五行圖說		○王ハ五行圖碁鷹鶻圖ヲ修改セントス。王ハ筆ヲ下シテ之ヲ作リ之ヲ印ス。	三三ウ

卷三十

	九年（癸未）		
圜丘祭	正月	○圜丘ノ祭ヲ停止ス。	二ウ・三オ
號牌		○是ヨリ前中外ノ號牌既ニ成ル。王更ニ事目ヲ作ル。乙酉年十二月晦日ヲ以テ限トシ更始ス。堂上官象牙、牛角鹿角通用、三品以下賤口ニ至ルマデ雜木ヲ用ユ。	三オ—ウ
模擬農作		○王ハ世俗上元ニ田家農蠶ノ狀ヲ設ケ以テ一年ノ豐凶ノ兆トスルコトニ倣ヒ、辛巳ヨリ以來承政院ニ令シ左右ニ分チ後苑ニ張リ之ヲ觀ル。農蠶ニ關スル各種ノ像ヲ作ル其態ヲ盡サザルナシ。	五オ
女ノ乘馬		○司鑰ノ妻乘馬シ建春門ニ入ル。王ハ傳シテ自今侍女以下諸雜婦女ノ乘馬闕內ニ入ルヲ禁ズ。	五ウ—六オ
胎室		○順興ノ昭憲王后ノ胎室、殷豐ノ文宗ノ胎室ノ石欄及磚石差退ス。王ハ奉審セシム。	一六オ—ウ
號牌		○王ハ號牌ノ事目ヲ示ス。	一六ウ
墓穴石槨		○王ハ禮葬度ニ過ギ石槨ノ隧道ヲ用キシモノヲ推鞫セシム。	同

僞作舍利	四月	○開城開福寺ノ僧、舍利ヲ進ム。乃チ粟米ナリ捕ヘントスレバ僧亡ゲ去ル。	二三ウ
白丁	五月	○才人白丁等多ク京中ニ來テ盜賊ス。	二六ウ
僧人有妻		○中外ニ令シテ僧人ノ封妻アル者隣人ヨリ告ゲシム。	二八ウ
水陸齋舍	六月	○壯義寺ニ水陸舍ヲ建ツ。	三一ウ
舍利分身		○王ハ中宮ト淨業院ニ幸ス。舍利分身ノ異アリ。宥旨ヲ分ツ。	三三ウ
舍利		○成均館儒生ハ舍利三枚ヲ進ム。	三三ウ
舍利分身	七月	○王壯義寺ニ幸ス。舍利分身、是日五色ノ雲現ハル。百官賀ヲ奉ル。	三六オ
亂臣ノ妻亡後淫恣		○亂臣誅後其妻ノ婢トナリテ淫恣ノ行アル者多シ。	三五ウ―三六オ
		卷三十一	
内宴用妓	閏七月	○王ハ宴ヲ開キ內女三人及四妓ヲ出シテ奏樂ス。	一オ
名妓ト王子		○名妓多ク大君、君（王子）ト通ズ。王ハ宗親ヲ戒メ妓ヲ近ク勿ラシム。曰ク此輩人類ニ非ズ宴ノ時命ジテ其面ニ厚粉假面ノ如クセシム、之ヲ賤メ惡ム也。	一オ―ウ
白雉白鹿	八月	○大明ニ白雉白鹿ヲ進ム。	九ウ
佛像點眼	九月	○佛像四ヲ作リ含元殿ニ點眼、壯義寺ニ安ンズ。	一一オ
老人優遇		○養老宴ノ老人ニ加資ス。	一二オ
右　同		○中宮ハ思政殿ニ養老宴ヲ設ク。	一二ウ
寺刹行幸		○王ハ壯義寺ニ幸シ還宮ス。豐呈ヲ進ム。	一六オ
風水思想	十月	○兵曹ノ啓ニヨリ都城、都邑主山ノ山脈ニ當ル所伐石スル勿ラシム。中央地方共ニ石ヲ伐ル時出願セシム。	二二オ―ウ

白獐飼養	十二月	○平安道ニ命ジ白獐ヲ養ハシム。	二一ウ
幼者游葬 宮外設殯		○元孫卒ス。尹士昀ノ第ニ殯ス。歲三歲、踰月ニシテ葬ル。墓地ヲ擇ム。	二二ウ・二三オ
樂章		○王ハ世宗制作ノ大業保大平樂舞歌ノ詞ヲ長キニ失スルトシ別ニ之ヲ制ス。	三一オ―三三オ
棒戲 闕內守歲		○王ハ思政殿ニ禁內諸司員ノ棒戲ヲ觀ル。各司守歲ノ人ニ酒殽ヲ賜フ。	三六オ
	十年（甲申）	卷三十二	
儺戲	正月	○朔日及二日王ハ思政殿ニ儺戲ヲ觀ル。	一オ
誕辰設宴		○三日王世子生辰（一日）ヲ繰下ゲ康寧殿ニ宴ヲ設ク	一ウ
棒戲 火山棚		○四日思政殿ニ御シ棒戲ヲ觀ル。忠順堂ニ放火砲、後苑ニ火山棚ヲ觀ル。又此夕白岳峰頭ニ直上火ヲ設ク。	
禁婚		○王ハ傳旨シテ自今處女ノ宗姓ニ非ザル姓李ナル者ノ婚ヲ禁ズ、東宮婚嫁ノ故也。	三オ
宗廟親祭		○王ハ宗廟ヲ親祭シ又圜丘ヲ祭リ自カラ制定ノ新樂ヲ用ユ。飲福宴ヲ設ク。	四オ
圜丘親祭		○王ハ圜丘ニ親祀ス。新制ノ樂ヲ用ユ。宥旨ヲ頒ツ。	八ウ
溫泉入浴	二月	○王ハ中宮ト溫陽溫井ニ幸ス。	二二ウ
山棚雜戲		○禮曹ノ啓ニヨリ迎詔ノ時ノ山棚雜戲ハ乙卯ノ年ノ例ニ依ル。	二四オ
獻歌謠		○駕淸州ニ至ル、僧、鉞ヲ擊ツ。老人、儒生、娼妓、歌謠ヲ獻ズ。	同
軍門禁巫	三月	○女巫ヲ軍門ニ入レズ。	二六オ
風水思想		○地理學者穿川峴ノ塞グベキヲ上言ス。王ハ其妄誕ノ說ヲ大笑ス。	二八ウ―二九ウ
遊街		○王ハ文武科ノ及第者ヲ引見ス。三日遊街ス。	三二ウ

卷三十三

僧人進罪	四月	○僧人大罪ヲ犯スモ皆罪ヲ免ル。不法ヲ爲サントスル奸人先ヅ髮ヲ剃リ僧ト爲テ後之ヲ行ウ、人之ヲ畏ル虎ノ如シ。	二オ
救病禱佛		○桂陽君病革ル命ジテ內佛堂ニ禱ル。	五ウ
胡跪ノ禁		○闕內胡跪ノ禁ヲ申明ス。	六オ
甘露ノ瑞		○百官甘露ノ賀箋ヲ進ム。	八オ
寺刹行幸	五月	○王ハ興福寺ニ世子以下ト幸ス。	九ウ—一一オ
風水思想		○風水學提調ハ地理書ヲ考シ川峴ヲ穿ツノ便否ヲ啓ス。	九ウ
如來現相 甘露		○檜巖寺ニ如來現相、甘露降ル。	一二ウ
舍利分身		○檜巖寺分身舍利ヲ進ム。在囚官吏ニ赦ヲ行フ。	一四ウ
流毒漁魚		○智異山下七八邑、夏月民ヲシテ山ニ登ラシメ椒皮ヲ剝ギ川ニ投ジ魚ヲ漁ス。其不可ヲ王ヨリ諭ス。（進上ノ魚ヲ獲ル爲也）	一五ウ
白鵲	六月	○谷城ニ白鵲現ハル、觀察使賀箋ヲ上ル。	二六オ
瑞氣異香		○圓覺寺ヨリ檜巖寺ニ連亘瑞氣アリ、黃雲繚繞。天四花ヲ雨ラス異香室ニ充ツ。	二九オ

卷三十四

寺刹行幸	八月	○王ハ圓覺寺ニ幸シ開基ヲ觀ル。	七オ
屠牛馬者搜捕		○王ハ刑曹ニ傳旨シ京城內屠牛馬ヲ以テ業トスル去骨匠ナル者ユノ五部ヲシテ密封告ゲシメ、時ナク搜捕セシム。	八ウ

事項	月	記事	出典
彩緞ノ禁	九月	○士大夫ノ家成婚納綵ニ彩緞ヲ用ユル勿ラシム。又外方使臣ノ褥枕寢帳同上。	一二ウ
老人優遇		○勤政殿ニ養老宴ヲ設ク。中宮同上。	一八ウ・二一オ
風水思想		○風水學提調ハ京城ノ地理ニ付テ啓ス。同上ノ件論議、意見。	一九ウ—二〇オ・二一オ・二四オ
誕日進賀		○王ノ誕日ヲ以テ百官陳賀ス。	二八オ
舍利瑞氣	十月	○孝寧大君ハ圓覺寺ヨリ舍利ヲ進ム。又瑞氣アルヲ言フ。勤政殿ノ西鷲頭ニ瑞氣湧出ス其色虹ノ如シ。	三〇オ
誕日進賀	十一月	○百官及命婦ハ中宮ノ誕日ヲ賀ス。	二八オ
號牌		○濟州號牌ヲ受ケシ者一萬六千四百餘名ナリト分臺ヨリ啓ス。	四一オ
擊棒	十二月	○王ハ思政殿ニ御シ擊棒ヲ觀ル。	五〇ウ
異香瑞氣		○圓覺寺異香瑞氣アリ百官陳賀ス。	五一オ
右同		○王ハ小倘ヲ出ス。二十四日交年宗親ヲシテ擊棒セシム、二十六日ハ觀儺、二十七日ハ豐呈、二十八日ハ觀儺逐疫、二十九日ハ擊棒、小宴、觀火。	五一ウ・五二ウ
儺戲觀火		○淸平君卒ス。右二十六日、二十七日ノ事ヲ停ム。	五一ウ
	十一年（乙酉）	卷三十五	
遊街	正月	○司憲府ハ母ノ病危篤ニ臨ミ妻ヲ娶リタル司譯院注簿ノ告身ヲ奪ヒ罷職ヲ請フ。王從之。	七オ
		○王ハ傳旨シ生員進士中有職者ハ儒冠ヲ着ル毋ク各品帶紗帽ヲ以テ應榜遊街セシム。	七ウ
一夫二妻		○大司憲ノ上疏ニ曰ク、前朝ノ末士大夫二妻ヲ畜フ。癸巳殿立妻アリ妻ヲ娶ル者禮	八オ—九オ

		ヲ成シテ娶ルト雖モ妾ヲ以テ論ズ云々。二妻ヲ娶ル者ヲ劾論シ且ツ妻妾ノ分ヲ明カニスベキヲ陳ズ。	
右同	一月	○大司憲ハ上疏シテ二妻アル者ノ綱紀ニ害アルヲ言ヒ、妻妾ノ分ヲ明ニスベキヲ陳ス。	一七ウ—一八ウ
分身舍利	三月	○圓覺寺ヨリ羅漢分身ノ舍利ヲ進ム。	一八ウ
禁色衣服	四月	○上護軍ノ上言。富民僭越衣服ニ禁色ヲ用ユ、之ヲ嚴禁セン。	二四オ—ウ
右同		○瑞氣アリ舍利分身ノ異アリ下教シテ赦ヲ行フ。	二九ウ
圓覺寺成		○圓覺寺成ル賞讃會ヲ設ケ之ヲ落ス。僧二萬ニ飯ス。	三〇ウ
獻歌謠		○王圓覺寺ヨリ還宮ス。耆老、儒生、女妓等歌謠ヲ獻ズ。	三〇ウ
甘露		○須陀味ノ異アリ、（松葉上白色ノ甘キ砂糖ノ如キモノ附着ス）百官陳賀ス。	三一オ—ウ
屍衣賣買		○仵作人ハ死人ノ衣服ヲ得、修完シテ賣ル。	三三ウ
		卷三十六	
雨花ノ瑞 舍利分身	五月	○圓覺寺舍利瑞氣雨花等アリ。百官陳賀赦ヲ行ヒ欠逋ヲ免ジ窮ヲ恤ム。	一ウ
戰死癘厲		○黃海道鳳山ノ軍戶太半物故ス其他病者多シ。前例ニ依リ水陸齋ヲ棘城ノ古戰場ニ設ク。	二ウ
雜戲	六月	○王ハ中宮ト古東宮門ニ雜戲ヲ觀ル。	一五オ
地理ノ書		○公私所藏ノ地理書ヲ蒐集シ、讎校啓聞セシメ、且地理大全ヲ北京ヨリ購ヒ來ラシム。	一六オ
女服首飾	七月	○禮曹ノ議。本朝婦女ノ服色首飾ハ倖シク中原ニ擬ス、其他モ悉ク華制ニ從ハンコ	一七ウ

事項	月	記事	出典
		トヲ請ヒシモ聽ク勿レ。王之ニ從フ。	
舍利分身	八月	○興義寺ニ舍利瑞氣アリ百官陳賀ス。	二三ウ
老人優遇		○中宮ハ婦人ノ養老宴ヲ行フ。	三〇オ
溫泉入浴		○王ハ中宮ト溫陽溫井行宮ニ幸ス。	三二オ・ウ－三四オ・ウ
		卷三十七	
獻歌謠	九月	○王溫井ヨリ還ル耆老歌謠ヲ獻ズ。	五オ－八ウ
誕日進賀		○百官ハ王ノ誕日ヲ賀ス。	九ウ
號牌	十一月	○漢城府號牌ニ付テ啓ス。	二三オ
誕日進賀		○百官ハ中宮ノ誕日ヲ賀ス。	二三ウ
喪中娶妻 父死不葬	十二月	○司憲府ノ啓。父ノ死ヲ聞キ匿シテ擧哀セズ、四日ニシテ妻ヲ娶リ、九ケ月父ヲ葬ラザル進義副尉ヲ科罪センコトヲ請フ。	三二オ
舍利瑞氣		○圓覺寺ニ瑞氣、祥雲、舍利分身ノ異アリ、百官陳賀ス。	三二ウ
儺戲		○王ハ思政殿ニ儺ヲ觀ル。	三三ウ
	十二年（丙戌）	卷三十八	
溫泉入浴	正月	○臨瀛大君往テ東萊ノ溫井ニ浴ス。	八ウ
婚姻年齡		○王ハ宗簿寺ニ傳シテ、舊例ハ宗親男十四女十三以上婚ヲ許セシヲ自今年限ニ拘ラズ、婚ヲ許スコトトス。	九ウ
溫泉入浴	三月	○王ハ中宮ト高城ノ湯井ニ幸ス。	一八オ

踏青宴		○耆老ニ踏青宴ヲ賜フ。	同
溫泉入浴 水陸會 甘露雨花 舍利分身		○王ハ中宮ト江原道高城ノ湯井ニ幸ス。長安寺、正陽寺、表訓寺ニ至ル水陸會ヲ設ク。甘露、雨花、瑞氣、異香、放光、地動、雙鶴、飛翔、舍利分身ノ異アリ、百官陳賀ス。赦ヲ行フ。瑞氣ノ祥ヲ禮判ヨリ呈ス。	二一オ・ウ・二二オ・二二オ—二三オ・二三ウ
祭祀海神	閏三月	○楡岾寺ニ幸ス。東海ノ神ヲ祭ル。	二四ウ・二五オ
白笠ノ禁		○王ハ兵曹ニ傳旨シテ今後大小侍衛人幸行ノ時白笠ヲ用ユル勿ラシム。	二五ウ
農歌		○江陵ニ於テ王ハ農人ヲ聚メ農歌ヲ唄ハシム。	同
舍利分身		○上院寺ニ幸ス。舍利分身ノ異アリ。赦ヲ行フ。	二六オ
獻歌謠		○王ノ駕輿仁門ニ入ル、成均學生歌謠ヲ獻ズ。	二七オ—二九ウ
產穢拘忌	四月	○巫女ノ傭女、子ヲ產ム、巫ハ神ニ事フル家ノ穢レナリトシ之ヲ捨テシム。發覺シテ二人捕ハル。	四ウ
		卷三十九	
溫泉入浴	六月	○王ハ黃海道松禾縣板橋ノ溫井、文化縣終多甲ノ溫井ニ姑ク人ノ浴スルヲ禁ゼシム。	九ウ
白磁ノ禁		○工曹ノ啓ニヨリ白磁器ヲ公私用ユル勿ラシム。	九ウ—一〇オ
一夫二妻		○司憲府ノ啓ニヨリ二妻ヲ蓄ヘシ者ノ一ハ妾ヲ以テ論ズ。	一二オ—ウ
同上		○同上ノ者告身ヲ奪ヒ後妻ヲ離異ス。	同
號牌		○號牌ノ期限ヲ定ム。	一五オ
老病縮喪	七月	○王ハ忠勳府ニ傳シテ功臣內ニ老病アルモノ服制アラバ卽チ啓聞シテ開峯セシム。	二一オ

事項	月	記事	張
舍利分身		○圓覺寺ニ玉佛點眼法會ノ日、瑞氣雨花放火舍利ノ異アリ。百官上箋陳賀ス。	二五ウ・二六オ
白鵲	八月	○聖節大明ニ白鵲ヲ獻ズ	三二ウ
老人優遇	九月	○王及中宮ハ耆老宴ヲ設ク。養老宴ヲ行フ。	三七ウ—三八オ・三八オ—ウ・三九オ
		卷四十	
舍利分身	十月	○圓覺寺舍利分身ノ異アリ、五彩ノ瑞氣アリ、百官陳賀ス。	五ウ
農歌	十一月	○王ハ農歌ヲ唱ヘテ其夫ト乞丐ヲ爲ス嫗ニ糧ヲ給シ內宴ニ召シ其歌ヲ唄ハシム。外	一三ウ
九妓		ニ歌妓八人ヲ選ビ共ニ九妓ト爲ス。	
白雉		○平安監司ハ白雉ヲ獻ズ。	一四オ
誕日進賀		○中宮誕日、百官陳賀ス。	一四ウ
賜妓 巫戲ノ妓		○王ハ鄭麟趾ニ巫戲ヲ呈スルノ妓ヲ賜フ。	一五ウ
地震禳祭		○慶州等ニ地震ス解怪祭ヲ行フ。	一八ウ
擊棒	十二月	○王ハ華韡堂ニ左右分隊擊棒セシメテ之ヲ觀ル。	二六オ
儺戲		○二十八日王ハ思政殿ニ儺戲ヲ見ル。	二六ウ
放火		○三十日王ハ中宮ト忠順堂ニ放火砲ヲ見ル。	二七オ
	十三年（丁亥）	卷四十一	
牛肉食用 白丁	正月	○大司憲梁誠之ノ上書。肉食風ヲ爲シ牛ヲ筵宴ノ備ト爲スニ因リ牛盜多シ。牛ヲ宰スル者ハ白丁禾尺ト京外ノ良民也、凡ソ宰牛ノ人賣買不分明ノ者嚴刑セバ農牛絕種ニ至ラザルベシ。	一ウ—二オ

婚姻親迎		○乙山君（後ノ睿宗）領議政ノ女ヲ親迎ス。	四ウ
溫泉入浴		○王ハ黃海觀察使ニ傳シテ信川縣ノ東ノ溫水ニ浴ヲ願フ者アラバ聽シ、加鑿セシムル勿ラシム。	七オ
石室厚葬	二月	○王ハ永膺大君ノ葬ニ石室ヲ營ミ厚葬セシム。	一四ウ
老人優遇	三月	○耆老ヲ普濟院ニ宴ス。	一七ウ
結婚年齡		○舊制宗親男女年相長ズル六歲婚ヲ許サズ。士庶人相長スル十餘歲ト雖モ相婚セリ。宗簿寺ノ啓ニヨリ舊制ヲ用キントス。（或ハ宗親トノ婚ヲ厭ヒ輙ク其子女ノ年歲ヲ減ジテ之ヲ避ク）	二二オ―ウ
		卷四十二	
墓側ノ寺	四月	○永膺大君ノ妻、佛刹ヲ墓側ニ建營セントス。王ハ其費ヲ給セントス。	二オ
半陰陽		○舍方知ナル者鬚無ク貌女ニ類シ裁縫ヲ善クス。曾テ尼ト通ジ又李純之ノ女ノ早寡セシ者ト通ズ。司憲府ハ女醫ヲシテ檢セシムレバ果シテ男ナリ。純之ハ根ニ非ズ謹ナリト云フ。	二―ウ
佛寺燃燈		○圓覺寺ノ塔成リ燃燈會ヲ設ケ之ヲ落ス。（落成式）	三オ
舍利分身 甘露		○圓覺寺塔ニ舍利分身ノ異アリ又景福宮後苑ニ甘露降ル。百官進賀ス。赦ヲ行フ。	三オ
墓側營寺		○永膺大君ノ妻墓側ニ佛刹ヲ營ム。材木多ニ過グルモ王ハ吝マズ給セシム。	同
風水思想ト改葬		○王ハ命ジテ英陵ノ改葬ヲ議シ地ヲトス。	七ウ
號牌	五月	○號牌ノ施行期ヲ延バシテ十二月三十日トス。	一一ウ
水陸齋	六月	○李施愛ノ亂ニ北方官吏ノ殺サレシ者ノ爲ニ水陸齋ヲ設ク。	三〇オ

角觝擊毬		○慕華館ニ幸シ閱兵ス、或バ擊毬、或ハ角觝、或ハ毛毬ヲ射ル。	三一オ
宮內姦淫		○中宮ノ別監ハ內女ト通ズ。命ジテ並ニ絞ニ處ス。	三三ウ—三四オ
		卷四十三	
恣女錄案	七月	○大司憲ハ執事金漑ノ母三タビ改嫁ノ失アリ。文案（恣女案）ニ明載スル所也風敎ニ宜シカラズト丞カニ所置（罷職ノコト）ヲ請フ。王ハ允サズ。	二二ウ
妖言	八月	○道詵ノ讖記ニ、丙丁ノ年暴王卽位シ佛法僧ヲ盡滅スト、亂言セシ僧ヲ囚フ。	二三ウ—二四オ・二四ウ
恣女子孫ノ任官權		○獻納ノ啓。凡ソ士大夫ノ妻三適スル者憲府ヲシテ名ヲ具シ錄案シ後昆ニ至ルモ顯用スルヲ得ザラシム云々。金漑ノ成命ヲ收メンコトヲ請フ。	二四オ—ウ
老人優遇	九月	○耆老ヲ普濟院ニ宴ス。	五五オ
茶禮		○王ハ勤政殿ニ於テ明使ニ茶禮ヲ行フ。	五七ウ
		卷四十四	
功臣會盟	十月	○世子六功臣ヲ率ヰ北壇ニ會盟ス。	一九オ—二〇ウ
擊毬投壺擊棒	十一月	○王ノ言。先王ハ冬擊毬夏ハ投壺、秋ハ弓射、今擊毬。予ハ世子諸勳盟ト擊毬セント欲ス小益ナシ云々。	四三ウ
擊毬	十二月	○王ハ思政殿ニ擊毬ヲ見ル諸宗宰ニ命ジ之ニ賭ス。	五二オ
儺戲		○二十九日王ハ中宮ト思政殿ニ儺戲ヲ見ル。	五四ウ
放砲守歲		○三十日王ハ忠順堂ニ放砲ヲ見ル、闕內諸司會直守歲ス。酒殽及帑ヲ賜フ。	五五オ

十四年（戊子）		卷四十五	
正月	寡婦淫行	○宗室梧城正ノ妻寡居シ佛事ニ托シ緇徒出入節無シ。二僧ト通ジ身ム、潜カニ郷ニ歸シ兒ヲ擧ゲズ。	二ウ
	内農作	○王ハ後苑ニ御シ農作（戯劇）ヲ觀ル。	四ウ
	温泉入浴	○温陽行宮ヲ繕修ス。王ト中宮、世子ハ温陽ニ幸ス。	六ウ・八ウ
三月	舍身分身	○舍利分身ノ異アリ百官陳賀ス赦ヲ行フ。	七ウ
	百戯	○上ハ中宮ト公主ノ第ニ幸ス、回還ノ道百戯ヲ呈ス。慶會樓下ニ戯ヲ觀ル。	三一ウ
	遊街	○新生員夜遊街ス。盜出デ從者ヲ刼ス。	三四オ
		卷四十六	
四月	南山ノ曲	○中朝使臣宣慰ノ禮女樂ヲ用ユ。使臣金輔ハ幼ニシテ妓家ニ長シ歌曲ヲ能クスルト言ヒ、黃州ニ於テ妓ヲ招キ南山ノ曲等ヲ唱ヘシム。	一ウ
	白丁	○文科ノ課題ニ曰。今盜ヲ爲ス者十中八九ハ才人白丁ナリ前ニ平民ト雜處セシムルモ化ニ從ハズ數百年來一俗ヲ成ス、根本ヲ去ラザレバ盜盡キズ。其對策如何。	一ウ―二オ
	羽扇紙扇	○王ハ太平館ニ幸シ明使ニ羽扇ヲ贈ル。紙扇ハ雨ニ破レ汚ルレバ洗ヒ難シ、此扇ハ雨ヲ畏レズ且洗フベシト云フ。	四ウ
五月	摺扇	○王ハ明使ニ摺扇一百把、頭目ニ三把ヲ贈ル。	六ウ
	諺文歌詞	○王ハ八妓ニ諺文ノ歌詞ヲ授ケ月印千江之曲（世宗製）ヲ唱ヘシム。	一九ウ・
	舍利分身	○含元殿舍利分身ノ異アリ。百官陳賀ス、赦ヲ行フ。	一九ウ

優人		○弓矢ヲ作ル一冶匠ハ本ト優人ナリ。戯ニ盲人酔人ノ狀ヲ爲ス。	二一オ
雷變	六月	○雷變ヲ以テ醮祭ヲ昭格殿ニ行ウ。	二六ウ
風水思想		○風水學提調等ハ獻陵、英陵ヲ奉審ス。	二八オ
髢		○忠淸、全羅、慶尙ノ觀察使ハ濟州牧使ニ馳書シ明使ノ索ムル所ノ髢ヲ廣求セシム。	同
		巻四十七	
救病祈禱	七月	○王不豫ナリ社稷、宗廟、山川ニ祈ル。	七ウ
拘忌移御		○王ハ中宮ト孝寧大君ノ第ニ移ル。	一〇オ
救病祈禱	八月	○王病劇シ。社稷、昭格、名山、大川、諸靈驗處及圓覺寺ニ禱ル。	一五オ―一六オ
罵言		○宮中ニ酌ヲ設ク之ニ與カル側近者議論ヲ鬪ハシ互ニ罵ル。甲ハ曰ク汝ハ白丁ノ孫 乙ハ曰汝乃我子也云々。	一五ウ―一六オ
方角拘忌		○王ハ病ニヨリ方角ヲ避ケ壽康宮ニ移御ス。	一八ウ
救病禱佛		○王ハ不豫ナリ、祈禱ノ佛事ヲ內殿ニ設ク。	一九ウ
王薨ス	九月	○太上王壽康宮ノ正寢ニ薨ズ。	二二オ
葬	十一月	○太上王ヲ光陵ニ葬ル。	二七ウ
		巻四十八	
樂		○樂　譜、	一オ―二オ
		○新制雅樂譜、	三オ―四オ
		○以下樂ノ記、	五オ―三七オ

睿宗實錄 卷一

事項	年月	記事	出典
臨哭	卽位ノ年（戊子）九月	○百官臨哭ス。	三オ
放生鳥獸		○王ハ命ジテ鷹鶻土豹ヲ放ソ、咸南ニテ獲シ海靑ヲ放ツ。	三ウ
喪祭		○大行大王ノ喪祭皆文宗ノ時ノ例ニ依ル。	四オ—四ウ
襲典		○沐浴襲衣九稱、襲典ノ儀ヲ設ク。	五ウ
殯殿供佛		○供佛ノ假屋ヲ殯殿ノ南ニ作ル。	同
歛奠		○小歛衣二十二稱、小歛ノ奠ヲ設ク。	六ウ
同上		○大歛衣凡九十稱、大歛ノ奠ヲ設ク。	七オ
山陵廬居		○王ハ山陵ニ赴テ廬次ニ居ル。	八オ
殯殿法席		○法席ヲ殯殿ニ設ク三日。	八ウ
同上食		○殯殿上食之儀。	八ウ
望奠		○望奠之儀。	九オ—ウ
成服		○王ハ殯殿ニ至テ成服哭臨ス。	一〇オ—ウ
國喪三年內ノ吉服		○國喪三年內。誕日、正、至、百官吉服、行賀並例ニ依ル。	一五ウ—一六オ
石室石棺ヲ用キズ		○王ノ遺命ニヨリ石室石棺ヲ用ユル勿ラシム。石馬等ノ儀物舊ニ依ル。	一六オ・ウ
風水思想		○申叔舟等山陵ノ事ニ付テ議ス。石室ハ地脈ヲ破ルト云フ。	一七ウ—一九オ
殯殿進香	十月	○百官殯殿ニ進香ノ儀。	二三オ—ウ
風水思想		○王ハ豐壤ニ幸シ陵地ノ山勢ヲ觀ル。	二五オ—ウ
殯殿進香		○大妃ハ殯殿ニ進香ス、梓殯モ同上。	二六オ—ウ

睿宗即位年

事項	月	記事	出典
舍利分身		○殯殿ノ法席ニ舍利分身ノ異アリ。	一七オ
寺院行幸		○王ハ圓覺寺ニ幸ス。	二九オ
如來現相		○王ハ承政院ニ傳シテ佛事ヲ殯側ノ佛殿ニ作ス。如來東北ニ現相ス。軍士ノ杖罪以下ヲ赦ス。	三三ウ
風水思想		○王ハ豐穰ニ赴キ山陵ノ基地ヲ相ス。宗宰ト其吉凶ヲ論ズ。	四一ウ
		卷二	
殯殿法席	十一月	○佛畫點眼ノ法筵ヲ殯殿ニ設ク。	五ウ
葬期喪期		○訓錬院副正ハ葬期ト喪期ニ付テ上言ス。	七オ—八オ
啓殯		○啓殯ノ奠ヲ設ク、其儀。	一七ウ—一九オ
祖奠		○祖奠ヲ設ク、其儀。	一九オ—ウ
遣奠		○遣奠ヲ設ク、其儀。	一九ウ—二四オ
路祭		○百官路祭ヲ東大門外ニ設ク。	二四オ
遷奠 立主奠		○遷奠ヲ設ク。丑時玄宮ヲ下ス。主奠ヲ設ケ虞祭ヲ設ク。	二六オ—三三ウ
虞祭		○初虞祭ヲ行フ。（以下七虞祭迄ヲ行フ略）初虞ヨリ六虞迄ハ柔日、七虞ハ剛日ヲ用ユ。	三三ウ—三六オ・三六ウ
		○大行大王ヲ楊州豐壤縣ノ光陵ニ葬ル。	二六オ
卒哭	十二月	○卒哭祭ヲ行フ。	四一オ—四三ウ
百齋		○大行大王ノ百齋ヲ圓覺寺ニ設ク。	四七オ
風水思想 遷陵		○英陵遷陵ノ件。水氣ノ有無ヲ審スルコト、雜像石室ハ舊ヲ用ユルコトトス、	四八ウ・四九ウ・五〇オ—ウ

元年（己丑）

卷三

朔祭	正月	○朔祭ヲ行フ。	一オ
陵、室		○世祖ノ陵ニハ石室ヲ用キズ。莎臺石ハ光陵ノ例ニヨル。	二オ
救病祈禱		○王足疾アリ、木覓、白岳、漢江、圓覺寺等ニ祈ラシム。	二ウ—三オ
放砲攘邪		○七日王ハ廣世殿ニ放砲ヲ觀ル。	三オ
釋奠		○成均學生ハ釋奠ニ犧牛ト八佾ヲ用ユベキヲ上言ス。（比年廢セラレテアリ）王ハ允ザス。	一一オウ・一三ウ・一四オ
遷陵 明器		○遷陵都監（英陵ノ）啓。誌石兩位新造ヲ用ユ。舊陵ノ誌石、哀冊、圖書、瓦明器、雜像等ハ屛處ニ埋ム、其餘ノ服玩、木明器等ハ燒却スルコトニ定ム。	一二オ
遷陵		○遷陵ノ時ノ諸差ハ白衣麻帶ヲ用ユ。	一七ウ
頭具	二月	○王ハ命ジテ謝恩使ニ貂皮冠、黑草笠、貂皮耳掩、貂皮處胄等ヲ賜ウ。	一七ウ
倡伎下賜		○興陽君ハ亂臣ノ妾タリシ倡伎ノ賜ヲ受ク。此妓ハ御前呈才ノ者ナリ於テ家婢ヲ以テ役スルヲ得ズ。此前ニモ亂臣ノ妾タリシ妓ヲ仍ホ本役ニ定メシ例アリト啓ス。王ハ義禁府ニ傳旨シテ其妓ヲ鎭海ノ官婢トス。	二五オ
喪中不愼		○父ノ喪中隣婢ヲ娠マシメシ者ノ告身ヲ收メ遠方ニ安置ス。	二五ウ
國喪中祀樂禁斷		○國喪三年中ニ民家ノ動樂淫祀スル者ヲ禁斷ス。	二六オ
喪中禁婚		○花林君ハ子ノ婚ヲ約ス。其女ハ母ノ喪ニ遭ヒ成婚ヲ得ズ、花林君病デ餘命ナニ特例嫁婚ヲ許サンコトヲ請フ。王ハ綱常ノ大事ナリトシテ許サズ。	三二ウ
改葬		○遷陵。英陵ノ玄宮ヲ開ク、水氣無ク服御新ナル如シ。	三八ウ

		卷四	
國喪服制	閏二月	○國喪中大小男女ハ白衣、白笠ヲ着ル。軍士ハ即黑笠。	二オ―ウ
茶禮		○明使ハ請フテ晝茶禮ヲ停ム。	五オ
國恤禁歌		○國恤中歌吹スル者アリ王ハ痛禁セシム。	五ウ
陵祭		○太妃ト中宮ト光陵ニ至リ行祭ス。	八オ
茶禮		○使臣崔安等圓覺寺ニ往ク。住持僧ハ請フテ西室ニ入ラシメ茶禮ヲ行フ、仍ホ饋飯ス。	一五ウ
鷹獵	三月	○二十四日鷹牌ヲ宗宰ニ分賜ス。	一六ウ
白烏瑞兆		○白烏大平館ニ集ル之ヲ瑞トス。王ハ陳賀ヲ許サズ。	二三ウ
優人儺戲		○司憲ノ上書。戊子ノ年間優人數十儺ニ因リ堂上官ノ章服ヲ具ヘ殿庭ニ入ル。	三三ウ
誕日進賀		○百官ハ中宮ノ誕日ヲ賀ス。	三四オ
避病巫家		○藝文奉教ハ病ヲ以テ避テ巫家ニ寓ス。死ニ臨ミ父ニ見ユルヲ求ム。父染疾ヲ恐レ肯ゼス。	四〇オ
		卷五	
風水思想 虛葬占山	四月	○鄭同（朝鮮ノ人明ノ宦官）信川ニ在リ、曾父母ノ葬處不明吉山ヲ擇ミ虛葬ス、標石々人ヲ立テントス。葬師ヲ招キ父ノ墳ヲ近處ノ吉山ニ擇ブ。	一オ―ウ
影殿		○奉先寺ノ影殿ニ參奉ヲ設ク。	一一オ
號牌		○號牌施行ニヨリ奴婢ヲ新得スル者多シ司憲府ノ啓ニヨリ其辨正ノ條件ヲ定ム。	一〇ウ

項目	月	記事	出典
石戰	五月	○城中ノ人訓鍊院ノ射場ニ會シ石戰ス。死傷アリ、士女競テ觀ル。世宗ノ時之ヲ痛禁ス、是ニ至テ復作ル。	二〇ウ
僧人還俗		○僧人ノ經文ヲ解セザル者、興販スル者、農作スル者ヲ還俗セシムル法ヲ王ハ承政院ニ傳旨シテ考セシム。	二二ウ
僧人八萬		○世祖ノ時度牒ヲ給シタル僧人無慮八萬。王ノ言。	二三オ
白色鳥獸ヲ瑞祥トス		○忠淸觀察使白獐ヲ進ム、陳賀ヲ允サズ。康翎縣白鹿ヲ進ム。諸道白雉、白鵲ノ類ヲ競ヒ獻ジテ賞ヲ邀フル者頗フル多シ、百官白獐ヲ賀ス。	二三ウ・二四オ・ウ
祈晴		○大雨連日晴ヲ祈ル。晴ヲ圓覺、興天兩寺ニ祈ル。	二四ウ・二七オ
寡婦寵僧		○敬寧君ノ子秡ノ妻早ク寡ス、佛ヲ好ム。興德寺ノ僧雪俊ヲ尤寵ス、臧獲三十口ヲ贈ル、人アリ西郊ノ松木ヲ白クシテ其事ヲ書ス。	二八オ
祈晴		○晴ヲ圓覺、興天兩寺ニ禱リ驗アリ。行香使及寺僧ニ物ヲ賜フ。	四九オ
		卷六	
玉佛迎宮 舍利分身	六月	○新ニ靑玉佛ヲ造ツテ禁內ニ奉迎ス。舍利分身。百官陳賀、赦ヲ行フ。	四ウ
風水思想		○星州ノ主山ニ泉藪アリ、臨瀛大君ノ伴人開墾ス法ニ依リ花耕ヲ禁ジ官沒セリ。	二ウ
三ツ兒		○富寧ノ人一產三子、豆五石ヲ給シ自今此例ニ據ラシム。	一二オ
改嫁三夫		○亡丹陽郡事ノ妻某家ニ於テ僧ト繾綣ス、後他ニ適ク。其夫死ス。旨ニトセシム、旨ハ三夫ニ適クベシト云フ。	一六ウ—一七ウ
婦女上寺ノ禁		○婦女上寺ト、度牒無キ僧ヲ潜隱スル者、剃髮スル者ノ禁ヲ申明ス。	一七ウ
樂ト雜伎		○樂ニ雅、俗、唐、鄕ノ五アリ又男樂女樂アリ又蕃部雜伎アリ。	二六ウ

白丁	○工曹判書梁誠之ノ上書。楊水尺ハ前朝ニアリ才人白丁ハ忠烈王ノ時ニアリ。遠キハ五六百年近キハ數百年、絃歌、宰殺今ニ至テ改メズ。	二六ウ
宰牛	○右同上書。宰牛ハ白丁ノミナラズ良民亦之ヲ爲ス。徒ニ飲宴ノ用ノミナラズ平時モ牛肉ヲ用ユ。牛ノ頭骨ヲ以テ橋ヲ作ル。	二九ウ—三〇オ
官氷竊賣	○西氷庫散氷後、閭閻ニ氷ヲ賣ル者アリ、王ハ傳旨シテ推鞫セシム。	三一オ
	七月	
温泉入浴	○貞顯翁主ハ温陽温井ニ浴ス。	三四ウ—三五ウ
陵ト碑	○王ハ命ジテ光陵及新英陵ニ碑ヲ樹ツ勿ラシム。	同
茶禮	○大妃永昌殿ニ詣リ晝茶禮ヲ行フ。	同
衣粧禁令	○大小人ノ衣、靴、馬、粧帶、服、笠、袱、交椅、鞍子等ノ色、飾、材料ニ付禁制ヲ設ク。	三五ウ—三六オ
祈雨	○雨ヲ興天、圓覺兩寺ニ禱ル。	六オ
婦人乗轎	○堂上ノ母、妻及有蔭ノ新婦外ハ屋轎子ノ使用ヲ禁ズ。	三六オ
祈雨	○雨ヲ興天寺、圓覺寺ニ禱ル。	三六オ
祈雨	○祈雨晝龍祭、童子百人慶會樓池ニ蜥蜴祈雨ヲ行フ。	三六オ
右同	○山川、昭格殿、內佛堂、興鎭寺等ニ同上雨ヲ祈ル。	三六オ・三七ウ
恐祟燒屍	○夫死シタル妾ヲ娶リ其夫ノ祟ヲ恐レ墓ヲ發キ屍ヲ燒ク。獄ニ下ス。	三八オ
雨乞	○旱ニ依リ市ヲ徙ス、故例徙市ノ時南大門ヲ閉ヅ。	三八ウ
禁酒	○崇恩殿ノ祭奠ニ酒ヲ用ユル莫ラシム旱ノ故也。	三八ウ
祈雨有驗	○雨ヲ得ルヲ以テ市ヲ復シ南大門ヲ開ク六日目ナリ。	四〇オ
行幸寺院	○王ハ圓覺寺ニ幸ス。	四〇ウ

喪制悪用 ○軍士喪絰ニ在リト雖モ侍衛ヲ志願スル者ニハ許ス。禄ヲ慕ヒ位ヲ貪ル者三年ノ喪ヲ行ハザルニ至ラント云フ者アリ。王曰ク起復ノ人多ク慼容無ク反テ矜色アリ。 四五オ

喪中不慎 ○仕經歴、國喪期年中婢妾ヲ姦ス、杖六十徒二年。 四六オ―ウ

右同 ○國喪中妓ヲ姦シタル者及其妓ヲ鞫ス。 四六ウ

卷七

八月

一夫二妻 ○並ニ二妻ヲ畜フル者ノ嫡子ヲ赴試セシムル勿レト掌令ヨリ啓ス。 一ウ

年少者ノ死式無シ ○新生公主卒ス、年未ダ殤ニ及バザルヲ以テ擧哀セズ。 四オ

舍利分身 ○青玉ノ釋迦如來及十六羅漢ヲ迎入ス。舍利分身其幾箇ナルヲ知ラズ、王ハ赦ヲ行フ。 六ウ―七オ

右同 ○百官舍利分身ヲ進賀ス。 七ウ

惡妻燒屍 ○良女姦夫ト謀テ夫ヲ殺シ其屍ヲ燒ク。 一〇オ

九月

練祭 ○王ハ練祭ヲ永昌殿ニ親行ス。 一五ウ

天雨花 ○王ハ光陵ニ詣リテ行祭シ奉先寺ニ幸ス。世祖ノ爲ニ佛事ヲ設クル七日。天四花ヲ雨ラスノ異アリ。 一八ウ

茶禮 ○王ハ永昌殿ニ詣リ晝茶禮ヲ行フ。 二〇オ

風水ノ書 ○王ハ禮曹ニ傳旨シ陰陽地理ノ書ヲ家藏スル者ヲ賞職ヲ懸ケテ官ニ收メシム。（書目アリ） 二〇オ

卷八

十一月

星變放囚
○火星守昴ス。王ハ命ジテ觀象監ノ官吏ヲ放ツ。天文ノ秘書ヲ私ニ貸シタルニヨリ囚ハレタル者也。（四ウ）

大典遵行
○經國大典ヲ庚寅年正月一日ヨリ遵行ス（二〇オ）

救病祈禱
○王不豫ナリ宗廟、社稷、永昌殿、昭格署、崇恩殿及圓覺寺、名山大川ニ禱ル。內佛堂ニ禱ル。赦ヲ行ヒ諸道ノ名山大川ニ禱ル。（二二オ・二三オ）

擧哀臨哭
○王薨ズ。百官擧哀ス。哭臨ス。（二四オ・二五オ）

成宗實錄　卷一

哀告宗廟 七々法席	即位の年（己丑） 十一月	○哀ヲ宗廟、永寧殿、社稷ニ告グ。大行七七日間法席ヲ設クルコト三次トス。	三オ
喪葬前例		○大行大王喪葬ノ事一ニ世祖ノ例ニ依ル。	右同
斂襲		○沐浴襲、小斂。	三ウ
供進蠟燭		○王大妃、中宮、粋嬪ヨリ供進ノ蠟燭ハ卒告ヲ以テ限トス。	四オ
百官哭臨	十二月	○百官哭臨。（以下屢哭臨アリ略）	五ウ
殯奠		○梓宮ヲ奉ジテ忠順堂ニ殯ス。奠ヲ設ク百官臨哭。	六オ
右同		○發引迄朝夕奠ヲ行ウ。	八オ
七々佛齋		○初齋ヲ津寛寺ニ設ク。（以後七七日ニ二齋次下七齋迄ヲ津寛寺、奉先寺ニ行フ略）	同
地理ノ書		○先朝收納ノ地理書ハ秘密用ユベキモノヲ内ニ入レ他ハ主ニ還ス。	八ウ
風水思想		○密城君等往テ山陵ノ地ヲ審ス。	一一ウ
闕内拘忌 油蜜果		○大内疫氣アリ、禁忌ニ因リ殯殿朝夕奠ニ油蜜果ヲ用ヰズ餅ヲ以テ代フ。侍嬪内官等哭セズ衰衣ヲ着ケズ。	同
右同		○闕内禁忌ヲ罷ム。	一四ウ
風水思想		○山陵傍近ノ古塚ヲ撤去ス。	一五オ
死處拘忌		○王及粋嬪ハ昌德宮ニ、中宮ハ上黨君ノ第ニ、王大妃ハ景福宮ニ移御ス。	一九オ
	元年（庚寅）	卷二	
套靴雨傘	正月	○王ハ兵曹ニ傳旨シテ朝士ノ闕内ニ套靴ヲ着シ雨傘ヲ持スル者ヲ禁ズル勿ラシム。	四オ

事項	月	記事	出典
風水思想		○山陵ノ金井ヲ開ク時光陵ノ例ニ依リ奉審セシム。僧モ同行ス。	六オ
肉膳進供		○大王大妃殿及粹嬪宮ニ始メテ肉膳ヲ進ム。	六オ
方相氏 僧人先引		○王ハ傳シテ曰ク、發引ノ班次ニ方相アリ、此等ノ事古ニモアリ。世祖發引ノ時僧人五六彌陀ヲ奉持行歩先引ス、今亦之ニ傚フ。	一三オ—一八ウ
啓殯		○啓殯ノ奠ヲ行フ。	一四オ
		卷三	
葬具燒却	二月	○赴山陵後、殯殿排設雜物、國葬都監雜物悉ク燒棄スルノ例也。王ハ之ヲ撰別シテ燒カシム。	一ウ
祖奠		○夕奠兼祖奠ヲ行フ。百官陪祭ス。	同
發引路祭		○遣奠ヲ行ウ。梓宮發引慕華館ニ至テ路祭ヲ行フ。	同
百齋		○山下陵祭ヲ行フ。百齋ヲ正因寺ニ設ク。	二オ
僧ノ私生兒		○居接ノ僧奸シテ生ム所一百三十口ヲ各站ニ分屬ス。	二オ
立主返虞		○遷奠ヲ行ヒ玄宮ヲ下シ、立主ノ奠ヲ行ヒ、返虞ノ後安陵ノ奠ヲ行フ。	同
虞主奉安		○虞主ヲ景安殿ニ奉安ス。	同
七々虞祭		○再虞祭ヲ行フ。（以下七虞迄祭ヲ行フ略ス）	二ウ
火葬風習		○無智ノ民親ヲ葬ラズ之ヲ焚ク者アリ。祖宗以來禁令アリト雖モ猶舊習ヲ踵グ者アリ、之ヲ痛禁ス。	三オ
孝子節婦		○忠淸監司ノ啓ニヨリ孝子節婦十人ヲ旌門ス。（其行狀ノ種々相ノ記アリ）	三オ—四ウ
白丁		○才人白丁ヲ屯聚スレバ盜心アリ平民ヲ害ス。平民ト雜處シ市聚住居スル勿ラシ	四オ

		ム。	
膽取犯罪		○人ノ父子ヲ慘殺シ膽ヲ取リシ者二人ヲ鞫ス。	四ウ
風水思想 內佛堂		○河東君ハ地理學上ヨリ內佛堂ヲ構フベキ處ヲ審ス。	五ウ―六オ
卒哭		○卒哭祭ヲ行フ。王ハ白袍、百官ハ白衣ヲ服ス。	一〇ウ―一一オ
喪期短縮		○王大　ハ百日ノ喪ニ從ハントス。王ハ法制ニ過グベカラズトス。大妃止ムヲ得ズ除服ス。	
釋典用牛		○春秋釋典ニ羊豕ヲ用キシヲ牛ヲ用ユ。	一九オ―ウ
		卷四	
百齋	三月	○圓覺寺ニ百齋ヲ設ク。	四オ―ウ
三ツ兒		○京畿廣州ノ人一產三兒米豆ヲ賜フ。	八ウ
附廟		○禮曹ハ世祖祔廟ノ儀ヲ啓ス。	一二オ
禁酒		○旱甚シ酒ヲ禁ズ。	一五オ
近親奸罪		○義母ヲ奸セシ僧ヲ斬ニ處ス。	一六ウ
祈雨		○旱甚シ蜥蜴祈雨、各戶門祀等等ヲ行フ。	二二オ
溫泉入浴		○溫陽溫井御室外人ノ沐浴ヲ許ス。	二六ウ
雨乞		○廣州檢丹山ニ獸ヲ逐ヘバ雨フルト謂フ者アリ。軍士ヲシテ打圍セシム。	二六ウ
右同	四月	○旱ニヨリ死刑ノ行刑ヲ停ム。	二七ウ
祈雨		○禪宗圓覺兩寺ニ祈雨勤精祈禱ス。	二七ウ

		巻五	
妖言惑民	五月	○咸平ノ人ノ妻曰フ。我ニ一頭三口ノ鬼アリ天ヨリ降ル、辰生申生酉生ノ人今年皆死スベシ等ノ妖言ヲ以テ民ヲ惑ハス。	二四オ
水飯		○旱甚シ名殿ノ晝水剌ハ只水飯ヲ進メシム。	一五オ
		巻六	
水飯	六月	○天旱ノ時先王膳ヲ減ズルモ此ニ至ラズト院相ノ啓。王ハ傳旨シテ世宗ノ朝豊年ト雖モ水飯ヲ進ム云々。	一オ
風水思想		○土ヲ堀テ壓死スル者アリ。王ハ山脈ノ損害トシ風水學ヲシテ往テ視セシム。	三ウ
寃鬼成旱		○旱スルハ英陵、昌陵限禁内ノ古塚ヲ撤セシ死者ノ寃ナラント太王大妃ヨリ院相ニ傳ス。	三ウ－四オ
禁酒		○旱ニヨリ禁酒ヲ勵行ス。	五オ
餞宴禁止		○大小民ノ餅果等ヲ具ヘ迎餞スルヲ禁ズ。	五ウ
三ツ兒		○海州ノ人一産一男二女米豆ヲ給ス。	六オ
茶禮		○王ハ明使ヲ仁政殿ニ迎ヘ茶禮ヲ行フ。人情物ヲ贈ル。（中ニ雀舌茶三斗アリ）	九オ
流頭日		○承政院ノ啓。六月十五日ハ古ヘ流頭ト稱シテ有名日也、明使ニ館所ニテ慰宴ヲ行フベシト云云。	同
法禁過酷 紅色ノ禁		○法司禁ヲ勵行シ紅色ヲ持服スル者ハ剪取リ又餅ヲ賣ル者ヲ執フ。民甚ダ苦ム。	一一ウ
墓地制限		○王ハ禮曹ニ傳旨シテ大小人員ノ、葬地定制ヲ踰ヘ人家ヲ撤シ田ヲ勒スル弊アルヲ	一二オ

	禁ゼシム。	
風水思想	○英陵西邊來脉外支脚、主山ノ北支脚、青龍外支脚、案山等ノ陳田ヲ民ヲシテ還耕セシム。	一四オ
	七月	
牛乳	○戸曹ノ啓。司僕寺ノ乳牛乳少ナシ今後諸邑ニ分養セシム。	一九ウ
禁酒禁餅	○旱ニヨリ酒ヲ禁ゼシメシニ雨澤アリテ其禁ヲ解ク。前ニハ禁酒ノ時併セテ餅果ヲ禁ゼシモ、此時王ノ意ニヨリ餅果ハ粟ヲ費ストシテ禁ヲ解カズ。	二三オ
禁酒	○中外公處ノ用酒ヲ禁ズ、今年失農ニヨル。	二七オ
祥禫祭儀	○禮曹ハ世宗、文宗祥禫ノ儀ヲ啓ス。	三〇ウ—三一オ
誕日進賀	○内佛堂ヲ速カニ營建セシム。	三一オ
内佛堂	○王ノ誕日ニ百官ハ黑衣進賀ス。	三二オ

卷七

	八月	
白丁巫女 妖言	○鬼アリ人形ニ類ス、長丈餘蒙頭ヲ被リ天ヨリ降ル、大豐ナルベシ云々ノ妖言ヲ流布セシ白丁及巫女ヲ杖徒ス。	二オ—ウ
端午進扇	○誕日ノ方物及明年端午進上ノ扇ノ外、有名日ノ方物ノ封進ヲ停ム。	三ウ
喪制	○王ハ睿宗ノ喪制ニ付テ議ス。	六ウ—八オ
殘酷殺人	○陵門ヲ炮烙セシ屍ヲ捨テアリ。王ハ傳シテ懸賞捕告セシム。前王ノ朝ニモ此ノ如キ事アリ。	八オ
山臺儺戲 獻歌謠	○禮曹ノ啓。世祖ノ祔廟ニ山臺儺戲歌謠ヲ以テ駕ヲ迎ヘン、王ハ命ジテ之ヲ停ム、院相ハ結綵ハ廢スベカラストナス。	一〇ウ

忌晨停止		○僧ハノ心行ノ善惡ヲ問ハズ守令ガ還俗ヲ强制シ僧家ヲ騷擾スルコト勿ラシム。	一五ウ
還俗强制		○懿敬王ノ忌晨ニ先王ノ例ニヨリ、朝市ヲ停メ刑戮ヲ去リ屠殺ヲ禁ジ音樂ヲ斷ツ。	一六ウ
大祥	九月	○永昌殿ニ大祥祭ヲ行フ、百官陪從ス。	二一オ
擊毬		○兵曹ノ啓ニヨリ武士ニ擊毬ヲ練習セシム。	二四ウ
禫後許婚		○禫祭已ニ行フ昌原君ノ婚禮ヲ行フモ妨ゲナシトス。	二五オ
		卷八	
彩棚歌謠	十月	○院相ハ祔廟ノ日ノ彩棚歌謠等ヲ停メンコトヲ請フ、王允ザズ。	一ウ
擊毬		○王ハ慕華館ニ武科ノ騎射擊毬ヲ試ム。	五オ
府使亂行		○臺諫ハ富平府使ガ元ト好ンデ娼妓ニ遊ビ、市井ノ無頼ト賭博シ、友人ノ妾ヲ竊ミ、婦翁ノ妾ヲ奪ヒ、兄ノ眷妓ヲ奸スル等ニ付テ劾ス。	五オ－ウ
禫祭	十一月	○王ハ永昌殿ニ禫祭ヲ行フ。	八ウ
氷ノ供佛		○院相ノ啓。東氷庫ノ氷ハ供佛ノ用トナス。	九ウ
小祥祭		○王ハ景安殿ニ至リ小祥祭ヲ行フ。	一〇オ
獻歌百戲	十二月	○王ハ世祖ノ神主ヲ祔廟シ還宮ノ時、耆老、儒生、妓女等歌謠ヲ獻ジ迎駕ス。駕前百戲ヲ陳ス。	一三ウ
	二年（辛卯）	卷九	
盲人奏樂		○各道ニ蠶室一所ヲ置キ蠶母及助役人ニ附近邑人ヲ充定ス。	一八ウ－一九オ
養蠶		○王ハ禮曹ニ傳旨シ、今後內宴ノ時樂工ヲ除キ瞽瞍ヲシテ奏樂セシム。	一〇オ

別廟	正月	○爲敬王ノ廟ヲ別立ス。	六オ
白丁	二月	○强盜ハ率ネ皆白丁也、京外ノ白丁ヲ盡刷シ諸色ニ分授シ其聚居ヲ解キ盜ヲ防グベシト院相ヨリ啓シ王之ニ從フ。	二二オ—ウ
戎服		○大小行幸ノ侍衞人員ハ皆戎服セシム。	二三ウ
女樂再興 舞童		○中朝及日本ノ使臣ノ宴ニ女樂ヲ用ユルコトトセシニヨリ、舞童ヲ樂工ニ移屬ス。 宴享ニ皆女樂ヲ用ユルニヨル。	二三ウ
老人優遇	三月	○百歲以上ノ男女四人ニ米ヲ賜フ。	二六オ
禁酒		○酒ヲ禁ズ。	同
三綱行實		○諸色校生ヲシテ三綱行實ヲ講習セシム。	三七オ
擊毬		○慕華館ニ毛毬擊毬ヲ試マシム。	三五オ
		卷十	
會盟祭	四月	○八功臣及子孫ヲ率キテ會盟ヲ行フ。	二オ
老人優遇		○京外ノ老人年八十以上ノ者ニ一資ヲ加フ。	二ウ
僧徒勸文		○僧アリ勸文ヲ持シ閭閻ニ誘フ。其勸文ニ大妃以下ノ圖書アリ。（僞署）其僧ヲ囚フ。	三オ・三ウ—四オ・
會盟祭		○會盟ノ祭ノ飲福宴ヲ忠勳府ニ賜フ。	五オ
遊街		○新及第遊街ノ翌日謝恩ス。	
僧人入城ノ禁		○王ハ承政院ニ傳旨シテ僧徒ノ閭閻ニ入リ經宿スル者ヲ禁ゼシム。	一〇オ
妖言		○年豐ニ洪水、異形ノ怪鬼出現云々妖言セシ船軍ヲ死一等ヲ減ズ。	一一ウ

成宗二年

擊毬	五月	○幸華館ニ幸シ擊毬ヲ觀ル。	一三ウ
內佛堂		○大王大妃ハ新創內佛堂ニ幸セントス。院相等之ヲ不可トス。	一五オ
城內營佛		○都城內ニ一家ヲ構エ佛事ヲ營ミ、僧尼婦女混處セル者アリ。司諫院ハ之ヲ毀タンコトヲ請フ。	一五オ・ウ
喪制 親迎ノ禮 異性近親婚姻		○大司諫ノ啓。三年ノ喪ノ制行。同系ナラザルモ同姓婚ノ禁。本國ノ俗婚姻男ハ女ノ第ニ歸シ養ハル、其恩愛同姓ニ異ナラズ。異姓ナレバ近親ノ婚ヲ爲ス其制限。以上ノコトヲ啓ス。	一五ウ
女ノ蔽面 祥禪ノ制 異姓婚限		○大司諫ノ上疏。今婦人ノ外出スル時或ハ上ニ面紗ヲ卷キ下ニ襪裙ヲ施サザルアリ、此風已ニ古ニ遠シ。每ニ奇觀ニ遇ヘバ幕ヲ張リ子婦ヲ集メ露面愧ヂズ云々。祥禪ノ制一ニ古典ニヨルコト。異姓相婚ノ限ヲ定ムルコト。	同
準近親姦		○世家ノ子、亡弟ノ妾（子アル者）ヲ奸シ承傳拿致ニ及ビ逃亡ス。司憲府ノ啓ニヨリ懸賞之ヲ捕ヘシム。	一八オ・ウ
婚禮炬火 喪中結婚 黃衣ノ禁 婦女蔽面 招魂迎巫		○禮曹ハ大典ニ載セザル條件ヲ啓ス。國用外彩花席ノ禁。婚姻炬火ノ制限。親ノ喪百日ヲ經ザル者ノ婚姻ノ禁。男女衣服黃色ノ禁。兩班婦女路上面紗ヲ卷ク者ノ禁。父母ノ招魂ニ巫家ヲ邀フル者ノ禁等。	一九オ―二五オ
雨乞	六月	○旱甚シ市ヲ徙シ南門ヲ閉ヂ擊鼓ヲ止ム。	二六オ
僞僧假佛		○大司憲ハ佛法ノ弊ヲ論ズ。盜賊僧形ニ假リ其身ヲ庇ス。大都ノ中念佛ト稱スル者緇衣緇冠僧ニ非ズ俗ニ非ズ市ヲ罔ス。	二八オ―ウ
家屋奢侈		○同上ノ上書。近頃商賈奴隷分ヲ越ヘ第舍ヲ起ス。世宗ノ時ノ家屋建築制限ニヨリ上下ノ分ヲ正シク申明シ過制ノ家ヲ毀タンコトヲ請フ。	三〇ウ

巫風盛行 空唱巫女 花郎

○同上。巫女ノ禁弛ミ京城ニ雜居。士族ノ家別ニ神堂ヲ建テ父祖ノ神ト稱シ風俗ヲ成ス。士族ノ婦女少疾アラバ避方ト爲シ動經歲月。少艾ヲ集メ絃首ト稱シ酒肉歌舞ノ場ト爲ス。空唱アリ示靈ヲ唱ヘ驚駭聽聞。男人ノ花郎巫女ト同シ。巫覡一ニ京外ニ驅出センコトヲ願フ。 三四ウ—三五オ

巫覡追放 家舍立限

○王ハ禮曹ト司憲府ニ傳旨シテ巫覡ヲ城外ニ黜ケ。大小人員ノ家舍世宗ノ朝ノ故事ニ依ラシム。 四四ウ

禁念佛

○同上都城中念佛所ニ男女混雜シ錚鼓スルヲ禁ズ。 四四ウ

禁近親婚

○王ハ禮曹ニ傳旨シテ自今外親六寸ノ相婚ヲ許ス勿ラシム。 四五オ

孝子節婦

○全羅監司ノ啓ニヨリ孝子節婦ヲ褒賞ス。(夫ノ像ヲ畫キ焚香セシ遊例ノモノモアリ) 四六ウ

卷十一

七月

山陵涉上

○光陵上ノ莎土頹ル、曾テ其ノ山陵ノ役ヲ掌ル者ヲ罷ム。 四オ

改築壇壝

○文獻通考朱子ノ說ニヨリ社稷壇ノ壝ヲ改ム。 一〇ウ

八月

寡婦ト僧

○廣平大君夫人ハ奴婢七百口ト田七十餘結ヲ佛寺ニ施納セントス。亡人ノ冥福ニ資スルト稱シ醜聲傳播スト司憲掌令ハ啓ス。王ハ之ヲ禁制セズ。 一二オ—ウ・一三オ

地震解怪

○慶尙道地震ニヨリ解怪祭ヲ行フ。 一四ウ

妾葬僭越 府尹流行

○慶州府尹ノ妾死ス。境內ニ葬リ鄉吏ヲシテ齋ヲ設ケシメ又石人標石ヲ建ツ。且星州ノ女其父死シテ葬ラザル前ニ强テ娶テ妻ト爲ス。右司憲ノ啓ニヨリ其職ヲ罷ム。 一四ウ

喪中停科

○母ノ喪三年內ニ父ノ命ニ假托シ試ニ赴キシ幼學ヲ司憲府ノ啓ニヨリ科ヲ停ム。 一七ウ—一八オ

養老優遇		○王ハ仁政殿ニ御シ養老宴ヲ設ク。	二一オ－ウ
老嫗優待		○中宮ハ宣政殿ニ養老宴ヲ設ク。	二二オ
王族崇佛	九月	○大司憲ハ上書シテ佛寺ノ弊ヲ陳ス。王族ノ寡婦尼トナル。大君ノ父子佛舍ヲ立テ影堂ト稱シ田民ノ半ヲ施ス云々。	二二オ－二三ウ
		卷十三	
頒火ノ制	十一月	○禮曹ノ啓ニヨリ、周禮ニ據リ改火ノ法ハ京中ハ古法ニ遵ヘドモ外方ハ奉行セザリシヲ。自今京中ハ漢城府火ヲ禮曹ニ受ケ五部ニ頒チ、外方モ此例ニヨリ各戶一齊ニ擧行セシメ違フ者ハ科罪スルコトトス。	五オ
大祥祭		○王ハ景安殿ニ大祥祭ヲ行フ。	一四オ
惡疫流行ト神ノ祟		○王ハ黃海道觀察使ニ傳旨シ。九月山ニ在ル檀君天王堂ハ佛刹其下ニ在ルヲ以テ寺ノ前峰ニ移ス。其後祀ラズ。又祈雨壇其傍ニアリ雞豚ヲ宰殺スルニ由リ神ノ厭フ所トナリ惡病起ルト云フ、事ニ付テ調査シテ啓セシム。	一四オ－ウ
衣服升數	十二月	○戶曹ニ傳旨シテ進上ノ表裏及衣襨ノ升幅ヲ定メ以テ儉素ノ風ヲ示ス。時ニ民奢リ布帛ノ升數十三、四、裳幅十五、六尺ニ至ル者アリ。	一八オ
妾帶赴任		○司憲府ニ傳旨シテ兵馬水軍節度使、諸鎭萬戶、沿邊守令等ノ帶妾赴任ヲ禁ズ。	一八ウ
笠靴ノ制		○小童ト女子ノ賤キ者ト皆短靴ヲ着ク。庶人ノ笠ト士大夫ノ笠ト別ナシ。王ハ禮曹ニ傳シテ節目ヲ定メシム。	一九オ
崇飲禁止		○士大夫比來競フテ親戚僚友ヲ邀ヘ崇飲ノ風アリ。王ハ年ノ凶歉ヲ以テ之ヲ禁ズ。	二三オ
婦人男服		○王ハ司憲府ニ傳旨シテ近日婦人ノ服ト男子ノ服ト別無キヲ禁ゼシム。	二七、二八オ

三年（壬辰）

卷十四

禫祭停賀　○望闕禮及本朝ノ賀禮ヲ停ム。禫祭ノ致齋ヲ以テ也。　一オ

淫祀禁斷　○司憲府ハ禁淫祀節目ヲ啓ス。一喪人巫ノ家ニ就キ淫祠ヲ行フコト、一神奴ト稱シ奴婢ヲ巫ニ給スルコト、一空唱ノ巫覡ノ人ヲ惑ハスコト尤甚シキコト。其當該者ト管領及隣里知テ告ゲザル者ヲ罪ニ抵ス。　一オ―ウ

白丁　○漢城府ハ禁盜ニ關スル節目ヲ啓ス。京城内外ニ强窃盜ヲ爲スハ專ラ京外ノ才白丁ニヨル云々。　一ウ

府尹淫行　○慶州府尹ハ其妾死シ治内ニ葬ル。品官ノ人ヲシテ齋ヲ設ケシム。及夫死シ未ダ葬ラザル五十歲ノ柳氏ヲ强娶ス。司憲府ノ啓ニヨリ府尹ノ告身ヲ收メ柳氏ヲ決杖ス。　二ウ

地震解怪　○全羅道龍安等ノ地地震ス解怪祭ヲ行フ。　同

星變懼愼　○彗星見ハル。王ハ膳ヲ減ジ、樂ヲ徹シ命ジテ、祔廟祭ノ時ノ飮福宴ヲ停ムル等塡謹ヲ表ス。　三オ

獻歌百戲　○王ハ宗廟ニ至リ桓祖ノ神主及章順王后ノ神主ヲ永寧殿ニ祔ス。還宮ノ時耆老、儒生、妓生等歌謠ヲ獻ジ百戲ヲ陳ス。百官賀箋ヲ進ム。　三ウ―五ウ

女樂　淫祀　僧ノ長利　○大司諫ハ上書シテ正殿ニ女樂ヲ進ムベカラサルコト、城中ノ淫祀一切痛禁ノコト、僧ノ長利ヲ禁スベキコトヲ啓ス。王ハ其中僧人ノ長利ヲ禁ズルヲ聽サズ。

地震解怪　○熊川縣ノ地震フ解怪祭ヲ行フ。　九オ

奢侈禁止　○禮曹ハ傳旨ヲ承テ禁奢侈節目ヲ定ム。　一二オ―一三オ

(1) 士庶服裝、笠靴、結婚ノ時ノ服裝、饌品、從者、贈物。

(2) 鄕村富民喪祭享品（出葬ノ夜酒饌ヲ設ケ作樂屍ヲ娛シム）。

(3) 庶人飮宴ノ件。士族ノ婦女山間遊宴ノ件。

(4) 儒生馬ニ乘リ靴鞋ヲ着ケ士大夫ト異ナル無キ件。

(5) 庶人ニ獸皮ノ衣ト耳掩ノ制限。

以上制限又ハ禁止。

卷十五

二月

惡疫原因　檀君罷祭

○黃海道疫熾也、文化縣檀君祠ヲ祀ル。黃海監司ハ檀君祠ノ位置、祭祀由來、變遷等ニ付キ啓ス。檀君罷祭ノ後惡病始メテ發シ人家一空トナル。　一〇ノウ・一一オ—ウ

戰亡ノ祟　古木ノ祟　厲祭神位

○黃海監司道內惡疫流行ノ原因ニ付テ啓ス。人民言ヲ棘城古戰場ヨリ起ルト。又曰城隍ノ古木ヲ伐ルニ始ル水陸齋ヲ設ケテ後廢止ムト。厲祭ハ難産死、墜死、震死等十二位ヲ祭ル云々。　一一ウ—一二ウ

女妓廢止

○王ハ禮曹ニ傳旨シテ羅州ノ女妓ヲ革罷ス。本邑ハ英陵ヲ去ル僅ニ五里、祭官ノ往來ニ汚褻ノ事アルニ由ル。　一三オ—ウ

白丁

○刑曹ノ啓ニヨリ康津ノ白丁等ノ群ヲ成シテ强盜セシ者ニ死一等ヲ減ズ。　一四オ

酒宴ノ禁

○王ハ禮曹ニ傳旨シテ。近來朝官群聚飮酒忌ム無キニヨリ父母獻壽、婚姻、迎餞、射候外群飮ヲ禁ズ。　一四オ

孝子節婦

○禮曹ノ啓ニヨリ孝子節婦數十人ヲ旌門ス。（其行ヒノ種々相ノ記アリ）　一六ウ—一七ウ

風水思想　古塚發掘

○今後陵ヲ造ル時ノ外、古塚アル場所ヲ葬ニ用キ人ノ塚ヲ發ク者、葬師ノ指示ニヨ　一九ウ

リ塚ヲ發ク者皆律ニ依リ科罪スト。王ハ禮曹ニ傳旨ス。　二〇オ

禁酒　○世宗ノ朝農月ニ當リ必ズ禁酒シタリ。今久シク雨ラズ禁酒ヲ命ズ。

孝子節婦　○禮曹ノ啓ニヨリ慶尚道内ノ孝女節婦十數人ヲ旌門セシメ、及孝人一人ヲ擢用ス。　二〇ウ―二一オ

巻十六

三月

遊街宰牛　○王ハ傳シテ文武科遊街ノ時宰牛スト雖モ其自費ヲ以テスルモノハ禁ズル勿ラシム。　三ウ

先蠶祭祀　○香祝ヲ先蠶ニ親傳ス。　四オ

遊街　○執義ハ新及第ノ遊街ヲ停メンヲ請フ。王ハ允サズ。　四ウ

巻十七

四月

祈雨　○京畿旱ナリ本道名山大川ニ祈雨ス。　一ウ

同　○雨ヲ得タルニヨリ圓覺寺祈雨行香使ニ馬ヲ賜フ。　二オ

佛誕懸燈　○司憲府ハ佛誕日ニ都街ノ懸燈ヲ禁ゼンコトヲ請フ。　二ウ

依旱行赦　○旱ニヨリ赦ヲ行フ。　四オ―ウ

擊毬　○兵曹ノ啓ニヨリ武科實科試目ヲ定ム。（中ニ擊毬アリ）　七オ―ウ

祈雨　○道峰山ノ巖穴ニ柴ヲ燔シ祭レバ雨フルトノ說アリ。官ヲ遣ハシテ祭ラシム。　一一オ

巻十八

五月

○窮ヲ恤シ貧者女年二十五以上未婚者ノ婚ヲ督ス。　四オ

項目	月	記事	出典
盲人管絃		○管絃ノ盲人掌樂院勤務ノ者ニ九品ヲ授ク。	五オ
祈晴		○晴ヲ都城四門ニ祈ル。	七オ
祭官不謹		○近來大小祭享致齋ノ日、禮官酒葷ヲ縱マニシ神ヲ慢ス。今後檢察重論ス。	八オ
亂臣ノ妻		○亂臣ノ妻、人ノ妾トナリ又ハ奴婢トナリシ者ノ中淫慾娼妓ト同ジキアリ。又節義アル者アリ。後者ヲ命錄ス。	九オ－一〇ウ
		卷十九	
白鹿	六月	○黃海道康翎縣白鹿ヲ獻ズ。王ハ復タ進ムル勿ラシム。	一ウ
家廟紙錢		○世宗ノ朝文公家禮ニ從ヒ士大夫ハ家廟、庶人ハ淨室ヲ立テ四仲朔ニ祭ル。今士大夫家廟ヲ立テザル者アリ。神主ノ代リニ紙錢ヲ以テスルアリ。王ハ禮曹ニ傳旨シテ檢察ヲ加ヘシム。	八オ
佛事ノ弊		○司憲府ハ王子ガ市井ノ無賴ヲ聚メテ檜巖寺ニ佛事ヲ作スノ非ヲ啓ス。	八ウ
祭壇擴張		○宋制ニ從ヒ雩祀等ノ壇ヲ廣ム。	一一ウ－一二オ
		卷二十	
遊女花郎	七月	○遊女花郎ノ禁制條件ヲ定ム。	四ウ
風俗矯正 遊女花郎		○禮曹ハ傳敎ヲ承ケ風俗矯正ノ條目ヲ定ム。春夏ハ漁梁收稅ノ場、秋冬ハ山間ノ僧舍ニ遊女花娘ト稱スル淫奔ノ女アリ。(賣春女)僧徒ハ婦人ヲ誘引シ山中ニ匿シ尼ト爲ス。商富大賈財ヲ以テ女ヲ誘ヒ失行セシム。其族親ト容止者ヲ論罪シ、且ツ檢察セザル守令ノ罪ヲ論ズ。	四ウ－五オ

軍制惡用　○軍士ニ三年ノ役ヲ行フヲ許スニヨリ之ニ托シ其役ヲ免ルル者多シ、守令ヲシテ檢察セシム。　六オ

寺刹重創　○臺諫ハ神勒寺重創ヲ罷メンコトヲ請フ。允サズ。　八オ

卷二十一

大風祭神　八月　○風雲雷雨ヲ祭ル大風アリシニ依ル。　二オ

方笠　○平安道ノ鄉吏方笠ヲ戴カズ。一ニ大典ニ依リ施行セシム。　六ウ—七オ

卷二十二

婦人適三夫ノ者　九月　○司諫院ノ啓ニヨリ婦人更メテ三夫ニ適ク者大典ニ失行ト同ジトアリ。之ニ該ル祖母アリシ郡守ヲ遞ス。　四オ

士族衣服　○二十二日士族ノ衣服ハ升數ニ拘ルコト勿ラシム。　六ワ

乘轎ノ禁　○二品以上ノ外屋轎子ニ乘ル者ノ禁ヲ嚴ニス。　八ウ—九オ

卷二十三

白丁　十月　○白丁才人ハ平民ト婚セズ皆强盜ヲ爲ス。此等ノ者ヲ盡殺セズンバ好生ノ德ニ妨アリト院相ヨリ啓ス。　二オ—ウ

卷二十四

尼婦入寺　○正因寺ノ住持ハ尼僧婦女ヲ邀致ス。司諫院ハ之ガ痛懲ヲ請フ。允サズ。　一ウ

誕日進布		○大王大妃ノ誕日ニ王ハ百官ヲ率ヰ表裏ヲ進ム。	四オ
		卷二十五	
喪中食肉	十二月	○喪中牛肉ヲ食フ者アリ、經筵ノ時ニ王ニ上言ス。司憲府其名ヲ王ニ問フモ言ハズ。	一オ
儺戲山臺		○二十九日王ハ宣政殿ニ儺戲後苑ニ火山臺ヲ觀ル。	七オ
		卷二十七	
	四年（癸巳）		
擊毬	二月	○王ハ慕華館ニ武臣ノ擊毬ヲ觀ル。	一オ
酒ト射侯		○武士ハ飲酒ニヨリ後射ヲ能クス、今禁酒ニヨリ射ヲ喜バズ。院相ハ之ニ禁酒ナカランコトヲ請フ。王ハ爛醉勿ラシム。	同
		卷二十八	
擊毬	三月	○王ハ慕華館ニ武士ノ擊毬ヲ觀ル。	一ウ・五ウ
風水思想		○景福宮ノ北、主山來脈ノ處人ノ通行ヲ禁ズ。	一ウ
士民奢侈		○近來民風士習日ニ益奢侈ニ赴ク。	同
笠ノ禁		○禮曹ノ啓ニ依リ毛羅笠及膠草ノ笠ヲ禁ジ並ニ其工匠ヲ律ニ依リ痛懲ス。	同
禁酒		○禁酒ヲ嚴ニス。（大風ニヨル）射侯ニ托シテ飲酒スル者アリ。	二ウ
		卷二十九	

四月

救食
○朔日日食、王ハ素服シ宣政殿ニ御ス。侍臣諸將亦素服シ入侍ス。 一ウ

白丁
○才人白丁群ヲ成シ盜ヲ爲ス。自今申明嚴行安業セシム。戸曹ノ啓ニヨル。 五オ

給資助婚
○貧困ノ女五人ニ資ヲ給シ婚ヲ成サシム。 五ウ

挾妓會飲
○義禁府ハ抜工ヲ携ヘ社稷墻底ニ會飲セシ刑曹佐郎等ヲ鞫ス。 一〇ウ

卷三十

五月

鹿布ノ貨幣
○申叔舟ノ言。前朝貨幣ニ布、鹿皮、錢、銀瓶ヲ用ユ。 四ウ

卷三十一

六月

祈晴
○雨多シ祈晴祭ヲ行フ。 九オ

卷三十二

七月

救病禱神
○中宮ノ病ニヨリ宗廟社稷及京畿ノ名山大川ニ祈ル。 三ウ

婦女上寺 僧ト醜行 尼ノ醜行 寡婦淫行 尼媒對食
○大司憲及經筵官等々ノ上書。
婦女上寺ハ大抵僧トノ醜行アリ、婦女留宿ノ時必ズ門ヲ閉ヂ奴僕ヲ斥ケ去ル。王ノ言。世宗ノ朝婦女上寺者ハ失行ヲ以テ論ズ、上寺者ハ功臣ノ後ナルヲ以テ罪ヲ加ヘザリシ。今ノ上寺者モ功臣ノ後ノ故ヲ以テ贖シテ之ヲ懲サン。

尼僧ノ上寺モ亦僧トノ關係アリ之ヲ懲サンコトヲ請フ。尼僧上寺ノ禁令ナシ。

近來尼多ク、閭閻ニ處々其社堂アリ、失行婦女、背夫ノ悍妻、無行寡婦等ノ淵藪トナル。尼僧ト婦女トハ同性的醜行アリ。 四ウ－五オ・五ウ－六オ・六ウ－七オ・七ウ－九オ・一〇オ－ウ・一一オ－ウ・一二オ－一三オ・一三ウ・一七オ

右禁ヲ嚴ニセンコトヲ請フ。

酺祭　○蝗螟ノ害アリ、酺祭ヲ京ハ馬歩壇ニ、州縣ハ城東ニテ二十二日ニ行祭ス。　一〇ウ

朝臣畜妓　婚姻奢侈　家舍過限　○副提學ハ旱ニ付テ王ニ警告ス。近來大小朝臣ハ諸邑ノ娼妓ヲ占テ其家ニ畜フ者總々タリ。近ゴロ公卿大夫士庶ノ家分限ニ過グ。士大夫ノ家飮食奢侈ニ流ル。婚姻ノ家奢侈爲メニ貧者ハ嫁婚時ヲ失フ。　一八オ－二五ウ

禁畜妓　○王ハ司憲府ニ傳旨シ今後大小朝官ノ娼妓ヲ冒占シテ家ニ畜フルヲ禁ズ。　二五ウ

卷三十三

八月

失婚爲尼　○大司憲ノ上書。衣冠ノ士族貧ニヨリ又父母貧乏ニヨリ或ハ父母共ニ沒シ婚ヲ得ズ、或ハ繼母アリ、或ハ父母俱ニ亡シ兄弟ガ奴婢田宅ヲ兼併セントスル者、尼トナリ又強ヒテ尼トセシムル者多シ。　一ウ－六ウ

欲淫爲尼　○大司憲ハ上書シテ士族ノ婦女尼トナルハ冥福ニ託言シ寺刹ニ遊ビ淫行ヲ恣ニセントスル者ナリトシ、之ガ禁斷ヲ請フ。

尼ノ淫行　○士族婦女尼トナル者近來甚多ク、出入防無シ醜聲騰聞ス。王ハ禮曹ニ傳旨シ一ニ禁斷セシム。　六ウ

壇制　○禮曹ハ風雲雷雨、城隍、先農、先蠶、雩祀、靈星、老人星、先牧、馬祖、馬社、山海之神壇、圓壇等ノ壇制祭祀ニ付テ啓ス。　一二オ－一四オ

擊毬　○王ハ慕華館ニ幸シ擊毬ヲ觀ル。中格者ニ賞賜アリ。　一五ウ

才人白丁　○才人白丁ハ隣近往來ニ行狀ヲ受クルヲ要シ出入自由ナラズ。爾後三日程、十五日往來以上ハ行狀ヲ受ケ其餘ハ里正ニ告ゲテ出入セシム。　一六オ

解酒禁		○王ハ命ジテ酒禁ヲ罷ム。	一六オ
		巻三十四	
裸禮	九月	○禮曹ノ啓ニヨリ自今懿廟大祭ニ裸禮ヲ行ウ。	三ウ
老人優遇		○耆老宴ヲ訓錬院ニ設ク。	三ウ
右同		○中宮宣政殿ニ女人ノ養老宴ヲ設ク。妓ノ衣裳不潔ナリ放送ス。	七ウ
		巻三十五	
神主埋案	十月	○章順王后ヲ宗廟ニ祔シ仁成大君祭享ノ處ナシ、神主ヲ墓ニ埋メ俗節ニ致祭ス。	一〇オ
諸壇改築		○禮曹ハ壇壝ノ制ニ付啓シ五禮儀ニヨリ修築ス。	一一ウ―一二オ
		巻三十六	
女樂停止	十一月	○王ハ禮曹ニ傳旨シ今後祭宴享外ノ常時行幸ニハ女樂ヲ用キザラシム。	一オ
淫婦ノ子任用セズ、半陰陽		○大司憲ノ啓。慶尚道都事ノ母李氏蚤ク寡ス、一男子舍方知ナル男ヲ女服セシメ畜フ醜穢ノ聲一國ニ聞ユ其都事ヲ改正センコトヲ請フ。（舍方知ノコト第二五五頁ニ出ヅ）	二ウ―三オ
右同		○右件ノ處置ニ付テ王ハ領事ニ問フ。	三オ―ウ
僧ノ妻帶 僧ノ妖術		○天安住ノ僧等二十五人ハ皆官婢ヲ以テ妻ト爲シ、大王大妃ノ圖書ヲ僞造ス。其所持ノ白紙ヲ水ニ沈メ佛像白文ヲナス火ニ照セバ赤文ヲ爲ス等妖術ヲ以テ民ヲ惑ハス。之ヲ捕ヘシム。	六オ・ウ

事項	月	記事	出典
喪中淫行		○父ノ喪三年內奸ヲ行ヒシ良女ヲ王ハ義禁府ニ傳旨シテ鞫セシム、	九オ
		卷三十七	
白丁	十二月	○兵曹ノ啓ニヨリ諸道ノ才人白丁ヲ軍額ニ充テ自願、保ト爲ス。	八オ
救病禱神		○中宮ノ病ニヨリ宗廟、社稷、名山、大川ニ祈禱ス、	八ウ
儺戲		○二十九日王ハ宣政殿ノ月廊ニ儺ヲ觀ル。	一〇ウ
	五年（甲午）	卷三十八	
僧ノ妖術	正月	○明僧人乳水汞等ヲ以テ白紙ニ字ヲ書シ之ヲ水火ニテ現出セシメ奸僧人ヲ惑ハス。	一ウ
葬送張樂		○慶尙、全羅、忠淸ノ俗葬送ノ際華侈、廣ク鄕隣ヲ招キ終夜聲樂ヲ張リ名ケテ娛尸トナス。自今犯者及守令ヲ論罪センコトヲ禮曹ヨリ請ヒ王ハ之ニ從フ。	六ウ―七オ
墓邊石物		○士大夫ノ墓ニ石人石馬ヲ用ユルノ可否ニ付テ議アリ。	九オ―ウ
		卷三十九	
駙馬改娶ヲ得ズ	二月	○公主卒スルノ後駙馬ハ改娶ヲ得ズ。卒雲城府院君ノ後妻張氏ヲ妻ト認メズ。	一ウ―二オ
雷變禁酒		○雷變ニヨリ禁酒ヲ命ジ且王ハ減饌ス。	三ウ
牛料理人		○京中舊ト去骨匠ナシ。士族ノ家婚姻祭祀ノ時必ズ司饔所ニ乞フテ之ヲ爲ス。今去骨匠ト稱スル者處トシテ無キハナシ、其現發ニ隨ヒ徙邊トスベシト正言ヨリ啓ス。屠牛ヲ惡ムニヨル。	六オ

事項	月	記事	出典
星祭 老人優遇	三月	○耆英宴ヲ訓錬院ニ賜フ。年七十以上ノ宗宰及曾テ政丞ヲ經タル者之ニ與ル。宋ノ洛中耆英會ノ故事ニ倣フ也。是ヨリ後例宴トナル。	二ウ
		○氣候不調ニヨリ昭格署三清殿ニ醮ス。	三オ―ウ
以茶代酒		○王ハ禮曹ニ傳旨シ奉先殿大小祭用ニ酒ヲ除キ、茶ヲ以テ之ニ代ユ。	五ウ
土豪設施		○持平成俔ノ啓。全羅ノ土豪廣ク垣籬ヲ設ケ良民ヲ容隱ス。世宗其弊ヲ痛革ス、舊風猶有リ痛繩セザルベカラズ。王ハ聽カズ。	七ウ
救病祈禱		○中宮未ダ瘳カラズ名山大川ニ禱ル。	九オ
壇制 禡祭創設		○禮曹ハ諸壇ノ制ニ付テ啓シ新ニ禡祭ヲ設ク、	一〇ウ
		卷四十一	
三ツ兒	四月	○忠清道林川ノ女一產三子米豆ヲ賜フ。	三ウ―四オ
救病祈禱		○中宮不豫日久シ、岳海瀆名山大川ニ祈ル。	四ウ
王妃葬喪		○王妃薨ズ。大行王妃殯設奠、百官陪祭、哭臨儀ノ如シ。喪葬一ニ丙寅ノ年昭憲王后ノ例ニ依ル。	五ウ・六オ―八オ
右同		○小斂、大斂、殯成服、朝夕奠ヲ行フ。	八オ・九ウ
佛寺設齋		○大行王妃ノ初齋ヲ藏義寺ニ設ク。（以後七七日七齋迄ヲ津寛、藏義、正因等ノ寺ニ設ク略）	一〇オ
風水思想		○禮曹ニ傳旨シテ今ノ順陵ハ恭陵ノ圖局内乙山卯坐酉向ノ地ヲ用ユ。	一〇ウ

卷四十

惜費火葬 恐祟燒屍		○近來妖僧ニ誑誘セラレ或ハ葬需ヲ惜ミ親ノ尸ヲ火葬ニ附スル者アリ。或ハ死者ノ祟トシテ冢ヲ發キ屍ヲ燒クアリ。禮曹ハ啓シテ犯者及當該官吏里正ヲ罪センコトヲ請ヒ王ハ之ニ從フ。	一三オ
		卷四十二	
近親姦罪	二月	○趙子后ハ妹ヲ亂ル。大司憲ハ醜行禽獸ニ同ジトシ其處分トシテ前ニ外ニ移シ、今京外ニ居ルノ便ニ從ハシメシ不當ナルヲ劾ス。大司諫モ同上。	三ウ―四オ・四オ―ウ・四ウ―五オ
禁僧		○司諫ハ禁僧ノ法ヲ申明センコトヲ請フ。	六ウ
		卷四十三	
祖奠發行	六月	○祖奠ヲ行フ。遣奠ヲ行フ。梓宮發靷、路祭及梓宮ヲ山陵ニ下スノ奠ヲ行フ。	一オ―二オ
立主虞祭		○梓宮ヲ玄宮ニ下ス。(坡州順陵)立主ノ典ヲ行フ。返虞ノ後安陵ノ典ヲ行フ。初虞祭ヲ行フ、再虞、三虞以下五虞祭迄デ行フ。	二ウ―三ウ
禁酒		○變災ニ因リ禁酒ス。	五オ
喪期服裝		○禮曹ハ啓シテ昭憲王后ノ喪京外大小官及生員進士生徒ハ卒哭後白衣黑笠黑帶終ルニ期年ヲ以テス。今恭惠王后ノ喪モ此例ニ從フ。	七ウ
國喪奸妓		○王ハ義禁府ニ傳旨シテ國喪中女妓ヲ奸シタル刑曹佐郎ヲ鞫セシム。	一一ウ
		卷四十四	
國喪中奸淫ノ罪	閏六月	○司憲府ハ歸厚署別提ガ國喪中良女ヲ奸シタル罪ヲ啓ス。刺字ヲ除キ充軍。母ノ喪	一オ―ウ

成宗五年

風水思想
祈雨
祈雨祭別
因旱放兵
禁屠祈雨
祈雨有驗
百齋設寺
祈雨有驗

並國喪中南大門上ニ白晝衆目ノ前ニ私婢ヲ奸シタル前司饔院別坐ヲ邊遠ニ發遣ス。錄事ハ夫アル醫女ヲ奸シ今又國喪中右ノ女ヲ奸ス杖六十徒一年。

○京城府内山麓ニ風水ノ禁忌ヲ冒シ家ヲ造ル者アリ、之ヲ審啓セシム。

○禮曹ニ傳シテ諸處ノ祈雨ヲ擧行セシム。

○禮曹祈雨祭ノ事ヲ定ム。

宗廟、社稷、北郊、漢江、三角、木覔、風雲雷雨、雩祀ノ祭、太一雷聲普化天尊ニ醮ヲ設ク。漢江、楊津、朴淵ニ虎頭ヲ沈ム。

道流ニ命ジテ龍王經ヲ讀ム。

京城各戸祀門焚香、慕華館池邊ニ蜥蜴ヲ用ユ。

東方青龍、南方赤龍、中央黃龍、西方白龍、北方黑龍祭ヲ行フ。

楮子島ニ畫龍祭ヲ行フ。

北門ヲ開キ南門ヲ閉ヅ。

擊鼓ヲ禁ズ。

○旱ニヨリ上番兵ヲ放ツ。

○王ハ禮曹ニ傳旨シ京外屠殺ヲ禁ジ。興天寺ニ雨ヲ祈ラシム。

○祈雨ノ僧徒及街童ニ物ヲ賜フ。

○恭惠王后ノ百齋ヲ圓覺寺ニ設ク。

○大雨アリ市ヲ還シ南大門ヲ開キ皮鼓ヲ擊ツ。

卷四・十五

一ウ
三オ
三ウ
七ウ
一二ウ
一四オ・一五オ
一六ウ
一八ウ

二九九

僧弊寺弊	七月	○藝文館ハ寺社ノ革ムヘキヲ言フ。僧ハ寺婢ニ通ジテ子ヲ生ム者アリ。	四オ
喪服		○恭惠王后ノ喪、闕內ハ吉服、闕外ハ白衣ヲ以テ期年ヲ終ヘシム。	一二オ
		卷四十六	
僧トナルノ禁	八月	○僧ト爲ル者日ニ多シ。王ハ司憲府ニ傳旨シ申明糾察セシム。	一三ウ
擊毬		○王ハ慕華館ニ幸シ擊毬ヲ觀ル。	一五オ
		卷四十七	
死者不葬	九月	○兩界ノ邊民ハ親死シテ葬ラズ巖竇ニ置ク風アリ。禮曹ノ啓ニ依リ之ヲ嚴加糾斷スルコトトス。	一オ
墓ノ石物		○禮曹ノ啓ニヨリ大君以下墓ノ石床石人等ノ制ヲ定ム。	七ウ―八オ
耆老宴行幸女樂		○王ハ開城ニ幸セントス。耆老宴ニ妓樂ヲ必用トス止ムヲ得ズ之ヲ用ユルモ今後ノ行幸女樂ヲ用キザラシム。	八ウ―九オ
進歌謠		○王ノ駕開城ニ至ル、儒生耆老等歌謠ヲ進ム。	一〇ウ
		卷四十八	
妬婦殺婢陰ヲ燒ク	十月	○妬ニヨリ夫ノ奸スル所ノ婢ノ髮ヲ斷チ拷掠シ又鐵ヲ以テ脣膣陰門ヲ燒キ之レヲ山谷ニ置キシ參奉ノ妻及其母ヲ司憲府ノ啓ニヨリ鞫ス。	六ウ
僧ト騎馬		○輪對ノ時ニ於テ僧ノ騎馬ヲ禁ズルコト前朝ノ如クセンコトヲ議スル者アリ。	八オ
僧ノ淫行		○智陵齋宮ノ僧官婢ヲ奸ス。	一〇ウ

國喪奸妓		○國喪中淸州ノ妓ヲ奸セシ察訪ヲ外方ニ付處ス。	一一オ
雷變愼刑		○農月雷動アリ、王ハ天譴ヲ示スモノトシ諸道ノ觀察使ニ諭シ刑獄ヲ愼マシム	一七オ
		卷四十九	
誕日進賀	十一月	○大王大妃ノ誕日ニ王ハ百官ヲ率キ進賀ス。	六オ
	六年（乙未）	卷五十一	
獻歌謠	正月	○王ハ先農ヲ東郊ノ壇ニ親祭ス親耕田ヨリ還宮ノ時女妓儒生歌謠ヲ獻ズ。	五ウ
親耕		○禮曹ハ親耕田ノ儀注ヲ啓ス。	七オ－八オ
風水業者		○大丘府使元ト風水ノ業者ナリ。利害ノ說ヲ以テ人ヲ惑ハシ防川ト稱シ民膏ヲ剝グ。司憲府之ヲ彈劾ス。	八ウ
先農祭		○先農祭ノ儀ヲ先習ス。	九ウ・一一ウ・一三ウ
焚黃祭		○禮曹ノ啓ニヨリ謚廟焚黃祭ノ時神主ヲ改題シ舊主ハ北階下ニ瘞ム。	一四オ
獻歌謠		○王ハ先農ヲ親祀シ籍田ヲ耕シ歸ル時老人儒生女妓等歌謠ヲ進ム。王ハ仁政殿ニ百官ノ賀ヲ受ク。	一四オ－一五オ
先農樂章		○享先農ノ儀。及樂章等。	一六オ－二一ウ・二二オ－二三ウ
		卷五十二	
媚道畫雞	二月	○對講ノ時王ハ高麗史ニ高麗王ノ嬖幸カ媚道ヲ以テ畫雞ヲ王ノ褥中ニ置キシ記事ニ付テ其所以ヲ聞ク。	一〇オ

成宗六年

陰陽拘忌		○王ハ陰陽拘忌ノ説ノ甚ダ世道人心ニ害アルヲ言フ。	一〇オ—一一オ
焚黄祭		○焚黄ノ儀。	一三オ—一五ウ
禁酒		○婚姻等ノ外酒ヲ禁斷ス。	二三オ
獻樂章		○樂章ヲ初獻ス。	二四オ—二八ウ
		卷五十三	
文廟酌獻	三月	○王ハ成均館ニ至リ酌獻ノ禮ヲ行フ。	二ウ—三オ
葬時報怨		○郡守ニ怨アル丹陽郡民呂生郡守ノ死シタル時其棺ニ害ヲ加ヘ辱シム黜鄕瀦宅ス。	七ウ
國喪不愼		○國喪中歌妓ヲ携ヘ共ニ飲酒シタル右呂生ノ友人モ黜鄕瀦宅ス。	同
愛斎抱屍		○護軍ノ妻ハ夫死シ屍ヲ抱キ共ニ斂セヨト言フ、後自頸シテ死ス。旌門致祭ス。	八オ—ウ
		卷五十四	
佛誕張燈	四月	○八日此日國俗佛誕日トシ家ニ張燈シ、多ク長杠ヲ樹テ連綴數十鳥獸魚龍ノ狀ヲ爲ル、見者坌集ス。王ハ此日ニ風アルニヨリ火災ヲ畏レ之ヲ禁ゼシム。	四ウ
因旱減膳		○王ハ旱ニヨリ殿ヲ避ケ膳ヲ減ズ。	一三オ
		卷五十五	
排佛思想	五月	○大司諫ハ年四十以上ノ僧ヲ原籍ニ還シ內佛堂、圓覺寺、福世菴ノ廩米ヲ革ムルコトヲ請フ。	三ウ
家舍奢侈		○士大夫ノ營室奢侈之事ニ付輪對ノ時ニ議アリ。	六オ

衣食奢侈		○藝文館奉敎ノ上疏。士大夫ノ家ノ宴飲ト婦女衣裝ノ皮物ノ奢侈ヲ言フ。	八オ—ウ
江畔草幕		○謝恩使ノ啓。鴨綠江畔ノ地ニ僧徒草幕ヲ構エテ居ル。	九ウ
尼僧風俗ヲ紊ル		○尼僧風俗ヲ紊ルニヨリ城中別ニ區劃ヲ設ケ別處セシメントノ議アリ。	一八オ—二一オ
家舍制限		○王ハ司憲府ニ傳旨シ大小人員ノ家舍壯麗ヲ競ヒ制無シ。世宗ノ朝ニ定メタル制限ニ據ラシメ過制ノ者一切禁斷、反ク者其家ヲ撤シ且斷罪セシム。	一八ウ—一九オ
	六月	卷五十六	
曆日吉凶		○觀象監ノ啓ニヨリ鄉曆中人事ニ吉凶ノ日ヲ示セルモノヲ削去ス。(各其項目アリ)	二オ—三オ
尼社撤去		○尼社ヲ撤去ス。	九オ
軍官巡行駄妓		○禮曹ノ啓。娼妓ノ設ケハ只ニ習樂ノ爲也。諸道ノ水軍節度使等駄妓巡行宴幣ニ綿布ヲ贈ル。右一切禁斷ス。	九オ—ウ
僧人騎馬		○禮曹ニ傳旨シテ僧人ノ騎馬ヲ禁ズ。	一三オ
	七月	卷五十七	
僧ノ淫行		○禁ヲ冒シ京城內ニ留宿スル僧人ヲ鞫スルヲ司憲府ヨリ請フ。恣行淫慾ニヨル。	三オ—ウ
處女乘馬		○藍浦縣令ハ二女奴ヲシテ男服ヲ着テ騎シテ急ヲ觀察使ニ報セシメントス云々。	六オ
衣冠奢侈		○承政院ハ衣服、冠、皮物等奢僭ノ禁條ヲ草ス。	九オ—ウ・一〇オ
	八月	卷五十八	
解禁酒		○禁酒ヲ罷ム。	一オ

事項	年月	記事	出典
淫祀盛行		○巫覡ノ禁弛ミ近來城中ノ家ニ入リ淫祀ヲ恣行ス。申明嚴禁スベシト司諫ヨリ啓ス。	三ウ—四オ・七オ—ウ・
免新ノ宴		○新來免新ノ宴ニ參宴ノ女妓ヲ司憲府ニ於テ杖シテ死セシム。此宴ニ肉ヲ用ヰシコトヲ言ハザリシニヨル。	五ウ
宰牛飲宴ノ禁		○士大夫ノ宰牛飲宴ヲ禁ズ。	六オ
		卷五十九	
救食	九月	○日食アリ王之ヲ救フ。	一オ
祔廟		○懷簡大王祔廟ノ議ニ付テ議論アリ。	七ウ—一八オ 一八ウ—二九オ
		卷六十二	
祈寒	十二月	○冬暖カナリ司寒祭ヲ行フ。	三オ—ウ
採氷祈寒		○開氷藏氷ノ時壇ヲ設ケ司寒ヲ祀ル。	六ウ
		卷六十三	
	七年（丙申）		
彩棚雜戲獻歌謠	正月	○懷簡大王ノ神主大室ニ升祔ト共ニ春享大祭ヲ行フ。還駕ノ時彩棚雜戲ヲ陳ス耆老儒生、妓生歌謠ヲ獻ズ。	四オ—五ウ
飲福宴		○仁政殿ニ飲福宴ヲ設ク。	七オ
		卷六十四	

黃紫紅色衣服ノ禁	二月	○明ノ使臣來ル。迎接ノ時大小人ノ黃紫紅色ノ衣ヲ禁ズ。	一〇オ
茶禮		○王ハ勤政殿ニ於テ明使ニ茶禮ヲ行ヒ仍ホ宴ヲ設ク。	二一オ
	三月	卷六十五	
宴幣用布		○王ハ孝寧大君ノ第ニ幸シ、月山大君、密城君等ヲ慰宴ス。命ジテ綿布一百匹ヲ大君ノ家ニ輸シ宴幣ト爲ス。	一〇オ―ウ
誕日進布		○仁惠王大妃ノ誕日ナリ。王ハ內殿ニ在リ表裏ヲ進ム。	一六ウ
擊毬		○王ハ慕華館ニ幸シ擊毬ヲ觀ル。	一七オ
	四月	卷六十六	
宴中戲婢		○司憲府ハ釋奠飮福後、魚有沼ガ身大臣ヲ以テ館婢ノ手ヲ執リ戲弄シ唱歌セシメシ罪ヲ啓ス。王ハ裁命之ヲ宥ス。	八オ
右同		○大司憲ハ魚有沼ノ右事件ノコト及放出ノ宮女ヲ犯シタル件ニ付テ啓ス。王聽カズ。	八オ―ウ・一〇オ―ウ・一〇ウ―一一ウ・一六オ―ウ
適三夫ノ婦		○司憲府ノ啓ニヨリ水原ノ人朴女夫ニ死シ三夫ニ適キシ者ヲ大典ニ依リ施行ス。	一二ウ
	五月	卷六十七	
以妾爲妻		○黃孝源ハ其婢（亂臣ノ女子ヲ以テ給付ヲ受ケシ者）ヲ妾トシ更ニ之ヲ妻トセシヲ司憲ヨリ劾ス。王ハ聽カズ。	四オ―ウ・四ウ―五オ・五オ―ウ・五ウ・一六オ・一七オ・ウ・一六ウ―一七オ・一七ウ
風水思想		○王ハ工曹、漢城府、觀象監等ニ命ジ宮闕ヲ臨壓スルノ人家ヲ再審セシム。	七ウ―八オ

風水思想		○右ニヨリ昌德、壽康、景福三宮臨壓ノ家四十四ヲ撤去ス。	一五ウ
祈雨		○旱ニヨリ遍ク江原道ノ名山大川ヲ祭ル。	一七オ
禁酒		○老病、服藥、婚姻、祭祀外酒ヲ禁ズ。旱ニヨル。	一八オ
		卷六十八	
一夫二妻	六月	○王ハ議政府六曹堂上等ヲ召シテ左ノ件ヲ議ス。姜碩德ノ二子ノ何レカ正嫡ナルヤ其母ノ妻ナルヤ妾ナルヤニ付テ。	一オ―ウ
一夫二妻		○前記（三〇七頁）黃孝源二妻嫡庶ノ件。	一ウ―二オ・三オ―ウ・一〇オ・一一オ―ウ・一二オ―ウ・一四ウ―一五オ
儒生上寺		○徐居正ノ言。臣幼時申叔舟ト山寺ニ讀書ス。今儒生上寺ノ禁令アリ狂童寺壁ヲ汚シ經冊ヲ竊ムヲ以テノミ。今此弊ナシ云々。	一六オ
宗親婚娶		○宗親ハ宗簿寺ニ告ゲスシテ資産豐カナレバ工商賤隷ト雖モ婚娶ス。王ハ宗親ノ士族ト相婚嫁スルノ法ヲ申明ス。	一六ウ
		卷六十九	
祈晴	七月	○晴ヲ祈ル。	一オ
一夫二妻		○司憲府ハ仁山府院君洪允成ノ先妻南氏、後妻金氏ノ何レガ正妻ナルヤニ付テ啓ス。金氏ヲ妾ヲ以テセズ後妻（第二妻）トス。	四オ―ウ
右同		○右ノ件。	六オ・六オ―ウ・六ウ―七オ・八オ・八オ―九オ・九ウ・九ウ―一一オ
右同		○前朝ノ末二妻並畜ス。國朝癸巳以後二妻ヲ畜フル者ハ後ノ者ヲ以テ妾ト爲ス定制ナリ。允成ノ二妻ヲ共ニ認ムルハ不可ナリト執義ヨリ啓ス。王聽カズ。	八オ

右　同　○黃孝源ニ妻ノ件。　九オ―ウ・一一オ―ウ・一二オ・一三オ―ウ・一三ウ―一五オ・一五ウ・二四オ・二四ウ―二五オ

卷七十

右　同　八月　○司憲府執義ハ洪允成ノ二妻ヲ並ビ認メタルノ不可ヲ論ズ。王聽カズ。　三ウ―四オ・四ウ・五オ・一一オ―ウ

命婦禮宴　○中宮ハ宣政殿ニ御シ內外命婦ノ會禮宴ヲ行フ。　六ウ

寺刹新創 宴遊奢侈　○大司憲ハ度牒ナキ僧ト寺社ノ新創ヲ禁ジ、士大夫ノ宴遊奢侈ヲ禁ジ、喪中ノ徵貨ヲ正サンコトヲ請フ。　一九オ―二一ウ

親蠶ノ禮　○王妃ハ親蠶ノ禮ヲ行ハントシテ禮曹ニ其儀制ヲ勘定セシム。　二三ウ

卷七十二

婦女遊寺　九月　○王ハ全羅監司ニ下書ス。遊寺ノ女群ヲ成シテ橫行シ習以テ常トナス。妻ヲ賣テ之ニ食フ者アリ。此ノ俗ヲ易ヘ風ヲ移セヨ。　三ウ

老人優待　○仁政殿ニ養老宴ヲ設ク。老人百二十二、群老皆起ツテ舞フ王モ亦舞フ。老人ニ扇子及脯ヲ賜フ。　三ウ

府使淫行　○水原府使ハ農月府妓十餘人ヲ率キ妹壻ノ家ニ至リ府妓ト相奸ス。行臺ヲ遣ハシ之ヲ鞫ス。　四ウ

親　蠶　○禮曹ハ親蠶應行節目ヲ定ム。　五ウ―六オ

卷七十三

產忌停賀　十一月　○大王大妃誕日ノ賀ヲ停ム。元子生レテ七日內ナルヲ以テ也。　三オ

冬至進布
○王ハ三大妃殿ニ進宴ス。冬至三大妃殿ニ表裏ヲ進ム。　七ウ

家山胎藏
○王ノ安胎ハ下三道ニ於テセシテ京畿ニ擇バシム、風水說ヲ虛誕トセルタメ也。王旨ニ曰ク凡ソ人必ズ胎ヲ家山ニ藏ス云々。　八オ

卷七十四

十二月

一夫二妻
○黃孝源二妻ヲ娶ル件ニ付テ司諫院ノ啓。婚姻ノ時ノ炬火ヲ以テ證トスルモ三十年前婚娶ノ時ノ炬火圍繞實ヲ知ルヲ得ズ。　一オ—二オ—ウ

淫近親姦
○大司憲ハ李塾ガ弟ノ妾ノ子アル者ヲ奸シタル者ヲ前ニ遠方ニ置キシヲ、特ニ赦ヲ經シ不可ヲ論ジ之ヲ城市ニ入ラシムベカラズトス。王聽カズ。　九ウ

儺戲火山臺
○王ハ二十九日宣政殿ニ儺戲ヲ觀、三十日後苑ニ火山臺ヲ觀ル。　一三ウ・一四オ

卷七十五

八年（丁酉）

正月

風水思想
○王妃ノ胎室ハ慶尙醴泉ニアリ。其山ヲ審シ不吉ナレバ吉地ニ移安スベシト筵臣ヨリ上言ス。　五オ

牛馬宰殺ノ禁
○司憲府ノ啓。牛馬ヲ宰殺スル者其捕ハル、ヲ恐レ兩班ノ家ニ投ジ肉ヲ分ツ、摘發シ難シ。　一八オ

喪中淫行
○夫ノ喪三年內ニ人ト奸シタル尹氏ヲ鞫案ス。　一九オ

女樂ト歌童
○正殿ニ女樂ヲ用ユルヲ非トシ歌童ヲ用ヰントスルノ議アリ。而シテ歌童ノ成才ナク姑ク女樂ヲ用ユベシトス。　二一オ・ウ

寺門把兵	三月	○王ハ命ジテ圓覺寺把門ノ正兵ト内佛堂ノ軍鋪直正兵ヲ減ズ。	三オ
		卷七十六	
救食		○月食ノ日、王ハ此月食何故ニ救食セザルヤヲ觀象監ニ問フ。	六ウ
救病祈禱		○元子病アリ宗廟、社稷、昭格署、三角、白岳、木覓諸山ニ祈ル。	七ウ
痘神、講武		○元子ノ病ハ痘疹ノ疑アリ。王ハ命ジテ講武ヲ停ム。	同
尼ニ自由擄アリ		○處女閨門ニ在テハ輕シク人ニ見エズト雖尼トナリシ後ハ露面シ其處行意ノ如クナラザルハ無シ云々。義禁府ニ於テ尼トナリシ權氏ノ處女ヲ鞫セル件ニ付テ也。	一一ウ—一二オ
		卷七十七	
蠶壇	閏二月	○親蠶壇基ヲ後苑ニ審定ス。	一ウ
青磁ノ禁		○大司憲ノ啓。青畵ノ磁器既ニ用ユルヲ禁ズ、大臣、戚里好デ之ヲ用ユ。	一一オ
親蠶		○禮曹ハ宋制皇后親採桑ノ三條ヲ啓シ、大體之ニ準據スルコトニ定ム。	一一オ
服色金玉ノ禁		○王ハ傳旨シテ金銀珠玉ノ禁、儀章服色ノ制ヲ申明ス。	一一オ—ウ
太一遷宮		○太一星遷宮ノ事ニ付テ議アリ。慶尙義城ヨリ四十三年目ニ仁同ノ邊ニ移サントス。	一四オ—ウ
僧ノ暴動	二十一日	○二十一日蔚山雲興寺ノ僧軍ヲ興シ淨水庵ニ至リ庵僧ニ逐ハル。	一五ウ
親蠶		○禮曹ハ親蠶ノ日及其應行節目ニ付テ啓ス。	一七オ・一九オ—二〇オ
度僧ノ禁	二十四日	○二十四日諸道ニ諭シテ度僧ノ禁ヲ申明ス。	一八オ
親蠶地		○同親蠶ノ儀ヲ啓ス。（初メテノ親蠶ナリ）	二一オ—二二オ

		卷七十八	
老人優待	三月	○耆老ヲ訓錬院ニ會シ樂及酒ヲ賜フ。	一ウ
祈雨		○旱ニヨリ名山大川ニ祈雨ス。	六オ
親蠶		○王妃採桑壇ニ詣リ親蠶ス。	六オ－七ウ
遊街之時新來虐辱		○禮曹ノ啓。遊街ノ時新來ヲ辱シムル者ノ科罪ヲ請フ。	七ウ
雨乞		○旱久シ民怨ナリトシテ營繕ヲ罷ム。	八オ・一一オ
僧ノ推刷 創寺ノ禁		○禮曹ノ啓ニヨリ僧ノ度牒無キ者ヲ推刷セシメ、寺ハ現在外古基ト雖モ重創ヲ禁ズ。	八オ
禁酒		○中外ニ酒ヲ禁ズ旱ノ爲也。	一一オ
王妃ノ非行		○王ハ命ジテ中宮降封ノ號ヲ議ス。妃ガ毒ヲ佩嚢中ニ藏シタルコト、得方ノ禳書ヲ持シタルコト等ニ因ル。諸臣ノ中ニハ元子ノ將來ノ爲ニ其非ナルヲ言フ者アリ。	一四オ－一七ウ
		卷七十九	
因旱避殿	四月	○王ハ旱ニヨリ正殿ヲ避ク。	二ウ
風水思想		○公主ノ家ノ地ハ世宗カ相地者ノ言ニヨリ離宮トセシ處ナリ。俗言ニ此地獨女ノ穴ナリ此地ニ居ル者多ク早寡スト。	五オ
遊街		○刑曹ハ大司諫ガ遊街ノ時羅將ヲシテ先生ノ騶從ヲ歐ラシメシ罪、笞四十ニ該ルヲ啓ス。	五ウ
給資督婚		○旱甚シ、王ハ曠夫怨女ノ寃ノ爲ナリトシ諸道ニ命ジ士族ノ女年三十ニ近ク貧乏ナ	一〇ウ－一一オ

		ル者ニ給資婚嫁セシム。	
風水思想		○王ハ義禁府ニ傳旨シ公主ノ邸地ヲ風水學上ヨリ更ニ審セシム。	一五オ—ウ・一六ウ—一七ウ
		卷八十	
救病祈禱	五月	○王病アリ議政等祈禱ヲ請フ。	四オ—ウ
		卷八十一	
太一建殿	六月	○太一殿ヲ泰安白華山ニ營建ス。	一オ
王族妓妾		○王族ノ妓妾ヲ他ノ王族奸ス、其妓ヲ杖ス。	四ウ
水陸齋		○觀音窟大雪ノタメ頽ル。同處ハ王氏ノ爲メ水陸齋ヲ行フ處ナリ更ニ其地ヲ擇バシム。	六オ—七オ
結婚年齡		○宗室ノ家、大典ニ婚嫁ノ年齡ノ定メナキニヨリ襁褓ノ中ヨリ納幣ヲ勸令スルアリ。或ハ少壯懸絶スル者强テ婚ヲ爲ス。	七ウ
右同		○宗親等婚姻年齡ノ詳定ヲ欲セズシテ上書ス。	九オ
右同		○王ハ諸政丞ヲ召シ士大夫ノ家婚嫁ノ年齡ヲ議ス。男年十五女十四トスベシノ議アリ。今士大夫五六歲或ハ七八歲ニシテ納采スル者アリ財利ヲ見テ然ル也ト云フ者アリ。	九ウ
佛弊		○正言ハ供佛飯僧未ダ革マラズ。圓覺寺、內佛堂ノ薦新宗廟ト同一ナリ、之ヲ廢スベキヲ上言ス。	一七ウ
水陸社		○五冠山靈通寺ヲ王氏ノ水陸社トス。	一八オ

卷八十二

七月

祈禳蝗害
○蝗災ヲ以テ宗廟、社稷ニ祈ル。　二オ

再嫁ノ可否
○年少ノ寡婦ニ再嫁ヲ許サザレバ生活ニ途ナク失節ニ至ル。舊ニ依リ再嫁ヲ禁ゼザルヲ便トス。此問題ニ付王ハ百官ヲ召シテ諮問ス各議論アリ。　九ウ―一五オ

無式結婚
○義禁府ノ啓ニヨリ禮婚ヲ備ヘズ妻ヲ娶リタル者及族親ニ主婚セシメズ自媒嫁娶セシメシ妻ヲ杖流、告身追奪等ニ處ス。　一八ウ・一九ウ 二〇オ

卷八十三

八月

釋奠射禮
○王ハ成均館ニ釋奠ヲ親行ス。大射禮ヲ行フ。百官進賀ス。　一オ―三ウ

佛寺點燈
○義禁府ハ司僕判官ヲ劾ス。萬福寺ノ點燈ニヨリ僧人ト相來往ス云々。　一一ウ

庶人野合寡婦無節
○筵臣ノ言。大明一統志ニ朝鮮相悅ンデ婚ヲ爲ストアルハ我國常人ノ事ナリ士大夫ハ未ダ此ノ如キニ非ズ。婦女ノ夫死シ三年ヲ越テ人ノ妻妾トナル者モ有之云々。　二三オ

卷八十四

九月

老人優遇
○王ハ仁政殿ニ養老ノ宴ヲ行フ、老人起ッテ舞フ。　二三オ

右同
○王妃ハ養老宴ヲ宣政殿ニ行フ。　二六オ

卷八十五

擊毬
○王ハ慕華館ニ擊毬ヲ觀ル。　二七オ

王ハ佛弟	十月	○忌晨齋ノ時ニ菩薩戒弟子朝鮮國王李某ト稱ス。左承旨之ヲ罷メンコトヲ請フ、王ハ聽カズ。今後只朝鮮國王ト書スルコトトス。	一四ウ―一五オ
儒生服制		○王ハ禮曹ニ傳旨シテ今後成均館ノ儒生ハ京城街路ニ靑衿ノ團領ヲ着セシム。	一九ウ
		卷八十六	
巫覡祈福 闕內胡跪ノ禁	十一月	○王ノ講武還宮ノ時都門外ニ禱祀スル者アリ。巫覡王ノ爲ニ祈福スル也、之ヲ行フ勿ラシム。又王ハ闕內胡跪ノ禁ヲ申明ス。	一オ
誕日進賀		○大王大妃ノ誕日ニ王ハ進賀シ又宴ヲ設ク。	七オ
松岳國巫		○朱溪副正ノ上書。松岳山ニ國巫ト號スル者內女內官ヲ率ヰ歌者五六名ヲ郵馬ニ騎セシメ開城公館ニ入リ喧鬧ス。	一八オ
		卷八十七	
火山臺	十二月	○火藥匠死傷アリ。王ハ歲末ノ火山臺ノ觀火ヲ止メントス、此事ハ玩戲ニ非ズ軍國ノ事ナリトシテ之ヲ行フコトトス。	一二オ―一三オ
儺戲		○二十九日王ハ宣政殿ニ儺ヲ觀ル。	一五ウ
火山臺		○三十日初昏王ハ後苑ニ火山臺ヲ觀ル。	同
	九年（戊戌）	卷八十八	
誕日壽齋	正月	○誕日ノ祝壽齋ヲ王ハ無益トシテ罷ム。	三ウ
星祭々文		○昭格署醮祭靑詞ノ首書ニ奉道弟子（王ノコト）トアルヲ削ル。	七ウ

巫覡ノ禁
幸學養老
淫祀巫覡ノ禁

○王ハ司憲府ニ傳旨シテ城内巫覡淫祀ノ禁ヲ申明痛禁ス。　一一ウ

○禮曹ハ幸學養老ノ時ノ應行事件ヲ定ム、　一七ウ－二〇オ

○王ハ司憲府ニ傳旨シテ都城内ニ野祭スル者、山川城隍ノ祠ヲ祭ル者、行幸之時、路邊祀神ノ者、父母ノ招魂ニ巫家ニ至ル者、紙錢、圖彤、神像ヲ用ユル者、空唱ノ巫覡等ヲ嚴加糾察セシム。　二〇オ

卷八十九

淫近親姦

二月

○陶城副守ハ同姓六寸兄ノ關係セシ女妓ヲ奸シ妾トス。王ハ其職牒ヲ奪フ妓ハ杖ス。　一六オ－ウ

卷九十

尼ノ禁斷

三月

○士族ノ婦女尼トナル者多シ。司憲ノ啓ニヨリ之ヲ禁斷ス。　五オ

卷九十一

佛弊
佛誕燃燈

四月

○持平ハ圓覺寺及内佛堂ニ僧ヲ養フノ不可ナルコト及四月八日ニ都人爭フテ燃燈男女會飲スルノ淫風ナルヲ上言ス。　六ウ

右同

○王ハ司憲府ニ傳旨シ四月八日ニ民家寺社ヲ除キ閭里街路ニ懸燈スルヲ禁ズ。　七オ

家舍婚姻制限

○司憲府ノ啓ニヨリ家舍ト婚姻ノ制ニ踰ユル者ヲ痛禁ス。　三〇ウ－三一オ

卷九十二

事項	月	記事	出典
馬具ト帽	五月	○品官ノ馬具（新婚ノ時ノ）ハ大典ニヨル。婚姻ノ時無職ノ人モ亦紗帽等ヲ許ス云々。	一九オ－ウ
禁酒		○霖雨ニヨリ中外ニ酒ヲ禁ズ。	二三ウ
		巻九十三	
喪中姦淫	六月	○夫ノ喪三年内ニ人ト姦シタル女ヲ官婢トシ、其相手方ノ男ノ告身ヲ追奪ス。	一ウ
地震禳祭		○慶尚道青松其他ノ地震フ、解怪祭ヲ行フ。	五オ－ウ
給資助婚		○霖雨連日。士族ノ婦女貧窮嫁時ヲ失スル者ニ資ヲ給シテ怨曠ナカラシム。	六オ
右同		○司憲府ノ啓ニヨリ、大典内士族ノ女年三十ニ近キ者ニ給資助婚ノ令、京外ノ官吏廢閣シテ行ハズ、今後京外ノ年壯處女ヲ刷出シ督婚ス。	一六ウ
婚姻年齢		○士大夫ニシテ宗親ト婚ヲ欲セザル者及同上ニヨリ子女ノ年齢ヲ増減スル者ヲ罪トシテ論ズ。	一九オ
右同		○宗親ハ年十歳婚ヲ許ス。且男女ノ年六歳以上ノアルモノハ婚ヲ許サズ。宗親ノ子女襁褓ニアル者モ禮幣ヲ强納スルノ悪風アリシニヨル。右禮曹ノ啓ニヨル。	一九ウ
		巻九十四	
寺掃除人	七月	○王ハ圓覺寺ノ照剌赤ハ自今缺員アルモ充ス勿ラシム。同上ノ件。	一六ウ・一七オ・二七オ
儒生上寺		○王ハ儒生上寺（僧ニ學ブ）ノ禁ト度僧ノ法ノ嚴察ヲ加フベキヲ言フ。	一七オ
近親婚		○王ハ服親（外親）相婚スル者多シ。自今之ヲ禁ジ其已婚ノ者ハ繼後セシムル勿ラシム。	一八オ

温泉入浴

○金守溫ハ伊川ノ溫井ニ往ク。王ハ江原道觀察使ニ下書シ其食物ヲ給セシム。　二二オ

巻九十五

地震禳祭　八月

○慶尙道星州等ノ地震フ、解怪祭ヲ行フ。　五オ

近親婚

○本國ノ風俗外家ヲ重ンズ故ニ異姓モ六寸以上相婚セズ。世宗ノ時四寸相婚ヲ許サントセシモ其議寢ム云々。養親ノ四寸ト相婚セシ宋續監察ニ任命セラレ問題トナル。本件ハ離異セザルコトトシ、今後ハ禁ズルコトニ決定ス。　一〇オ—一一ウ

家舍制限

○家屋ノ建造奢侈ニ流ルルノ弊アリ。大君以下庶人家舍ノ制限ヲ定ム。　一六ウ

巻九十六

服喪短縮　九月

○巨濟縣令ハ收養母ノ喪、期年ノ後從吉ス。義禁府ノ啓ニヨリ杖七十ニ處ス。　一〇オ

僧弊

○司憲府ハ僧弊ノ革ムベキコトヲ啓ス。圓覺寺ノ僧ハ無賴日ニ淫穢ヲ肆ニス。照刺赤ハ佛ノ爲ニ非ズシテ實ニ僧ノ爲ニ設クル者也。　一二ウ

巻九十七

錦城淫祠
神ト擬婚　十月

○全羅之民羅州錦城山ヲ祭ラサレバ其年ニ疾病アリト稱シ秋後男女老幼道ヲ塞塡シテ山ニ至ル。處女先ヅ山神ニ嫁スルト稱シ山ニ至リ後嫁ス。右禮曹ノ啓ニヨリ痛禁ス。　五ウ

巻九十八

十一月

投壺
○王ハ承政院ニ傳旨シテ投壺ヲ試マシム。
一オ

帶妓赴任
○吏曹佐郎ノ上書。平安國境ノ權營、娼妓ヲ私シ帶行スル者アリ。
四オ

異國風俗
○禮曹ハ其國使來朝セル久遠國（北琉球ヘ二日程薩摩ニ八日程）ノ風俗人情ヲ啓ス。
九オ－ウ

歲時儺優
○夕講ノ時檢討官ノ啓。今歲時ノ儺優ノ人ヲ觀ルニ里巷ノ語ヲ以テ戲ヲ王ノ前ニ呈ス。今ノ火山臺ハ軍用トナラズ糜費多シ之ヲ停ムベシ。
一三オ

娼妓生ム所ノ子
○王ハ刑曹ニ傳旨シテ曰ク娼妓ニ定夫ナシ孕メバ宗宰ノ子ト爲ス。自今宗親大小人員家ニ妓妾ヲ畜フルノ外、京外ノ女妓ト奸シテ生ム所ノ子女身贖良トナスヲ許ス勿レ。此時宗親妾出ノ女ヲ士族ニ强婚セシメ人皆羞怨ス。
一三ウ－一四オ

妓妾所出 嫡庶ノ論
○宗室士大夫ガ妓妾ヲ家ニ畜フルノ件ニ關スル論議。及其所出ノ子ノ嫡庶問題。
一三オ－ウ・一六オ・一七ウ－一八オ－一九オ

宗親畜妓
○都承旨ハ宗親ガ妓妾ヲ畜フルコトヲ改ムルヲ可トス、其妓妾ニ沈溺スル者多キニヨル。王ハ宗宰孰レカ妓無カラントト言フ。
一五オ

星殿祈子
○鄭麟趾卒ス、同人ノ父ハ昭格殿ニ入齋シ起家ノ子ヲ生ムヲ願ヒ妻陳氏異夢ヲ得テ麟趾ヲ生ム。
一六オ

婚葬賴官 屠禁無肉
○近來大小人ノ婚姻喪葬官家（官費）ニ賴ラザル者寡シ。今宰牛ノ禁太甚シ已ムヲ得ズ肉味ヲ借ル云々。
二一オ

巫風盛行 星神祭祀
○弘文館副提學成俔ノ上書。近日巫覡ノ禁令弛ミ城內ニ漸還シ度厄救病ニ大家巨室之ヲ迎フ。星宿廳ノ神ハ城內ニアリ祈恩使春秋絕エズ民弊多シ云々。
二八ウ－二九オ

婚姻華侈	十二月	○禮曹參判ノ上言。婚姻ノ爲華侈靡費少ナカラズ其弊久シ。醮子迎贅ノ家有ラバ親戚朋友或ハ廐ノ馬ヲ分ケ衣服ヲ脫シ之ヲ助ク、給セザル者ニハ公物ヲ出シ用餘ト稱シテ給ス。	三ウ―四オ
葬期 葬日張樂		○書講ノ時知事ノ啓言。士ハ踰月、大夫ハ三月ニシテ葬ル過期故アリテ葬ラザル者ハ禮曹ニ告グ。外方ヘ葬親ノ日ニ張樂飮酒ス否ラザレバ郷薄葬トナス。王ハ傳旨シテ之ヲ痛禁セシム。	七ウ―八オ・一三オ―ウ
	十年（己亥）	卷百一	
射禮鄕飲	二月	○每年孟冬開城府及州府郡縣吉辰ヲ擇ンデ鄕飲酒禮ヲ行フ。每年三月三日、九月九日鄕射禮法ヲ行フ。守令之ヲ行ハザルアリ、禮曹ノ啓ニヨリ申明擧行セシム。	六オ
		卷百三	
僧ト尼僧 僧ト寡婦	四月	○法會ニ託稱シ尼僧寡婦ヲ留宿セシメシ僧ヲ律ニヨリ論斷還俗セシメンコトヲ大司憲ハ請フ。王允サズ。	三ウ―四オ・四ウ・九オ―ウ
		卷百四	
厚葬薄葬 禮婚奢侈	五月	○夕講訖ツテ王ハ厚葬薄葬ノコト及婚具ノ事ニ付テ言フ。承旨ハ婚禮ニ尙華麗ヲ爭ヒ爲メニ期ヲ愆ル者多シト云フ。	一〇オ
服喪		○禮曹ハ大典五服ノ條ノ解釋ニ付テ啓ス。	一六ウ

		卷百五	
廢王妃	六月	○王ハ妃ヲ廢セントス。（以下本件ノ記事多シ略之）	一オ—四ウ
右同		○王妃ヲ廢シテ庶人トシ之ヲ宗廟ニ告グ。（王ヲ咀呪且毒殺セントセシニヨル）	五オ
宮中咀呪		○淑儀ハ淑容ト謀ッテ中宮及元子ヲ害セントシテ砒霜ヲ壓勝冊ト共ニ箱ニ入レ白苧ヲ以テ袱トス。中宮ハ神荼鬱壘ノ木椽ヲ用ユ。鼠常ニ中宮ニ出入ス。	八オ—九オ
琉球風俗		○濟州ノ漂風人琉球ノ風俗ヲ言フ。	一三オ—二〇オ
婚禮婚姻 乘馬ノ鞍		○經筵ノ時講官ノ言。近頃婚姻ノ兩家男女乘ル所ノ鞍子ヲ造リ先期相送ル此奢侈ノ風ヲ禁ゼンコトヲ請フ。	二一オ
結婚年齢		○太王大妃ハ禮曹ニ傳旨シテ京外處女年十歲以上二十六歲以下ノ婚ヲ禁ズ。王ノ嬪ヲ選ブ爲ナリ。	二二ウ
		卷百六	
投壺	七月	○禮曹ハ耆英宴ノ時投壺ノ儀ヲ啓ス。	一八ウ—一七オ
		卷百七	
一夫二妻	八月	○卒工曹參判許英ノ妻南氏及河氏ノ二妻ナルヤ嫡妾ノ別アルヤ分明セズ、結局後娶ノ南氏ヲ妾ナリト認定ス。	八オ—ウ
		卷百十	

結綵館門	十月	○明ノ使臣來ル黃海道ニ下書シ儺戲ヲ除キ館門ニ結綵セシム。	一オ
		卷百十一	
闕內拘忌	十一月	○大王大妃ノ誕日ナリ。闕內ノ禁忌ヲ以テ賀ヲ停ム。	六ウ
		卷百十二	
庚申守夜擊棒	十二月	○王ハ承政院ニ傳旨シテ曰ク、世宗ノ朝庚申ノ交年ニ於テ宗親ヲ聚メテ擊棒以テ夜ヲ過ス。	四オ―ウ
逐疫儺		○逐疫ノ觀儺亦世俗ノ爲ス所ナリ此戲廢スベカラズト王ハ云フ。	四オ―ウ
火山臺		○內贍寺副正ハ火山臺ノ戲ヲ停メンコトヲ疏論ス。王聽サズ。	一五オ
交年徹夜		○副提學ノ上劄。今夜ノ（二十四日）交年ニ女樂ヲ用ユルヲ停メンコトヲ請フ。王ハ曰ク此レ故事也夜ヲ度ツテ曾テ寢ネズト雖モ逐疫ノ時ニハ內ニ入ツテ夜ヲ度ルノ古例也云々。承政院弘文館員等既ニ會ス。酒樂ヲ賜フ蓑衣一ヲ出シテ賭帑宵ヲ度ル。	二三ウ
觀儺擲輪木戲		○二十九日王ハ宣政殿ニ於テ儺ヲ觀ル。宗室ニ命ジ擲輪木戲ヲ爲サシメ物ヲ賭ス。	二四ウ
觀火		○三十日初昏後苑ニ觀火ス。	
	十一年（庚子）	卷百十三	
一夫二妻	正月	○二妻ヲ畜フル者ハ後娶ヲ以テ妾トス。金鎮ノ二妻ノ子ノ庶孽ニ疑アリシ也。	一〇オ
儒生騎乘		○儒生奢侈ニ流レ儒服タル靑衿團領ヲ着ルヲ耻トシ馬ニ騎シ昔日ノ如ク徒步冊ヲ挾	一〇ウ―一一オ

ンデ行ク者無シ。其騎乘ヲ禁ズ。

卷百十六

四月

天使來京婦人觀光
○天使入京ノ時士族ノ婦女觀光スル者ヲ禁ズル勿レ王ノ言。此ニ因リ婦人頗フル醜聲アリ之ヲ禁ゼヨト筵官等言フ。王ハ婦人ノ呈身覗面シテ觀ルヲ禁ズ。 六ウ｜七オ

一夫二妻
○都承旨ハ黃孝源ノ妻妾分揀ニ付テ啓ス。政丞ハ僉ナ妻ヲ以テ論ズルヲ不可トス。 七オ

妓生帶行
○平安道ノ妓ヲ京妓ト爲スニ托シ京ニ帶來リシ同地方官等ヲ杖ス。 八オ

私憤殺妓
○王ハ義禁府ニ傳旨シテ私憤ヲ以テ圓杖ニテ妓ヲ狂殺セシ前會寧府使ヲ鞫ス。 九オ

卷百十七

五月

木佛自轉ノ妖言
○圓覺寺ノ僧ハ木佛自カラ回坐スルノ妖言ヲ唱ヘ民ヲ惑ハス。士女奔波シ爭フテ布帛ヲ施納ス。月山大君、德源君等モ往ク。司憲、司諫、義禁ノ官及成均學生四百餘名等等之ヲ論啓ス。僧安居ト稱シ齋飯ス費巨萬云。 一四ウ｜二〇ウ

妖言ノ僧推鞫
○王ハ義禁府ニ傳旨シ右妖說ヲ發セシ圓覺寺ノ僧一先ヲ推鞫セシム。推鞫スレバ佛事ノ翌朝東邊ノ第一羅漢回立坐ヲ離ル十四寸ト言フ。 二四オ｜ウ

右同放囚
○大妃ノ諺敎ニヨリ右關係者ノ獄ニ囚ハレシ者ヲ放ツ。 二六オ

卷百十八

六月

妖僧推鞫
○議政府其他圓覺寺ノ妖僧ヲ鞫センコトヲ請フ者多シ王聽カズ。 一オ・ウ・二オ・二ウ｜三ウ・四オ・五オ・八オ・一〇ウ｜一二オ｜ウ・一三オ｜一五オ

淫婦ヲ刑スル意見
○宗室泰江守ノ棄妻朴氏（於乙宇同）初メ銀匠ト通ジ又方山守ト通ズ醜聲一國ニ聞 一二オ

事項	月	記事	出典
		ユ。其母ハ奴ト奸シ夫ニ棄テラル。朴氏罪ノ重キヲ知テ逃ル。左承旨ハ之ヲ捕ヘ法ニ置クベシト云フ。王ハ之ヲ可トス。	
		卷百十九	
淫婦相手方ノ推鞫	七月	○義禁府ハ於乙宇同ト通奸セル魚有沼外六人ヲ啓シ推鞫ヲ請フ。	七オ―ウ
陰陽拘忌		○司諫院正言ノ啓。今陰陽拘忌ニヨリ宮闕ノ役ヲ停ム。觀象監渭吉ニ稱ナノズ之ヲ鞫セン。王ハ大妃ガ吉年ニ非ズトセシニヨリ修葺ヲ停メタリト言フ。	一ウ
		卷百二十	
淫婦問題	八月	○於乙宇同ノ淫穢古今ニ無キ所云々。司憲掌令ハ其通奸者ヲ免ゼシ非ヲ言フ。其他本件ニ關スル言議。	一ウ・三オ
文廟塑像		○王ハ支那及平壤開城ノ文廟皆塑像ヲ用キテ先聖ヲ祀ル。予ハ成均館大成殿ニモ之ヲ用キントス卿等ノ意如何ト承政院ニ問フ。而シテ塑像ノ尊嚴ナルヲ言フ。左承旨曰ク此塑像ハ元《ゲン》ヨリ始マリ高麗之ニ倣フ云々。	一三オ
		卷百二十一	
淫婦擬律	九月	○淫女於宇同ノ擬律ニ付テ義禁府ヨリ啓ス。太宗世宗ノ朝士族ノ婦女淫行甚シキ者ハ極刑ニ置ク云々。王ハ死律ニ擬シ啓セシム。	二オ―三オ
右同		○於宇同處刑ノ件及之ト奸シタル相手ノ男ノ處刑ノ件。	三ウ・四オ
老人優遇		○耆老宴ヲ訓鍊院ニ設ク。	四ウ

事項	月	記事	出典
		卷百二十二	
妻妾不明	十月	○司憲府ノ啓。前察訪ハ盲人ノ財ヲ目的トシ其女ヲ以テ妾トナシ詐ッテ婚書ヲ作ル云々啓ス。王ハ右盲人ノ女ヲ妻トセシメ本妻ヲ離異セシム。	四オ
右 同		○右盲人ノ女ト成婚ノ時吉服ヲ着セザリシヲ筵臣言フ。王ハ婚書ヲ證トス。	四ウ－五オ
淫女罪案		○淫女於乙宇同ノ罪案ヲ義禁府ヨリ啓ス。	五オ－ウ
淫女死刑 男名入臂 鞦韆		○於乙宇同ヲ絞ニ處ス。最愛ノ人ノ名ヲ臂ニ涅ス。出デ鞦韆ノ戲ヲ翫ス。之ニ關係セル男頗フル多シ。	六オ－七オ
		卷百二十三	
給資助婚	十一月	○王ハ諸道ニ諭シ士族ノ婦女年三十ニ近ク未婚ノ者ニ給資成婚セシム。	七ウ
		卷百二十四	
養母ノ喪	十二月	○金堤郡守ハ養母ノ喪ニ服セズ、母賤人ナルニ由ル。此事議論アリ結局士大夫賤人ニ屈服スベカラズトナシ、服セザルコトトス。	五ウ－六オ
禁中戲妓		○義禁府ハ殿中酒ニ酔ヒ女妓ニ黃柑ヲ擲チ戲弄セル者ノ罪ヲ啓ス。職牒ヲ收メ海南縣ニ付處ス。	一〇オ－ウ
	十二年（辛丑）	卷百二十五	
觀儺觀火		○二十九日王ハ宣政殿ニ儺ヲ觀ル。三十日後苑ニ觀火ス。	一〇オ・ウ

三一三

養父母喪	正月	○士大夫ノ養父母賤人ナルモ喪ヲ行フコトトス。	一ウ
近親婚		○鷄林君卒ス。其經歷中、國俗異姓ト雖モ近親ヲ避テ婚セズ。同君ハ財ノ爲妻ノ五寸ヲ以テ女婿ト爲ス。時人之ヲ譏ル。	三ウ
女樂男樂		○祖宗ノ朝正殿ニ女樂ヲ用キズ男樂ヲ用ユ。宗親觀射ノ時女樂ヲ用ユル勿レト言フハ醉ニ乘ジ妓ヲ弄スル恐アルニヨル。祖宗ノ朝ニハ宴樂ニハ雅樂ヲ用キ天使接待ノ宴ニハ女樂ヲ用ユ。右筵臣ノ言。	四オ―ウ
象尊		○五禮儀ニヨリ祭祀用象尊ヲ改鑄ス。	一〇オ
風水思想		○風水學ニヨリ都內城門附近ノ家舍ヲ撤去セントス。	一〇オ―ウ
親蠶		○禮曹ハ親蠶ノ時ノ應行事ヲ啓ス。	一三ウ―一四オ
風水思想		○風水ニヨリ山脈ヲ造ル爲ニ人家ヲ撤去ス。	一六オ―ウ・一七ウ―一八ウ
右　同		○崔灝ノ王ニ答フルノ言。地理ノ說誕妄ト爲セド皆言ト行トハ異ナル。今人親ヲ葬ル者必ズ風水ヲ觀ル。	一八ウ
右　同		○同上風水說。	一九オ―二〇オ

卷百二十六

右　同	二月	○地理風水說ニヨリ禁忌臨壓ノ處ノ家舍撤去ノ件。	一ウ―二ウ・三オ・四オ・五オ
一夫二妻		○二妻アル者凡ソ人、先ニ微賤ヲ娶レバ後娶ヲ妻トシ前娶ヲ妾トス。奉由敬前後ノ妻ニ付テ其ノ子ノ採用上ニ疑義ヲ生ズ。	三ウ・五オ―ウ・七オ―ウ・七ウ―八オ
蒸風呂		○三大妃景福宮ニ移御ス。太王大妃ノ汗蒸ノ故ヲ以テ也。	九オ

成宗十二年

		卷百二十七	
三綱行實烈女圖	三月	○禮曹ニ傳旨シ近ゴロ士族婦女失行者アルヲ以テ諺文三綱行實、烈女圖ヲ頒ツ。	七オ
		卷百二十八	
宿娼ノ罪		○筵臣ハ娼家ニ宿シ其夫ノ爲ニ辱メラレシ者ヲ啓ス。王ハ姑ク不問ニ置ク。	七ウ
風俗矯正		○王ハ禮曹ニ傳旨シ風俗ヲ正サシム。	一一ウ
觧酒禁		○酒禁ヲ罷ム、天使來ルヲ以テ也。	一二オ・一二ウ—一三オ
		卷百二十九、	
婦女見物	五月	○天使來ル婦女珠簾ヲ懸ケテ觀光ス、男女相雜ノ弊アリト筵臣言フ。王ハ經宿スル者、露面之ヲ觀ル者ヲ禁ズ。	五ウ—六オ
雹災謹愼		○王ハ雹災ヲ以テ殿ヲ避ク。	一三ウ
僧尼還俗		○成均館進士ノ上書。僧尼トナレル者甚多シ、其年六十以下ノ者ハ皆還俗セシムベシ。	二二オ
		卷百三十	
祈雨	六月	○旱甚シ屢々祈禱ヲ行フモ驗無シ、王ハ三淸殿ニ禱ラシム。	二オ—ウ
雜戯		○天使來ル時王子天使ニ見ヘ雜戯ヲ見ルヲ不可トス。	三ウ
婺女臺帳		○士族ノ婦女商人ト同船子ヲ孕ム、之ヲ鞫案ス。	一〇ウ

三二五

茶禮		○王ハ景福宮ニ幸シ、兩天使ヲ宴シ、慶會樓下ニ茶禮ヲ行フ。	一三オ
祈雨		○雨ナシ僧徒、盲人、童子等ニ雨ヲ禱ラシム。	三一ウ―三二オ
右同		○興天寺ニ雨ヲ禱ル。	三四オ
		卷百三十一	
三ツ兒	七月	○全羅龍安縣ノ私婢一産三兒米豆ヲ賜フ。	四ウ
一夫二妻		○司憲府、司諫院ハ黃孝源二妻ノ子ノ嫡庶ノ別、其母ノ妻妾ノ別ニ付テ啓ス、王聽カズ。	七ウ―八オ
		卷百三十二	
右同	八月	○筵臣ハ右孝源ノ妾ヲ妻ヲ以テ論ズルノ不可ヲ言フ。同上ノ件。	九ウ―一〇オ・一二オ―ウ
酒餅ノ禁		○筵臣ハ酒禁可ナリ餅モ穀ヲ糜スルヲ以テ禁ズベキヲ言フ王ハ可トナス。	一五オ
		卷百三十三	
一夫二妻	九月	○黃孝源二妻ノ件。	一ウ・二ウ―三オ・三オ―四オ・四オ―ウ
一夫數妻		大司憲、大司諫等ノ啓。前朝並ニ四妻ヲ畜フルノ風アリ復今日ニ出ヅ、太宗其弊ヲ痛革シ並ニ畜フル者皆世族ト雖モ必ズ後ノ者ヲ妾トナス。	
射侯ト酒		○射ノ前必ズ飲酒ス、酒ノ助ヲ借ル也。上ハ士大夫ヨリ下工商賤隷ニ至ル迄射侯ニ托シ群飲ス、王ハ之ヲ禁ゼズ。	一〇ウ
禁酒		酒ヲ禁ズ、婚姻、祭祀、服薬、武士射侯外酒ヲ禁ズ、賣酒賣餅ノ者ハ禁ゼズ。	

卷百三十四

三子中一ヲ僧トス

十月

○夕講高麗史ヲ講ズル時侍講曰ク。前朝好佛三子ヲ生メバ一子ヲ以テ必ズ僧トナス。 一〇ウ

再嫁ノ禁

○經筵ノ時都承旨曰ク今國家再婚者ノ子孫ニ赴擧ヲ許サズ故ニ婦女早寡ス父母ナキ者ニ對シ再嫁ノ法嚴ナル勿レ。王ハ曰ク本人ノ意志ニ任スベシ、但再嫁ハ許スベカラス。 二〇オ

卷百三十六

儺禮

十二月

○經筵ノ時凶年ニヨリ明年正朝ノ宴ヲ廢スルノ議アリ。儺禮ハ其優人農ヲ業トセズ糧ヲ贏シ上來シ京ニ留ル者多シ、且祖宗ノ朝ヨリ行ヘル者ヲ輕クシ改ムベカラズトシ之ヲ行フコトトス。（此年末總テ儺戲火戲等ヲ行キシ記事ナシ） 六オ

十三年（壬寅）

卷百三十七

郡守淫行

正月

○安岳郡守ハ白川ニ於テ官婢ヲシテ唱歌セシメ之ヲ奸セントシ本夫ヲ囚ヘ終夜率キ宿ス。司憲府ノ啓ニヨリ之ヲ罷黜ス。 九オ

果盤ノ禁

○王ハ司憲府ニ傳旨シテ公私宴行果盤ヲ痛禁ス。婚姻ノ時此ガ爲メ冗費多ク婚期ヲ失スル者アルニモ因ル。 一二ウ

卷百三十八

王族淫行　二月
○斉風君ハ曾テ七寸姪副正ノ妓妾ヲ奸シ罷職セラル。尚懲リズ其妓ノ家ニ至リ妓ノ夫ト大道ニ闘フ。宗簿寺ノ啓ニヨリ職牒ヲ收メ外方ニ付處ス。　一オ

王族住持
○司諫ハ尼タル壽春君夫人ヲ淨業院ノ住持トスベカラザルコトヲ言フ。王ハ右ハ大王大妃ノ命ニヨリ住持トナレリ已ムヲ得ズト言フ。　二オ—ウ

尼僧醜聲
○筵臣ハ凡ソ尼ノ會スル處必ズ醜聲アルヲ言フ。　二ウ

禁酒
○凶ニヨリ酒ヲ禁ズ。　同

蒸風呂
○三大妃景福宮ニ移御ス汗蒸ニ因ル也。　三ウ

婚姻奢侈
○經筵ノ時婚姻ノ納采ノ禁ニ違ヒ奢侈ヲ誇ル者アリ、執義ヨリ治罪ヲ請フ。領事ノ言。古ノ納采ハ但袱ヲ以テ常衣ヲ裹ムノミ今俗モ此ノ如クナラバ婚期ヲ失スルモノナケン。　六ウ

巻百三十九

放火觀毬　三月
○王ハ慕華館ニ放火砲ヲ觀ル。武臣ヲシテ擊毬セシム。　一二ウ

淫行推鞫
○人ノ妓妾ヲ奸シ再度處刑セラレシ金偶ハ配所ニ其妓ヲ招ク。王ハ義禁府ニ傳シテ二人ヲ鞫セシム。　一七ウ

巻百四十一

妾ト妻　五月
○士族ノ女ノ人ノ妾トナルヲ嚴禁ス。（妾ヲ娶ル事ヲ婚ト曰ヒ又成禮スト記セリ）　一オ・二オ

端午投壺
○王ハ端午ノ日射侯投壺セシム。　二ウ

王族奴僧
○大君ノ奴僧ハ妓ヲ姦ス。死刑ニ該レドモ旱ニヨリ律ニ推照スルヲ延期ス。　五オ—ウ

儒生上寺　○王ハ儒生ノ上寺ヲ禁ゼントス。是ヨリ先儒生四人上寺ノ禁ヲ犯シ圓覺寺ヲ汚シ僧ト闘爭セシニヨル。　一〇オ—一一オ

祈雨　○雨ヲ禱ル。　一三ウ

巻百四十二

六月

唐物ノ禁　○婚姻ノ時唐物ヲ用ユルヲ痛禁ス。　六ウ

救病祈禱　○大妃ノ病醫藥ノ效ナシ。王ハ宗廟、社稷、昭格署、中外名山大川、城隍ニ重臣ヲ遣ハシテ祈禱ス。　七オ

妻婢對食鞦韆　○齊安大君ノ妻ハ侍婢二人ト同寢ス。刑房承旨命ヲ承ケテ右婢ヲ鞫ス。口ヲ接シ乳ヲ捫ス云々。右夫人強ヒテ婢ニ鞦韆セシム。　七オ・九オ・ウ・一二オ・ウ・一三オ・一七オ—ウ

祠堂燒却祭祀紙錢　○安城ノ人祠堂ヲ燒キ其先ヲ祀ラズ只紙錢ヲ以テ之ヲ祭ル者ヲ罪ス。　九ウ

一夫二妻　○呂陽副正ノ子成禮婚ヲ爲ス。妾カ妻カ不分明ナリ之ヲ後妻トス。　一七ウ

巻百四十三

七月

祈雨　○巫女ニ祈雨セシム。興天寺ニ雨ヲ祈ル。　二ウ・四オ

祈雨佛寺　○直提學ハ僧ニ祈雨セシムルノ不可ヲ啓ス。王聽カス更ニ興天寺ニ祈ラシム。　一三ウ

○副護軍ハ太宗朝ノ故事ニヨリ上帝ニ禱雨ヲ請フ。王ハ僣禮トシテ聽カズ。　二〇オ

祈雨　○宗廟ニ祈雨ス。　二〇ウ

一夫二妻　○兩妻ヲ畜ヘシ者ニ付テ後ノモノヲ妾トス。　二九ウ

成宗十三年

		巻百四十四	
蠱毒殺人	八月	○人妻ノ蠱毒セラレ死スル者アリ、事曖昧也。	三オ
廢妃賜死		○廢妃尹氏ニ死ヲ賜フ。	二二オ―ウ
		巻百四十六	
近親姦	九月	○右承旨ハ六寸妹ヲ奸シ妾トス。司憲府之ヲ鞫ス。	三オ
酒禁		○一家ノ人祀事ニ因リ巫家ニ飲ス、酒禁ヲ冒シタル者トシテ司憲推鞫ス。	一〇オ
		巻百四十七	
擊毬	十月	○王ハ慕華館ニ擊毬ヲ觀ル。	八オ
		巻百四十八	
土豪長墻	十一月	○執義ハ全羅土豪ノ垣籬ヲ廣張シ人丁ヲ多匿スル弊ヲ痛徵スベシト云フ。	六オ
庚申守夜	十一月	○庚申ノ名日ニ王ハ入直ノ臣ニ酒ヲ賜フテ守夜セシム。	一〇ウ
娼妓ノ子ハ父不明		○娼妓ハ定夫ナシ、子女アルモ其ノ父ヲ的知スルヲ得ズ。宗親ノ妓妾ハ家ニ畜フルニ非ザレバ。璿源錄ニ錄セズ、王ノ言。	一〇ウ
		巻百四十九	
庚申守夜		○庚申ノ名日也ト王ハ入直ノ堂上等ニ酒ヲ賜ヒ終夜燕飲シテ可ナリト云フ。	一六オ

近親姦罪	十二月	○三寸叔ノ妾ヲ奸シタル者二人、嫡母ヲ烝シタル者アリ。王ハ風俗不可ナリ痛止セサルベカラズト言フ。	一二オ
儺　戲		○王ハ親儺ノ戲事予ハ之ヲ喜バズ唯兒輩觀ント欲スル耳、明日觀儺ノ時文臣宰相ヲシテ問難セシメントスト曰フ。右實行ス。	一八オ
		卷百五十	
	十四年（癸卯）		
軍士ノ喪	正　月	○筵臣ハ軍士ノ喪ハ百日ヲ以テ限トス此レ美法ニ非ズト言フ。領事曰ク若シ三年トセバ防禦疎トナルト云フ。	一〇ウ
風水思想		○執義ハ宗廟ノ地ガ風水ニ合ハサルヲ言フ。	一五オ—ウ
		卷百五十一	
溫泉入浴	二　月	○三大妃溫陽溫井ニ幸ス。	六オ
		卷百五十二	
宴饗唐樂	三　月	○三殿還宮濟川亭宴饗ノ時俗樂ヲ用ヰズ唐樂ヲ用ユ、妓ハ全數、工人ハ五十名ヲ用ユ。	一二オ
緞子ノ笠、		○筵臣ハ大小大民綾段ヲ以テ笠ヲ爲ル、奢侈禁ズベキヲ曰フ。	一四ウ
棺ヲ城內ニ入レズ		○又曰棺槨ハ凶ノ器也城內ニ入レシメズ歸厚署モ亦城外ニ設ク、其凶ヲ遠クル也。今城內石人表石ヲ私造シ賣買スル者アリ之ヲ禁ゼン。	同

四月

卷百五十三

王后薨ズ

○貞熹王后三月三十日溫陽行宮ニテ昇遐ス。 一オ

喪制

○禮曹ハ大行大妃ノ喪制ヲ定ム。第六日ヲ以テ成服ス。 一ウ

七七佛齋

○大行大妃ノ初齋ヨリ七齋迄ヲ藏義寺ニ於テ行フコトトス。（以下卒哭祭迄デ喪葬ニ關スル記事多シ略ス） 二ウ

魂殿殯殿

○故ノ東宮ヲ殯殿トシ其前殿ヲ魂殿ニ豫定ス。 四オ

吉日發引

○發引ノ日ニ吉日ヲ撰ブ。 四オ―五ウ

葬時佛式

○司諫院ハ大行大妃ノ爲ニ佛事ヲ爲スノ非ナルヲ啓ス。王聽カズ。 同

宮外ノ殯

○梓宮ヲ永順君溥ノ家ニ殯ス。（家ノ外ニテ死シタル者ハ家屋ニ入レザル習慣ニ由ルモノナラン）臺諫弘文館等宮外ニ殯セバ王臨哭スルヲ得ズ不孝ナリトシテ反對ノ議論アリ。 一一オ―一三ウ

五月

卷百五十四

滿鮮雜婚

○平安道節度使ノ啓。癸丑ノ年以來彼人（建州衞女眞人）近地ニ居リ我國人ト婚姻祭祀互ニ相往來ス。 七ウ

祈雨

○祈雨祭ヲ行フ。 八オ

國喪不愼

○十四日國喪卒哭内ニ室叔ノ妓玄ヲ奸シタル嘉林守秋ノ告身ヲ收メ外方ニ付處ス。 一〇オ

喪期ノ制

○禮曹ハ内命婦尙宮及大殿後宮以下ノ服色ヲ詳定ス。 一三オ―ウ

國喪不愼

○二十二日大行大妃ノ初喪ニ妓ヲ奸セル淸風君源ノ告身ヲ收メ草溪ニ付處ス。 一四ウ

事項	月	記事	出典
同上		○禮曹ハ喪服ヲ啓ス。	二〇ウ
		卷百五十五	
祖典	六月	○祖典ヲ行フ。	一ウ
發引		○梓宮發引。	同
虞祭		○魂輿ヲ奉先寺ニ奉安シ虞祭ヲ擧行セシム。雨多ク渡涉ヲ得ザルニヨル。	三オ
葬		○大行大妃ヲ光陵ニ葬ル寅時玄宮ヲ下ス。	三ウ
虞祭		○返虞主。泰安殿ニ奉安ス。二虞祭ヲ行フ。（以下七虞迄略之）	六ウ
卒哭		○卒哭祭ヲ行フ。	一四オ
開素		○宗宰二品以上ヲ召シ賓廳ニ開素セシム。	一四ウ
		卷百五十六	
百日齋	七月	○大行大妃ノ百日齋ヲ奉先寺ニ設ク。	一八ウ
解酒禁		○酒禁ヲ罷ム。	二一ウ
誕日進布		○王ノ誕日ニ百官表裏ヲ進ムル儀ノ如シ。	三一ウ
		卷百五十七	
火者上送	八月	○諸道觀察使ニ命ジ二十歲以下十三歲以上學術ニ通ズル火者ヲ上送セシム。	六オ
寺刹重創 風水思想		○貞熹王后ノ遺志ニヨリ開慶寺ヲ重創セシトシテ風水學ヲシテ地ヲトセシム。	七オ
先王別護ノ寺		○兩宗ノ內佛堂、圓覺、藏義、津寬、奉先、福世庵、龍門、萬德等ノ寺ハ先王別護	一六ウ

ノ所ナリ雜人ノ出入ヲ禁ズ。

卷百五十八

再嫁許否、　九月
○再嫁セン者ノ子ハ士類ニ齒セズ寃悶トナス。年壯子アルノ婦ハ再嫁セザルハ當然ナリ。年幼子無キノ女ニシテ父母强ヒテ改嫁ヲ欲スル者ハ聽許スベシ、或ハ之ヲ不可トス。以上筵臣ノ言。　一三オ

進獻官官
○王ハ明ヘ入朝ノ小宦十九人ニ見ヲ賜フ。　二二ウ

斷髮私刑
○母（父存ズ）奸通ス其子奸夫ノ髮ヲ斷ツ、杖一百ニ處ス。　二六オ—二七オ

卷百五十九

淫女ノ對手推案　十月
○義禁府ハ淫女於乙宇同（第一二〇卷ニ出ヅ）ニ通ジタル者ヲ推案ス。　七オ

女眞風俗
○王ハ承旨ニ命ジ野人ノ風俗ヲ問フ。男ヨリ女家ニ往ク。婿家甲冑弓矢次ニ金盃牛馬衣服ト奴婢ヲ贈ル。兄死シ其妻美ニシテ多財ナラバ弟之ヲ娶ル。　一三ウ

三年ノ喪
○王ハ群臣ト共ニ貞熹王后ノ三年ノ喪ヲ行ハントス。政府六曹堂上等ヲ召シテ喪制ヲ議ス。　一六ウ—一七オ・一八オ—二〇ウ

卷百六十

喪制　十一月
○貞熹王后ノ喪制ノ件。　一オ—二ウ・三オ—四オ・八ウ—一〇オ・一〇ウ—一一ウ・一三ウ—一四ウ・一五一オ—ウ

姦淫罪
○會原君ハ堂叔遂安君ノ妓妾ヲ奸ス。命ジテ罷職、妓ハ杖一百贖。　五ウ

巫風盛行
○晝講ノ時檢討官ヨリ今國恤ノ時都中坊曲多ク淫祀ヲ行ヒ鼓笛之聲街路ニ洞徹スト　五ウ

事項	月	記事	出典
右同		○近來淫祀盛行隱屏潜犯スル者摘發シ難シ。痛禁ヲ請フ。	六オ
		卷百六十一	
喪制踰禮	十二月	○筵臣ハ貞熹王后ノ喪制禮ヲ踰ユルヲ云フ。（三年ノ喪ヲ行フニ決定セシコト）	五オ・八オ
	十五年（甲辰）	卷百六十二	
地震	正月	○都城及忠清道全羅道ノ地震フ。（解怪祭ノ記事無シ故ニ以下地震ノコト記ヲ略ス）	七ウ
星祭革否		○王ハ承政院ニ傳シテ昭格署ノ醮祭ヲ革ムベキヤ否ヲ問フ。	九ウ—一〇オ
老人優遇		○昌寧人百十三歲ノ女ニ米ヲ給フ。	一三ウ
		卷百六十三	
倫弊	二月	○弘文館副提學ハ圓頂ノ徒都下ニ雲集ス云々佛法ノ弊ヲ言フ。（以下此事ノ上書多シ）	二オ—五ウ
佛像自轉		○成均館學生ノ啓。圓覺寺ノ僧等佛ノ回坐ト詐リ衆ヲ惑ハス都人士女靡然奔趨ス。	一一オ—ウ
王子民養		○王ニ兒多シ民間ニ養育セシメントス、城中ノ士大夫皆之ヲ厭フ。王ハ五部ニ令シ毎部平民ノ富戸ヲ擇ビ以テ避寓セシメントス。	一九オ
		卷百六十四	
喪中改娶		○知中樞府事成任ハ妻ヲ亡ビ期年內ナレド老病ナルニヨリ特ニ改娶ヲ許ス。	二四ウ
寺刹新創	三月	○大司憲及其他ノ諸官等ハ安嚴寺ヲ營ムノ不可ナルヲ上言ス。（以下本件ノ上言多シ	一オ—四オ

成宗十五年

略之）

會葬ノ弊　○大臣等ノ死シタル時百官ニ會葬ヲ命ズル件ニ付王ハ諸臣ニ議セシム。　一三オ―一四オ

禁酒　○旱ニヨリ酒ヲ禁ズ。　一四ウ

練祭　○貞熹王后ノ練祭ヲ行フ。　一五オ

卷百六十五

國喪服制　四月　○大臣卒去發引時ニ百官淡服ヲ着シ都門外ニ序立祖送セシムルヲ式トス。　二オ

造像妖言　○木覓山祠宇ニ將軍形ト僧形ノ木像ヲ神坐ニ置キシ同祠直ハ山神ガ移リ來リシト稱シ民ヲ惑ハス。之ヲ鞫シ死一等ヲ減ズ。　四オ―ウ・八ウ

祈雨　○旱ニヨリ祈雨。

禁酒　酒ヲ禁ズ。　五オ

近親姦罪　○妻ノ母ヲ奸シタル學生ヲ鞫ス。死一等ヲ減ズ。　九オ―ウ

卷百六十七

發塚盜器　六月　○興德縣監ハ古塚ヲ發キ銀鍮器ヲ取ル。憲府ヨリ昭律ス。　二オ

卷百六十八

王族ト婚姻ヲ嫁フ　七月　○朝官ハ宗親ト相婚スルヲ憚リ子女ノ年齡ヲ帳籍ニ錄セズ、宗親望呈スレバ八歲相差ヲ以テ之ヲ拒ム。　二オ

給資督婚　○王ハ年壯ニシテ家貧嫁婚ヲ得ザル者ニ給資督婚セシム。　一五オ

號牌	八月	卷百六十九 ○李施愛ノ亂ニ號牌ノ故ヲ以テ民ヲ煽動セリ。	八オ
念佛齋會		○興仁門外ノ二小刹ニ都中念佛者往來聚會ス。其僧ヲ黜ケシム。	二一オ
婦女上寺	九月	卷百七十 ○去年四月士族ノ婦女檜巖寺ニ留宿ス、之ヲ推問ス。	四ウ
救食放火		○承政院ノ啓。凡ソ日月救食ノ時登岳放火スルハ之ヲ知ラシムル爲ナリ。今ノ月食ハ中天ニアリ人皆之ヲ見ル請フ放火ヲ停メン王之ニ從フ。	五ウ
喪中淫行		○國喪内私婢ヲ娶テ妾トセン在川令ヲ杖ス。	五ウ
		○同人ノ告身ヲ奪フ。	九ウ
耳掩	十月	卷百七十一 ○王ハ領敦寧以上ニ耳掩ヲ賜フ。朝士ノ耳掩ハ皆品ニ隨フ。	一三オ
庚申守夜	十一月	卷百七十二 ○王ハ諫院ニ傳旨シテ曰ク今月十二日ノ夜ニ民ノ禁（夜中出行ノ禁）ヲ犯ス者甚多シ。本府ノ吏等女人ト張燈會飲ス。糾察以テ啓スベシ。（庚申ノ夜也）	五オ－ウ
救癘別祭		○棘城錢山ニ別祭ス。疫癘多キニヨル。	六ウ
白丁屠牛		○刑曹判書ノ啓。士大夫白丁ト共謀シテ牛ヲ宰殺ス云々。	七オ－八ウ

山祭		○江華ノ摩尼山ヲ祭ル。（三界醮界內外壇三百五十一位奠茶湯酒）	一二オ―ウ
喪中淫行		○國嬰三年內媒約アル人ノ妾ヲ奪テ妾トセシ前節度使ノ告身ヲ收メ外方ニ付處ス。	一八オ
婦女上寺	十二月	卷百七十三 ○商山君妻李氏上寺經宿ノコト王ハ推スル勿レト言ヒシヲ、司憲府ハ痛縄スベシト啓ス、王聽カズ。	六オ―ウ・一〇ウ・一三オ―ウ
右同		○檜巖寺ニ上寺シ作樂供佛且路上作樂縱飮セシ者百五十餘人ヲ王ハ輕重ニヨリ斷罪セシム。	一六ウ―一七オ
擊毬		○吏曹正郎ノ上書。世宗ノ朝武士ヲ撫育ス擊毬ヲ能スル者モ亦之ヲ優遇ス。馬上毎ニ毬ヲ挾ンデ行キ平地ニ遇ヘバ之ヲ擊ツ。	二四オ
厲祭 疫癘原因	十六年（乙巳） 正月	卷百七十四 ○兵曹參知ハ棘城ヨリ厲祭ノ獻官ヲ以テ還リ啓ス。黃州、鳳山等ノ山川ハ鬼刼ノ形ニシテ其毒氣病トナル。又曰連年凶歲饑者死シテ骨ヲ埋メズ、倖作ノ役ヲ定メ春秋拾骨埋理セン。又曰ク僧徒ヲシテ水陸ヲ設ケ魂ヲ慰セン。	三オ―四オ
讖說有驗		○右同上ノ件。崔灝元ノ上書。道詵ノ書ノ驗アルヲ言フ。	八ウ―九ウ
風水思想		○右上書ヲ王ハ大臣ニ示ス。此地理ノ說ヲ反駁スル者アリ、王ハ國家ニ雜術ハ廢スベカラズト曰フ。	一九オ―二〇ウ・二二オ―二三ウ
山臺儺禮		○禮曹ノ啓。貞熹王后祔廟ノ時祖宗ノ朝ノ例ニ依リ（大山臺ハ山臺ヲ曳クガ如クナラザルベカラズト雖モ）茶亭、山臺、結彩、儺禮、女妓呈才等ヲ用キンコトヲ請フ。	二三ウ―二四オ

事項	月	記事	出典
道詵讖書	二月	卷百七十五 ○司憲府ハ兵曹參知崔灝元カ道詵ノ虚誕不經ノ書ヲ將ヒ啓シタルハ罪律ニ當テ申明決杖スベシト論啓ス。	一オ—二ウ
喪中淫行	三月	卷百七十六 ○母ノ喪ニ居テ私婢ヲ奸シタル者ヲ杖徒ス。	四オ
治蠱毒		○中和郡ニ蠱毒ノ疾ヲ治スル者アリ。王ハ驛召京ニ至リ治療セシム多ク効アリ、其術ヲ問フ之ヲ秘ス義禁府ヲシテ拷訊セシム。	四オ—ウ・六ウ
濟州海女	四月	卷百七十七 ○沿道諸州ニ在ル濟州ノ鮑作干（海女ヲ舟ニ積ミアハビヲ捕ル者）往々商船ヲ刼奪シ、倭語倭服ヲナス。領事ノ啓ニヨリ之ヲ撫馭セシム。	五オ
鶴舞		○祔廟還宮ノ時女妓歌謠ヲ獻ズルノ例アリ。此時彩棚雜戲ヲ設ケテ迎フ、命ジテ之ヲ停ム、但鶴舞ヲ除カズ。	九オ—ウ
宗室淫行	閏四月	卷百七十八 ○宗簿寺ハ淸風君ガ國恤ノ翌日女妓ヲ奸シタル罪ニヨリ湖南ニ付處セラレタルニ猶懲リズ、國喪三年內夫ノ喪ヲ守ル良女ヲ妾トセシ件ニ付テ照律ヲ請フ。狂妄ノ人トシテ問ハズ。	一〇オ—ウ

標目	月	記事	出典
朝官給馬		○經筵ノ時王ノ言。祖宗ノ朝ニ四品以上ハ馬ヲ給ス、今畜馬者寡シ。	一三ウ
		巻百七十九	
禫祭脫喪	五月	○貞熹王后ノ禫祭ヲ行ヒ三年ノ喪ヲ了ル。	一オ
祔廟獻歌謠		○王ハ宗廟ニ至リ貞熹王后ノ神主ヲ陞祔ス、親祼儀ノ如シ。還宮ス耆老、儒生、女妓等歌謠ヲ獻ズ。	四オ－ウ
國喪不愼		○王ノ言。識理ノ朝士ト雖モ國喪内側妾ヲ娶ル者アリ云々。	七オ
祈雨		○旱ナリ祈雨ス。	一二オ
		巻百八十	
禁酒	六月	○中外ニ酒ヲ禁ズ旱ニヨル。	三ウ
遊街		○王ハ命ジテ新及第ノ遊街ヲ停ム。	同
巫覡祈雨		○正道ニ非ザレドモ巫女ヲ以テ祈雨ス。興天寺ニ雨ヲ祈ラシム。	五ウ
祈雨		○宗廟、社稷ニ祈雨ス。	七オ
祈雨無驗		○弘文館ハ圓覺寺ニ雨ヲ祈ラシメシモ驗ナシ其荒誕ナルヲ啓ス。	一四オ
祈雨		○祈雨ノ爲ニ市ヲ徙シ南門ヲ閉ヅ已ニ久シ、王ハ之ヲ止メシム。	一六ウ
埋骨解祟		○禮曹ニ傳旨シテ棘城ノ露骨ヲ埋メシム。	一七オ
祈雨擧火		○旱甚シ前例ニ依リ三角山房殿ヲ祭ノテ之ヲ火ス。	一七ウ
婚姻督勵		○壯處女ノ婚姻ヲ督セシム。	同
祈雨		○更ニ宗廟、社稷、名山大川等々ニ三度ノ祈雨ス。	一八オ

		卷百八十一	
祈雨	七月	○旱甚シ、王ハ例ニ依リ禱雨祭ノ外龍湫ヲ禱ラント欲シ禮曹ニ考セシム。庚寅ノ年ノ例ヲ考シ仍テ龍山江祭ヲ行ウ。	一ウ・二オ
右同		○楮子島ニ畫龍祈雨祭ヲ行フ。	二ウ
寺僧收斂		○寺社田ノ税ヲ僧多ク收斂ス、或ハ佛油或ハ掃箒、席子、脚力價等ト稱ス。政府ハ先王ノ陵所在ノ寺刹ノ外ハ永ク革罷スルノ議ヲ啓ス。王容レズ。	
眞殿設寺		○奉先寺ハ世祖大王眞殿ノ爲ニ設ク。	一八オ
親迎ノ禮		○王ハ傳シテ曰ク、齊安大君ノ金氏ト婚スルヤ親迎ノ禮ヲ以テセズ妾ト異ナル無シト禮曹ニ考セシム。	二二オ、
		卷百八十二	
飲福宴	八月	○社稷親祭仁政殿ニ飲福宴ヲ行フ。	三ウ
		卷百八十三	
解禁酒	九月	○酒禁ヲ罷ム。蠶祭ノ飲福宴ト大妃ノ誕日近ヅケルニモ由ル。禁酒ヲ罷ムルニ反對意見アリ。	二オ・三オ・ウ・四オ・ウ
倡妓女醫所出良賤		○娼妓女醫ノ生ム所大典ニ從ヒ其家畜スル者ノ外從良ヲ許ス勿レトノ議アリ。	二ウ
禁酒		○禁酒ス。婚姻、祭祀、養老、射候、老病服藥ヲ除ク。	五オ

		巻百八十五	
一夫二妻	十一月	○妻ガ妾産ザルノ故ヲ以テ告身ニ署セズ。其妻ノ父ガ二妻ヲ娶リシカ又一方ガ妾ナリシカガ問題トナル。	一二ウ
王族淫妓		○司憲府ハ永川君ハ妓ヲ畜ヘ白晝通奸ノ事ニ付テ處刑ヲ請フ。永川君ハ外方ノ新妓上來スレバ必ズ家ニ留メ數日ニシテ去ル云々。王ハ命ジテ贖杖外方ニ付處ス。	一四オ－ウ
朝士服色		○朝士ノ服色ハ世宗ノ時種々ノ色アリ、今無キ服色アリ。好尚ニヨリ變ゼシナリ。	一九オ
衣服ノ色		○服色ノ事ニ付テ議ス。	二〇ウ
	十七年(丙午)	巻百八十七	
曲宴	正月	○朔、王ハ曲宴ヲ兩大妃殿ニ進ム。	一オ
寡婦淫行 近親姦		○宗室德城君ノ寡女ハ子ヲ産ム、相手ハ姉ノ子也。醫女ヲ遣シ檢シ且右二人ヲ推鞫ス。女ハ强奸セラレタリト言ヒ男ハ腿ノ痛ミヲ捫ミ遂ニ□□ニ及ビタリト言フ。	六オ－ウ・一〇ウ－一一オ・一二オ－ウ
禁婚		○世子年十一嬪ヲ納レントシテ京外ノ處女年八歳ヨリ十五歳ノ者ノ婚ヲ禁ズ。	一一オ
		巻百八十八	
亡女ノ妻ヲ娶ル罪	二月	○司憲府ハ亡友ノ妻ヲ娶リシ者ヲ遠黜センコトヲ請フ。	二オ
馬毛ノ笠		○司僕寺提調ノ啓。人々好ンデ鬃笠ヲ着ス故ニ公私馬ノ鬃ヲ取ル、請フ立法之ヲ禁ゼン。王ハ傳旨シテ鬃帽ハ一品ニ許シ鬃笠ハ大典ニ依リ朝士ニ皆許サシム。	三オ
冠禮入學		○王世子ノ未冠ヲ以テ入學スルハ禮ニ非ズトシテ明年冠禮ノ後入學セシム。	一一ウ

巻百八十九

雷變	三月	○禮曹ハ雷震ノ時ニ對スル故事ヲ啓ス。囚ヲ放チ減膳ス。曩ニ陵室附近ニ雷震セシニヨル。	三ウ・三ウ—四ウ・五オ
喪中不愼		○前舍人喪ニ遭ヒ憂ヘズ公事ヲ事トス、喪笠衰服破レ盡ス。	六オ
冠禮		○王ハ承政院ニ傳旨シテ世子先ヅ髻髮シテ冠禮ヲ行フノ日ヲ待ツ云々。	六ウ
鷹坊		○王ハ鷹坊ノ設ケハ翫物ノ爲メニ非ズ兩殿ニ奉養(鷹ノ獵シタル鳥ヲ以テ)ノ爲ナリト曰フ。	九オ・一一オ・一二ウ

巻百九十

飼鷹	四月	○筵臣ハ王ガ鷹ヲ養フノ非ヲ啓ス。鷹籠ニ漆ヲ用ユルハ奢侈ナリ云々。	四オ—ウ・六オ—ウ
給資助婚		○士族ノ女年壯ニシテ家貧ナルノ故ニ未嫁ノ者ニ給資助婚セシム。	一〇オ—ウ

巻百九十一

寺中煮肉	五月	○孝寧大君補卒ス。表面恬淡實ハ資財ヲ畜積ス、補嘗テ寺ニ就テ禮佛ス兄ノ讓寧大君牽犬臂鷹姬妾ヲ載セ往キ其寺ニ肉食ス。	四オ
酒禁	六月	○七日酒禁ニ瓶酒ヲ禁ズルコト勿ラシム。	四ウ

巻百九十二

擊毬		○慕華館ニ幸シテ武臣ノ擊毬ヲ觀ル。	五オ—ウ

成宗十七年

葬式用炬		○奉常寺正ノ啓ニヨリ王ハ富商大賈葬送ノ時盛ンニ炬火ヲ設クル者アリ、其數ヲ制限シテ上下ノ分ヲ正サシム。	巻百九十三	一〇オ―ウ
照刺赤	六月	○闕門ノ掃除ニ任スル者ヲ照刺赤ト謂フ、圓覺寺內佛堂ノ同一ノ者又同名也、後者ノ稱ヲ王ハ廢セシム。	巻百九十四	四ウ
解酒禁	八月	○酒禁ヲ罷ム。	巻百九十五	三ウ
投壺	九月	○王ハ命ジテ經筵ニ會セシ堂上ニ酒ヲ賜ヒ投壺左右ニ分テ勝負セシム。	巻百九十六	一ウ
婦人蔽面	十月	○王大妃王妃六寸以上親ヲ會シ宴ヲ設ク。一婦人誤ツテ他ノ轎ニ乘リ他ノ第ニ到ル。（顏ヲ掩フニヨル）		一〇ウ
冠禮		○禮曹ノ啓。世子明年入學ト定ム、已ニ加冠スルモ未ダ冠禮ヲ爲サズ。王ハ日ク已ニ日ヲトシテ加冠スレバ冠禮ヲ行ヒテ後入學ヲ必セズ。	巻百九十七	一四ウ

庚申守夜	十一月	○來ル十九日宗親ヲ宴シ庚申ノ夜ヲ守ル、昏夜ノ間宗親ト妓工ト宮禁ニ混處ス。司憲府掌令ハ啓シテ其不都合ヲ曰フ王ハ聽カズ。	七オ
右同		○獻納モ亦右同ノ事ヲ云フ。世俗庚申守夜ヲ以テ避厄トナス。闕內ニ男女混處妓ヲ挑ムコトアリ。王ハ晝宴トシ男女混處セシメズト曰フ。	八オ―ウ
右同		○大司憲モ庚申守夜ノコト道家ノ說ヨリ出タルヲ言ヒ王者豈天ニ上訴シ以テ三尸夭折スルヲ恐レンヤト述ブ。	九オ―ウ
右同		○右晝宴トシ西南門ヲ開キ男女ヲ別ニ出デシム。	一一ウ
妖鬼		○戶曹佐郎ノ家ニ妖鬼アリ、其全身ヲ見セズ腰以下白裙藍縷人ト語ル、窓紙ヲ裂キ火ヲ發シ或ハ瓦石ヲ擲ツ。臣他家ニ寓ス鬼亦隨テ至ル、後家ニ還ル時妖無シ、以上本人ヨリ王ニ答フルノ言。	一七オ―ウ

卷百九十八

寺俗淫行	十二月	○大司諫ノ啓。全羅ニ淫風大ニ行ハル女ノ夫無キ者數十群ヲ成シ寺刹ニ遊ビ宣淫ス。或ハ妻ヲ縱チ人ニ與ヘ以テ衣食ニ資ス、淫風忠淸ニ浸及ス。承旨ノ言。全羅ノ寺ハ或ハ複壁ニ或ル天花板上ニ女ヲ藏匿シ恣意淫奸スト。王ハ之ヲ痛禁セシム。	二ウ―三オ
近親姦罪		○人妻（夫既ニ死ス）夫ノ三寸姪ト奸ス、之ヲ斬ス。	三ウ
造佛惑衆		○司憲府ノ啓ニヨリ造佛ノ設會ヲ設ケ衆ヲ惑ハセシ僧ヲ死一等減。之ニ參會シタル者及金銀雜物ヲ施與セシ者ヲ杖ス。	四ウ
禁宴		○大小朝官ノ宴集ヲ禁斷ス。	五オ

寺刹排斥

○大司憲ハ淨業院ガ宮墻ノ側ニアリ梵唄宮中ニ徹ス。慶讃ノ會婦女乘轎門巷ヲ塡メ施納者爭フテ至ルト、其重修ノ不可ヲ啓ス。王聽カズ。　五オ―六オ

王族淫行

○淸風君ハ前ニ國喪中宿娼ノ事ニテ外方ニ竄セラル、配所ニ於テ又喪婦ヲ奸ス。獨子ナリ祀ヲ廢スルノ故ヲ以テ王ハ之ヲ宥シ還ラシム。　六オ―ウ

右　同

○司憲府ハ放出ノ宮女ヲ奸シテ妾トシタル江陽君ヲ鞫セシコトヲ請フ。王ハ之ヲ免ズ。　一〇ウ・一四オ

儺戲擲木

○二十九日王ハ昌慶宮ニ儺戲ヲ觀ル。諸將入侍ス、輪木ヲ擲テ帑ヲ賭ス。　一四ウ

十八年（丁未）

正　月

卷百九十九

內農作

○王ハ承政院ニ傳旨シテ祖宗ノ朝每年正月十五日假ニ農家ノ事ヲ作シ之ヲ觀ル。賞ス所皆藁草ノ物。戊子ノ歲ノ例ニヨリ左右ニ分テ勝負ヲ較ベシム。　三オ・六ウ

遊女賣春

○筵臣ノ啓。良賤ノ女稷山弘慶寺等ノ處ノ院宇ニ流寓シ行旅ニ宣淫シ以テ資生ス世俗之ヲ遊女ト曰フ。此ヲ痛禁スベシ。之ヲ律ニヨリ論斷ス。　三オ・六ウ

內農作

○王ハ假農作ヲ設ク、承旨等各勝負ヲ爭フ。多ク工匠ヲ聚メ凡ソ人物、鳥獸、昆蟲、草木其形ヲ極ム。此ノ督徵多ク城中騷然タリ。　五オ・六オ

右　同

○王ハ左農作ノ精巧ナルヲ謂ヒ之ヲ勝トス。馬ヲ賜フ。　六ウ・七ウ

右　同
投　壺

○王ハ傳シテ假農作ハ戲事ニ非ズ豳風七月ノ事ナリト、宗親一品、入直諸將ニ之ヲ觀覽セシム。射侯或ハ投壺ス。　八ウ

俗節花朝

○承政院ニ傳旨ス曰ク、二月一日ハ古ヨリ花朝ト云ヒ俗ニ名日トナス。　九ウ

新來虐待
炬　弊

○大司諫ハ上疏シテ諸弊ヲ論ズ。邦憲ヲ恐レズ新屬ヲ侵虐ス宴ヲ設クル五度免新爲

冒禁屠牛　寺刹ノ弊　女樂排斥　朝士服色

メニ產ヲ破ル。宵行ニ備フル杻炬大ニシテ民弊アリ。禁疎ニシテ屠牛遍ネシ。國ヨリ寺刹ニ供スル鹽米一萬八千碩之ヲ冥福ノ爲ニ費スハ非ナリ。　二五オ―二六オ

○承文院校理ノ言。雅樂ニ女樂ヲ用ユル勿レ。班列ノ時服ハ舊例ニヨリ黑色ヲ用ヒヨ。

卷二百

二月

尼寺ノ弊　女人乘馬　尼寡對食

○筵臣ノ啓。南大門外山房ニ尼社アリ、婦人等點燈ニ託シ乘驕騎馬シテ行ク者相繼グ、淨業院モ亦此ノ如シ。寡婦ト尼ト醜聲アリ。僧人商販ノ爲肆ニ閭閻ニ行ク。　三オ・七ウ

家廟行ハレズ

○經筵ノ時獻納ノ啓。人或ハ祠堂ヲ立テズ或ハ神主ヲ褻處ニ置ク、或ハ神主ヲ作ラズ。之ガ糾察ヲ請フ。　四オ―ウ

曆ト迷信

○筵臣ハ今撰ビタル太一曆（祖宗朝ヨリアリ）ノ世ヲ惑ハスモノナルヲ言フ。　一三オ

尼社弊害　同性愛

○筵臣ハ婦女尼社ニ往來シ僧徒閭閻ニ出入スルノ禁ニ付テ上言ス。同上尼社ニ醜聲アルヲ曰フ。　一四オ・一五オ

入學　婚姻年齡　同姓親等

○王ハ大臣ヲ召シ世子入學ノ事ヲ議ス。世子明年行婚（時ニ十二歲）スベキカ。禁無キニヨリ異姓七寸ノ親ヲ用ユ如何。右贊否二樣ノ議アリ。　一六オ―ウ

卷二百一

三月

尼寺ノ弊

○侍讀官ハ婦女尼寺ニ赴クノ禁ニ付テ上言ス。　一オ・ウ

世子嬪ノ擇定

○承政院ニ傳旨シテ刑曹判書ノ女ヲ世子嬪ニ定ム。百官賀ス。　同

卷二百二

四月

宗廟犧牲　○侍講官ハ宗廟ノ祭ニ各室ニ供スル羊豚ノ頭ヲ去ルハ牲ノ本義ニ合セザルヲ言フ。　五オ

禁酒　○旱ニ因リ婚、祭、藥、射外公私飲酒ヲ禁ズ。　一四ウ

卷二百三

五月

宗親恣行　○宗親ノ數今二百餘人ニ至ル、或ハ娼妓ヲ畜ヘ或ハ私賤ヲ奸シテ妾トスル去多シ子ハ其不可ヲ曰フ。　一〇オ－ウ

祈雨用盲　○王ハ兒童ヲシテ雨ヲ祈ラシムルヲ褻慢トシ今次ノ祈禱只矇瞍ヲ用ヰシム。　一一ウ

卷二百四

六月

佛弊　尼寡對食　○大司憲ハ上疏シテ僧徒々食國費ヲ消耗スルヲ言ヒ且尼ト寡婦ハ司處シ夫婦ノ如キ者アリ、尼僧ヲ一切還俗セシメ大小婦女ノ尼社ヘ上ル者ノ痛禁ヲ請フ。　二オ－ウ

定親ノ禮　○王世子ノ定親禮ヲ行フ。　一〇オ

併酒禁　○酒禁ヲ罷ム。　一一ウ

納徵　○王ハ宣政殿ニ御シ世子納徵ノ禮ヲ行フ。　一五オ

三ツ兒　○金海ノ女一産三男。（賜米ノ記アシ以下賜米ナキ此種ノ記事略ス）　一六オ

老人優遇　○中部百五歲ノ老女ニ歲米十石ヲ賜フ例ノ如シ。　一七オ

卷二百五

七月

喪中不愼
○大司憲金升卿ハ前司諫玄俊カ母ノ喪三年内ニ女妓ノ家ニ經宿セシヲ劾ス。俊ノ妻ハ升卿ガ嘗テ妓ヲ奸シ子ヲ生ミシコトヲ謂フ。
一二オ

準近親姦
○義禁府ハ副正ガ其妻ノ父ノ婢妾ヲ奸シ子ヲ生ミシコトヲ啓ス。之ヲ推鞫セシム。
一五オ―一六ウ

卷二百六

八月

壻妻家ニ寄食ノ風
○經筵ノ時司諫ノ言。我國之俗妻家ニ贅スレバ妻ノ父母ヲ視ル己ノ父母ノ如シ、妻ノ父母亦其壻ヲ見ル己ノ子ソ如シ。
七オ

幼死略葬
○王女卒ス。地理學葬地ヲトス。王ハ未ダ成人ノ葬ヲ成サズ明日發行明日葬ムルヲ可ナリトス。
一三ウ

卷二百七

九月

私占官妓
○掌樂院提調ノ啓。平壤ノ妓御前呈才ニ合スル者ヲ柳均ノ子ハ占シテ妾ト爲シ農莊ニ置ク。本院移文スレドモ還送セズ。
二オ―ウ

卷二百九

十一月

災變放囚
○雷二度アリ。王ハ各道ニ下諭シ諸囚ヲ速ニ疏決セシム。
三ウ

娼婢同一
○司諫院ノ啓。凡ソ大小人員公私婢ヲ娶テ妻妾トスル者ノ子女其父掌隷院ニ告ゲ錄案ス。娼妓本ト定夫無シ其生ム所ノ子ノ父ヲ知リ難シ。女妓紅杏ヲ取調ブレバ一人ハ月候ノ前ニ一人ハ後ニ奸ス其後奸ノ者ヲ父トスベシ云々。
八オ―九オ

準近親姦
○兄弟同一ノ婢ヲ奸ス。臺諫ノ論駁ニヨリ之ヲ鞫ス。
一五オ―一六オ

耳掩　十二月

卷二百十

○耳掩ヲ堂上等ニ賜フ。　一一ウ

十九年（戊申）

卷二百十一

納采納徵　正月

○禮曹正郎ハ王世子納嬪、納采、納徵等儀ニ付啓ス。　二オ—三オ

內農作　人勝春播

○司憲府ハ農作（宮中ニテ農事ヲ假作スルコト）戲玩ニ近シ之ヲ停メンコトヲ請フ、王ハ允サズ。人勝春播ノ類モ廢スベカラズトス。　五ウ—六オ

○治ヲ略式トス。　六ウ・七ウ・八オ

蒸奸

○永安節度使妻ヲ喪ヒ後其ノ母ト同居ス。人頗ブル疑フ。　一七ウ

卷二百十二

恣女臺帳　閏正月

○司憲府掌令ノ啓。金孟鱗ノ祖母ハ三夫ニ適キ恣女案ニ錄セラル、因ヨリ孟鱗ヲ守令ト爲スヲ得ズ。王ハ聽カズ。　二オ—ウ・三オ—六オ・八ウ

娼妓効用

○初メ娼妓ヲ沿邊ニ置キシハ邊將軍官等ノ瀚衣縫裳ノ爲也。內地ノ娼妓ハ之在ルニ因リ朝士ノ風俗毀亂ス、之ヲ革ムル如何、王ノ言。中朝ノ使臣ニ女樂ヲ用ユルニヨリ內地ノ妓ノ必用アリ、承旨ノ答。　一一オ—ウ

重修寺刹

○弘文館副提學ハ圓覺寺ノ弊アルヲ以テ重修ノ不可ナルヲ言フ。王聽カズ。司諫院獻納等モ同上。　一二オ—ウ・一六オ—ウ・一七オ—ウ

行幸觀覽

○王ハ傳シテ行幸ノ時觀光ノ人各其家前ニ幕帳ヲ設ケ見ルハ禁ゼズ、男女屋上ニ乘　一八オ・ウ・一八ウ—一九オ・二五オ—二六オ

事項	記事	出典
先農祭祀	リ觀ルヲ禁ズ。總テ之ヲ禁ズベキヲ上言スル者アリ。 ○王ハ先農ヲ親祀ス。籍田ヲ親耕ス。	一九オ—ウ・二三オ—ウ
	卷二百十三	
	二月	
親迎ノ禮	○王ハ宣政殿ニ御シ醮禮ヲ行フ。世子乘輦シ嬪ノ第ニ親迎ス。	二ウ
回門ノ禮	○世子儀衛ヲ具ヘ嬪ノ第ニ回門ノ禮ヲ行フ。	四オ
排佛思想	○海印寺板堂修葺ノ不可ナルヲ司諫院、筵臣等上疏ス。王聽カズ。	七オ—ウ・八オ—九オ・一二ウ—一三オ
世子冠服	○王ハ大臣等ヲ召シ王世子冠服ノ事ヲ議ス。	九オ—一一オ
乘轎ノ禁	○諸道ニ下書シ地方官任遞ノ時其家族禁ニ違ヒ屋轎子ヲ用ユル勿ラシム。	一二オ—ウ
	卷二百十四	
	三月	
倭服倭語ノ海賊 全羅淫祀淫風盛行	○經筵ノ時掌令金楣書ヲ進ム。水賊アリ倭服倭語ニテ出沒ス。全羅ハ古ノ百濟ノ風アリ。其俗鬼神ヲ尙ビ岡巒林藪皆神號アリ。或ハ木人ヲ設ケ或ハ紙錢ヲ胥シ音樂酒食、男女群集露宿夫婦相失スル者アリ。弟ハ兄ノ妾ヲ烝シ奴ハ主母ヲ奸ス。	一オ—二オ
老人優遇	○耆老ニ宴ヲ訓鍊院ニ賜フ。	二ウ
朝鮮風俗古今變遷	○天使董越ノ言。大明一統志ニ朝鮮ノ風俗父子同川ニ浴ス、男女相悅ヲ婚ヲ爲ス云々トアリ。今此風無シ云々。	四オ
觀光制限	○天使來ル時士女ノ觀光ニ褰簾露面ノ者ヲ禁ズ。	五オ
文廟塑像	○正使平壤ニテ文廟ニ謁ス。先聖十哲ノ塑像ヲ見テ中國ト異ナルト言フ。	右同
茶禮	○兩天使成均館ニ至ル館官儒生次ヲ以テ禮ヲ行ヒ茶禮ヲ行フ。	一六オ

成宗十九年

世子服色		○正言ハ王世子ノ服色ニ綠ヲ用ユルノ不可ヲ言フ。	一八オ―ウ
		卷二百十五	
宗廟ノ樂	四月	○王ハ宗廟ノ樂、西京別曲ハ男女相悅之詞也トシテ其不可ヲ曰フ。	一オ
飲福宴		○宗廟別祭飲福宴ヲ行フ。	右同
風水思想		○地理學提調ノ言。廢妃ノ墓ハ唐ノ一行禪師三十八將ノ法ニ違ヒ世子ノ爲メニ好カラザルヲ啓ス。本件ニ付考究ス。	八オ―ウ・九オ―ウ・一一ウ―一二オ・一三ウ―一四オ
畫像奉安		○奉先寺ニ先王ノ影ヲ安ンズ、王ハ之ヲ修補セシム。	一七オ
廢妃追崇		○觀象監提調等廢妃ノ葬地ヲ審視ス。侍講官等廢妃ノ祭祀ニ付テ考ス。	一七ウ―一八オ・一八オ
		卷二百十六	
風水思想	五月	○廢妃ノ葬地ニ付テ王ハ其風水說ノ信ズルニ足ラザルヲ曰フ。	七オ
女屍剖陰		○漢江ニ浮流ノ女屍アリ陰門ヲ剖拆ス。王ハ必ズ巨家悍妬婦ノ所爲ナラントヨフ。	一四ウ―一五オ
		卷二百十七	
祈雨	六月	○旱甚シ南門ヲ閉ヂ北門ヲ開キ、鼓ヲ禁ズ、市ハ徙サズ。	一八ウ
		卷二百十八	
右同	七月	○旱甚シ慶會樓地池邊ニ童子蜥蜴祈雨ス。	一オ
右同		○街童雨ヲ祈ル。王ハ刑曹ニ傳旨シ或ハ雜像ヲ設ケ或ハ香卓ヲ設ケザル者ヲ鞫セシ	五ウ

右同		ム。	
		○祈雨ヲ止メ南北門ノ閉開皮、鼓ヲ禁ヲ停ム。	七オ
幼死略葬		○王ノ女タル年十一ノ公主卒ス。朝市ヲ停ム、葬褒一ニ省略ス、殯ヲ除キ卽葬ス。	一〇ウ
		卷二百十九	
樂詞卑褻	八月	○特進官ノ啓。方今ノ音樂率ネ男女相悅ブノ詞ヲ用ユ。曲宴觀射行幸ノ時之ヲ用ユルハ可ナルモ正殿ニ御シ群臣ニ臨ムノ時用ユベカラズ。王ハ積習久シ遽ニ革ムベカラズトス。	四ウ
奏樂不調		○王ハ傳シテ進宴ノ時ノ妓及管絃ノ盲等不用意ニ奏樂シ歌曲調ヲ爲サズト曰フ。	五オ―ウ
儒生奢侈		○儒生ノ居館スル者昔ハ繩鞋ヲ着ケ所持ノ服ハ褻衣ノミナリシ、今ハ靸鞋ヲ着ケ各寢籠ヲ具フ。且先生ニ不敬ナリ、王ハ糾察セシム。	六オ
		卷二百二十一	
喪中淫行	十月	○王ハ義禁府ニ傳旨シテ及第ガ母喪守墳ノ時女妓ト通奸セシヲ推鞫セシム。	一五オ
火山臺		○司憲掌令ノ啓。火山臺ノ放火ハ宮中辟邪ノ爲ナラバ可ナルモ觀玩ノ爲ナラバ停ムベシ、王ハ允サズ。	右同
		卷二百二十二	
白丁	十一月	○慶尚監司ノ啓ニヨリ其道內白丁自私婚姻ヲ禁ズ。（平民ト雜婚セシムルニヨリ）賞行セザル者ヲ罰ス。	二一ウ

卷二百二十三

十二月　火山臺
○命ジテ火山臺ヲ罷ム。　一八ウ

二十年（己酉）

卷二百二十四

正月　再嫁所生任用セズ
○典翰金孟鋼上書シテ其祖母再嫁ノ故ヲ以テ兄孟鏻ト共ニ論駁セラルルモ（新制大典內ニ再嫁ノ女ノ所生東西班ニ列スル勿レノ條文アルニヨリ）永樂大典ニハ改嫁更娶ノ法アリ聖恩ヲ蒙リ一家百口ノ冤ヲ伸セン云々。王ハ大臣ト議シテ之ヲ不問ニ置カシム。　一七オ

供佛救疫
○黃海道ノ鄕試ニ本道疫病救治ノ法ヲ問フニ永柔訓導ハ供佛之ヲ救フベシト云フ。王推鞫セシメ平安道ニ竄ス。　二〇オ―ウ

卷二百二十五

二月　淫行處分
○大臣ト議シ其奴ト奸セル權德榮ノ妻李氏ニ死ヲ賜フヲ定メントス議一ナラズ。　一オ

墓域超限
○持平ハ月山大君ノ葬地ガ法ノ制限ヲ超エ且傍近ノ古塚ヲ掘去ラシメシヲ云ヒ法ニ據ランヲ請フ、大司憲其他モ同上。王聽カズ。　九オ―ウ・一二オ―ウ・一四ウ・一六ウ・一七オ―ウ・一八オ

僧ノ服鞋
○僧人ニ皮鞋ト六升布衣ヲ着ルヲ禁ズ。　一四オ

王室ト婚ヲ嫁フ
○宗室ト婚スルヲ人皆憚ル。　一九オ

卷二百二十六

一夫二妻	三月	○父嘗テ二妻ヲ娶ル爲メニ嫡庶ノ分明カナラズシテ其子ノ覆試ニ赴クヲ許サズ。	一ウ
老人優遇		○耆英宴ヲ訓鍊院ニ賜フ。	二オ
笠制		○時俗ノ笠制僧笠ニ似タルニヨリ其制ヲ改メシム。	一四ウ
		卷二百二十七	
擊毬	四月	○王ハ慕華館ニ武士ノ射騎擊毬ヲ試ス。	一三ウ
		卷二百二十八	
端午進扇	五月	○禪宗、敎宗、圓覺ノ三寺每歲ノ例端午前ニ圓扇ヲ進ム此年進ヲ闕グ。王ハ曰ク僧ハ國家ニ益ナシ、唯ダ扇ノ一事ハ其役ナリ闕進ノ情ヲ推問セシム。	二ウ
優戲娛尸		○忠淸、全羅、慶尙三道ノ觀察使ニ諭シ、其地ノ民俗葬親ノ時酒食聚會俳優百戲スル等ノコトアリ之ヲ禁ゼシム。	六オ
恣女案帳		○司憲府ノ啓ニヨリ士族ノ婦女トシテ失行者タル德城君ノ妻及權德榮ノ妻ヲ恣女案ニ錄ス。	六ウ
宦官好色		○內官崔水淵ヲ杖一百告身ヲ收ム。完原君ノ乳母ト戲狎セルニヨル。	六ウ
儒生上寺		○儒生禁ヲ冒シ興德寺ニ上寺ス、王ハ之ヲ推鞫セシム。同寺ノ後ニ路塞ノ處アリ、相地官ヲシテ審視開塞ノ便否ヲ啓セシム。	七オ
風水思想			
右同		○右寺ノ北路ニ付テ議アリ。	七ウ・八オ・九オ・一一五オ｜一六ウ・一七ウ｜一八オ
		卷二百二十九	

排佛思想	六月	○圓覺寺ノ修補ニ付テノ反對上疏。	一五ウ—一六オ・一七ウ—一八オ・一九オ—ウ・二〇オ—二五オ・二五ウ—二六オ
		卷二百三十	
祈雨	七月	○祈雨。昭格署、蜥蜴。名山大川。	一オ・ウ
給資助婚		○貧ニシテ嫁婚時ヲ失スル者ニ給資擧行ノ事京外當該官擧行セズ、右申明ノコト。	六ウ
妖書妖言		○驪州ノ人天命ニ假托シテ妖書ヲ造リ妖言ス、死一等ヲ減ズ。	一〇オ—ウ
近親姦淫		○夫ノ從弟ト通シタル晋州人殷富ノ妻。其母公氏ハ夫ノ三寸姪ト通ズ。右前者ハ司憲府ニ於テ鞫ス。後者ハ十年前ノコト已ニ死セルヲ以テ之ヲ棄テシム。	一六オ—ウ
茶禮		○光陵親祭後茶禮ヲ奉先殿ニ行フ已ニ舊例有リ。	一七オ—ウ
		卷二百三十一	
近親姦	八月	○右公氏ノ件。公氏夫ヲ喪フ巫ヲ迎ヘテ祀神ス、其事ヲ幹セル允禮其巫ヲ奸ス。公氏之ヲ窺見シテ心動キ遂ニ其婿ト私ス。殷富夜歸ル其妻致成ト共ニ臥ス劍ヲ拔テ二人ノ髮ヲ斷ツ。	一ウ—二オ・一〇ウ
秋夕觀月		○王ノ言。古人（支那ノコト）秋夕ニ觀月ス、我國ニ此風無シ。踏靑登高モ亦一時ノ事、今夕酒樂ヲ經筵堂上、出直承旨等ニ賜ラントス云々。本件實行ス。	六ウ
龜卜		○執義ノ上疏。天下ノ至公無私ナル者ハ龜ニ如クハナシ。洪範稽疑ニモ此事ヲ記ス云々。（此時龜卜ノ行ハレシニ非ズ）	八オ—ウ
		卷二百三十二	

老人優遇	九月	○王妃ハ養老宴ヲ行フ。	八ウ
白丁		○兵曹判書ハ近來盗多シ、才人白丁ノ都下ニ來寓スル者多シ、此等寇盗ニ類ス刷還スベシト啓ス。王ハ其方法ヲ考セシム。	一〇ウ
		巻二百三十三	
右同	十月	○王ハ傳シテ右白丁ノ中ニモ盗ヲ爲ス者ト否ラザル者トアルベク、之ヲ區別シテ刷還ヲ取扱ハシム。	一〇ウ
立祀鄕賢		○古ハ鄕先生歿セバ社ニ祭ルベシト云フ、鄕人自カラ別廟ヲ立テテ祀ル、五賢堂ノ如キアリ。王ハ之等ハ文廟ニ從祀スベシト曰フ。	一一ウ
姻政良好		○筵臣ノ言。全州府尹ハ處女ノ嫁婚ヲ督シ一州ノ處女未嫁者無シ、其婚夕ニ處女作歌以テ之ヲ唱フ。	一八オ—一九オ
		巻二百三十四	
巫風盛行 男巫妖術	十一月	○卒魚有沼ノ京宅空シ人有リ人頭ヲ以テ邸中ニ埋ム。右ハ男巫ガ鎭魂ノ術トシテ行ヒシモノ也。都下巫覡盛行ス。右男巫ヲ囚フ死一等ヲ減ズ。	三オ・一三ウ—一四オ・一五オ・二九オ
喪中不愼		○司憲府ニ傳旨シ曰ク。今ノ士類父母ノ喪ニ遭ヒ哀ヲ忘レ爭訟或ハ城中ニ乘馬シテ行、廬墓ノ禮亦廢シテ行ハズ申明糾劾スベシ。	一四ウ
白丁		○才人白丁ノ都下ニ居ル者宰牛ヲ業トス。凡ソ人ノ賊ニ遭フモノ追尋スレバ必ズ其人ノ家ニ得ル。	一五ウ
女人乘馬		○問安ノ女人騎馬シテ宮門ニ入ルヲ便ナラズトシ、奉保夫人ニハ騎馬牌ヲ作リテ給	二五オ

シ他ハ乘馬セザラシム。

白丁　十二月　○大司諫ノ啓。今盜賊興行中外騷擾ス、皆才白丁ノ類也良民ト交嫁セシムベシ云々。　七オ

卷二百三十五

癘鬼ノ祟　○黃海道ハ古ノ戰場ナリ癘鬼祟ヲ爲シ民夭死多シ。今廟ヲ立テ之ヲ祀ル云々。　八オー

神殿賭博　○內官ハ文昭殿ノ守僕等御室ニ入リ、酒ヲ賭シ雙六ヲ爲シ相戲レシコトヲ啓ス。　一四ウ

近親姦罪　○綾城ノ良人ハ妻ノ母ト奸ス之ヲ斬ス。　一六ウ

儺ト輪木戯　○二十九日王ハ兩大妃ト共ニ仁陽殿ニ儺ヲ觀ル。侍宴ノ諸臣輪木ヲ擲テ賭ス。　一九オ

二十一年（庚戌）

卷二百三十六

巫覡盛行　正月　○都中淫祀ヲ崇尙シ巫覡盛行ス。　二ウ

內農作　○經筵ノ時執義ハ假農作祈年ノ事ニ山禽、野獸、饁婦、蠶女、織嫗ノ形ヲ作ルハ無益ナリトシ、其雜像ヲ罷メンコトヲ請フ。王ハ之ヲ允サズ。　五ウ―六オ

孔子塑像　○開城府大成殿宣聖十哲ノ塑像ノ臂足折斷、彩色剝グ。之ヲ神位ニ改ムベシ。成俔ハ曰フ平壤學宮ノ宣聖十哲モ亦塑像ナリ、遼東亦同ジ。王ハ此等塑像ハ前朝ノ舊物改メザルベカラズト曰フ。　五ウ―六オ

淫祀盛行　○江原道其俗淫祀ヲ尙ブ、大白山ヲ祀リ大小臣民家ヲ挈ゲ齋戒留宿ス。寡婦曠日留宿スル者アリ。筵臣ハ痛禁スベキヲ言フ。　七オ

墓側建寺　○筵臣ノ言。月山大君ノ墓ニ寺ヲ創ム不可ナリ、王ハ大妃ノ教ニヨリ齋庵ヲ禁ム也　一四ウ―一五ウ

寺ニ非ズト曰フ。

僧ノ檢察　○諸道監司ニ諭シ度牒ナキ僧及妻帶ノ僧ヲ檢察セシム。　一六ウ

卷二百三十七

公服不整　二月　○王ハ今、朝賀ノ時ノ百官ノ公服染色不齊、正至ニ百官行禮ノ時冠服陋破セリ。今後意ヲ用ユベシト曰フ。　六オ―ウ

邸宅過制　○筵臣ノ言。公主ノ家今皆大典ニ背キ過制ナリ、且翁主ノ家國禁ヲ冒シ熟石花草拱ヲ僭用セルヲ言フ。　九オ

近親姦罪　恣女臺帳　○妻ノ妹文殊ヲ强奸セル幼學ハ絞ニ該ル、妻ニ宥旨杖八十。文殊後ニ又人ト奸ス恣女案ニ錄シ殘邑ノ婢トスベシト刑曹ヨリ啓ス。唯案ニ錄ス。　一〇オ

卷二百三十八

家門紊亂　三月　○前司直ハ妓妾ヲ昵愛シ妻ヲ炭庫ニ置キ饔餮或ハ闕グ。次子ハ火者ト詐稱シ祝髮僧トナル。司憲府ハ法ニ置カンコトヲ啓ス。　五オ―ウ

文廟饌卓　○文廟文宣王四聖十哲ノ座前中朝國子監ノ例ニヨリ並ニ饌卓ヲ設ク。　六オ

禁　酒　○旱ヲ以テ酒ヲ禁ズ。　八ウ

卷二百三十九

神殿賭博　四月　○文昭殿ノ入直者神前ノ燈燭ヲ盜ミ相與ニ賭博戲謔ス。　三オ

燒酎ハ贅　○司諫ノ啓。世宗ノ朝士大夫ノ家宴ニ燒酎ヲ用ユ今尋常ノ宴集皆之ヲ用ユ糜費甚多　四ウ

シ之ヲ禁ゼン。王ハ允サズ。

卷二百四十一

六　月

近親姦罪

○鐵山ノ良人ハ同生ノ兄(姉ノコト)ヲ奸ス、二人時ヲ待タズ絞。　一五ウ

壻ハ妻家ニ居ル、

○我國ニハ中國ノ親迎ノ禮無シ。皆妻ノ家ヲ以テ家ト爲ス、妻ノ父ヲ父ト稱シ妻ノ母ヲ母ト曰フ、常ニ父母ヲ以テ事フ。　一六ウ

卷二百四十二

七　月

雷　變

○朔、大雷電闕庭ニ震ス。王ハ天譴トシテ赦ヲ行フ。　一オ・ウ

卷二百四十三

八　月

妖言惑衆

○忠淸道上番ノ水兵妖言衆ヲ惑ハス、都中ノ士女爭趨問ト群ヲ成ス。其妖言ハ神空中ニ在リ能フ言フト稱ス。司憲府ヲシテ之ヲ禁ゼシム。　二ウ

誕日進宴

○兩大妃殿ノ誕日進宴ヲ恒式トス。　九オ―ウ

獻壽給妓

○父母アル宰相獻壽ノ外諸獻壽處ニ妓工ヲ給スル勿ラシム。　九ウ

秋夕翫月

○王ハ傳シテ、秋夕翫月宴ノ前例ヲ考シテ啓セシム。　九ウ

月見ノ宴

○司諫院ハ翫月賜宴ヲ罷メンコトヲ乞フ。　一〇オ

近　親　姦

○驪州ノ學生其子ノ妻ヲ奸ス、時ヲ待タズ斬。　一二

卷二百四十四

老人優待投壺	九月	○耆英ニ訓錬院ニ宴ヲ賜フ。弓、虎豹皮、胡椒等ヲ賭ヒ投壺セシム。	七ウ—八オ
老人優待		○仁政殿ニ王ハ養老ノ宴ヲ行フ。各一資ヲ加フ。	一一オ
女妓ニ官品ヲ給ス		○司憲府ノ啓ニヨリ、女妓ニ衣服首飾等ノ物官物ヲ以テ備給セシ德山縣監ヲ鞫ス。	一三オ
老人優待		○王妃養老宴ヲ設ク。	一四オ
		卷二百四十五	
鄕飮射禮	閏九月	○筵臣ノ啓。國家鄕飮（每十月）鄕射（三月三日九月九日）ノ禮ヲ行フ、其與ル者ニ物議アリ敢テ行ハズ。留鄕所ヲシテ其勵行ヲ糾察セシムベシ。王ハ其改正ノ事ヲ擧行セシム。	五オ
		卷二百四十六	
天文妖言	十一月	○妖言ハ多ク天文ヨリ出ヅルヲ以テ典翰ニ命ジ天文ノコトヲ秘寫ニセシム。	八オ
		卷二百四十八	
火山臺	十二月	○每年設クル火山臺ハ熱脈厚紙等ノ費少カラズトシ、經筵ノ時掌令ヨリ之ヲ罷メンコトヲ請フ。	一ウ—二オ
星變祈禳		○承政院ハ請フテ昭格署ノ醮祭ヲ行ヒ星變（大白晝見ユ彗星出ヅ）ヲ禳ハントス。王ハ允サズ。	三ウ
星變謹塡儺禮		○司憲府掌令ハ今ハ星變ニヨリ膳ヲ減ジテ戒愼ス、逐疫外ノ儺禮及會禮宴ハ皆之ヲ停メント請フ。王ハ儺禮ハ祖宗ノ朝ヨリアリ、周禮月令、漢書ニモアリ廢スベカ	一三オ—ウ

		ラズトス。	
火山臺儺戲		○弘文館提學ハ上箚シテ火山臺ノ設ケハ戲玩ニ出ヅ、古ハ方相氏之ヲ掌リ疫ヲ逐フテ止ム云々。之ヲ罷メンコトヲ請フ、王ハ觀儺觀火ハ兩殿ノ爲メニ邪ヲ逐フ爲ナリトシテ從ハズ。	一七オ—ウ
右同		○大司憲等ハ上書シテ天變ノ爲メニ觀儺火山戲ヲ罷メンコトヲ請フ。	一八オ—ウ
右同		○王ハ火山臺ノ設ケハ軍國ノ爲廢スベカラズ。儺禮ハ兩殿觀ルヲ欲セズト云フニヨリ罷ム。	一九オ
右同		○三十日後苑ニ觀火ス但奏樂ヲ止ム。	一九ウ—二〇オ
	二十二年（辛亥）	卷二百四十九	
星變停賀	正月	○星變ニヨリ賀ヲ停ム。	一オ
給資助婚		○王ハ議政府ニ傳旨シ男女貧ニシテ婚期ヲ過グル者ハ資物官給禮ヲ遂ゲシムルコト典章ニアレド有司擧行セズ更ニ明諭セシム。（星變ニヨリ怨女無カラシメントスル也）	五ウ
婚姻奢侈		○王ハ承政院ニ傳旨シ婚姻奢侈ニ流レザラシム。	六オ—ウ
星變消失		○星變既ニ消ユ、兩殿ノ爲ニ復膳ス。	一〇オ
督婚		○王ハ承政院ニ傳旨シ京外未嫁ノ女ヲ檢察開錄シ以テ啓セシム。	一六ウ—一七オ
		卷二百五十	
右同	二月	○王ハ傳シテ貧家ノ處女ニ資ヲ官給シ婚嫁ヲ督セシム。	一五ウ
禁酒		○老病服藥外酒ノ好飲ヲ戒ム。	一九オ

婚姻奢侈 ○王子女ノ婚姻華麗ヲ競フ、王ハ之ヲ禁斷ス。 一九オ―ウ

一夫二妻 ○韓忠仁嘗テ忠淸道水使ノ時妻アテ妻ヲ娶ル、正言ノ啓。 一九ウ

近親姦罪 ○高陽ノ幼學同生ノ兄(姊)ト姦ス、已ノ妾ヲ奴ニ與フ。凌遲死ニ處ス。 二一ウ

卷二百五十一

三月

老人優遇 ○耆老ノ宴ヲ訓鍊院ニ設ク。 一オ

賜女樂 ○司憲府持平ハ觀稼ノ時宰相ニ女樂ヲ賜フハ淫遊ニ近ク不可トナス。 四オ

死者不葬 葬夕作樂 男女雜處 ○經筵ノ時正言ノ言。永安南道ノ民俗ハ野人ノ風習アリ。父母兄弟死セバ屍ヲ木槽ニ置テ之ヲ田野ニ棄テ石ヲ聚メテ以テ壓ス、甚シキハ馬糞中ニ埋ム。喪祭ヲ行ハズ云々。王ハ曰ク、前ニ葬夕作樂屍ヲ娛シムルノ風アルヲ已ニ之ヲ禁ゼリ革ラザランヤ。同知事曰ク今此風ナシ。正言曰ク、北人男女ノ別無シ長堗ニ雜居ス。旅人ニ宿ヲ許シ其主ノ妻女ヲ奸スル者多シ。 四オ―ウ

右嚴禁 ○王ハ永安道監司ニ下書シ右男女同房ノコト、父母ノ死ヲ棄ツルコトヲ嚴禁セシム。 五オ

擊毬 ○王ハ慕華館ニ武臣ノ擊毬ヲ觀ル。 一ウ

卷二百五十二

四月

一夫二妻 ○憲府ハ趙秀武ガ二妻ヲ娶リシコトニ付テ同人ヲ鞫ス。 四オ―ウ

禁酒 ○旱甚シ。王ハ中外ニ命ジテ酒ヲ禁ジ又減膳ス。 一四オ

祈雨 ○修溝、壅滯、審寃、掩骨埋胔ヲ行ヒ且祈雨ス。 一九オ

祈雨　○後苑ニ祈雨ス。　二四オ

卷二百五十三

五月

白丁　○都元帥ハ軍士ニ關スル事目ヲ啓ス。才人白丁、內騎兵ハ能ク騎シ能ク射ス云々。　三オ

蠱毒案付　○諸道ニ下書ス。道內諸邑蠱毒案付ノ人ハ多ク他方ニ流移シ生民ヲ害毒ス、勒還出境セシムル勿レ云々。　一八ウ

賭博　○全羅忠淸慶尙三道ニ下書ス。今沿海之民昇平ニ狃レ惟ダ酣遊シ文武ノ藝ヲ習ハズ好ンデ賭博ノ戲ヲ爲ス云々。　三〇オ

尼ヲ禁ズ　○旱。大司諫ノ言。庶人士族ノ女夫死シ剃髮尼ト爲ル、又年少未嫁ノ女爭フテ剃髮ス、男女伉儷ナキハ是レ和ヲ傷リ災ヲ招ク也皆還俗セシメン又其家長ヲ鞫セン。　三一オ―ウ

衣食住奢侈　○王ハ議政府ニ傳旨シ、飮食、服玩、車馬、家室等奢侈ノ風ヲ革メントス。　三四オ

卷二百五十四

六月

寺刹竹席　○司憲獻納ハ興天寺ニ竹席ヲ設ケ其門ヲ重修スルハ不可ナリト云フ。王ハ倭人來朝スル者此寺ノ見ヲ求ム故ナリト云フ。　一四オ

誕日進賀　○中宮誕日。王世子百官ヲ率ヒテ進賀ス。　二八ウ

卷二百五十五

七月

禁酒祈雨　○旱ニヨリ酒ヲ禁ズ。祈雨祭ヲ行フ。　二三オ・二四オ

解酒禁　○命ジテ酒禁ヲ罷ム。　三二オ

八月

卷二百五十六

餞宴禁止　○監司守令ノ行ニ切族外餞宴スルヲ禁ズ。　八オ—ウ

軍士起復　○北征副元帥ノ啓ニヨリ起復シ軍ニ從フ諸將ニ開素ヲ令シ肉ヲ食フヲ得セシム。　一一オ

官員上寺　○弘文館員賜暇ヲ得テ藏義寺或ハ歸厚署ノ空寺ニ讀書ス。王ハ之ヲ不可トシ別ニ一堂ヲ構ヘシムベシト曰フ。　一一オ

九月

卷二百五十七

翫月徹夜　○大司憲ノ啓。三月三日、九月九日ハ經筵官ニ酒樂ヲ賜フ例ナルニ尙其上ニ翫月ヲ命ジテ徹夜スルハ弊アルヲ云フ。　三ウ

網巾　○嘗テ御網巾ヲ內ヨリ出シ尙衣院ヲシテ修補セシム、破處多シ御衣ノ白領亦垢汚セリ云々。　四オ

淫祠經宿　○持平ノ啓。全羅ノ風俗淫祀ヲ尙ビ錦城山ニ祈禱シ士族ノ婦女亦處女ヲ率ヒ經宿醜聲騰聞ス。守令禁ゼント欲シ能ハザルハ其祠ノ稅米ヲ歸厚署ニ納ムル故也。　一一オ

淫祀痛禁　○王ハ承政院ニ傳旨シテ右錦城山ノ淫祠ハ監司ヲシテ痛禁セシム。　一一オ

老人優遇　○中宮ハ養老宴ヲ宣政殿ニ行フ。　一五オ

喪中淫行　○金磵ハ殯側ニ妓ヲ奸ス。　一七オ—ウ

十月

卷二百五十八

冬至ニ太一ヲ祭ル　○冬至ニ太一ノ醮ヲ行フ例アリ。太一ハ天神ノ尊キ者ナリ故ニ是日之ヲ醮ス。　六オ

事項	月	記事	張
淫祠納稅		○全羅觀察使ノ啓。羅州錦城山ノ淫祠ハ守令只士族ノ婦女ヲ禁ジ庶人ハ禁ゼズ。神米六十碩ヲ歸厚署ニ納ムル故也。	六オ
		卷二百六十	
女樂	十二月	○大司憲ハ我國宴樂ニ女樂ヲ用ユルハ本國ノ舊俗ト雖モ不可ナリトシ之ヲ革メンコトヲ請フ。舊ニ依ルヲ便トスノ議ニ王ハ從フ。	一一ウ
儺戲		○王ハ仁陽殿ニ儺ヲ觀ル。	一一ウ
		卷二百六十一	
	二十三年(壬子)		
女樂	正月	○大司憲ハ女樂ノ不可ヲ謂フ。	二オ
喪葬儀式		○今士大夫ノ葬喪浮屠ノ敎ヲ用ヒズ。	一一ウ
屠牛嚴禁		○刑曹ニ傳旨シテ屠牛人ヲ推刷シ全家ヲ絕島ニ徙ス。	一一ウ
		卷二百六十二	
禁僧規則	二月	○禮曹ハ禁僧節目ヲ啓ス。	一ウ—二オ
		卷二百六十三	
餅粍ノ禁	三月	○年凶ニヨリ市價騰踊ス、故ニ會飮煎花餅粍ノ類一ニ禁ズ。王ノ言。	一オ
駙馬薄妻		○公主ヲ薄ンジ娼妓ヲ愛セシ駙馬ヲ義禁府ニ下シ鞫ス。	一ウ—二オ
老人優遇		○耆英宴ヲ普濟院ニ設ク。	二ウ

端午進扇		○端午進上ノ扇子貼紗朱漆華侈ナリ。自今兩大妃殿下ノ外ハ復タ此ノ如クナル勿ラシム。	二三オ
遊街		○司憲府ハ年凶ニヨリ遊街ヲ禁ゼンコトヲ請フ。王ハ允サズ。	二六オ
		巻二百六十四	
右同	四月	○右同。	二ウ
		巻二百六十五	
端午賜藥	五月	○紗囊一百三十二ニ胡椒ヲ盛リ宗親大臣等々ニ分賜ス。	一八オ
女樂男樂		○掌樂院提調ハ天使ガ女樂ヲ受ケザルヲ以テ今男樂ヲ用ユ云々。	二一オ
		巻二百六十六	
解酒禁	六月	○雨澤洽シ酒禁ヲ罷ム。	三ウ
治術蠱毒		○善ク蠱毒ヲ治スト稱セシ者其術ヲ秘ス之ヲ刑問ス。	九ウ
		巻二百六十八	
第宅奢侈	八月	○大司憲ハ翁主ノ弟宅ノ過制ナルヲ上箚ス。	七ウ
樂章新撰		○登歌樂章ヲ新撰ス。百官進賀ス。	二〇オ―二二オ
		巻二百六十九	

老人優遇　九月　○王ハ仁政殿ニ養老宴ヲ行フ。　七オ

四時麻衣 兒童無衣　○書講ノ時承旨ノ言。永安道造山等ノ處木綿ヲ產セズ居民皆冬夏布衣、兒童ニ衣無シ。　一二オ

城隍尊崇　○咸興城隍ヲ祈禱スル盛也、儀仗ヲ陳シ前後鼓吹シ城隍神ト稱ス。太祖ハ咸興ヲ以テ興王ノ地ト爲ス故也。　一三オ

淫祠ノ禁　○慶尙道淫祀ノ禁ヲ申明セシム。　一三オ

卷二百七十

再嫁ノ子ノ任官權　十月　○王ハ司憲府ニ傳旨シ文允明ノ母ノ再嫁ハ立法前ニアリ、理當サニ許通スベシトナス。　九オ

第宅奢侈　○右副承旨ハ王子君ノ第宅制ヲ踰ユルヲ言フ。　九オ

苦役僞僧　○民土木ノ役ニ苦シンデ僧トナル者多シ。　九オ

女樂排斥　○筵臣ハ中朝女樂ヲ用キズ、天使至ル者之ヲ笑フ用ユル勿レト言フ。王ハ勢卒カニ變ジ難シト曰フ。　一〇ウ

卷二百七十一

法嚴僧遁　十一月　○兩大妃殿ハ諺文ヲ以テ禁僧ノ法嚴ニシテ僧皆逃散祖宗ノ願堂守護ナシト僧法ヲ嚴ニスベカラザルヲ言フ。（本件問題トナリ大妃ハ國事ニ關スベカラズ且僧法ヲ弛ムベカラザルヲ上言スル者多シ）　一三ウ—一五ウ

喪制儒式　○都承旨ノ啓。士大夫ノ家喪制一ニ朱文公ノ家禮ヲ用ユ、罕ニ浮屠ノ法ヲ用ユ。　一六ウ

禁僧ヲ罷ム

○弘文館提學藝文館奉教等ハ王ガ曩ニ發シタル民ノ僧トナルヲ禁ズルノ法ヲ、母后ノ意志ノ爲ニ中途ニ罷メタルコトニ付テ其不可ナルヲ論啓ス。（僧人ニシテ酒肉ヲ喫セズ妻子ナキ者百中一二云々）

二四ウ—二八オ

卷二百七十二

僧ト爲テ役ヲ免ル

十二月

○儒臣ノ啓。守令ノ侵奪ニヨリ牛馬釜鼎盡キ妻子ト離レテ僧トナリ其生ヲ延ス者滔々タリ云々。（以下王ノ代ニ至リ軍役艱苦ノ爲僧トナル者多クナリシ記事多シ略之）

四ウ—五オ

卷二百七十三

二十四年（癸丑）

儒生暴行

正月

○儒生ハ桂城君ノ家ニ石ヲ投ズ王ハ義禁府ヲシテ杖訊セシム。司諫院正言ハ遷都ノ席杖（開城ヨリ京城ニ遷都セシ時ノ事ヲ一ノ戲トナス）ハ乃チ儒生ノ古ヘヨリノ戲事也或ハ石ヲ投ズルアルモ之ニ杖訊ヲ加フルハ不可ナリト曰フ。王聽カズ。

一三オ—ウ

卷二百七十四

右同

二月

○右ノ件。

一ウ

親蠶服色

○禮曹ノ啓ニヨリ親蠶ノ時命婦ノ服ハ鴉青色ヲ用ユ。

一一オ—ウ

先農祭

○王ハ先農祭ヲ親行ス。

一二オ—ウ

親耕見物

○持平ハ親耕ノ時士女觀光道傍ニ群聚ス又民屋ニ男女混處ス醜聲アルベク之ヲ禁ゼンコトヲ請フ。王允サズ。

右同

右同

獻歌謠

○親耕後還宮ノ時妓女歌謠ヲ獻ジ王ハ駐輦之ヲ觀ル、弘文直提學之ヲ不可トス。且

一二ウ・一四ウ・一五ウ

此ノ時ニ士族婦女ノ觀光ヲ禁スベキヲ請フ。王ハ允サズ。

卷二百七十五

三月

右同　○大司憲右同上。　一ウ—二オ

排佛思想 儒生暴行　○儒生十五人醉テ公主ノ墓ノ齋室ニ至リ法堂ノ鎖鑰ヲ去リ經ヲ偷ミ佛像ヲ汚ス王ハ命ジテ之ヲ鞫ス。　二ウ

親蠶　○王妃親蠶ス儀ノ如シ。　一四ウ

儒服奢侈 婚姻奢侈　○王ハ政府ニ傳旨シ、儒生ノ服飾、士大夫婚嫁ノ具ノ奢侈ヲ競フノ風ヲ革ムベキヲ命ズ。　二二オ

卷二百七十六

四月

寒食祭墓　○前掲儒生ノ暴行ニ關シ王ニ庇辯スル者アリ、曰其日適マ寒食ナリ必ズ墓ヲ祭ル香爐ノ餘燼延爇セシカ云々。　二オ

火燧　○赴京ノ人多ク火燧ヲ持シ、韃子ト相販グ。筵臣ノ啓。　一四ウ

祭祀代數　○戶曹判書ノ啓。大抵大夫ハ三代ヲ祭リ士ハ二代ヲ祭ル只二三代奉祀ヲ傳フルノミ。　二五オ

卷二百七十七

五月

祈雨　○祈雨ス。　二オ

紗帽傚華　○王ハ中朝人ノ紗帽甚タ好シトシ、之ヲ作リ都承旨ニ賜ヒ着セシメ皆此風ニ倣ハシ　一一オ

メントス。

壽宴 ○中宮ハ其父ノ第ニ至リ壽宴ヲ獻ズ。 一四オ―ウ

酒禁 ○旱ニヨリ酒ヲ禁ズ。 右同

鞦韆宣淫 ○大司憲、大司諫等ハ啓シテ今年端午ニ富賈市井之徒鍾樓ノ後ニ鞦韆ヲ作リ南北ヲ分チ勝負ヲ爭フ其奢侈ハ彩棚ト異ル無シ而シテ之ヲ觀ルハ遊戲ニ非ズ美女ヲ聚メテ宣淫セントスル也之ヲ推鞫センコトヲ請フ。王ハ聽カズ。 一九オ―ウ

新來侵虐 ○王ハ司憲府ニ傳旨シテ新屬ノ人ヲ侵虐スルノ禁ヲ勵行シ節目ヲ定メシム。 二二ウ

卷二百七十八

第宅過制 ○持平ハ風俗奢侈皆上ヨリ起ルト王子、駙馬ノ家舍ノ過制ヲ言ヒ其材料ニ代價ヲ給スルノ法ヲ復センヲ請フ。允サズ。 二二オ―二四オ

新來侵虐 閏五月 ○司憲府ハ新屬侵虐ノ禁ノ行ハレズ之ヲ制書違背律ニヨリ罰刑シ其禁ノ勵行スルベキヲ啓ス。 三五オ

卷二百七十九

鷹師 六月 ○王ハ日ク、鷹師ノ設ケハ遊戲ニ非ズ、薦新ノ爲及兩殿進上獵禽ノ爲ノミ。 二オ

割勢致死 ○奉常主簿ハ神主木ヲ斫ル爲ニ出張ス。淸州ニテ妓ト臥ス、人アリ其陰莖ヲ割テ死ニ致ス。 三ウ―四オ

卷二百八十

成宗二十四年

弛酒禁	七月	○年凶歉ニ至ラズ、酒禁ヲ罷ム。	五ウ
		卷二百八十一	
後妻三年	八月	○王ハ政院ニ傳シテ士大夫妻ヲ亡ヒタル者三年ノ後ナラデハ改娶セシメザルノ法ハ過ギタル如シ。若シ然ラバ妻ノ喪ハ父母ノ喪ト同シ終服セバ娶ラシムル可ナル如シト曰フ。終ニ舊法ヲ可トス。	六ウ—七オ
祭祀忌於		○王ハ唇上ノ瘡ヨリ出血ス。來朔ニ於ケル各祭ノ祝文ニ着押スルハ安カラズトシ代押セシム。	二七オ
		卷二百八十二	
婦人乘馬	九月	○士族ノ女馬ヲ馳セテ人ノ馬ニ迫ル。	六オ
老人優遇		○王ハ仁政殿ニ養老宴ヲ行フ。一老人歌ヲ獻ズ詞辭甚タ鄙也。	二〇オ
右同		○中宮ハ宣政殿ニ養老宴ヲ行フ。	二〇ウ
		卷二百八十三	
胎室	十月	○戸曹參判ノ言。藏胎ノ時抄軍必ズ千數ヲ充ツ云々。王子君ノ胎ノ外翁主ノ胎ハ三角山ノ近處ニ一所地ヲ擇ブヲ便トス。	一三ウ
竹席		○大司憲ノ啓。南方大竹枯レ盡ク、世祖ノ朝竹席ヲ用ユルヲ禁ズ。今王子君、翁主ノ家ノ內外廳皆鋪クニ竹席ヲ以テス其弊少ナカラズ之ヲ禁ズベシ。	一九オ
雷變審寃		○大雨雷電ノ變アリ、王ハ之ヲ天譴トシテ寃獄ヲ審セシム。	二一ウ—二二オ

事項	月	記事	出典
婚姻奢侈		○右ト關聯シ大司憲ハ翁主ノ婚禮ノ奢侈ナルヲ言フ。	三〇オ
右　同		○王ハ禮曹ニ傳旨シテ王子君、翁主ノ嘉禮ノ時奢侈ニ流ルル勿ラシム。	三四オ－ウ
扇子奢侈		○扇子ノ價布八九同ニ至ル。	三五オ
近親姦		○金克愧ハ父ノ妾ヲ烝シ子ヲ生ム、叉妻ノ父ノ妾ヲ奸ス。	三七オ
		卷二百八十四	
守令妓婢ヲ妾トス	十一月	○經筵ノ時特進官ノ啓。永安道六鎭ノ守令ハ皆女妓官婢ヲ以テ妾ト爲ス。王ハ曰ク外方ノ女妓官婢ヲ以テ妾ト爲シ帶來スルハ不可也。	九オ
內農火山戲作		○農作祈年ト火山戲ヲ停メンコトヲ請フ。王ハ允サズ。	一〇ウ－一一オ
妓妾婢妾ノ制限		○王ハ承政院ニ傳シテ五鎭ノ守令衙內ニ女妓及官婢ヲ畜フル者頗ブル多シ。奉命ノ使臣及軍官（支那ニ行ク國使一行）等妓ヲ以テ妾ト爲シ婢ヲ納レ贖身スル者多シ。歌舞ハ一朝ニ習熟スベキニアラズ平安ハ中朝使臣往來ノ地ナルモ宜シカラズ、禁ジテ可也ト曰フ。	一一オ－ウ
		卷二百八十五	
水陸齋ハ安船ノ爲	十二月	○特進官ノ啓。忠淸道泰安郡ノ安波寺ニ每歲水陸齋ヲ設クルハ安行梁ノ漕轉船ノ利涉ヲ禱ル也、其供米ヲ各邑ニ分定ス。	一〇ウ
守令婚姻ノ制限		○守令等部民ノ婦女ヲ娶リ妻妾ト爲スコト及其子孫弟姪ノ家人ノ爲ニ同上娶ル者科罪ノ法禁明カナリ。	一二ウ－一三オ
立春寬刑		○立春ノ日東郊ニ氣ヲ迎ヘ布德和令施慶ヲ行フハ古昔ヨリ帝王順時施令ノ事ナリト	一四ウ

シ、王ハ刑ヲ輕クスベキ者ヲ開錄シ啓セシム。 一五ウ

内農作火戲
立春帖子
迎春ノ詩

○經筵ノ時持平ハ啓シテ觀火、内農作ヲ停メンコトヲ請ウ。
○王ハ文臣ヲ會シ迎祥ノ詩ヲ製セシム。立春帖子ト爲サントスル也。 一七ウ—一八オ

二十五年（甲寅）

正月

巻二百八十六

内農作

○王ハ傳旨シテ曰ク後苑ノ假農作ハ民ノ爲ニ祈年スル所ナリ廢スベカラズ。自今豳風七月篇ニヨリ之ヲ爲シ左右勝負ヲ較フベシ。同上ノ件。 一オ・三ウ—四オ・一四オ

右同

○王ハ命ジテ内農作ヲ停ム。 六オ

耳掩竹笠

○正言孫澍ノ啓。鼠皮ノ耳掩、五十竹ノ笠子ハ貴賤ヲ分タズ之ヲ着スルハ不可ナリ。尊卑ノ別ナシ禁條ヲ立テンコトヲ請フ。 一三ウ—一四オ

箕子ノ墓

○豐年ヲ待テ箕子ノ墓ヲ修治ス。 一九オ—ウ

巻二百八十七

二月

祭祀齋沐

○王ハ禮曹ニ傳旨シテ自今大小享祀ノ諸官ハ沐浴齋戒以テ祭祀ヲ承ケシム。 五オ

沐浴之具

○筵臣ノ啓。祭祀ニ齋戒沐浴セザル者多シ、王ハ曰ク祖宗ノ朝以來此浴具ヲ設クルモノ無意ナランヤ云々。凡ソ祭享ノ各處皆浴具ナシ、冬ハ則須ラク浴房ヲ塗塞シ又湯ハ其小ヲ執シテ浴スベシ、請フ浴器ヲ具ヘン。 七ウ

祭殿篝燈

○王ノ傳旨。文昭殿闇シ、祭ノ時燈燭明カナラズ輿ヲ奉ズル者蹉跌ノ恐レアリ、其間ニ篝燈ヲ懸クベシ。 八オ

素膳肉膳

○司饔院提調ノ啓。連日素膳ヲ進ム明日ハ國忌致齋ノ日ナレド肉膳ヲ進メン。 一二ウ

水陸齋ハ遭運ノ爲		○安波寺ノ水陸齋ハ甲申ノ年ニ始ム。漕運船ノ利害ハ水陸齋ト關セズトシテ禮曹ノ啓ニヨリ之ヲ革罷ス。	一四ウ
産忌停祭		○王世子嬪元孫ヲ誕生ス。建元陵、顯陵ノ親祭ヲ停ム。攝祭ス。	一九オ・ウ
禁酒 射侯ト酒		○年歉ナリ祭、婚、壽、射ノ外一切禁酒ス。文武官ノ子弟市井無頼ノ徒ト托スルニ射侯ヲ以テ飲酒スル者禁斷。	二八オ
		卷二百八十八	
殿燒致祭 陵震致祭	三月	○古例ヲ考シテ集慶殿ノ火災ニ致祭ス。恭陵雷震ニ大臣ヲ遣ハシ祭ル。	二〇ウ－二一オ
孝子節婦		○慶尙道ノ孝女節婦ヲ旌門復戸ス。	二六ウ－二七オ
眞殿禁火		○諸道眞殿ノ禁火節目ヲ定ム。	二九ウ
		卷二百八十九	
眞殿 太一殿	四月	○諸道ニ眞殿アリ。忠淸道ニ太一殿アリ各參奉ヲ配置ス。	五オ
婦女上寺		○司憲府持平、司諫院正言等ハ興福寺ニ大君ノ夫人及士族ノ婦女多ク往キ留宿スル者アリ、之ヲ推問センコトヲ請ヒ王ハ允サズ。（右ノ外本件ニ關シ上疏セシモノ甚多シ）	七ウ・八オ・一一オ－一三ウ－一五オ－ウ・一七ウ
遊街		○王ハ新及第ノ遊街ヲ許サザルハ宴飲スル爲ナリ（禁酒ノ令アリ）放榜後蓋ト花ヲ賜フ之有ルモ奈何トモスル無シトシ之ヲ許サントス。果サズ。	一七オ－ウ
婦女上寺		○筵臣ノ言。興福寺ニ大君夫人ハ僧ト只簾ヲ隔テテ處ル。士族ノ婦女上寺ス家長ノ罪ヲ治スベシ云々。	二一オ－ウ

右同		○右婦女上寺ノ件。	二二オ・ウ・二三オ―二四ウ・二六オ―二八ウ・三〇オ―ウ・三三ウ―三四オ
		卷二百九十	
右同	五月	○右ノ件。	九ウ
立春端午ノ帖子		○王ハ文臣製ノ春帖子、端午帖子ノ首ニ居ル人ニ論賞ス。	二〇オ―二一ウ・六ウ・一五オ
婦女上寺		○筵臣ノ啓。婦女上寺ハ前朝ヨリ以來ノ弊風ナルモ近日ノ如ク甚シキハアラズ。	一七オ
旱災減食		○王ハ旱災ヲ憂ヒ御膳ノ飯米ヲ減ズ。	一九オ
胎藏		○後宮沈氏兒ヲ生ム、藏胎ノ軍ヲ定ム。	右同
祈雨		○名山水ニ祈雨ス。	二九ウ
婚禮質素		○王ハ王子ノ婚禮ニ紗羅綾緞ヲ用ヒザラシム。	三〇ウ―三一オ
人柱風說		○王ハ司憲府ニ傳旨シテ曰ク、翁主ノ家舍造成ノ時ニ小兒ヲ埋メ之ヲ禳フトノ風聞喧傳ス。史臣ノ記。諸君翁主ノ家ヲ連年營造ス、京畿、忠淸、黃海等ノ人兒ヲ抱キ山ニ逃ル、閭里之ガ爲ニ空シ。	三二ウ―三三オ
祈雨		○蜥蜴祈雨ヲ再行ス。	四〇オ
人柱風說		○都下ニ又小兒ヲ埋メ禳災ストノ訛言アリ。	四四ウ
同上		○黃海道海州ノ人民浮言アリ、曰ク京都諸君ノ家營造ノ時小兒ヲ埋メ之ヲ禳フト。小兒ヲ船ニ載セ去リ或ハ山野ニ匿ス。	四六オ
		卷二百九十一	
剌燭蠟燭	六月	○文昭殿祭祀ニ剌燭ヲ用ユ王ハ煙焰アルヲ以テ蠟燭ヲ（蜂蜜ノ蠟ニテ作リシモノ）以テ	二ウ

事項	月	記事	出典
祭祀忌汚		之ニ代ユ。 ○齊陵祭ノ時執事トナリシ坡州牧使、長湍府使等或ハ犯染ト稱シ或ハ針灸ト稱シテ進參セズ云々。	一五ウ－一六オ
		巻二百九十二	
妻妾類似	七月	○王ハ傳シテ曰ク、駙馬豐川尉任光載、彩幣ヲ遣ハシ良妾ヲ娶ル云々。	一二オ
喪中淫行		○黃衡ハ母ノ病ニ歸省セズ、妓妾ノ家ニ宿留シ其ノ喪ニ及ビテモ又其家ニ往來スルヲ以テ前ニ鞫セラル。今水軍節度使ニ任スベカラズト正言ヨリ啓ス。	二〇オ
宦者淫行		○宦者人ノ妻ヲ奪テ妾トス、王命ニヨリ之ヲ鞫ス。	二三オ
帶妓巡察 鞦韆		○漢城判尹曾テ黃海ヲ按ス、平壤ノ妓ヲ帶シテ行ク到ル處起ッテ舞フ。又妓ニ鞦韆ヲ爲サシム。	二七オ
		巻二百九十三	
酒	八月	○旱・風雹アリ酒ヲ禁ズ。	一三オ
		巻二百九十四	
茶禮代宴	九月	○王ハ病ニヨリ養老宴ヲ世子ヲシテ代行茶禮ヲ以テセシム。	一一オ・ウ・一二オ
		巻二百九十五	
老人優遇	十月	○王妃養老宴ヲ宣政殿ニ行フ。	三オ

三足雞ト牝雞ノ戒
○中部民家三足ノ鷄有リ。副提學ハ前月慈宮大ニ佛事ヲ張ル、近日興福寺ニ僧徒婦女雜混ス、君王婦人ノ言ヲ用ユルニヨリ此怪アリト曰フ。王ハ此鷄ハ妖物長養スベカラズト曰フ。（四オ－五ウ）

妾ヲ盜ム　飯僧齋佛
○司諫院ハ士大夫其妾ヲ相窃ミ及飯僧齋佛、女謁盛ナルヲ言フ。（一三ウ）

卷二百九十六

十一月

新來侵虐
○王ハ新來侵虐到ラザル無ク衣冠ヲ汚毀ス俳優ニ同ジト、此風ノ革メザルベカラザルヲ曰フ。（七オ）

大臣淫行
○王ハ大臣李鐵堅ガ數人ノ妾ヲ奪ヒシコト、叔姪共ニ一女ヲ奸セン事件ノ處分ニ付テ議ス。及本件ニ關スル上書等。（九オ－ウ・一〇オ・ウ・一一オ－一七ウ）

盲女敎歌
○竹城君ノ啓。臣ハ婢三人ヲシテ盲女ニ歌舞ヲ習ハシム。（一五ウ－一六オ）

卷二百九十七

十二月

儺戲
○凶歉ニヨリ逐疫ノ儺戲ヲ止ム。（一ウ）

救病祈禱
○王不豫ナリ宗廟、社稷、名山、大川ニ禱ラシム。（一四オ）

右　同
○王不豫ナリ、宗廟、社稷、昭格署、白岳、三角山、木覓山、楊州城隍祠、五冠山、松嶽、德積祠、大井德津等ニ祈ル。（一四オ）

右　同
○熊津、鷄龍、竹嶺、楊津、南海、錦城山、智異山、伽倻津、亐沸山、雉岳山、東海、德津、西海、阿斯津、松串、長山串、牛耳山、沸流水、鼻白山、豆滿江、平壤江、九津、溺水、淸川江、鴨綠江、楊津等ニソレ〳〵朝官ヲ遣ハシテ祈ル。（一四ウ）

○王ハ大告殿ニ薨ズ。（以下ノ喪葬記事普通ノモノハ略之）

燕山君日記　卷一

分類	年月	記事	出典
殯典臨哭	卽位年（甲寅）十二月	○成宗ノ殯殿ニ朝奠、斂襲、小斂ノ奠、夕奠ヲ行ヒ百官臨哭。社稷、宗廟、永寧殿ニ告訃ス。長生殿ニ詣リ梓宮ヲ奉移ス。	一オ―ウ
國恤佛齋		○禮曹判書ハ先朝ノ舊例國恤ノ七七日及大小祥ニ佛齋ヲ行フ大行大王佛ヲ崇信セルニ付措置ヲ請フ。	一オ
水陸齋		○成宗ハ生前佛ヲ好マズ水陸齋ヲ行フヤ否ヤニ付議論アリ。世子ハ大行王モ先王ノ爲ニ設齋セルニヨリ之ガ廢止ニ從ハズ。	一オ―六ウ
殯奠臨哭		○大斂成殯奠ヲ設ク。百官臨哭ス。	七オ
水陸齋		○水陸齋ヲ藏義寺ニ設ク。（初七日）（爾後七日每ニ七齋迄デ津寬、正因等ノ寺ニ設ク略ス）	七オ
儒生哭臨		○成均館及四學ノ儒生闕內ニ至リ哭臨ス。	七オ
成服		○王世子以下成服ス。	七オ―ウ
排佛思想		○成均館儒生等ハ佛式ヲ廢シ儒禮ヲ依ランコトヲ請フ。	八オ・ウ

卷二

分類	年月	記事	出典
儒佛軋轢	元年（乙卯）正月	○供佛不可ノ議啓。	四ウ・五オ―六ウ・一九オ
風水思想		○先王ノ陵地ヲ相セントシテ風水ヨリ見タル山陵ヲ審査シ復命ス。祖宗ノ山陵古塚ヲ發カザルモノアル無シ云々。	四ウ・五オ―七ウ・九オ
右同		○大王大妃ノ言。地ノ吉凶ニヨリ必ズ報應アリ。	九オ
副葬品		○世宗ノ朝御押圖書皆象牙ニテ造リテ玄宮ニ入ル。王ノ言ニヨリ此等ノ物ハ進納セ	一七オ―ウ

ズ。

國喪急婚　○王ノ薨ヲ聞キ喪ヲ發セザル前ニ宗親朝士ノ子女ヲ醮セシムル者多シ。持平之ヲ鞫センコトヲ請フ。　二〇ウ

白鬃網巾　○進香ノ時安陽君ハ白鬃網巾、象牙ヲ用キ環子ヲ下セ、シ者ヲ着ス。　二五ウ

卷三

二月

送葬用炬　○國葬都監ノ啓ニヨリ發靷ノ時京城ヨリ箭串ニ至ルマデ炬火五百ヲ備ヘシム。　一オ

一日五哭　○承政院等ハ王ガ日ニ五哭スルハ哀ニ過グルト云フ。　七ウ―八オ

祈禱救病　○世子病アリ兩大妃ハ社稷、宗廟ニ禱ラントス。王ハ大行王ノ時モ祈禱効ナシトシテ禱ル勿ラシム。　一五オ

國喪急婚　○大行王昇遐ノ日、子女ヲ醮スル者十八人ヲ司憲府ヨリ啓ス。　一七オ

祈禳救病　○入直シテ病ヲ得ル者アリ、術士ヲシテ誦經之ヲ禳ハシメントス（殿內ノコト也）。王ハ之ヲ允サズ。閭巷ノ間ニ之ヲ倣ス者アリ云々。　一九オ

放砲攘邪　○王ハ放砲セントスルモ殯殿ノ爲果サズ。但讀經セシム。放砲ス。　一九オ

卷四

三月

殯殿諸奠　○朔奠ヲ殯殿ニ行フ。寒食ノ奠ヲ行フ。百官哭臨ス。　一オ

國喪中ノ食肉　○王ハ傳シテ曰ク、闕內皆肉ヲ用ユ老病ノ宰相亦開素ス。閭閻ノ中老病者アルベシト肉ヲ禁ズル勿ラシム。　二ウ

王子淫行　○月城君ハ臺諫ガ紘首ヲ恐構シテ之ト私シタルト啓シタル事實ノ妄ヲ辯ズ。　四オ

望奠
○望奠ヲ殯殿ニ行ウ。　六オ

發塚採骨藏置不葬
○果川縣民ニ父母、祖父母ノ塚ヲ發キ骨ヲ碩（カマス）ニ盛リ久シク葬ラザル者アリ。之ガ處刑ニ付議アリ。　七オ—一〇オ

發引ヨリ虞祭マデ
○祖奠ヲ行フ。遣奠ヲ行フ。初虞祭ヲ行フ。發引陵所ニ至リ玄宮ヲ下ス。返虞祭ヲ行フ。再虞祭ヲ行フ。三虞祭ヲ行フ。（以下六、七虞祭マデ行フ略）　一二ウ

喪中淫行
○卒哭内娼家ニ往來シタル訓鍊院副正ヲ鞫ス。　一二ウ—一三オ

卒哭釋服
○卒哭祭ヲ行フ。祭畢テ釋服ス。　一五オ

宦官娶妻
○司諫院ノ啓。禮曹ノ啓中、圓覺興天ノ寺僧佛供饋及宦者ノ妻ヲ娶ル其來ルヤ久シ勢革メ難シ云々。　一九オ

建興殿陵
○同上。王ノ生母タル廢妃ノ爲ニ別殿別陵ヲ建ツルノ議ハ當ニ斟量スベシト啓ス。　一八ウ

五月

卷五

葬喪僭越
○司諫院ハ柳子光ヲ駁啓シ子光爲メニ上疏ス。事ハ母ノ治喪ニ關ス。喪葬僭ナリト云フモ飾ニ木綿常紬ヲ以テ唯牢作セシノミ、百人擔持スルト云フモ六十六人ナリ、方相氏モ當ニ用ユヘキ所云々。　三ウ

僧尼相奸
○僧尼相奸ス。贖杖六十。　五オ

僧徒鷹狩　僧徒女犯
○忠清道ノ緇徒國喪ニ當リ多ク鷹犬ヲ畜フ。或ハ對妻シ子ヲ育ス。或ハ官妓ト通ズ。社長ト稱シ道士ト稱シ男女相奸シ忌ム無シ。王ハ其居舍ヲ撤去セシム。　五オ—ウ

喪期短縮
○三年ノ喪ハ天下ノ通制也今王子君等卒哭ノ日脱衰變服ス。未安ナリト弘文館上箚ス。　二六オ

排佛思想		○大司憲ト大司諫ハ國恤ノ初佛齋ヲ設ケシ不可ヲ諫ス。	二二オ—二四オ
排佛思想 三年ノ喪 馬肉食用		○忠淸都事ノ啓。佛齋ノ不可ナルコト。短喪ノ不可ナルコト。斃馬ヲ司饔ニ進ムルノ不可ナルコト。	二四ウ・二五ウ
		卷六	
國恤不謹	六月	○持平ハ國恤中娼家ニ出入セシ者ヲ劾ス。	七オ—ウ—八オ—ウ
		卷七	
右同	七月	○母后ノ弟タル尹湯老ハ成宗殯天ノ日娼ヲ縱淫セシトテ臺諫ヨリ劾ス。	二オ—三オ
		卷八	
停禁酒	八月	○雨アリ酒禁ヲ罷ム。	一オ
忌日素食		○王ハ慶妃尹氏ノ忌日ニ素膳ヲ進メシム。	七オ
		卷九	
女醫類妓	九月	○英陽副正ハ宗親ヲ以テ國恤中女醫ヲ奸ス。王ハ赦ヲ經タリトシテ問ハズ。	九オ・一〇オ—ウ—一一オ
宗廟ノ制	十月	○禮曹判書ハ宗廟ノ室旣ニ五廟トナル祧遷ノ主ハ如何ニスベキヤニ付テ啓ス。	一五オ—ウ
國恤禁婚		○國恤妻ヲ娶ルノ人試ニ赴カザラシム。	一五オ
宗廟祧遷		○禮曹ハ宗廟祧遷ノ議ヲ啓ス。	一五オ—一六オ

		卷十	
雷鳴放囚	十一月	○雷アリ王ハ懼レテ天譴トシテ輕繫ヲ放ツ。	一オ
排佛思想		○臺諫ハ水陸齋ヲ罷メンコトヲ請フ。罷メズ。	四ウ・五オ・六オ－ウ・一二オ・ウ
尼寡對食		○經筵ノ時獻納ハ尼僧ノ輩寡婦ノ家ニ出入ス醜聲アリ禁ヲ立ツベシト言フ。	七ウ
排佛思想		○度僧ノ禁アリ尼僧ノ禁ナシ司諫等ハ尼僧ヲ斷絶シ齋醮ノ設ケヲ廢スベキヲ言フ。	一五オ－一七ウ
三年ノ喪		王子三年ノ喪ノ行フベキヲ言フ。	
		卷十一	
陵側有寺 排佛思想	十二月	○弘文館副學等ハ宣陵側ノ寺刹ニ設齋スルノ不可ヲ上箚ス。	四オ－ウ・六オ－ウ・六ウ・七オ－ウ・八オ・九オ－ウ
練祭		○永恩殿ニ練祭ヲ行フ。	八オ
		卷十二	
僧ノ推刷	二年（丙辰） 正月	○度牒無キ僧ヲ推刷セシム。	二ウ
給鹽寺刹		○楡岾、洛山兩寺ニ鹽ヲ給ス、先王ノ成憲也。宦官ノ請ニ出ヅ。	四オ・五ウ
避死移居 疫死不葬		○瘟疫ニ父母及妹死ス之ヲ避ケテ他ニ出デ葬ラザル士族アリ。承旨ヨリ劾啓ス。	五ウ・六オ
宗廟制度		○太廟ノ制ニ付議ス。	七ウ－八ウ
停內農作		○國喪三年內、農作ヲ停ム。國恤三年內ハ只略設ス。	八ウ
尼僧還俗		○尼僧二十歲以下ノ者還俗セシム。告グル者賞ヲ給ス。	九オ
夢妖ノ言		○夢感妖誕ノ說ヲ爲セシ者ヲ推訊セシム。	一三オ

宦官有妻	二月	○宦寺ガ士族ノ女ヲ娶テ妻トナス、故ニ宮中ノ秘事洩ル。王ハ傳シテ今後朝士ノ五寸親内及私賤ハ妻トシ許ス勿ラシム。	二〇オ
		巻十三	
國喪內淫行	三月	○國喪內赴京ノ時義州ノ府婢ヲ奸シタル謝恩副使及謝恩使ヲ鞫セシム。	一〇ウ
		巻十四	
王母遷葬	閏三月	○王ハ宦寺ヲ遣ハシ廢妃（王ノ生母）ノ墓ヲ見ル、頽崩骸骨出デントス。吉年月ヲ擇ンデ遷葬セントス。	五ウ
風水思想		○其遷葬ノ地ヲ審定セシム。	六ウ
禁酒		○旱ニヨリ禁酒ス。	一三ウ
土雨天譴		○土ヲ雨ラス王ハ天譴ニ答フベシト云フ。	一四オ・ウ
佛敎儒興	四月	○度牒ノ僧無シ、王ハ孔氏ノ道興リ佛氏ノ敎衰ヘタリト意フ。	二二オ
喪制		○禮曹ハ王后ガ其父母ノ爲ニ服スベキ喪期ヲ定ム。	二三オ
寺掃除夫		○王ハ圓覺寺ノ照赤刺ノ事ヲ革メズ。	二五ウ・二六ウ・二七ウ
問安婢		○族親問安ノ婢日ニ闕內ニ聚ル市ト異ナル無シ。筵臣ハ五日ニ一日トセンヲ請フ。王ハ先朝ヨリ然リトシテ允サズ。	二六ウ
美女揀擇		○王ハ各司ノ婢子及士族ノ妾ノ生ム女子ノ姿色アル者五十人ヲ擇入セシメ親カラ之中ヨリ選定セントス。	二六ウ
女奴入宮		○近ゴロ女奴手ヲ携ヘテ群ヲ成シ宮禁ニ入ル。	二七ウ

婦女宿寺		○持平ハ帶方夫人等ガ士族寡婦及僧尼ヲ會シ寺ニ留宿スルノ風俗ニ害アルヲ言フ。	二八ウ―二九オ
		卷十五	
儒佛軋轢		○近日儒生闢佛ノ傳旨ニヨリ上寺シ僧ヲ毆シ或ハ寺物ヲ竊ミ、路上僧ヲ毆スルアリ之ヲ痛禁セシム。	三オ
馬交見物	六月	○王ハ內苑ニ雌雄ノ馬ヲ入レ之ヲ交ラシテ見ル。司諫院ハ其不可ヲ論啓ス。	八オ
		卷十八	
王牌寺刹	十月	○王大妃ノ命ニヨリ王ハ今後王牌アル寺刹ニ一切雜役ヲ除ク。	二一オ
		卷十九	
誕日陳賀	十一月	○王ノ誕日ヲ以テ百官陳賀ス。	八オ
		卷二十	
歲畫	十二月	○弘文館副提學ハ王ガ歲畫ヲ增加セシ事ニ付テ其不可ヲ啓ス。	一オ―ウ
捕狐禳祭		○王ハ道流ヲ大造殿ニ會シ讀經、禳災ノ爲生狐十首ヲ捕ヘ入レシム。	一ウ
近親奸罪		○同姓ノ從妹ヲ奸セシ者ヲ杖一百徒三年ニ處ス。	二ウ
拘忌移居 捕狐禳祭		○王ハ傳旨シテ二十四日邪火ヲ避ケ昌德宮ニ移ラントスルニヨリ、禳災所用多數ノ狐ニ更ニ二十首ヲ加ヘ捉ヘ入レシム。	七ウ
排佛思想		○禮曹判書ハ、成宗ハ生前佛ヲ好マザリシニモ不拘舊例ニ違ヒ襲ニ七々齋及小祥齋	一一ウ―一二オ―一五オ―ウ

風水思想

ヲ設ケ、今又大祥齋ヲ設クルノ不可ヲ謂フ。王允サズ。

○成宗ノ祔廟ハ明年二月ニ在リ、其前ニ神位ヲ預遷スルハ不可ナリトノ議アリ。立春後ハ墓龍ノ禁忌ナル故ニ已ムヲ得ズ此日ヲ擇ブト禮曹ハ曰フ。 一二オ—ウ

卷二十一

三年（丁巳）

正月

神主埋案

○禮曹ノ啓。元敬王后（太宗ノ妃）ノ神位ヲ奉ジテ獻陵ニ至ル。 七オ

婚衣奢侈
婚夕盛宴

○臺諫ノ啓。婚姻ノ夕爭フテ侈ク酒肉ヲ辨ジ飲宴ス。且婚姻ニ紗羅綾緞ノ禁ニ背キ用ユル者多シ。之ヲ禁ゼンコトヲ請フ。王ハ曰ク我國婚姻ノ夕ニ族會シ宴スルハ古キヨリノ習俗ナリ今之ヲ禁ズルハ苛察ニ渉ル。 七ウ

墓前石物

○墓ノ莎臺石ハ禁制ナシ、財力有ル者皆之ヲ作ル。 一〇オ

遷葬準陵

○遷墓（王ノ生母廢妃）ノ時先后ノ陵室ノ制ヨリ降殺シ略斂毀ヲ設ク。別ニ内人、内官、哭婢ヲ遣ハス。以上二遷墓部提調ノ啓。 一〇オ

陵前石物

○世祖ノ遺教アリテヨリ寢陵ニ莎臺石ナシ。王ハ廢妃ノ墓ニ之ヲ作ル。 一三ウ・一五オ

遷葬準陵

○王ハ傳旨シテ長湍ノ墓所ニ斂婢ヲ送ラシム。内棺朽腐セサレバ改斂ヲ須ヒズ。哭婢ハ英陵ノ時ニハ無シ遣ハスヤ否ヤ云々。（王ノ生母廢妃ノ墓ヲ移サントスル時ナリ） 一五ウ

喪人禁訟

○成宗ノ朝喪人ノ立訟ヲ禁ズ。筵臣ノ啓ニヨリ喪人ノ州郡ニ横行スル者ト並ニ之ノ禁ヲ勵行セシム。 二四オ

笠制

○經筵ノ時特進官ノ言。笠體ノ圓頂ナルヲ惡ム而シテ簷廣ク僧笠ノ如キモ又不可トス、一時卒カニ變ズルヲ不可トシ期限ヲ緩カニシテ之ヲ改ム。今舊笠ヲ禁ゼントシテ騷擾ヲ致ス。其令ヲ除カンコトヲ請フ。 二五オ

二月

油蜜果ノ禁　○同上。婚姻ノ夕定式ニ背キ油蜜果ノ用ユル者ヲ禁ゼンコトヲ請フ。　二五ウ

宗廟俎肉　○禮曹ハ宗廟ノ俎ノ肉ニ付テ啓ス。　二七ウ—二八オ

祭用ノ羊　○祭祀ノ羊ハ國ニ產セズ羔（ヤギ）ヲ代用シタリシガ羊蕃殖セシニヨリ之ヲ用ユ。　二八オ

禫祭　○王ハ永恩殿ニ禫祭ヲ行フ。　二八ウ

祔廟　雜戲獻歌　○成宗同王后ヲ祔廟ス。還宮ノ時前後鼓吹雜戲ヲ具ヘ耆老女妓歌謠ヲ獻ズ。　三一オ

祔廟設儺　○貞熹王后祔廟ノ時儺ヲ設ク。成宗ハ女戲ヲ見テ之ヲ去リシ故事ニヨリ女優ヲ去ラ ンコトヲ持平ヨリ請フ。王聽カズ。（廢庚妃祔廟ノ時ノ事也）　三二オ

祔廟雜戲　宦官有妻　○司諫ノ上疏ニ對シ王ハ祔廟還宮ノ時ノ戲翫ハ目アラバ見ルベシ。宦官ノ妻ヲ娶ルコト其來ルヤ久シ共ニ今遽ニ禁ズベカラズト曰フ。　三九ウ

老人優遇　○王ハ仁政殿ニ養老宴ヲ行フ。老人八十二人。　四二オ

右同　○中宮ハ宣政殿ニ同上。九百六十人（女）　四二ウ

美婢入宮　○各司ノ婢子姿色アル者十人ヲ選ンデ各首母ニ隷シ其業ヲ傳習シ入內セシム。　四三オ

卷二十二

三月

用狐禳災　○司諫ノ啓。後苑ニ狐ヲ放テ之ヲ觀ル殿下戲玩ニ耽リ云々。王ハ傳シテ曰ク近頃禳災ヲ以テ命ジテ狐ヲ捉フルノミ。　一オ—一ウ

老人優遇　○耆英會ヲ訓鍊院ニ設ケ醞ヲ賜フ。（以下ノ耆英會ノ記事省略ス）　一ウ

鷹坊復設　○大司諫ハ昔忠惠王カ鷹ニ傷キシ雉ノ悲鳴ヲ聞キ鷹坊ヲ罷メタル例ヲ引キ、其復立ヲ不可トス。王ハ太宗ハ鷹坊ヲ罷メシニ非ズ、唯內中ニ雉ヲ去リシノミ鷹坊ハ上殿ノ爲ナリト曰フ。（大妃ニ鷹ヲ進ムルノ意）　六オ—ウ

廢妃廟號	四月	○廢妃尹氏ノ廟號ヲ加フル事ニ付テ弘文館及臺諫ヨリ其不可ヲ論啓ス。（以下此不可ヲ論ズル者多シ王ハ皆聽カズ。此記事以下略ス）	二四オ－二五オ
風水思想		○王ハ傳シテ昌德宮臨壓ノ處人ヲ禁ジ犯者ヲ痛懲セシム。	二九オ
廢妃廟		○王ハ傳シテ孝思廟（廢妃立廟名）三年内予ハ朝夕ノ奠ニ晝茶禮ヲ行ハントストロフ。	二九オ
風水思想		○王ハ傳シテ宣陵内外案山兩間ノ水田ヲ民ニ耕ヲ許ス。限内案山外面山足ニ土築植木シ侵耕ヲ得ザラシム。	三二オ
		卷二十三	
同姓婚娶	五月	○王ハ政院ニ傳シテ同姓ヲ娶ルモ妨無キカヲ問フ。曰ク但宇ノ朝同姓ヲ娶ルアリ世宗朝ヨリ無シ。	四ウ
天變不愼		○雨雹ノ天變アリ。兩殿ノ進豐呈及臣僚ニ宴樂ヲ賜フハ不可ナリト臺諫ヨリ啓ス。王聽カズ。	一一ウ－一二オ
官妓私用		○近來大小人員小酌ヲ設ケ妓無ケレバ飲マズ。或ハ京邸ニ或ハ射侯ニ妓ヲ招致ス。爲メニ習樂ノ暇無ク生理亦難シト掌樂院ヨリ啓シ。憲府ヲシテ嚴察科加セシム。	二一オ
		卷二十四	
雷變謹愼	六月	○雷宣政殿中ニ震ス。王ハ減膳ス。（此變ヲ天譴トシ畜獸ト及戲玩ノ具ヲ罷メントヲ請ヘル者多シ）	二五オ

		巻二十五	
雷變謹愼	七月	○右ノ雷變ニ付テ王ハ民怨ナリトシ度僧ヲ禁ズル勿レノ事ヲ議ズ。政府六曹皆非トス。	一ウ・三一オ
國喪急婚		○大司諫ノ言。成宗昇遐ノ日、晝ニ婚セシ者ハ既ニ知レル者ナルベキモ之ヲ問ハズ、夜ニ當テ婚セシ者ヲ不忠トシテ論ゼリ云々。	三ウ・四ウ
風水思想		○昌德宮北路人ノ通行ヲ禁ズ已ニ久シ。中間ニ通ゼシモ山脈ノ爲ニ復禁ズベシト王ハ曰フ。	一一ウ
禮讓ノ風 服飾奢侈		○司諫院ハ上疏シテ少ハ長ヲ陵シ賤ハ貴ヲ妨グ、禮讓ノ風絶ユ、及服飾奢侈ナルヲ云フ。	一三オ—一六オ
		巻二十六	
僧ノ度牒	八月	○王ハ一年十人ヲ限リ僧ノ度牒ヲ許サンドス。	九オ
忌日謹愼		○王ハ懷墓ノ忌日ニ市ヲ停メ闕内ニ肉ヲ用キズ。	一三オ
		巻二十七	
婚姻及服裝ノ奢侈	九月	○近來市人ノ服士大夫ニ僭擬ス。婚家納采ノ時多ク紗羅綾緞ヲ用ユ、貧乏期ヲ愆リ婚娶ヲ得ザル者多シ。王子君吉禮ノ物色極メテ侈ル下人之ニ倣フ。右筵臣ノ言。	一四オ
		巻二十八	

神位拜佛	十月	○校書館副正ノ上疏。先王ノ忌晨齋儀軌ヲ見ルニ先王ノ神位ヲ寺門外庭ノ下ニ屈致シ沐浴シ拜佛ノ狀ヲ爲サシム。	一五オ
婚姻家舍ノ奢侈		○王ハ傳シテ王女ノ婚姻及家舍共ニ制ニ過グル勿ラシム。	一七ウ
誕辰進賀	十一月	○百官ハ王ノ生辰ヲ賀ス。	二〇ウ
喪中宰牛		○臺諫ハ卒哭内ニ宰牛セシ沈湄（宰相）ヲ特ニ許通セシ不可ヲ言フ。王聽カズ。	二六オ
宦官ノ妻妾		○王ハ雷變ニヨリ言ヲ求ム。丹城訓導ノ呈言。宦官妻妾有リ、幽閑ス故ニ其妻妾ノ失行多シ產兒スル者アリ。	二八オ―ウ
庚申守夜 賭博		○庚申ノ夜ニ承政院ニ酒肴ヲ賜ヒ王ハ守夜ノ戲ヲ爲シ之ニ賭セントス。大司憲ハ庚申守夜ノ戲ハ閭巷豪俠兒ノ尙ブ所ナリ又賭博ヲ非トシテ之ヲ停メンコトヲ請フ。王ハ聽カズ。	二八オ
誕日進賀		○百官ハ王妃ノ生辰ヲ賀ス。	二九オ
再嫁可否		○丹城訓導ノ上言。婦女年三十ヲ過ギ子ナキ者改嫁ヲ許スコト。此問題ヲ政府六曹ニ議ス贊否兩論アリ。	三三オ―三四オ
妖言者		○夢ニ假托妖言セシ者ノ死ヲ免ズ。	三五オ
儺戲處容	十二月	○二十九日王ハ三大妃ヲ奉シ儺ヲ昌慶宮ニ見ル。此夜亦三殿ヲ奉ジ仁陽殿ニ處容ノ戲ヲ見ル。	三八オ
歲末守夜		○夜ニ王ハ命ジテ諸承旨ヲ會宿守歲シ酒ヲ賜フ、弓矢皮物ヲ賭セシム。	三八オ
歲末觀火		○三十日後苑ニ御シテ觀火ス。王ハ葡萄火ヲ見ルヲ欲セシモ濫費ノ爲メ之ヲ停ム。	三八オ
	四年（戊午）		

卷二十九

石怪	正月	○王ハ白嶽山ノ大石墜チシヲ內官等ヲ遣ハシ檢閱セシム。	三ウ
寺刹重創	二月	○持平ハ見性寺ノ重創ヲ延期スベキヲ言フ。(本件ニ付テノ上疏多シ略ス)	六オ
儒佛軋轢	四月	○成均館生ハ宣陵ノ僧ニ創寺スルノ非ナルヲ上疏ス。王聽カズ。	一二ウ
佛誕燃燈 婦女經宿 僧尼雜處		○四月八日士族ノ婦女月山大君ノ齋宮ニ坌集シ經宿觀燈シ僧尼ト雜處シ風俗ヲ汚穢ス。且大君ノ第ハ佛寺ト接ス、夫人尼屬ヲ率ヰ出入節無シ。筵臣ハ之ヲ禁ゼンコトヲ請フ。王聽カズ。	一五オ－ウ
奢侈ノ禁	五月	○王ハ傳シテ飲食、婚姻、宮室、服飾等修奢ノ禁ヲ申明セシム。	一六ウ
酒禁弛廢 僧徒勸文		○酒禁アリト雖輦轂ノ下飲酒自恣闕內亦然リ。德源君ハ僧ノ爲メ勸文ヲ成シ圖書ヲ踏シ僧徒ニ分付ス。王ハ之ヲ鞫セズ。	一七ウ
國喪禁婚		○成宗昇遐ノ日、女ヲ嫁シタル者ニ對シ之ヲ叙用セザルコトトス。	一七ウ
新來侵虐		○京城ノ富商等新屬人ヲ侵虐シ市物ヲ漁收シ佛事ヲ設ケントス。司憲府之ヲ囚フ。	一八ウ
佛日觀燈	六月	○前記月山大君夫人觀燈ノ件、指平ノ啓。王ハ月山夫人ノ上言ニヨリ鞫ヲ停ム。	二一オ
奢侈禁制		○王ハ禮曹ニ命ジテ奢侈ノ禁制節目ヲ定メシム。儒生士族等絹類ヲ衣服ニ用ユルノ禁。衣服ノ染色笠ノ差等、耳掩、囊帶、笠纓、刀子、靸靴、貂裘、面紗、女衣、帳褥、案席、迎餞宴、新屬侵虐、油蜜果、金銀、白磁器、鍮盆、庶人家屋ノ丹青、婚姻犯禁、婦人ノ轎子等々。	二一ウ－二二オ
		卷三十	
莊陵空棺	七月	○魯山君ノ屍ヲ林ニ棄ツ旬月斂無シ、烏鳶來啄ス。一童アリ夜屍ヲ負フテ走ル云々ト史草所ニ供スル者アリ。	六ウ－七オ

名僧淫行 女僧妖言	八月	巻三十一 ○僧學祖永膺夫人ヲ奸セシ風評アリ。女僧ハ自カラ佛ト稱シ婦女ヲ集ム之ヲ捕ヘントス逃ル、今又城内ニ横行ス。王ハ赦ヲ經タリトシ之ヲ罪セズ。	四オ
王觀稼穡		○王ハ東郊ニ觀稼ス。	四ウ
明鮮雜婚	九月	○我國人海浪島ニ逃入年月久シ、唐人ト相婚シ言語服色亦同ジ。	五オ
曲宴	十月	○三殿ニ曲宴ヲ進ム。	一〇ウ
老人優遇		○王妃宣政殿ニ養老宴ヲ行フ。	同
火山臺	十一月	○臺諫ハ年險ナルヲ以テ本年末ノ火山戲ヲ停ムルコトヲ請フ。王聽カズ。	一一ウ
奇巧庭戲	閏十一月	○王ハ下敎シテ儺戲雜戲ハ尋常ニシテ之ヲ見厭タリトシ、他ニ奇玩ノ庭戲ヲ考案セシム。	一八オ
大妃不豫ト儺禮	十二月	○仁惠大王大妃不豫ナリ。歲時ノ進宴ハ大造殿ニ設ケ儺禮ハ宣政殿ニ陳ゼシム。	二〇ウ
喪葬記事		○甲寅仁惠王大妃升遐ス。(以下喪葬禮制等大抵前ニ同ジ齋ヲ七七日ニ寺ニ設クルコト前ニ同ジ略ス)	二一オ
喪期短縮	**五年**(己未)	○弘文館副提學ハ喪制ニ付テ上書ス。年ヲ以テ月ニ代ヘ短縮スルハ不可ナリ、三年ノ喪ヲ守ルベキヲ言フ。	二三ウ―二四オ・二五オ―二六オ
右同	正月	巻三十二 ○右喪短縮三年ヲ期年トシ之レヲ月ニ易ユルノ不可ニ付テ禮曹參議ハ論ズ。	一オ―二ウ
右同		○文宮ヲ下シテ後十一日ニシテ百官吉ニ從フ。王ハ十一日ニシテ練、十三日祥、十	一ウ

		五日禫トス。	
宗室淫恣		○淸川君卒ス安順王后ノ第也。性荒淫鈴原君ノ妻沈氏ト姦通ス、沈氏性淫佛像ヲ造ルニ托シ家ニ比丘尼ヲ請フテ同寢ス、又僧徒ヲ引入シテ之ト奸ス。	七オ―ウ
同性愛			
三年喪	二月	○王子君三年ノ喪ヲ行フヲ以テ五禮儀ヲ改メ永式トス。	一三オ
葬		○大行王妃ヲ昌陵ニ葬ル。	一五ウ
練祭		○練祭ヲ行フ百官從吉。	一八ウ
禫祭		○禫祭ヲ行フ。	一九オ
火者使役	三月	○火者ヲ賤口トシテ私家ニ使喚（小使ノ如シ）スルヲ禁ズ。	二二オ
放砲攘邪		○闕内邪氣アリトシ王ハタ放砲ス。	二三ウ
祈雨		○祈　雨。	同
		卷三十三	
處容ノ舞	四月	○王ハ命ジテ處容ノ冠帶ヲ入レシム、其古キヲ見テ新造セシム。	二ウ
巫風盛行		○全羅觀察使ノ啓。本道ノ人心淫僻僞詐、男ハ女服ヲ粧ヒ習ツテ巫覡トナリ、士族ノ家ニ出入歌舞神ヲ娛マシム。女ハ淫ヲ好ンデ山寺ニ遊歷ス、之ヲ禁ゼン。王之ニ從フ。	五ウ
婦女回寺			
解禁酒		○雨澤洽シ禁酒ノ令ヲ罷ム。	一一ウ
		卷三十四	
祭服不淨	七月	○祭祀ニ衣服ノ不潔ナル者アリ、內臣ヲ遣ハシ摘奸セシム。	三オ

		卷三十五	
風水思想	九月	○王ハ恭陵ノ主山ト西山ノ射場トノ距離ヲ審セシム。	一ウ・八ウ
馬胎服用	十一月	○王ハ十月ニ落産シタル馬胎ヲ司僕寺及民間ニ需メ進メシム。	二四オ
祈寒祭 儺戲	十二月	○祈寒祭ノ後寒甚シ。二十三日王ハ承旨ニ命ジ儺戲ヲ試閱ス。	二六オ
工人長鬚		○王ハ此前工曹ニ命ジ時牌ヲ造奉スル木人ニ鬚ヲ長クセシム。造入ノ時鬚ヲ削ラシム。	三〇オ
節日造鞍		○冬至、正朔、誕日ニ新鞍ヲ造ツテ進ムルノ例ナリ。王ハ弊ヲ慮リ之ヲ罷ム。	三一オ—三二オ
儺戲		○二十九日王ハ儺ヲ觀ル。優人ハ憫農ノ詩ヲ誦シ戲ヲ呈セズ。	三二オ
右同 火戲		○八道凶歉。觀儺、觀火ヲ罷ムヲ請フ。	三三ウ
	六年（庚申）	卷三十六	
出宮女ヲ姦スル罪	正月	○成宗ノ朝ノ侍女ヲ奸シタル中樞僉知ヲ司憲府ハ劾啓ス。王ハ罪ヲ贖セシム。	六オ
右同	二月	○宮中放出ノ侍女ヲ朝士之ヲ妾トスルヲ得ズ。	一五オ
馬蹄入内		○王ハ黑馬ノ蹄二百ヲ入内セシム。	一七ウ
馬皮入内		○毛白ノ馬皮二ヲ同上。	一九オ
		卷三十七	
風水思想	三月	○淨業院北岾、成均舘ノ北岾ハ闕内ヲ臨壓ス外人ノ通行ヲ禁ゼリ。其處ノ新造家屋ヲ調査セシム。	三オ—ウ

右同		○右ノ地及四山腰脊等來脈ノ處、家ヲ毀タシム。	四ウ―五オ、
		○禮山ノ人妻一乳三男。(賜米ノ記ナシ以下三ッ兒ノ記事賜アルモノノミヲ出ス)	七オ
儒生毀佛	四月	○演福寺ノ佛像ヲ地ニ擲チ毀チタル儒生六人ヲ杖ス。	一四オ
星變		○彗星見ハル、王ハ之ヲ問フ。	一四オ―ウ
婚姻奢侈	五月	○奢侈ノ風盛ニ婚禮ニ於テ甚シ。士大夫ハ王子女ノ吉禮ニ倣ヒ財力ヲ盡シ貧ニ至ル今後内費ヲ減シ下ヲシテ倣ハシメント洪貴達啓ス。王従ハズ。	二一オ―ウ
		巻三十八	
姦淫罪	六月	○士族婦女失行者及並ニ奸夫ヲ死刑ニ置クベシト論ズル者多シ。王聽カズ。	七ウ
明鮮雑婚	七月	○海浪島人漢女ヲ娶リ兒ヲ産スル者多シ。	八ウ―九オ
近親姦罪		○再從娚ト相奸セシ兩班ノ妻ヲ、杖一百永ク平安極邊ノ官奴婢トス。	一
宦官有妻	八月	○内官ノ私婢ヲ妻トスル者ハ殘邑ノ奴トシ。赦ニ遇ヘルモ離異セシム。	一五ウ
婚姻奢侈 女醫娼妓 送迎盛饌 新來侵徵		○議政府ハ時弊ヲ條陳ス。王子女、士大夫婚禮豪奢ノ件。成婚之夕兩家ノ酒饌華麗ヲ極メ賓客ヲ邀エテ榮ヘトス昔無キ所ナリ。娼妓女醫到ラザル所無シ。迎餞ノ件。各司人員ハ郊外送迎ノ酒饌ヲ盛ンニシ官府ヲ空ニシテ赴ク。新來侵虐ノ件。新屬人ヨリ酒肴ヲ徵索シ憂ヲ張ル、爲メニ財ヲ傾倒スル者アリ、貧者ハ仕官ノ望ヲ絶ツ者アルニ至ル。	二一オ―ウ
		巻三十九	
老人優遇	九月	○王ハ仁政殿ニ養老宴ヲ行フ。	二オ

再嫁禁止	十一月	○雷變ニヨリ言ヲ求ム、正言ノ疏中喪夫ノ婦女再嫁ヲ許スノ條アリ。王ハ祖宗ノ法輕シク改ムベカラズトシテ之ヲ採ラズ。	一七オ—ウ
厭禳用狸	十二月	○王ハ生狸ヲ捕ヘ以テ進メシム。	二二ウ
儺禮		○三十日王ハ儺禮ヲ仁陽殿ニ見ル。妓工俳優呈戲終日耽玩ス。	二三オ
	七年(辛酉)	卷四十	
空中異聲	正月	○西方雷ノ如キ聲アリ政院ハ鼓妖ナリト曰フ。王ハ下旨シ言ヲ求ム。	四オ
禳災ノ劍 鷹房復設		○右ニヨリ大司憲ハ上疏ス。先日ノ三寅劍ハ禳災ノ具也。闕內新ニ鷹坊ヲ構エ多ク鷹犬ヲ集ム。	五オ
禫祭	二月	○安順王后ノ禫祭ヲ行フ。	八オ
禳災用狐		○雷電アリ禳災用ノ生狐ヲ捕進セシム。	八ウ
祈廟	三月	○王ハ宗廟ニ安順王后祔廟祭ヲ行フ。	同
安胎使	五月	○王ハ濟川亭ニ安胎使ヲ餞ス。	一五オ—ｌ
酒禁廢妓ノ意見	七月	○律呂習讀官ノ上疏。鄕妓ヲ軍士ノ妻無キ者ノ爲ニ設クト大典ニアレド女子ハ軍兵ノ忌ム所也。今ノ女樂ノ弊ハ佛老ニ十倍ス。倡妓ハ士大夫遊燕ノ資ニ過ギズ。酒ニ大弊アリ祭祀ニハ醴ト明水ヲ以テ代ユベシ云々。酒ト妓ヲ罷ムルヲ請フ。王ハ報ゼズ。	一八ウ
		卷四十一	
畫像奉祀	八月	○淸道良民ノ女ハ父母死シテ後影堂ヲ設ケ朝夕奠ヲ行フコト十年。旌門復戶セラ	五オ

		ル。	
重九曲宴	九月	○九日ノ曲宴ニ妓ヲシテ入差セシムベク王ハ樂器ト善歌者ヲ入內セシム。	七オ
老人優遇		○王ハ養老宴ヲ行フ。	九オ
	八年（壬戌）	卷四十二	
立春端午ノ帖子	正月	○今後迎祥立春及端午帖子ハ宰相及堂下官能詩ノ者ニ製セシメ刊印シ恒用ス。	一オ
祭祀沐浴		○王ハ感寒ノ證アリ沐浴ニ難シトテ、先農祭、文照殿祭ヲ親行スルヲ得ズト曰フ。	二ウ
釋奠社稷ノ祭日		○禮曹ハ王ノ問ヒニ答テ曰ク。釋典ハ上丁日、社稷ハ上戊日是古制也。	六オ―ウ
祭祀沐浴		○王ハ曰ク古人云略自澡雪スレバ沐浴セズト雖モ致齋ヲ行フベシ。士大夫先祖ヲ祭ル者日寒ナラズ豈沐浴センヤ。王每ニ祭日寒キ日沐ヲ難ンズ。	同
髢		○公主ノ吉禮ニ髢一百五十ヲ納メシム。	八オ
風水思想	二月	○宮闕ヲ臨壓スル淨業院及泮水ノ地ノ人家ヲ撤去セシム。	二八ウ―二九オ・二九オ―ウ
		卷四十三	
射禮	三月	○王ハ成均館ニ幸シ大射禮ヲ行フ。會禮宴ヲ行フ。耆英會ヲ行フ。	一オ・ウ
行幸止樂		○王ハ今後門外ノ行幸ニ女樂ヲ用ユルヲ止ム。	二ウ
酒禁		○婚祭服藥ノ外酒ヲ禁ズ。瓶酒モ一ニ禁ズ。	三オ
三ツ兒	四月	○王ハ曰ク。一乳ニ二男一女祖宗ノ朝ヨリ米ヲ賜フハ鞠養ノ難キヲ考ヘシナラン。事惟變ナリ何ゾ米ヲ賜ハン。	二二ウ

		卷四十四	
道教經文	五月	〇王ハ成宗ノ朝ニ修撰セシ太一經ヲ捜索セシム。	一オ—三オ
祈雨		〇雨ヲ祈ル。蜥蜴、畫龍、南北門開閉等ヲ行フ。	三ウ
寺刹ノ禁		〇王ハ法王寫重創ノコトハ已ニ禁止セシモ、今兩殿ノ旨ニ依ルヲ知ル禁ズル勿ラシム。各道寺社ヲ新構スル者ハ痛禁セシム。	三ウ
因旱督婚		〇士族ノ女年長未婚ノ者ニシテ貧ナル者ニハ給資助婚、貧ナラザル者ハ家長ノ罪ヲ論ズルノ國典ノ規定ヲ申明セシム。時ニ旱ナリ。	四ウ
尼社願堂		〇崇禮興仁二門外ニ尼社ノ創建多ク之ヲ禁ゼントスレバ王后侍女ノ願堂ト稱ス。執義ハ之ヲ禁ゼンコトヲ請フ。	五オ—ウ
解酒禁		〇王ハ命ジテ酒禁ヲ罷ム。	一二ウ
宮中巫祀	六月	〇弘文館ノ啓。闕内鼓吹ノ聲アリ吏ヲシテ見セシムレバ巫女四五東宮ノ外庭ニ坐シ大ニ祭祀ヲ張ル事甚ダ不可也。	一三ウ
女眞人トノ禁婚		〇兩界入居人ノ內地人ト相婚スルノ禁ヲ嚴ニス。	一四オ
婚姻奢侈		〇司憲ノ啓。富家婚姻奢侈貧家爲メニ婚スルヲ得ズ、自今婚姻前司憲府ニ豫告セシメ納采、婚裝、笠、馬鞍、宴饌等々ヲ吏員醫女ヲシテ檢察セシムルコトトス。	一五オ—ウ
內佛堂		〇薦新米穀等ノ物ヲ內佛堂ニ送ル勿ラシム。	一五ウ
		卷四十五	
宦者ノ喪	七月	〇王ハ宦官ガ養父（異姓）ニ對スルノ喪ヲ問フ。	四ウ

十月　　卷四十六

貂皮ノ裳　○宮人競ヒテ奢侈ヲ尙ビ貂衣ヲ裳ト爲ス者アルニ至ル。　一四オ

王ノ淫蕩　○王淫戲無道ナリ。不時ニ內人ヲ後苑ニ聚メ狂歌亂舞日ニ以テ樂ミトナス。外人ノ知ルヲ恐レ臨壓ノ禁漸ク嚴ナリ。　二一オ

宴飲召妓　○筵臣ノ啓。凡ソ鄉黨燕飲スレバ必ズ女妓ヲ召シテ賓客ヲ娛マシム。　二三オ

十一月　　卷四十七

儺禮　○舊例儺禮ノ前期ニ二朔隷習ス。王ハ隷習ヲ不必用トシ命ジテ十二月十五日ヨリ始メテ習ハシム。　三ウ

國忌素膳　○王ハ今後國忌日ニ世子宮ニ素膳ヲ用キザラシム。臺諫ノ言ニヨリ今後國忌ニハ素膳トス。　一四ウ・一九オ

都城落書　○近ゴロ無賴ノ徒人物ヲ詳論シ名ヲ紙上ニ書キ之ヲ龍哥榜ト曰フ。　一五ウ

十二月

儺戲

妖言者　○忠義衛司猛ハ廢妃尹氏ノ靈今智異山ニ天皇トナル常ニ我身ニ憑ク云々妄誕ノ言ヲ爲ス之ヲ死ニ處ス。　一六オ

○王ハ儺ヲ仁陽殿ニ觀ル。兩大妃殿ニ曲宴ス。　二三ウ

九年（癸亥）

正月　　卷四十八

僧儒交遊　○宰相儒士ノ僧ト交遊スルコト。僧ノ都城內ニ入ルコトヲ禁ズ。　六ウ

水陸齋　○藏義、津寬二寺ノ水陸齋ハ成化十九年ヨリ初メ香祝ハ秩高キ朝官ヲ遣ハシ每年二　九ウ

		月十五日先皇先后ノ爲ニ之ヲ行フ例ナリ。王ハ之ニ忠贊衛ヲ遣ハスコトトス。	一二オ
美女選入	二月	○各司ノ婢及良女ノ八歲ヨリ十二歲ノ容貌端正者ヲ選入セシム。	一二オ
富商僧服 喪人騎馬		○富商大賈ハ士大夫ノ服裝ヲ爲シ橫行ス。喪人騎馬スルヲ得ザルニ衰絰ヲ服スル者乘馬僕ヲ從フ。成均舘司藝ハ之ガ申明痛禁ヲ請フ。	一三オ
宗室信佛		○帶方夫人淫亂。嘗テ大君ノ喪中設齋冥禍ヲ脫スルヲ要シ、或ハ上寺禮佛、或ハ僧ヲ家ニ邀ヘ共ニ飯ス、國人之ヲ醜トス。	一六オ—ウ
婚姻奢侈		○筵臣ノ言。士大夫ノ婚禮奢麗ヲ爭フ、法禁ヲ設クルモ革マラズ。	二三オ
白丁		○筵臣ノ言。貢進ノ獐鹿ヲ驅ル爲メニ才人白丁ヲ役シ彼等ハ業ニ暇ナク偸盜トナル。	二三ウ
聚巫酒樂		○巫女ヲ聚メ酒樂ヲ設ケ倭人ト歌舞セシ東平館庫子ノ罪ヲ臺諫ハ論ズ。	
		卷四十九	
內佛堂	三月	○內佛堂ニ把直軍士ヲ置キアリ。	二ウ
婦女觀光 女笠	四月	○大司諫ノ言。天使ノ來ルヤ士族婦女群ヲ成シ觀光ス婦德ニ缺グ。我國ノ女笠ハ中朝ニ無キ所、華人之ヲ見バ必ズ笑ハン、一切之ヲ禁ズベシ。	一二オ—ウ
迎餞ノ禁		○王ハ曰ク。婦女郊外迎餞ノ禁ハ上級ノ者免レ下級ノ者免レズ、之ヲ禁ズルモ何カ益セン。	一三オ
妖僧惑衆		○妖僧雄自カラ生佛ト稱シ病ヲ治ス癒ヘザルハ無シ、愚民千百群ヲ成シ至ル。守令又之ヲ邀フアリ。病女ヲ治スルニ暗室ニ携入其夫ノ見ルヲ禁ズ。忠淸監司之ヲ極刑ニ置カンコトヲ請フ。	二〇ウ・三一オ—ウ

右　同		○王ハ右ノ如キ妖僧ノ痛治スベキヲ傳ス。	二一ウ—二二オ
男巫祀神		○筵臣ノ啓。下三道、神ヲ祀ルニハ必ズ男巫ヲ用ユ郎中ト稱ス。	二三オ
國巫妖術		○巫女石乙非ハ國巫ト稱シ妖術ヲ以テ民ヲ惑ハス。鏡ヲ房中ニ懸ケ神其中ニ在リト云フ。捕フレバ内需司造給スル所ノ鍮鉢、符祝アリ。	二三ウ・二四・
曲　宴	五　月	○王ハ兩大妃殿ニ曲宴ヲ進ム。	二四ウ
祈　雨		○祈　雨。	三〇オ

卷五十

王ノ淫蕩	六　月	○王ハ伽倻琴ノ名手妓廣寒仙ヲ宴ニヨリテ入内セシム。王之ヲ私セントスルモ人ノ知ルヲ恐ル、側近曰ク世祖ニモ四妓アリ時無ク出入スト、王決意之ト幸ス。王微行宦者五六人ト猝カニ淨業院ニ入リ年少姿色アル尼七八人ヲ留メ之ト淫ス。	二ウ—三オ
女妓入内		○掌令ハ女妓ヲ便服セシメ入内スルハ祖宗ノ故例ニ非ズト曰フ、王ハ故事ナリト曰フ。	三オ
女人乘馬	七　月	○王ハ命ジテ淑媛及侍女ノ鞍子各十部ヲ入内セシム。	一四オ
日鮮雜處		○三浦ノ倭人ト吾流民ト雜處ス、之ニ子女ヲ賣ル者アリ。朝官ヲ遣ハシ刷還治罪セシム。	一四ウ
桃枝祈禳	八　月	○王ハ傳シテ大内築墻ノ處、經師ヲシテ桃枝呪符ヲ以テ之ヲ禳ハシム。	一六オ
妖　言		○安州ノ人妖言ニヨリ、一里二百餘家逃散シ盡ク。	一六オ
花　匠	九　月	○王ハ傳シテ各司ノ花匠仐數ト野菊花二百叢ヲ入内セシム。	一九ウ
重九曲宴		○王ハ兩殿ヲ奉ジテ後苑ニ曲宴ス。	二〇オ

老人優遇		○養老宴後、老人ニ加資ス。	二一ウ
弄妓有罪		○宴中醉テ戯ニ妓ヲ弄シ果ヲ投ジタル李世佐ノ件ニ付、政府六曹漢城府堂上ヲ召シテ議ス。同人ヲ務安縣ニ付處ス。	二二ウ－二三オ
彩棚		○勅使來ラントス慶事ニヨリテ來ルニ非ザルヲ以テ彩棚ヲ設ケズ。	二四オ
		卷五十一	
白雉	十月	○慶尚監司白雉ヲ獻ズ。	三ウ
唾涎ノ罪		○義禁府ノ啓。申嚴ハ御前ニ在テ有聲唾涎ノ罪、杖九十徒二年半告身追奪。王ハ三等ヲ減ズ。	五オ
風水思想		○王ノ二兒相繼デ死ス、葬地ヲ相セシ地理官ヲ鞫ス。	五オ
白丁		○打圍ニ才白丁ヲ役ス。	五ウ
佛齋選僧	十一月	○王選僧ノコトアリ之ヲ諫ムル者アリ。王曰ク先王先后ノ忌晨齋ヲ廢スベカラザル爲也。	一一オ
風水思想		○宮闕臨壓ノ處ノ人家ヲ撤去セシム。	一三ウ・一四オ ウ・一五ウ
王ノ鼓舞		○兩大妃ハ王ヲ昌慶宮ニ慰安ス。王自カラ擊鼓歌舞シ群妓ヲシテ之ニ和セシム。	一六オ－ウ
觀儺	十二月	○觀儺ノ時命婦等ヲ入闕セシム。	二二オ
內農作		○正言ハ內農作ノ不便ヲ曰フ。王聽カズ。	二三オ
儺戲逐疫		○儺戲逐疫ニ優人着ル所ノ紅巾紅衣ヲ改造セザリシ官吏ヲ鞫ス。	同
儺戲		○二十八日王ハ傳シテ儺戲ヲ鄭眉壽ノ家ニ送ラシム。	二三ウ
右同		○二十九日王ハ仁陽殿ニ儺戲ヲ見ル。	同

卷五十二

十年（甲子）

曲宴	〇月	○朔、曲宴ヲ內ニ進ム。仁政殿ニ行會宴禮ヲ行フ。	一オ
父母ノ喪		○王ハ禮曹ヲ召シテ父母ノ喪ニ被髮徒跣セラザンヤヲ問フ。	一オ
歲且度僧		○大妃未寧、王ハ懿旨ニヨリ寺刹田ノ推刷ヲ止ム歲ノ度僧ヲ人。	一ウ
斬衰齊衰		○王ハ父ト母ノ喪ノ異同ヲ禮曹ニ問フ。答、齊衰斬衰ト同ジカラズ內喪ハ則チ次麤布ヲ用ヰ服鞋ヲ作ル、又綿布ヲ用ヰテモ之ヲ爲ス。	一ウ
供養修寺		○王ハ親ノ爲メノ供佛ニ因リ寺社ヲ重修スル者ヲ禁ズル勿ラシム。	一ウ
救病祈禱		○王妃病アリ。王ハ白岳、木覓ニ祈ラシメントス。	二オ
排佛思想	二月	○持平ハ寺社ヲ立テ度僧ヲ許スノ不可ヲ曰フ。其他同上。	四ウ・五オ・ウ・六ウ－七ウ
宮中龍陽		○中禁ニ男色ノコトアリ。王ハ之ヲ誅シ梟首セントス、遂ニ決杖徙邊ス。	八オ
先農祭 獻歌謠	三月	○王ハ東郊ニ先農ヲ祀リ籍田ニ親耕ス。還宮ノ時耆老、儒生、女妓歌謠ヲ進ム。仁政殿ニ賀ヲ受ク。赦ヲ頒ツ。	一〇オ
王ノ婢妾		○王ハ宗簿寺婢ヲ入內、侍女トス。	一一オ
蓮花臺		○大妃ハ蓮花臺ノ呈戲ヲ見ント欲ス、急ニ入內セシム。	二一ウ
親蠶		○王妃ハ命婦ヲ率ヰ親蠶ノ禮ヲ行フ。	二五オ－ウ
廢妃ノ墓ト祭殿		○王ハ懷墓ノ祭ハ王后陵祭ノ例ニ據リ、孝思廟ハ殿名トセントス。遂ニ惠安殿トス。	二六オ・二八オ・三一オ－ウ
橡葉ノ餅	四月	○王ハ橡葉ノ餅ヲ進ムルノ晚キヲ怒ル。	三〇オ
禁尼		○後宮ノ尼トナルヲ禁ズ。	三二ウ

遺言火葬　○王ハ生母タル廢妃ノ怨ヲ報ゼントシ貴人權氏ノ塚ヲ發キ凌遲ノ刑ヲ加ヘントス。發ケバ屍無シ權氏ハ佛ヲ奉ジ遺言火葬セシヲ以テ也。（此時ノ前後王ハ狂的ニ廢妃ニ關シタル者及其族ヲ誅戮セルコト甚シク多數ニシテ其死セル者ハ墓ヲ發キ皆屍體ニ刑ヲ加ヘタリ）　三八オ

大妃ノ薨　○仁粹王大妃薨ズ。　三八ウ

喪葬記事　○七齋ニ當ル日五月十七日ノ前ニ葬ルコトニ決定ス。（初齋ヨリ七齋迄ヲ行フ、其他ノ葬喪記事略ス）　四〇オ

卷五十三

閏四月

後宮整理　○王ハ世祖以上ノ後宮ハ一宮ニ會集セシメ。三宮ノ佛像ハ外ニ移置シ。成宗以後ノ後宮ノ尼トナレル者ニ長髮セシム。侍女亦同ジ。　一一オ

端午進扇　○倭扇四百ヲ全羅南道ヨリ封進セシム。　一一ウ

王ノ淫蕩　○王ノ荒淫忌ムナシ。宰相、宗室、族親ノ婦（人妻）ニ多ク逼ツテ淫ス。　一六ウ

朝官紗衣　○在官者ハ堂上堂下皆紗衣ヲ着セシム。　一八オ

端午帖子　○校書館ハ端午ノ帖子ヲ進ム。　二〇オ

五月

宦官檢査　○風俗多僞小豎輩ノ眞ニ非ザル者混入ス。王ハ傳シテ承旨及醫官ヲシテ協陽門外ニ陰腎ノ有無ヲ考驗シテ以テ啓セシム。　二四ウ

宦官餘根　○内官金世弼ハ陰腎尙ホ餘根アリ、闕宦中ニ冐入ス。王ハ本人及其收養父等ヲ拿鞫シ杖流ス。　二四ウ・二五ウ

妓夫必刑　○妓ノ臺帳ヲ檢閱ス、妓ノ夫ヲ皆罪ス。其臺帳ヲ見テ妓ノ夫ヲ斬ス。　二六ウ・二七ウ・二八オ

刑屍棄溝　○王ハ命シテ被誅者ヲ埋ルコトナク其屍ヲ溝巷中ニ棄テ罪ヲ石ニ刻セシム。　三〇オ

紅衣ノ禁　○朝官ニ紅色ノ衣ヲ着ルヲ禁ズ。　三〇ウ

喪期短縮　○王ハ三年ノ通喪ヲ廢ス、今後受朝宴享ノ時百官皆除服セシム。　三二オ

宦官姦淫　○内官ヲ以テ蠶母ヲ奸シタル者ヲ斬首シ梟ス。　四〇オ

獻壽宴王ノ舞　女妓纏頭　○大妃ヘノ獻壽宴ニ王自カラ處容ノ假面ヲ着ケ大妃ノ前ニ舞フ興淸（倡妓）歌ヒ以テ應ズ。大妃ハ妓ニ纏頭ヲ與フ王其少キヲ怒ル。　四二オ

女妓不靚裝ノ罪　○王ハ奏樂ノ妓女靚粧セザル者九人ヲ義禁府ニ囚フ。　四五オ

笠制改定　○下體高ク簷低キ笠子ノ見本ヲ作リ笠匠ヲシテ此樣式ニ依リ作ラシメ之ヲ用ヰ舊樣ノモノヲ禁ズ。　四六オ

六月

卷五十四

女妓不潔ノ罪　○不潔ノ女妓ヲ杖六十ニ處ス。　一オ

樂器入内　○王ハ伽倻琴、玄琴、琵琶、羯鼓ヲ入内セシム。　二オ

王ノ淫蕩　○王ハ婦女（人妻）ノ姿色アル者ヲ内庭ノ宴ニ於テ潜カニ記ス。以テ淫セントスル也。　五オ

排佛思想　○成宗ノ喪ニ七齋ヲ設ク。儒生上疏シ旨ニ忤フ之ヲ囚フ、臺諫其不可ヲ論ズ此等ヲ杖八十外方ニ付處ス。其中死者ハ棺ヲ剖キ斬屍ス。　六ウ

女妓不粧ノ罪　○衣粧不備ナリシ妓ノ夫ヲ決杖八十。　七オ

醫女類妓　○王ハ傳シテ進宴ノ時醫女八十人精擇習儀セシム。　一〇オ

女妓合番　○王ハ傳シテ曰ク。女妓ハ公物也妓ノ夫等匿シテ出サズ、故ニ已ニ合番ノ法ヲ立ツ　一七ウ

		云々。	
王ノ淫蕩	七月	○王宮中ニ人妻ヲ淫ス。	一七ウ—一八オ
[illegible]氷		○禮曹ハ頒氷ヲ加フルヲ請フ。王ハ宮中藍染ニ多ク氷ヲ用ユルニヨリ加頒セズ。	二一ウ
新定ノ笠		○王ハ新様ノ笠子ヲ市ニ取ラシム。	二二オ
祭祀時刻		○祭祀ハ必ズ四更ニ於テ行フ。今士大夫ノ家ハ皆質明ニ行フ。	二三オ
文廟頒滅		○王ハ孔子ノ神位ヲ他ニ移安シ玆ニ圓覺寺ヲ移サントス。(圓覺寺ヲ女妓ノ宿所トセン爲也)	二三オ—二五オ
沐浴泮水		成宗ノ朝儒生請フテ泮水ヲ設ケ。沐浴ノ所トナス。	
宦者娶妻		○凡ソ內官妻ヲ娶ル時入啓スルノ例ナリ。其實ヲ告ゲサリシ者及其妻ヲ刑ス。	二五オ—ウ
王ノ淫蕩		○王色ヲ漁ス區別ナシ。女妓、醫女、絃首等皆點閱シ將ニ後庭ニ入レントス。	三〇オ
昭格移轉		○昭格署ヲ佾ノ家ニ移ス。	三三ウ
佛像移轉		○藏義寺ノ佛及淨業院、安庵寺ノ尼僧ヲ移シ內佛堂ヲ興天寺ニ、香林寺佛ヲ檜巖寺ニ移ス。	三五ウ
		卷五十五	
竹轎	八月	○竹轎子十五ヲ作リ內入セシム。	四ウ
俗節祭墓		○國俗俗節ニ遇ヘバ酒饌ヲ具ヘ以テ先墳ニ祭ル。	一四オ
女人乘馬	九月	○侍女ノ鞍二十八部ヲ造入セシム。	二〇オ
孝子烈女ハ詭異者		○孝子烈女ノ事績ヲ見テ皆詭異者ト爲シ之ヲ誅ス。	二四ウ・二五オ
廢忌晨祭		○世祖以下ノ忌晨ヲ限リ齋素ヲ行ヒ遠代ハ之ヲ廢ス。忌日ニ聽樂食肉ヲ得ザルガ爲也。	二四ウ

卷五十六

事項	月	記事	張
笠纓	十月	○王ハ講武ノ時笠纓ニ布帛ヲ用ユル如何ト云ヒ、中國ニハ珠纓ナシ賜酒ノ時垂纓シテ入ルヲ不可ナリトス。承政院ハ董越朝鮮賦ニ頷下垂珠トアルヲ譏レルモノナリトス。	二オ
風水思想 放砲禳邪		○金府金潔中風ノ處ニ標ヲ立テ術士ヲシテ物ヲ埋メ之ヲ禳鎮シ、辟邪ノ火砲ヲ闕内ニ放タシム。	三オ
騎牛ノ風		○王ハ東小門外ニ微行シ騎牛者禁標内ニ入レルヲ見テ京畿觀察使等ヲ鞫セシム。	七ウ
火山臺	十一月	○王ハ傳シテ火山臺排設ノ處ヲ船軍ヲシテ平治セシム。	一四オ
宮女對食 臂ノ入墨		○王ノ言。先王ノ朝ニ交朋ノ俗ヲ革メントス、而シテ畏レズ多ク犯スアリ、或ハ臂ニ朋字ヲ刺シテ殄マズ。(内人ノ事也)	一五ウ
致齋短縮		○王ハ祭祀ノ時至誠アラバ一日ノ致齋ニテ可ナリ、何ゾ七日ニ至ランヤト曰フ。禮曹之ヲ允當トス。	一七オ―ウ
禁尼		○成宗後宮ノ尼トナレル者ヲ重典ニ置ク。	一八オ
拘忌避病		○士大夫ノ子女或ハ病ニ遇ハバ奴僕ノ家ニ避ク。王子女ハ已ムヲ得ズ士大夫ノ家或ハ宗戚ノ家ニ移寓ス。其主タル者迎接ヲ憚リ或ハ事故ニ托シ或ハ病ヲ詐ツテ之ヲ避ク。王ハ傳シテ之等ノ者ヲ罪ニ抵ス。	二一オ
遷都ノ戯		○古ヨリ儒生ニ遷都之戯アリト雖今益無シトシ、王ハ傳シテ爾後之ヲ爲ス勿ラシム。	二二ウ
處容ノ舞	十二月	○王ハ傳シテ曰ク。處容ノ舞ハ前代ノ遺風ナリ今用ユベシトシ妓ヲシテ習ハシメ宴	二七ウ・三一オ

享ノ時ニ行ハシム。

歳畫
○王ハ傳シテ歳畫ノ紙ヲ進メシム。 二九ウ

帽上揷花
○紗帽兩端ニ揷花筒ヲ作リ樂工ハ之ニ揷花セルモノヲ着セシム。 二九ウ

方相追儺
○王ハ傳シテ今後車駕通行ノ時ニハ方相氏ヲシテ錚鼓ヲ打ツテ坊里軍ヲ率キ逐疫放砲セシム。 三〇ウ

官婢類妓
○掌樂院提調ノ啓。平安道ノ風俗官婢姿色アル者ハ名ケテ酒湯ト云ヒ或ハ唱歌或ハ知音ト謂フ。 三一ウ

○圓覺寺ヲ廢シ其僧徒ヲ黜ク。（王遊宴ノ場所トセン爲ナリ） 三二オ

儺戲
○儺戲ニ運平樂、廣熙樂ヲ用キズ唯絃首ヲ用ユ。會禮宴進豐呈宴皆興淸樂ヲ用ユ。 三二ウ

火山臺　儺禮　處容ノ舞
○三十日王ハ明政殿ニ儺禮ト處容舞ヲ觀ル。傳シテ明日（元日）火山臺ヲ設ケシム。 三三オ

十一年（乙丑）

正月

卷五十七

火棚　處容舞　鶴舞
○朔日王ハ仁政殿ニ處容舞、舞鶴等ノ戲ヲ見ル。成均館ニ行キ火棚ヲ觀ル。 一オ

放砲攘邪
○王ハ傳シテ星散火ヲ筒串線楊等ノ處ニ放タシム。 同

冠上揷花
○王ハ傳シテ樂人ノ揷花ハ髮ニ揷セシヲ冠ヲ作リ之ヲ揷サシム。 二オ

三年ノ喪
○王ハ三年ノ喪ハ當然ナリ之ヲ行ヒシヲ孝子トシテ旌表スルハ當ラズトナス。 三オ

放砲禳邪
○內禁衛ノ人暴死ス。王ハ禳鎭ノ辟邪火ヲ放タシム。 五オ

處容ノ舞
○王ハ處容ノ舞ノ眞贋ヲ知ラズ、前ノ呈才ノ時ノ姿態ヲ可ナリトシ之ニ倣ハシム。 五オ

內農作
○王ハ景福宮ニ至リ農作ヲ見ル。慶會樓ニ曲宴ス。 七オ

女妓數夫	○王ハ曰ク。妓ノ夫ハ數多キモ怪ムナシ、其夫ヲ隱シテ言ハサル妓ヲ杖ス。	七ウ
日月ノ蝕	○王ハ日月ノ食ハ變ニ非ズトシ、日食ノ日ニ朝賀ヲ受ク。	八オ—ウ
造花用宴	○王ハ外宴ノ時侍客所ニ松竹梅菊ヲ一莖トシテ挿サシム。	一二ウ
	二月	
王ノ淫蕩	○南川君ノ夫人屢入內ス、醜聲アリ。	一三オ
救　蝕	○王ハ月食ハ救フヲ必セズトシテ推算ナカラシム。	一五オ
妓樂敎習	○掌樂院ヲ圓覺寺ニ移ス。假興淸二百、運平一千、廣熙一千ヲ此處ニ常住セシメ捴律ヲシテ敎習セシム。	一七オ
髢ノ封進	○王ハ傳シテ髢一萬ヲ八道ニ分定封進セシム。	一八オ
女冠挿花	○運平一千ノ首花（冠ニ挿ス花ヲ作成スル競技）內農作ノ例ニヨリ左右ニ分チ勝負、賞罰アリ。	一八オ
	三月	
佛齋讀祝	○王ハ傳シテ忌晨齋ノ時ノ讀祝ハ內官ノ爲セシヲ止メ、僧ヲシテ之ヲ讀マシム。	二一ウ
軺　軒	○王ハ傳シテ年少ノ宰相ハ乘軒ヲ得ル勿ラシム。	二二ウ
聖堂廢滅	○元ノ明倫堂東西壁ヲ撤シ龍ヲ畫ク。	二六オ
內宴召女	○端午宴ノ時、衣服ノ前面ニ某ノ婢某ノ妻ト書セシム。	二六ウ—二七オ
宴饌用牛	○此前ノ宴享ノ時牛肉ヲ用キズ農事ヲ慮ル爲ナリ。王ハ爾後牛肉ヲ用キシム。	二七オ
女裝制限	○王ハ命ジテ都城ノ女ノ首帕及白色ノ裳ヲ禁ズ。	二七ウ
着裝期節	○王ハ命ジテ大小人員五月一日初メテ布團領、八月一日綿團領、十月一日始メテ耳掩ヲ着クルヲ恒式ト爲ス。	同
半陰陽	○捕盜將ハ男人ニシテ女裝シ言語容貌女人ニ異ナラサル者ヲ捕フ。命シテ之ヲ推鞫ス。	二九オ

巻五十八

陵祭用倡	五月	○光陵ノ祭ハ倡人ヲシテ行ハシム。	二ウ
歌曲改章		○歌曲ノ中佛ニ關スルモノハ之ヲ廢シ國家ノ德ヲ頌スルモノニ改メシム。	二ウ
宴　饋		○大妃ニ進宴ス。王后族親ノ女千餘人ニ饋ス。	七オ
妓妾ヲ許ス		○王ハ傳シテ曰ク。運平ハ公物ナルニ近ゴロ士庶占テ己ノ妾トス、諸宴享ニ卽赴セズ云々。屆出シメテ妾トナルヲ許ス。	七オ・七ウ―八オ
紬物ヲ着セシム	六月	○王ハ命ジテ妾ノ子ヲ除キ東西班正職高下ヲ論ゼス、紗羅綾緞ノ衣服ヲ着セシム。爲メニ其價躍騰シ貧ナル者ハ皆女服ヲ縫直シテ之ヲ作ル。	一二オ―ウ
女人乘馬		○王ハ傳シテ興淸ノ（妓生同一ノ者）ノ騎ル馬四百匹ヲ養ハシム。	一二ウ
王ノ淫蕩		○王ハ禁中ニ多ク房室ヲ置キ戯媟ノ所トナス。小房ヲ作リ此ヲ擧舍ト名ケ舁キ行カシメ路傍ニ於テモ此舍中ニテ興淸ト戯媟ス。	一四オ
放砲禳邪		○王ハ命ジテ火砲ヲ宗廟ニ放チテ禳鎭ス。	同
喪期短縮		○王ハ三年ノ喪ハ月ヲ以テ日ニ易ユルコトハ既ニ上ニ於テ行フ。下ノ者獨リ三年ノ喪ヲ行フハ不可ナリト曰フ。	一六ウ―一七オ
右　同		○内人父母ノ喪ヲ淑儀以上百日トシ以下降殺ス。	一八オ

巻五十九

廣袖トス	八月	○王ハ傳シテ士庶人ノ表衣ノ袖ヲ亦廣濶ナラシム。	一オ
氏稱ノ禁		○凡ソ入啓ノ文書其姓ヲ稱シ氏ヲ稱スル勿ラシム。	同

九月

處女徵發
○採紅使採來ノ女ノ年齡姿色等上中下ニ分チ開錄以テ啓セシム。　三オ

王ノ淫蕩
○凡ソ王ハ內宴ノ時入班ノ女族（人妻）心ニ合スル者私セザル無シ。有識者ハ其妻ヲ病ト稱シ納レズ。之ヲ納レヲ自得セル夫アリ。　五ウ―六オ

寡婦入內　女人乘馬
○凡ソ內宴ノ時寡婦ト雖モ粉黛ヲ施シ首花ヲ挿シ左右ニ侍列ス。女族諸興淸ト並ビ馬ヲ馳ス婦人ノ態ナシ。　一〇ウ

王ノ精神異常　廢妃ノ祟
○王狂疾ヲ得中夜叫呼シテ起チ後苑ニ走ル。又巫覡祈禱ノ事ヲ喜ビ、自カラ巫トナツテ作樂歌舞シ廢妃憑依ノ狀ヲ爲ス。宮中之ヲ以テ廢妃ノ祟トス。　一五オ

宮妓娠姙　產兒生埋
○興淸ノ娠メル者ハ別ニ外ニ置キ、其產ヲ待チ忤作人ヲシテ其子ヲ埋メシム、呱々ノ聲相屬ス。不埋者ハ忤作人ヲ重刑ニ置ク。　一六オ

宮女稱號
○王ハ傳シテ宮人ノ稱ヲ改ム。佳人、才人、麗人、美人、嬋人、研人、媚人、嫵人等々（計百三十五級）　一七ウ

女醫類妓
○人ノ妾トナラザル女醫ノ二十一ヨリ三十迄姿色アル者五十人ヲ擇バシム。　一九ウ

喪制短縮
○短喪ノ令ヲ發ス。士大夫宮人ハ國恤ノ例ニヨリ日ヲ以テ月ニ易エ二十七日、庶人以下十二日ニシテ從吉セシム。　一九ウ

卷六十

十月

士族聲樂ヲ畜フ
○朝野昇平久シク中外ノ士族多ク聲樂ヲ畜フ（女婢）王皆奪ヒテ繡紅ト名ケ其族類ヲ免賤セシム。　二ウ

宮妓乞丐
○時ニ運平千人各道ヨリ選バレ來リ樂籍ニアリ。人ノ妻妾トナルヲ許サレズ行丐スル者アリ。　三ウ

恐祟鎭厭	十一月	○寵臣任崇裁死ス。王甞テ其妻ト通ズルコトアリ、祟ヲ恐レ棺ヲ開キ水鐵片ヲ口ニ含マセ之ヲ鎭ス。同人又歌舞ヲ能クス。	七ウ
男巫妖術		○報恩ノ男巫自カラ神兜ト稱シ水ヲ器ニ滿シ自カラ之ヲ渴カシムルト稱ス。王召シテ試ミントス、後ニ刑訊セシム。	七ウ
官服倣華		○朝士ノ時服ヲ中朝ノ制ニ改メ胷褙ニ繡スル猪鹿鵝鴈ノ類ニヨリ品秩ヲ定ム。	一四オ
婦人ノ氏稱ヲ禁ズ		○婦人ノ姓ヲ稱シ氏ヲ稱スル勿ラシム。	一四ウ
喪忌刪減		○王ハ國忌ヲ減刪シ、百官ヲシテ唯其祖父母ノ忌ノミ行ハシム。	一五オ―ウ
歲時ノ舞	十二月	○歲時ノ豊頭舞ヲ見ルベシトテ王ハ敎訓セシム。	一七オ
內農作		⊙丙寅ノ內農作ハ大例ノ山臺ヲ造作シ雜像ヲ設ケ呈戲セシメントス。	一八ウ
採女ノ賄ヒ		○諸道ヨリ採來ノ女一百六人ヲ禮賓寺ヲシテ供饋セシム。	一八ウ
儺戲山臺		○王ハ傳シテ、元日觀儺ノ時綵棚ヲ慶會樓ニ設ケシム。山臺ヲ景福宮ノ後苑ニ設ケシム。	一九オ
茶亭		○右邊ノ儺禮造作ノ時ノ供饋及燈籠茶亭造作ノ時油ヲ給セシム。	一九オ
髢ノ封進		○長三尺ノ髢五萬ヲ八道ニ分定封進セシム。	二〇ウ
放砲禳邪 四時改火		○王ハ辟邪ノ逐疫放炮ハ獨リ歲時ノミナラズ四時改火ノ時並ニ行ハシメントス。	二一オ
方相氏		○方相氏ハ鬼ヲ唱フルニヨリ其數ヲ減セズ。	同
儺戲		○二十八日王ハ儺ヲ景福宮ニ觀ル。	二二オ
立春禳邪		○王ハ命ジテ立春ノ日景福、昌德二宮ニ逐疫セシム。	同
彩棚		○王ハ承旨ヲ遣ハシ景福宮ノ彩棚ヲ督セシム。	同
儺禮		○追疫ト儺禮ハ一ニアラズ、國俗既ニ逐疫アリ。儺禮ハ俳優ノ戲ナリトシ之ヲ罷メ	同

歲畫　火山臺　王ノ舞蹈ト巫戯　鶴舞呈戯　夜行ノ禁　人日曇天　四時追儺　處女撰入　昭格略設　宮嬪孕胎産見生埋　外戚無喪　牛糞禳疫　逐疫用桃　臘鼠捕捉

シトス。

○歲畫ヲ停止ス。　同

○三十日火山臺ヲ慶會樓ニ設ク。　一二ウ

卷六十一

十二年（丙寅）

正月

○王ハ豊頭舞ヲ能クス、宮中ニ於テ毎ニ假面ヲ着ケ舞フ。又男巫ノ戯ヲ能クシ死者ノ語ヲ爲ス。諸興淸之ヲ聽テ皆泣ク。　一ウ

○曲宴ヲ景福宮ニ行フ。興淸樂五百餘人迓祥服ヲ着ケ鶴舞呈戯。　二オ

○夜行ヲ禁ズ。初昏ト雖モ人過グルヲ得ズ。　同

○七日ノ人日ニ天曇ル。王ハ承旨ニ問テ曰ク、七日ハ人日、八日ハ穀日陰ナレバ災アリト云フ奈何。承旨答テ曰ク凡一日ヨリ六日ニ至ル各六畜ヲ主ドル、七日ノ主ハ人也、八日ノ主ハ穀也、若陰ナレバ主ル者繁盛セズ云々。　三オ－ウ

○王ハ傳シテ毎年季春仲秋季冬ニモ追儺ヲ行ハシム。　四ウ

○未嫁ノ女ヲ靑女ト稱號ス。靑女ヲ宣政殿ニ揀擇ス。　四ウ・五オ

○初メ昭格署ヲ革罷セシガ是ニ至リ其位版ヲ藏置シ醮祭ヲ略設ス。　五オ

○運平ノ懷孕入内ノ者解産スレバ仵作人ヲシテ其子ヲ生埋セシム。　六オ

○王ハ傳シテ今後外祖父母、妻ノ父母ノ忌ヲ行フ勿ラシム。　七ウ

○王ハ疫ヲ畏レテ臨行ノ地先ヅ牛糞ヲ燒テ之ヲ禳フ。　七ウ・八オ

○王ハ傳シテ毎年季春仲秋逐疫ノ時、桃劍桃板ヲ用ヰシム。　九ウ

○臘鼠捕捉別監三十三人勝負ヲ分チテ米ヲ賜フ。　一一ウ

綵棚雜戲		○王ハ景福宮ニ綵棚雜戲ヲ設ク。	同 一五ウ
昭格署ノ舊基	二月	○離宮ヲ昭格署ノ舊基ニ作ラシム。	一九オ―ウ
儒生昇轎		○王ノ轎子ノ擔侍ニ文臣、臺諫、儒生ヲ以テ充ツ。	二〇ウ
星宿廳ノ巫女		○星宿廳ノ都巫女及從巫女ノ雜役ヲ除ク。	二一オ
辟邪符	三月	○逐疫後各處ニ辟邪符ヲ貼リ又辟邪物ヲ掛ケシム。	二二オ
女人乘馬		○王ハ蕩春亭ニ幸ス、王妃以下皆乘馬シテ隨フ。	二三オ
陰陽ノ符		○陰陽ノ符一千ヲ造リ內入セシム。	二三ウ
王ノ遊蕩		○慶會樓池邊ニ萬歲山ヲ起ス、山上月宮ヲ造リ剪綵花トナス、龍舟ヲ造テ池ニ浮ブ。運平三千餘人笙歌沸騰ス。	
綵棚		○後苑ニ彩棚ヲ作ル。	二四ウ

卷六十二

王ノ遊蕩	四月	○王ハ命ジテ萬歲山ヲ慶會樓ニ作ル、山上蓬萊宮ヲ作ル。	二オ
右同		○慶會樓ニ萬歲山、結綵、觀燈ノ宴ヲ設ク、燈ハ千態萬狀ノ奇巧ヲ極ム。	三オ
喪期短縮	五月	○親ノ喪ハ既ニ日ヲ以テ月ニ易ユノ制ヲ用ユ。今後在官外喪制既ニ畢レバ未葬ト雖モ公會食肉ヲ許ス。餘ノ服ハ只本宗堂兄弟姉妹、外親舅姑皆祭服シテ緦麻三日トス。王ノ傳旨。	九オ
新來侵虐 遊街亭止		○文武科出身先進者ノ侵虐或ハ死ニ致ス。王ハ此弊風ヲ禁ジ、三館ノ設宴ヲ止メ、只慶宴ハ父母ノ家ニ行ハシメ。遊街ヲ止ム。	一一オ
禳災牛糞		○王ハ傳シテ殺鬼丸牛糞ヲ進メザリシ官吏ヲ鞫ス。	一二ウ

畜妾ノ禁	六月	○庶人ノ妾アリ妾ヲ娶ル者ヲ重典ニ置キ私婢ヲ妾トスル者ヲ並治罪セシム。	一三オ
雨傘		○今後闕内出入ノ人雨傘ヲ張ル勿ラシム。	一六ウ
定親ノ禮		○王ハ仁政殿ニ王世子定親ノ禮ヲ行フ。	一九オ
誕日進賀		○王ハ百官ヲ率キ大妃ノ誕日ヲ賀ス。	二〇ウ
罷齋戒		○祭日ノ齋戒ヲ行フコトヲ罷ム。	二二オ
		卷六十三	
宮庭淫宮	七月	○景福宮池邊ニ茅屋三間ヲ作リ籬圍ヲ設ク。人之ヲ淫宮ト謂フ。	一ウ―二オ
垂袖禁止		○已ニ立法シ人ノ無袖ヲ禁ズ、王ハ申明禁斷セシム。	二ウ
變災不報		○八道ニ諭シ地震等ノ災變ハ上達スル毋ラシム。	六ウ
夫人墮胎		○月山大君夫人卒ス。王ニ幸セラレ胎候アリ服藥シテ死ス。	同
女人乘馬		○王ハ傳シテ曰ク。大妃殿ハ則チ乘轎或ハ馬ニ乘ル、且餘ノ内人乘ル所ノ熟馬多數揀擇ス云々。	八ウ
蛇ノ封進	八月	○京畿觀察使蛇一胎ヲ封進ス。王ハ傳シテ毎日封進セシム。	一〇オ
蟾蝗捕捉		○童子ヲ會シテ蟾、螢、蝗等ノ物ヲ捕ヘシム。執筐ノ童子街里ニ遍シ。	一二ウ
女人乘馬 妓ノ口取		○王ハ大妃ニ進宴ノ時内侍ノ客タル公主、翁主、大君、王子　君夫人、士大夫ノ妻並其出入ニ參スル者皆女妓ヲ以テ馬ヲ牽ク。	一三オ
處女徵發		○使ヲ諸道ニ分遣青女ヲ採ル。	一四オ―ウ
儒生昇轎		○儒生ノ王ノ轎子ニ擔侍スル者漸ク慣ル。	一七オ―ウ

中宗實錄 卷一

廢王非行	元年（戊寅）九月	○史臣ノ記。燕山君非行。庶母ヲ杖殺ス。諸弟ヲ竄殛ス。日ニ娼妓ト淫戲。人ノ妻妾ヲ亂ル。喪制ヲ改メ日ヲ以テ月ニ易ユ。娼妓入内千ニ至ル。廢妃ノ廟ヲ立テ墓ヲ陵ノ如クス。孕妓ノ生兒ヲ生埋ス。大君夫人及成宗ノ後宮南氏ト醜聲アリ。先聖ノ位版ヲ大平館ニ移シ次デ掌樂院ニ移ス、又西學ニ移ス。後苑樓閣ヲ造リ日夜宴遊ス。	二ウ—四ウ
處女採取 鷹犬徵取		○王ハ八道ニ下書シ、採青使、採鷹犬使ノ其用件ヲ止メ卽還セシム。	六ウ
朝參綿服		○今後朝參ノ時祖宗ノ朝ノ例ニヨリ綿布ノ團領ヲ着ル。	六ウ
短喪		○右議政金壽童ハ母ノ喪ニ遭ヒ短喪就職セシガ是ニ至リ辭職終制センコトヲ請フ。允サズ。	七オ
居牛ノ禁	十月	○頃日上下、牛ノ宰殺多ク農牛絕種セントス。政丞ノ啓ニヨリ此禁ヲ申明嚴斷ス。	一オ
忌辰佛齋		○禮曹判書ハ先王ノ忌辰齋ヲ罷メンコトヲ請フ。王允サズ。	一七ウ
昭格署		○安陽君ノ家ニ移寓セシ昭格署ヲ元ノ基地ヲ急修シテ移サントス。	二八ウ
寺田革罷		○王ハ傳シテ水陸寺、陵寢寺其他ノ寺ノ位田ヲ革罷ス。（王不豫ナリ）水陸陵寢寺ノ位田ヲ還給ス。內願堂位田ヲ還給ス。	三五ウ・三八ウ・四二オ
功臣會盟		○王ハ神武門外ノ壇ニ會盟ス。	三七オ
助陽藥材		○醫員廢主ニ迎合シ助陽ノ草蟲虺蛇ヲ進メシム。諫院ハ其醫員ノ罪ヲ請フ。王ハ允サズ。	四二ウ
外官家族ヲ率ヒ赴任ノ禁	十一月	○各官ノ守令ハ雙成ノ子女（配偶者アル子女ノコト）ヲ任地ニ連レ行クコト已ニ法	四五ウ

		例アリ、今後嚴加禁斷セシム。	
廢王ノ喪		○燕山君卒ス、王子ノ禮ヲ用ヰ江華ニ葬ル。隨從セシ侍女服喪三年。王ハ素膳ス。	四九ウ
逐疫儺戲		○憲府ノ啓。歲時ノ逐疫ハ可也。觀儺ハ雜劇ナリ絃首才人宮禁ニ入ル不可也。王ハ允サズ。	五四オ・ウ
儺戲	十二月	○國家疲弊ニヨリ王ハ儺戲ヲ今年限リ權停ス。	五五オ・ウ
內農作		○內農作ハ若シ弊アラバ停ムベシト王ハ曰フ。	五九オ
會禮豐呈		○國庫缺乏、進豐呈會禮宴等ヲ大妃ノ意見ニヨリ停止ス。	六二ウ
廢王墓祭		○燕山君ノ墳墓ニ所在官ヲシテ俗節致祭セシム。	六八オ
女樂廢止ノ意見		○侍讀官ノ言。近來上ハ宮闕ヨリ下士大夫ニ至ル迄專ラ女樂ヲ用ユ。王ハ女樂廢罷ノ當否ヲ議セシム。	七一オ―ウ
處容ノ舞		○王ハ傳シテ處容ハ弊アルニヨリ之ヲ停ムルモ禳災ノ事ハ行ハザルベカラズトス。	七六ウ
	二年（丁卯）	卷二	
寺刹復立	正月	○寺刹復立ノ命アリ（慈旨ニヨル）政院ハ其不可ナルヲ啓ス。王允サス。（以下弘文館、臺諫、儒生等々交々本件上疏ス略）	二ウ―三オ・三オ―ウ・三ウ―四オ
咸鏡神堂		○左議政等咸鏡道ノ神堂修復ノ不可ヲ啓ス。	八オ・一三オ・ウ
一夫二妻	閏正月	○憲府ハ黃孝源妻ノ子二人ノ其一方ヲ庶子トシテ其任用ニ付テ論ズ。	一五オ―ウ
禁酒		○禁酒ノ令ヲ申明セシム。	一七オ
一夫二妻	二月	○黃孝源二妻ノ件。	二八ウ
老人優遇		○全羅百歲ノ老人三人ニ米ヲ賜フ。	三二オ―ウ

官吏宿娼		○江原都事受香シ娼家ニ宿留ス。筵臣之ヲ劾シテ治ス。	三二ウ
社稷飲福		○王ハ社稷ニ親祭ス。飲福宴ヲ停ム。	三六オ
新恩	四月	○國俗新登第者ヲ稱シテ新恩ト曰フ。	四六オ
		卷三	
紬物ノ禁	五月	○婦女貂皮、紗羅、綾緞ヲ用ユルノ禁ヲ犯ス者其物品ヲ告訐者ニ給ス。	一一ウ
才人白丁	六月	○廢主ノ時外方居ノ才人白丁ヲ京師ニ移居セシム。京ニ近來明火ノ賊多シ、一切原住地ニ刷還セシム。	一五ウ
王妃		○淑媛尹氏ヲ王妃トス。	二三ウ
誕日停賀		○雨ヲ以テ慈殿誕日ノ賀ヲ停ム。	二六オ
乘馬禮儀 騎乘ノ禁		○從前都城内ニテハ朝士隔一等下馬ノ法アリ、庶人ハ禁騎ノ法アリ。城外及外方ニ於テモ朝士ノ過グル所庶人ノ騎乘ヲ禁ズ。	二六オ
誕日不賀	七月	○中宮ノ誕日（未ダ冊封ナシ、故ニ）賀禮無シ。	三〇オ
僧ト寡婦		○永膺大君夫人ハ僧學祖ヲ酷信シ醜聲傳播ス。廢主ハ史官ニ命ジ其事ヲ書ク勿ラシム。	三六ウ
秋夕豐呈		○王ハ命ジテ秋夕ノ進豐呈ヲ停ム。	四四ウ
		卷四	
老人優遇 投壺	九月	○耆英會ヲ慕華館ニ設ケ皮弓ヲ賭シテ投壺セシム。	一〇ウ
大學修理 昭格修理	十月	○成均館及昭格署ヲ修セシム。	二七ウ

胎室	十一月	○王ノ胎室所在ヲ以テ加平縣ヲ郡ニ陞ス。	三二オ
白丁		○祖宗ノ朝才人白丁ノ武才アル者司僕ニ屬ス。	二七オ
女妓濫用		○掌樂院提調ノ啓。女妓ハ本ト國家大小宴ノ爲ニ設ク、成化十二年世祖ノ朝父母ニ獻酒スル者ニ六七人ヲ借ス。爾來大小人員忌ム無ク小酌ニモ妓ヲ使用ス、習樂暇ナシ、憲府ヲシテ糾察セシメンコトヲ請フ。王之ヲ可トス。	四〇オ
喪中奸妓		○筵臣ノ言。尹湯老（大臣）ハ成宗卒哭前宿娼ス。許磐（侍臣）ハ喪ニ在テ其妓ヲ奸ス。之ヲ検察スベキヲ言フ。王ハ默シテ答ヘズ。	五〇オ
喪中不愼	十二月	○成祥ノ内食肉縱酒平生ト異ナラザル者アリ王ハ三年ノ喪ノ嚴行スベキヲ曰フ。	五八ウ
儺戲		○王ハ思政殿ニ儺ヲ觀ル。	六九ウ
	三年（戊辰）	巻五	
笠纓	正月	○執義ノ上言。笠纓ハ中朝ノ制ニ非ズトシ、之ヲ改メンコトヲ請フ。王同意セズ。	六オ―オ
喪人騎馬		○濟用監正ノ上言。都城内ニテハ喪人騎馬スルヲ得ザルコト國典ニ法文アリ。今多ク從僕ヲ率キ肥馬ニ乘ル者アリ此禁ノ申明ヲ請フ。	一三ウ
孝子節婦		○忠臣孝子節婦ノ旌表門閭ノコト廢朝ノ時之ヲ廢ス。即位後命ジテ旌復ス。祖宗ノ朝ノ旌閭皆頽毀ス。	同
給資助婚		○祖宗ノ朝年壯ノ處女ニ官給資粧成婚セシム。之ヲ申明擧行セシム云々。	同
喪制廢止		○司諫ノ上言。廢王ノ時喪期ヲ短縮セシニヨリ飲酒食肉歌舞シ自若タリ、或ハ妻ヲ娶ル者アリ。	一六オ―ウ
釋奠	二月	○王ハ文廟ニ幸シ釋奠ヲ親行ス。	二四オ

山臺結綵	三月	○領事柳順汀ノ上言。天使來ル時山臺結綵ハ市裡ノ人ニ爲サシメ其所入ノ狸狐貂豹皮ハ内帑ノ所藏ヲ以テ用ユル如何云々。	三三オ
巫風盛行 佛葬竭財		○侍講官ノ上言。方今民間ニ厚葬ノ弊無シ、但巫覡淫祀ヲ信ジ野祭ヲ行ヒ、又佛事ヲ設ケ財産ヲ竭ス其禁止ヲ請フ。	四一ウ
神位拜佛		○忌晨齋ノ日祖宗ノ位版ヲ浴ス便門ヨリ引入シ正路ニ入ラズ飯佛供僧ノ畢ルヲ待ヲテ始メテ神位ヲ祭ル。先王ノ靈ヲ汚辱スル甚シ。請フ痛加禁止セン。右柳順汀ノ上言。	同
風水思想		○政丞ノ啓。蠶德（方言都城石山上曲回ノ處）ノ處ニ今士族婦女雜人恣ニ登リ遊宴ス請フ禁止セヨ。（宮闕臨壓ノ處也）	四一オ
紅色服禁	四月	○承旨ハ紅色ノ服及紅衣ノ緞衣ヲ禁ゼンコトヲ請フ。	四七オ
喪中不愼		○父ノ喪ニ居テ妻ヲ父ノ任所ニ歸シ女妓ト公然同處セシ者ヲ臺諫ヨリ劾啓ス。	五三ウ
茶禮 冠上揷花		○天使ヲ會シ慶會樓ニ茶禮ヲ行フ。天使池邊ノ芍藥花ヲ折リ自カラ冠ニ揷シ王ニ勸メテ揷サシム。	五五オ—ウ
		卷六	
排佛思想	五月	○大妃大慈寺ヲ修理ス。筵臣、承旨、弘文館、大學生等其不可ヲ上疏ス。（以下ニモアリ略之）	二オ—七ウ
右同		○禮曹ハ忌辰齋ヲ罷メンコトヲ請フ。王ハ允サズ。同上先王先后ノ神位ヲ佛庭ニ下シ佛ヲ拜セシムルノ不可ヲ日フ。筵臣同上。允サズ。	七ウ・八オ・一五オ—ウ
星變謹愼	八月	○王西郊ニ觀稼ス。太白晝見ユ政院ハ啓シテ樂工歌童ヲ駕ニ隨フ勿ラシム。	四九オ

食牛ノ風		○平安道宰牛シ饋客スルコト風ヲ成ス。使客往來ノ時牛ヲ殺スコト雉ヲ殺スト異ナル無シ、筵臣ハ之ヲ禁ズベキヲ曰フ。	五〇ウ—五一オ
天變停樂	九月	○天變ニ應ジ纛祭ノ飮福宴ニ賜樂セズ。	六一オ
		卷七	
火山臺	十月	○軍器寺ハ年終ノ火山臺ノコトヲ稟ス。王ハ國用虛竭ニヨリ行ハシメズ。	一オ
排佛思想		○司諫ノ上言。忌晨齋、祝壽齋及山川ニ祈福スルハ前朝末辛旽ノ爲ス所ナリ。世宗ハ水陸ハ已ノ爲ナリトシテ之ヲ罷ム。祝壽齋ハ成宗之ヲ罷ム。忌晨齋モ亦罷メンコトヲ請フ。王ハ允サズ。忌晨齋ニ先王先皇后ノ位版ヲ奉ジ拜佛ノ狀ヲ爲スノ不可ナルヲ論ズ。	五ウ—六オ
右同		○筵臣ノ言。臣少時上寺シテ讀書ス、之ヲ見ルニ忌辰齋ハ丐乞ヲ饋盡シテ後先王先后ノ靈駕ヲ唱ヘ之ヲ下壇ニ祀ル云々。	六ウ—七オ
近親姦罪	十一月	○其弟ノ妻ヲ姦シタル綾城ノ民ヲ絞ニ處ス。	一五オ
衣服ノ制		○王ハ禮曹ニ傳旨ス。前王ノ朝華奢風ヲ爲ス、國制堂上官以上紗羅綾緞ヲ服スルヲ許スモ之ヲ崇着スル勿ラシム。	一七ウ
盲人推卜		○大闕ノ近處盲アリ、主上今明年厄有リト云フ。推官之ヲ鞫ス。	二六オ—二七オ・二七オ—二八ウ
星變謹愼	四年（己巳）正月	○天變（太白晝見ユ）ニヨリ會禮宴ヲ停ム。	四一ウ
喪中不愼		○臺諫ハ喪中妾ヲ娶リシ者ヲ劾啓ス。	四二ウ
巫風盛行		○筵臣ノ啓。城中巫覡風ヲ成シ士大夫ノ家亦出入忌ムナシ、申明禁斷セシムベシ。	四三ウ
排佛思想		王ハ憲府當ニ禁ズベシ。又忌晨齋ノ革罷ヲ請フ。王ハ允サズ。	

盲人推卜

○筵臣ハ完川正果ハ父ノ病ヲ盲者ニ問トス、其盲ハ相知ラズト不軌ノ事件ニ關係ナキヲ云フ。 四七オ

立春節花

○掌苑署ハ立春ノ節花ヲ獻ズ。王ハ之ヲ唯大妃殿ニ獻ジ大殿中宮ニ獻ズル勿ラシム。王及中宮ハ花卉ヲ喜バサルニヨル。 四八オ

閣氏名稱

○廢朝ノ時卑諂最モ寵幸セラレシ李希輔ヲ人ハ內各氏ト綽稱ス。俗ニ婦人ヲ各氏ト謂フ、阿意曲從宮中ノ嬖妾ノ如キノ意也。 五六オ

鴿ハ邪物

○記事官ノ上言。殿屋上ニ家鴿ノ聲アリ鴿ハ邪惡ノ物私家ニ畜フモ猶不可ナリ、況ンヤ宮禁ニ於テヲヤト之ヲ去ランコトヲ請フ。王ハ山鳩ノ自カラ來リ鳴キシナリト云フ。 五七オ

二月

茶禮

○東平館ニ倭人ニ茶禮ヲ行フ。 六一オ

肩輿乘軒

○大司憲ノ言。大抵宰相ノ公私出入ニ肩輿乘軒シ又前呵後擁ス丘史ナケレバ行フ能ハズ。 六二オ

最上惡口

○對馬ノ特送上副官大平館ニ在リ。我等豈他人ノ子ト爲ル爲ニ玆ニ來ランヤト云フ。（汝ハ我ノ子也ト言フハ汝ノ母ト情交アリシトノ意ニテ最大侮辱ノ惡口也、通事ハ日本人ガ鮮語ヲ知ラズト思ヒ惡口セシモノナラン） 六三オ

牧使淫婪

○前濟州牧使ハ良民ノ女姿色アル者ヲ輙チ奴妻ト稱シ率キ來ル。憲府ハ啓シテ拿來定罪セシム。 六四ウ

奢侈ノ禁 新來虐待 會飲ノ禁

○王ハ曰ク。大小臣民ノ奢侈ハ素ト憲府ノ禁ズル所。新來虐待ト各司遊宴ハ摘發ニ難シ、トシテ申明擧行或ハ立法セシム。 六七ウ

卷八

三月

老人優遇　○年一百ノ男女ニ米ヲ賜フ。　二オ

無度牒僧　○度牒無キ僧ヲ還俗セシメ軍役ニ差スルノ法ヲ申明ス。　一二オ

黄巾居士　○念佛スル者居士ト號シ男女群聚、寺刹閭閻ニ黄巾素服鳴錚擊鼓ス。右筵臣ノ啓。
念佛ノ人居士ト稱シ群聚徒黨民ヲ惑ハス者ヲ禁斷ス。　一二オ

四月

宮中犯禁　○王ハ政院ニ傳シテ大内犯染拜陵ニ未安ナリ。其日ヲ延期スベキヲ曰フ。　二〇オ

婚姻奢侈　○婚姻ニ奢侈ノ風革マラズ、貧ナル士族爲メニ婚嫁時ヲ失ス。王ハ傳シテ其禁ヲ申明セシム。　三九ウ

五月

準近親姦　○刑曹ノ啓ニヨリ、全羅ノ人、主ノ六寸ト相奸シタル妾ヲ義禁府ヲシテ拿推セシム。　四一オ

旱ハ女怨　○王ハ婚嫁時ヲ失シ陰陽不和モ亦旱ヲ招ク一端也。今壯處女家貧ニシテ婚セザル者多シ古人曰フ女ノ怨ハ三年枯旱スト。其家長ヲ罪スベシト云フ。　四五ウ

女妓革罷　○黄海道豊川ノ女妓ヲ革罷ス。殘邑ノ故ヲ以テ也。　同

給資助婚　○貧女ニ資給嫁姻セシム。　四六オ

六月

半陰陽巫　○大司諫ノ啓。今南方ノ男人巫トナリ髯ナキ者女粧シテ士族ノ家ニ出入シ醜聲アリ此風猶存ズ。　四七オ

厚葬傾産　尸前張樂　○申知事ノ啓。父母ノ喪葬ニ家産ヲ傾ケ、多ク油蜜果ヲ作リ張樂會客シ尸ヲ娯マシム、之ヲ鹽撤夜ト稱ス。貧者ハ期ヲ過ギテ葬ルヲ得ズ。(南方ノコト也)右二項觀察使ニ下諭シ痛革セシムベシト筵臣等啓ス。　同

得雨復殿　○旱ニヨリ王ハ曩ニ正殿ヲ避ク。雨アリ復殿ス。　五二オ

雨乞有驗	七月	○右ニヨリ南門ヲ開キ北門ヲ閉ヂ、皮鼓ヲ撃チ、市ヲ還シ三殿ノ減膳ヲ復ス。	同
排佛思想		○祖宗ノ神位ニ沐浴拜佛セシムル忌辰齋ヲ罷メンコトヲ臺諫合司上啓ス。(本件ニ付テ上疏セル者甚多シ略)	五八オ・五九オ・六一ウ—六二オ・六五オ・ウ・六六オ・六七ウ

卷九

右同	八月	○大司憲ハ又忌晨齋ノ不可ナルヲ啓ス。	一二ウ—一四オ
出畝捲草	九月	○王ハ來ル十九日遮日巖ニ洗草ノ時前例ニ依リ唯酒ヲ賜ヒ樂ヲ賜ハル勿ラシム。	二四オ
樂章淫詞		○王ハ傳シテ正殿宴享ノ時男女相悅ブノ樂ヲ唱フル勿レトハ既ニ令ゼリ。禮曹ヲシテ申明糾檢セシム。	二九オ
節花ノ菊	閏九月	○掌苑署ハ節花トシテ菊花ヲ進ム。王ハ今後進ムル勿ラシム。	三六ウ

卷十

儺戲	十一月	○大司憲、大司諫等ノ啓。天變屢至ル且凶歉ナリ、觀儺戲ノ事ハ伶人粮ヲ裹ミ留京ス弊少ナカラズ、之ヲ停メンヲ請フ。王ハ上ニ大妃殿アリ廢スベカラズト曰フ。	四ウ
儒生超分		○儒生冊ヲ挾マズ貂皮耳掩ヲ着騎馬シテ行ク、或ハ白衣草鞋ヲ着ク。王ハ檢擧セシムベシト云フ。	八オ
女樂排斥		○筵臣ハ正殿ノ禮宴ニ女樂ヲ用ユル勿レト云フ。	九オ
男樂女樂		○男樂女樂ノ事ニ付テ議アリ。	一五ウ
天變謹愼	十二月	○執義ノ上言。天變アリ觀儺進豐呈ヲ停メ、先農祭ノ時儒生妓生老人ノ歌謠結綵ハ閭閻ニ督出スルニヨリ弊アリ之ヲ禁ゼンコトヲ請フ。之ニ從フ。	二三ウ

右同	五年（庚午）	○右ノ件ニ付テ議ス。	二四オ―ウ
國巫放逐		○筵臣ハ國巫ヲ城外ニ黜クベキヲ云フ。	二七ウ
天變謹愼	正月	○天戒ニ謹ミ先農ノ親祭ヲ停ム。	三一オ
儒生焚寺	三月	○貞陵寺（興天寺ノコト）焚ク。儒生ノ放火セル疑アリ。儒生十一人ヲ推問ス。	二三オ
女醫娼妓招致ノ禁		○王ハ傳シテ大小人宴會ノ時、女醫娼妓ヲ招致スルコトヲ痛禁シ節目ヲ定メシム。	四三オ
禁　酒		○星變ト旱災ニヨリ酒ヲ禁ズ。	五九オ
屠牛ノ禁		○屠牛ノ禁ヲ犯セル者ヲ全家徙邊ス。	五九ウ
		卷十一	
儒生曲庇	四月	○弘文館ハ右貞陵寺火災ノ件ニ付儒生ヲ刑訊スル勿レト反覆論啓ス。王従ハズ。（臺諫成均館其他ヨリ本件上疏セル者多シ略之）	二オ
祈　雨		○京師旱ナリ祈雨ス。	二一ウ
		卷十二	
胡椒丹木	十月	○倭人ト絶和（三浦ノ亂）ニヨリ胡椒丹木ノ入ル途絶ユ。胡椒ノ食用ハ山椒ニ代ヘ丹木（染料）ニ付テハ宗廟ノ紅綃ハ明ヨリ貿ヒ紅袱ハ鴉青色ニ代ユ。	二七オ―ウ
女ノ乘馬ト乘轎		○侍講官ノ上言。祖宗ノ朝守令ノ妻ト雖モ皆乘馬シテ行、今ハ學生ノ妻ト雖モ父兄ノ勢ニ縁リ乘轎シ擔軍ヲ抄發ス。	三〇ウ
女樂排斥		○憲府ノ上疏ニヨリ女樂ヲ革罷セントノ議アリ行ハレズ。	三五ウ―三六ウ―三八オ
官吏宿娼　女妓革罷		○柳希顏ハ官吏宿娼ノ法當サニ申明スベク、而シテ州郡ニシテ殘弊甚シキモノハ女	三八オ

火山臺

妓ヲ革罷スベシト曰フ。

○臺諫ハ今年ハ凶歉且南方兵亂アリ。火山臺ヲ罷メンコトヲ請フ允サズ。國俗元日鰲山ヲ禁苑ニ設ク火戯ヲ山上ニ陳ス之ヲ火山臺ト云フ。 同

女樂保續

○王ハ女樂ヲ革メ絃手（良賤中ノ女人ニシテ音ヲ解スル者）ヲ代用スレバ弊ハ女樂ヨリ甚シカルベシトテ女樂ノ革罷ニ同意セズ。（以下女樂廢止ニ付テ上言セルモノ多シ略之） 四〇ウ

宗室婚娶

十一月

○宗室蓮城君ハ上書シ宗室子女ノ婚娶ハ祖宗ノ朝ノ例、望呈ニヨランコトヲ請フ。（其家ノ自願ニヨリ王ノ允シヲ得士大夫某人ノ子女ト婚ヲ爲スコト、士大夫ニ非ザルモ同上情願婚嫁セシムルコト） 四七ウ

儺禮

○凶年ニヨリ王ハ本年ノ儺禮ヲ停ム。 五三ウ

富人崇佛

十二月

○筵臣ハ鐵山ノ富商大賈大ニ佛事ヲ黃海道ニ張ル。此輩絕遠ノ處ニ移配スベシト曰フ。 五六ウ

先農祭釋奠

○臺諫ハ本年ハ凶年ニヨリ先農釋奠祭（即位以來一祭未ダ擧行セズ）ノ中先農ハ文飾大平歌謠結綵ハ文具弊アリ、年豐ヲ待ツテ擧行スベシト云フ。王ハ先農祭ヲ停ム。 五七ウ—五八オ

內農作

○內農作ハ命ジテ小例ヲ以テ之ヲ行フモ臺諫ハ之ヲ玩戯ナリトシテ之ヲ停メンコトヲ請フ允サズ。 五八ウ

舞童敎習

○掌樂院ニ於テ各司ノ奴子十二歲ノ者ヲ抄シ、舞童ヲ敎閱シ十五歲ヲ過グレバ用ユベキヲ啓ス。 五九オ

佛齋排斥

○成均館生員ハ忌辰齋ニ先王先后ノ神位ニ沐浴拜佛ノ狀ヲ爲スノ不可ヲ論啓ス。猶 五九オ—六三ウ

		ホ左ノ件ヲ啓ス。	
巫風惡弊 壻寄婦家 幼年結婚 親迎ノ禮 婚姻奢侈 宦官有妻		○巫覡ノ禁弛ミ城中ニ入リ內外婦人ヲ誘ヒ酣歌恒舞絕ヘズ。巨家大族鬼ニ諂フ。太一ハ老子ノ遺法天ニ祈ツテ永命スルハ誕術也。婚姻親迎ノ禮行ハレズ。男子昏夜女家ニ抵ル醮獻畢リ夫ハ婦女ニ寄ル雇傭ノ糊口ニ似タリ。今人ハ年十ニ滿タズ冠笄ヲ加ヘ嫁娶ス。親迎ノ禮ヲ行ハシメ人倫ヲ正スベシ。婚娶ノ家ハ服色珍羞華侈ヲ競ヒ貧者爲メニ婚期ヲ失ス閹竪ニ妻アルハ天地間ノ一變事ナリ。以上禁止制限勵行ヲ加フルコト。	六一ウ・六二オ
歌童舞童		○歌童舞童ノ數ヲ減ジ其技ヲ敎習シテ精ナラシム。	六四オ
迎祥之詩		○臺諫合司啓。今日（二十四日）迎祥ノ詩ヲ齋戒日ヲ必セズ製述ス、或ハ家ニ至ル者ヲ取テ呈ス、在家ノ者ヲ呈スルハ今後一切禁止ス。	六五オ
	六年（辛未）	卷十三	
牛乳飲用	正月	○領事ノ言。外方ノ守令ハ使命ニ支供ノ際皆酪粥ヲ用ユ。民ノ牛ヲ有ツ者長ク官門ニ立チ牛瘦スルニ及ヘバ鄕吏之ヲ賤價ニ抑買ス。	三オ
禁酒例外	二月	○王ノ言。禁酒ノ令ヲ下シアルモ耆英會ハ行フテ可ナリ。	二〇ウ
喪中淫行		○人ノ妾數人ヲ奸シ、親ノ病中竝喪中妓ヲ奸シタル節度使ヲ臺諫ハ遞職スベシト劾啓ス。王允サズ。	二七オ
女樂廢止 男樂創始	三月	○始メテ男樂ヲ用ユ。	三四オ
遊街		○年凶且酒禁アリ遊街ヲ停メンコトヲ臺諫ヨリ請フ。王ハ允サズ。	同
內命淫祀		○臺諫ノ啓。文廟親祀ノ時內需司ニ憑藉シ告祀ニ托稱シ祭ヲ養賢庫內東山ニ設ク。	三四ウ—三五オ

		文廟ニ近キ所淫祀ヲ設クベカラズ。王之ヲ大妃ニ問ヘバ付根堂（付根ハ官府祠ヲ設ケ祈祝ス國俗也）ナリト云フ。	
右同		○右内命ニテ設祭ス。	三六ウ
祈雨	四月	○王ハ旱災ニヨリ靈驗ノ處ニ祈雨ヲ命ズ。	四五オ
端午豐呈		○旱ニヨリ命ジテ端午ノ進豐呈ヲ停ム。	同
給貧助婚		○旱ニヨリ貧家ニ官給資装婚嫁セシム。	四七オ
祈雨		○雨ヲ名山大川ニ祈ル。	同
樂學都監		○樂學都監ヲ革罷ス。	四八ウ
灼身	五月	○講官ノ言。旱ノ時太宗其身ヲ焚カントシテ卽天雨フル。	五〇ウ
宗廟安神祭		○墻内ノ松木燒ク、宗廟ニ安神祭ヲ行フ。	五六ウ
道教排斥		○侍講官ハ昭格署ヲ左道ナリトシテ革メンコトヲ請フ。王ハ允サズ。此時道流アリ祝文ヲ讀ムニ至リ御諱ヲ高唱ス。	六〇ウ・六一オ―ウ
		卷十四	
右同	六月	○諫院、弘文館、藝文館、司憲府、講官等等ハ昭格署ヲ革罷センコトヲ請フ。其左道ナルト祈禳ハ優戲ニ同ジキ等ヲ云フ。	七オ・八ウ・一〇オ・一三ウ・一五オ・一六オ―一七オ
社會教育	八月	○王ハ傳シテ近來風俗美ナラズトシ、三綱行實ヲ多ク中外ニ頒布ス。	二四ウ
婦女觀光		○王ハ命ジテ士族婦女ノ觀光ヲ禁ズ。	同
宗室妖言	九月	○王ハ命ジテ仁川君ノ職ヲ罷ム。怪誕ノ説ヲ傳造シ諺ヲ文字ニ形ハシ左道ニ依リ人民ヲ煽惑セシニヨル。	二七ウ―二八オ

祭祀忌穢		○節婦ヲ旌表ス。其中ニ夫ノ祭日ニ飼犬出産セントシ祭日ノ犯染ヲ恐レ狗ニ勅ス、狗旨ヲ諒シタル如クシテ去ル。	二八ウ
儺戲 火山臺	十　月	○年饑ユルニヨリ王ハ命ジテ正朝ノ火山臺及儺戲ヲ停ム。	四二ウ
棄兒收養		○王ハ命ジテ遺棄ノ小兒ヲ收育セシム。	四四ウ
祈　雪	十二月	○祈雪ノ事ハ蘇文忠公文集ニアリトシテ禮曹ハ之ヲ行フ意アリ。王ハ我國ノ行フ所ニ非ズトシテ行ハシメズ。	五四オ
先農祭		○命ジテ先農ノ祭ヲ停ム。	五九オ
一夫二妻		○宗室箕川副正ハ其母ノ妾ニ非ズ妻ナルニ付テ上言ス。熙嬪ノ生ミタル女ナレバ成禮シテ成婚スルモ改メテ妾トスベシト決ス。	六二オ
	七　年 （壬　申）	卷十五	
棄病母	正　月	○都城内ノ一女人、病母ヲ仵作人ニ授ケ頭ヲ打チ水口門外ニ置ク。後四日其母來テ鐘樓ニ臥ス。	四オ
給資助婚		○年壯處女貧ナル者ニ給資助婚ス。	九ウ
紅色ノ衣	二　月	○守令ハ進上物タル衣服染料ノ紅花ヲ民ニ濫徵シ弊少ナカラズ。王ハ紅色ノ衣ヲ禁ズベシト曰フ。	一六ウ
老人優遇		○豐川百十歳ノ女ニ米ヲ賜フ。	二五オ
喪制惡用	三　月	○江陰ノ鄕吏上言。法規百日ノ親喪ニテハ此喪ヲ過ギテ出役射獵ス鳥獸ヲ捕フルニ忍ヒズ、軍士ノ如ク願ニ依リ三年ノ喪ヲ行ハンヲ請フ。禮曹ノ言。之ヲ許セバ喪ニ托シテ閑遊セン。	二五オ―ウ

淫祀排斥	四月	○弘文舘副提學ハ咸鏡道咸興牧場ニ於テ左道ヲ以テ祈恩（王命ノ永ヲ祈ルコト）邪媚ノ事アルヲ革ムベキヲ曰フ。王ハ開國以來アリ改ムベカラズト曰フ。	三六オ
右同		○憲府右同一ノ事ヲ啓ス。王允サズ。	三八オ・ウ・三九オ・ウ・四一オ・四七オ・五〇オ・五四オ
社會教育		○王ハ中外ニ諭シテ本朝忠臣孝子烈婦ノ事績ヲ印行セントシテ其資料ヲ求ム。（十數人ノ例アリ）	四九オ―ウ
僧ノ印信	五月	○禪教兩宗革罷シテ已ニ久シキニ各寺ノ僧判事ト稱シ印信ヲ行用ス之ヲ禮曹ニ收茂セシム。	四九オ
祈雨		○旱。王ハ祈雨節目ニヨリ擧行セシム。	五六オ
		卷十六	
家舍過限	閏五月	○講官ノ言。近來士族ノ家舍過制花拱草拱華麗ヲ極ム。家主ヲシテ自カラ毀タシムベシ。王允サズ。	七ウ
巫祀排斥	六月	○副提學ハ上疏シテ祈恩ヲ罷メンコトヲ請ウ。祈恩トハ儀仗ヲ嚴ニシ倡優巫覡ヲ隨ヘテ匝行坎擊鼓把シ咸興ノ濬源殿ニ福ヲ禱ルノ祭ヲ云フ。（此前後本件ニ付上疏セル者多シ、王ハ内事ハ干リ知ラズトシテ之ヲ允サズ）右文中ニ我國村々鬼祉アリ宗家神廬厥ノ祀ヲ棄テ巫覡ヲ崇信ス、士大夫ト雖モ免レズ云々。	二〇オ―二一ウ
祈雨		○旱災甚シ再三祈雨驗無シ。	三三オ
右同	七月	○王ハ禮曹ニ傳旨シテ童子街巷ニ祈雨ノコト舊例ト雖モ民弊トナルニヨリ之ヲ姑ク停メシム。	三六ウ
宗親淫行		○王ハ義禁府ニ傳シテ、廢王ノ幸シタル妓ヲ妾畜シタル宗親鶴城令ヲ推セシム。	四〇ウ

姦宮妓罪		○廢王ノ幸シタル興淸ト通奸セシ士大夫ハ付處シ、庶人ハ全家徙邊トス。講臣ハ庶人無智右ノ刑ハ不當ナリトス。王ハ近來興淸ト通奸者多シ故ニ法此ノ如シト曰フ。	四四ウ
婦女淫行罪	九月	○義禁府ハ婦女ノ淫行ハ事重大ナリ成宗ノ朝ハ死ヲ以テ論ゼリ。廢王ハ婦女失行ト並ニ其奸夫ハ死ヲ以テ論ゼリ。此法ヲ行ヒ淫邪ノ風ヲ絕ツベシト曰フ。	六二オ―ウ
老人優遇		○養老宴ヲ殿庭ニ行フ。	七〇オ
		卷十七	
婦女淫行ノ罪	十月	○王ハ傳シテ曰ク。失行士族ノ婦女置刑ノ法ハ律文及大典ニ載セザル所、今議論一ナラズ參酌法ヲ定ムベシ。	二オ
右同		○李自健等ノ議。淫亂ノ習ハ國ノ風紀ニ妨アルヲ論ズ士族ノ女ハ閨門ノ內ニ長ジ外ト相接セズ而シテ亦又淫欲ノ爲ニ索ク所トナリ恣行忌ム無シ。重典ニ置カサルベカラズ云々。	二オ―ウ
右同		○失行婦女定罪ノ法。本人及其奸夫ヲ絞ニ處スノ議ニ王ハ從フ。	七ウ―八オ
祭官不謹		○大司諫ハ釋奠致齋ノ日ニ祭官致齊セズ又飮福ヲ重ンゼズト言フ。王ハ糾察スベシト曰フ。	八ウ
鄕飮酒禮	十一月	○侍講官ノ言。鄕飮酒禮ハ徒ニ飮酒ノミニ非ズ、鄕里ノ德行ヲ奬勵シ不善ヲ戒ム煩ト雖モ行ハサルベカラズ。王曰此例久シク廢ル之ヲ行フ者アラバ之ヲ怪シム。	一七ウ―一八オ
壻歸婦家		○同上ノ言。婚姻親迎ノ禮之ヲ廢シテ已ニ久シ。王曰ク近日婚禮或ハ男ハ女家ニ歸スルヲ非ナラズトシテ上疏スル者アリ。	同

婚姻親迎		○王ハ婚姻親迎ノ禮ヲ王室ヨリ實行シ卿大夫ノ家モ實行シ士庶ヲシテ習ハシメントス。	二〇カ—二一オ
	八年(癸酉)		
律管埋置	正月	○成均館大司成ハ律管ヲ地ニ埋置スル事ニ付テ啓ス。	三八ウ
曲宴		○王ハ慈殿ノ爲ニ曲宴ヲ內庭ニ設ク。	三八ウ
籍田親耕		○王ハ先農ニ親祭シ仍ホ籍田ニ親耕ス。	四九オ—ウ
松實頒賜	二月	○國俗二月一日ニ實栢子ヲ松葉ノ端ニ揷ス、一針各栢子一個ヲ貫ク紅紙ヲ以テ纏束シテ飾リ名ケテ栢曆ト云ヒ每歲之ヲ進ム。內ヨリ諸政院及戚畹ニ頒ツ。	五〇オ
吉日藏胎		○王ハ命ジテ藏胎ノ吉日ヲ撰ム。史臣ノ記。王陰陽拘忌之說ニ惑フ時議之ヲ惜ム。	五〇ウ
親蠶		○禮曹ノ啓ニヨリ來月十二日中宮親蠶ノ時ノ事ヲ議ス。此壇無シ近來其禮ヲ行ハズ其祭ヲ昌德宮ニ行フ故也其壇ノ頹廢セシ基址ヲ修築スベシ。其時ノ命婦ノ衣色ヲ鴉青色ト定ムベシ。	五三ウ—五四オ
		卷十八	
雷變	三月	○宗廟ニ雷震ス。王親祭ス。(昭陵ヲ追復セザル怨ミナリト考ヘラレタリ)	一オ・ウ
星變		○太白天ニ經ス。誕日ノ賀禮ヲ停ム。	五ウ
改葬		○右議政等顯陵ヲ審ス。遷陵ノ地ニ合スルヲ言フ。	八オ
風水思想		○觀象監昭陵ヲ審シ風水最忌ノ地ナリト言フ。(此時昭陵追復ノ傳旨アリ)	八オ
改葬改斂		○王ハ傳シテ右遷陵ノ時、五十餘年ノ後ナレバ衣稱改メ難カルベク內梓宮完固ナラバ只外梓宮ヲ改ムベシト曰フ。	同
國忌復行		○命ジテ昭陵ノ國忌ヲ復ス。	八ウ

遷葬祔廟	四月	○昭陵ノ遷葬、祔廟、靈幄儀仗ノ三都監ハ其儀服色等ヲ啓ス。	一一オ—一二オ・一二ウ・一五オ・一九ウ
三年ノ喪		○副司正ノ上疏。今庶人父母ノ喪百日ニ及バス、大典ヲ革メ士庶同シク三年ノ喪ニ服セシメンコトヲ請フ。	
遷葬開陵		○昭陵ヲ開ク。百官變服ス。改斂。襲。改梓宮。下玄宮。	二〇オ
祔廟	五月	○魂殿親祭。祔廟。	二四オ—ウ
祈雨		○平安道旱、香祝ヲ下シ祈雨セシム。	二七ウ
食人肉		○飢甚シ人肉ヲ食フ。	同
一夫二妻		○忠贊衛宋長孫ヲ推案ス、同人ハ女妓ト通奸シ且ツ兩妻ヲ娶ル。	三〇ウ
老人優遇	九月	○王ハ養老宴ヲ勸政殿ニ行フ。	五六オ
遊街		○水災ノ爲新及第ノ遊街ヲ停メンコトヲ請フ。	同
邊將畜妾		○邊將ガ私妾ヲ畜フルノ禁ヲ申明ス。	五八オ
		卷十九	
婦女回寺 巫風盛大 男巫女裝	十月	○全羅觀察使ノ啓。本道ノ弊風、男子居士ト稱シ女人回寺（女人ノ山寺ニ寓スル者ノ稱）ト稱スル者淫行風俗ヲ敗ル、中ニモ男巫ノ兩中（俗ニ花郎ト曰フ）ト稱スル者、民家祀神ノ時歌舞娛神、男女相雜ハリ猥談淫褻ノ狀ヲ爲ス云々。士族ノ人家亦此ノ如シ。兩中ハ女服女裝人ノ妻女ヲ奸ス。	一オ—ウ
宦官有妻		○講官ノ言。人主災ニ遇ヒ宮女ヲ放出スルノ意ハ婦人ノ幽怨陰陽ノ和ヲ失スルヲ致スヲ以テ也。宦寺ノ妻アルモ右ノ意味ニヨリ解スレバ乖カス。	四ウ—五オ
雷變		○健元陵ノ松木ニ雷震ス之ヲ民怨トナシ安神祭及解怪祭ヲ行フ。	七オ—一一オ

事項	年月	記事	出典
宦者私畜		○宗宰及朝士ノ家ニ宦者ヲ私畜スルノ法禁ヲ犯シ私畜スル者アリ。王ハ傳シテ申明痛禁セシム。	二八オ
儺戲雜戲	十一月	○正朝儺戲ハ廢スベカラス、雜戲ハ裁減スベシト王ヨリ傳ス。	三二ウ—三三オ
婦女上寺 宮女ヲ娶ルヲ禁ズ		○舊件大典禁制ノ條ニ、儒生婦女上寺者。朝官ガ放出ノ侍女水賜ヲ娶ル者トアリ。	四四ウ
儺戲 擲輪木戲 火山臺	十二月	○王ハ思政殿簷下ニ儺ヲ觀ル。入侍ノ宰相ヲシテ擲輪木ノ戲ヲ爲サシメ虎ヲ得ル者ニ酒ヲ賜フ。大妃殿ニ曲宴ヲ進ム。昭涼殿ニ火山臺ヲ見ル。	五一オ
豐呈	九年(甲戌) 正月	○大妃ニ進賀ス。百官ノ賀ヲ受ク。康寧殿ニ豐呈ヲ進ム。勤政殿ニ會禮宴ヲ行フ。	同
內農作		○臺諫其他ヨリ內農作ヲ罷メンコトヲ請フ。王ハ十五日ヲ必セズ之ヲ觀ルベシトテ允サズ。	五一オ—ウ・五二オ・五三ウ・五四オ
右同		○內農作ノ諸具ヲ後苑慶會樓池邊ヨリ北小門內右邊ニ排列ス、皆豳風七月篇ニヨル。四時ノ山色凡ソ奇花、異草、蟲魚、禽獸、人物備ハラザル無シ。	五五ウ
右同		○內農作勝邊ノ者ニ弓ヲ賜フ。	五七オ
右同		○內農作ノ爲メニ人ノ所有ヲ奪フ市肆一空、講官其弊ヲ言フ。	五七ウ
		巻二十	
厚葬過期 士夫奢侈 俗節墓祭	二月	○葬ニ華美ヲ競ヒ其風小民ニ及ブ。葬日酒果ヲ盛備シ以テ飮シ以テ謔ス、其ノ貧ノ爲ニ葬期ヲ逾ユル者アリ。士大夫ノ家貂裘、紗羅、屋轎ノ有ル無クンバ恥ヂテ出行セズ。愚夫愚婦毎ニ俗節ニ遇ヘバ必ズ其先塋ヲ祭ル未ダ嘗テ廢セズ、我國ノ善俗唯此ノミ。以上講官ノ言。	一二オ—ウ
寺刹重建	三月	○各道寺刹ノ重創ハ大典ニヨリ痛禁シ年少ノ僧徒ヲ推刷充軍セシム。	一四ウ

妖僧妖言		○講官ノ言。忠淸道妖僧アリ妖言衆ヲ惑ハス林川ノ倅尤モ惑信ス。一邑ノ長先ヅ拜ス其風下ニ趨ク。	一七ウ
甦死蘇生	四　月	○王ハ諺解醫書ヲ下ス。甦死ノ人皀莢ヲ以テ之ヲ治ス三四日ト雖モ蘇ルベシ。	二三ウ
淫祀盛行		○羅州錦城山ハ國祀ナリ。愚民ハ巫覡ニ惑ヒ春秋ニ遠近ノ男女雜沓經宿シ醜聲アリ。之ヲ嚴禁スベシト講官ハ曰フ。	二四ウ
排佛思想		○講官ハ忌晨齋ノ時僧徒ノ手ニテ先王ノ晬容ヲ執テ祭ルノ不可ヲ言フ。王ハ卒カニ革ムベカラズト曰フ。	二五ウ
祭官不謹	五　月	○史臣ノ記。大旱祈雨、此禮虛文、祭官淨齋ヲ致サズ縱酒戲謔ス。先王先師ヲ祭ルノ官此類多シ。	二八オ
祈　雨	九　月	○雨ヲ京外山川ニ祈ル。	二八オ
		卷二十一	
出產拘忌	十　月	○淑儀羅氏難產ニテ卒ス、此時朴氏臨產、宮中已ニ羅氏ノ死スベキヲ知テ忌テ宮中ヨリ出テ避ケシム。朴氏モ亦宮中ヨリ出デシム。氣絕セリト稱シ外ニ出ス、路中臨產母子共ニ死ス。	二ウ
風水思想		○王ハ風水ニ惑ヒ羅淑儀ノ葬地ノ山運ト葬日ノ吉凶ヲ擇バシム。又夫婦間ノ禁忌モ擇ムベシト曰フ。	九ウ
死人拘忌		○王ハ羅氏ノ乘リシ轎子ヲ後日ヲ恐レテ燒カシム。內人ノ拘忌ノ故也。	九ウ・一〇ウ
貂　服		○大臣ノ啓。婦女ノ著ル貂服ヲ奢侈トシテ禁ズベキヲ曰フ。王允サズ。	一一ウ
耳掩賜頒 衣ノ染色		○大司諫ノ上疏。尙衣院ノ賜フ所ノ耳掩甚ダ濶シ。衣ノ染色ニ爭フテ新樣ヲ競フ。	一三ウ—一六オ

巫風排斥	十一月	○禁酒ノ令ヲ嚴ニスベシ。淫祀盛ニ中外巫風蔓延ス。昭格太一ノ祭ト忌晨祭ヲ去ルベシ。祈恩ハ無稽尤モ甚シ群巫女ヲ率ヰ山川ニ祈ル。	
告論酒戒		○知製教ハ酒戒ノ詞ヲ製ス。王ハ此ヲ以テ中外ニ諭サシム。	一八オ―ウ
白丁		○才人白丁存撫ノコトヲ外方各官ニ下諭ス。彼等恒居定産ナク盜ト爲ルヲ以テ也。	三三ウ
雷變謹愼	十二月	○冬日ノ雷電ハ懼ルベシトナシ、王ハ減膳撤樂ス。	三四ウ
右同		○王ハ正殿ヲ避ケ思政殿簷下ニ書講ス。	三九オ
揀選嬪御	十年(乙巳)正月	○王ガ嬪媵トセントシテ處女ヲ擇ブハ此變災重ナレル時體ニ合セズト弘文館ハ曰フ。	四一オ
佛齋排斥		○忌晨齋ヲ興王寺ニ設ケ先王先后ノ神主ヲ浴室ニ入レ沐浴セシメ而後佛ヲ拜セシム。之ヲ革罷スベキヲ侍講官ヨリ上言ス。	四二ウ
白丁	二月	○全羅ノ土豪濫リニ才人白丁ヲ占ム。此事ヲ推考ス辭連大司憲成世貞ニ及ブ之ヲ遞ス。	四五オ
道教排斥		○昭格署ノ醮祭ハ荒誕ナリ佛家ノ地府十王モ亦與カル。之ヲ革罷スベキヲ主簿ヨリ上言ス。	五七ウ―五八オ
誕生ノ賀		○元子誕生ス百官ノ賀ヲ受ケ頒赦ス。	六一ウ
忌病移居	三月	○中宮尹氏病篤シ。王ハ外ニ避ケ移御セシメントス。政院ハ此レ他證ニ非ズ産後ノ證ナリ移御スベカラズト曰フ。	六三オ
中宮薨去		○中宮尹氏昇遐ス。(以下葬祭ノ記事略ス)	同
喪葬記事		○右喪葬記事。大斂、小斂、哭臨、殯、入棺、陵ノ相地、喪制、誌文。	六三ウ・六四オ・六六ウ・六七オ・七一オ―七二ウ・七三ウ
誕日停賀		○大妃ノ誕日百官ノ賀ヲ停ム。	六四オ

風水思想		○臺諫ノ言、葬事風水ノ說ニ拘ルベカラズ。大臣ハ士大夫且猶日ヲ擇ブ況ヤ國葬ヲヤト曰フ。	六八ウ
喪葬	四月	○王妃喪葬ノ件。山陵掘鑿、吉服。	七四オ・ウ
拘忌移宮		○王ハ拘忌ニヨリ東宮大妃ト共ニ昌德宮ニ移御ス。	七六ウ
		卷二十二	
葬	閏四月	○大行大妃ヲ禧陵ニ葬ル。	一オ
家舍過限		○家舍ノ奢侈過剰ノ者ト新造ノ者ヲ摘奸ス。	一オ
喪葬		○王妃喪葬記事。入葬、炬杻ト假家、喪服裝、卒哭。	一オ・一ウ—二オ—ウ—三オ・四オ
三ッ兒		○理山ノ良女一產男二女一、米豆ヲ賜フ。	三ウ
卒哭		○永慶殿卒哭祭ヲ行フ。	四オ
國巫入宮		○巫女國巫ト稱シ宮掖ニ出入禳災祈恩スル者ヲ憲府之ヲ鞫ス。御衣多ク其ノ家ニ在リ。	四オ
巫盲禳邪 放砲逐邪		○弘文館副提學ハ上劄シテ瞽、巫ニヨリ禳除放砲等ヲ宮中ニテ行ヒシ非ヲ言フ。王ハ曰ク闕內ニ病死者アラバ放砲ハ例事ナリ。	五オ—ウ
尙儒排佛	六月	○王ハ傳シテ曰ク、開城府ノ人前朝ノ遺風ニヨリ佛ヲ崇尙ス、三綱行實ヲ印頒スベシ。	三〇オ
借吉娶妻		○禮曹判書ハ卒哭後借吉シ妻ヲ娶リシヲ臺諫ハ劾啓ス	三〇ウ—三一ウ
喪制ト賜暇	七月	○王ハ禮曹ニ傳シテ曰ク。軍士三年ノ喪ハ願ニヨリ行ヲ許スノ大典ノ條ハ近來廢シテ行ハレズ。徒ニ此ノミナラズ、朝官ノ服制式暇甚不可ナリ自今共ニ申明舉行ス	五〇オ

ベシ。

親迎ノ禮・婚姻奢侈　八月
○婚禮親迎ノ禮ハ今國家（王室ノコト）已ニ之ヲ行フ下人ハ其ノ禮ヲ行ハズ申明擧行スベシ。婚姻奢侈ヲ競ヒ爲メニ期ヲ後ラス。納采又過制、廢王ノ時木綿ヲ以テ定メトス。王ノ言。　五七ウ―五八オ

卷二十三

三年ノ喪　九月
○兵曹ノ啓。軍士ニ三年ノ喪ヲ願ニヨリ許スニ付テハ其閑遊ヲ慮リ保率ヲ奪フ故ニ願フ者無シ。自今行願者アラバ其欺罔ノ弊ナキヲ考察セバ許スベシ。王ハ自願者ニハ悉ク許セト曰フ。　五オ

王妃選擇　十月
○中宮トナルベキ處女ヲ選バシム。　一六ウ

親迎ノ禮
○講官ハ我國親迎ノ禮上ニ行ハレ下ニ行ハレズ其惡習ナルヲ言フ。　二七オ

右　同
○王ハ傳シテ婚姻ノ禮ヲ正サントス、男ノ女家ニ歸スルノ風ヲ革メントスル也。大臣ハ議シテ此儀行ヒ難シトナシ、王之ニ從フ。　二七オ・二七ウ―二八オ

味噌煏造　十一月
○奉常寺用ユル所ノ米醬ヲ煏造スル舊例ナリ。　二八ウ

十一年（丙子）

處女揀擇　正月
○内官ヲ遣ハシ江原道ニ處女ヲ撰バシム、王妃ヲ揀バン爲也。　六一ウ

老人毛冠
○近ゴロ七十ノ老人毛冠ヲ着ケ憲府ニ糾察治罪セラル。待老ノ道ト云フベカラズ。王ノ言。　六六ウ―六七オ

親迎ノ禮・鄉飮酒禮
○王ハ禮曹ニ傳シテ曰ク。世宗ノ古制ヲ慕ヒ王子王女ノ婚嫁ノ禮ニ親迎セシメ士大夫ヲシテ效ハシメントス、因循舊習ニヨリ廢レテ行ハレズ。鄉飮酒禮モ近頃擧行セズ。自今右二禮ハ中外ニ諭シテ一ニ古制ニ依ラシムベシ。　六六ウ

卷二十四

一迎、禮	二月	○婚嫁親迎ノ禮ヲ法令ヲ以テ罰ヲ付シ行ハントスル大司憲等ノ意見アリ。王ハ風俗ハ法ヲ以テ變ズヲ得ズトシ之ヲ允サズ。	一三オ－ウ
鄉飲酒禮		○鄉飲酒禮モ亦鄉黨ヲシテ禮ニ習ハシメ朋友ヲ和睦セシムル途ナリ。今ニ因循擧ゲズ法司ヲシテ糾察セシメヨト言フ。	一三オ
佛齋排斥		○司諫ノ上言。忌晨齋ハ祖宗在天ノ靈ヲシテ沐浴佛ヲ拜セシム。其ノ革罷ヲ請フ。	一三ウ・一四ウ
內佛堂		○世宗ハ末年眼疾ニ因リ內佛堂ヲ營ム。司諫ノ言。	一四ウ
祈恩城隍		○檢討官ノ言。咸興本宮ノ別差ナル者京ヨリ下リ黑團領ヲ着ス又大母ナル者紫衣ヲ着儀仗ヲ備エテ城隍堂ニ祈恩ス。	一六オ
佛齋排斥		○領事ノ言。祭執事ヲ以テ奉先殿ニ往キ見ルニ每夕諸僧ハ世祖大王及貞熹王后ノ魂ヲ高聲ニテ呼ブ。忌晨齋ノ時祖宗ノ位板ヲ庭下ニ置キ拜佛ノ禮ヲ爲ス。	一八オ
小祥祭	三月	○章敬王后小祥ノ日百官吉服ヲ着ル。	一九オ
老人優遇		○訓練院ニ耆英宴ヲ行フ。	一九オ
佛齋排斥		○領事ノ言。忌晨齋ノ時板ヲ以テ神主ト爲シ、之ヲ白平床白橋子ノ上ニ置キ四面皆匝ラスニ紙牋ヲ以テシ群僧圍立亂擊錚鼓迎ヘテ神主ヲ入ル。佛像ハ上ニアリ、王及王后ノ神主ハ下ニアリ。講官ハ忌晨齋ヲ罷メンコトヲ請フ。	二三ウ
祈雨	四月	○旱候アリ祈禱無益ト雖モ祈雨祭ヲ行フ。	三八ウ
右同		○雨ヲ各處ニ祈ル。	四三ウ
近親姦罪		○其弟ノ妻ヲ私シ累年率蓄セシ鄭元弼ヲ禁府ノ擬律ニヨリ斬ニ處ス。	五二ウ

卷二十五

禫祭	五月	○章敬王后ノ禫祭ヲ行フ。	三オ
祈雨		○領議政等ノ上言。祈雨ニ街巷ノ童子ヲシテ爲サシム、舞ヒ歌ヒ雜戲至ラザルナシ。天ヲ詐クト云フベク祈ラザルニ如カズ。王ノ言。此亦古事也戲ノミニアラズ。	七オ
右同		○雨ヲ宗廟、社稷、山川等ニ祈ル。	八オ—ウ・一一ウ
官員率童 飲食奢侈		○王ハ傳シテ各司ノ官員多ク年少童子ヲ率ユルコト及飲食奢侈ノ事ヲ嚴禁スベシト曰フ。	二七オ
給資助婚		○貧女ニ給資助婚ス。	二七ウ
甲士妖言		○甲士景仁孫上達ノ事アリト稱シ、袖中ヨリ一書ヲ出ス。圓覺寺ヲ改造スレバ則三千ノ天女下降國家大平世ニ疾無シ等ノ語アリ。命シテ禁府ニ下シ推ス。	二九オ
佛齋廢罷	六月	○王ハ禮曹ニ傳シテ先王先后ノ忌晨齋ヲ罷メ永ク行フ勿ラシム。（此前本件革罷ニ付テ上疏陳言セシ者甚多シ）	四三ウ
巫風盛行 道流入宮		○晝講ノ時趙光祖ノ言。今闕内ニ道流相遞テ入番ス。巫覡城内ニ入ルヲ得ザルノ禁モ行ハレズ。外方城隍堂ヲ酷信シ其神下降スルト云ヘバ一道塡咽シテ奔波ス其中羅州錦城山ノ城隍最モ甚シ。	四五オ—ウ
禁色		○王ハ命ジテ深染草綠ヲ禁ズ。	四六オ
盜入神殿		○文昭殿ニ盜入リ位版等ヲ盜ム。（本件大事件トシ安神祭ヲ行フコト王ノ謹愼スルコト等略之）	五四ウ—五五オ
祈晴	七月	○晴ヲ祈ル。	七〇ウ

三年ノ喪	九月	○庶人ノ父母百日ノ喪ヲ改メ軍卒ト共ニ士大夫ノ如ク三年ノ喪ヲ行ハシメントノ論アリ決セズ。	二三オ—ウ・二五ウ—二六オ
乘轎ノ禁	十月	○臺諫ノ啓。大典規定外ノ人ニシテ屋轎子ニ乘ルヲ得ザル者ノ禁ヲ申明ス。	三八オ
王子外發		○王ハ元子ヲ大臣ノ家ニ託シアリ。	四〇オ
絹物ノ禁 婢女問安ノ弊		○講官ノ言。紗羅綾緞ノ禁、其織造ノ禁。族親ノ婢子等問安ノ事ハ寸數ヲ以テ定限ヲ定ムルコト。	四三ウ—四四ウ
女人乘馬		○臺諫ノ言。乘馬徑行ノ女アリ問安ノ婢也宮門ニ馳突ス。	四四ウ
淫祀排斥		○臺諫ハ啓シテ外方城隍堂及凡ソ巫覡ノ事一切之ヲ禁ゼンコトヲ請フ。王ハ允サズ。	四六ウ—四七オ
國恤不愼		○國恤ニ遭ヒ、率ヰシ妓妾ヲ去ラザリシ水使ヲ推ス。	四九ウ
衣食奢侈		○王ハ政府ニ敎シテ飲食衣服ノ奢侈ヲ飭ム。	五〇オ・五四オ—ウ・五五ウ・五八ウ
新來虐待	十一月	○新來ヲ侵虐シテ死ニ致シタル者アリ。王ハ此ノ禁ヲ申明セシム。	五七ウ
奢侈禁制		○王ハ八道觀察使ニ諭シ、衣服、飲食、邸宅、器具等奢侈ノ風ヲ革メシム。	六二ウ
三年ノ喪		○王ハ傳シテ曰ク。父母三年ノ喪ハ士大夫ニ於テハ既ニ行ヘリ、庶人ハ百日ノ喪ヲ行ヘリ、自今自願者ニハ三年ノ喪ヲ行フコトヲ聽ス。	五九ウ—六〇ウ・六二ウ
親迎ノ禮 冠禮		○侍講官ノ上言。婚嫁親迎ノ禮近頃行ハル。執儀ノ言。冠禮ヲ正スベシ。今ハ年十二三歳其父母タル者已ニ冠ヲ加フ。	六六オ—六七オ
婚禮ニ衣服ノ奢侈		○憲府ノ啓。紗羅綾緞ノ禁ハ既ニ法ヲ立テタリ、然ルニ婚禮ハ必ズ夜ニ於テ行ハル	六七ウ

		禁亂ヲ出スモ摘發スルニ由ナシ。士大夫ヲシテ各其家ニ於テ抑禁セシムベシ。	
祭祀三代		○講官ノ言。士大夫ノ如キハ只三代ヲ祭リ親盡クレバ則チ止メテ可也。	六九ウ
問疾弔喪		○王ハ政府ニ傳シテ曰ク。古ハ大臣ノ疾病喪死ニ人君皆其第ニ親臨問病弔喪セリ今勢ヒ爲シ難シ。爾後承旨一員ヲ派シ問弔ノ事永規トセン。	七二ウ
		卷二十七	
大氏族制崩壞過程	十二月	○講官ノ言。古ハ大宗小宗ヲ立ツ故ニ家道和睦ス今ハ宗法久シク廢レテ行ハレズ、族類睦スル能ハズ。	二オ
宮中遣使山川別祭		○國祀ノ外ニ別ニ宮中ヨリ使ヲ遣ハシ名山大川等ニ致祭ス此ヲ内願ト曰フ。臺諫ハ此事ニ付テ啓ス。王ハ古ヨリ久行セリ之ヲ廢セズト云フ。	一七ウ
女樂保續	十二年（丁丑） 正月	○國俗自カラ來ル久シ況ンヤ内宴必ズ女樂ヲ用ユ、之ヲ廢スベカラズト三公ハ啓シ。王ハ之ニ從フ。	二二オ
妓妾婢妾	三月	○大小人員ハ各官ノ婢及妓ヲ妾トシ公賤ノ漏失ヲ致ス八道觀察使ニ命ジ之ヲ刷還セシム。	四六オ
王妃親迎		○王ガ其妃ヲ納ルルニ付親迎ノ禮ヲ行フベキヤ否ラザルヤ（支那ノ帝王ニハ婚禮無シ又後妃ナルニモ因ルモノナラン）ニ付テ問題トナル。之ヲ議ス又上言アリ。	四九ウ—五〇ウ・五一オ・五一ウ—五二オ・五八オ
招妓宴飮	四月	○王ハ憲府ニ傳シテ士大夫或ハ妓ヲ挾ンデ宴飮スル者ヲ痛禁セシム。（天災飢荒ノ時也）	五六オ—ウ
端午豐呈		○大妃ハ年歉ノ故ヲ以テ端午ノ進豐呈ヲ固辭ス。	五九ウ

		巻二十八	
因病移御	五月	○大妃病久シク癒ヘズ、古事ニ依リ（術家ニ問ヒ）外邸ニ避御セントス。齊安大君ノ第ニ移ル。	二ウ・三ウ
救食	六月	○王ハ素服シテ朔日ノ蝕ヲ救フ。（其儀注アリ）	九オ
納采ノ禮		○王ハ權停禮ヲ以テ納采ノ禮（妃ヲ迎フル）ヲ行フ。日ノ拘忌ニヨル也。	一七ウ
白丁	七月	○前江原府使ハ才白丁濫占ヲ以テ前ニ罷職セラル。	二三ウ
祈雨		○雨ヲ山川ニ禱ル。	三〇オ
王妃親迎		○王ハ冕服ヲ具ヘ王妃（後妃也）ヲ大平舘ニ親迎ス。	三六ウ
新妃廟見		○妃ノ廟見ノ禮ヲ始メントス。其ノ期日並ニ之ヲ行フヤ否ニ付議論アリ。遂ニ行ハズ。	三六ウ
王妃受賀		○王妃ハ宣政殿ニ御シ内外命婦ノ賀ヲ受ク。百官陳賀ス。	三七オ
郷約		○咸陽儒生ノ上疏ニヨリ呂氏郷約ニヨリ八道ニ郷約ヲ行ハシム。	四八オ―ウ
		巻二十九	
家廟不行	八月	○執義ノ言。我國ノ祭祀ハ正シカラズ士大夫ノ家ノ時祭ハ主祀ノ家ニ之ヲ祭ル、忌祭ノ如キハ立廟ノ家モ祭ラズ只紙榜ヲ用ヰテ祭ル、主祀立廟ノ家傍ニ在リト雖モ其家ニ祭ラザルノ弊風アリ。	一三オ
紙錢燒却 淫祀滅却		○國俗各司内ニ付根神ヲ祀ル、既ニ久シク之ヲ革ムルナシ。憲府先ツ紙錢ヲ焚キ各司ニ傳關シテ皆之ヲ焚キ其ノ祀ヲ禁ズ。	二四オ

進豐呈
○王ハ中宮ト大妃殿ニ豐呈ヲ進ム。蓋シ親迎禮ヲ行ト爲ス也。　二四ウ

巫風盛行
○侍講官ノ言。今ニ巫覡頗竄外方窮村僻邑ニ多ク存ズ、守令ノ衙內ニ出入シ衙巫ト號ス、又國巫ノ號アリ共ニ非也。　三四オ

宿娼有罪
女醫類妓
○領事ノ言。近日士大夫宿娼ノ事ヲ以テ罪セラルル者多シ、正言ノ言。內庭ノ豐呈ニハ娼妓ヲ用ヰズ女官ヲ用ユベシ、又曰近來士大夫ノ宴會女樂ヲ用ヰズ故ニ女醫ヲ用ユ。　四六オ

世子ト道流ノ俗
○元子盧公弼ノ家ニ寓セシ時侍女晝夜誦經シ又道流ヲシテ眞言ヲ誦セシム。近日入闕ノ時道流ヲ呼ブ。王ハ道流ヲ世子ニ近クル勿ラシム。　四六ウ

王子外養
○侍讀官ノ言。元子三歲宰相ノ家ニ輔養ス。近日入闕ノ時下橋命ジテ道流ヲ呼ブ如此事耳目ニ慣ハシムベカラズ又左右侍女晝夜誦經ス、又道流ヲシテ眞言ヲ誦セシム。　四六ウ

舞童有弊
○掌令ノ言。客人宴會ノ時必ズ舞童ヲ用ユ、其弊女樂ト等シ。廟中祭享ニ俗樂ヲ奏ス。此時男樂ヲ罷メントスルノ議アリ。　五〇ウ・五一オ―ウ・五二オ―ウ

官員巫ヲ行フ
○司導寺副正ハ嘗テ奉常副正ノ時寺中ノ典僕ヲ率ヰ巫覡ノ事ヲ爲シテ風化ヲ瀆亂ス。臺諫ハ啓シテ仕版ヲ削ルベシトナス。王不允。　五二オ

九月

幸陵炬火
○講官ハ王ガ諸陵ニ動駕ノ時途中立炬甚タ多ク民ノ弊トナルヲ言フ。　五四ウ―五五オ

巫風盛行
○巫覡法禁ヲ犯シ京城內ニ雜處シ士大夫ノ家ニ出入スル者多シ、之ヲ嚴禁セントス。　五六ウ―五七オ

幼年結婚
過年不婚
再嫁禁止
○正言ノ言。我國ノ男女早婚少聘夫婦ノ禮ヲ知ラズシテ已ニ子ヲ生ム。又婚資ヲ具フルヲ得ズ婚期ヲ過ス者アリ。一方ニ早ク夫ヲ喪ヒ妻ヲ喪フ者アリ古ハ嫁年（再　五七オ

嫁年限）ノ法アリ今用キズ。宗室巨族孩童ヲ以テ婚姻スルハ不可ナリ。

巫女救病

○講官ノ言。巫女ヲ東西活人署ニ屬セシメ其税ヲ納メシム、外方ノ神堂税布等ノ巫税モ亦革ムベシ。巫女ヲ活人署ノ所屬トセルハ其本意病人ヲ治療セシメントスルニアリ。

五七ウ・五八オ

道流遁甲

○講官ノ言。遁甲ノ道流ヲ政院所屬トセシメ後觀象監ノ所屬トス。荒誕無稽ナリ今盡ク去ラントス。試才スベカラズ。

五八オ

巫女所屬

○王ハ傳シテ巫女ノ活人署所屬ヲ止メシム。

同

功臣優遇

○王ハ政院ニ傳シテ曰ク。歲凶ニシテ久シク功臣仲朔ノ宴及其恩數ヲ廢ス。其特賜ハ貂皮、衣服、靴、帶差アリ。

五八オ―ウ

貂皮使用流行有弊

○咸鏡北道評事ノ上言。近來富家巨室僭奢衣裘衾席貂皮ヲ用ユ、鄕閭ノ小會婦女貂衣無キ者耻ヂテ赴クヲ肯ンゼズ。此俗長ジ爲ニ産地ヘノ誅求トナリ弊多シ。衣裘衾席耳掩ノ科條ヲ立テ禁スベシ。

五九ウ―六〇ウ

巫風盛行

○右同。北道ノ俗鬼ヲ尙ビ巫覡之ニ乘ジ牟利ス。而シテ神布ヲ徵ス其弊多シ。

巫覡税布

○巫覡税布ニ關シ議論アリ一定セズ。

六一オ―ウ

卷三十

十一月

巫覡放逐

○司憲府ハ巫覡ヲ黜ケントシ政府ニ報ズ。王ハ新法ハ立ツベカラズトシテ更ニ議セシム。

五〇オ

外親掃墳

○王ハ傳旨シテ揚原君給由ノ馬ヲ給ス。副承旨啓シテ曰ク妻ノ父母ノ墳ノ拜掃前例無シ。

五一ウ

壻寄婦家 胎室籓地 胎衣燒却		○講臣ノ言。我國婚禮正シカラズ士大夫稍正禮ヲ行フ但男ノ女家ニ歸スノ弊革マラズ。證考使（胎室ノ地位審査官）地ヲ相スル時民ノ家舍田地其傍ニ在ル者呼號哭泣ス。士大夫ノ家ハ生男生女ノ胎盡ク燒キ盡ス。	五六ウ
		卷三十一	
王子外養	十二月	○大司諫ノ言。我國王子ヲ保養スルニ古禮ヲ失ス。誕生ノ初外ニ出シテ女侍ノ手ニ委ネ閭閻ノ間ニ寓ス。	九ウ
過制家舍		○司憲府ノ啓ニヨリ過制ノ家舍ヲ明春ニ撤去セシム。	一五オ―ウ
鷹牌		○王ノ言。鷹牌ハ生雉鷹新ノ爲ニ設ク、本ト三牌アリ。	一八ウ
宰牛馬ノ禁	閏十二月	○諫院ノ啓ニヨリ牛馬宰殺者ヲ捕治ス。	一九ウ
妬婦殺妾 牛脯壓穣		○其夫ノ妾ヲ酷刑死ニ致シ牛脯学滓ヲ用ヰ禳壓セシ申壽麟ノ妻成氏ノ罪ヲ推ス。其罪杖六十徒一年單衣決罰贖。	三〇ウ・三二オ・三七ウ
閏月忌避		○講官ノ言。我國士大夫ノ家凡ソ閏月ニ遇ヘバ忌日正忌ニ非ズト雖モ猶忌避アリ。或ハ設祭ニ至ル是禮文ニ無キ所端ヲ開クベカラズ。	三八オ
處容ノ舞	十三年（戊寅） 正月	○侍講官ノ言。歲時處容、蓮花臺ノ戱ハ我國ノ常事也王ガ之ヲ爲スヲ政務ヲ忘ルト爲スニ非ズ。王ノ言。大妃ノ爲ニ之ヲ爲ス也。	四三ウ
親迎ノ禮 冠禮		○侍講官ハ冠禮ヲ行ハザルベカラザルヲ上言ス。王ノ言。親迎ノ禮ハ既ニ行フコトヲ命シ行ハシメタリ、冠禮モ亦行フベキモノ也。	四五オ―ウ
佛褒巫盛		○夜對ノ時王ノ言。今釋敎衰ヘテ巫覡ハ則チ尙多ク有之。	四七オ
喪制惡用		○晝講。各司ノ奴子三年ノ喪ヲ願フ者皆許スベシ。工商賤隷役ヲ避ケントシテ之ヲ	四九ウ

願フ許スベカラズ。講官ニ上ノ二說アリ。王ノ言。奸僞ヲ逆計シテ其情願ニ從ハザランヤ。

淫祀嚴禁　○羅州牧使ハ淫祀ヲ禁ジ民ヲシテ錦城神堂ニ上リ祀ルヲ得ザラシム。而モ朝廷ハ神堂ノ收稅ヲ止メズ、已ムナク巫女ヨリ分徵ス。　五五オ

巫　稅　○王ハ傳シテ巫覡ノ稅ヲ罷メシメントス。歸厚署、東西活人署送終ノ費ハ皆巫稅ニ出ヅ、國計ニ影響スルノ矛盾アルヲ承旨ヨリ上言ス。　五七ウ

野獸掘陵　○臺諫ハ野獸恭陵ノ土ヲ掘破ス之ヲ災異トシ、親祭スベキヲ言フ。　六〇オ

卷三十二

近親姦　二月　○咸鏡道御史ノ啓。穩城府使申ノ率ユル妾ハ申ノ孽弟ト奸ス申ハ其妾ノ妹ト奸ス申其弟ヲ囚獄シ獄卒ヲ嗾シテ殺サシム。王ハ同地ノ判官ヲ召シテ問ハシム。　三ウ

樂章改定　四月　○大提學ハ樂章ヲ改定セントシ處容ノ舞ノ奇邪不正ナルヲ言フ。　四三ウ

犧牛自斃　○犧牛宗廟ノ門ニ入ラントシテ斃ル。誠ニ莫大ノ變ナリ神享ケザルノ徵トシテ明日ノ大祭ヲ行フヤ否ニ付テ議アリ、遂ニ行フ。但還宮ノ時動樂セズ。　四四オ—四九オ

卷三十三

再嫁問題　五月　○上疏シテ早孀ノ婦ノ再嫁ヲ許スベキヲ言フ者アリ。王ハ之ヲ不可トス。　四六ウ

衣服奢侈
毛皮流行　六月　○講官ノ言。士大夫ノ家ノ婦女凡ソ衣服必ズ紗羅綾緞ヲ用ユ窮貧ノ家ト雖モ必ズ財ヲ竭シテ之ヲ辨ズ、貂皮ノ上衣無キ者敢テ門族ノ會ニ入ラズ。王ヨリ抑制セシニヨリ此弊習復前ノ如クナラズ。　四八ウ

鄉約

○弘文館應敎ノ言。忠淸監司ハ呂氏鄉約ヲ頒ツ故ニ鄉中年少ノ士是非好惡ノ趣ク所ヲ知ル。

五四オ

草葬ノ言

○右應敎忠淸ニ赴キシ時遇フ人ノ上疏ヲ草葬ノ言トシテ大臣ニ示ス。宗廟ノ外ニ文昭殿ヲ立テシハ禮ニ煩也。宦官ニ婚ヲ許スハ陰陽ヲ失シ和氣ヲ感傷シ水旱ノ災ヲ召ス。太一、三淸、文昭ハ不可ナリ祀事ヲ汰スベシ。

五四オ—五五オ

準近親姦

○宗室登臨守ハ其兄死シ其ノ妾ヲ其家ニ匿ス、其跡ヲ滅セントシ其妾ニ逼リ隣屋ノ皮匠ト淫セシム。命ジテ義禁府ニ下シ推鞫ス。

五七ウ

卷三十四

七月

士民交際ヲ卑トス

○市井ノ人ト多ク交リ共ニ飮食セシ士ヲ卑賤ナリトシ四館ニ齒スベカラズトス。

四ウ

女妓廢罷意見

○參贊官ハ外方女妓、革ムベキヲ言フ。

五ウ

右同

○舍人ハ內地ノ女妓ノ革罷スベキヲ言フ。政府ハ革ムベカラズト啓ス。

八ウ

冠禮實行
祭禮統一

○王ハ政府ノ啓ニヨリ從前士大夫ノ家ニハ冠禮ヲ行ハズ。祭禮ハ家々異ナリシヲ禮文ヲ申明シ、五禮儀注及朱氏家禮ニヨリ京外共ニ行ハシム。

二〇ウ

八月

左道排斥

○弘文館ハ異端ニ惑フ勿ランコトヲ啓ス。

二二オ—二三ウ

道敎存續

○王ハ昭格署ハ祖宗ノ朝ニモ亦誠心崇奉セリト其革ムヘカラザルヲ弘文館ニ答フ。

(此後昭格署ヲ廢スベキヲ上疏セル者數十甚多シ略)

二三ウ

秋夕ニ獻酒ト展墓

○侍講官ノ言。八月十五日ハ秋夕ナリ俗ニ三名日ノ一トシ正朝、端午ノ如シ。秋夕ニハ士大夫親アル者ハ杯酒ヲ奉ジ歡娛其親ヲ悅バシム、親無キ者ハ上塚展祭ス。

三一オ—ウ

喪中飮酒食肉ノ禁

○禮曹參判ハ喪中飮酒ス之ヲ遞ス。法司ヲシテ喪中ノ飮酒食肉者ヲ糾察セシム。

三二ウ

昭格署		○臺諫ハ屢論啓シタル昭格署革罷ノ件ヲ王ガ實行セサルニヨリ皆辭職ス。	三六ウ－三七オ
昭格廢祠	九月	○王ハ輿論ニヨリ傳シテ昭格署ヲ廢スルヲ言フ大臣等ハ位版ハ淨地ニ埋メ奴婢及費用寶物ハ相當ニ處置シ其祠宇ハ公廨ト爲スヲ上言ス。	四三オ
鄕約		○講官等ハ鄕約實施ノ可否ニ付テ言フ。	四三ウ・四五ウ
太一廢祠		○忠淸ノ太一殿モ亦該曹シテ處置セシム。	四三ウ
昭格廢祠		○王ハ昭格署ノ祭服祭器ハ之ヲ埋メ、美畫ハ圖書署ニ移送、神位モ埋メシム。	四四ウ
衣色一定		○諫院ハ啓シテ衣服ノ色ノ區々ナルヲ混雜ナリトシ一定セントス。王ハ允サズ。	五二オ
妻妾ノ別	十月	○駙馬ハ其配死シテ再娶ヲ許サズ。河城尉ガ公主死シテ後禮ヲ具ヘ後娶シタル者ノ妻ナルヤ妾ナルヤニ付テ議論アリ之ヲ妾トス。（其子ノ任官權ニ付テ議論アリ）	五四ウ－五五ウ・六〇オ

卷三十五

官妓ヲ革罷ノ議	十二月	○政院ノ啓。官妓ハ今已ニ革罷セントス、宜シク男樂ヲ置クベシ、但平安道ハ使臣（支那ヨリノ）往來ノ地男樂ヲ置ク不可ナル如シ。王ハ傳シテ曰ク男樂ヲ置クヲ必セズ。	二オ
進豐呈	**十四年**（己卯）正月	○大妃殿ニ陳賀ス。仍ホ群臣ノ賀ヲ受ク。大妃殿ニ豐呈ヲ進ム。	一二オ
樂曲鄭風		○侍講官ノ言。我國ノ樂曲ハ倫理ナシ、閭巷ノ間淫穢ノ詞アリ云々。外方娼妓ノ間ニ多ク違禁ノ人アリ（娼妓ヲ私シテ法ニ觸ルル官員多キコト）女樂ヲ快革セバ其弊ナカルベシ。	一六ウ
官妓革罷ノ議		○王ハ傳シテ曰ク。妓アルガ爲ニ宗親及朝官多ク宿娼シテ失敗ス、今之ヲ廢止セザルモノハ大妃ノ內宴ノ爲ナリ云々。外方ノ妓ヲ廢止スルヲ得ザルハ京妓缺有ルノ	一六ウ－一七オ

時選上ノ故也。內外宴會男樂ヲ用ヰ、派邊將士ノ爲メニハ官婢ヲ用ヰ一切革妓スル可ナル如シ之ヲ議セヨ。

右同

○王ノ言。女樂ヲ革罷セバ內宴ハ何ノ樂ニヨルベキカ。慈殿奉歡ニハ男樂及瞽樂ヲ用ユベカラズ必ズ女樂ヲ用ユベク其女樂ノ數ヲ少クスルヲ宜シトス等ノ意見アリ。

一七オ―ウ・一八オ
一八オ―ウ

二月

右同

○夕講。講官女樂ノ事ニ付テ議論アリ。

二三オ―ウ

右同

○特進官ノ言。外方女樂ハ既ニ革去セリ。但咸鏡道巨鎭ハ野人ノ爲ニ妓樂アリ。王ハ之ヲ不可トス。

二四オ

右同

○臺諫ノ言。外方ノ女樂ヲ革メ京師ニ之ヲ存ズルハ未ダ便ナラズ。

同

右同
瞽樂
醫女類妓

○同上女樂ニ關スル件。女樂ニ代ユルニ瞽樂ヲ以テスベシ。瞽樂ハ不可ナリ。總テ女樂ヲ罷ムベシ。五十歲以上ノ妓ヲ以テスベシ。慈殿ノ爲ニ女樂ハ廢スベカラズ。賀禮ノ時醫女宮女ヲ用ユベシ。世宗ノ朝女樂ヲ廢シタリ。墻ヲ隔テテ男樂ヲ用ユベシ。等ノ意見アリ王ハ更ニ磨錬セシム。

二四オ―二五オ・二五オ―二六ウ・二七オ―二八オ・二九オ―ウ・三二ウ・三三オ

僧徒入宮
王ノ子女外發

○趙光祖ノ言。老僧輩內間ニ交通ス嚴治スベシ。且古ハ王子女必ズ宰相及宗室鉅家ニ寓ス今ハ隘陋ナル閭閻ニ寓ス。

二九ウ

不祭高祖

○講官ノ言。今ノ士大夫高祖ヲ祭ラザル理由不明也。我國ノ制六品以上ハ曾祖ヲ、七品以下ハ只二代ヲ祭ル。

三〇オ

拜禮無規
王ノ溺器

○史臣ノ記。國俗苟且ノ習アリ文科放榜ノ時拜謝禮無シ。帳幕御榻ハ相對ス褻帷ノ內溺器ヲ望見ス云々。

三〇ウ―三一オ

黃袱改紅

○同上。八道ニ命シ進上ノ時其物品ヲ黃袱ヲ以テ包ミシヲ紅袱ニ改メシム。僭禮ナ

三二ウ

		リトセルニ由ル。	
近親姦婦	三月	○憲府ノ啓ニヨリ養子ト潜淫シ子ヲ産ミシ寡婦ヲ拿推ス。	三三オ
女樂革罷		○女樂革罷可否ノ件。王ハ女樂ノ革罷ヲ允サズ。	三四オ―三五オ・三五ウ・四七ウ・四九オ・ウ
及第遊街		○王ハ傳シテ年凶ナルノ故ヲ以テ生員進士及新及第ノ遊街ヲ行フ勿ラシム。	五一ウ
女樂革罷	四月	○女樂革罷ノ件。	六二ウ・六六オ
		卷三十六	
鄕射鄕約 朝官服色	六月	○對召。鄕射ノ禮行ハレズ間マ之ヲ爲ス者アレバ人見テ笑フ。鄕約ハ近ゴロ行ハントスルノ議アリ。朝官ノ服色各異ナリ、之ヲ黑色ニ統一セントス。	一八ウ―一九オ・ウ
祈雨		○雨ヲ社稷、宗廟、楮子島ニ祈ル。	一九オ
公式ノ祭行ハレズ		○仁同訓導ノ言。釋奠、社稷、厲祭等ノ祭ヲ守令行ハズ。釋典ノ祭禮ヲ備エズ陰陽不調ナリ云々。	二一オ―ウ
衣靴制限		○講官ノ言。婦人ノ紬單、搭胡、各司書吏生徒ノ染色ノ搭胡、民ノ皮靴ヲ着スルノ禁ヲ請フ。	二二オ
妓樂廢止	七月	○侍讀官ノ言。既ニ妓樂ヲ革ム男樂ヲ廢スベカラズ其冠服等詳定以テ啓スベシ。外方ニ於テ倭人接待ノ時女妓ニ男服ヲ着セシメ男樂トス云々。	三七オ―ウ
惡布ノ禁		○中外惡布ヲ織ルヲ禁ス。	五一オ
三年ノ喪		○侍讀官ノ言。三年ノ喪已ニ廢シテ久シ父兄百官皆欲セズ。王ノ言。三年ノ喪今士大夫皆行ヒ庶民ハ行フヲ願フ者ニ許ス。近頃詐僞多キヲ聞ク。講官ノ言。三年ノ喪之ヲ行フ久シク既ニ習ヲ成ス、行ハザル者ヲ愧ト爲ス。	五五ウ

星變謹愼	八月	○災ヲ謹ミ（太白晝見ユ）王ハ命ジテ秋夕ニ六曹ノ進呈及進豐呈ヲ停ム。	五六オ
近親姦多		○沈義ノ上疏。今郡國無智ノ小民淫蒸盜嫂ノ者比々有之皆以子芳籍人倫ヲ正スベシ。	六〇オ
鮮滿雜婚	九月	○講官ノ言。向化ノ野人吾地ニ入リ我氓ニ編シ婚媾我民ト相結ブ。	六四オ
文廟親祭		○王ハ大學ニ幸シ大牢ヲ以テ先聖ヲ親祀。飮福宴ヲ行フ。	七〇オ―ウ
		卷三十七	
喪葬競麗 期過不葬	十月	○史臣ノ記。安塘其妻ヲ葬ル喪車彫欄ヲ設ケ彩幄。壙中松脂ヲ鎔ト爲ス。喪葬麗競爲メニ過期葬ラザル者アリ。	四ウ
頑悍殺人 發掘墓塚		○全羅道災傷御使ノ復命。全羅ノ人頑悍人ヲ殺スコト鷄犬ヲ殺ス如ク、人ノ塚墓ヲ發クヲ尋常ノ事ト爲ス。	七ウ
	十五年（庚辰）	卷三十八	
鄕約實行	正月	○近日中外ニ令シ鄕約ヲ行ハシム。	二オ―ウ
巫禁不行 道敎祭祀		○王ノ言。昨日憲府ノ啓ニ巫覡ノ禁斷已ニ常典アリ近來別ニ科條ヲ立テ人家ニ出入スル者ヲ嚴禁セントスト、一時ノ峻令ハ遵行ヲ必セズ。昭格署ハ左道ナルモ祈雨祈晴ノ事アリ之ヲ廢スル未ダ便ナラズ。	一五ウ
道敎排斥		○中樞府事ハ昭格署ハ左道ナリ廢スベキヲ言フ。	二〇オ
冠禮	二月	○禮曹判書ノ啓。世子冊封スレバ其後ニ冠禮ハ行ハザルベカラズ。	二四オ―ウ
女妓復設ノ議		○三公ノ啓。國家初メ內外ノ女妓ヲ革メントシテ進豐呈ノ時奏樂ノ人無キヲ慮リ故	三九ウ―四〇オ

事項	月	記事	出典
		ニ特ニ外方ノミヲ革ム。今古ニ復セントスル上意尤當ナリ。	
日變謹愼		○日變アリ。（太陽ノ周圍ニ雲ト光線ニテ異常ヲ呈シタルモノ）命ジテ撤樂減膳。	四〇オ
冠禮	三月	○世子受冊ノ前ニ冠禮ヲ行フコトトス。三公禮曹等議定セントス。禮曹ハ十歲ヲ待テ後行フベシトス。王ハ祖宗ノ朝冠禮ヲ行ハズト曰フ。	四六ウ－四七オ
女妓復設ノ議		○外方ノ女妓ヲ復立スベキ可否ニ付論議アリ。官婢ヲ以テ習樂シテ女妓ニ代ユベシトノ說アリ。	四九オ－ウ
冠禮		○世子冠禮ハ受冊ノ後ニ於テ行フコトニ決定ス。世子此時總角ニシテ結髮セズ。	四九ウ－五〇ウ
冠禮儀式		○世子ノ冠禮儀式ニ付テノ議。	五四オ－五五ウ
		卷三十九	
世子冊封	四月	○王世子ヲ冊封ス。王ハ勤政殿ニ百官ノ賀ヲ受ケ赦ヲ頒ツ。	二三ウ－二四オ・二四オ－ウ
椅子	五月	○世子未ダ冠禮セザル時望日ノ會講ニ王ハ冠禮前ナレバ交倚ニ坐スベカラスト曰フ。便ニヨリ草床ニ坐ス。	四〇オ
禁酒 祈雨	六月	○旱甚シ禁酒。雨ヲ宗廟ニ禱ル。	五三ウ
右同		○王ハ戎服ヲ以テ思政門外ニ御シ疊鼓ス。	五四オ
		卷四十	
新來侵虐	七月	○王ハ傳シテ新來ノ侵虐ヲ痛禁セシム。	一オ
禁宴		○凶歉甚シ遊宴ヲ禁ズ。	同
男樂		○明春天使ノ來ル時京ヨリ歌童二十人舞童三十人ノ下送ヲ平安監司ヨリ請フ。外方	八ウ－九オ・一〇オ－ウ

		ノ女樂ヲ革罷セシニ由ル。	
女樂復設	八月	○右ニ依リ女樂ヲ復設セントノ動向アリ。	一一オ—一二オ
右同		○右同、王ハ復設ヲ便トス、復設ニ決定ス。	一二オ・一三オ—ウ
女樂男樂		○女樂ヲ復設スルモ正殿ニハ男樂ヲ用ユ。其他女樂ノ件。	一四ウ・一七オ—ウ・一九オ
女樂	九月	○慕華舘ニ殿試ノ時女樂ヲ用ユ。	三三ウ
鮮滿雜婚		○鐘城府使ノ啓。野人我國ノ言語ヲ解シ吾國ノ冠服ヲ着シ出入ス。軍卒向化ノ女ヲ潜取シ率ヒ歸ル者多シ。投化者已ニ久シク我民ト異ナル爲シ相互雜婚出入ス。	三五オ
儒士吹笛		○南袞、趙光祖等罪セラルルノ後儒士短笛ヲ持シ月夜山ニ登リ悲嘯スル者アリ。	四六ウ
		卷四十一	
女樂男樂	十二月	○十九日宗親宰相等供饋ノ時前日女樂ヲ用ヰザル故、歌舞ノ童ヲ代用セリ今女樂既ニ復ス處容ノ舞ヲ觀ル時王ハ女樂ヲ用ヰシム。	一一ウ
	十六年（辛巳）正月		
進豐呈		○大妃ニ豐呈（女樂ヲ用ユルモノ）ヲ進ム。	一五オ
家廟破棄		○奉祀ノ關係（財産關係）ヨリ家廟ヲ破ツテ神主ヲ盜ミシ者アリ。	一五ウ—一六オ
訛言急婚		○侍講官ノ言。天使ノ來ル時處女ヲ採ルトノ訛言行ハレ人婚ヲ爭フ。	二三ウ・二六オ
婚姻亂雜 乳兒結婚		○領議政等ノ啓。近日都下婚姻紛亂一家三四女一日ニシテ倶ニ婚スル者アリ。或ハ一女三四壻ヲ要シ倶ニ至レバ先キニ至ル者ヲ取ル。襁褓ノ小兒ヲ乳母ガ抱キ之ニ娶ハスアリ。京城ノ中遺男遺女無ク千古未聞ナリ。	二六ウ—二七ウ
世子頭具		○世子ノ着裝ノ爲ニ參考トスベク奏請使ハ双童髻、逍遙巾ノ事ヲ北京ニテ質シ其巾ノ實物ヲ持チ來ル。	三一オ

祈雨		○巫盲ヲ以テ雨ヲ祈ルノ無益ナルヲ王ハ曰フ。	三一ウ
採女妄言		○明使還リシ後都中ノ婚姻ヲ急グコト稍止ム。外方ハ尚騷擾ス。其採女ノ浮妄ナルヲ諭サシム。	三二オ
冐喪婚嫁	三月	○喪中婚嫁セル者ニ對シ之ヲ離異スルニ付テ議論アリ。右亟ノ言ニヨリ離異セザラシム。	四三ウ
一夫二妻	四月	○司諫院ハ兩妻ヲ蓄ヘシ經歷ヲ劾啓ス。	五三オ—ウ
		卷四十二	
祈雨	五月	○宗廟、社稷ニ雨ヲ祈ル。	二オ
火者選定		○王ハ傳シテ七歲ヨリ十五歲ノ火者ヲ定數以テ啓セシム。	一二ウ
兒偶寄魂	七月	○中朝ノ賣卜人遍ク人家ニ遊ビ其兒童ノ面目ヲ識リ其毛髮ヲ窃取シ其兒形ヲ假作シ、其魂ヲ之ノ偶人ニ寄セ禍福ヲ以テスル者採生人ノ魂ト云フ。	三八オ
老人優遇	九月	○勤政殿ニ養老宴ヲ行フ。	六四オ
		卷四十三	
飮福宴	十月	○宗廟親祭、飮福宴ヲ設ク。	二ウ
太子巫		○觀象監判官變ヲ告グ。(廢立ノ陰謀)其啓中ニ安處謙ノ妻太子巫ニ問フ、安處謙曰ク巫云フ趙光祖ノ鬼洪景舟ヲ捉ヘ去ル。奴死シテ魂ヲ聽ク云々。	五オ
山臺	十一月	○山臺ヲ造ル軍士凍リテ墜落ノ慮アリ。王ハ虎網ヲ張ラシム。	二七ウ—二八オ
女樂復設	十二月	○一旦革罷セシ女樂ヲ内宴ノ爲ニ復センニ此意ヲ曉ラズ淫樂ノ爲ナリトシ縱恣忌ム	四二ウ

儺戲
內農作

ナシ。王ノ言。

○儺戲ヲ思政殿ニ設クルハ舊例ナレバ後苑ニ設ケシム。又內農作ヲ設ケ豳風篇ニヨリ飢民救助ノ狀ヲ作サシム。又先生新來ヲ弄スルノ狀ノ服綵車實ニ依ラシム。

四六オ

十七年（壬午）

正月

狗皮ノ衣

○咸鏡節度使ノ啓。本道木緜ナシ、田麻ヲ織リテ衣ト爲シ山麻ヲ收メ絮ト爲シ或ハ狗皮ヲ用ヒ衣ト爲ス。故ニ凍縮シ敵ヲ見テ勇無シ。

五七オ

棄屍埋却

○王ノ傳旨。都城ノ人、死人累日捨テテ街衢ニ在リ略ボ顧ミズ。其部ノ官員等ヲ推考スベシ。（凶歉ノ時也）

五八オ

卷四十四

三月

僧ノ女犯
僧ノ騎馬

○憲府ノ啓。僧覺靈ハ俗服ヲ假着シ城中ニ騎馬橫行又淨業院ノ尼ヲ奸ス。

一五オ

避災移宮

○上ノ言。書雲觀ハ弭災ヲ避ケ移御ヲ請フモ移御ニヨリ災ヲ避ケンヤト曰フ。

一七オ

四月

觀火

○日本ノ使臣東堂ハ觀火觀射ヲ請フ。

二九オ

風俗奢侈
葬風踰制

○講官ノ言。近來風俗奢侈車馬衣服婚姻喪葬亦制ヲ踰ユ。上ハ其弊ヲ知テ已ニ禁令アリ。古ハ石物石灰ハ宰相能ク之ヲ爲ス今ハ爲サザルナシ。勢力者忠州ニ石物ヲ安東ニ石灰ヲ求索ス弊極リナシ、家產ヲ破ルアリ。

三三オ

觀火

○日本國王ノ使臣觀火ノ時小二殿ト對馬ノ各代送官ニモ亦觀火セシム。

三五ウ

佛誕觀燈

○臺諫ノ啓。今月八日婦人四五人慈壽宮山麓ニ會シ觀燈ス。

四〇ウ・四一オ

早婚ノ弊

○弘文館副提學ハ上疏シテ諸王子女年甫メテ十歲便チ合巹ノ禮ヲ行フハ敎化明カナラザルヲ曰フ。

四九オ

風水思想

○王ノ傳旨。慈壽宮臨壓ノ處人家撤去ノ事及山脈ノ浮石ヲ掘取スル人ヲ推考ノ事、

五一オ

月	項目	記事	出典
		前日法司ニ下ス云々。	
	三年ノ喪	○王ハ三年ノ喪ヲ庶人ニモ許スベシト云フ。特進官ハ之ヲ許セバ外方軍士各司ノ奴婢假托惡用スベキヲ曰フ。	五一ウ
	準近親姦	○忠州金彥國ハ姉妹ノ婢ヲ共奸ス鄕人皆之ヲ醜トス。其妻ヲ歐シ殺ス妻ノ父之ヲ囚ヘ官ニ付ス。	五九オ

卷四十五

月	項目	記事	出典
六月	薄葬無棺	○軍資監判官ノ言。咸鏡道ノ風俗喪葬之儀ニ暗シ。品官（鄕中ノ士類）。巨富ノ人尙棺ヲ作ラズ、或ハ石ヲ積ンデ埋葬シ、或ハ地ヲ掘リ板ヲ圍ヒ蓋覆スル者アリ況ンヤ其下ヲヤ。此一境棺無シ冬ハ凍屍夏ハ腐爛ス。	一オ
	旱天謹愼	○旱甚シ廟社ニ別祭シ王ハ膳ヲ減ズ。	四ウ
	右同	○同上正殿ヲ避ケ撤樂、南北門ノ閉開、遷市皮鼓ヲ擊タズ。	同
	右同	○王ハ殿ヲ避ケ簷下ニ坐ス旱ノ爲ナリ。	八オ
七月	落雷慰祭	○雷延恩殿ニ墜ツ。王ハ其殿ニ親祭ス。	三三オ
	服飾奢侈 婚姻失期	○左右議政等ノ啓。近來服飾僭擬奢侈甚シ。婚姻ノ家華靡ヲ競フ。貧者爲メニ嫁婚ノ時ヲ失ス。	三九オ－ウ
	冠禮	○世子ノ冠禮ヲ行フヤ否ヤニ付テ、王ハ政府禮曹ニ問ハシム。未ダ冠セズト雖モ網巾ヲ着ル云々。	四〇ウ－四一オ
	右同	○右ニ付政府ノ啓。世子十二歲ニ滿タズト雖モ冠禮ヲ行フベシトス。王ハ九月吉日ヲ擇ンデ之ヲ行フコトトス。祖宗ノ朝冊封ノ日網巾ヲ加ヘ冠禮ヲ行ハズ。	四六ウ

中宗十八年

事項	月	記事	出典
右同	八月	○世子ノ冠禮ハ九月中ニ吉日無ク、十月之ヲ行フコトトス。	五四オ—ウ
奢侈ノ弊 飲宴ノ弊		○大司諫ハ啓シテ士庶衣服奢侈僭擬ノコトト。六曹ノ郎官等音樂飲宴ノ弊及諸王子婚禮ノ奢侈ヲ曰フ。	五八オ
奢侈ノ弊		○禮曹ノ啓。近來奢侈甚ノク上下唐物ヲ用ヰ物價踴貴ス。婚姻ノ家奢靡ヲ競ヒ貧家爲メニ婚時ヲ失ス。上下ノ服裝冠具等ノ地質色合等々ニ制限ヲ設ケ違禁者ヲ罰セイロトヲ請フ。	六一ウ
		卷四十六	
三ノ兒	九月	○善山ノ寺婢一産三子米豆ヲ賜フ。	四オ
冠禮	十月	○禮曹ハ世子冠禮ノ儀ヲ什啓ス。	七オ—ウ
右同		○世子冠禮ノ件。冠禮後三殿ニ謁スルノ禮。	九ウ　一九ウ　二一オ
入學ノ禮		○世子入學ノ禮ヲ行フ。	二四オ
救病祈禱	十二月	○大妃ノ病未寧ナリ官ヲ遣ハシ宗社山川ニ禱フノース。于ハ之レニ宰相ヲ遣ハシ潔齋誠ヲ致スヘシト云フ。	二八オ
昭格復設		○大妃病アリ昭格署ニ祈フノーノテ之ヲ復設セントス。其不可ヲ論スル者多シ。	三九オ—ウ
救病祈禱 昭格復設		○禮曹ハ啓シテ大妃ノ病ノ爲ニ山川ニ祈禱セントス。于ハ成宗ノ朝ノ例ニヨリ宗廟、昭格署　三角山　白岳　木覓山　漢汀等ニ祈フノメ又略例ヲ以テ昭格署ヲ復設セシム。	四〇オ　四三オ
右同	十八年（癸未）正月	○大司憲等ハ昭格署復設ノ不可ヲ啓ス。其他同上ノ件。	四一オ—ウ・四二オ—ウ・五四ウ—五五オ・五五オ—五六ウ・五七オ—ウ・五八オ
内農作		○内農作ハ民間稼穡ノ疾苦ヲ知フノトスル爲ナリ。臺諫ハ啓シテ慈殿未寧ヲ以テ内	四六ウ

四五九

		農作ヲ停メンコトヲ請フ。王ハ允サズ。略式トシテ只藁草ヲ以テ穀穗ヲ作ル。	
		卷四十七	
道教排斥	二月	○昭格署復立ヲ不可トシ臺諫合司啓ス。王從ハズ。（以下同一ノ啓甚多シ略ス）	一オ・一オ―二オ
不葬不斂藁草縛束		○父死シ踰月斂セズ棺ニ入レズ藁草四五束ヲ以テ縛褁馬上ニ横載シ來リ不哭不奠ノ前鐘城判官（歸化人）ヲ其父ノ妾ヨリ訴フ。	五オ
昭格復設	四月	○昭格署ノ復立ハ大妃病革マルノ時其請ニ因ル。王ハ慰安ノ爲已ムヲ得ズ復立セシコトヲ云フ。	四一オ
避役出家		○臺諫ハ軍役ヲ免ルル爲メ剃髮出家シ迹ヲ山寺ニ隱ス者多キヲ云フ。	四一オ
第宅侈修		○憲府ハ諸君ノ第宅過制ナルヲ云フ。	四二オ―ウ
禁酒	閏四月	○旱災甚シ一ニ瓶酒ヲ禁ズ。老病救藥、射侯ノ處ハ除外ス。	五二ウ
		卷四十八	
祈雨	五月	○雨無シ屢禱ルモ効無シ。誠心ヲ以テセザルニ由ルモノナラントエハ曰フ。雨ヲ祀典所在山川ニ禱ル。	三ウ・四オ
過期不葬	七月	○贊成死シ其子久シク出葬セズ。士大夫ノ葬期ハ月數アリ。臺諫ノ啓ニヨリ律ニ依リ定罪出葬セシム。	五二ウ―五三オ
		卷四十九	
進豐呈	九月	○大妃殿ニ豐呈ヲ進ム。	二一ウ

冠禮	十一月	○三公啓シテ世子既ニ冠禮ヲ行フ一ニ禮文ニヨリ可ナリト曰フ。	三五ウ—三六オ
早婚	十二月	○世子明年十歳吉禮ヲ行ハントシテ早婚ニ失スルヲ慮リ王ハ大臣ニ諮問ス。皆曰ク我朝宗室ノ嘉禮ハ多ク十歳或ハ十一、二歳ニ行フ、何ノ不可アラン。	四九オ
		○諫院ハ右ノ件ニ付キ年幼ノ女（嬪ノコト）ハ德知リ難シトシ早行ノ不可ナルヲ啓ス。	五〇ウ
儺禮		○王ハ思政殿ニ御シ簷下儺禮ヲ觀ル。呈戲ノ優人ニ賞アリ。	五九ウ
	十九年（甲申）	卷五十	
世子婚日	二月	○世子ノ吉禮ハ十月節後ノ吉日ニ於テ行フ。	一七オ
新恩遊街 修墳歸鄕		○年凶ニヨリ憲府ハ新恩ノ遊街ヲ禁ゼンコトヲ請フ。又父母ノ墳ニ加工ノ事ヲ以テ下鄕ノ人員甚多シ、大典ニ無キ所姑ク停メンコトヲ請フ、允サズ。	二三ウ
納徵卜日	三月	○朴墉ノ女ヲ納レテ世子嬪トスルコトニ決定ス。納徵ノ日ヲ定ム。	二三ウ・二四オ
定親禮		○世子ノ定親禮ヲ行フ。	二四オ
親迎ノ禮		○世子ハ朴氏ヲ親迎ス。嘉禮ヲ宗廟及永寧殿ニ告グ。王ハ勤政殿ニ納徵告期等ノ禮ヲ行フ。王ハ冊嬪ノ禮ヲ行フ。	二六オ・ウ
納嬪ノ禮		○受納嬪賀禮ヲ定ム。	二八オ
盥饋ノ禮		○世子盥饋禮ヲ行フ。	二八ウ
		卷五十一	
排佛思想	六月	○弘文舘ヨリ上箚シタル排佛ノ件ニ付王ノ言。寺門ニ飯僧數千內旨ニテ行フ云々ト	六オ—七オ

言フハ慈殿ノ旨ト云フコトナラン、慈殿ノ爲スコトナラバ予ハ知ラズ。內旨ト稱スルモ內旨ヲ矯メシモノアリ。

外戚ノ喪　七月
○世子嬪ノ父死ス。世子年幼擧哀ノ禮ヲ行ハズ。世子ノ喪ヽ十三月ニテ除ス。　一一オ・一五オ

道敎排斥
○大司憲上疏シテ醮祭（昭格殿）復設ノ非ナルヲ言フ。王ハ慈殿ガ太宗忌晨齋ニ內官ヲ遣ハシ行キタル故予ハ知ラズト曰フ。　十七ウ―十八オ

秋夕拜陵　八月
○王ハ秋夕ノ拜陵ヲ爲サントス。三公ノ啓ニヨリ疫癘ノ故ヲ以テ之ヲ停ム。　三三オ

宗親ノ白衣黑笠
○憲府ノ啓。近來宗親白衣黑笠ヲ以テ閭里ヲ橫行ス。庶人ト混處シテ辱ヲ受ク。　三四ウ―三五オ

卷五十二

怨鬼成疫　十一月
○平安道疫病死者多シ。史臣ノ記。義州ノ城役人多ク凍死ス。江邊ノ古塚ノ石ニテ築ク。野人驅逐ノ時人馬多ク斃ル。其等怨鬼ノ致ス所ナリ。　三七オ

女樂復設　十二月
○善山ニ女樂ヲ復立ス。　四一オ

厲祭
○平安道ニ疫癘ヲ祭ル。（祭文アリ）　四一ウ―四二オ

白丁
○才人白丁ヲ聚居シムルノ法ヲ申明ス。　四四ウ

二十年（乙酉）

右同　正月
○平安道疫癘熾ナリ。王ノ旨ニヨリ領議政等啓ス。宗廟社稷及名山大川ニ祈告スル至當ナリ。中外ノ貧民斂葬スル能ハズ屍ヲ道傍ニ棄ツル者等掩骼埋胔スベシ。厲祭ヲ行フベシ云々。　五五オ―ウ・五八オ・六〇ウ―六一オ・六一オ―ウ

卷五十三

癘神祭祀　二月
○王ノ言。疫癘ノ時ニ黃海道棘城ニ草廟ヲ立テテ祀ルト云フ。之ヲ弘文館ニ命ジ其　一〇オ―ウ

		ノ古事ヲ考セシム。	
右同		○同上。王ハ立廟癘神ヲ祀リ及罪人ヲ放タントス。	一〇オ
陵幸祭神		○禮曹ノ啓。成宗英陵ニ幸スルノ時、前期宗廟社稷ニ告ゲ又過グル所ノ名山大川ニ謝祭シ、城門五十神ヲ祭リ下營ノ後營門五十神祭ヲ行フ。	一九ウ
茶禮	三月	○三公ノ議ニヨリ奉先殿（先王ノ眞ヲ奉安セシ所）ニ茶禮ヲ行ッテ後拜陵スルコトトス。	二三ウ・三〇オ
擊毬		○南袞ノ議。武科殿試ヲ慕華舘ニ行フハ射革、擊毬ニ便ナル爲ナリ。王ハ慶會樓下ニ於テスルコトニ傳ス。	五九オ
遊街制限		○禮曹ノ啓ニヨリ酒禁中ヲ以テ遊街ノ數ヲ制限ス。	六三オ
		卷五十四	
禁酒及第遊街	四月	○西邊疫癘熾ナリ。憲府ハ瓶酒ヲ禁ジ遊街ヲ停ムルヲ請フ。王ハ遊街ヲ停ムルヲ允サズ。	一オ
端午豐呈		○王ハ命ジテ端午ニ議政府六曹ノ進宴及大妃殿ノ進豐呈ヲ停ム。	八オ
邸宅奢侈		○憲府ハ諸君駙馬ノ第宅奢侈ナルト士大夫ノ家舍過制ナルヲ啓ス。	一四オ・ウ・一五ウ
端午陵祭	五月	○獻陵ノ齋室ニ端午祭ノ時典祀官ノ奴虎ニ攬セラル。祭ヲ停メ更ニ日ヲ擇ビ改定祭祀ス。	一八ウ—一九ウ
祈雨		○王ハ童子祈雨ノコト笑フベシト曰フ。	二三オ
右同		○旱甚シ、童子祈雨其他數回祈雨ヲ行フ。	二四オ
笠制紊亂		○近來衣冠制度一ナラズ、笠體多變市人擅ニ其制ヲ改ム。唐體笠ト稱スル者ヲ着ル	二五ウ

		アリ、又上下ノ別ナシ。之ヲ禁ゼンコトヲ禮曹ヨリ請フ。	
鍮器ノ禁		○司諫ハ市井ノ富人鍮器ヲ用ヰ倭貿ノ價倍ス。一切之ヲ禁ズベキヲ曰フ。	二九オ
乘轎ノ禁		○王ハ傳シテ前ニ外方ノ守令、衙眷ノ騎馬シテ行キシヲ今ハ乘轎風ヲ爲ス之レニ弊アリ痛禁セシム。	三〇オ・三二ウ
笠制統一ノ議		○議政府ノ啓。近來奇巧ノ徒常笠ヲ喜バズ或ハ臺上太高クシテ唐笠ニ擬シ、或ハ舊ヲ變ジ下面目ヲ掩フ。道路往來一國ノ人ニ非ザル如シ。之ヲ統一セントス。	三三オ
祈雨	六月	○祈雨ニ付テ王ハ政院ニ傳ス。其他祈雨ノ件。	四〇オ・四六オ・ウ
右同	七月	○右同。禮曹判書祈雨ヲ中止ス、諫院ハ之ヲ不可トス。	六一ウ

卷五十五

蟲害祭祀	八月	○黃海道各地ニ旱ト蟲アリ、命ジテ酺祭ヲ行ウ。	二ウ
大旱停宴		○王ハ命ジテ秋夕ノ進宴、大妃殿ノ進豐呈及九月ノ養老宴ヲ停ム。	六ウ
放火		○日本國王ノ使及大內殿ノ使ハ慕華館ニ放火ヲ觀ル。	一一オ
擊毬		○王ハ武才ヲ觀ントシテ甲射、擊毬等ヲ兵曹ニ擇バシム。	一八オ
白丁	九月	○延安ノ白丁五十餘人結黨シ人ヲ殺シ官衙ニ賊ヲ爲ス。	二二オ―ウ
準近親奸		○三寸姪ノ妻ヲ奸シタル者ヲ義禁府ニ下ス。	二四オ・ウ
醫女爲妾		○順天府使赴任ノ時醫女ヲ率キ去ル。王ハ何故ニ之ヲ推考セザルカト憲府ニ問フ。	三七オ
年末放火	十月	○王ハ命ジテ年終ノ火山臺ヲ停ム。	三七ウ
誕日賀禮		○中宮殿誕日ノ賀禮ヲ停ム。	四二ウ
寡婦守節		○參贊官ノ言。我國ノ寡婦失節スレバ重法アリ。故ニ節ヲ守ラザル者鮮シ。	四五オ

事項	月	記事	出典
冬至進花	十一月	○冬至ノ日大妃殿ニ每歲進花ス。禮曹ハ國忌ニヨリ之ヲ停メンコトヲ請フ。	五三オ—ウ
發墓燒屍		○瀋陽ノ人僧ノ邪說ニヨリ、父ノ墳ヲ發キ屍ヲ燒キシ者ヲ律ニ依リ斬ニ處ス。	五九オ
		卷五十六	
忌死移居	十二月	○夜三更大司憲ノ家ニ別監來リ云フ阿只氏（王女ノ外ニ托養セルモノ）ノ隣人死ス。一刻モ留ルベカラズ移寓ト稱シ室ヲ需ム。須臾ニシテ隣家ニ去ル云々大司憲ヨリ啓ス。刑曹ニ命ジ義禁府ニ下シ之ヲ推ス。	一〇オ—一一オ
婦女失行		○王ハ士族婦女ノ失行多キヲ云フ。	一三ウ
進豐呈	閏十二月	○王ハ命ジテ會禮宴及大妃殿進豐呈ヲ停ム。	一五ウ
衣服踰制 女人冠靴		○王ノ言。商賈ノ衣服制ヲ踰エ女人毛冠及童靴ヲ着ケザルナシ。此弊重法ニ非ザレバ禁ズル能ハズ。	二一オ
慈旨巫禱		○大司憲ノ上劄。光川尉ノ家巫婆ヲ集メ坎鼓ノ聲道路ニ載ル。是慈思ヲ奉ジテ中宮ノ爲ニ設クル所也。王ハ是慈旨ナラバ諫止スベク法司ヲシテ其巫ヲ急治セシメヨト曰フ。	二三オ
大妃信巫		○侍講官ノ言。光川尉ノ家多ク巫覡ヲ養ヒ淫祀雜亂國法ヲ畏レズ治道ニ妨ゲアリ。大妃ハ王ノ巫覡ヲ痛禁スルヲ喜バズ。昭格署ノ如キ慈殿ノ復設セルモノ也。	二三ウ
巫風盛行	二十一年（丙戌）正月	○弘文舘副提學ノ上疏。民間巫媼ノ類內旨ト稱シ祈禳ス。	二八オ
新來侵虐		○命ジテ新來侵虐ノ風ヲ禁ズ。	二九オ
酒ノ害		○王ハ酒ノ害ヲ曰フ。	同
捜捕ノ時婦女移避		○士族ノ家捜捕ノ時婦女ハ移避スルノ例也。	三〇ウ

新來侵虐		○新來ヲ侵虐シテ氣絶セシメ後死セシ者アリ。王ハ之ヲ推セシム。	四二オ－ウ

卷五十七

祈雨	五月	○王ノ言。近來年々祈雨シテ一モ未ダ雨ヲ得ズト雖祈雨セザルベカラズ。	四ウ
喪中率妾		○父ノ喪ニ遭ヒ長ク京家ニ在リ任然妾ヲ率キシ護軍ヲ臺諫ヨリ論啓ス。	五ウ
祈雨		○雨少ナシ。蜥蜴祭及盲人祈雨ヲ行フ。	一〇ウ
孝子旌表	七月	○全羅觀察使ハ道内ノ孝行卓異ナル者ヲ啓ス。（其行爲ノ種々ヲ記ス）	一九オ－二〇オ
婚姻奢侈 厚葬成風		○弘文舘ハ上書シテ婚姻奢侈ニ流レ貧人時ヲ失スルノ弊及厚葬之弊（微ナル者モ石灰松脂ヲ用ユ）ヲ陳ベ其禁ヲ申明センコトヲ請フ。	二六オ－ウ
齋宿所	八月	○王ハ世宗ノ朝ノ日記ヲ見テ宗廟文廟等ノ齋宿ノ場所ヲ示ス。	三一オ－ウ
雷動		○政院ハ雷動ノ時殿坐事ヲ視ル事ノ次第ヲ啓ス。	三八オ
女妓率來 妓婢率畜	十一月	○持平ノ啓。外方女妓ヲ設クルハ邊將宴享ノ爲ナリ、近來使命ノ輩率ヒ來ル者多ク選上ノ妓流最下トナル。兩界ノ邊將官物（官妓官婢ノコト）ヲ率畜シテ私妾トス年久情昵スル父（男年老ナル故ニ）ノ如シ。	五八オ－ウ
婢妓率來ノ禁		○外任人員及大小使命私行ノ人等外方ノ官婢、娼妓ヲ妾トシ率キ來ル。王ハ司憲府ニ禁斷節目ヲ定メシム。	五九オ
喪中不愼		○臺諫ハ其母ノ病ヲ聞テ即往セズ妓ヲ率キテ城内ニ宿シ其母ノ終リヲ見ズ執喪又謹マザリシ典籍ヲ劾ス。	六五オ

卷五十八

女人徒行	十二月	○士族ノ妹ニシテ白晝衣ヲ以テ面ニ蒙リ徒行往來セルヲ悖戾トナシ其家長タル兄ヲ推問ス。	四ウ
妓妾率畜		○娼妓ヲ率畜セシ件ニ付テ朝士ノ推セラルル者多シ。王ハ擾亂ヲ慮リ定限シ限內送還セザル者ヲ罪セントス。	一〇オ・一〇ウ－一一オ
喪中淫行	二十二年（丁亥）正月	○憲府ハ父喪三年內女妓三人ト通奸率畜セシ者ノ刑推ヲ請フ。	一三オ
禁酒	二月	○凶ニヨリ酒ヲ禁ズ。	一八ウ
誕日進賀	三月	○王世子ノ誕日百官東宮ニ陳賀ス。	二一オ
咀呪		○世子誕辰ノ時死鼠ヲ將ヒ其四肢ヲ斷チ火ヲ以テ之ヲ灼キ世子ノ寢窓外ニ懸ク、今月一日再ビ之ヲ爲ス者アリ。右ニ關シ侍女ヲ推問ス。小便ニヨリ世子宮東邊ノ山ニ往キ杏木ノ上ニ麻繩ヲ以テ眞魚ノ頭ト水靑木ト共ニ鼠ヲ結ビ木ニ懸ケタルヲ見タル者多シ。	二五ウ－三一ウ・三二オ－ウ
右同	四月	○本件ニ付數人ノ宮婢ヲ推問ス。中ニ敬嬪ノ出惠順翁主ノ婢子等人形ヲ假作シ斬刑ノ狀ヲ爲ス云々。又朴嬪（王子アリ）モ疑嫌ヲ受ク。（卽自己所出ノ王子ヲ世ニ出サンガ爲世子ヲ咀呪シタリトノ）本件斷平タル處置ヲ爲シ宮中ヲ廓淸スベシトノ上言甚多シ。	三五オヨリ四八ウマテ－四九オヨリ六一オ－ウ
		卷五十九	
右同	五月	○前項東宮壓勝灼鼠ノ件。朴嬪ノ處置ニ關スル上疏。	一オ－ウ・三オ－四ウ・六ウ
祈雨		○王ハ祈雨ノコトヲ禮曹ニ言フ。其他祈雨ノ件。	二オ・七オ・一二オ－一三オ
家舍踰制		○王子駙馬ノ家舍制ニ過グルニヨリ撤毀センコトヲ諫院其他ヨリ請フ、王ハ允サ	八オ－ウ・九オ

		ズ。	
禁酒		○酒ヲ禁ズ。婚、葬、射、病等ノ用ハ除ク。	一〇オ
祈雨		○高麗朝以來祈雨ノ故事ニ付テ議ス。	一〇オ―一一オ
右同	六月	○祈雨ニ關スル件。	一三オ・一七ウ
物怪移宮		○闕內直宿ノ軍士物怪アルヲ傳ヘ驚動ス。王ハ移宮セントス。王、大妃、中宮、世子嬪ハ昌德宮ニ世子ハ同宮ノ東宮ニ移御ス。本件移御ノ不可ナルヲ論啓セル者多シ。	一九ウ―二一オ 二一ウ・二二オ
邸宅奢侈	七月	○臺諫ハ王子女ノ第宅ノ奢侈ナルヲ曰フ。王ハ從ハズ。	二三オ・ウ
祈雨		○祈雨。	二四オ
		巻六十	
結綵獻歌	十二月	○先農親祭ノ時王ハ女妓歌謠結彩ハ前例ニ據リ儒生ハ只帳幕ヲ設ケ獻軸セシム。禮曹ノ言。女妓ハ本ト結彩セズ、老人ト儒生トノヲ爲ス。王ハ傳シテ女妓ハ前ニ依リ儒生老人ハ帳幕獻軸セシム。	三オ
內農作		○王ハ傳シテ中絕セシ內農作ヲ世子ニ見セシムル爲ニ設ク。但百姓ノ弊ヲ慮リ簡略ニセシム。	三ウ・四オ―ウ
右同		○臺諫ハ凶荒ニヨリ明年ノ內農作ヲ停メンコトヲ請フ。允サズ。	四オ―ウ
一夫二妻		○禮曹ハ啓シテ金友臣ノ妾ノ事、一家ハ之ヲ後妻ヲ以テ論定セリ、サレド其子孫ハ其喪ニ服スベカラズト曰フ。	四オ
內農作		○臺諫ハ內農作ヲ停メンコトヲ請フ允サズ。王ハ豳風七月篇ノ圖ヲ作ラシム。王ハ	六ウ

儺戯		傳シテ觀儺ノ時呈才人ヲシテ民間ノ疾苦及救荒等ノ狀ヲ爲サシメ且內農作ノ時豳風七月篇ニ象ドリ其狀ヲ曲盡セシム。永ク恒式トス。	
儺戯		○王ハ明政殿ニ儺ヲ觀ル。世子入侍ス大妃垂簾、中宮、世子嬪ヲ率キ侍ス。	七オ
擲輪木戯		○政院ニ傳シテ觀儺ノ時前例ニヨリ輪木ヲ擲ツノ戲ヲ爲サシム。	同
觀火		○王ハ照涼殿ニ觀火ス。	同
女妓呈才	二十三年(戊子)正月	○先農親耕ノ時王ハ傳シテ女妓ハ沈香山ヲ爲リテ呈才、門及橋梁ノ結綵ヲ爲サザラシム。	一〇オ―ウ
內農作		○王ハ內農作ヲ後苑ニ觀ル。	一一オ
禁酒		○檢討官ハ酒ノ害ヲ述べ此凶荒ノ時禁酒ヲ嚴行スベキヲ言フ。王ハ禁酒ハ微細ノ徒ノ間ニノミ禁行ハレ士大夫ノ推案セラレシ者無キヲ云フ。	一六オ―ウ
乘轎奢侈	二月	○講臣ノ言。民間ノ奢侈日ニ甚シ。閭閻間ノ屋轎子古ハ只朱紅畫綵ヲ以テセシム今ハ全漆朱紅ヲ以テ屋梁豆錫ヲ作ル。婦女外ニ往來スルニ微細ノ人ト雖モ必ズ轎ニ乘ル。轎軍百餘名ニ至ル者アリ。沿路ノ民怨苦甚シ。	四五オ
近親姦		○年八十ノ庶民姪女ヲ奸ス。律文考訊ニ合セズト憲府ヨリ啓ス。	四七オ
忌病避居		○世子嬪病アリ慈旨ニヨリ世子ノ爲ニ嬪ヲ他處ニ避ケシム。	四七ウ・五四ウ
禁酒	三月	○凶歉ニヨリ婚祭服藥射外瓶酒一ニ禁ズ。	六八ウ
厲祭禳疫		○我國京外皆厲壇ヲ設ケ致祭ス。近來癘疫盛ナリ致祭誠ヲ致スベシ。王ノ言。	七〇オ
		卷六十一	
及第遊街	四月	○近來遊街ノ事已ヲ得ズ每ニ變災ニヨリ之ヲ停ム。	一ウ

妓樂		○王ハ傳シテ殿試ノ時ニ妓工ヲ用ユルコトヲ停ム。災異ニヨル。	五ウ
靴ノ奢侈		○奢侈ノ風行ハレ緣履ニ伯貂ノ皮ヲ加フ。此ノ誅求ノ爲ニ邊氓流亡ニ至ル。弘文館提學ハ之ヲ禁制セコトヲ啓ス。	一二オ
毛皮流行		○毛皮使用流行ニヨリ邊氓弊ヲ受ク。王ハ士大夫ノ妻ノ貂皮ヲ用ユルコトヲ禁セザルベカラズト云フ。	一六ウ
進豐呈	六月	○大妃殿誕日ノ進豐呈ヲ停ム。	六四ウ―六五オ

卷六十二

人柱	七月	○尙州ノ正兵ハ造家ノ時隣兒ヲ埋置シテ禳災ス。本人及關係人ヲ囚ヘテ審問スルモ疑獄ナリトス。	四オ―ウ
祈雨	八月	○秋旱祈雨ス。	三〇ウ―三一オ
右同		○右　同。	三三ウ―三四オ・三五オ
頒氷		○今年燠ニ過ギ氷融ケ易ク內氷庫及東西氷庫虛ナリ。宗親一朔僅ニ氷一二丁ノ頒ヲ受ク。	四四ウ
服飾奢侈 綠色ノ禁		○朝講ノ時大司諫ノ言。草綠ノ染色黑キニ過グルヲ以テ尙シト爲ス。王ノ言。古ハ紅色ニ近キモノヲモ禁ズ今ハ禁ゼズ故ニ衣服紅ニ過グ。	四九ウ―五〇オ
右同		○王ハ政院ニ傳シテ服飾奢侈唐物ノ使用ヲ禁ズベキト及深染草綠ノ色ヲ用ユルノ禁ズベキヲ云フ。（田ニ多ク穀ヲ種エズ多ク藍子ヲ種ユ）。政院同上ノ事ヲ啓ス。	五〇ウ・五一オ
醫女類妓 賭博		○刑曹ニ下ス公事。無賴ノ徒結黨醫妓ヲ招致シ且爭フテ賭博ヲ爲ス。	五一オ
巫樂		○執義ノ言。今月秋夕ノ時翁主門外ニ出デ普濟院ニ於テ巫樂ヲ設ク。	五二ウ

茶啖　○憲府ノ啓。觀稼打圍ノ時大駕停マレバ大小人員幕ニ退テ茶啖ヲ馬上ニ捧グ。　六〇ウ

卷六十三

陵幸占日　九月　○王ハ十月二十五日宣陵ニ行幸セントス、此日百事不吉ナリ。二十九日ニ變更セントスレバ此日ハ船ノ忌日ナリ、漢江ハ海中ト異ナレリトシ二十九日ニ定ム。　二九オ―ウ

飲福宴　十月　○王ハ宗廟ヲ親祭ス。百官賀ヲ進ム。飲福宴ヲ設ク。　三八オ―三九オ

遊街 賜蓋賜花　○變ノリ臺諫ノ啓ニヨリ新恩ノ遊街ヲ停ム。但賜盖賜花ノ時唱夫及天童ヲ率ヰ御前ヨリ出デ萬人ヲシテ其榮光ヲ觀セシム。　四五オ

老人優遇　○王ハ拜陵（英陵）ヲ畢リ驪州ニ養老宴ヲ設ク。　四七オ

卷六十四

再嫁ノ禁　閏十月　○王ハ京外士族ノ婦女再嫁スル者隨後推問セリ。大典ノ法ハ改嫁ノ子孫ヲ東西班ニ敍セザル外ニ其禁斷ナシ。之ヲ推考セバ法度ニ違フモトシテ之ヲ棄ツ。家長ヲ治罪シテ可ナリト曰フ。王ハ中外ニ令シテ再嫁者及守信ノ妾ヲ奸スル者ヲ痛懲スベシト曰フ。　一一ウ・一三ウ

冬至賀禮　十一月　○冬至賀禮ノ時百官中宮殿ニ表裏ヲ進ムノ禮アルヲ禮曹ヨリ啓ス。　一八オ

妻妾ヲ盜ム　○王ハ司憲府ニ傳旨シテ朝官妻妾ヲ相竊ム者糾察ノ事屢法司ニ言ヘリト曰フ。　二四ウ

歌謠結綵　○正月ニ先農祭親耕ノ時歌謠結綵ノ事（弊アリ前ニ行ハシメズ）ヲ王ハ禮曹ニ磨練セシム。唯帳幕ヲ設ケ進歌セシム。　二八ウ・二九ウ

士習淫風　十二月　○王ノ言。近來士習淫風士族ノ妻ヲ以テ已ノ妾ト爲ス者アリ。此レ敎化不明ノ致ス　四九ウ

事項	年月	記事	出典
		所也。	
儺戲		○王ハ明政殿ニ御シ簷下ノ儺ヲ觀ル。	五五オ
會禮ノ宴	二十四年(己丑)正月	○歲凶ヲ以テ群臣ノ會禮ヲ廢スルコト久シ去年登レルヲ以テ王ハ仁政殿ニ朝賀ヲ受ケ會禮宴ヲ行フ。	五六オ
		卷六十三	
祈雨	四月	○祈雨。	一九オ
奢侈ノ禁 遊宴ノ禁		○講官ハ士大夫ノ服飾第宅ノ奢侈ニ流レ又王子女ノ第宅奢侈ヲ極ムルコト。飲食遊宴ノ盛ナルコトノ禁ズベキヲ曰フ。王モ之ヲ曰フ。	三五オ・四四オ―ウ
祈雨	五月	○祈雨。	三六オ・ウ・四二ウ
婚姻奢侈	七月	○侍講官ノ言。近來婚姻奢侈爲メニ年壯ノ夫婚姻時ヲ失ス。	五三ウ
胎室失火		○王ハ政院ニ傳シテ曰ク。安胎ニ日ヲ擇ブ陵廟ト異ナラザルハ其事ヲ重ンズル也。世子ノ胎峰失火ス郡守ヲ遞差スベシト曰フ。	八三ウ
		卷六十六	
新來侵虐	十一月	○三公ハ啓シテ新來侵虐ノ巨弊トナルヲ言ヒ之ヲ糾察斷罪セントス。	四八ウ―四九オ
喪葬無節		○喪葬ニ上下ノ節限ナク富賈、庶人、賤隷等ノ標石士大夫ニ異ナラズ。申明センコトヲ侍講官ヨリ啓ス。	五三オ
		卷六十七	

豐呈	二十五年（庚寅）正月	○元日豐呈ヲ大妃ニ進ム。	一オ
僧徒入城念佛施齋		○侍講官ノ言。古ハ僧徒城内ニ入ルヲ得ズ、故ニ入來スルモ俗人ノ衣裝ヲ以テス。今ハ憚ルナク僧ノ衣笠ヲ着シ閭巷ヲ横行ス。執義ノ言。外方ノ人男女群ヲ成シ寺刹ニ往キ念佛施齋ス。忠淸、全羅地方僧多ク十百群ヲ成シ念佛横行ス。	一オ—二ウ
醫妓		○前承旨等醫妓ヲ招キ張樂シタル件ニ付テ推考セラル。	五オ
女鞋奢侈	二月	○侍讀官ハ末世奢侈ニ流レ諸君ノ家ノ婦人ヨリ閭閻ノ賤人ニ至ルマデ金線ノ鞋ヲ着タルヲ上言シ。王ハ之ヲ痛禁セシム。	三六ウ
西北夷風	三月	○領事ノ言。平安、咸鏡二道ハ父子賓旅一房ノ長炕ニ混宿シ夷狄ノ風ニ異ナル無シ。監司ヲシテ漸次ソノ習俗ヲ變ゼシムベシ。	四六ウ
		巻六十八	
道教排斥	四月	○司諫院、司憲府ハ昭格署ノ左道ニシテ、其醮祭糜費民弊大ナルヲ言フ。	四オ—ウ・四ウ—一五オ
端午殿祭		○世子ハ端午ノ祭ヲ永興殿ニ行ハントス。禮曹ハ俗節ノ祭ヲ襲フモノナリトシテ別日ヲ以テセンコトヲ啓ス。	一五ウ
端午進衣		○毎年端午ニ西洋細緜布ヲ以テ御衣ヲ進排スル例ナリ。	同
婚姻奢侈	五月	○講官ハ婚姻奢侈ニ流ルルヲ曰フ。	一九オ—ウ
右同		○侍講官ノ言。近來婚姻ノ奢侈甚シク國法ノ如クスル者幾人モ無シ。新婦舅姑ニ謁スルノ事弊端甚尤シ。隨從ノ者道ヲ蔽フ。	二一ウ
道教排斥		○臺諫ハ昭格署ノ廢スベキヲ上言ス。（本件ニ關シ同上ノ上疏上啓甚多シ）	二二オ—二三オ・二三ウ—二四オ・二五ウ—二六オ
笠制		○今ノ士大夫庶人ノ笠ハ任意造作制定ナシ。王ハ傳シテ尚衣院ヲシテ別ニ標準ノ笠	二六ウ—二七オ

チ作リ之ニ依ラシム。

道教排斥　○大司憲ハ上疏シテ昭格署醮祭ノ非ナルヲ言フ。道士甕ヲ茹デ茶ヲ啜テ相對シテ坐睡スルノミ云々。　三一ウ—三二オ

七月

救病禱神　○大妃病アリ。王ハ政院ニ傳シテ宗社、山川、昭格署等ヲ祭ラシム。　五一ウ・五三オ

宮妖移御　○大妃景福宮ニ移御ス。宮中妖有ルニヨル。大殿　中宮殿、世子嬪同宮ニ移御ス。世子最後ニ同宮ニ移御ス。白晝鬼物出デ宮壁ヲ亂打スルト云フニヨル。　五四オ・五七ウ

卷六十九

八月

大妃ノ薨　○大妃東宮ノ正寢ニ薨ズ。（以下葬喪記事略ス）　一二オ

卷七十

二十六年（辛卯）

五月

新傅相見ノ禮　○王世子新傅相見ノ禮ヲ行フ。　六ウ

端午大祭　○王ハ端午ノ大祭ヲ孝敬殿ニ行フ。　五四オ

國喪淫行　○兎山縣監ハ國喪卒哭内京妓ヲ奸ス。推考錄案ス。　五五ウ

祈雨　○雨ヲ宗廟社稷ニ祈ル。　五七ウ

右同　○旱甚シ王ハ京畿中ノ禱雨驗アル處ノ山川ニ悉ク禱ラシム。　五八ウ

卷七十一

六月

龍鱗　○王ハ内庫ニ藏セル龍鱗（高麗朝ヨリ傳來ナラシ）ヲ見テ其ノ鑑中ナルヲ知ル。　三オ

茶禮　○王ハ孝敬殿ニ至リ晝茶禮ヲ行ウ。　三オ・五オ・ウ

神婚土俗		○藍浦縣監ハ其女ヲ嫁スルニ先チ邪說ニ惑ヒ、其女ヲ羅州錦城山ノ城隍祠ニ輿送シ經宿一夜先ヅ其神ニ嫁シ率キ來ル。憲府ノ啓ニヨリ罷職。	三ウ
星變惶愼	閏六月	○彗星出ヅ。王ハ正殿ヲ避ケ減膳ス。	一〇オ・一四オ
練祭	七月	○貞顯王后練祭後ノ服色ヲ議ス。	一四ウ
右同	八月	○孝敬殿ニ貞顯王后ノ練祭ヲ行フ。	一九オ
發墓報怨	十月	○靈光郡吏ハ郡守ニ憤ヲ含ミ其父及二兒ノ墓ヲ發掘ス。	二五オ
	二十七年（壬辰）	卷七十二	
家舍奢侈 嫁娶用轎	二月	○正言ノ言。近來奢侈ノ風甚シク士大夫家舍制ニ過グ。富商大賈ノ子女嫁娶ノ時或ハ轎ニ乘ル者アリ。	四〇オ―ウ
世子ノ妾		○世子繼嗣ナシ。三公ハ良姉（妾）ヲ選入センコトヲ請フ。	四四オ
及第賜花		○王ハ文武科及第生ニ賜花賜蓋ス。喪中ナレド練祭ヲ過ギシヲ以テ差支ナシトシ行フ。	四八オ―ウ
膽取犯罪	三月	○憲府ノ啓。近來人惡疾ヲ得レバ生人ノ肝膽ヲ指ヲ食フ。仵作人ニ價ヲ給シ丐乞ノ人ヲ買ウ。其罪ヲ大懲スベシ。	六〇ウ
		卷七十三	
國喪停樂	四月	○國喪三年内ハ拜表ノ時及其他樂ヲ用ヰザルコトトス。	二ウ―三ウ
祈雨	五月	○輿地勝覽ヲ考シ禱雨靈驗ノ處各官守令ヲシテ雨ヲ祈ラシム。	四ウ・五オ
寡婦强奸		○王ハ傳シテ曰ク、年少ノ寡婦守信セント欲スト雖モ或ハ强暴ノ汚ス所トナリ、自	四ウ

		カラ安ンズルヲ得ズ。此風ヲ痛懲セサルベカラズ。	
婚姻奢侈		○憲府ノ啓。王宮王子ノ嘉禮日ニ奢侈ナリ。婚姻ノ家田ヲ賣リ家ヲ鬻ギ供費ニ堪ヘズ。四方ニ誅求民膏ヲ剝グ。	九オ
彗星	十月	○彗星見ハル。	二九ウ
祔廟		○貞顯王后ノ祔廟ヲ行フ。	三二ウ
黃柑頒賜	十一月	○黃柑ヲ承政院、弘文館、藝文館、侍講院ニ賜フ。	三七ウ
星變停賀	二十八年(癸巳)正月	○停賀禮。(大白晝見ユ、彗星現ハル、凶年)	四一ウ
婚約破棄	二月	○諫院ノ啓。近來婚約納綵ノ後、婚家失勢シ又ハ婿身死スレバ破約其采ヲ還退スル者アリ。此薄風ヲ懲サザルベカラズ。	五二ウ
禁婚		○良娣(世子ノ妾)揀擇、處女ノ婚ヲ禁ズ。	五三オ
小兒委棄		○龍山漢江巫家ノ後ロニ斷足セル小兒ヲ捨テアリ。犯人ハ其收養父ナリ足病凍傷ニ因リ切斷セシト云フ。	五四ウ—五五オ・ウ・五六オ—五七ウ・六一オ
		卷七十四	
解禁婚姻	三月	○世子ノ良娣ヲ定メ婚姻ノ禁ヲ解ク。	四ウ
風水思想		○戶曹ハ新宣陵ヲ奉審シテ來脉ノ低キ處土ヲ塡ムベキヲ啓シ王ハ之ヲ行ハシム。	一〇ウ
遊街禁止	五月	○王ハ傳シテ遊街ヲ爲ス勿ラシム。時ニ酒禁アル故也。	三五オ
咀呪		○凶像ヲ以テ東宮ニ懸ケ咀呪セル者アリ。本件大問題トナル。(以下ニモ之ヲ論ゼル者多シ略ス)	四六オ—五二オ

		卷七十五	
咀呪	六月	○右ノ件朴氏（王ノ妾）ノ所爲ナリトシ關係者證人トシテ取調ブル者多シ。講官ハ斷然タル處置ヲ執ルベキヲ啓ス。	一オ－三オ
星變慬愼		○彗星見ハル王ハ正殿ヲ避ケ膳ヲ減ズ。	七オ・一四ウ
祈雨		○旱甚シ宗廟社稷ニ祭ル。祈雨ス。	一九オ
佛幀惑民	七月	○佛幀ヲ持シ東宮所出ト稱シ民ヲ惑ハス者アリ。	二五ウ－二六ウ
會飮盛行 第宅奢侈 綠衣流行 屠禁弛解 良賤婚交		○朝講、講官ノ言。奢侈會飮ノ風行ハレ酒器ニ金銀ヲ用ユ。王子ノ第宅過制ナリ。婦人深染草綠ナケレバ恥トシ會ニヨラズ。牛ノ屠殺風ヲ成ス。皂隷定役ノ爲聚放逃散ス、外方ノ良民ハ女ヲ他奴ノ妻トシ良人ハ托スルニ婢夫トナル。各邑ノ良民、皆五六里外ニ移投ス。士族ノ家兒生レテ五六歲便チ豪右ノ家ニ投ズ。	二六ウ－三〇ウ
咀呪	八月	○臺諫廳ト政院トノ間ノ中門ニ兇牌人像アリ王ハ之ヲ窮推セシム。	九四オ
		卷七十六	
老人優遇	十月	○勤政殿ニ王ハ養老宴ヲ行フ。	一三ウ
老女優遇		○思政殿庭ニ中宮ハ養老女宴ヲ開ク。	一七ウ
年末放火	十二月	○王ハ照凉殿ニ觀火ス。	五一オ－ウ
		卷七十七	
近親姦	二十九年（甲午）閏二月	○王ハ曰ク近ゴロ外方婿アリ其母ニ通ズ。又日前ニ七十餘歲白髮ノ老翁其女ノ年四	二オ－ウ

		十ヲ過ギタル者ヲ奸ス。近來風俗薄惡三綱ノ變比々有之。	
冠禮不行・過期不婚・過期不葬	三月	○講官ノ言。我國ノ冠禮上ニ行ハレ下ニ行ハレズ。婚禮古制ニ從ハズ、貧者期ヲ失ス。人々皆人ノ上ニ出デントシ經年暴露葬ラザル者アリ。今ハ石灰ナケレバ葬ラズ。	九オ—ウ
短喪ノ風	四月	○禮曹ハ王妃ノ除服ニ付テ啓ス。我國ノ俗ニ從ヘバ只麤布帶三日ニシテ已ム。	一九オ—二〇オ
官妓酷愛		○江原監司及都事ハ官妓ヲ酷愛シ名官ニ弊ヲ貽シ風紀ヲ墜毀セシニヨリ罷職トス。	二一ウ
釋奠射禮	八月	○王ハ釋奠仍ホ大射禮宴ヲ行ヲ行フ。	五六オ
		卷七十八	
擲輪木戲	十月	○王ハ峨嵯山ニ打圍ス。驅獸前宰臣等無事ナルベシトテ輪木戲ヲ爲サシメ十巡ヲ以テ限トシ、其獅子ヲ得タル者ニ賞ヲ充ツ。	一三ウ
仲朔宴		○功臣仲朔宴ヲ行フ。	一四オ
南清風俗	十一月	○濟州人南京ノ地淮安衛ノ地ニ漂流シテ還ル。其地ノ風俗ヲ問ハシム。	三七オ—三八ウ
靴ノ制		○中朝ヨリ衣冠靴ヲ貿シ來ル。王ハ傳シテ靴ハ連〆シテ之ヲ爲ル便ナリ。我國ノ靴ハ靴上襪ヲ加ヘ襪上ニ鞋ヲ加フ。中朝ノ制ニ倣フベシトナス。	三八ウ・三九オ
火戲	十二月	○三十日王ハ照涼殿ニ於テ慶會樓ノ池　設ケタル火戲ヲ觀ル。領相卒シテ中途ニテ之ヲ停ム。	五八オ
日食謹愼	三十年（乙未）	○明日（元日）日食アリ。闕庭ノ賜宴ヲ停メ本朝ノ賀禮ヲ止メ皆ナ素膳ヲ用ユ。	五八ウ
		卷七十九	

咀呪	正月	○王ハ勤政殿ニ入班セル百官ニ教書ヲ頒ツ。（王世子ニ對スル咀呪ニ付テ朴氏ヲ處置セル件）	一五ウ—一七ウ
即位慶宴	四月	○世子ハ百官ヲ率ヰテ即位三十年ノ慶宴ヲ進ム。	四五ウ
梁冠		○左議政等ノ議。梁冠ヲ北京ヨリ買ヒ來リ之ヲ堂上ニ着セシメ堂下ハ鄕造ノ者ヲ着セシム。	四八ウ—四九オ
祈晴	五月	○禮曹ハ啓シテ晴ヲ祈ルコト祀典ニヨリ順次行ハントシテ先ツ溝竇ヲ修ムコトヲ請フ。王之ヲ可トス。	五三オ
救食停朝市	六月	○日蝕ヲ救フタメニ朝市ヲ停ム。	五九ウ

巻八十

匿名文書人ヲ中傷	七月	○臺諫ノ啓。近來人心兇悍自己相怨ムノ事アレバ之ヲ文字ニ筆シ街巷ニ貼リ或ハ人家ニ投ズ。	八ウ
排佛思想 寺刹ハ無頼ノ巣窟	八月	○三公六曹ノ啓。釋教ノ衰フル今ニ在テ極マレリ。而シテ僧徒ハ舊ニ比シ多シ禁防セザルベカラズ。寺刹猶ホ重修新創ノ者多シ。逋罪、逃役、偷盜、無頼ノ者寺刹ヲ以テ窟穴トナス。	一五オ—ウ
胎峰石物	十月	○慶尙道ニ於テ胎峰ノ石物ヲ打破セシ者アリ。	二四オ
儺禮 內農作		○儺禮ノ雜戲中加減シ、右了テ後內農作ヲ爲サントシテ皆預習セシム。	三七オ
醫女類妓		○年少ナル各司ノ官員無頼ノ惡少年ト結黨、聚會、宴ヲ設ケ醫女ヲ招ク。大司憲之ヲ劾啓ス。	三七ウ
宿奸醫女		○大司憲ハ右ノ件ニ付テ醫女ヲ推問シ飲宴ノ後各自率宿シタルコトヲ啓ス。	四六ウ—四七オ

拘忌避病	十二月	○世子嬪病アリ宮中ヨリ駙馬ノ家ニ避ク。世子モ亦別處ニ移ル。	四九ウ
火戯 内農作		○三十日王ハ忠順堂ニ觀火竝ニ儺ヲ觀ル。妓、才人ニ賞アリ。	六九オ
	三十一年（丙申）	卷八十一	
號牌	二月	○大項防塞赴役ノ僧三千餘名ニ紙ノ號牌ヲ給ス。	一七オ—ウ
衣服奢侈 綵色流行		○掌令ノ言、近頃服色奢侈紗羅綾段ヲ衣ル者多シ。且深染草綠ノ嚴禁ハ堂下官ハ服（着用ノコト）セザルモ堂上官ハ服シテ已マズ。	一七ウ—一八オ
狗肉食用	三月	○左議政金安老狗炙ヲ好ム。之ヲ賂ツテ官ヲ得シ者アリ。	二九ウ
僧徒無頼	四月	○役僧給牌ノ擧ハ其道ノ崇奉ヨリ出ルニ非ズ。近來僧徒日ニ繁ク寺刹ハ無頼逋逃ノ藪トナリ塚ヲ掘リ屋ヲ火キ里ヲ刼シ人ヲ殺ス云々ト議啓セル者アリ。	三一ウ
出産矢ヲ射ル		○講官ノ言。射ハ男子ノ事也男子初メテ生ルレバ桑孤蓬矢ヲ以テ天地四方ヲ射ル。小ニシテハ鄕射大ニシテハ大射ノ禮アリ。	三二オ
時刻ノ鐘	五月	○鍾樓ノ鍾遠キニ達セズ。貞陵、圓覺二廢寺ノ鍾ヲ崇禮、興仁二門ニ懸ケ傳撃センコトヲ報漏閣提調ヨリ啓シ、之ヲ行ヒ人定（暮）罷漏（曉）ニヨリ人ノ行止ニ便ナラシメントス。	三九オ
撃毬		○王ハ慕華館ニ親閱ス。騎射畢リ撃毬ス。（撃毬方法及採點數ノ記アリ）	五三ウ—五四オ
解除禁婚		○世子ノ良娣ヲ選ビ定メ禁婚ノ令ヲ解ク。	五九オ
		卷八十二	
時刻ノ鐘	七月	○興仁、崇禮二門ニ鍾ヲ懸クルコトヲ實行ス。	一四ウ

乳酪	八月	○王ハ政院ニ傳シテ、前ニ齊陵、英陵行幸ノ時駝酪ヲ以テス、爲ニ弊アリ故ニ除ク。今亦進ムベカラズト曰フ。	二四オ
喪中妓奸	十一月	○國喪及母ノ喪ニ妓ヲ奸シタル靑松令ヲ諫院ヨリ啓ス。	五九ウ
		卷八十三	
立碑招歉	十二月	○黃海道葱秀山ニ董越ノ碑ヲ立テテヨリ年凶ナリトシテ民之ヲ打破ス。其缺所ヲ石灰ヲ以テ補フ。	四ウ
山臺		○山臺（天使ノ爲ニ設ク）撤去ノ時其用ユベキモノヲ藏セシメ求需ノ弊ヲ省ク、人象ノ類舊物蟲損シ用ユベカラザル者ニ非ザレバ之ヲ藏セヨト王ヨリ傳旨ス。	二〇オ・二一ウ
衣服長シ	閏十二月	○天使來ラントス、其應接習儀ノ時、衣服長ク地ニ曳キ進止ニ不便ナリ。且中朝ノ人我國ノ衣ノ長キヲ笑フト之ヲ改メントス。	二一オ
儺戲雜戲		○王ハ天使ノ時ノ戲ノ爲メ外方ノ呈才人多數上來セシニヨリ之カ戲ヲ觀ント欲ス、又儺ヲ觀ント欲ス。	二二ウ—二三オ
衣服制度	三十二年（丁酉）正月	○王ハ政院ニ傳シテ我國ノ人衣服制度長袖ニ過ギ口濶ニ過グ。大明會典ニ依リ制ヲ改メ立法、閏十二月二十五日ヨリ右制ニ違フ者ヲ禁ゼシム。庶民及士大夫在官外ノ者ハ此禁外ニ置カントス。	二九オ・二九ウ—三〇オ—三九ウ—四〇オ
服色	二月	○世子隨駕ノ時ノ服色ヲ靑色トス。	三六オ
女ノ儺戲見物		○弘文館提學ノ上書。歲時ノ儺戲ヲ觀ルニ因リ市井ノ女內庭ニ林立ス云々。	四一オ・四二オ
排佛思想 僧ノ惡行		○成均館進士ハ上言シ僧徒惡行跋扈シ中ニハ塚ヲ掘リ家ヲ燒ク者アルヲ言フ。	四七オ
女樂男樂		○三公ハ天使來ル時女樂用ユベカラズト男樂ノ用ユベキヲ言フ。	五五ウ・五六オ—ウ

佛法盛行		○司憲府ハ近來中外ノ人爭フテ尙佛 遠近寺刹ニ往來絡繹、産ヲ傾ケ供佛飯僧風ヲ爲ス云々。內旨ト稱シ佛事ヲ張リ山寺ニ燃燈スル者アルヲ啓ス。	五五ウ―五六オ
上元燃燈		○正月望日內旨ト稱シ松都ニ佛事ヲ張リ燃燈スル者アリ。	五七オ・五七ウ―五八オ
信佛盛行		○大司憲、大司諫ノ上箚。愚民信佛寺社ニ趨キ香餅茶果ヲ羅列ス。彼等曰ク奉佛十年豐ヲ獲ベク、貞陵圓覺二寺ヲ復ゼハ大平ヲ致スベシ云々。	五八ウ
上元燃燈 妖僧妖巫排斥		○憲府ノ啓。頃日華藏寺ニ內旨ト稱シ燃燈セル者之ヲ極刑ニ置クベシ。新創ノ寺刹ト城內ノ巫家ヲ撤毀スベシ。妖僧俗服ヲ着テ閭里ニ出入シ捉鬼療病ト稱シ愚民ヲ惑ハス。妖巫自カラ痘神ト稱シ痘兒ノ死生皆己ニ在リト稱ス。	六二ウ―六三オ・六三ウ・六四オ―ウ
婦人觀戲		○大司憲ノ上言。近頃婦人空家ニ會シ優人ノ戲ヲ觀ル。彼等曰ク闕內ニモ此事アリト。	六六ウ
		卷八十四	
山臺	三月	○天使平壤ニ來ル鰲山ノ下、手自カラ茶亭ヲ搆シ細カニ雜像ヲ觀テ鰲山ニ登ラントス。宴ヲ設ク兒妓四人帖裏ヲ着ケ羽笠シテ舞フ天使觀テ樂シム。	二オ
觀火		○慶會樓觀火ノ時天使每ニ火ヲ美ト稱ス。	三二ウ
祈雨		○旱、雨ヲ祈ル。多般ニ祈禱ス。王風雲雷雨壇ニ親祭ス。	五六ウ・五七オ・五八ウ・五九オ・ウ・七〇ウ―七二オ
禁酒		○酒ヲ禁ス。	五六ウ
風水思想	四月	○禧陵ヲ遷ス葬地ニ石アリ。大凡人ノ葬地水石ノ變アラバ(石、水ノ出ヅルコト)則棄テ用ヰザルノ例ナリ、況ンヤ國陵ヲヤ云々。葬地ニ石アルヲ最忌ム。	六四オ・ウ・六五オ―ウ・六六オ―六八オ

		卷八十五	
陵山紙錢	六月	○王ハ傳シテ新陵（禧陵）ノ主山紙錢ヲ懸ルト云フ邪說信スルニ足ラズト曰フ。	二六オ
釋奠	八月	○王ハ文廟ニ幸シ釋奠祭ヲ行フ。	三八オ
大學巫祭		○南學ノ下典等巫女ヲ明倫堂ニ招キ野祭ヲ設ク。教授訓導等之ヲ知テ聞カザル如クス、之ガ罷職ヲ請フ。	四六オ
遷葬改斂		○禧陵遷葬ノ時梓宮ヲ開キ大小斂ニ濕氣アリトシ金安老皆之ヲ改ム。其間云フベカラザルモノアリ。宮中之ヲ聞テ痛哭セザル者ナシ。	四八オ
壯元旌門	九月	○金安老等ノ啓。壯元ノ旌門多キニ勝エズ、譏笑ノ資トナル。	五一オ
		卷八十六	
白磁禁用	十二月	○六鎭（其管內ノコト）ヲシテ京城白磁器ヲ使用セザラシム。	六三オ
彗星		○彗星見ハル。	六三ウ
	三十三年（戊戌）	卷八十七	
淫女賣春	六月	○王ハ政院ニ傳シテ京中ニ淫女アラハ地方ト同ジク定役徵スベシトナス、時ニ淫女（淫女例官婢ノ屬也）與行番上ノ軍卒ヲ以テ奇貨トナシ奸淫生理ニ資スル者アリ。	四五ウ—四六オ
第宅奢侈	七月	○王子女ノ第宅制ニ過グル者ヲ摘奸ス。	六四オ
		卷八十八	

新來虐待	八月	○憲府ノ啓。凡ソ新來免新ノ時輙チ其家ニ至リ訓錬院參軍ハ我ニ物チ給セバ汝ノ免新易カルベシト脅迫シ給セシム。	八オ
日月ノ蝕卜慶事		○十月ノ中ニ日月ノ蝕アリ。王ハ此日慶事チ擧グルチ未安トス。	一二オ
僧徒惡行	九月	○憲府ハ僧徒ノ惡行チ啓ス。臨陂縣修心寺ノ僧徒勢チ恃ミ其寺下一品官ノ墓穴下棺ノ時汚穢ノ物チ棺内ニ充塞ス。人ノ妻チ奸シ場市ニ群チ成シ魚肉チ販ク。人ノ墳チ發キ人ノ家チ燒ク。深山多ク寺刹チ創ム。原野菴精舍ト稱シ梵唄相聞ユ。	三三オ―ウ・三三ウ―三四ウ
	三十四年（己亥）	卷八十九	
山臺彩棚	二月	○王ハ講官ト天使チ迎フル時ノ山臺呈戲彩棚チ設クルヤ否ニ付テ議ス。遂ニ設クルコトトス。	四八ウ―四九オ
日ノ拘忌		○進賀使（北京明廷ヘノ）ノ發行日ハ不吉ナリトシ變更ス。	六五オ
		卷九十	
投壺	四月	○王ハ天使來テ投壺センコトチ慮リ之チ預備セシム。	四オ
茶禮		○天使來リ茶禮ノ時鍾チ執テ坐ニ就ク云々。	四ウ
佛誕燃燈		○王ノ言。天使ノ開城ニ著スル八日ハ觀燈ノ日也。開城此俗アリ妨ケナカルベシ。	七ウ
山臺雜戲		○接伴使ヨリ書狀。天使平壤ニ至ル優人戲チ呈ス、天使轎チ住メテ之チ見ル、山臺ノ前ニ至リ觀望ス。大同門外ニ雜戲チ見ル、大同門外階上ノ山臺チ觀ル。暮ニ山臺ノ松葉間ヨリ失火シ立竹皆燃ユ。	一〇ウ―一一オ
投壺 傳花ノ戲		○天使漢江ニ遊ブ。笠子チ贈ル。投壺チ爲ス。燭チ秉ラシメ童子擊鼓傳花ノ戲チ爲	三五ウ

事項	月	記事	出典
		ス、未ダ及バサル者及傳花者罰。	
山臺雜像	五月	○山臺ノ雜像中孔子ノ像アリ。之ヲ天使ニ見セシメタルハ國體ヲ埋沒スルトシテ關係官ヲ推考ス。	五五ウ
		卷九十一	
寺刹撤毀	六月	○諫院ノ啓。京畿、全羅二道圖籍外ノ寺刹ハ官ヲ遣ハシ撤毀スベシ。畿甸ノ內寺ヲ立創スル者アリ修基スル者アリ外道推シテ知ルベシ云々。	一ウ
排佛思想		○成均館生ハ佛法排斥ニ付テ上疏ス。	一ウ—三ウ・六オ—七オ
儒佛反目		○成均館儒生ハ新ニ佛寺ヲ擧グル事ニ付テ力爭容レザレザルヤ一齊ニ齋舍ヲ出テ館舍一空トナル。王ハ例令一空トナルモ兩寺ハ祖宗ノ朝ノ創立ナリ之ヲ毀チ僧ヲ誅スベカラズト云フ。	一三オ—ウ・一三ウ—一六オ・一六ウ—一九ウ
祈雨		○旱災。王ハ祈雨ノ事ヲ行フ。	二〇オ—ウ
寺刹賊藪		○憲府ノ啓。全羅井邑縣內靈隱、內藏兩寺ハ賊ノ淵藪トナル。人ノ家ヲ火キ人ノ塚ヲ發ク。	二〇ウ—二一
救食	九月	○日食ノ如キ狀アリ。王ハ日ク眞ノ日食ナラバ中外救食ヲ得ズ安スカラズト爲ス。	六六ウ
		卷九十二	
寺刹撤毀	十月	○三公ノ啓。全羅道ノ巨刹僧徒五六百名居ル處一時ニ之ヲ毀ツ故ニ僧人ノ生理艱ミ相聚ツテ盜ヲ爲スヤ必セリ云々。	五ウ
先農祈穀		○三公ノ啓。古ヘヨリ凶年ノ後ニハ必ズ先農ニ祈穀ノコトアリ。明春歌謠ヲ除キ之	六オ

ヲ行フヲ至當トス。

擊毬		○擊毬ノ法、龍飛御天歌ト大典ト異ナリ須ク闕啓スベシト王ハ政院ニ下ス。	一〇オ
家舍服飾 飲食奢侈		○全州府尹ノ上書。王子ノ第宅宏麗。士大夫衣服、裝飾、居第、飲食爭フテ侈靡ヲ尙ブ。	二三ウ―二四オ
婢妓率來	十一月	○憲府ノ啓。邊將ハ私妾率行ヲ得ズ。官婢娼妓ヲ帶率遞任後率キ來ル者多シ。	四四オ―ウ
冬期羅衣		○王ノ言。我國ノ俗冬節羅衣ヲ服セズ。	四五ウ
文武軋轢	十二月	○王ノ言。一武人其妾ヲ奸スルヲ疑ヒ一儒生ヲ亂打シ其笠子耳掩等ノ物ヲ迫ツテ呑食セシム。大學、儒生七十八人痛憤シテ訴フ。	五一オ
	三十五年（庚子）		
祈穀親耕	正月	○天變ニヨリ先農祈穀祭ヲ世子ニ代行セシムルコトトシ親耕ハ停ム。	六八ウ
救食素服	二月	○弘文館應敎等ノ上箚。月蝕アラバ百司遑々素服以テ救フ。	七四オ
高齡者		○淳昌ニ百十八歲ノ女アリ王ハ之ヲ親見セントス。年高者ヲ籍牒ニヨリ調査セシム。	七六オ
		卷九十三	
新來侵虐	三月	○領議政ハ新來侵虐ノ弊救フベカラズ、痛革スベキヲ曰フ。	三オ
老女優遇	四月	○王ハ百二十二歲ノ老女ニ物ヲ賜フ。	四ウ
祈雨	五月	○祈雨。五龍ヲ作リ小童舞フテ祈雨。南北門閉開。	一四ウ・一五ウ
右同		○成宗ノ朝祈雨ニ三角山辰巖ニ致祭シ柴ヲ焚ク。	一五ウ
右同		○蜥蜴祈雨（其方法ノ記アリ）其他ノ祈雨。	一六オ―一七オ・一九ウ―二〇オ・二一オ・二二ウ―二三オ・二三ウ・二四オ
親迎ノ禮		○弘文館ノ啓。婚姻親迎ノ禮中廢ス。王ハ禮曹ヲシテ申明舉行セシム。	三〇オ―ウ

綠色衣禁 婚葬奢侈	六月	○深染草綠色ノ衣服、金線草鞋ヲ用ユルノ禁及婚姻喪葬ニ奢侈ノ禁ヲ申明ス。	三四オ―ウ
空屋縱淫 賭博		○京中無賴ノ人士族ノ空家ニ群集シ淫女ト相奸ス。屠牛縱酒ス。貧窮ナル者聚會賭博相爭フ。捕盜大將之ヲ檢擧スベシ。王ノ言。	三六ウ
婚衣奢侈		○臺諫ハ近來奢侈甚シク婚事唐物ヲ用ユルニ非ザレハ禮ヲ成サズ斷隷、下賤亦唐物ヲ用ユ云々。北京使行ノ潛貿易ノ取締ルベキヲ啓ス。	五一オ―五二オ
發墓棄骨		○妖說ニ惑ヒ父ノ墳ヲ發キ、大骨ノミヲ移葬シ其餘ノ小骨ヲ棄却セシ者ノ罪ヲ斷ゼントス。	五六オ
		卷九十四	
畫像奉安 先王服裝	十月	○恭靖大王ノ畵像ヲ華藏寺ヨリ璿源殿ニ奉安ス。其像幞頭袍笏ヲ冠服トナス。此乃宋ノ章服前朝ノ君之ヲ用ユ。太宗以上翼善冠ナシ、世宗ヨリ始メテアリ。	二ウ―四ウ
處容ノ舞	十二月	○末日王ハ康寧殿ニ處容ヲ觀ル。	四六オ
	三十六年（辛丑）		
正日曲宴	正月	○王ハ勤政殿ニ世子ヲ率ヰ百官ノ賀ヲ受ク。大內ニ還ツテ曲宴ヲ行フ。	四六ウ
神主侮辱	二月	○原州人心凶惡ナリ。家廟ノ神主ヲ偸ンテ截剝シ官門ノ近處ニ置キ廣ク人ニ示シタル者アリ。	五八ウ
		卷九十五	
公費催宴 新來侵虐	三月	○王ハ士大夫ノ公費宴會ト新來侵虐ノ禁ジ難キヲ曰フ。	六二ウ
儒佛軋轢		○成均館進士等排佛ノ上疏ヲ爲ス。	六二ウ―六四ウ
祭官酗酒 婚葬奢侈		○講官ノ言。祭官齋所ニ飮酒シテ顚倒スル者アリ。婚姻喪事過奢ノ弊アリ。	七六ウ―七七ウ

中宗三十六年　四八八

第宅奢侈	四月	○諫院ハ王子、駙馬ノ邸宅宏侈ナルヲ啓ス。	一〇ウ－一一オ
祈雨		○旱ナリ王ハ大廟ニ親祭ス。	一八ウ
祈雨	五月	○禮文無シト雖モ王ハ風雲雷雨壇ニ雨ヲ祈ル。	二三ウ－二四オ
飢饉棄兒		○飢甚シ子ヲ遺棄シ或ハ樹ニ繫テ去ル。飮宴、神祀、佛事ヲ禁ズ。	二八オ
白丁優戲		○賑恤廳節目ヲ以テ政院ニ下ス。(此時旱、飢)呈才人、白丁等本ト恒業ナシ專ラ優戲ヲ事トシ閭里横行乞糧ト稱ス。右一切痛禁ス。	同
虞		○史臣ノ記。書院ハ安珦ノ白鹿洞書院ニ初マリ其弊害アルヲ言フ。	三〇オ
儒式喪祭	六月	○喪祭ニ儒式ヲ行ヒシ孝子四人ヲ旌門復戶ス。	四六オ
喪制不行		○憲府ノ啓。近來人心淆薄士類ト雖モ禮制ヲ謹マズ無恥ノ者比々有之。母ノ喪ニ在リ一ニ禮文ニ從ハズ、廣衆ノ中ニ處シ肉ヲ食フ。	七六ウ－七七オ
服飾奢侈		○士大夫華美ノ服飾ヲ禁ズ。	七九ウ
		卷九十六	
喪中奸妓	十月	○喪人李叔幹ハ母ノ病喪中眠妓ヲ潛置ス。憲府ハ啓シテ仕版ヲ削ラシム。	二三オ
以茶代酒 酒	十一月	○中原ノ如ク凡ノ交際酒ニ代フルニ茶ヲ以テスルヲ便トスルノ建議アリ、大臣ノ意ハ新例ヲ開クベカラズ。王ハ只必要アラバ禁酒スレバ可ナリトシ禁酒ヲ八道ニ下書ス。	四一ウ－四二オ
同		○王ノ言。酒母ヲ多定スルコト本ト法禁アレド奉行セザルヲ以テ弊習アリ。今政院ハ麴市ヲ禁ゼントスルモ之ヲ行フトスレバ先ツ前ニ其法禁ヲ廣ク知ラシメザルベカラズ。	四五ウ

中宗三十六年

祈雪	○中朝ノ例ニヨリ祈雪ノ議アリ。大臣等ハ三代ノ事ニ非ズ祖宗以來曾ツテ擧行セズ新例ヲ開クヲ必セズト爲ス。	五一オ・五六ウ
婚姻奢侈	○王ノ言。婚姻奢侈ナリ、吉禮ノ時ニ國（王室）ト婚ヲ爲ス者公然列郡ニ請求ス。王子、駙馬婚禮ノ奢侈甚シ。	五三オ
油蜜使用	○講官ノ言。近來油蜜ヲ引用スル者甚ダ多シ、此物民ノ膏血ニ出ヅ云々。	六二ウ
喪中淫行	○大司諫ノ啓ニヨリ母ノ喪中威力人ノ亡妾ヲ奪奸セシ者及人ノ妾ヲ奪ヒシ者ヲ罷職トス。	六四ウ
宴事停止	○年凶ヲ以テ歳末處容舞、元日ノ進豐呈、曲宴會、禮宴ヲ停ム。	六五ウ・六六オ
十二月	卷九十七	
新來侵虐	○憲府ノ啓。新來侵虐、泥糞ヲ塗リ宴ヲ强ヒ鉅費ヲ要ス、爲ニ富者ニ貸シテ其資ヲ作ル。侵虐殘忍ニシテ病ヲ得或ハ癈疾トナル者アリ。此風ハ微官ヨリ軍卒僕隷ニ至ルマデ行ハレザル無シ。此弊ハ痛禁セシムベシ。	二オ－ウ
右同 婚葬奢侈	○禮曹ハ新來侵虐、婚姻奢侈、厚葬禁斷節目ヲ定メテ啓ス。（詳密ナル節條ノ定メアリ）	六ウ
喪中出仕	○空中砲聲ノ如キ聲アリ。此時三公皆服（妻ノ喪、繼子ノ喪等）アリ王ハ變事ナルヲ以テ大臣ハ喪中ナレド會セザルベカラズトス。	七ウ
婚姻炬火	○姻婚ノ夕炬火ヲ用ユ。醫女ヲ其媾奸ニ使用ス。奴婢ニ贈物スルヲ禁ズ。首母ヘノ禮ハ絹物ヲ禁ズ。	一五オ－一八ウ
鸕漁	○殿講ノ時鸕鷀ノ聲聞ユ。東外門近處ノ人家之ヲ養ヘルナリ。	六〇オ－ウ

三十七年（壬寅）

卷九十八

甕中飲燕	二月	○諫院ノ啓。禮文ニ七十以上衰服飲酒食肉常ノ如シトアルハ老病人已ムヲ得ズ權ニ從フ也。曹潤孫ハ前ニ甕中ニ在リ推牛、大會ヲ設ケ賓客燕飲食肉ノ事ニテ論啓仕版ヲ削ラル。今宰相ノ列ニ復スベカラズ。	九ウ―一〇オ・一一オ
禳災寅劍	四月	○憲府ノ啓。寅ノ年寅ノ月寅ノ日寅ノ時ニ作ル禳災ノ爲ノ四寅劍ハ祖宗ノ朝ヨリノ舊例ナレドモ工ヲ多ク聚メ作リ弊アリ。此飢歳ニ於テハ停メンヲ請フ。	一六ウ
暗請ノ獻		○司憲府ノ禁亂書吏（禁止事項檢察ノ吏）ノ利甚ダ多シ其任命ニ順次ヲ超エテ拜スル者アル時、同僚酒肴ヲ徵索ス之ヲ暗請ノ禮ト云フ。	二六ウ
祈雨	五月	○雨無シ王ハ祈禱全廢スベカラズトシテ祈雨ヲ行フ。大臣ハ祈雨ニ王ノ露坐スルコト及百官庭立ノ不可ヲ曰フ。	三〇オ・三八オ・ウ
婦人無學		○大臣ノ言。中國ノ人婦女ト雖モ皆文字ヲ知ル、我東方婦人ノ文ヲ解スル者少ナシ豈事理ニ達識センヤ云々。	三九オ
飲食奢侈		○王及大臣ハ飲食豐侈ノ風ヲ制限セザルベカラザルヲ言フ。	四〇オ―ウ
祈雨	閏五月	○旱災ニヨリ祈禱ヲ行フ。	四一オ

卷九十九

旌門ノ法	七月	○副司果ノ疏。節婦烈女ノ旌表門閭ハ或ヲ柱ヲ立テ或ハ石刻ス。守令ハ親カラ書セス吏胥ニ書カシムルヲ以テ文字拙ナリ。臣ノ意ハ更立シ閣ヲ作リ丹青ヲ加フルヲ可トス。	七七オ

觀火戯	八月	○日本國王ノ使僧等ニ觀火セシムルニ付テ禮曹ハ奇異ノ火ヲ放タントシ兵曹ハ小サキ火ヲ放タントス。王ハ禮曹ノ意ニ從フ。	三ウ―四オ
老人優遇	九月	○百歳ノ老人ニ酒肉米ヲ賜フ。	三〇ウ・三三オ
		卷一百	
	三十八年(癸卯)		
天變不謹 除夕雜戯	正月	○大司憲ノ啓。地震、冬雷、日蝕、宮中火災等ノ變アリ。處容ノ雜戯ヲ除夕ニ陳シ俳伎ノ樂纔ニ止ミ救食ノ鼓繼デ作ル是天ニ事フルノ實ヲ盡サズ。	一〇オ
建築拘忌		○領議政ノ啓。私人一家ノ建築ニモ禁忌ヲ察ス。今東宮ノ造成本年ハ不吉且大歳卯ニ在リ開基其位置ニ當ル。吉運ヲ待ツベシ、王之ヲ然リトス。	二〇オ
賭博ノ徒 淫女	二月	○王ハ政院ニ傳シテ捕盜ヲ嚴行セシム。或ハ賭博ヲ以テ業ト爲ス者朋類ヲ呼ビ貨財ヲ賭シ酒肉ヲ辨ジ淫女ヲ聚ム。	二九ウ
壻妻家ニ寄托ス	三月	○領議政ノ啓。我國ノ俗壻ハ妻家ニ寄托シテ受恩重シ故ニ妻ノ父母ノ服大明律緦麻ノ制ニ別ニ二十三日ヲ加フ。	四四オ
近親姦	五月	○長湍府鷹師ノ子繼母ト通奸ス。觀察使ノ啓ニヨリ王ハ京官ヲ遣ハシ審問セシム。	七一ウ
下吏ト飲酒ノ失態		○憲府ノ啓ニヨリ海美縣監ヲ罷ム。理由ノ一漕卒ノ家ニ至リ恬然飲食シ人皆ナ見テ笑フ。體貌ヲ失スルニ依ル。	七四オ
		卷百一	
及第遊街	八月	○近來文武科ハ遊街スルモ生員進士ハ之ヲ行ハズ。王ハ今秋ヨリ之ヲ行ハシム。	二三オ
鄕約鄕飲	十月	○諫院ハ鄕射、鄕飲、鄕約ノ事法條ニ載セアルモ近ゴロ京外擧行セズ。之ヲ申明ス	三五ウ

		ベシト言フ。	
空石防塞	十一月	○王ハ日寒キニヨリ前例ニヨリ名處ノ軍士ニ空石ヲ給セシム。	四八オ
三ッ兒	十二月	○忠淸陰城ノ私婢一産三女命ジテ米豆ヲ給ス。（此ノ前後ニ三ッ兒ノ記事多キモ賜給ナシ故ニ記サズ此記事賜給アリ故ニ錄ス）	五九オ
歲末放火		○王ノ傳旨。今年ノ放火ハ後苑ニ於テ行フ已ニ略ニ從フ、觀ント欲スルノ物無シ。	六五オ
	三十九年（甲辰）	卷百二	
從祀名號	四月	○文廟ニ從祀諸賢ノ名號謬誤ノ處多シ。王ハ之ヲ考閱セシム。	四九オ―五〇オ
孝子		○全羅觀察使ハ孝行卓異ノ人ヲ啓ス。（其行爲ノ記稀々ノモノアリ）	六一オ―六二オ
祈雨		○雨ナシ、王ハ祈禱ノ事容易ニ爲スベカラスト云フ。	七三ウ
祈雨		○雨ヲ漢江、朴淵、楊津等ニ祈ル。之ニ用ユル虎頭陳ク蟲損セリ故ニ驗ナシ。王ハ新ニ虎ヲ捕ヘシメ其頭ヲ上送セシム。	八一オ
		卷百三	
右同	五月	○旱甚シ王ハ祀典ニ載スル所ノ山川ニ祈雨セシム。其他祈雨。	四ウ・八ウ・一一ウ
紗帽改正		○紗帽ヲ唐制ニヨリ改ム。	二六ウ
右同	六月	○王ハ巫女ヲシテ雨ヲ祈ラシメ之ニ賞格セントス。政院ハ之ヲ不可トス。	四一オ
		卷百四	
雷變大赦	七月	○宮城內ニ雷震アリ。王ハ古事前例ヲ考シ之ヲ天譴トシテ大赦ヲ行フ。（世宗ノ時大	一三オ―一四オ

赦シ宮人ノ年壯ナル者ヲ外ニ出シ。世祖ノ時モ大赦ヲ行フ｡

八月

喪費誅求　○憲府ノ啓。左參贊ハ父ノ喪ニ托シ喪備ヲ列邑ニ求索シ遠近ノ民怨苦ス。（三五ウ－三六オ）

祭官忌避　○宗親祭官タルヲ厭憚ス。故無ク病ニ托スル者罷職ノ法アリ。宗簿寺ハ此法ノ申明舉行ヲ請フ。（三八ウ）

寒食陵祭　○王ノ言。厚陵ノ祭毎一年ニ於テ只寒食ニ行フ。（三九オ－ウ）

九月

祭祀忌死　○王ノ言。爵獻（文廟ノ）ノ禮ニハ散齋致齋アリ祭ト異ナラズ。昨日公主ノ女子夭化ス闕内犯染トナスニ似タリ此禮ヲ行フニ未安ナリ云々。（四三ウ・四四ウ－四五オ）

卷百五

十一月

上弦俗忌　○今日（上弦ノ日）俗忌ナリ王ハ問安（王病アリ）ヲ停ム。（二四オ）

祈禱救病　○東宮ハ王ノ病ニ宗社山川ニ禱ラシム。（二四ウ・二五オ）

右同　○王ノ病ニ内宮ハ妖尼輩ヲ召シテ禳禱セントス、入門ヲ得ズ。（二九ウ）

本命禁忌　○王ノ病大漸、禁忌日ヲ以テ醫員入診セズ。壬戌申ノ生ナリ俗ニ本命日ヲ禁忌スルヲ以テ也。（前同）

○王ハ歡慶殿ニ薨ズ。（同）

十二月

喪葬記事　以下ノ喪葬記事略ス。（但異ナルモノヲ以下ニ舉グ）

梓宮加漆　○長生殿ノ梓宮一百十五度漆スルモノヲ用ヰシム。（三三オ）

風水思想　○山陵ヲ審ス。（三九オ）

婦人ノ手ニ死セズ　○史臣ノ記。古ハ君薨ズルヤ婦人ノ手ニ死セズ今大行大王正寢ニ就ク能ハズシテ薨ズ。垂後ノ良範ニ非ス。（四二ウ－四三オ）

中宗三十九年

四九四

題目	記事	出典
風水思想	○陵ヲ相地ス。墓官ハ風水學上ニ拘ハルノ非ナルヲ論ズ。	四六オ・四六ウ—四七オ・四九オ
薨後佛齋	○弘文館副提學ノ上劄。大行大王賓天ノ後廣ク齋醮ヲ諸寺刹ニ設ケ、緇流奔波、宮禁ノ中妖尼出入ノ説アリ	四七ウ—四八オ
妖尼侍殯	○憲府ノ啓。妖尼出入、殯側ニ追福讀經忌ム無シ云々。	四九ウ・五〇オ・五九オ—ウ
痘疹俗忌	○大君ノ痘疹ニヨリ嬪殿ノ進香、朔望、俗節ノ祭ヲ停ム。俗ノ拘忌ニヨルナリ、此事一大問題トナル。	五〇オ・五一オ—五六ウ
喪中白笠	○卒哭ノ後白笠ヲ用ユルハ、成宗ノ傳教ニヨリ、貞熹王后ノ喪ヨリ始マル。	六四オ—ウ